Übungen zur Makroökonomie

3., aktualisierte Auflage

Josef Forster
Ulrich Klüh
Stephan Sauer

Übungen zur Makroökonomie

3., aktualisierte Auflage

PEARSON

Higher Education
München • Harlow • Amsterdam • Madrid • Boston
San Francisco • Don Mills • Mexico City • Sydney
a part of Pearson plc worldwide

Bibliografische Information der Deutschen Nationalbibliothek

Die Deutsche Nationalbibliothek verzeichnet diese Publikation in der Deutschen Nationalbibliografie; detaillierte bibliografische Daten sind im Internet über *http://dnb.dnb.de* abrufbar.

10 9 8 7 6

15 14 13

ISBN 978-3-8273-7364-9

Lilienthalstrasse 2, 85399 Hallbergmoos/Germany

www.pearson.de
A part of Pearson plc worldwide
Programmleitung: Martin Milbradt, mmilbradt@pearson.de
Einbandgestaltung: Thomas Arlt, tarlt@adesso21.net
Herstellung: Kuni Huber, khuber@pearson.de
Satz: mediaService, Siegen (www.media-service.tv)
Druck und Verarbeitung: GraphyCems, Villatuerta

Printed in Spain

Inhaltsverzeichnis

Vorwort

Warum ist die Arbeitslosigkeit so hoch, das Wirtschaftswachstum so gering? Was sind die Gefahren einer hohen Inflation oder hoher Staatsverschuldung? Das sind Beispiele von Fragen, die täglich in den Medien diskutiert werden. Die Makroökonomie versucht, darauf Antworten zu finden. Das vorliegende Übungsbuch zur Makroökonomie soll das in der Vorlesung und aus Lehrbüchern angeeignete theoretische Wissen und Kenntnisse empirischer Fakten anhand unterschiedlicher Aufgabenarten vertiefen und auf Klausuren vorbereiten. Es richtet sich an Studenten der Wirtschaftswissenschaften sowohl im Grund- als auch im Hauptstudium.

Das Buch orientiert sich in seiner Struktur am Lehrbuch *Makroökonomie* von O. Blanchard und G. Illing, bietet jedoch auch zu jedem anderen Lehrbuch eine wertvolle Ergänzung. In den ersten beiden Kapiteln werden die methodischen Grundlagen für eine erfolgreiche Auseinandersetzung mit makroökonomischen Themen gelegt. Kapitel 1 behandelt die volkswirtschaftliche Gesamtrechnung, Kapitel 2 mathematische Grundlagen sowie eine Einführung in ökonometrische Verfahren. Die anschließenden Kapitel 3 bis 13 bilden den Kern des Buches. In Kapitel 3 bis 5 wird die Volkswirtschaft bei starren Preisen und Löhnen im Rahmen des *IS-LM*-Modells behandelt (kurze Frist). Die Kapitel 6 bis 9 erweitern die hier gelegten Grundlagen um den Arbeitsmarkt und Preisanpassungen (mittlere Frist), vor allem anhand des *AS-AD*-Modells. Kapitel 10 bis 13 betrachten schließlich Fragen der Wachstumstheorie (lange Frist), vor allem unter Verwendung des *Solow*-Modells.

Die Kapitel 14 bis 24 wenden sich dann drei wichtigen Erweiterungen zu: Zunächst wird in den Kapiteln 14 bis 17 untersucht, wie die Berücksichtigung von Erwartungen die Analyse der kurzen und mittleren Frist beeinflusst. Die Kapitel 18 bis 21 betrachten die offene Volkswirtschaft, insbesondere anhand des *Mundell-Fleming*-Modells. Die drei Folgekapitel konzentrieren sich dann auf Pathologien – Zeiten, in denen Volkswirtschaften mit großen Problemen zu kämpfen haben. Die Kapitel 25 bis 27 kehren zur Analyse der Wirtschaftspolitik mit einem besonderen Fokus auf europäische Fragen und Institutionen zurück.

Jedes Kapitel ist in einen Aufgaben- und einen Lösungsteil aufgeteilt, wobei der Aufgabenteil wiederum in zwei Hauptteile gegliedert ist. Der jeweils erste Teil („Wissens- und Verständnistests“) verfolgt im Wesentlichen zwei Ziele. Erstens erfordert eine gezielte Prüfungsvorbereitung eine detaillierte Kenntnis des bereits bestehenden Wissensstandes. Die Aufgaben im ersten Teil sollen deshalb zunächst eine Bestandsaufnahme der bereits erworbenen Fähigkeiten ermöglichen. Dies geschieht insbesondere in Form von Multiple Choice-Aufgaben. Wie die Erfahrung zeigt, sehen sich viele Studenten der Makroökonomie mit dem Problem konfrontiert, dass die bevorstehende Prüfung sowohl Verständnis und Kenntnis der Inhalte als auch deren adäquate Darstellung verlangt. MC-Aufgaben haben den Vorteil, dass sie zunächst eine Konzentration auf die Inhalte ermöglichen.

Zweitens zeigt die Erfahrung, dass eine auf das Rechnen von Zahlenbeispielen und standardisierten Aufgaben beschränkte Prüfungsvorbereitung meist der sichere Weg in den Wiederholungsversuch ist. Zum Verständnis makroökonomischer Zusammenhänge ist es von entscheidender Bedeutung, die ökonomischen Mechanismen und ihre empirischen Grundlagen zunächst selbst zu erarbeiten und in übersichtlicher Form darzustellen. Im Anschluss an die Multiple Choice-Aufgaben finden sich deshalb Aufgaben, die es dem Leser ermöglichen, die wichtigsten Inhalte in Eigenregie aufzuarbeiten. Dies sollte unter Verwendung des entsprechenden Lehrbuchs und/oder der Vorlesungsunterlagen geschehen. Die meist verbalen Aufgaben am Ende der Wissens- und Verständnistests dienen somit auch als Leitfaden für die Auseinandersetzung mit den Vorlesungsinhalten.

Der zweite Hauptteil jedes Kapitelaufgabenbereichs enthält Übungsaufgaben. Sie sollen die im ersten Teil gewonnenen Erkenntnisse anhand von Rechenbeispielen und wirtschaftspolitischen Anwendungen vertiefen. Die meisten Aufgaben enthalten sowohl Übungs- als auch Transferelemente. Damit orientieren sie sich eng an der aktuellen Klausurpraxis, die den Studenten meist beide Leistungen abverlangt. Üblicherweise nimmt der Transferanteil (und damit der Schwierigkeitsgrad) gegen Ende jeder Aufgabe zu. An ausgewählten Stellen wurden zudem Aufgaben eingefügt, die eigenständiges empirisches Arbeiten erfordern. Da sich Theorie und Empirie in der modernen Makroökonomie aufs Engste ergänzen, ist eine Konfrontation mit grundlegenden ökonometrischen Methoden bereits in den ersten Semestern anzuraten. Die für einige Aufgaben benötigten Datensätze stehen auf der Companion Website zum Buch zur Verfügung. Die Daten stammen, soweit nicht anders angegeben, von Datastream.

Schließlich einige warnende Hinweise. Ein Übungsbuch wie das vorliegende kann und wird zu einer erfolgreichen Prüfungsvorbereitung beitragen. Voraussetzung ist allerdings, dass einige wichtige Gebrauchshinweise beachtet werden. Erstens sollten die zur Verfügung gestellten Musterlösungen erst dann zu Rate gezogen werden, wenn ein eigener Lösungsansatz möglichst vollständig erarbeitet ist. Zweitens kann ein Übungsbuch die üblichen Formen universitären Lernens nur ergänzen und nie ersetzen. Dies gilt insbesondere für den Besuch von Vorlesung, Übung und Tutorium sowie für die Lektüre von Lehrbüchern und anderen Materialien, jedoch auch für die Arbeit in Lerngruppen. Das vorliegende Übungsbuch findet seine beste Verwendung, wenn die enthaltenen Aufgaben zunächst selbstständig erarbeitet und dann mit Kommilitonen diskutiert werden.

Die Aufgaben und Lösungen zur Einführung in die Ökonometrie, zur kurzen Frist, zur zweiten Hälfte des Erwartungsteils, zu den Pathologien und zur Fiskalpolitik sind von Josef Forster verfasst. Die Kapitel zur volkswirtschaftlichen Gesamtrechnung, zur mittleren und zur langen Frist stammen von Uli Klüh. Stephan Sauer hat die mathematische Einführung sowie die Kapitel zur offenen Volkswirtschaft, zur ersten Hälfte des Erwartungsteils, zur Entscheidungsfreiheit von Politikern und zur Geldpolitik verfasst.

Wir bedanken uns bei Florian Bartholomae, Peter Dumitsch, Christian Feilcke, Johannes Fischer, Ludwig Reßner und Angelika Sachs für die Erstellung der Grafiken und die sorgfältige Korrekturarbeit. Da ein Teil der Aufgaben auf Veranstaltungsmaterialien vergangener Semester basiert, bedanken wir uns auch bei allen ehemaligen Übungsleitern und Mitarbeitern des Seminars für Makroökonomie der LMU, die zu deren Erstellung beigetragen haben. Ein ganz besonderer Dank gilt Prof. Dr. Gerhard Illing, der uns mit konstruktiver Kritik und kompetenten Anregungen unterstützt hat.

Vorwort zur dritten Auflage

Seit seinem Erscheinen erfreut sich das Übungsbuch weiterhin großer Beliebtheit bei seiner Leserschaft. In der vorliegenden dritten Auflage wurden nun zum ersten Mal umfassendere inhaltliche Veränderungen vorgenommen. Die Aufgaben der Kapitel zur volkswirtschaftlichen Gesamtrechnung, zur kurzen und mittleren Frist sowie zur offenen Volkswirtschaft und Geldpolitik wurden überarbeitet. Dabei wurde bei den Multiple Choice- und Wahr/Falsch-Fragen der Umfang erweitert und teilweise alte durch neue Aufgaben ersetzt. Ebenso wurden die offenen Übungsaufgaben der genannten Kapitel überarbeitet und einzelne Übungsaufgaben neu hinzugefügt. Der Finanzkrise, die im Sommer 2007 begann, wird in der fünften Auflage des Lehrbuches von Blanchard und Illing ein eigenes Kapitel gewidmet. Aus diesem Grund wurde auch im vorliegenden Übungsbuch ein neues Kapitel hinzugefügt, das zum Verständnis der Ursachen der Finanzkrise und zum Einschätzen der Maßnahmen von Zentralbanken und Regierungen im Zusammenhang mit der Finanzkrise beitragen soll (Kapitel 22). Wir bedanken uns herzlich bei Klaus Wohlrabe für die Mithilfe bei der Entwicklung neuer Aufgaben. Unser Dank gilt außerdem Matthias Schlegl für die Aktualisierung der Daten und Diagramme.

Josef Forster, Uli Klüh, Stephan Sauer[1]

1 Die Ansichten, die in diesem Buch vertreten werden, sind allein die Ansichten der Autoren und entsprechen nicht notwendigerweise denen der UniCredit, der Europäischen Zentralbank oder des Sparkassen- und Giroverbandes Hessen-Thüringen.

1 Volkswirtschaftliche Gesamtrechnung (VGR) und Makroökonomische Daten

1.1 Wissens- und Verständnistests

Multiple Choice

1. Die Hedonische Methode wird benutzt,
   a) ...um den Preis von Computern zu ermitteln.
   b) ...um die Differenz zwischen BIP und BNE zu ermitteln.
   c) ...um die Veränderungsrate des realen BIP zu ermitteln.
   d) ...um bei der Ermittlung von Preisindizes die Veränderung von Produkteigenschaften möglichst exakt zu berücksichtigen.
2. Das BNE entspricht dem Volkseinkommen, sofern
   a) ...die Summe aus indirekten Steuern und Subventionen 0 ist.
   b) ...die indirekten Steuern abzüglich der Subventionen einen Wert von 0 annehmen.
   c) ...die Abschreibungen gleich den indirekten Steuern sind und keine Subventionen vorliegen.
   d) ...die Abschreibungen gleich den Subventionen abzüglich der indirekten Steuern sind.
3. Übersteigt das BNE das BIP, wissen wir,
   a) ...dass ein Budgetdefizit vorliegt.
   b) ...dass ein Handelsbilanzdefizit vorliegt.
   c) ...dass der Zufluss von Faktoreinkommen aus dem Rest der Welt den Abfluss von Faktoreinkommen übersteigt.
   d) ...dass der Abfluss von Faktoreinkommen an den Rest der Welt den Zufluss von Faktoreinkommen übersteigt.
4. Wenn in einer geschlossenen Volkswirtschaft die privaten Ersparnisse kleiner sind als die Investitionen, wissen wir,
   a) ...dass der Budgetsaldo 0 ist.
   b) ...dass ein positives Budgetdefizit vorliegt.
   c) ...dass ein negatives Budgetdefizit vorliegt.
   d) ...dass der Außenbeitrag positiv ist.

5. Angenommen, das nominale BIP fällt vom Jahr t auf das Jahr $t + 1$. Welche der folgenden Aussagen ist dann auf jeden Fall richtig?
   a) Auch das reale BIP ist gesunken.
   b) Der BIP-Deflator ist gesunken.
   c) Das reale BIP und/oder der BIP-Deflator sind gesunken.
   d) Sowohl das reale BIP als auch der BIP-Deflator sind gesunken.

Für die Teilaufgaben 6 bis 8 verwenden Sie bitte die folgende Angabe: Eine Volkswirtschaft besteht aus drei Unternehmen: einem Landwirtschaftskombinat, das ausschließlich Kartoffeln produziert, einem Kartoffelchips-Unternehmen und einem Computerhersteller. Die Unternehmen weisen folgende Gewinn- und Verlustrechnung aus:

	Landwirtschaft	**Kartoffelchips**	**Computer**
Verkaufserlös	600	2.000	400
Aufwendungen			
Löhne	440	1.200	260
Einkäufe bei Landwirtschaft	--	600	0
Einkäufe von Kartoffelchips	0	--	0
Einkäufe von Computern	0	0	--
Gewinne	160	200	140

6. Die Wertschöpfung in der Kartoffelchips-Branche beträgt
   a) ...1.400.
   b) ...200.
   c) ...800.
   d) ...1.200.

7. Das BIP der Volkswirtschaft beträgt
   a) ...3.000.
   b) ...500.
   c) ...2.400.
   d) ...2.000.

8. Bei einer Fusion von Kartoffelchips- und Landwirtschafts-Unternehmen
   a) ...sinkt das BIP auf 2.000.
   b) ...werden die Gewinne des neuen Unternehmens 360 betragen.
   c) ...beträgt die Wertschöpfung des neuen Unternehmens 1.560.
   d) ...beträgt die Wertschöpfung des neuen Unternehmens 2.440.

Für die Teilaufgaben 9 bis 11 seien folgende Größen für die Länder A und B gegeben:

	1998	**2008**
Reales BIP Land A	1.000	3.000
Reales BIP Land B	1.500	?
Bevölkerung Land A	100	150
Bevölkerung Land B	50	80

9. Wie hoch ist die durchschnittliche Wachstumsrate des realen BIP von Land A?
   a) 10,177%
   b) 11,612%
   c) 12,378%
   d) 13,463%

10. Wenn das reale BIP von Land B mit der gleichen durchschnittlichen Wachstumsrate wie Land A wächst, wie hoch ist dann das reale BIP von Land B im Jahr 2008?
   a) 2.500
   b) 3.500
   c) 4.500
   d) 5.500

11. Wie hoch ist die durchschnittliche Wachstumsrate des realen BIP pro Kopf für Land A?
   a) 4,24%
   b) 5,24%
   c) 6,24%
   d) 7,18%

Wahr/Falsch: Welche der jeweiligen Aussagen sind wahr, welche falsch?

12. Ausgehend vom Volkseinkommen
   a) ...müssen indirekte Steuern, Abschreibungen und Subventionen hinzuaddiert werden, um zum BNE zu gelangen.
   b) ...müssen indirekte Steuern und Abschreibungen hinzugezählt und die Subventionen abgezogen werden, um zum NNE zu gelangen.
   c) ...müssen lediglich indirekte Steuern und Abschreibungen hinzugezählt und die Subventionen abgezogen werden, um zum BNE zu gelangen.
   d) ...müssen lediglich indirekte Steuern und Abschreibungen hinzugezählt und die Subventionen abgezogen werden, um zum BIP zu gelangen.

13. Welche der folgenden Aussagen zur Volkswirtschaftlichen Gesamtrechnung sind wahr, welche falsch?
    a) Das Volkseinkommen kann größer sein als das BIP.
    b) Eine Erhöhung der Importe führt ceteris paribus zu einer Erhöhung des BNE.
    c) Bei der Berechnung der Bruttowertschöpfung werden die Vorleistungen berücksichtigt.
    d) Das nominale BIP kann nur dann steigen, wenn auch das reale BIP steigt.
14. Welche der folgenden Aussagen zur Volkswirtschaftlichen Gesamtrechnung sind wahr, welche falsch?
    a) Die indirekten Steuern werden von den privaten Haushalten an den Staat abgeführt.
    b) Eine Erhöhung des Nettonationaleinkommens führt ceteris paribus zu einer Erhöhung des Volkseinkommens.
    c) Sind die Abschreibungen und der Saldo von indirekten Steuern und Subventionen gleich Null, dann entspricht das Volkseinkommen dem Bruttonationaleinkommen.
    d) Ein Anstieg der Nettoinvestitionen führt zu einem Anstieg des Kapitalstocks.
15. Falls Kraftstoff zu 100 € getankt wird und der Anteil von indirekten Steuern am Kraftstoffpreis 65%, der Anteil von importiertem Rohöl an der Kraftstoffmenge 25% ist,
    a) ...steigt das BIP um 75 €.
    b) ...steigt das BNE um 75 €.
    c) ...steigt das NNE um 10 €.
    d) ...steigt das Volkseinkommen um 10 €.
16. In einer Volkswirtschaft betragen der private Verbrauch 3.200, die Bruttoinvestitionen 1.500, der Staatsverbrauch 1.300, die Exporte 1.000 und die Importe 1.200. Der Saldo der Erwerbs- und Vermögenseinkommen mit dem Rest der Welt ist positiv.
    a) Das BNE der Volkswirtschaft nimmt einen Wert kleiner als 5.800 an.
    b) Das BIP der Volkswirtschaft hat einen Wert von 5.800.
    c) Das BNE der Volkswirtschaft nimmt einen Wert größer als 5.800 an.
    d) Das NNE der Volkswirtschaft ist kleiner als das BIP, sofern die Abschreibungen größer sind als der Saldo der Erwerbs- und Vermögenseinkommen mit dem Rest der Welt.
17. In einer Volkswirtschaft gibt es zwei Güter, deren Preis in $t = 0$ $p_0^1 = 4$ und $p_0^2 = 5$ beträgt. In $t = 0$ wird von jedem Gut eine Einheit gehandelt. In $t = 1$ betragen die Preise $p_1^1 = 2$ und $p_1^2 = 6$ und die jeweiligen Mengen sind $q_1^1 = 1{,}5$ und $q_1^2 = 0{,}5$.
    a) Der Laspeyres-Index in $t = 1$ nimmt einen Wert von 7/9 an.
    b) Der Paasche-Index nimmt einen Wert von 12/17 an.
    c) Die Wirtschaftssubjekte können Nutzeneinbußen durch den Preisanstieg von Gut 1 durch einen Mehrkonsum von Gut 2 verringern.
    d) In der betrachteten Volkswirtschaft herrscht gemäß dem Paasche-Index Deflation.

18. Sei g_{Yt} die Wachstumsrate des realen BIP und π_t die Wachstumsrate des BIP-Deflators.

   a) Die Wachstumsrate des nominalen BIP ist approximativ $g_{BIPt} = \pi_t + g_{Yt}$.

   b) Die Wachstumsrate des nominalen BIP ist exakt $g_{BIPt} = \pi_t + g_{Yt} + \pi_t \cdot g_{Yt}$.

   c) Im Basisjahr nehmen nominales und reales BIP den gleichen Wert an.

   d) Im Basisjahr ist die Wachstumsrate des BIP-Deflators immer 0.

19. Sei P_t der Konsumentenpreisindex einer Volkswirtschaft in Periode t. Die Inflationsrate der Periode t ist definiert als:

   a) $\pi_t = \frac{P_{t-1} - P_t}{P_t} \cdot 100$

   b) $\pi_t = \frac{P_t - P_{t-1}}{P_{t-1}} \cdot 100$

   c) $\pi_t = \left(\frac{P_t}{P_{t-1}} - 1 \right) \cdot 100$

   d) $\pi_t = \frac{P_t - P_{t-1}}{P_t} \cdot 100$

20. Sei L_t die Zahl der Erwerbspersonen, N_t die Zahl der Erwerbstätigen und U_t die Zahl der Arbeitslosen, jeweils in Periode t. Die Veränderung der Arbeitslosenquote in Prozentpunkten ist definiert als:

   a) $\left(\frac{U_t}{N_t + U_t} \cdot 100 - \frac{U_{t-1}}{N_{t-1} + U_{t-1}} \cdot 100 \right)$

   b) $\left(\frac{(U_t / L_t)}{(U_{t-1} / L_{t-1})} - 1 \right) \cdot 100$

   c) $\left(\frac{U_t}{L_t} - \frac{U_{t-1}}{L_{t-1}} \right) \cdot 100$

   d) $\left(\frac{U_t}{N_t + U_t} - \frac{U_{t-1}}{N_{t-1} + U_{t-1}} \right) \cdot 100$

Für die verbleibenden Teilaufgaben verwenden Sie bitte die folgenden Angaben für eine Volkswirtschaft, die nur Bier und Wein produziert:

Jahr	**1998**	**2008**
Bier [Anzahl Flaschen]	10.000	12.000
Wein [Anzahl Flaschen]	6.000	10.000
Bierpreis [€]	1	1,2
Weinpreis [€]	2	2,5

Ermitteln Sie die zur Beantwortung notwendigen Werte möglichst exakt.

21. Sei 1998 das Basisjahr.
    a) Die durchschnittliche jährliche Wachstumsrate des nominalen BIP im Zeitraum 1998 bis 2008 beträgt 6%.
    b) Pro Flasche Bier wurden im Jahr 2008 weniger Flaschen Wein konsumiert als im Jahr 1998.
    c) Das reale BIP im Jahr 1998 entspricht dem nominalen BIP im gleichen Jahr.
    d) Das reale BIP im Jahr 2008 nimmt einen Wert von 32.000 € an.
22. Sei 1998 das Basisjahr.
    a) Die durchschnittliche jährliche Wachstumsrate des realen BIP im Zeitraum 1998 bis 2008 beträgt etwa 45%.
    b) Der BIP-Deflator im Jahr 2008 hat einen Wert von 1,23.
    c) Die durchschnittliche jährliche Wachstumsrate des BIP-Deflators im Zeitraum 1998 bis 2008 beträgt etwa 2,1%.
    d) Das reale BIP im Jahr 2008 nimmt einen Wert von 32.000 € an.

Basiswissen

23. Makroökonomische Daten
    a) Wie unterscheiden sich Strom- und Bestandsgrößen? Geben Sie drei für die Makroökonomie bedeutsame Beispiele.
    b) Was versteht man unter Aggregation? Welche Bedeutung hat Aggregation in der Makroökonomie? Welche Informationen gehen bei der Aggregation von Daten verloren?
    c) Diskutieren Sie die Verwendbarkeit von unterschiedlichen Maßen der VGR zur Erfassung der Lebensqualität bezüglich ihrer Aussagekraft.
24. Wichtige Zusammenhänge der Volkswirtschaftlichen Gesamtrechnung
    a) Erläutern Sie den Unterschied zwischen Inländerkonzept und Inlandskonzept.
    b) Erläutern Sie, wie und weshalb die Volkswirtschaftliche Gesamtrechnung zwischen Brutto- und Nettogrößen unterscheidet.
    c) Erläutern Sie, in welcher Form indirekte Steuern und Subventionen in die Volkswirtschaftliche Gesamtrechnung eingehen.
    d) Stellen Sie die drei Berechnungsweisen des BIP möglichst übersichtlich in einem einheitlichen Rahmen dar.
    e) Definieren Sie das verfügbare Einkommen der privaten Haushalte und erläutern Sie, wie es im Rahmen der VGR ermittelt wird.
25. Ersparnis und Volkswirtschaftliche Vermögensrechnung
    a) Welcher Zusammenhang besteht zwischen Ersparnis und Investitionen
       i. ...in der geschlossenen Volkswirtschaft ohne Staat?
       ii. ...in der geschlossenen Volkswirtschaft mit Staat?
       iii. ...in der offenen Volkswirtschaft ohne Staat?
       iv. ...in der offenen Volkswirtschaft mit Staat?

b) Welcher Zusammenhang besteht zwischen dem Aufbau von Vermögen und der Ersparnis in einer Volkswirtschaft? Unterscheiden Sie zwischen Sachvermögen und Finanzvermögen.

1.2 Übungsaufgaben

1. Nominale und reale Variablen und die Berechnung von Preisindizes

   In einer Volkswirtschaft werden zwei Güter gehandelt. In der Basisperiode $t = 0$ betragen die Preise dieser beiden Güter $p_0^1 = 2$ und $p_0^2 = 6$. Zu diesen Preisen werden die Mengen $q_0^1 = 12$ bzw. $q_0^2 = 1$ gehandelt. In Periode $t = 1$ steigt der Preis des ersten Gutes auf $p_1^1 = 3$, während der Preis des zweiten Gutes auf $p_1^2 = 4$ fällt. Zu diesen Preisen werden die Mengen $q_1^1 = 8$ und $q_1^2 = 1{,}5$ gehandelt.

   a) Erläutern Sie den Unterschied zwischen realen und nominalen Variablen!

   b) Definieren und bestimmen Sie die Preisindizes nach Laspeyres und Paasche!

2. Probleme der Inflationsmessung

   In der Volkswirtschaft der romischen Kaiserzeit werden zwei Güter gehandelt: Brot (P) und Spiele (C). Im Jahre 0 beträgt der Preis für die Großeinheit Brot $p_0^P = 4$, der Preis für Tausend Spiele $p_0^C = 10$ Goldmünzen. Zu diesen Preisen werden $q_0^P = 10$ Großeinheiten Brot und $q_0^C = 4$ Tausend Spiele gehandelt. Im Jahre 1 ist der Preis für die Großeinheit Brot auf $p_1^P = 3$ gefallen, der Preis für Tausend Spiele auf $p_1^C = 15$ Goldmünzen gestiegen. Zu diesen Preisen werden $q_1^P = 12$ Großeinheiten Brot und $q_1^C = 3$ Tausend Spiele gehandelt.

   a) Berechnen Sie mit Hilfe des

      i. Laspeyres-Index

      ii. Paasche-Index

      die Preissteigerung im Römischen Reich!

   b) Begründen Sie, warum häufig argumentiert wird, dass der Preisindex nach Laspeyres die Inflationsrate überschätzt, der Preisindex nach Paasche die Inflationsrate unterschätzt!

3. Inflationsmessung und die Hedonische Methode

   In der kleinen Volkswirtschaft Phantasia werden zwei Güter gehandelt, Computer und Sportautos. Im Jahr $t = 0$ kostet ein Computer 50, ein Sportauto 100. Es werden jeweils 10 Computer und 10 Sportautos gehandelt. Im Jahr 1 ist der Preis von Computern auf 70 gestiegen, der von Sportautos auf 90 gefallen.

   a) Berechnen Sie die Preissteigerung nach dem Laspeyres-Index.

   b) Der Computer bestehe aus zwei Teilen, Festplatte und Prozessor, die in $t = 0$ jeweils 25 kosteten, in Periode $t = 1$ aber wesentlich verbessert wurden. Zur alten Qualität würden beide Teile in Periode 1 jeweils nur noch einen Preis von 20 erzielen. Berechnen Sie die Preissteigerung, indem Sie den Computer in seine Einzelteile aufsplitten.

   c) Wie bezeichnet man die in Teilaufgabe b) verwendete Methode der Inflationsmessung? Welche Grundidee liegt der Methode zugrunde?

4. Sektorenanalyse im Rahmen der Volkswirtschaftlichen Gesamtrechnung

   Das Statistische Bundesamt beobachtete im Jahr 2008 folgende Transaktionen: In der Siliziumproduktion werden Löhne und Gehälter in Höhe von 75 Mio. € bezahlt. 1 Million Einheiten Silizium werden zu einem Preis von 150 € pro Einheit an die Halbleiterindustrie geliefert. Letztere zahlt ihren Beschäftigten 50 Mio. € an Löhnen und verkauft ihre Halbleiter für 400 Mio. € an die Produzenten von Playstations. Diese weisen eine Lohn- und Gehaltssumme von 850 Mio. € auf und verkaufen Playstations an VWL-Studenten für 1.500 Mio. €.

   a) Wie hoch ist die Wertschöpfung auf jeder Produktionsstufe?
   b) Welches Inlandsprodukt ergibt sich nach dem Wertschöpfungsansatz?
   c) Wie hoch ist die gesamtwirtschaftliche Lohn- und Gewinnsumme?

5. Kreislaufanalyse und Volkswirtschaftliche Gesamtrechnung

   Betrachten Sie die folgende Volkswirtschaft: In der Getreideproduktion werden Löhne und Gehälter in Höhe von 75 € gezahlt. Die gesamte Getreideproduktion wird für 140 € von Unternehmen aufgekauft, die damit Mehl produzieren. In der Mehlproduktion werden Löhne und Gehälter in Höhe von 50 € gezahlt. Die Mehlproduktion wird an die Brotindustrie für 250 € geliefert. Dort fallen Löhne und Gehälter in Höhe von 125 € an. Verkauft wird die Brotproduktion für 140 € an den Staat und für 360 € an die Konsumenten. Die Haushalte zahlen auf ihr Einkommen Steuern in Höhe von 20%. Sie konsumieren 90% ihres verfügbaren Einkommens. Es gibt keine Abschreibungen, indirekten Steuern und Subventionen. Der Saldo der Primäreinkommen mit der übrigen Welt beträgt 0.

   a) Wie groß ist die Wertschöpfung auf jeder Produktionsstufe?
   b) Wie groß ist das Bruttoinlandsprodukt nach dem Wertschöpfungsansatz (dieser Ansatz wird alternativ auch Entstehungsrechnung genannt)? Erklären Sie kurz die Entstehungsrechnung allgemein und für die betrachtete Volkswirtschaft!
   c) Wie groß ist das Bruttoinlandsprodukt nach der Verteilungsrechung (alternativ auch Einkommensrechnung genannt)? Erklären Sie kurz die Verteilungsrechnung allgemein und für die betrachtete Volkswirtschaft!
   d) Wie groß ist das Bruttoinlandsprodukt nach der Verwendungsrechung? Erklären Sie kurz die Verwendungsrechung allgemein und für die betrachtete Volkswirtschaft!
   e) Stellen Sie das Kreislaufmodell für die betrachtete Volkswirtschaft dar! Bezeichnen Sie alle Ströme und tragen Sie die dazugehörigen Werte ein!

6. Volkswirtschaftliche Gesamtrechnung und Kapitalakkumulation

   Für die Volkswirtschaft Numeria wurden im Jahr 2008 folgende Werte ermittelt (Angaben in Geldeinheiten):

– Einkommen aus unselbstständiger Arbeit	255
– Einkommen aus Unternehmertätigkeit	52,5
– Zins- und Mieteinkünfte	50
– Indirekte Steuern – Subventionen	50
– Handelsbilanzsaldo (Exporte minus Importe)	5

- Privater Verbrauch 280
- Staatsverbrauch 92,5
- Bruttoinvestitionen 107,5
- Saldo der Erwerbs- und Vermögenseinkommen –12,5

a) Berechnen Sie das Volkseinkommen von Numeria anhand der Angaben!

b) Berechnen Sie das Nettonationaleinkommen!

c) Berechnen Sie das Bruttonationaleinkommen!

d) Am Ende des Jahres 2007 hatte Numeria einen Kapitalstock im Wert von 485. Berechnen Sie den Kapitalstock von Numeria am Ende des Jahres 2008!

e) Nehmen Sie an, Numeria weist eine Produktionsfunktion des Typs

$$Y_t = K_t^{0,5} L_t^{0,5}$$

auf, wobei K_t den Kapitalstock am Anfang des Jahres t, L_t die Zahl der eingesetzten Arbeitskräfte und Y_t das BIP darstellen. Ermitteln Sie L_t sowie Y_t im Jahre 2009 unter den folgenden Annahmen: Kapitaleinheiten, die durch Investitionen im Jahr t angeschafft wurden, können erst ab dem Beginn des Jahres $t + 1$ eingesetzt werden. Alle im Laufe des Jahres verschlissenen Kapitalgüter werden erst am Ende eines Jahres aus dem Betrieb genommen. Die Zahl der Arbeitskräfte steigt proportional mit dem Kapitalstock.

7. Inlandskonzept, Inländerkonzept und die Ermittlung von Wachstumsraten

Das statistische Amt in Nordland hat folgende Daten für das Jahr 2008 erhoben (alle Angaben in Euro und zu Preisen von 2008):

- Bruttoproduktionswert 2.400
- Einkommen aus Unternehmertätigkeit 300
- Zins- und Mieteinkünfte 135
- Privater Verbrauch 1.100
- Staatsverbrauch 350
- Bruttoinvestitionen 380
- Exporte 750
- Importe 600
- Indirekte Steuern – Subventionen 120
- Auslandseinkommen der Inländer 50
- Inlandseinkommen der Ausländer 150
- Nettonationaleinkommen 1.455

a) Berechnen Sie das Bruttoinlandsprodukt, das Bruttonationaleinkommen, die Abschreibungen, die Vorleistungen, das Volkseinkommen sowie das Einkommen aus unselbstständiger Arbeit für das Jahr 2008!

b) Im Jahr 2005 ermittelte das statistische Amt von Nordland ein nominales BIP in Höhe von 1.800 €, in 2006 von 1.950 € und in 2007 von 1.969,50 €. Der Preisindex für 2005 beträgt 96, für 2006 100 und für 2007 101. Berechnen Sie die durchschnittliche Wachstumsrate des realen BIP für den Zeitraum 2005 bis 2007!

In Südland, dem Nachbarland von Nordland, beträgt das nominale BIP im Jahr 2008 400 € (beide Länder benutzen die gleiche Währung). Gehen Sie davon aus, dass Nord- und Südland ausschließlich untereinander Wirtschaftsbeziehungen unterhalten. Produktionsfaktoren wie Arbeit und Kapital sowie Güter und Dienstleistungen dürfen also nur die gemeinsame Grenze passieren, nicht aber in andere Länder überführt werden.

c) Nennen Sie mögliche Ursachen für die Tatsache, dass in Nordland das Auslandseinkommen der Inländer kleiner ist als das Inlandseinkommen der Ausländer! Mit welchen wirtschaftlichen Aktivitäten tragen die Bewohner von Südland zu dem Unterschied in Nordland bei?

d) Wie groß ist der Unterschied zwischen BIP und BNE in Südland? Begründen Sie mit einem Satz Ihre Antwort!

8. VGR und gesamtwirtschaftliche Ersparnis

Betrachten Sie folgende Daten der deutschen Volkswirtschaft:

– Einkommen aus unselbstständiger Arbeit	1.550 Mrd.
– Einkommen aus Unternehmertätigkeit	440
– Zins- und Mieteinkünfte	200
– Exporte	1.110
– Importe	900
– Privater Verbrauch	1.640
– Staatsverbrauch	520
– Bruttoinvestitionen	570
– Indirekte Steuern – Subventionen	330

Die Primäreinkommen, die Inländer aus dem Rest der Welt beziehen, entsprechen den Primäreinkommen, die an den Rest der Welt geleistet werden.

a) Bestimmen Sie

i. Volkseinkommen,

ii. BNE und

iii. NNE!

b) Wie hoch war die volkswirtschaftliche Ersparnis im betrachteten Zeitraum?

9. Ökonomische Aktivitäten und die Erfassung des BIP

Wie wirken sich folgende Aktivitäten auf die Höhe des BIP bzw. des Volkseinkommens aus? Nehmen Sie knapp Stellung zu der Frage, ob die entsprechende Auswirkung dem Grundgedanken des BIP als Maß für Produktion und Lebensstandard entspricht!

a) A renoviert das Zimmer von B und umgekehrt. Dafür zahlen sie sich gegenseitig jeweils 300 €.

b) Die Studenten A und B renovieren ihre gemeinsame Wohnung in Heimarbeit und ohne Austausch von Zahlungen.

c) Firma X verkleidet ein privates Wohnhaus mit einer asbesthaltigen Wärmedämmung.

d) Firma Y führt eine Asbestsanierung für 5.000 € durch, indem sie sämtliche asbesthaltigen Materialien durch andere Stoffe ersetzt. Der Mehrwertsteuersatz beträgt 15%. Inwieweit hängt die Antwort davon ab, ob das Gebäude ein privates Wohnhaus, im Eigentum eines Unternehmens oder ein Gebäude im Staatseigentum ist?

e) Student C macht eine Spritztour mit seinem Porsche und tankt Benzin im Wert von 100 €. Dabei beträgt der Steueranteil 60%, der Anteil importierten Rohöls 20%.

f) Der Selbstständige P heiratet seine Sekretärin. Daraufhin kündigt sie, erledigt ihre Aufgaben allerdings wie zuvor. Hierfür erhält sie von ihrem Ehemann ein zusätzliches Haushaltsgeld in Höhe ihres alten Gehalts.

g) Unternehmen A produziert Autos im Wert von 100 Mio. €. 70% des Endwertes der Autos besteht aus Ausgaben für Vorleistungen, wobei die Hälfte aller Vorleistungen aus dem Ausland bezogen wird. Alle Autos werden an inländische Haushalte verkauft.

Lösungen zu Kapitel 1

1.1 Wissens- und Verständnistests

Multiple Choice

1. d)
2. d)
3. c)
4. c)
5. c)
6. a)
7. c)
8. b)
9. b)
10. c)
11. d)

Wahr/Falsch

12. F, F, W, F
13. W, F, W, F
14. F, W, W, W
15. W, W, F, W
16. F, W, W, W
17. F, W, F, W
18. W, W, W, F
19. F, W, W, F
20. W, F, W, W
21. W, F, W, W
22. F, W, W, W

Basiswissen

23. Makroökonomische Daten

   a) Strom- und Bestandsgrößen
      - Bestandsgrößen (BG): Variablen zu einem bestimmten Zeitpunkt gemessen, Mengendimension.
      - Stromgrößen (SG): Variablen über einen bestimmten Zeitraum gemessen, Veränderung der Bestandsgröße; Dimension: Menge pro Zeiteinheit.
      - Beispiele: Kapitalstock (BG) und Investitionen (SG), Gesamtbevölkerung (BG) und Differenz zwischen Zahl der Geburten und Zahl der Sterbefälle (SG), Vermögen (BG) und Ersparnis (SG).

   b) Aggregation: Unter Aggregation von Daten versteht man das Zusammenfassen einzelwirtschaftlicher Daten (beispielsweise der Konsum einzelner Haushalte, die Preise für einzelne Produkte) zu größeren, gesamtwirtschaftlichen Einheiten (beispielsweise dem aggregierten Konsum, dem aggregierten Preisniveau). Das Wort kommt aus dem Lateinischen: aggregare = anhäufen, aggregatio = Anhäufung. Durch Aggregation von Daten gehen Informationen über individuelle Unterschiede, also insbesondere über die Verteilung von Einkommen, Konsumangaben etc., verloren.

   c) Beim Vergleich von Lebensstandards sollten generell Pro-Kopf-Größen verwendet werden. Ist der Unterschied zwischen BIP und BNE beträchtlich, sind das BNE bzw. das NNE als Einkommensmaße die adäquate Bezugsgröße. Zu beachten sind die vielfältigen Messprobleme, die bei der Erfassung auftauchen. Verteilungsaspekte bleiben unberücksichtigt, und bei öffentlichen Gütern, Umweltgütern oder nicht über den Markt gehandelten Gütern tauchen Bewertungs- bzw. Erfassungsprobleme auf. Dies gilt auch für die Berücksichtigung von Freizeit (siehe auch Blanchard/Illing, S. 55f.).

24. Wichtige Zusammenhänge der Volkswirtschaftlichen Gesamtrechnung

   a) Inlands- und Inländerkonzept:
      - BIP ➔ Inlandskonzept: Im Inland produzierte Einheiten, Wertschöpfung im Inland ➔ Betont produktionsseitige Zusammenhänge.

        Bruttoinlandsprodukt (BIP): Ist gleich dem Wert aller Güter und Dienstleistungen, die in einer Periode **im Inland** entstehen und an die Endverbraucher zu Marktpreisen verkauft werden. (bzw.: „Der Wert der im Inland hergestellten Waren und Dienstleistungen (Wertschöpfung), soweit diese nicht als Vorleistungen für die Produktion anderer Waren und Dienstleistungen verwendet werden“).
      - BNE ➔ Inländerkonzept: von Inländern erwirtschaftete Einkommen (Unterschied zum BIP durch Grenzgänger, Kapitalbeteiligungen im Ausland) ➔ Betont einkommensseitige Zusammenhänge.

        Bruttonationaleinkommen (BNE): Ist gleich dem Wert aller Güter und Dienstleistungen, die in einer Periode durch Aktivitäten der **Inländer** entstehen und an die Endverbraucher zu Marktpreisen verkauft werden. (bzw.: „Das Bruttonationaleinkommen ist gleich dem Bruttoinlandsprodukt abzüglich der an die übrige Welt geleisteten Primäreinkommen zuzüglich der aus der übrigen Welt empfangenen Primäreinkommen.“)

b) Nettogrößen berücksichtigen, dass ein Teil des gesamtwirtschaftlichen Kapitalstocks in einer Periode einem Verschleiß unterliegt und deshalb ersetzt werden muss. Will die Volkswirtschaft ihren Kapitalstock zumindest konstant halten, stehen ihr produzierte Ressourcen im Ausmaß des Verschleißes nicht zur Verfügung.

Bruttoinvestition – Ersatzinvestitionen (Abschreibungen) = Zuwachs des Kapitalstocks

Bruttoprodukte können in Nettoprodukte umgewandelt werden, indem der laufende Verschleiß der Volkswirtschaft, gemessen durch die Abschreibungen A, berücksichtigt wird:

- BNE – A = NNE
- BIP – A = NIP

c) Ausgehend vom NNE werden die indirekten Steuern abgezogen und die Subventionen hinzugezogen, um zum Volkseinkommen zu gelangen.

Volkseinkommen: Summe des von Inländern empfangenen Arbeitnehmerentgelts und den Unternehmens- und Vermögenseinkommen der Inländer (**vor Abzug** der direkten Steuern und vor Berücksichtigung von staatlichen Transfereinkommen).

d) Übersicht über die Berechnungsmethoden: siehe Abbildung 1.1

e) **Verfügbares Einkommen der privaten Haushalte:** Summe der den privaten Haushalten zugeflossenen Erwerbs-, Vermögens- und Übertragungseinkommen (Anteil der privaten Haushalte am Volkseinkommen) **abzüglich** der direkten Steuern (z.B. Einkommenssteuer) **zuzüglich** der Transferzahlungen des Staates (z.B. Wohngeld) an die Haushalte.

25. Ersparnis und Volkswirtschaftliche Vermögensrechnung

a) Ersparnis und Investitionen

i. I = S

ii. I = S – (G – T)

iii. I = S – LBS

iv. I = S – LBS – (G – T)

wobei I die gesamtwirtschaftlichen Investitionen, S die Private Ersparnis, G die Staatsausgaben und T die Steuereinnahmen darstellen. Das Leistungsbilanzsaldo wird mit LBS bezeichnet.

b) Der Vermögensaufbau kann entweder als Aufbau von Sachvermögen (also als eine Ausweitung des gesamtwirtschaftlichen Kapitalstocks) oder als Aufbau von Finanzvermögen vor sich gehen. Die gesamtwirtschaftliche Ersparnis misst die Veränderung des Vermögens und damit die Veränderung von Sach- und Finanzvermögen. Da die Ausweitung des Kapitalstocks durch die Nettoinvestitionen I erfasst wird, die Ausweitung des Finanzvermögens durch das Leistungsbilanzsaldo, gilt:

$$S_{gesamt} = S - (G - T) = I + LBS$$

Entstehungsrechnung	Verwendungsrechnung
Produktionswert[1)] – Vorleistungen	Private Konsumausgaben + Konsumausgaben des Staates + Bruttoinvestitionen[2)] + Export – Import

= Bruttoinlandsprodukt

+ von der übrigen Welt empfangene Primäreinkommen
– an die übrige Welt geleistete Primäreinkommen
= Bruttonationaleinkommen
– Abschreibungen

Verteilungsrechnung

= Nettonationaleinkommen
– Produktions- und Importabgaben an den Staat[3)]
+ Subventionen vom Staat

= Volkseinkommen

Arbeitnehmerentgelt	Unternehmens- und Vermögenseinkommen

Anmerkungen:

1) Der Produktionswert ergibt sich als Summe der einzelnen Produktionswerte von Unternehmen, Staat und privaten Organisationen ohne Erwerbszweck. Üblicherweise fließen in die Produktionswerte verkaufter Güter die in Rechnung gestellte Umsatzsteuer sowie Gütersubventionen **nicht** ein. Diese beiden Posten werden deshalb normalerweise separat erfasst: Nach Abzug der Vorleistungen vom Produktionswert erhält man die so genannte Bruttowertschöpfung. Zu dieser werden die Gütersteuern addiert, die Gütersubventionen werden subtrahiert. Als Ergebnis erhält man das BIP. Ohne die hier vorgenommene Vereinfachung, die unterstellt, dass Gütersteuern und Gütersubventionen bereits im Produktionswert enthalten sind, ergibt sich demzufolge für die Entstehungsrechnung folgender Zusammenhang:

Produktionswert
– Vorleistungen
= Bruttowertschöpfung
+ Gütersteuern
– Gütersubventionen
= Bruttoinlandsprodukt

2) Die Bruttoinvestitionen setzten sich zusammen aus: Ausrüstungsinvestitionen, Bauinvestitionen, sonstigen Anlagen, Vorratsveränderungen und dem Nettozugang an Wertsachen.

3) Häufig wird hier vereinfachend der Begriff „Indirekte Steuern“ verwendet.

Abbildung 1.1: Übersicht über die Entstehungs-, Verwendungs- und Verteilungsrechnung

1.2 Übungsaufgaben

1. Nominale und reale Variablen und die Berechnung von Preisindizes

 a) Eine nominale Variable wird zu augenblicklichen Preisen bewertet, d.h., eine Veränderung des Nominalproduktes kann allein durch eine Veränderung der Preise begründet sein. Eine reale Variable liegt vor, wenn die Mengen mit dem Preis eines bestimmten Basisjahres bewertet werden, d.h., eine Veränderung des Realproduktes kann nur in einer Mengenveränderung begründet sein.

 b) Der Laspeyres-Index ist definiert als:

$$I_t^L = \frac{\sum_{i=1}^{n} p_t^i \cdot q_0^i}{\sum_{i=1}^{n} p_0^i \cdot q_0^i} \quad \text{bzw.} \quad I_t^L = \frac{\sum_{i=1}^{n} p_t^i \cdot q_0^i}{\sum_{i=1}^{n} p_0^i \cdot q_0^i} \cdot 100 \qquad (1.)$$

Er enthält im Zähler konstante Mengen q^i der Basisperiode 0 zur Gewichtung der Preise p^i der Periode t. Somit berücksichtigt er nicht, dass sich der betrachtete Warenkorb bspw. durch Substitutionseffekte ändern kann. Im Beispiel ergibt sich für den Laspeyres-Index in Periode 0 ein Wert von 1 (da in Periode 0 die Basisperiode der Berichtsperiode entspricht), in Periode 1 ein Wert von:

$$I_1^L = \frac{3 \cdot 12 + 4 \cdot 1}{2 \cdot 12 + 6 \cdot 1} = \frac{40}{30} = 1{,}33$$

Der Paasche-Index ist definiert als:

$$I_t^P = \frac{\sum_{i=1}^{n} p_t^i \cdot q_t^i}{\sum_{i=1}^{n} p_0^i \cdot q_t^i} \quad \text{bzw.} \quad I_t^P = \frac{\sum_{i=1}^{n} p_t^i \cdot q_t^i}{\sum_{i=1}^{n} p_0^i \cdot q_t^i} \cdot 100 \qquad (2.)$$

Beim Paasche-Index werden im Zähler die Preise der Periode t mit variablen Mengengewichten aus der Berichtsperiode verwendet. Auch der Nenner enthält diese Größe, obwohl in der Basisperiode andere Mengen vorherrschten.

$$I_1^P = \frac{3 \cdot 8 + 4 \cdot 1{,}5}{2 \cdot 8 + 6 \cdot 1{,}5} = \frac{30}{25} = 1{,}2$$

2. Probleme der Inflationsmessung

 a) Es ergeben sich folgende Werte:

  i. Laspeyres-Index

$$I_1^L = \frac{p_1^P \cdot q_0^P + p_1^C \cdot q_0^C}{p_0^P \cdot q_0^P + p_0^C \cdot q_0^C} = \frac{3 \cdot 10 + 15 \cdot 4}{4 \cdot 10 + 10 \cdot 4} = \frac{9}{8}$$

  ii. Paasche-Index

$$I_1^P = \frac{p_1^P \cdot q_1^P + p_1^C \cdot q_1^C}{p_0^P \cdot q_1^P + p_0^C \cdot q_1^C} = \frac{3 \cdot 12 + 15 \cdot 3}{4 \cdot 12 + 10 \cdot 3} = \frac{27}{26}$$

Gemäß dem Laspeyres-Index ergibt sich eine Inflationsrate von 12,5%, gemäß dem Paasche-Index eine Inflationsrate von 3,8%.

b) Der **Laspeyres-Index** enthält konstante Mengen der Basisperiode zur Gewichtung der Preise. Er benutzt einen festen Warenkorb und berücksichtigt daher nicht, dass die Konsumenten die Möglichkeit haben, die relativ teurer gewordenen Güter durch billigere zu substituieren. Daher überschätzt der Laspeyres-Index in der Regel den tatsächlichen Preisanstieg.

Der Zähler des **Paasche-Index** enthält nicht nur die Preise (wie der Laspeyres-Index), sondern auch die Mengen aus der Berichtszeit ($t = 1$). Da die neuen Mengen auch im Nenner des Paasche-Index stehen, liegt hier die Fiktion zugrunde, der repräsentative Haushalt habe die nach der Substitution geltende Mengenkombination schon in der Basisperiode konsumiert; dies bedeutet regelmäßig eine Unterschätzung der tatsächlichen Ausgabensteigerungen.

3. Inflationsmessung und die Hedonische Methode

a) In Periode 1 erhalten wir als Wert für den Laspeyres-Index:

$$I_1^L = \frac{90 \cdot 10 + 70 \cdot 10}{100 \cdot 10 + 50 \cdot 10} = \frac{1.600}{1.500} = \frac{16}{15}$$

Für die Inflationsrate ergibt sich ein Wert von 1/15 bzw. 6,7%.

b) Es gibt jetzt drei Güter: Autos, Festplatte und Prozessor, von denen in Periode 0 jeweils 10 Einheiten gehandelt werden: (F = Festplatte, P = Prozessor). Einsetzen in die Formel für den Laspeyres-Index ergibt:

$$I_1^L = \frac{p_1^A q_0^A + p_1^P q_0^P + p_1^F q_0^F}{p_0^A q_0^A + p_0^P q_0^P + p_0^F q_0^F} = \frac{90 \cdot 10 + 20 \cdot 10 + 20 \cdot 10}{100 \cdot 10 + 25 \cdot 10 + 25 \cdot 10} = \frac{1.300}{1.500} = \frac{13}{15}$$

Für die Inflationsrate ergibt sich ein Wert von –2/15 bzw. –13,4%.

c) Hedonische Methode: Die Hedonische Methode berücksichtigt, dass sich die Produkteigenschaften verändern können. Insbesondere bei rasch voranschreitendem technischem Fortschritt kann eine Veränderung der Merkmalsausprägungen eines Gutes zu Verzerrungen bei der Preiserfassung führen.

Die Grundidee der Methode ist es, die verschiedenen Merkmale eines Gutes (z.B. Prozessorgeschwindigkeit, Arbeitsspeicher, Festplattengröße beim PC) mit einem Preis zu versehen und sie den Gütermerkmalen der Basisperiode anzupassen. So kann es sein, dass zwar die Preise eines neuen PCs gestiegen sind, dieser aber viel leistungsfähiger ist als das Vorjahresmodell und somit der Preis eines neuen PCs in Merkmalen eines alten PCs gesunken ist.

4. Sektorenanalyse im Rahmen der Volkswirtschaftlichen Gesamtrechnung

a) Es gilt: Bruttowertschöpfung = Bruttoproduktionswert – Vorleistungen

Silizium:	150
Halbleiter:	400 – 150 = 250
Playstations:	1.500 – 400 = 1.100

b) Es gilt:

Bruttoproduktionswert (Summe der Endverkäufe):	150 + 400 + 1.500
– Vorleistungen	150 + 400
= Bruttowertschöpfung = Bruttoinlandsprodukt (da keine Gütersteuern) = Bruttonationaleinkommen (da kein Ausland)	1.500

c) Die jeweiligen Lohnsummen sind:

Silizium: 75
Halbleiter: 50
Playstations: 850
Die Lohnsumme beträgt: 975
Die Gewinnsumme ergibt sich als:

Bruttowertschöpfung	1.500
– Lohnsumme	975
= Gewinn	525

5. Kreislaufanalyse und Volkswirtschaftliche Gesamtrechnung
   a) Wertschöpfung auf jeder Produktionsstufe:
      Getreideproduktion: 140
      Mehlproduktion: 250 – 140 = 110
      Brotproduktion: 500 – 250 = 250
   b) Bruttoproduktionswert = 140 + 250 + 140 + 360 = 890
      Vorleistungen = 140 + 250 = 390
      Bruttowertschöpfung = BIP = 890 – 390 = 500
   c) Löhne und Gehälter = 75 + 50 + 125 = 250
      Gewinn- und Vermögenseinkünfte = 65 + 60 + 125 = 250
      BIP = 250 + 250 = 500
   d) BIP = C + I + G = 360 + 0 + 140 = 500

e) Das Kreislaufdiagramm nimmt folgende Form an (*DV* stellt die Veränderung des volkswirtschaftlichen Vermögensbestandes dar):

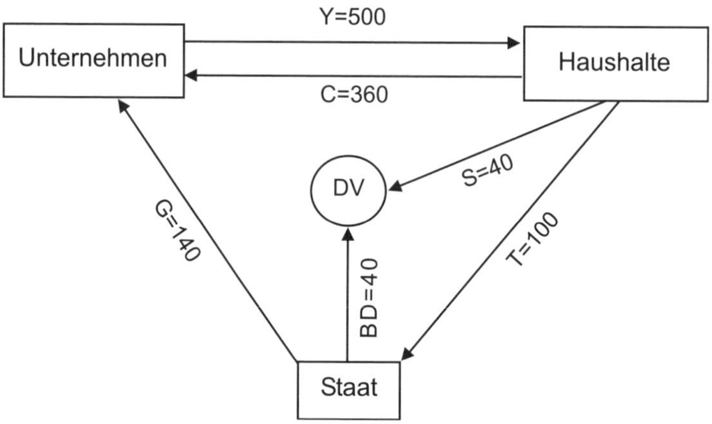

Abbildung 1.2: Kreislaufmodell für die Beispielökonomie

6. Volkswirtschaftliche Gesamtrechnung und Kapitalakkumulation
   a) Volkeinkommen = 255 + 52,5 + 50 = 357,5
   b) NNE = 357,5 + 50 = 407,5
   c) BNE = BIP + Saldo Primäreinkommen = $C + I^{brutto} + G + (X–IM) - 12{,}5 = 472{,}5$
   d) $K_{2008} = K_{2007} + I^{netto} = K_{2007} + I^{brutto}$ – Abschreibungen = $K_{2007} + I^{brutto}$ – (BNE – NNE)

      $K_{2008} = 485 + 107{,}5 - 65 = 527{,}5$

   e) Der für 2009 relevante Kapitalstock ist K_{2008}, der Kapitalstock am Ende des Vorjahres. Im Vorjahr betrug die Zahl der Arbeitskräfte 485, da:

$$Y_{2008} = 485^{0,5}\, L_{2008}^{-0,5} = 485$$

$$L_{2008} = \left(\frac{Y_{2008}}{485^{0,5}}\right)^2 = 485$$

Wenn die Zahl der Arbeitskräfte proportional zum Kapitalstock steigt, beträgt sie für 2009 ebenfalls 527,5. Damit ergibt sich für das BIP im Jahr 2009:

$$Y_{2009} = 527{,}5^{0,5} 527{,}5^{0,5} = 527{,}5$$

7. Inlandskonzept, Inländerkonzept und die Ermittlung von Wachstumsraten

   a) BIP = 1.100 + 350 + 380 + 750 – 600 = 1.980

      BNE = 1.980 + 50 – 150 = 1.880

      Abschreibungen = 1.880 – 1.455 = 425

      Vorleistungen = 2.400 – 1.980 = 420

      Volkseinkommen = 1.455 – 120 = 1.335

      Einkommen aus unselbstständiger Arbeit = 1.335 – 300 – 135 = 900

   b) Das reale BIP in den einzelnen Jahren beträgt:

      2005: 1.875

      2006: 1.950

      2007: 1.950

      Die Wachstumsraten sind:

      2005/2006: 4%

      2006/2007: 0%

      Die durchschnittliche Wachstumsrate ist:

$$g_r = \sqrt{\frac{Y_{2007}}{Y_{2005}}} - 1 = 1{,}98\%$$

   c) Mögliche Ursachen:

      – In Nordland arbeiten relativ viele Grenzgänger aus Südland.
      – Die Bewohner Südlands erhalten Rückflüsse aus ihren Investitionen in Nordland (bspw. in Form von Zins- und Dividendenzahlungen).
      – Südland bezieht hohe Subventionszahlungen aus Nordland.

   d) Aus Sicht von Südland gilt für den Saldo der Primäreinkommen genau das umgekehrte Vorzeichen. Der Saldo beträgt für Südland demzufolge +100, das BNE übersteigt das BIP um diesen Betrag.

8. VGR und gesamtwirtschaftliche Ersparnis

   a) Volkseinkommen, BNE und NNE

      i. Verteilungsrechnung: Volkeinkommen = 1.550 + 440 + 200 = 2.190

      ii. Verwendungsrechnung: BNE = BIP = 1.640 + 520 + 570 + 1.110 – 900 = 2.940

      iii. Verteilungsrechnung: NNE = 2.190 + 330 = 2.520

   b) Die (Netto-)Ersparnis ergibt sich als:

      Nettoinvestitionen + Exporte – Importe = 570 – (BNE – NNE) + 210 = 360

9. Ökonomische Aktivitäten und die Erfassung des BIP

   a) Falls die Studenten die erzielten Einnahmen als Einkommen angeben, steigt das BIP und das Volkseinkommen um 600 € (zur Bewertung vgl. Teilaufgabe b).

   b) Auswirkungen auf BIP bzw. Volkseinkommen: kein Einfluss, da Transaktion nicht über offizielle Märkte abgewickelt wird. Allerdings sind im Vergleich zu a) sowohl Produktionsleistung als auch der Lebensstandard unverändert. Hieraus folgt, dass die Nichterfassung von Nachbarschaftsleistungen oder Freundschaftsdiensten zu einer Verzerrung der Messung von Gesamtproduktion und Lebensstandard führt. Dies gilt insbesondere für Länder mit niedrigem BIP pro Kopf, da hier das Ausmaß von Transaktionen, die nicht über Märkte getätigt werden, oft besonders hoch ist.

   c) Das BIP und das Volkseinkommen steigen, obwohl der Lebensstandard der Bewohner des Hauses langfristig sinkt.

   d) Das BIP steigt um 5.000 €, das Volkseinkommen um 4.250 €; die Verwendung eines umweltschädlichen Materials wird somit gleich zwei Mal zu einer Erhöhung des BIP führen (vgl. Teilaufgabe c)). Je nachdem welches Haus saniert wird, ändert sich die Zusammensetzung der Verwendungsseite des BIP: Im ersten Fall steigen die privaten Konsumausgaben, im zweiten die Unternehmensinvestitionen, im dritten die Staatsausgaben.

   e) Das BIP steigt um 80 €, das Volkseinkommen um 20 €.

   f) BIP und Volkseinkommen verringern sich. Da gleichzeitig die Menge der pro Jahr produzierten Dienstleistungen konstant ist, ergibt sich die gleiche Verzerrung wie in Teilaufgabe b).

   g) Auf der Verwendungsseite steigt der Konsum um 100 Mio. €, die Importe um 35 Mio. €. Insgesamt steigen BIP und Volkseinkommen um 65 Mio. €. Die Vorleistungen müssen im vorliegenden Fall also nur abgezogen werden, sofern sie aus dem Ausland importiert wurden.

2 Mathematische Grundlagen und Einführung in die Ökonometrie

2.1 Mathematische Grundlagen

In diesem Kapitel sollen die mathematischen Konzepte, die für das Verständnis und das Lösen der Aufgaben in diesem Übungsbuch erforderlich sind, eingeführt und geübt werden. Wenn Sie Probleme beim Lösen der Aufgaben haben, sollten Sie sich die kurzen allgemeinen Erläuterungen vor den jeweiligen Lösungen im Lösungsteil durchlesen. Reichen Ihnen diese nicht aus, finden Sie am Schluss dieses Kapitels eine Zusammenstellung von verschiedenen empfehlenswerten Büchern, die die für Wirtschaftswissenschaftler relevanten mathematischen Methoden ausführlicher und umfassender darstellen.

1. Lösen von Gleichungen und Ungleichungen

   Betrachten Sie in den folgenden Aufgaben x als unbekannte Variable.

   a) Lösen Sie die folgenden **linearen Gleichungen**:

      i. $3x - 12$
      ii. $5x - 3 = 7$
      iii. $3x + 10 = -3x + 1$
      iv. $2x - (5x + 7) = 5 - 2(1 - x)$
      v. $2x = 4 + 2a$
      vi. $px = 3 + 2p;\ p \neq 0$
      vii. $x + bx = 1 - b^2;\ b \neq -1$

   b) Lösen Sie die folgenden **nichtlinearen Gleichungen**:

      i. $\frac{1}{1+x} = 3$
      ii. $\frac{12x}{5} - \frac{4x-6}{3} = \frac{10}{x} + \frac{16x}{15}$
      iii. $5 = e^{2x+3}$
      iv. $e^{x^2+b} = 1$
      v. $\ln(x+3) = 2$

c) Lösen Sie folgende **quadratischen Gleichungen**:

i. $x^2 = 9a^2$

ii. $x^2 = 4b$

iii. $x^2 + 7x + 12 = 0$

iv. $2x^2 + 2x - 1 = 0$

v. $3a^2x^2 = 1 - 2ax$

d) Lösen Sie die **Gleichungssysteme** nach den unbekannten Variablen x, y und z auf:

i. $2x + 3y = 5$
$x + 2y = 1$

ii. $2x + 3y = 5$
$6y = -4x + 10$

iii. $3x - 2y = 1$
$x = -1 + \frac{2}{3}y$

iv. $x + y + z = 1$
$x + 2y + 3z = 1$
$x + 3y - z = 4$

v. $2x - y + 3z = 4$
$-x + 2y + z = 2$
$5x + 2y - z = 4$

vi. $x + y + z = a$
$x + 2y + z = 3$
$x + 3y + 2z = 1$

e) Lösen Sie die folgenden **Ungleichungen** nach x auf:

i. $7x - 2 \leq 33$

ii. $3x + a > x - 2$

iii. $2 + bx < 4$

iv. $x + \dfrac{1}{x} > 0$

v. $2 < 1 - 3x - 2x^2$

2. Ableitungen

a) Funktionen einer Variable

i. $f(x) = 3x^{1-a} + 4x - 2$

ii. $f(x) = 3x(4 - x^2) + x^3$

iii. $f(x) = \dfrac{3(x+2)}{x+1}$

iv. $f(x) = e^{2-\ln(x+3)} \cdot (x+3) + 4x$

v. $f(x) = \ln\left(\frac{x(x^2+1)}{2x+1}\right)$

b) Partielle Ableitungen

Ermitteln Sie jeweils *sämtliche* partiellen Ableitungen:

i. $f(x_1, x_2) = 4x_1 x_2^3$

ii. $f(x_1, x_2) = (x_1 - 3)^2 e^{x_2}$

iii. $f(x_1, x_2) = \frac{3x_1^2 - 1}{x_1 + 5}$

iv. $f(c(y), y) = (c(y) + 3y)^2$, c ist also eine Funktion von y

v. $f(x_1, x_2, x_3) = \frac{3x_1^2 - 1}{x_2 + 5} x_3$

3. Totales Differential

Bilden Sie das totale Differential zu folgenden Funktionen:

a) $f(x, y) = 3x + 7y^2$

b) $f(x, y) = 2x^3 - xy + 3y^2$

c) IS-Gleichung: $Y = c_0 + c_1(Y - T) + d_0 - d_1 i + G$. (vgl. z.B. Kapitel 3)

d) Bilden Sie das totale Differential zu $f(c(y), y)$ und damit die totale Ableitung von $f(c(y), y)$ nach y.

e) Wenden Sie Ihre Ergebnisse aus d) auf die Funktion $f(c(y), y) = (c(y) + 3y)^2$ an.

4. (Punkt-)Elastizitäten

a) Zeigen Sie, dass für eine Funktion $y = f(x)$ die Punktelastizität nicht nur als $\eta = \frac{dy}{dx} \cdot \frac{x}{y}$, sondern analog auch als $\eta = \frac{d \ln y}{d \ln x}$ definiert ist.

Berechnen Sie die Punktelastizitäten der folgenden Funktionen bezüglich x:

b) $f(x) = 5x^{-4}$

c) $f(x) = \sqrt[3]{x}$

d) $f(x) = a \cdot \ln(bx)$

e) $f(x) = a \cdot e^{bx}$

5. Potenzgesetze

   Vereinfachen Sie folgende Terme:

   a) $\frac{2x^2}{ax^5}$

   b) $\frac{-3^2}{(-2)^3-(-1)^2}$

   c) $(x+1)^{-2} \cdot \frac{(x+1)^2}{x-1}$

   d) $\frac{-2x^6\left(x^2-49\right)}{(14+2x)x^2}$

   e) $\frac{x^{m-1} \cdot x^n}{x^{p-1} \cdot x^q}$

6. Homogenitätsgrad einer Funktion

   a) Definieren Sie allgemein den Homogenitätsgrad einer Funktion $f(x,y)$.

   b) Bestimmen Sie den Homogenitätsgrad der Funktion $f(x,y)=2x^3y-y^4$.

   c) Für welche Werte von α und β ist die Funktion $f(x,y)=Ax^\alpha y^\beta$ homogen vom Grad 1?

   d) Wann spricht man von konstanten, abnehmenden oder steigenden Skalenerträgen einer Produktionsfunktion $F(K,L)$?

   e) Zusatzaufgabe I: Beweisen Sie $\Rightarrow$ des Euler-Theorems:

   $$f(x,y) \text{ ist homogen vom Grad } k \Leftrightarrow x\frac{\partial f(x,y)}{\partial x}+y\frac{\partial f(x,y)}{\partial y}=k \cdot f(x,y).$$

   f) Zusatzaufgabe II: Interpretieren Sie das Euler-Theorem für eine Produktionsfunktion $F(K,L)$ mit konstanten Skalenerträgen ökonomisch.

7. Geometrische Reihen

   a) Berechnen Sie den heutigen Wert eines Wertpapiers bei einem Zinssatz von $i=5\%$, das 1 Geldeinheit ausbezahlt

      i. heute
      ii. in einem Jahr
      iii. in zwei Jahren
      iv. in fünf Jahren
      v. in zehn Jahren
      vi. in hundert Jahren
      vii. in unendlich vielen Jahren

b) Berechnen Sie den heutigen Wert eines Wertpapiers bei einem Zinssatz von $i = 5\%$, das 1 Geldeinheit ausbezahlt

i. heute

ii. heute und in einem Jahr

iii. heute, in einem und in zwei Jahren

iv. heute, in einem, in zwei, ... und in fünf Jahren

v. heute, in einem, in zwei, ... und in zehn Jahren

vi. heute, in einem, in zwei, ... und in hundert Jahren

vii. heute, in einem, in zwei, ... und in unendlich vielen Jahren

c) Wie verändert sich Ihre Antwort insbesondere zu Aufgabe b) vii, wenn Sie zukünftige Zahlungsströme *nicht* mit einem positiven Zinssatz diskontieren?

d) Leiten Sie die Formel für die unendliche geometrische Reihe her.

8. Nützliche Approximationen

a) An verschiedenen Stellen im Buch wird die Approximation $\ln(1+x) \approx x$ verwendet. Wie gut ist diese Approximation?

i. Erstellen Sie von Hand oder mit einem geeigneten Computerprogramm (Maple, Matlab, Excel) eine Grafik, die sowohl $f(x) = \ln(1+x)$ und $f(x) = x$ im Intervall $x \in [-2; 5]$ enthält.

ii. Wiederholen Sie Aufgabe i für das Intervall $x \in [0; 0{,}2]$.

iii. Was schließen Sie aus diesen beiden Grafiken für die Güte der Approximation $\ln(1+x) \approx x$?

b) Eine weitere häufig verwendete Approximation ist $(1+x)(1+y) \approx (1+x+y)$.

i. Erstellen Sie von Hand oder mit Excel zwei Tabellen, mit denen Sie die linke und rechte Seite der Approximation vergleichen können. Verwenden Sie folgende Werte für x und y: $x, y \in \{0; 0{,}01; 0{,}02; 0{,}05; 0{,}1; 0{,}2; 0{,}5\}$.

ii. Was schließen Sie aus diesen beiden Tabellen für die Güte der Approximation $(1+x)(1+y) \approx (1+x+y)$?

c) Die Approximation von Aufgabe b) ist nicht nur für die Berechnung z.B. des Realzinses nützlich, sondern auch für *Wachstumsraten von Variablen*, die sich aus dem Produkt anderer Variablen berechnen. Zeigen Sie, dass für $z = xy$ gilt: $g_z \approx g_x + g_y$, wobei g die Wachstumsrate der jeweiligen Variablen bezeichnet.

Literaturhinweise

Es existiert eine große Zahl von Büchern, die die für Wirtschaftswissenschaftler relevanten mathematischen Methoden in überwiegend guter Qualität darstellen. Die größten Unterschiede zwischen den einzelnen Werken finden sich im Ausmaß der mathematischen Rigorosität, der Verbindung zu ökonomischen Fragestellungen und Modellen sowie der Zahl der Übungsaufgaben. Ein echter Klassiker in einer aktualisierten Auflage stammt von Alpha C. Chiang und Kevin Wainwright (2005), *Fundamental Methods of Mathematical Economics*. Hier werden fast alle für Ökonomen bedeutenden Methoden in formaler Weise, aber mit ökonomischen Beispielen beschrieben, so dass Sie auf dieses Buch vielleicht auch noch nach Ihrem Diplom zurückgreifen werden.

Wenn Sie nur einen Einstieg in die Materie wünschen, ist zum Beispiel das Buch von Knut Sydsæter und Peter Hammond, *Mathematik für Wirtschaftswissenschaftler*, (ISBN 978-3-8273-7357-1) besser geeignet. In der Vorgehensweise weniger abstrakt und optisch übersichtlicher als Chiang und Wainwright, behandelt es vor allem die im Grundstudium relevanten Methoden ausführlich und mit zahlreichen Beispielen.

Ein weiteres empfehlenswertes Buch stammt von C.J. McKenna und R. Rees (1992), *Economics: A Mathematical Introduction*. Es kombiniert einen hohen Grad an mathematischer Genauigkeit (Beweise!) mit vielen ökonomischen Beispielen, die allerdings überwiegend aus der Mikroökonomie stammen.

2.2 Einführung in die Ökonometrie

Dieses Kapitel bietet eine knappe Einführung in grundlegende Begriffe, Methoden und Anwendungen der Ökonometrie. Die Ökonometrie ist die empirische Disziplin der Volkswirtschaftslehre und wendet Methoden der Statistik (insbesondere der induktiven Statistik) an, um ökonomische Modelle zu überprüfen und Aussagen über ökonomische Hypothesen auf statistisch gesichertem Niveau treffen zu können. Mit Hilfe ökonometrischer Methoden kann also untersucht werden, ob eine Theorie als richtig erachtet werden kann und welche Variablen in welchem Ausmaß tatsächlich empirisch eine Rolle spielen.

Die im Lehrbuch gegebene Einführung soll an dieser Stelle vor allem formal erweitert und anhand von Beispielen und Aufgaben illustriert werden. Die benötigten Datensätze stehen auf der Companion Website zum Buch zur Verfügung.

2.2.1 Wichtige Grundbegriffe

1. Ökonometrische Modelle

   Ein *ökonomisches* Modell wird aus der Theorie abgeleitet und formuliert ökonomische Verhaltensweisen (z.B. Konsum) durch eine mathematisch-funktionale Darstellung. Ein *ökonometrisches* Modell hingegen wird zur quantitativen Prognose des ökonomischen Modells benötigt. Die konkreten Werte der Parameter werden mit Hilfe des ökonometrischen Modells geschätzt.

Beispiel Konsumfunktion:

Bei der Analyse des Gütermarktes (siehe Kapitel 3) wird folgende Konsumfunktion formuliert:

$C_t = C_t\left(Y_{Vt}\right)$ ➔ Der Konsum ist abhängig vom verfügbaren Einkommen!

Beziehungsweise genauer:

$C_t = c_0 + c_1 Y_{Vt}$ ➔ Der Konsum setzt sich zusammen aus dem autonomen Konsum und dem mit der marginalen Konsumneigung multiplizierten verfügbaren Einkommen!

Nehmen Sie an, Sie verfügen über Daten für den Konsum C und das verfügbare Einkommen Y_V. Die Parameter für autonomen Konsum und marginale Konsumneigung können durch folgendes *lineare* ökonometrische Modell geschätzt werden:

$$C_t = \beta_0 + \beta_1 Y_{Vt}$$

oder allgemein formuliert: $y_t = \beta_0 + \beta_1 x_t$

Abhängige / Unabhängige Variablen:

Abhängige Variablen (in unserem Fall C bzw. y) werden durch unabhängige Variablen (in unserem Fall Y_V bzw. x) erklärt. Abhängige Variablen werden auch als zu erklärende bzw. endogene Variablen bezeichnet oder auch als Regressanden. Unabhängige Variablen werden auch als erklärende bzw. exogene Variablen bezeichnet oder auch als Regressoren.

2. Spezifikation einer Schätzform

   Zur vollständigen Spezifikation eines ökonometrischen Modells wird ein stochastisches Element benötigt. Dieses stochastische Element repräsentiert zufällige Abweichungen der Beobachtungen um den systematischen Anteil des beobachteten Wertes.

   Die Berücksichtigung einer stochastischen Spezifikation ist u.a. wegen Spezifikationsfehler, Messfehler oder auch zufällige Ereignisse notwendig. Formalisiert wird dies, indem der **Störterm** ε zur Modellgleichung hinzuaddiert wird.

   $$y_t = \beta_0 + \beta_1 x_t + \varepsilon_t$$

   Der Störterm ε deckt zum Teil auch den Einfluss anderer exogener Variablen auf die endogene Variable ab, die im Modell nicht explizit formuliert werden (z.B. bei der Konsumfunktion: Zinssatz, Einkommen und Konsum der Vorperiode, Größe des Haushalts).

   Unterscheidung *Querschnittsdaten / Zeitreihendaten*:

   Bei *Querschnittsdaten* variiert die Untersuchungseinheit (z.B. Land, Region, Wirtschaftssubjekt) und der Beobachtungszeitpunkt wird fixiert.

   Formal: $y_i = \beta_0 + \beta_1 x_i + \varepsilon_i$ mit $i = 1,..,N$

   Beispiel: Zu einem beliebigen Zeitpunkt t (z.B. Jahr 2008) wird der Konsum von i Ländern in Abhängigkeit vom verfügbaren Einkommen formuliert.

Bei *Zeitreihendaten* variiert hingegen der Beobachtungszeitpunkt und die Untersuchungseinheit wird fixiert.

Formal: $y_t = \beta_0 + \beta_1 x_t + \varepsilon_t$ mit $t = 1,..,N$

Beispiel: Für ein bestimmtes Land i wird der Konsum als Funktion des verfügbaren Einkommens zu verschiedenen Zeitpunkten t dargestellt.

Die Mischform aus Querschnitts- und Zeitreihendaten werden als *Paneldaten* bezeichnet. Ein Panel setzt sich zusammen aus der Beobachtungsebene (z.B. Wirtschaftssubjekt, Unternehmen) und der Erhebungsbasis (z.B. Umfragen / Meldungen zu in gleichmäßigen Abständen wiederholten Zeitpunkten).

Formal: $y_{it} = \beta_0 + \beta_1 x_{it} + \varepsilon_{it}$ mit $i = 1,..,N$ und $t = 1,..,N$

Ein Beispiel dafür ist das sozio-ökonomische Panel (SOEP) des Deutschen Instituts der Wirtschaft (DIW) in Berlin. Das SOEP ist eine representative Wiederholungsbefragung privater Haushalte in Deutschland, die seit 1984 jährlich bei denselben Haushalten in Deutschland durchgeführt wird.

2.2.2 Das OLS-Regressionsmodell

Die Methode der kleinsten Quadrate (OLS = ordinary least squares) ist ein Schätzverfahren, welches ein ökonometrisches Modell anhand eines vorhandenen Datensatzes analysiert. Das OLS-Regressionsmodell ist ein Verfahren, den linearen Zusammenhang zwischen exogenen und einer endogenen Variable darzustellen. (Hinweis: Im Folgenden wird nur der Fall mit *einer* exogenen Variable betrachtet.) Nehmen Sie im weiteren Verlauf an, dass folgende lineare ökonometrische Spezifikation mit Zeitreihendaten durch das OLS-Regressionsmodell analysiert werden soll (die Analyse mit Querschnittsdaten erfolgt analog):

$$y_t = \beta_0 + \beta_1 x_t + \varepsilon_t$$

Das OLS-Verfahren „schätzt" anhand vorhandener Daten die wahren Koeffizienten (β_0, β_1) der ökonometrischen Spezifikation. Die geschätzten Koeffizienten werden mit einem „Dach" (^) gekennzeichnet $(\hat{\beta}_0, \hat{\beta}_1)$.

1. Grafische Darstellung

   Nehmen Sie an, Sie sind am Zusammenhang zwischen einer exogenen (unabhängigen) Variable x und einer endogenen (abhängigen) Variable y interessiert. Zur grafischen Darstellung in einem Streudiagramm werden die vorhandenen/beobachteten Werte der exogenen Variable x an der Abszisse und die dazugehörigen Werte der endogenen Variable y an der Ordinate abgetragen, so dass jedem Beobachtungszeitpunkt ein Wertepaar (x_t, y_t) korrespondiert.

Beispiel:

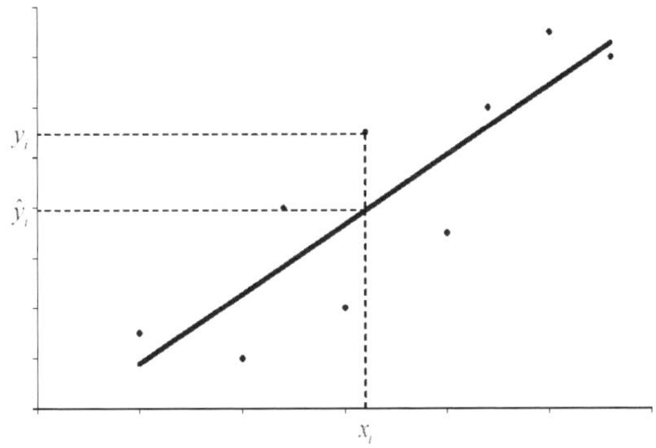

Abbildung 2.1: Streudiagramm mit Regressionsgerade

Da wir am Einfluss der exogenen Variable x auf die endogene Variable y interessiert sind, wird nun durch die OLS-Regression ein linearer Schätzer bzw. eine Gerade gesucht, welcher die dargestellte Punktwolke am besten charakterisiert. Man benötigt also einen linearen Schätzer, der sich an die vorhandenen Wertepaare am besten anpasst. Die Methode der kleinsten Quadrate ist dafür am besten geeignet. Die Gerade mit der besten Anpassung minimiert die Summe der quadrierten vertikalen Abweichungen der Punkte der Wertepaare im Diagramm von der Gerade (siehe Abb. 2.1):

$$\sum_{t=1}^{N}(y_t - \hat{y}_t)^2$$

2. Formale Herleitung des Kleinste-Quadrate-(OLS)-Schätzers

   Die lineare ökonometrische Spezifikation $y_t = \beta_0 + \beta_1 x_t + \varepsilon_t$ kann mit Hilfe des OLS-Verfahrens durch folgende **Regressionsgerade** geschätzt werden: $\hat{y}_t = \hat{\beta}_0 + \hat{\beta}_1 x_t$, wobei die *Koeffizienten* $\hat{\beta}_0$ für die *Konstante* (bzw. den Achsenabschnitt) und $\hat{\beta}_1$ für die *Steigung* der Regressionsgerade stehen. Der vertikale Abstand der Beobachtung y_t zum Punkt auf der geschätzten Geraden $\hat{y}_t$ wird **Residuum** $\hat{\varepsilon}_t$ genannt.

   Residuum: $\hat{\varepsilon}_t = y_t - \hat{y}_t$

   Die Methode der kleinsten Quadrate minimiert durch geeignete Wahl der Parameter $\hat{\beta}_0$ und $\hat{\beta}_1$ die Summe der quadrierten Residuen. Grafisch passt das OLS-Verfahren die Konstante und die Steigung der Regressionsgerade so an die beobachteten Datenpaare an, dass die quadrierten Abstände zur Regressionsgerade minimiert werden.

$$\min_{\hat{\beta}_0,\hat{\beta}_1} \sum_{t=1}^{T}(y_t - \hat{y}_t)^2 \qquad (1.)$$

   wobei $y_t = \hat{\beta}_0 + \hat{\beta}_1 x_t$ die Gleichung der Geraden mit der besten Anpassung repräsentiert (Regressionsgerade). Daraus folgt für (1.):

$$\min_{\hat{\beta}_0,\hat{\beta}_1} \sum_{t=1}^{T}\left(y_t - \hat{\beta}_0 - \hat{\beta}_1 x_t\right)^2 \qquad (2.)$$

Durch Minimierung von (2.) nach den *Koeffizienten* $\hat{\beta}_0$ und $\hat{\beta}_1$ folgen zwei Bedingungen erster Ordnung:

$$\frac{\partial \sum_{t=1}^{T}\left(y_t-\hat{\beta}_0-\hat{\beta}_1 x_t\right)^2}{\partial \hat{\beta}_0}=0 \rightarrow -\sum_{t=1}^{T}2\left(y_t-\hat{\beta}_0-\hat{\beta}_1 x_t\right)=0 \quad |:-2$$

$$\rightarrow \hat{\beta}_0 T+\hat{\beta}_1\sum_{t=1}^{T}x_t=\sum_{t=1}^{T}y_t \qquad (3.)$$

$$\frac{\partial \sum_{t=1}^{T}\left(y_t-\hat{\beta}_0-\hat{\beta}_1 x_t\right)^2}{\partial \hat{\beta}_1}=0 \rightarrow -\sum_{t=1}^{T}2x_t\left(y_t-\hat{\beta}_0-\hat{\beta}_1 x_t\right)=0 \quad |:-2$$

$$\rightarrow \hat{\beta}_0\sum_{t=1}^{T}x_t+\hat{\beta}_1\sum_{t=1}^{T}x_t^2=\sum_{t=1}^{T}x_t y_t \qquad (4.)$$

Die Bedingungen erster Ordnung (3.) und (4.) bilden ein Normalgleichungssystem mit den zwei Unbekannten $\hat{\beta}_0$ und $\hat{\beta}_1$. Durch Umformungen können daraus die Koeffizienten der OLS-Regression berechnet werden. Zunächst wird (3.) mit $\sum_{t=1}^{T}x_t$ und (4.) mit T multipliziert und danach (4.) von (3.) subtrahiert.

Daraus ergibt sich:

$$\hat{\beta}_1\left[\left(\sum_{t=1}^{T}x_t\right)^2-T\sum_{t=1}^{T}x_t^2\right]=\sum_{t=1}^{T}y_t\sum_{t=1}^{T}x_t-T\sum_{t=1}^{T}x_t y_t$$

$$\hat{\beta}_1=\frac{\sum_{t=1}^{T}x_t\sum_{t=1}^{T}y_t-T\sum_{t=1}^{T}x_t y_t}{\left(\sum_{t=1}^{T}x_t\right)^2-T\sum_{t=1}^{T}x_t^2} \qquad (5.)$$

Mit der Vereinfachung $\frac{1}{T}\sum_{t=1}^{T}x_t=\overline{x}_t$ und $\frac{1}{T}\sum_{t=1}^{T}y_t=\overline{y}_t$ folgt aus (5.):

$$\hat{\beta}_1=\frac{\sum_{t=1}^{T}(x_t-\overline{x})(y_t-\overline{y})}{\sum_{t=1}^{T}(x_t-\overline{x})^2} \qquad (6.)$$

Aus Gleichung (3.) folgt für $\hat{\beta}_0$:

$$\hat{\beta}_0=\overline{y}-\beta_1\overline{x} \qquad (7.)$$

3. Annahmen des OLS-Modells

Um die Koeffizienten des OLS-Modells korrekt interpretieren zu können, müssen einige Annahmen bezüglich des Störterms ε_t und der exogenen, erklärenden Variablen x erfüllt sein (Hinweis: Die Annahmen gelten sowohl für die Zeitreihenspezifikation $t = 1,..,T$ als auch für die Querschnittsspezifikation $i = 1,..,T$):

a) $E(\varepsilon_t) = 0$; der Erwartungswert des Vektors der Störterme ist Null; dies bedeutet, dass der Vektor der Störterme keinen systematischen Einfluss auf die endogene Variable y ausübt.

b) $Var(\varepsilon_t) = \sigma^2$; die Varianz des Vektors der Störterme ist konstant; diese Eigenschaft wird als Homoskedastizität bezeichnet. Ist die Varianz nicht konstant, spricht man von Heteroskedastizität der Störterme.

c) $Cov(\varepsilon_t, \varepsilon_{t'}) = 0 \; \forall \; t \neq t'$; die Störterme sind untereinander unkorreliert; diese Eigenschaft wird als Nichtvorliegen von Autokorrelation in den Störtermen bezeichnet.

d) $\varepsilon \sim N(0, \sigma^2)$; die Störterme sind normalverteilt mit Erwartungswert Null und Varianz σ^2. Diese Annahme beinhaltet die Annahmen a) bis c).

e) Die exogene Variable x ist über die Population fixiert, keine Zufallsvariable und nicht mit ε korreliert.

➔ Wenn diese Annahmen erfüllt sind, ist der OLS-Koeffizient (bzw. Schätzer) der beste, lineare, unverzerrte Schätzer (**B**est **L**inear **U**nbiased **E**stimator = BLUE)!

4. Interpretation der OLS-Koeffizienten

Im vorigen Abschnitt wurden die Koeffizienten der OLS-Regressionsgerade $\hat{y}_t = \hat{\beta}_0 + \hat{\beta}_1 x_t$ formal hergeleitet. Nun stellt sich die Frage, wie die geschätzten Koeffizienten der ökonometrischen Spezifikation $y_t = \beta_0 + \beta_1 x_t + \varepsilon_t$ zu interpretieren sind.

$\hat{\beta}_0$ wird als Schätzung des OLS-Achsenabschnittes bzw. Konstante bezeichnet: $\hat{\beta}_0$ ist der geschätzte Wert von y falls gilt $x = 0$

$\hat{\beta}_1$ wird als Schätzung der Steigung der OLS-Regressionsgerade bezeichnet: der Koeffizient $\hat{\beta}_1$ schätzt, um wie viel sich y verändert, wenn x um eine Einheit erhöht wird.

Beispiel: $\hat{y}_t = 500 + 0{,}6x_t$

Wenn die exogene Variable x gleich Null ist, dann gilt für die endogene Variable $y = 500$. Wenn sich x um eine Einheit erhöht, erhöht sich y um 0,6 Einheiten.

Der OLS-Koeffizient $\hat{\beta}_1$ muss in einer anderen Weise interpretiert werden, falls eine oder beide Variablen in **logarithmierter** Form vorliegen. Oftmals müssen nämlich Variablen logarithmiert werden, um einen linearen Zusammenhang darstellen und das OLS-Verfahren anwenden zu können. Dabei sind folgende drei Fälle zu unterscheiden:

a) Die exogene Variable (x) in logarithmierter Form (sog. Level-log-Fall):

Spezifikation: $y_t = \beta_0 + \beta_1 \ln x_t + \varepsilon_t$

Interpretation von $\hat{\beta}_1$: Ein Anstieg von x um 1% bewirkt eine Veränderung von y um $0{,}01 \cdot \hat{\beta}_1$ Einheiten.

b) Die endogene Variable (y) in logarithmierter Form (sog. Log-level-Fall):

Spezifikation: $\ln y_t = \beta_0 + \beta_1 x_t + \varepsilon_t$

Interpretation von $\hat{\beta}_1$: Ein Anstieg von x um eine Einheit bewirkt eine Veränderung von y um $100 \cdot \beta_1\%$.

c) Sowohl die exogene (x) als auch die endogene Variable (y) in logarithmierter Form (sog. Log-log-Fall):

Spezifikation: $ln\, y_t = \beta_0 + \beta_1\, ln\, x_t + \varepsilon_t$

Interpretation von $\hat{\beta}_1$: Ein Anstieg von x um 1% bewirkt eine Veränderung von y um $\hat{\beta}_1\%$. Der Koeffizient $\hat{\beta}_1$ ist somit die **Elastizität** von y in Bezug auf x.

5. Wichtige Begriffe und Kennzahlen

a) Zahl der Freiheitsgrade

Die Zahl der Freiheitsgrade ist die Anzahl der Beobachtungen abzüglich der Anzahl der zu schätzenden Parameter. Da wir an dieser Stelle nur den Fall mit einer exogenen Variable betrachten (univariater Fall), werden durch das OLS-Regressionsmodell zwei Parameter geschätzt ($\hat{\beta}_0$ und $\hat{\beta}_1$). Wenn also 50 Beobachtungen vorliegen (t bzw. $i = 1, .., 50$), dann beträgt die Zahl der Freiheitsgrade 48 ($= 50 - 2$). Werden mehr als eine exogene Variable betrachtet, dann verringert sie die Zahl der Freiheitsgrade für eine gegebene Zahl der Beobachtungen. Allgemein gilt, dass die Zahl der Beobachtungen relativ zur Zahl der Parameter nicht zu klein werden sollte. Je größer die Zahl der Freiheitsgrade, desto verlässlicher werden die Schätzwerte.

b) Gütemaß

Das Gütemaß, bezeichnet mit R^2, quantifiziert die Güte der Anpassung im Rahmen des OLS-Regressionsmodells. R^2 nimmt Werte zwischen Null und Eins an. Das Gütemaß gibt an, wie gut die ermittelte Gerade den Zusammenhang zwischen den Größen erfasst, d.h. welcher prozentuale Anteil (z.B. $R^2 = 0{,}85 = 85\%$) der Variation (Veränderung) der abhängigen Variable durch Veränderungen der unabhängigen Variable erklärt wird. Durch die Methode der kleinsten Quadrate wird die Summe der quadrierten Residuen minimiert und das Gütemaß R^2 wird maximiert. Ein niedriger Wert von R^2 bedeutet nicht, dass das verwendete Regressionsmodell ungültig ist, sondern dass ein Großteil der Variation der endogenen (zu erklärenden) Variable durch das Modell nicht erklärt wird.

Ein Nachteil des Gütemaßes ist, dass eine Überspezifikation des Modells nicht berücksichtigt wird. Wenn die Zahl der Freiheitsgrade abnimmt, geht R^2 gegen Eins. Außerdem wird R^2 niemals kleiner, wenn zusätzliche exogene Variablen in das Modell mit aufgenommen werden, obwohl nicht gefolgert werden kann, ob dadurch das Modell besser wird. Aus diesem Grund ist es von Vorteil, als Gütemaß der Regression das so genannte „korrigierte" oder „adjustierte" Gütemaß $\bar{R}^2$ zu betrachten. $\bar{R}^2$ korrigiert das Gütemaß, um Fehlinterpretationen durch eine Abnahme der Zahl der Freiheitsgrade zu vermeiden, und $\bar{R}^2$ kann auch sinken, wenn zusätzliche exogene Variablen in das Regressionsmodell mit aufgenommen werden. $\bar{R}^2$ kann außerdem negative Werte annehmen, wenn die Zahl der Freiheitsgrade gegen Null geht. In den folgenden Übungsaufgaben betrachten wir ausschließlich das korrigierte Gütemaß $\bar{R}^2$.

c) Konfidenzintervall / t-Wert und Signifikanzniveau / p-Wert

Mit Konfidenzintervall bezeichnet man das Intervall, in dem der tatsächliche Wert des Schätzers (β_0 bzw. β_1) mit einer vorgegebenen Wahrscheinlichkeit liegt (üblicherweise 90%, 95% oder 99%).

Der t-Wert bzw. t-Statistik eines Koeffizienten berechnet man aus dem Quotient des geschätzten Parameters und dem geschätzten Standardfehler. Dieser ermittelte t-Wert wird mit dem korrespondierenden Wert der so genannten t-Verteilung unter Berücksichtigung der Zahl der Freiheitsgrade und des angesetzten Konfidenzintervalls verglichen. Ist der Betrag des t-Wertes größer als dieser Wert, dann bezeichnet man den Koeffizienten als **signifikant** von Null verschieden. Die t-Statistik berichtet also, mit welcher Wahrscheinlichkeit (üblicherweise 90%, 95% oder 99%) der wahre Wert des geschätzten Koeffizienten von Null verschieden ist. Faustregel: Ist der Betrag des t-Werts größer als 2, dann ist der Schätzer mit einer Wahrscheinlichkeit von 95% signifikant von Null verschieden. Ist der Betrag des t-Werts größer als 5,2, dann ist der geschätzte Koeffizient mit einer Wahrscheinlichkeit von 99% signifikant von Null verschieden.

Das Signifikanzniveau wird üblicherweise mit den Werten 1%, 5% und 10% angesetzt. Damit wird die Wahrscheinlichkeit bezeichnet, mit welcher die exogene Variable keinen signifikanten Einfluss auf die endogene Variable ausübt, obwohl ein Koeffizient ungleich Null geschätzt wurde. Mit dem Signifikanzniveau verbunden ist der p-Wert. Der p-Wert gibt die Wahrscheinlichkeit an, mit welcher der Koeffizient nicht signifikant von Null verschieden ist, obwohl ein Wert ungleich Null geschätzt wurde. Beispiel: $\hat{\beta}_1 = 0{,}6$ und $p = 0{,}04$ ➔ Die Wahrscheinlichkeit, dass der Schätzer nicht von Null verschieden ist, beträgt 4%. Der Schätzer ist somit signifikant zum Signifikanzniveau 5%.

6. Korrelation und Kausalität

Bei der ökonometrischen Spezifikation $y_t = \beta_0 + \beta_1 x_t + \varepsilon_t$ wird unterstellt, dass Variationen in x Variationen in y erklären können. Aus der Beobachtung, dass beide Variablen miteinander korreliert sind, wird durch die ökonometrische Spezifikation eine Kausalität von x zu y unterstellt. Betrachten wir als Beispiel die Konsumfunktion. Durch die Spezifikation der Konsumfunktion wird unterstellt, dass die Richtung der Kausalität vom verfügbaren Einkommen zum Konsum zeigt. Wie jedoch auch bei der Analyse des Gütermarkts gezeigt wird, ist der Konsum wiederum ein Bestandteil der Produktion und ist, da die Produktion dem Einkommen entspricht, damit auch Bestandteil des verfügbaren Einkommens. Die Kausalität zeigt somit in beide Richtungen:

➔ Ein Anstieg des verfügbaren Einkommens bewirkt einen Anstieg des Konsums.

➔ Ein Anstieg des Konsums bewirkt einen Anstieg des verfügbaren Einkommens.

Der geschätzte Koeffizient der Regression von Variablen, bei denen die Kausalität in beide Richtungen wirkt, kann zu Fehlinterpretationen führen. Ein Verfahren, das dieses Problem handhabt, ist das so genannte **Instrumentvariablen-Verfahren**. Betrachten wir die ökonometrische Spezifikation $y_t = \beta_0 + \beta_1 x_t + \varepsilon_t$ und nehmen an, dass die Kausalität zwischen y und x in beide Richtungen zeigt. Beim Instrumentvariablen-Verfahren muss zunächst eine weitere exogene Variable gefunden werden, welche die Variable x beeinflusst, selbst aber unabhängig von ihr ist. Eine solche exogene Variable wird als

Instrument bezeichnet. Danach müssen die Veränderungen der zu erklärenden (endogenen) Variable y aufgrund von Veränderungen von x, die durch das Instrument verursacht werden, untersucht werden. Veränderungen von x aufgrund Veränderungen von y müssen ignoriert werden. Mit dem Instrumentvariablen-Verfahren kann somit der kausale Effekt von x auf y geschätzt werden.

Literaturhinweise

Es existiert eine große Anzahl an Büchern, welche ökonometrische Methoden auf unterschiedlichem Niveau darstellen. Einen Einstieg in die Ökonometrie bieten beispielsweise die Bücher *Basic Econometrics* von D. Gujarati (2002) und *Econometric Models and Economic Forecast* von R. Pindyck und D. Rubinfeld (1998). Für Fortgeschrittene und zur Erweiterung der Grundkenntnisse bietet sich beispielsweise das Werk *Econometric Analysis* von W. Greene (2002) an.

2.3 Wissens- und Verständnistests

(Hinweis: Bei allen folgenden Aufgaben sei angenommen, dass die Annahmen des OLS-Modells erfüllt sind!)

Multiple Choice

1. Interpretieren Sie folgende ökonometrische Spezifikation: $y_t = 20 - 4\,ln\,x_t + \varepsilon_t$!
   a) Ein Anstieg von x um 1 Einheit bewirkt einen Rückgang von y um 4 Einheiten.
   b) Ein Anstieg von x um 1% bewirkt einen Rückgang von y um 4%.
   c) Ein Anstieg von x um 1% bewirkt einen Rückgang von y um 0,04 Einheiten.
   d) Ein Anstieg von x um 1 Einheit bewirkt einen Rückgang von y um 40%.
2. Interpretieren Sie folgende ökonometrische Spezifikation: $ln\,y_t = 10 + 0,25\,ln\,x_t + \varepsilon_t$!
   a) Ein Anstieg von x um 1% bewirkt einen Anstieg von y um 0,25%.
   b) Ein Anstieg von x um 1% bewirkt einen Anstieg von y um 25%.
   c) Ein Anstieg von x um 1 Einheit bewirkt einen Anstieg von y um 0,25 Einheiten.
   d) Ein Anstieg von x um 1% bewirkt einen Anstieg von y um 0,25 Einheiten.
3. Interpretieren Sie folgende ökonometrische Spezifikation: $ln\,y_t = 25 - 0,3x_t + \varepsilon_t$!
   a) Ein Anstieg von x um 1 Einheit bewirkt einen Rückgang von y um 0,3%.
   b) Ein Anstieg von x um 1% bewirkt einen Rückgang von y um 0,3 Einheiten.
   c) Ein Anstieg von x um 1 Einheit bewirkt einen Rückgang von y um 30%.
   d) Ein Anstieg von x um 1% bewirkt einen Rückgang von y um 30%.

Wahr/Falsch:
Welche der folgenden Antworten sind wahr, welche falsch?

4. Die Ergebnisse einer univariaten (d.h. eine exogene Variable) OLS-Regression mit Querschnittsdaten lauten: $\hat{\beta}_0 = 10$, $\hat{\beta}_1 = -0{,}3$, $\bar{R}^2 = 0{,}75$. Welche Interpretation ist korrekt?
   a) Wenn x gleich null ist, dann gilt $y = 10$.
   b) Wenn x um eine Einheit steigt, dann steigt y um 0,3 Einheiten.
   c) Variationen in x erklären 75% der Variationen in y.
   d) Wenn x gleich null ist, dann sinkt y um 0,3 Einheiten.

5. Bei der Schätzung einer OLS-Regression wird ein Signifikanzniveau von 5% angesetzt. Das Ergebnis der Schätzung liefert für den Koeffizienten $\hat{\beta}_1$ den t-Wert $t = 4, 56$ und den p-Wert $p = 0{,}01$. Welche Schlüsse ziehen Sie aus dem Ergebnis?
   a) Da der t-Wert größer als 2 ist, kann man zu 95% sicher sein, dass der Koeffizient $\hat{\beta}_1$ signifikant von Null verschieden ist.
   b) Die Wahrscheinlichkeit, dass die exogene Variable keinen signifikanten Einfluss auf die endogene Variable ausübt, beträgt 1 Prozent.
   c) Da der p-Wert kleiner ist als 2, kann man zu 95% sicher sein, dass der Parameter nicht signifikant von Null verschieden ist.
   d) Die exogene Variable übt keinen signifikanten Einfluss auf die endogene Variable aus.

6. Betrachten Sie folgende ökonometrische Spezifikation mit **zwei** exogenen Variablen: $y_t = \beta_0 + \beta_1 x_{1t} + \beta_2 x_{2t} + \varepsilon_t$. Zahl der Beobachtungen: $N = 16$, angesetztes Signifikanzniveau: 5%, Das OLS-Regressionsverfahren schätzt die Koeffizienten folgendermaßen: $\hat{\beta}_0 = 21$ (6,8), $\hat{\beta}_1 = 0{,}1$ (0,8), $\hat{\beta}_2 = 0{,}3$ (7,8); (t-Werte in Klammern). Welche Aussagen sind richtig?
   a) Alle drei Koeffizienten sind nicht signifikant zum Niveau 5%.
   b) Die Zahl der Freiheitsgrade beträgt 13.
   c) Alle drei Koeffizienten sind signifikant zum Niveau 5%.
   d) Die Variable x_1 übt keinen signifikanten Einfluss auf die endogene Variable aus.

2.4 Übungsaufgaben

1. Berechnung der OLS-Koeffizienten

   In folgender Tabelle sind Absatzzahlen für ein Produkt zu verschiedenen Preisen aufgeführt. y_i steht für den Absatz (endogene Variable) und x_i für den Preis (exogene Variable).

Preis x_i	100	90	80	70	65	60	55	50	42	38	35	10
Absatz y_i	50	75	90	95	90	105	80	90	100	115	125	130

a) Erstellen Sie ein Streudiagramm mit Hilfe eines Tabellenkalkulations- oder Statistikprogramms! Fügen Sie eine Regressionsgerade ein und charakterisieren Sie diese!

b) Berechnen Sie anhand des OLS-Regressionsverfahrens, insbesondere mit Hilfe der Formeln (6.) und (7.), die Koeffizienten der ökonometrischen Spezifikation $y_i = \beta_0 + \beta_1 x_i + \varepsilon_i$ anhand der gegebenen Daten! Interpretieren Sie die Koeffizienten!

c) Berechnen Sie die Regression nun mit Hilfe eines Tabellenkalkulations- oder Statistikprogramms! Ist der Koeffizient $\hat{\beta}_1$ signifikant zum Niveau 5%? Interpretieren Sie den Wert es korrigierten Gütemaßes $\bar{R}^2$!

2. Der Zusammenhang zwischen verfügbarem Einkommen und Konsum

CWS COMPANION WEBSITE

Zur Lösung folgender Aufgabe verwenden Sie bitte den Datensatz `Aufgabe_2_2_4.xls` auf der Companion Website. Der Datensatz enthält Zeitreihendaten der Variablen *realer Konsum* und *reales verfügbares Einkommen* in Deutschland von 1961 bis 2003.

a) Berechnen Sie für beide Zeitreihen die jährliche Veränderung der Variable abzüglich der durchschnittlichen jährlichen Veränderung der Variable!

(Hinweis zur Berechnung:

$$\Delta x_t - \overline{\Delta x} = \left(x_t - x_{t-1}\right) - \frac{1}{N}\sum_{t=1}^{N}\left(x_t - x_{t-1}\right),$$

N = Zahl der Beobachtungen) Interpretieren Sie die Aussagekraft der beiden neuen Zeitreihen! Nennen Sie im Folgenden die beiden neuen Zeitreihen „Veränderung Konsum“ und „Veränderung verfügbares Einkommen“.

b) Stellen Sie die beiden neuen Zeitreihen in einem Streudiagramm dar und fügen Sie eine Regressionsgerade ein („Veränderung verfügbares Einkommen“ auf der x-Achse und „Veränderung Konsum“ auf der y-Achse)!

Hinweis: Eliminieren Sie die Werte für das Jahr 1991, um Verzerrungen aufgrund der Wiedervereinigung in Deutschland zu vermeiden. Welche Schlussfolgerung lässt sich aus der Betrachtung des Streudiagramms ziehen? Kennzeichnen Sie für zwei beliebige Zeitpunkte die Residuen in der Grafik und erläutern Sie, was Sie unter einem Residuum verstehen!

c) Schätzen Sie mit Hilfe eines Tabellenkalkulations- oder Statistikprogramms eine Regression mit „Veränderung verfügbares Einkommen“ als exogene Variable und „Veränderung Konsum“ als endogene Variable und geben Sie in einer Tabelle die Werte der Koeffizienten, t-Werte, p-Werte und das korrigierte Gütemaß an! (Hinweis: Ignorieren Sie weiterhin die Werte für das Jahr 1991.)

d) Interpretieren Sie das Ergebnis der Regression! Gehen Sie dabei insbesondere auf den Koeffizienten der exogenen Variable, dessen t- und p-Wert sowie auf das korrigierte Gütemaß ein!

Lösungen zu Kapitel 2

2.1 Mathematische Grundlagen

1. Lösen von Gleichungen und Ungleichungen

Lösen von Gleichungen

Wie man Gleichungen nach einer Unbekannten auflöst, ist Ihnen aus Ihrer Schulzeit bekannt. Entscheidendes Hilfsmittel sind die so genannten **Äquivalenzumformungen**, bei denen man auf beiden Seiten einer Gleichung denselben Rechenschritt durchführt: Zum Beispiel addiert, subtrahiert, multipliziert oder dividiert man auf beiden Seiten mit demselben Term.

Verboten ist dabei natürlich die Division durch 0. Aufpassen muss man auch bei beidseitigem Logarithmieren (ist nur für positive Werte definiert), Quadrieren (erweitert die Lösungsmenge um den negativen Betrag der eigentlichen Lösung) oder Wurzelziehen (gibt nur das positive Element der Lösungsmenge wieder).

a) Lineare Gleichungen
   i. $x = 4$
   ii. $x = 2$
   iii. $x = -1{,}5$
   iv. $x = -2$
   v. $x = 2 + a$
   vi. $x = 2 + 3/p$
   vii. $x + bx = 1 - b^2 \quad \Leftrightarrow \quad x(1+b) = (1+b)(1-b) \quad \Leftrightarrow \quad x = 1 - b$

b) Nichtlineare Gleichungen
   i. $x = -2/3$
   ii. Multiplizieren der Gleichung mit $15x$, dem kleinsten, gemeinsamen Vielfachen der Nenner, und anschließendes Auflösen führt zum Ergebnis $x = 5$.
   iii. $x = (\ln 5 - 3)/2$
   iv. Fallunterscheidung: Für $b \leq 0$, $x_1 = \sqrt{-b}$; $x_2 = -\sqrt{-b}$; für $b > 0$ existiert keine (reelle) Lösung.
   v. $x = e^2 - 3$

Lösungsformel für quadratische Gleichungen

Auch die Lösungsformel für quadratische Gleichungen (manchmal auch „Mitternachtsformel“ genannt) ist Ihnen mit Sicherheit aus der Schule bekannt:

Für $b^2 - 4ac \geq 0$ und $a \neq 0$ gilt

$ax^2 + bx + c = 0$ genau dann, wenn $x = \frac{-b \pm \sqrt{b^2 - 4ac}}{2a}$.

(Für $b^2 - 4ac < 0$ existiert nur eine Lösung mit komplexen Zahlen, die für die meisten ökonomischen Probleme irrelevant ist.)

c) Quadratische Gleichungen

i. $x_1 = 3a$; $x_2 = -3a$

ii. Fallunterscheidung: Für $b \geq 0$: $x_1 = 2\sqrt{b}$; $x_2 = -2\sqrt{b}$. Für $b < 0$: Keine (reelle) Lösung.

iii. $x_1 = -3$; $x_2 = -4$

iv. $x_1 = \frac{-1+\sqrt{3}}{2}$; $x_2 = \frac{-1-\sqrt{3}}{2}$

v. $x_1 = -1/a$; $x_2 = 1/(3a)$; für $a = 0$ ➔ keine Lösung

Lösen von linearen Gleichungssystemen

Gleichungssysteme bestehen aus mehreren Gleichungen mit mehreren Unbekannten. Für eine eindeutige Lösung bei N Unbekannten benötigt man N (linear unabhängige) Gleichungen. Mögliche Lösungsverfahren sind das Einsetzverfahren (Auflösen einer Gleichung nach einer Unbekannten, Einsetzen in alle anderen usw.) oder die Cramersche Regel (siehe unten).

d) Gleichungssysteme

i. $x = 7$, $y = -3$

ii. Löst man die 1. Gleichung nach x auf, erhält man $x = \frac{5}{2} - \frac{3}{2}y$. Substitution in die 2. Gleichung ergibt $6y = -10 + 6y + 10$, was immer erfüllt ist, so dass hier unendlich viele Lösungen existieren. Die Ursache ist, dass die 2. Gleichung gerade 2-mal der 1. Gleichung entspricht, die beiden Gleichungen also *linear abhängig* sind.

iii. Einsetzen der 2. Gleichung in die 1. Gleichung führt zu $-3 + 2y - 2y = 1$. Diese Gleichung ist nie erfüllt, so dass keine Lösung für dieses Gleichungssystem existiert.

iv. $x = \frac{1}{2}$, $y = 1$, $z = -\frac{1}{2}$

v. $x = \frac{17}{24}$, $y = \frac{19}{24}$, $z = \frac{9}{8}$

vi. $x = a + 2$, $y = -a + 3$, $z = a - 5$

Cramersche Regel

Das Gleichungssystem

$$\begin{aligned} a_{11}x_1 + a_{12}x_2 + a_{13}x_3 &= b_1 \\ a_{21}x_1 + a_{22}x_2 + a_{23}x_3 &= b_2 \\ a_{31}x_1 + a_{32}x_2 + a_{33}x_3 &= b_3 \end{aligned} \quad \text{kann als} \quad \begin{pmatrix} a_{11} & a_{12} & a_{13} \\ a_{21} & a_{22} & a_{23} \\ a_{31} & a_{32} & a_{33} \end{pmatrix} \begin{pmatrix} x_1 \\ x_2 \\ x_3 \end{pmatrix} = \begin{pmatrix} b_1 \\ b_2 \\ b_3 \end{pmatrix}$$

oder kurz als $\mathbf{Ax} = \mathbf{B}$ in Matrixschreibweise geschrieben werden.

Definiert man als $\mathbf{D}_i$ die Matrix, die man aus $\mathbf{A}$ erhält, wenn man die i-te Spalte von $\mathbf{A}$ mit $\mathbf{B}$ ersetzt, berechnet sich die Lösung von x_i als

$$x_i = \frac{|\mathbf{D}_i|}{|\mathbf{A}|}.$$

Lösen von Ungleichungen

Ungleichungen werden praktisch analog zu Gleichungen gelöst. Der wichtigste Unterschied besteht in der Notwendigkeit, bei der Multiplikation oder Division mit einem negativen Term das Ungleichheitszeichen umzudrehen: Aus $1 < 2$ wird durch Multiplikation mit -1 nämlich $-1 > -2$!

e) Ungleichungen

i. $x \leq 5$

ii. $x > \dfrac{-a-2}{2}$

iii. Fallunterscheidung (!): Für $b > 0$ ergibt sich $x < 2/b$, für $b < 0$ ergibt sich $x > 2/b$ und für $b = 0$ keine Lösung.

iv. $x > 0$. *Achtung*: $x^2 > -1$ ist zwar für alle x erfüllt, aber wenn Sie die Ungleichung mit x multiplizieren und $x < 0$ ist, ändert sich das Ungleichheitszeichen und die entstehende Ungleichung $x^2 < -1$ ist im reellen Zahlenraum nie erfüllt.

v. $x \in \left]-1; -\tfrac{1}{2}\right[$

2. Ableitungen

a) Funktionen einer Variable

i. $f'(x) = 3(1-a)x^{-a} + 4$

ii. $f'(x) = 12 - 6x^2$

iii. $f'(x) = \dfrac{-3}{(x+1)^2}$

iv. $f'(x) = 4$

v. $f'(x) = \dfrac{4x^3 + 3x^2 + 1}{x(2x+1)(x^2+1)}$

Ableitung und Differentiale

Die Ableitung einer Funktion $y = f(x)$ wird mit $f'(x) = \frac{df}{dx} = \frac{dy}{dx}$ bezeichnet.

Der Term $d\,y/d\,x$ kann dabei auf zwei Arten interpretiert werden, nämlich als

- konkreter Wert der Ableitung und damit der Tangentensteigung an einer bestimmten Stelle x sowie als
- das Verhältnis zweier Quantitäten, der **Differentiale** dy und dx.

Die zweite Interpretation lässt sich an Hand des *Differenzenquotienten* $\Delta y/\Delta x$ erklären: Ein bestimmtes Δx an einer gegebenen Stelle x resultiert in einer entsprechenden Veränderung des Funktionswertes, Δy. Da

$$\Delta y \equiv \left(\frac{\Delta y}{\Delta x}\right)\Delta x \qquad (1.)$$

gilt, kann man Δy berechnen, sobald der Differenzenquotient und die Veränderung bekannt sind. Wenn man nun die Veränderung Δx infinitesimal klein werden lässt, wird auch die Veränderung des Funktionswertes Δy infinitesimal klein und der Differenzenquotient $\Delta y/\Delta x$ ist als Ableitung $d\,y/d\,x$ schreibbar. Aus (1) wird so

$$dy = \left(\frac{dy}{dx}\right)dx = f'(x)dx \qquad (2.)$$

Abbildung 2.2 verdeutlicht diesen Effekt grafisch: Je kleiner Δx, desto mehr nähert sich B entlang des Funktionsgraphen A an. Dadurch wird die Länge der Strecke BD immer kleiner und im Grenzwert sind die Punkte B und D identisch. Damit sind im Grenzwert, d.h. für infinitesimal kleine Veränderungen Δx, auch der Differenzenquotient und die Ableitung, d.h. die Tangentensteigung, identisch.

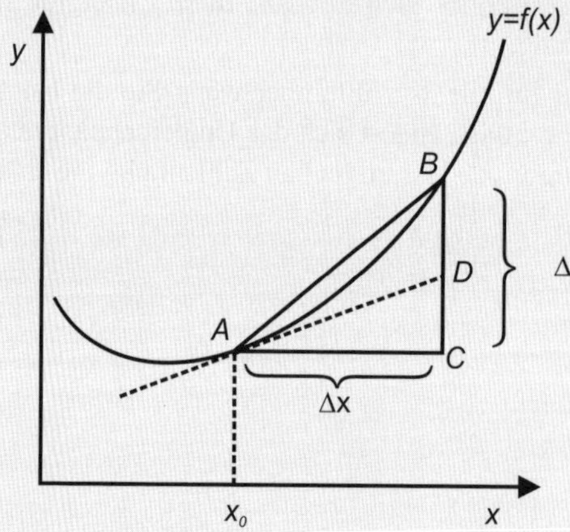

Abbildung 2.2: Ableitung und Differenzenquotient

Die wichtigsten Ableitungsregeln

Konstantenregel: $f(x)=a \Rightarrow f'(x)=0$

Potenzregel: $f(x)=x^a \Rightarrow f'(x)=ax^{a-1}$

Summenregel: $F(x)=f(x)\pm g(x) \Rightarrow F'(x)=f'(x)\pm g'(x)$

Produktregel: $F(x)=f(x)\cdot g(x) \Rightarrow F'(x)=f'(x)\cdot g(x)+f(x)\cdot g'(x)$

Quotientenregel: $F(x)=\frac{f(x)}{g(x)} \Rightarrow F'(x)=\frac{f'(x)\cdot g(x)-f(x)\cdot g'(x)}{[g(x)]^2}$

Kettenregel: $F(x)=f(g(x)) \Rightarrow F'(x)=\frac{df}{dg(x)}\cdot\frac{dg(x)}{dx}$

Exponentialfunktion: $f(x)=e^{ax} \Rightarrow f'(x)=ae^{ax}$

Logarithmusfunktion: $f(x)=\ln x \Rightarrow f'(x)=\frac{1}{x}$

Partielle Ableitung

Viele ökonomisch relevante Funktionen hängen nicht nur von *einer* Variablen x, sondern von *mehreren*, voneinander unabhängigen Variablen $x_1, x_2, \ldots, x_n$ ab. Dann gibt

$$\frac{\partial f}{\partial x_i}$$

die **partielle Ableitung** der stetigen und differenzierbaren Funktion $f(x_1,\ldots,x_n)$ nach der Variablen x_i an, bei der alle anderen unabhängigen Variablen konstant gehalten werden. Vereinfachend schreibt man häufig f_i an Stelle von

$$\frac{\partial f}{\partial x_i}.$$

Die Interpretation der partiellen Ableitung entspricht der Interpretation der bereits bekannten Ableitung als Tangentensteigung und als Quantitätenverhältnis. Sie misst die Veränderungsrate von f für eine infinitesimale Veränderung von x_i. Entscheidend ist die Annahme, dass alle anderen Variablen sich nicht ändern. Falls die Funktion nur von einer Variablen abhängt, sind Ableitung und partielle Ableitung identisch, da die – nicht vorhandenen – anderen Variablen konstant sind.

b) Partielle Ableitungen

i. $f_1(x_1,x_2)=4x_2^3$, $f_2(x_1,x_2)=12x_1x_2^2$

ii. $f_1(x_1,x_2)=2(x_1-3)e^{x_2}$, $f_2(x_1,x_2)=(x_1-3)^2 e^{x_2}$

iii. $f_1(x_1,x_2)=\dfrac{3x_1^2+30x_1+1}{(x_1+5)^2}$, $f_2(x_1,x_2)=0$

iv. $\dfrac{\partial f(c(y),y)}{\partial c}=2\cdot(c(y)+3y)$, $\dfrac{\partial f(c(y),y)}{\partial y}=6\cdot(c(y)+3y)$

Achtung: $\dfrac{\partial f(c(y),y)}{\partial y}\neq 2\cdot(c(y)+3y)\cdot(c'(y)+3)$, vgl. auch Aufgabe 3 e)

v. $f_1(x_1,x_2,x_3)=\dfrac{6x_1}{x_2+5}x_3$, $f_2(x_1,x_2,x_3)=-\dfrac{3x_1^2-1}{(x_2+5)^2}x_3$, $f_3(x_1,x_2,x_3)=\dfrac{3x_1^2-1}{x_2+5}$

Totales Differential

Wie verändert sich der Funktionswert y, wenn $y=f(x_1,\ldots,x_n)$ stetig und differenzierbar ist, von mehreren Variablen abhängt, und diese sich gleichzeitig infinitesimal verändern können?

Für $f(x)$ besagt (2) aus der Box über Ableitungen und Differentiale, dass das Differential dy gleich $f'(x)\,dx$ ist. Entsprechend wird für $y=f(x_1,x_2)$ die Veränderung von f für eine kleine Veränderung von x_1 als $\partial f/\partial x_1\cdot dx_1=f_1dx_1$ ausgedrückt. Gleichermaßen verändert sich f bei einer kleinen Veränderung von x_2 um $\partial f/\partial x_2\cdot dx_2=f_2dx_2$.

Damit ergibt sich als gesamte Veränderung von f die Summe beider Effekte

$$dy=\frac{\partial f}{\partial x_1}dx_1+\frac{\partial f}{\partial x_2}dx_2$$

Dabei heißt dy das **totale Differential** der Funktion $y=f(x_1,x_2)$.

Im **allgemeinen Fall** einer Funktion mit n unabhängigen Variablen $y=f(x_1,\ldots,x_n)$ heißt

$$dy=\frac{\partial f}{\partial x_1}dx_1+\frac{\partial f}{\partial x_2}dx_2+\cdots+\frac{\partial f}{\partial x_n}dx_n=\sum_{i=1}^{n}\frac{\partial f}{\partial x_i}dx_i$$

das totale Differential der Funktion f. Es gibt die Änderung einer Funktion für marginale Änderungen aller Funktionsargumente an.

3. Totales Differential

a) $df=3dx+14ydy$

b) $df=(6x^2-y)dx+(-x+6y)dy$

c) Lösen Sie die *IS*-Gleichung zunächst nach Y auf:

$$Y=\frac{c_0}{1-c_1}-\frac{c_1}{1-c_1}T+\frac{d_0}{1-c_1}-\frac{d_1}{1-c_1}i+\frac{1}{1-c_1}G$$

Als totales Differential bleibt dann (für konstante c_0 und d_0):

$$dY=-\frac{c_1}{1-c_1}dT-\frac{d_1}{1-c_1}di+\frac{1}{1-c_1}dG$$

d) Totales Differential: $df = \frac{\partial f}{\partial c}dc + \frac{\partial f}{\partial y}dy$

Damit ergibt sich als **totale Ableitung** der Funktion *f* nach *y*:

$$\frac{df}{dy} = \frac{\partial f}{\partial c}\frac{dc}{dy} + \frac{\partial f}{\partial y}$$

Vergleichen Sie dieses Ergebnis mit der partiellen Ableitung von *f* nach *y* aus Aufgabe 2 b) i und machen Sie sich in der nächsten Aufgabe anhand des Beispiels $f(c(y), y) = (c(y) + 3y)^2$ den Unterschied klar.

e) $\frac{\partial f(c(y), y)}{\partial c} = 2 \cdot (c(y) + 3y)$ und $\frac{dc}{dy} = c'(y)$ sowie $\frac{\partial f(c(y), y)}{\partial y} = 2 \cdot (c(y) + 3y) \cdot 3$

Eingesetzt in die allgemeine Form der totalen Ableitung *df*/*dy* aus d) ergibt sich

$$\frac{df}{dy} = 2 \cdot (c(y) + 3y) \cdot c'(y) + 2 \cdot (c(y) + 3y) \cdot 3 = 2 \cdot (c(y) + 3y) \cdot (c'(y) + 3)$$

Punktelastizität

Die (Punkt-)Elastizität einer Funktion gibt an, um welchen Prozentsatz sich der Funktionswert ändert, wenn das Funktionsargument um 1% ansteigt. Am Beispiel der Preiselastizität der Nachfrage η lässt sich dies weniger formal ausdrücken: Sie besagt, um wie viel Prozent sich die nachgefragte Menge *y* verändert, wenn der Preis *p* um 1% ansteigt, also $\eta = (\Delta y/y)/(\Delta p/p)$.

Der Vorteil der Angabe von Elastizitäten im Vergleich zu absoluten Änderungen ist die Unabhängigkeit von den gewählten Einheiten und damit die bessere Vergleichbarkeit. Es geht hier nämlich immer um prozentuale und damit relative Veränderungen. Auf diese Art können Sie beispielsweise die Preiselastizitäten verschiedener Produkte, die zudem noch in verschiedenen Währungen (Einheiten) verkauft werden, vergleichen.

Für marginal kleine Veränderungen der Mengen *y* und des Preises *p* bzw. allgemein für marginale Veränderungen einer Funktion $y = f(x)$ und *x* wird aus der Differenz Δ das Differential *d*. Deshalb schreibt man für die Elastizität η einer Funktion *y* bezüglich *x*:

$$\eta = \frac{dy}{dx} \cdot \frac{x}{y} \quad \text{bzw.} \quad \eta = \frac{dy}{dx} \Big/ \frac{y}{x} = \frac{\text{Grenzfunktion}}{\text{Durchschnittsfunktion}}$$

4. (Punkt-)Elastizität

a) Sie sollen zeigen, dass die Punktelastizität auch als Ableitung von $\ln y$ nach $\ln x$ geschrieben werden kann. Zur Vereinfachung definiert man zwei Hilfsfunktionen $u = \ln y$ und $v \equiv \ln x$, so dass $x = e^{\ln x} = e^v$. Damit besteht eine Kettenbeziehung von *u* über *y* und *x* zu *v*. Durch zweimaliges Anwenden der Kettenregel und anschließendes Einsetzen für *u* und *x* berechnet sich die Ableitung von $\ln y$ nach $\ln x$ als

$$\frac{d\ln y}{d\ln x} = \frac{du}{dv} = \frac{du}{dy}\frac{dy}{dx}\frac{dx}{dv}$$

$$= \left(\frac{d}{dy}\ln y\right)\left(\frac{dy}{dx}\right)\left(\frac{d}{dv}e^v\right)$$

Da $\frac{d}{dy}\ln y = \frac{1}{y}$ und $\frac{d}{dv}e^v = e^v = x$, bleibt $\frac{d\ln y}{d\ln x} = \frac{x}{y}\cdot\frac{dy}{dx}$. Quod erat demonstrandum.

b) $\eta = 5\cdot(-4)\cdot x^{-5}\cdot\frac{x}{5\cdot x^{-4}} = -4$

c) $\eta = 1/3$

d) $\eta = \frac{1}{\ln(bx)}$

e) $\eta = bx$

Rechenregeln für Potenzen

Definitionen	
$a^n = \underbrace{a\cdot a\cdot\ldots\cdot a}_{n\ Faktoren}\quad (n\in\mathbb{N})$	$a^0 = 1\quad (a\neq 0)$
$a^{-n} = \frac{1}{a^n}\quad (n\in\mathbb{N}, a\neq 0)$	$a^{\frac{m}{n}} = \sqrt[n]{a^m}\quad \left(m,n\in\mathbb{N}, a\in\mathbb{R}_0^+\right)$
Rechengesetze	
Für $a,b\in\mathbb{R}^+$ und $m,n\in\mathbb{R}$ gilt:	
Produkt:	
$a^n\cdot a^m = a^{n+m}$	$a^n\cdot b^n = (a\cdot b)^n$
Quotient:	
$\frac{a^n}{a^m} = a^{n-m}$	$\frac{a^n}{b^n} = \left(\frac{a}{b}\right)^n$
Potenz:	
$\left(a^n\right)^m = a^{n\cdot m}$	
Achtung:	
$(a+b)^n \neq a^n + b^n$ (im Allgemeinen)	

5. Potenzgesetze

a) $\frac{2}{ax^3}$

b) 1

c) $\frac{1}{x-1}$

d) $x^4(7-x)$

e) $x^{m+n-p-q}$

6. Homogenitätsgrad einer Funktion

a) Eine Funktion f von zwei Variablen x und y heißt **homogen vom Grad k**, wenn für alle (x,y) aus dem Definitionsbereich gilt:

$f(\lambda x, \lambda y) = \lambda^k f(x,y)$ für alle $\lambda > 0$

b) Mit $f(\lambda x, \lambda y) = 2(\lambda x)^3 (\lambda y) - (\lambda y)^4$ erhält man $f(\lambda x, \lambda y) = \lambda^4 \cdot (2x^3 y - y^4) = \lambda^4 \cdot f(x,y)$ und damit als Homogenitätsgrad der Funktion $k = 4$.

c) $f(\lambda x, \lambda y) = A(\lambda x)^\alpha (\lambda y)^\beta = \lambda^{\alpha+\beta} \cdot Ax^\alpha y^\beta = \lambda^{\alpha+\beta} \cdot f(x,y)$

Folglich ist $f(x,y) = Ax^\alpha y^\beta$ homogen vom Grad 1, wenn $\alpha + \beta = 1$ bzw. $\beta = 1 - \alpha$. Dann spricht man von der **Cobb-Douglas-Funktion**. (Manchmal wird auch bereits die allgemeine Form mit $\alpha, \beta > 0$ als Cobb-Douglas-Funktion bezeichnet.)

d) Die Skalenerträge einer Produktionsfunktion $F(K,L)$ hängen vom Homogenitätsgrad k dieser Funktion ab:

Skalenerträge	**Homogenitätsgrad**
konstant	$k = 1$
abnehmend	$k < 1$
steigend	$k > 1$

e) Zu beweisen: $f(x,y)$ ist homogen vom Grad k

$$\rightarrow \; x\frac{\partial f(x,y)}{\partial x} + y\frac{\partial f(x,y)}{\partial y} = k \cdot f(x,y)$$

Differenzieren Sie beide Seiten von $f(\lambda x, \lambda y) = \lambda^k f(x,y)$ nach λ:

$$\frac{\partial f(\lambda x, \lambda y)}{\partial \lambda x} \cdot x + \frac{\partial f(\lambda x, \lambda y)}{\partial \lambda y} \cdot y = k \cdot \lambda^{k-1} \cdot f(x,y)$$

Für $\lambda = 1$ folgt daraus gerade $x\frac{\partial f(x,y)}{\partial x} + y\frac{\partial f(x,y)}{\partial y} = k \cdot f(x,y)$

f) Konstante Skalenerträge implizieren, dass $F(K,L)$ homogen vom Grad 1 ist. Aus dem Euler-Theorem folgt damit, dass

$$\frac{\partial F(K,L)}{\partial K} K + \frac{\partial F(K,L)}{\partial L} L = F(K,L)$$

Wenn in einer Volkswirtschaft vollkommener Wettbewerb herrscht (wovon in späteren Kapiteln *nicht* ausgegangen wird), werden die Produktionsfaktoren gerade mit ihrem Grenzprodukt entlohnt: $\partial F(K,L)/\partial K =$ Realzins r und $\partial F(K,L)/\partial L =$ Reallohn w. Dann wird bei konstanten Skalenerträgen die gesamte Produktion (= das gesamte Einkommen) auf die beiden Produktionsfaktoren aufgeteilt: $F(K,L) = rK + wL$. Dieses Ergebnis ist auch als **Faktorausschöpfungstheorem** bekannt.

Geometrische Reihen

Summenformel für eine **endliche geometrische Reihe**:

$$a + ax + ax^2 + \ldots + ax^n = \sum_{i=0}^{n} ax^i = a\frac{1-x^{n+1}}{1-x} \quad \text{für } x \neq 1.$$

Summenformel für eine **unendliche geometrische Reihe**:

$$a + ax + ax^2 + \ldots = \sum_{i=0}^{\infty} ax^i = \frac{a}{1-x} \quad \text{falls } |x| < 1.$$

7. Geometrische Reihen

a) Heutiger Wert eines Wertpapiers bei einem Zinssatz von $i = 5\%$, das 1 Geldeinheit ausbezahlt:

i. 1

ii. $1/(1+0,05) = 0,9524$

iii. $1/(1+0,05)^2 = 0,9070$

iv. $1/(1+0,05)^5 = 0,7835$

v. $1/(1+0,05)^{10} = 0,6139$

vi. $1/(1+0,05)^{100} = 0,0076$

vii. $\lim_{n\to\infty} 1/(1+0,05)^n = 0$

b) Heutiger Wert eines Wertpapiers bei einem Zinssatz von $i = 5\%$, das jährlich 1 Geldeinheit ausbezahlt:

i. 1

ii. $1 + 1/(1+0,05) = 1,9524$

iii. $1 + 1/(1+0,05) + 1/(1+0,05)^2 = 2,8594$

iv. $1 + 1/(1+0,05) + \ldots + 1/(1+0,05)^5 = 1 \cdot \frac{1 - \frac{1}{1,05}^6}{1 - \frac{1}{1,05}} = 5,3295$

v. $1 + 1/(1+0,05) + \ldots + 1/(1+0,05)^{10} = 1 \cdot \frac{1 - \frac{1}{1,05}^{11}}{1 - \frac{1}{1,05}} = 8,7217$

vi. $1 + 1/(1+0,05) + \ldots + 1/(1+0,05)^{100} = 1 \cdot \frac{1 - \frac{1}{1,05}^{101}}{1 - \frac{1}{1,05}} = 20,8479$

vii. $1 + 1/(1+0,05) + \ldots + 1/(1+0,05)^{\infty} = 1 \cdot \frac{1 - \frac{1}{1,05}^{\infty}}{1 - \frac{1}{1,05}} = \frac{1}{1 - \frac{1}{1,05}} = 21$

c) „Nicht mit einem positiven Zinssatz zu diskontieren" bedeutet, entweder einen Zinssatz von 0 oder sogar einen negativen Zinssatz zu unterstellen. Das bedeutet: Zukünftige Zahlungen sind heute gleich viel oder sogar mehr wert als heutige Zahlungen. In diesem Fall ist die Formel für die unendliche geometrische Reihe **nicht** mehr anwendbar, weil die Summe nicht gegen einen bestimmten Wert konvergiert!

Dies sehen Sie am einfachsten für den Fall eines Zinses von $i = 0\%$: Der heutige Wert des Zahlungsstroms von 1 Geldeinheit pro Periode ist dann einfach die Summe der einzelnen Zahlungen, d.h. für n Jahre ist der Wert gleich

$$\underbrace{1+1+\ldots+1}_{n\text{ Jahre}} = n \cdot 1$$

In diesem Fall ist der Grenzwert $\lim\limits_{n\to\infty} n = \infty$.

Für negative Zinssätze ist der Diskontfaktor $1/(1+i)>1$. Damit werden Zahlungen immer mehr wert, je weiter sie entfernt sind und folglich ist der Grenzwert ebenfalls ∞.

d) Gesucht ist $a + ax + ax^2 + \cdots = \sum\limits_{i=0}^{\infty} ax^i = \frac{a}{1-x}$, falls $|x| < 1$

Sofern die Reihe im Unendlichen konvergiert (also falls $|x| < 1$), können Sie ab dem 2. Summanden ein x ausklammern und der Wert des Ausdrucks in der Klammer entspricht dem der ursprünglichen Reihe W:

$$\underbrace{a + ax + ax^2 + ax^3 + \ldots}_{\equiv W} = a + x\left(\underbrace{a + ax + ax^2 + \ldots}_{= W}\right) \quad \text{bzw.} \quad W = a + xW$$

Damit ist der Wert der Reihe $W = a/(1-x)$.

8. Nützliche Approximationen

a) $\ln(1+x) \approx x$

i.

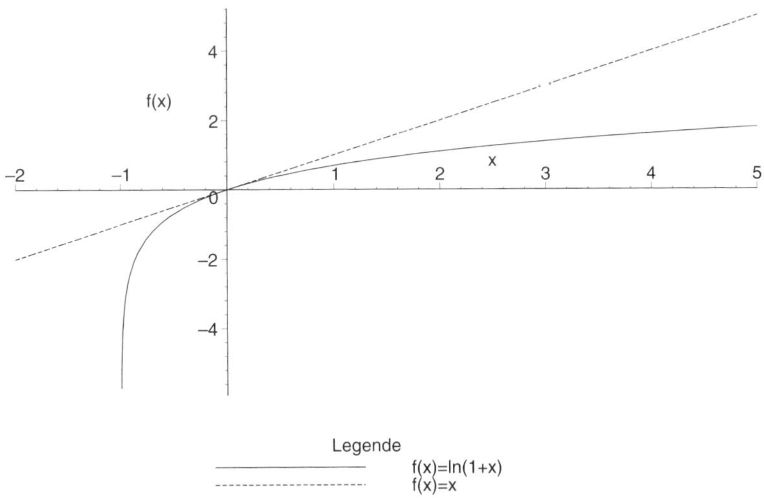

Abbildung 2.3: Die Approximation von $f(x) = \ln(1+x)$ im Intervall $x \in [-2; 5]$

Beachten Sie: Für $x \leq -1$ ist $f(x) = \ln(1+x)$ nicht definiert!

ii.

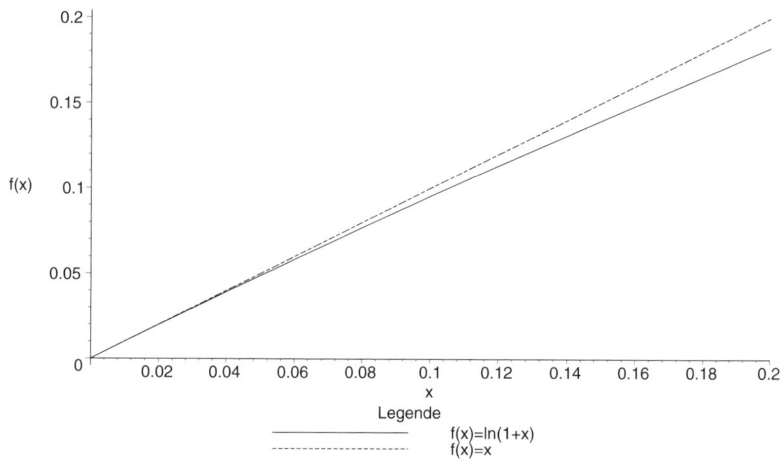

Abbildung 2.4: Die Approximation von $f(x) = \ln(1+x)$ im Intervall $x \in [0; 0,2]$

iii. Für Werte von $x < 0{,}04$ ist die Approximation äußerst gut, es ist kaum ein Unterschied zwischen beiden Kurven in Abbildung 2.4 zu erkennen. Selbst bei $x = 0{,}04 = 4\%$ beträgt der Fehler nur $0{,}04 - \ln(1{,}04) = 0{,}000779$. Der Fehler beträgt also weniger als einen Promille-Punkt bzw. relativ zum Wert $x = 0{,}04$ weniger als 2%.

Für größere Werte von x bis 10% sinkt die Güte der Approximation. Bei $x = 0{,}1 = 10\%$ beträgt der Fehler $0{,}1 - \ln(1{,}1) = 0{,}0046898$. Der Fehler steigt also auf knapp einen halben Prozent-Punkt bzw. relativ zum Wert $x = 0{,}1$ auf rund 4,7%.

Wie Sie in Abbildung 2.3 erkennen können, verschlechtert sich die Approximation für größere Werte von x deutlich. Wir verwenden die Approximation aber immer für recht kleine Werte von x, so dass der entstehende Fehler vernachlässigbar gering ist.

b) $(1+x)(1+y) \approx (1+x+y)$

i.

		y						
		0	**0,01**	**0,02**	**0,05**	**0,1**	**0,2**	**0,5**
	0	1	1,01	1,02	1,05	1,1	1,2	1,5
	0,01	1,01	1,0201	1,0302	1,0605	1,111	1,212	1,515
	0,02	1,02	1,0302	1,0404	1,071	1,122	1,224	1,53
x	**0,05**	1,05	1,0605	1,071	1,1025	1,155	1,26	1,575
	0,1	1,1	1,111	1,122	1,155	1,21	1,32	1,65
	0,2	1,2	1,212	1,224	1,26	1,32	1,44	1,8
	0,5	1,5	1,515	1,53	1,575	1,65	1,8	2,25

Tabelle 2.1: Die genauen Ergebnisse von $(1 + x)(1 + y)$

		y						
		0	**0,01**	**0,02**	**0,05**	**0,1**	**0,2**	**0,5**
	0	1	1,01	1,02	1,05	1,1	1,2	1,5
	0,01	1,01	1,02	1,03	1,06	1,11	1,21	1,51
	0,02	1,02	1,03	1,04	1,07	1,12	1,22	1,52
x	**0,05**	1,05	1,06	1,07	1,1	1,15	1,25	1,55
	0,1	1,1	1,11	1,12	1,15	1,2	1,3	1,6
	0,2	1,2	1,21	1,22	1,25	1,3	1,4	1,7
	0,5	1,5	1,51	1,52	1,55	1,6	1,7	2

Tabelle 2.2: Die approximierten Ergebnisse mit $1 + x + y$

ii. Da sich der genaue Wert als $(1+x)(1+y)=1+x+y+xy$ berechnet, ist die Approximation mit $1+x+y$ in Ordnung, solange das Produkt xy vernachlässigbar klein ist. Für $x = y = 10\%$ beträgt der Fehler immer noch nur 1%-Punkt. Für größere Werte von x und y steigt der Fehler allerdings deutlich an.

		y						
		0	**0,01**	**0,02**	**0,05**	**0,1**	**0,2**	**0,5**
	0	0	0	0	0	0	0	0
	0,01	0	–0,0001	–0,0002	–0,0005	–0,001	–0,002	–0,005
	0,02	0	–0,0002	–0,0004	–0,001	–0,002	–0,004	–0,01
x	**0,05**	0	–0,0005	0,001	–0,0025	–0,005	–0,01	–0,025
	0,1	0	–0,001	–0,002	–0,005	–0,01	–0,02	–0,05
	0,2	0	–0,002	–0,004	–0,01	–0,02	–0,04	–0,1
	0,5	0	–0,005	–0,01	–0,025	–0,05	–0,1	–0,25

Tabelle 2.3: Die Fehler durch die Approximation: $(1 + x + y) - (1 + x)(1 + y)$

c) Im Anhang des Lehrbuchs Blanchard/Illing (2006) ab S. 811 finden Sie die Herleitung für den diskreten Fall. Hier wollen wir die **Herleitung in stetiger Zeit** darstellen:

Wenn Sie beide Seiten von $z = xy$ logarithmieren, erhalten Sie $\ln z = \ln x + \ln y$. Da die Variablen über die Zeit wachsen, ist klar, dass sie Funktionen in Abhängigkeit von der Zeit sind. Deshalb kann man ihre Ableitung nach der Zeit t bilden, wobei man diese häufig mit einem Punkt über der Variablen ($dx/dt \equiv \dot{x}$) bezeichnet.

Aus $\ln z = \ln x + \ln y$ wird durch Ableiten nach t

$$\frac{1}{z} \cdot \frac{dz}{dt} = \frac{1}{x} \cdot \frac{dx}{dt} + \frac{1}{y} \cdot \frac{dy}{dt} \quad \text{bzw.} \quad \frac{\dot{z}}{z} = \frac{\dot{x}}{x} + \frac{\dot{y}}{y}$$

Die Wachstumsraten in stetiger Zeit sind gerade als die einzelnen Brüche definiert, also z.B. $g_x = \dot{x}/x$, und damit lässt sich die vorangehende Gleichung schreiben als $g_z = g_x + g_y$.

Wenn Sie also in stetiger Zeit arbeiten, gilt die gefragte Beziehung zwischen z, x und y nicht nur approximativ, sondern sogar exakt. Sie können hier die Verbindung zu den Approximationsfehlern der Aufgaben a) und b) erkennen.

2.2 Einführung in die Ökonometrie

(ohne Aufgaben)

2.3 Wissens- und Verständnistests

Multiple Choice

1. c)
2. a)
3. c)

Wahr/Falsch

4. W, F, W, F
5. W, W, F, F
6. F, W, F, W

2.4 Übungsaufgaben

1. Berechnung der OLS-Koeffizienten

   a) Streudiagramm mit der exogenen Variable „Preis“ auf der x-Achse und der endogenen Variable „Absatz“ auf der y-Achse mit Regressionsgerade:

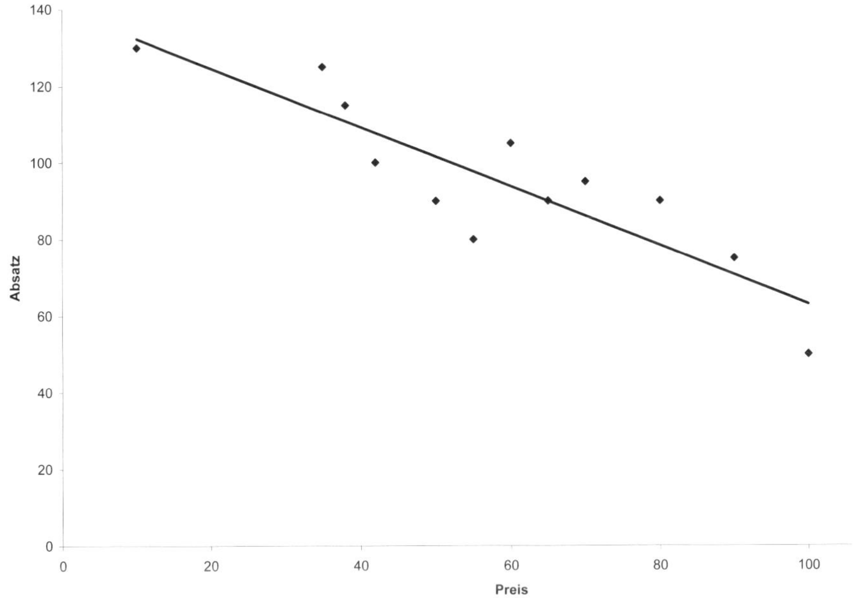

Abbildung 2.5: Preise und Absatz in Streudiagramm mit Regressionsgerade

   Sowohl anhand der Wertepaare als auch anhand der Regressionsgerade lässt sich ein negativer Zusammenhang zwischen Preis und Absatz erkennen. Es lässt sich der Schluss ziehen, dass ein Anstieg des Preises zu einem Rückgang des Absatzes bzw. der Nachfrage führt.

   b) Die Koeffizienten folgender ökonometrischen Spezifikation, mit Absatz als endogener Variable (y) und Preis als exogener Variable (x), sollen mit dem OLS-Regressionsverfahren geschätzt werden: $y_t = \beta_0 + \beta_1 x_t + \varepsilon_t$

   Formeln zur Berechnung der OLS-Koeffizienten:

   Formel zur Berechnung des Koeffizienten $\hat{\beta}_1$:

$$\hat{\beta}_1 = \frac{\sum_{t=1}^{T}(x_t - \bar{x})(y_t - \bar{y})}{\sum_{t=1}^{T}(x_t - \bar{x})^2} \tag{6.}$$

   Formel zur Berechnung des Koeffizienten $\hat{\beta}_0$:

$$\hat{\beta}_0 = \bar{y} - \hat{\beta}_1 \bar{x} \tag{7.}$$

Berechnung anhand der gegebenen Daten (Hinweis zur Schreibweise in der Tabelle: $\bar{y} = y_m$ und $\bar{x} = x_m$):

	Preis x_t	Absatz y_t	x_t-x_m	y_t-y_m	$(x_t$-$x_m)(y_t$-$y_m)$	$(x_t$-$x_m)^2$
	100	50	42,08	-45,42	-1911,28	1771,01
	90	75	32,08	-20,42	-655,03	1029,34
	80	90	22,08	-5,42	-119,62	487,67
	70	95	12,08	-0,42	-5,03	146,01
	65	90	7,08	-5,42	-38,37	50,17
	60	105	2,08	9,58	19,97	4,34
	55	80	-2,92	-15,42	44,97	8,51
	50	90	-7,92	-5,42	42,88	62,67
	42	100	-15,92	4,58	-72,95	253,34
	38	115	-19,92	19,58	-390,03	396,67
	35	125	-22,92	29,58	-677,95	525,17
	10	130	-47,92	34,58	-1657,12	2296,01
Summe					-5419,58	7030,92
Mittelwert (Index m)	57,92	95,42				

Einsetzen in Formel (6.) ergibt für $\hat{\beta}_1$:

$$\hat{\beta}_1 = \frac{-5419,58}{7030,92} = -0,77$$

Einsetzen in Formel (7.) ergibt für $\hat{\beta}_0$:

$$\hat{\beta}_0 = y_m - \hat{\beta}_1 x_m = 95,42 - (-0,77)57,92 = 140,02$$

Interpretation des Koeffizienten (der Konstante) $\hat{\beta}_0$:

➔ Bei einem Preis von Null beträgt der Absatz 140.

Interpretation des Koeffizienten $\hat{\beta}_1$:

➔ Bei einem Anstieg des Preises um eine Einheit kommt es zu einem **Rückgang** des Absatzes um 0,77 Einheiten.

c) Die Ergebnisse der Regression mit Hilfe eines Tabellenkalkulations- oder Statistikprogramms lauten:

	Koeffizienten	**t-Wert**	**p-Wert**
Achsenabschnitt	140,06	17,11	$9{,}8 \cdot 10^{-9}$
Variable x (Preis)	–0,77	–5,91	0,000149

Korrigiertes Gütemaß: $\bar{R}^2 = 0,76$

Der Betrag des *t*-Wertes des Koeffizienten $\hat{\beta}_1$ ist mit 5,91 größer als 2. Somit kann man mit einer Wahrscheinlichkeit von 95% sicher sein, dass die Variable Preis einen von Null verschiedenen signifikanten Einfluss auf die endogene Variable Absatz ausübt. Der *p*-Wert des Koeffizienten $\hat{\beta}_1$ beträgt 0,000149. D.h. die Wahrscheinlichkeit, dass der Einfluss der exogenen Variable Preis auf die endogene Variable rein zufällig, also nicht signifikant von Null verschieden ist, beträgt 0,0149%. Aufgrund des *t*- und des *p*-Werts kann die Schlussfolgerung gezogen werden, dass der Koeffizient $\hat{\beta}_1$ signifikant zum Niveau 5% ist.

Der Wert des korrigierten Gütemaßes beträgt $\bar{R}^2 = 0{,}76$. Es werden also 76% der Veränderungen der endogenen Variable (Absatz) durch Veränderungen der exogenen Variable (Preis) erklärt.

2. Der Zusammenhang zwischen Konsum und realem verfügbaren Einkommen

   a) Hinweis: Den Datensatz `Aufgabe_2_2_4.xls` finden Sie auf der Companion Website. Versuchen Sie, die Berechnung anhand der Daten selbst durchzuführen!

   Hinweise zur Berechnung:

   - Zunächst muss von jedem Wert der jeweiligen Zeitreihe der Wert der Vorperiode abgezogen werden (siehe Datensatz). Beispiel: $C_{1975} - C_{1974}$ bzw. $Y_{v1975} - Y_{v1974}$. So entsteht eine Zeitreihe, in der die Veränderung der Variable zur Vorperiode ablesbar ist. Benennen Sie diese Zeitreihe mit ΔC_t bzw. ΔY_{Vt}.
   - Im nächsten Schritt muss von dieser Zeitreihe der Mittelwert gebildet werden, um zu einem Wert für die durchschnittliche Veränderung der Variable zur Vorperiode zu gelangen. Benennen Sie diesen Wert mit $\overline{\Delta C}$ bzw. $\overline{\Delta Y}_V$.
   - Berechnen Sie nun die Differenz zwischen jedem Wert der Zeitreihe ΔC_t bzw. ΔY_{Vt} und dem Wert $\overline{\Delta C}$ bzw. $\overline{\Delta Y}_V$. Somit ergeben sich die beiden Zeitreihen $\Delta C_t - \overline{\Delta C}$ und $\Delta Y_{Vt} - \overline{\Delta Y}_V$. Diese beiden Zeitreihen werden im weiteren Verlauf mit „Veränderung Konsum" und „Veränderung verfügbares Einkommen" bezeichnet.

   Interpretation der beiden neuen Zeitreihen:

   In beiden neuen Zeitreihen sind positive als auch negative Werte ablesbar. Ein positiver Wert bedeutet, dass in dem jeweiligen Jahr der Konsum bzw. das verfügbare Einkommen stärker als durchschnittlich über den Betrachtungszeitraum hinweg angestiegen ist. Ein negativer Wert bedeutet, dass in dem jeweiligen Jahr der Konsum bzw. das verfügbare Einkommen weniger als durchschnittlich über den Betrachtungszeitraum hinweg angestiegen ist.

   b) Streudiagramm mit Regressionsgerade mit „Veränderung verfügbares Einkommen" auf der x-Achse und „Veränderung Konsum" auf der y-Achse:

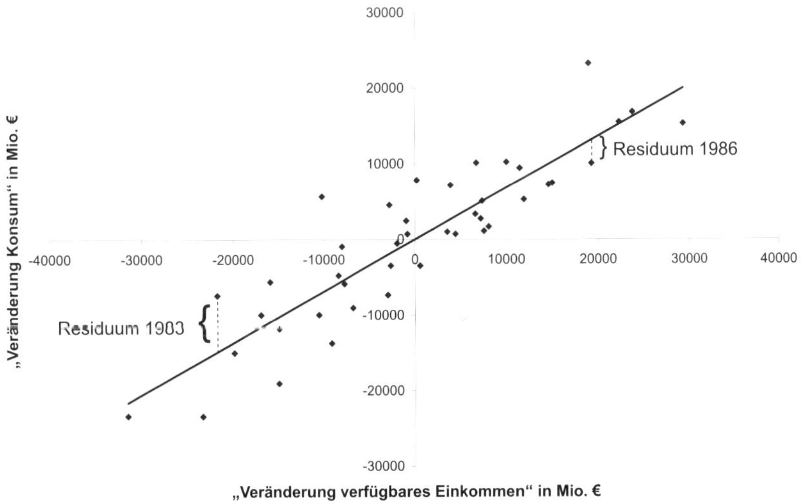

Abbildung 2.6: „Veränderung Konsum" und „Veränderung verfügbares Einkommen"

Die Betrachtung des Streudiagramm lässt schließen, dass positive Werte von „Veränderungen des verfügbaren Einkommens" mit positiven Werten der „Veränderung des Konsums" korrespondieren und negative Werte von „Veränderungen des verfügbaren Einkommens" mit negativen Werten der „Veränderung des Konsums". Anders ausgedrückt: Ist in einem Jahr (z.B. 1986) der Anstieg des verfügbaren Einkommens höher als durchschnittlich, dann ist in demselben Jahr auch der Anstieg des Konsums höher als durchschnittlich. Ist hingegen in einem Jahr (z.B. 1983) der Anstieg des verfügbaren Einkommens geringer als durchschnittlich, dann ist in demselben Jahr auch der Anstieg des Konsums geringer als durchschnittlich.

Im Streudiagramm sind die Residuen für die Beobachtungen der Jahre 1983 und 1984 gekennzeichnet. Als Residuum $\hat{\varepsilon}_t$ bezeichnet man den vertikalen Abstand der empirischen Beobachtung y_t auf die geschätzte Funktion $\hat{y}_t$: $\hat{\varepsilon}_t = y_t - \hat{y}_t$.

c) Ergebnisse der OLS-Regression der ökonometrischen Spezifikation $y_t = \beta_0 + \beta_1 x_t + \varepsilon_t$ bzw. in diesem Fall

$$\left(\Delta C_t - \overline{\Delta C}\right) = \beta_0 + \beta_1\left(\Delta Y_{Vt} - \overline{\Delta Y}_V\right) + \varepsilon_1 \text{ lauten:}$$

	Koeffizient	**t-Wert**	**p-Wert**
Achsenabschnitt	$-1{,}66 \cdot 10^{-12}$	$-2{,}24 \cdot 10^{-15}$	1
Variable x	0,68	12,57	$1{,}76 \cdot 10^{-15}$

Korrigiertes Gütemaß: $\bar{R}^2 = 0{,}79$

d) Interpretation der Ergebnisse der Regression:

Der Koeffizient der exogenen Variable „Veränderung verfügbares Einkommen" beträgt 0,68. Dies bedeutet, dass ein Anstieg des verfügbaren Einkommens um eine Einheit (z.B. eine Milliarde €) über seine durchschnittliche Veränderung zu einem Anstieg des Konsums um 0,68 Einheiten (bzw. 0,68 Milliarden €) über seine durchschnittliche Veränderung führt. Der Koeffizient $\hat{\beta}_1$ ist somit ein Schätzwert für die marginale Konsumneigung. Die marginale Konsumneigung besagt, um wie viel sich der Konsum verändert, wenn sich das verfügbare Einkommen um eine Einheit erhöht (siehe auch Kapitel 3). Der Wert der marginalen Konsumneigung liegt annahmegemäß zwischen Null und Eins. Das Ergebnis der OLS-Regression bestätigt dies.

Der Betrag des *t*-Werts der exogenen Variable „Veränderung verfügbares Einkommen" ist mit 12,57 größer als 2. Daraus kann gefolgert werden, dass man mit einer Wahrscheinlichkeit von 95% sicher sein kann, dass der wahre Parameter nicht gleich Null ist. Der Koeffizient ist also signifikant von Null verschieden. Der *p*-Wert von $1{,}76 \cdot 10^{-15}$ gibt die Wahrscheinlichkeit an, mit welcher der Einfluss von „Veränderung verfügbares Einkommen" auf „Veränderung Konsum" rein zufällig wäre. Da der *p*-Wert in diesem Fall sehr klein ist (<1%) kann die Schlussfolgerung getroffen werden, dass der Koeffizient hochsignifikant ist. Der Wert des korrigierten Gütemaßes beträgt $\bar{R}^2 = 0{,}79$. Dies bedeutet, dass 79% der Veränderungen der Variable „Veränderung Konsum" durch Veränderungen der Variable „Veränderung verfügbares Einkommen" erklärt werden.

3 Der Gütermarkt

3.1 Wissens- und Verständnistests

Multiple Choice

1. Welche der folgenden Variablen aus dem Modell des Gütermarktes ist exogen?
   a) Verfügbares Einkommen
   b) Staatsausgaben
   c) Privater Konsum
   d) Ersparnis
2. Als verfügbares Einkommen bezeichnet man
   a) ...Konsum minus Steuern.
   b) ...Einkommen minus Ersparnis und Steuern.
   c) ...Einkommen minus Ersparnis.
   d) ...Einkommen plus Transfers minus Steuern.
3. Welche Aussage über die Konsumneigung c_1 trifft zu?
   a) Die Konsumneigung ist größer als Eins.
   b) Wenn sich das verfügbare Einkommen um c_1 Einheiten erhöht, dann erhöht sich der Konsum um eine Einheit.
   c) Wenn sich das verfügbare Einkommen um eine Einheit erhöht, dann erhöht sich der Konsum um c_1 Einheiten.
   d) Die Konsumneigung ist immer genauso hoch wie die Sparneigung.

Betrachten Sie für die folgenden Teilaufgaben 4. und 5. die Bedingung für das Gütermarktgleichgewicht: $Y = c_0 + c_1(Y - T) + I + G$.

4. Welcher der folgenden Ausdrücke steht für den Multiplikator einer Steuererhöhung?
   a) $-\frac{c_1}{1-c_1}$
   b) $\frac{c_1}{1-c_1}$
   c) $\frac{1-c_1}{c_1}$
   d) $-\frac{1-c_1}{c_1}$

5. Welcher der folgenden Ausdrücke steht für den Multiplikator einer Staatsausgabenveränderung?
   a) c_1
   b) $1-c_1$
   c) $\frac{1}{1-c_1}$
   d) $\frac{1}{c_1}$
6. Was bewirkt grafisch eine Senkung der Staatsausgaben?
   a) Die ZZ-Kurve wird steiler.
   b) Die ZZ-Kurve verschiebt sich nach unten.
   c) Die ZZ-Kurve verschiebt sich nach oben.
   d) Die ZZ-Kurve wird flacher.
7. Was bewirkt grafisch eine Erhöhung der Steuern?
   a) Die ZZ-Kurve verschiebt sich nach unten, die Produktion steigt.
   b) Die ZZ-Kurve verschiebt sich nach oben, die Produktion steigt.
   c) Die ZZ-Kurve verschiebt sich nach unten, die Produktion sinkt.
   d) Die ZZ-Kurve verschiebt sich nach oben, die Produktion sinkt.

Für die Teilaufgaben 8. und 9. gilt für die Komponenten der gesamtwirtschaftlichen Nachfrage Folgendes: $C = 400 + 0{,}5(Y - T)$; $T = 400$; $I = 500$ und $G = 600$.

8. Welche Werte ergeben sich im Gütermarktgleichgewicht für die Produktion (Y) und den privaten Konsum (C)?
   a) $Y = 2.000$ und $C = 1.100$
   b) $Y = 2.600$ und $C = 1.500$
   c) $Y = 2.300$ und $C = 1.450$
   d) $Y = 2.000$ und $C = 1.300$
9. Wenn der Staat nun seine Ausgaben um 450 Einheiten erhöht und gleichzeitig die Investitionen um 300 Einheiten sinken, dann steigt die Produktion im neuen Gütermarktgleichgewicht um
   a) ...200 Einheiten.
   b) ...205 Einheiten.
   c) ...150 Einheiten.
   d) ...300 Einheiten.

Wahr/Falsch: Welche der jeweiligen Aussagen sind wahr, welche falsch?

10. Welche der folgenden Größen würde den Multiplikator verkleinern?
    a) Niedrigere Steuern
    b) Eine höhere Sparneigung
    c) Niedrigere Staatsausgaben
    d) Eine geringere Konsumneigung

11. Was bewirkt bei der grafischen Analyse des Gütermarktmodells eine Erhöhung der Konsumneigung?
    a) Die Steigung der ZZ-Kurve wird steiler und eine Erhöhung der Staatsausgaben hat nun einen stärkeren Effekt auf die Veränderung der Produktion.
    b) Die Steigung der ZZ-Kurve wird flacher und eine Erhöhung der Staatsausgaben hat nun einen geringeren Effekt auf die Veränderung der Produktion.
    c) Die Steigung der ZZ-Kurve wird flacher und eine Verringerung der Staatsausgaben hat nun einen stärkeren Effekt auf die Veränderung der Produktion.
    d) Die Steigung der ZZ-Kurve wird steiler und eine Verringerung der autonomen privaten Konsumausgaben hat nun einen stärkeren Effekt auf die Veränderung der Produktion.

12. Was bewirkt bei der grafischen Analyse des Gütermarktmodells eine Erhöhung der Sparneigung?
    a) Die ZZ-Kurve wird steiler und eine gegebene Erhöhung der Staatsausgaben hat einen größeren Effekt auf die Produktion.
    b) Die ZZ-Kurve wird flacher und eine Senkung der Steuern hat einen größeren Effekt auf die Produktion.
    c) Die ZZ-Kurve wird flacher und eine Verringerung der autonomen Konsumnachfrage hat einen geringeren Effekt auf die Produktion.
    d) Die ZZ-Kurve wird flacher und eine Erhöhung der Staatsausgaben hat einen geringeren Effekt auf die Produktion.

13. Wenn sich der Gütermarkt einer geschlossenen Volkswirtschaft mit Staatsaktivität im Gleichgewicht befindet, dann muss Folgendes gelten:
    a) $I = S$
    b) $I = S + (G - T)$
    c) $G = T$ und $I = S$
    d) $I = S + (T - G)$

14. Nehmen Sie an, die Steuern werden erhöht. Was geschieht ceteris paribus im Gütermarktmodell?
    a) Die staatliche Ersparnis erhöht sich.
    b) Die volkswirtschaftliche Ersparnis verringert sich.
    c) Die private Ersparnis verringert sich.
    d) Die volkswirtschaftliche Ersparnis bleibt unverändert.

15. Nehmen Sie an, dass eine angekündigte Steuersenkung die Haushalte dazu veranlasst, weniger zu sparen. Unter Verwendung des Gütermarktmodells ist davon auszugehen, dass
    a) ...sich die Produktion erhöht.
    b) ...sich die Investitionen verringern.
    c) ...sich die Produktion erhöht und die Investitionen sich nicht verändern.
    d) ...sich weder die Produktion noch die Investitionen verändern.

16. Betrachten Sie die Konsumnachfrage der privaten Haushalte: $C = c_0 + c_1(Y - T)$. Die Konsumneigung c_1 sei 0,9. Welche Aussagen treffen zu?
    a) Wenn das verfügbare Einkommen der Haushalte um 10 Einheiten steigt, dann steigt der Konsum um 90 Einheiten.
    b) Die Haushalte konsumieren durchschnittlich 90% ihres Einkommens.
    c) Die marginale Sparneigung beträgt 10%.
    d) Wenn das verfügbare Einkommen der Haushalte um 10 Einheiten steigt, dann steigt der Konsum um 9 Einheiten.

17. Betrachten Sie expansive Fiskalpolitik in der Realität. Welche Aussagen treffen zu?
    a) Die Regierung kann Staatsausgaben sehr schnell verändern.
    b) Ein Teil der gestiegenen Nachfrage fließt ins Ausland.
    c) Expansive Fiskalpolitik kann kurzfristig Nachfrage und Produktion beeinflussen.
    d) Ein Anstieg der Staatsverschuldung durch eine Erhöhung der Staatsausgaben kann langfristig schädliche Effekte auslösen.

18. Gegeben sei folgende Konsumfunktion: $C(Y_V) = 200 + 0{,}8Y_V$, wobei $Y_V = Y - T$. Welche Aussagen zur damit verbundenen Sparfunktion sind wahr, welche falsch?
    a) Die Gleichung der Sparfunktion lautet: $S = 200 - 0{,}8Y_V$.
    b) Die Gleichung der Sparfunktion lautet: $S = -200 + 0{,}2Y_V$.
    c) Ein Anstieg des autonomen Konsums verschiebt die Sparfunktion parallel nach oben.
    d) Eine Erhöhung der Konsumneigung führt zu einem flacheren Verlauf der Sparfunktion.

Basiswissen

19. Die Bestimmung der Produktion im Gleichgewicht
    a) Erläutern Sie die Komponenten der Konsumfunktion der privaten Haushalte im Gütermarktmodell!
    b) Was verstehen Sie unter dem so genannten Multiplikator?
    c) Erläutern Sie den Zusammenhang zwischen Produktion, Nachfrage und Einkommen!
    d) Was verstehen Sie unter dem so genannten Haavelmo-Theorem?
    e) Leiten Sie grafisch das Gleichgewicht auf dem Gütermarkt ab. Wie verändert sich die Grafik, wenn die Staatsausgaben, die autonome Konsumnachfrage oder die zinsunabhängigen Investitionen erhöht werden? Erläutern Sie stichpunktartig!
20. Alternativer Ansatz für das Gleichgewicht auf dem Gütermarkt
    a) Verdeutlichen Sie formal den Zusammenhang zwischen der Konsum- und der Sparentscheidung der Haushalte!
    b) Grenzen Sie formal und verbal die private Ersparnis von der Ersparnis des Staates ab!
    c) Zeigen Sie die Äquivalenz zwischen folgenden Bedingungen, die beide das Gleichgewicht auf dem Gütermarkt formulieren:

$$\text{Produktion} = \text{Nachfrage}$$

$$\text{Investitionen} = \text{Ersparnis}$$

Exogene und endogene Variablen

Das Gütermarktmodell beinhaltet zwei Arten von Variablen. Man unterscheidet dabei zwischen exogenen und endogenen Variablen. Endogene Variablen werden im Modell erklärt, d.h., sie sind von anderen Variablen im Modell abhängig. Ein Beispiel dafür ist der private Konsum ($C = c_0 + c_1(Y - T)$). Der private Konsum wird erklärt durch das verfügbare Einkommen ($Y - T$). Exogene Variablen hingegen werden nicht im Modell erklärt und werden als gegeben betrachtet. Beispiele hierfür sind die Staatsausgabe G und die Investitionen I, wobei in Kapitel 5 die Investitionen endogenisiert werden. Die Steuern T werden in den folgenden Übungsaufgaben teilweise als exogene, teilweise als endogene Variablen auftreten.

3.2 Übungsaufgaben

1. Für eine geschlossene Volkswirtschaft gelte folgendes Gütermarktmodell:

$$Y^S = Y$$

$$Z = C + I + G$$

$$C = 200 + 0{,}5(Y - T)$$

wobei Y^S das Güterangebot, Z die Güternachfrage und Y das Bruttoinlandsprodukt bezeichnen. C sei der Konsum der privaten Haushalte, T die direkten Steuern, G die Staatsausgaben für Güter und I die Investitionen. In der Ausgangssituation gelte $I = 500$ und der Gütermarkt befinde sich im Gleichgewicht.

a) Berechnen Sie das gleichgewichtige Einkommen für die Fälle:

  i. $T = G = 500$

  ii. $T = G = 0{,}2Y$

b) Angenommen, das Gleichgewicht werde nun durch einen Rückgang der Investitionen um 150 Einheiten gestört. Vergleichen Sie die dadurch bewirkte Senkung des gleichgewichtigen Einkommens in den Modellvarianten i. und ii.

c) Welche Annahmen bezüglich des Konsumverhaltens der Individuen liegen der Keynesianischen Konsumhypothese zugrunde? Definieren Sie die Begriffe „marginale Konsumneigung" und „durchschnittliche Konsumneigung" verbal, grafisch und formal!

d) Was verstehen Sie unter dem so genannten Sparparadoxon? Leiten Sie das Sparparadoxon aus dem Modell des Gütermarkts ab und erläutern Sie seine ökonomische Intuition!

2. Eine Volkswirtschaft sei bestimmt durch folgende Verhaltensgleichungen:
$C = 200 + 0{,}8(Y - T)$, $T = tY$, $I = 400$ und $G = 300$. Der Steuersatz t sei 0,5.

a) Welche Werte ergeben sich im Gleichgewicht für die Produktion Y und den Konsum C?

Der Staat erhöhe nun seine Ausgaben um 150 Einheiten auf 450.

b) Berechnen Sie, wie stark die Produktion ansteigt!

c) Welcher Budgetsaldo ergibt sich im neuen Gleichgewicht? Erläutern Sie Ihr Ergebnis!

d) Im Gütermarktmodell dieser Aufgabe sind die Steuern abhängig vom Einkommen. Warum spricht man in diesem Zusammenhang der Fiskalpolitik die Rolle eines automatischen Stabilisators zu?

Wie realistisch ist das Gütermarktmodell?

Im Gütermarktmodell, das wir hier betrachten, wird suggeriert, dass die Regierung durch fiskalpolitische Maßnahmen (d.h. durch geeignete Wahl von Staatsausgaben G und Steuern T) unmittelbar jedes beliebige Niveau von Produktion bzw. Einkommen verwirklichen kann. In der Realität verstreichen hingegen sehr viele Perioden, bis ein neues Gütermarktgleichgewicht erreicht wird. Da der Anpassungsprozess sehr lange dauert, können in dieser Zeit andere exogene Einflussfaktoren, die bei Durchführung der fiskalpolitischen Maßnahme nicht berücksichtigt wurden, bewirken, dass das ursprünglich anvisierte neue Gütermarktgleichgewicht nicht erreicht werden kann.

3. Betrachten Sie in dieser Aufgabe zwei unterschiedliche Volkswirtschaften A und B unter Verwendung des allgemeinen Gütermarktmodells. Wie in der folgenden Grafik zu sehen ist, sei in der Ausgangssituation die Produktion im Gütermarktgleichgewicht in beiden Ländern gleich hoch.

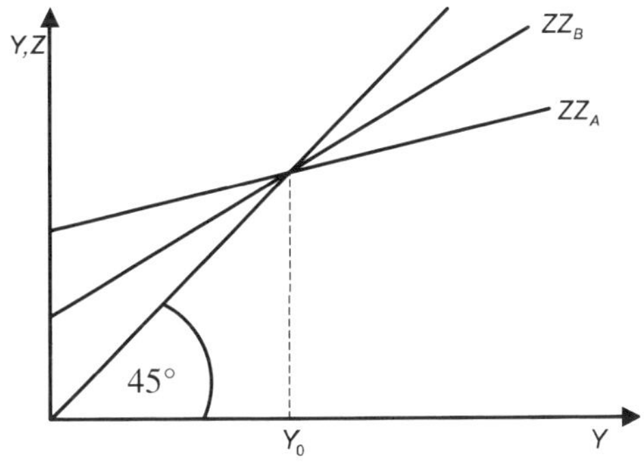

a) Erläutern Sie, warum die Nachfragekurven beider Länder unterschiedliche Steigungen und Achsenabschnitte aufweisen!

b) Nehmen Sie nun an, dass optimistische Prognosen die Unternehmen in beiden Ländern dazu veranlassen, die exogenen Investitionen um exakt denselben Betrag zu erhöhen. Erläutern Sie, welchen Einfluss diese Maßnahme auf die autonomen Ausgaben in beiden Volkswirtschaften hat! Zeigen Sie grafisch, welche Auswirkungen die Erhöhung der Investitionen auf die Nachfragekurven beider Länder hat!

c) Die Investitionen wurden nun in beiden Ländern im selben Umfang ausgedehnt. Ist die Produktion in beiden Ländern nach der Aktion weiterhin gleich hoch? Erläutern Sie!

Lösungen zu Kapitel 3

3.1 Wissens- und Verständnistests

Multiple Choice

1. b)
2. d)
3. c)
4. a)
5. c)
6. b)
7. c)
8. b)
9. d)

Wahr/Falsch

10. F, W, F, W
11. W, F, F, W
12. F, F, W, W
13. F, F, F, W
14. W, F, W, W
15. W, F, W, F
16. F, F, W, W
17. F, W, W, W
18. F, W, F, W

Basiswissen

19. Die Bestimmung der Produktion im Gleichgewicht

a) Der Konsum der privaten Haushalte hängt im Gütermarktmodell von einer Variable ab – dem verfügbaren Einkommen. Als verfügbares Einkommen bezeichnet man den Teil des Einkommens, über das die Haushalte verfügen können, nachdem sie Transferleistungen vom Staat erhalten haben und Steuern an den Staat gezahlt haben. Die Konsumnachfrage ist positiv abhängig vom verfügbaren Einkommen; d.h., die Haushalte konsumieren mehr Güter, wenn das verfügbare Einkommen steigt und weniger Güter, wenn das verfügbare Einkommen sinkt.

Der funktionale Zusammenhang zwischen Konsum (C) und dem verfügbaren Einkommen ($Y_V = Y - T$) kann folgendermaßen ausgedrückt werden: $C = C(Y_V)$.

In der Volkswirtschaftslehre wird eine solche Funktion auch als Verhaltensgleichung bezeichnet, da in dieser Gleichung das Verhalten der Konsumenten beschrieben wird. Im Gütermarktmodell wird der funktionale Zusammenhang zwischen Konsum und verfügbarem Einkommen in der Regel genauer spezifiziert und als folgende lineare Funktion beschrieben: $C = c_0 + c_1 Y_V$ (mit $Y_V = Y - T$).

Der Parameter c_1 wird als (marginale) Konsumneigung bezeichnet. Sie beschreibt, um wie viel Einheiten sich der private Konsum verändert, wenn das verfügbare Einkommen um eine Einheit zunimmt. Angenommen, der Parameter c_1 nimmt den Wert 0,7 an. Wenn sich das verfügbare Einkommen um eine Einheit erhöht, dann erhöht sich der private Konsum um 0,7 Einheiten. Es wird angenommen, dass die Konsumneigung nur Werte zwischen 0 und 1 annehmen kann ($0 < c_1 < 1$). Sie ist größer als Null, weil es plausibel ist, dass der Konsum ausgedehnt wird, wenn das verfügbare Einkommen ansteigt. Sie liegt zwischen 0 und 1, da es plausibel ist, dass bei einem Anstieg von Y_V nur ein Teil für Konsum ausgegeben wird und der Rest gespart wird. Grafisch bestimmt die Konsumneigung die Steigung der Konsumfunktion.

Der Parameter c_0, der den autonomen Konsum repräsentiert, beschreibt, wie viele Güter zu Konsumzwecken nachgefragt werden, wenn das verfügbare Einkommen den Wert Null annehmen würde. Es wird angenommen, dass der Konsum selbst dann positiv ist, wenn kein verfügbares Einkommen vorhanden ist. Dies ist damit zu begründen, dass die Haushalte immer konsumieren müssen, um überleben zu können. Wenn kein verfügbares Einkommen vorhanden ist, müssen die Haushalte entsparen. Der Konsum der Haushalte muss in diesem Fall durch den Verkauf von Vermögenswerten oder durch Kreditaufnahme finanziert werden. Grafisch bestimmt der autonome Konsum den Achsenabschnitt der Konsumfunktion.

b) Die Produktion im Gütermarktgleichgewicht wird durch folgende Gleichung charakterisiert:

$$Y = \frac{1}{1-c_1}\left(c_0 + \bar{I} + G - c_1 T\right)$$

wobei der Ausdruck

$$\frac{1}{1-c_1}$$

als Multiplikator bezeichnet wird und in der Klammer $(c_0 + \bar{I} + G - c_1 T)$ die exogenen Nachfragekomponenten zusammengefasst sind. Die exogenen Nachfragekomponenten sind vom Einkommen unabhängig. An der Gleichgewichtsbedingung ist zu erkennen, dass sich die gleichgewichtige Produktion Y verändern muss, wenn sich ein Parameter oder eine exogene Variable auf der rechten Seite verändert. Für Produktion und Einkommen wird dasselbe Symbol verwendet: Y. In unserem Gütermarktmodell gilt stets Einkommen = Produktion. In Kapitel 1 wurde gezeigt, dass das BIP sowohl von der Produktionsseite als auch von der Einkommensseite berechnet werden kann.

Unter der Annahme, dass $0 < c_1 < 1$, gilt für den Multiplikator

$$\frac{1}{1-c_1} > 1$$

(Beispiel: $c_1 = 0{,}8 \rightarrow \frac{1}{1-c_1} = 5$)

Der Multiplikator vervielfacht den Effekt einer Veränderung der exogenen Nachfragekomponenten. Der Multiplikator ist umso größer, je größer die Konsumneigung ist. Verringert oder erhöht sich eine der autonomen Nachfragekomponenten um eine Einheit, dann verringert oder erhöht sich die Produktion um eine Einheit multipliziert mit dem Multiplikator. ➔ Je größer c_1, desto größer der Multiplikator, desto größer der Effekt einer Veränderung der autonomen Nachfragekomponenten auf Y.

Ermittlung des Multiplikators einer Staatsausgabenerhöhung mit Hilfe des totalen Differentials:

$$dY = \frac{1}{1-c_1}\left(dc_0 + d\bar{I} + dG - c_1 dT\right)$$

Es ändert sich nur G, deshalb gilt: $dc_0 = d\bar{I} = dT = 0$.

Somit ergibt sich:

$$\frac{dY}{dG} = \frac{1}{1-c_1}$$

Analoges Vorgehen bei der Ermittlung des Multiplikators einer Steuererhöhung. Nun ändert sich nur T, deshalb gilt: $dc_0 = d\bar{I} = dG = 0$.

Somit ergibt sich:

$$\frac{dY}{dT} = -\frac{c_1}{1-c_1}$$

Ökonomische Erläuterung des Multiplikatorprozesses am Beispiel einer Staatsausgabenerhöhung:

Eine Erhöhung der Staatsausgaben um ΔG erhöht die Nachfrage und in der Folge die Produktion zunächst um ΔG. Dies hat wiederum zur Folge, dass das Einkommen und demzufolge auch das verfügbare Einkommen um ΔG steigt. Da der Konsum positiv vom verfügbaren Einkommen abhängt, erhöht sich die Konsumnachfrage um $c_1 \Delta G$. Dies erhöht die Produktion und das verfügbare Einkommen in der nächsten Runde um $c_1 \Delta G$, was zur Folge hat, dass die Konsumnachfrage aufgrund dessen nun um $c_1(c_1 \Delta G)$ zunimmt. Die Fortsetzung dieser Wirkungskette ergibt nach n Runden eine Erhöhung der Produktion in Höhe der Veränderung einer autonomen Nachfragekomponente (wie in diesem Beispiel G) multipliziert mit der Summe der Effekte in jeder Runde: $1 + c_1 + c_1^2 + ... + c_1^{n-1}$. Diese geometrische Reihe konvergiert für $n \to \infty$ und $\sigma < c_1 < 1$ gegen

$$\frac{1}{1-c_1}$$

c) Der Gütermarkt befindet sich im Gleichgewicht, wenn das Güterangebot bzw. die Produktion Y der Güternachfrage $Z = C + I + G$ entspricht. Nehmen wir nun an, dass sich in der Ausgangssituation der Gütermarkt im Gleichgewicht befindet ($Y = Z$). Nun nehme die Nachfrage, z.B. durch eine Erhöhung der Staatsausgaben, zu. Auf eine Erhöhung der Nachfrage reagieren die Unternehmen mit einer Ausweitung der Produktion und somit steigt auch das Einkommen und der Multiplikatorprozess führt zu einem neuen Gütermarktgleichgewicht. Im Gütermarktgleichgewicht sind die Größen Nachfrage, Produktion und Einkommen identisch.

d) Als Haavelmo-Theorem, benannt nach dem Norweger Trygve Haavelmo, bezeichnet man den Effekt, dass der Multiplikator bei einer mit Steuern gegenfinanzierten Staatsausgabenerhöhung ($dG = dT$) den Wert Eins annimmt. Intuitiv könnte man die Schlussfolgerung ziehen, dass eine steuerfinanzierte Staatsausgabenerhöhung keine expansiven Auswirkungen auf die Produktion haben würde, da den Haushalten das verfügbare Einkommen im Umfang der Staatsausgabenerhöhung gekürzt würde und diese den Konsum entsprechend verringern.

Analyse der Auswirkungen einer steuerfinanzierten Staatsausgabenerhöhung ($dG = dT$) auf das Einkommen im Gütermarktmodell:

$$Y = \frac{1}{1-c_1}\left(c_0 + I + G - c_1 T\right)$$

Bildung des totalen Differentials:

$$dY = \frac{1}{1-c_1}\left(dc_0 + dI + dG - c_1 dT\right)$$

Da $dc_0 = 0$, $dI = 0$ und $dG = dT$:

$$dY\big|_{dG=dT} = \frac{1}{1-c_1}\left(dG - c_1 dG\right) \;\rightarrow\; \frac{dY}{dG}\bigg|_{dG=dT} = \frac{1-c_1}{1-c_1} = 1$$

Der Multiplikator einer steuerfinanzierten Staatsausgabenerhöhung ist gleich Eins. Das Einkommen verändert sich exakt im Umfang der steuerfinanzierten Staatsausgaben. Neutrale Änderungen des Staatshaushalts aufgrund von G und T sind demnach makroökonomisch nicht neutral. Die Konsumneigung hat in diesem Fall keinen Einfluss im Prozess, weil die Steuererhöhung bei ausgeglichenem Staatshaushalt den Multiplikatorprozess verhindert. Y und T steigen beide genau um eine Einheit und lassen so das verfügbare Einkommen und folglich den Konsum unverändert.

e)

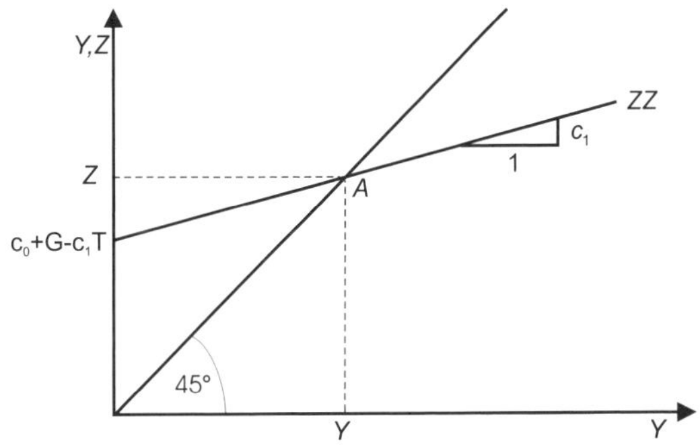

Abbildung 3.1: *ZZ*-Kurve: Zusammenhang zwischen Nachfrage *Z* und Einkommen *Y*

Gesamtnachfrage: $Z = c_0 + c_1(Y - T) + I + G$ bzw. $Z = (c_0 + I + G - c_1T) + c_1Y$

- Die Steigung der ZZ-Kurve wird bestimmt durch die Konsumneigung $\sigma < c_1 < 1$.
- Der Achsenabschnitt der ZZ-Kurve wird bestimmt durch die autonomen Nachfragekomponenten $(c_0 + I + G - c_1T)$.
- Die 45°-Linie beschreibt die Produktion als Funktion des Einkommens. Die Steigung ist Eins, da Produktion und Einkommen immer identisch sind.
- Punkt A: Gütermarktgleichgewicht ($Y = Z$); Links von Punkt A: Nachfrage > Produktion, rechts von Punkt A: Nachfrage < Produktion.
- Erhöhung der Investitionen um dI (analog für dc_0 und dG): Verschiebung von ZZ parallel um dI nach oben (ZZ′).

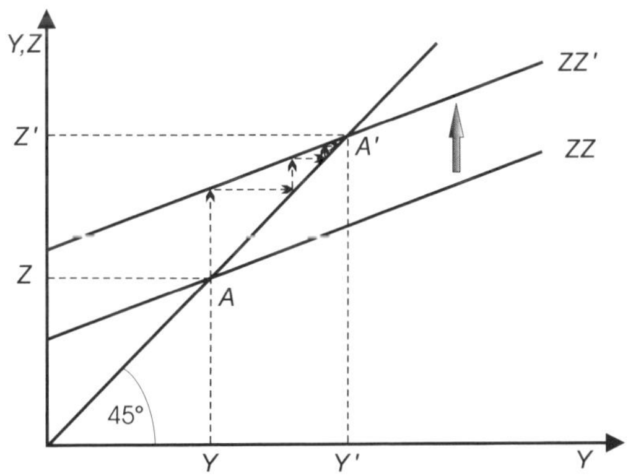

Abbildung 3.2: Verschiebung der ZZ-Kurve nach oben

Schnittpunkt von ZZ′ mit 45°-Linie: Neues Gütermarktgleichgewicht A′

An der Abszisse ist zu erkennen: Die Produktion und damit das Einkommen ist um ein Vielfaches des Anstieges der Investitionen gestiegen.

Grund: Multiplikatorprozess; die Produktion hat sich um $dI \frac{1}{1-c_1}$ erhöht.

Der Anpassungsprozess ist durch die Pfeile in der Grafik kenntlich gemacht.

Wirkungskette: $I\uparrow \rightarrow Z\uparrow \rightarrow Y\uparrow \rightarrow C\uparrow \rightarrow Z\uparrow \rightarrow Y\uparrow \rightarrow C\uparrow$ ...bis neues Gleichgewicht A′ erreicht ist.

20. Alternativer Ansatz für das Gleichgewicht auf dem Gütermarkt

a) Die Haushalte entscheiden über ihren Konsum gemäß der Konsumnachfrage $C = C(Y_V)$ bzw. gemäß einer linearen Konsumfunktion $C = c_0 + c_1 Y_V$. Die private Ersparnis ist die Differenz aus verfügbarem Einkommen und Konsum: $S \equiv Y_V - C$.

b) Da die Konsumneigung kleiner als Eins ist, wird eine zusätzliche Einheit an verfügbarem Einkommen zum Anteil c_1 konsumiert. Der Anteil, der nicht konsumiert wird, wird gespart. Indem die Konsumfunktion in die Identität der privaten Ersparnis eingesetzt wird, ergibt sich:

$$S = Y_V - c_0 - c_1 Y_V \quad \text{bzw.} \quad S = -c_0 + (1 - c_1) Y_V$$

Der Ausdruck $(1 - c_1)$ gibt an, welcher Anteil eines Anstiegs des verfügbaren Einkommens um eine zusätzliche Einheit gespart wird. Man spricht in diesem Zusammenhang von der (marginalen) Sparneigung. Da $0 < c_1 < 1$, ist folgende Beziehung erfüllt: $0 < (1 - c_1) < 1$. Entscheidet der private Haushalt also über seinen Konsum, wird simultan die Entscheidung über die private Ersparnis getroffen.

Für die private Ersparnis gilt:

$$S \equiv Y_V - C$$

bzw. mit der Definition des verfügbaren Einkommens:

$$S \equiv Y - T - C$$

Der Staat erzielt Einnahmen in Form von Steuern T und tätigt Ausgaben in Form der Staatsausgaben G. Dies sind die zwei Größen, die in das Staatsbudget einfließen.

- Übersteigen die Steuereinkünfte die Staatsausgaben, spricht man von einem Budgetüberschuss $(T - G > 0)$ ➔ positive staatliche Ersparnis!
- Sind Steuern und Staatsausgaben gleich hoch, spricht man von einem ausgeglichenen Budget $(T - G = 0)$ ➔ staatliche Ersparnis gleich Null!
- Sind die Staatsausgaben höher als die Steuern, spricht man von einem Budgetdefizit $(T - G < 0)$ ➔ negative staatliche Ersparnis!

Die Summe aus privater Ersparnis und staatlicher Ersparnis ergibt die volkswirtschaftliche Ersparnis bzw. die gesamte Ersparnis der Volkswirtschaft!

$$S_{gesamt} = Y - T - C + T - G = Y - C - G$$

Die Steuern T sind Bestandteil sowohl der privaten als auch der staatlichen Ersparnis. Wird T erhöht, dann sinkt die private Ersparnis, die staatliche Ersparnis steigt.

c) Gleichgewichtsbedingung des Gütermarktes:

$$Y = C + I + G$$

Diese allgemeine Gleichgewichtsbedingung von Produktion = Nachfrage lässt sich umformulieren zur Gleichgewichtsbedingung von Investitionen = Ersparnis. Ziehen wir zunächst von beiden Seiten der Gleichung die Steuern T und den privaten Konsum C ab:

$$Y - T - C = I + G - T$$

Auf der linken Seite der Gleichung erkennen wir die Identität für die private Ersparnis wieder ($S \equiv Y_V - C$). Die Differenz $G - T$ auf der rechten Seite lässt die beiden Komponenten des Staatsbudgets bzw. der staatlichen Ersparnis erkennen. Bringt man nun die private Ersparnis und die staatliche Ersparnis auf die linke Seite der Gleichung, so erhält man:

$$S + (T - G) = I$$

Diese Gleichgewichtsbedingung besagt also, dass die Summe aus privater Ersparnis und staatlicher Ersparnis (d.h. die gesamtwirtschaftliche Ersparnis) im Gütermarktgleichgewicht exakt den Investitionen entsprechen muss.

3.2 Übungsaufgaben

1. Gegeben sind folgende Bedingungen für den Gütermarkt einer Volkwirtschaft:

$$Y^S = Y,$$
$$Z = C + I + G$$
$$C = 200 + 0{,}5(Y - T)$$

mit $I = 500$

a) Berechnen Sie das Gleichgewichtseinkommen:

– Gleichgewichtsbedingung: Produktion = Nachfrage ➔ $Y = Z$

$$Y = C + I + G$$

– Nun setzen wir für C die Konsumfunktion aus der Angabe ein sowie für $I = 500$.

$$Y = 200 + 0{,}5(Y - T) + 500 + G$$
$$\Leftrightarrow \quad (1 - 0{,}5)Y = 700 - 0{,}5T + G$$
$$\Leftrightarrow \quad Y = 1.400 - T + 2G \qquad (1.)$$

Fall i.: $T = G = 500$

Einsetzen in (1.) ergibt folgendes Gleichgewichtseinkommen:

$$\Rightarrow Y = 1.400 - 500 + 2 \cdot 500$$
$$\Leftrightarrow Y_{i.} = 1.900$$

Fall ii.: $T = G = 0{,}2Y$

(➔ Achtung: Nun sind T und G nicht mehr exogen, sondern abhängig von Y!)

Einsetzen in (1.) ergibt folgendes Gleichgewichtseinkommen:

$$\Rightarrow Y = 1.400 - 0{,}2Y + 2 \cdot 0{,}2Y$$
$$\Leftrightarrow Y = 1.400 + 0{,}2Y$$
$$\Leftrightarrow 0{,}8Y = 1.400$$
$$\Leftrightarrow Y_{ii.} = 1.750$$

b) Nun sinken die Investitionen I um 150 Einheiten ➔ $I' = 350$:

- Gleichgewichtiges Einkommen für den Fall i. $T = G = 500$:

$$Y = C + I' + G$$
$$Y = 200 + 0{,}5(Y - 500) + 350 + 500$$
$$(1 - 0{,}5)Y = 800 \Leftrightarrow Y_{i.}' = 1.600$$
$$\Delta Y_{i.} = Y_{i.}' - Y_{i.} = 1.600 - 1.900 = -300$$

➔ das gleichgewichtige Einkommen sinkt in Fall i. um 300 Einheiten!

- Gleichgewichtiges Einkommen für den Fall ii. $T = G = 0{,}2Y$:

$$Y = C + I' + G$$
$$Y = 200 + 0{,}5(Y - 0{,}2Y) + 350 + 0{,}2Y$$
$$(1 - 0{,}6)Y = 550 \Leftrightarrow Y_{ii.}' = 1.375$$
$$\Delta Y_{ii.} = Y_{ii.}' - Y_{ii.} = 1.375 - 1.750 = -375$$

➔ das gleichgewichtige Einkommen sinkt in Fall ii. um 375 Einheiten!

c) Die Keynesianische Konsumhypothese umschließt folgende Komponenten mit folgenden Eigenschaften:

- autonomer Konsum ➔ konstant
- marginale Konsumneigung ➔ konstant
- durchschnittliche Konsumneigung ➔ abnehmend mit Y_V
- Konsum ist allein vom verfügbaren Einkommen abhängig: $C = C(Y_V)$
- Annahme eines linearen Zusammenhangs zwischen C und Y_V: $C = c_0 + c_1 Y_V$

Grafisch:

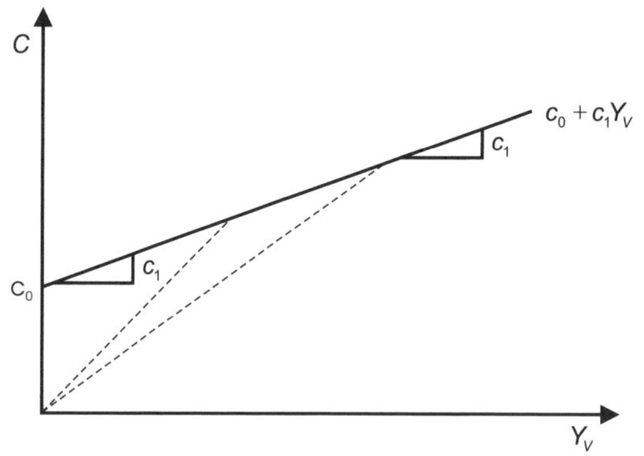

Abbildung 3.3: Konsumfunktion

- autonomer Konsum c_0: Privater Konsum, der unabhängig ist von Y_V
- marginale Konsumneigung c_1, mit $0 < c_1 < 1$: gibt an, um wie viel C steigt, wenn Y_V um eine Einheit steigt; mathematisch:

$$\frac{\partial C}{\partial Y_V} = c_1 > 0 \text{ ➔ konstant } \forall\ Y_V$$

Grafisch: Die Steigung der Konsumfunktion ist für alle Einkommensniveaus gleich.

– durchschnittliche Konsumneigung $\frac{C}{Y_V}$:

gibt an, wie hoch der Anteil des Konsums am verfügbaren Einkommen der Haushalte ist; mathematisch:

$$\frac{C}{Y_V} = \frac{c_0}{Y_V} + c_1$$

die durchschnittliche Konsumneigung nimmt mit steigendem Einkommen ab:

$$\frac{\partial C/Y_V}{\partial Y_V} = -\frac{c_0}{Y_V^2} < 0$$

Grafisch: Die durchschnittliche Konsumneigung entspricht der Steigung des Fahrstrahls vom Ursprung an die Konsumfunktion; die Steigung des Fahrstrahls nimmt mit steigendem Einkommen ab. Der Anteil des verfügbaren Einkommens, der für Konsum verwendet wird, ist umso kleiner, je höher das verfügbare Einkommen ist.

d) Das so genannte Sparparadoxon beschreibt das Phänomen, dass der Versuch der Konsumenten, mehr zu sparen, gesamtwirtschaftlich zu einem Rückgang der Produktion bei unveränderter Ersparnis führen kann. Angenommen, die Individuen reduzieren ihren Konsum, indem der autonome Konsum verringert wird (c_0 sinkt z.B. von 200 auf 100). Das gleichgewichtige Einkommen beträgt im Modell aus der Angabe für den Fall $G=T=500$ nun nur noch 1.700 (vorher 1.900; für die Berechnung siehe Teilaufgabe a.). Für die private Ersparnis gilt: $S=Y-T-C$ bzw. mit der Konsumfunktion aus der Angabe:

$$S = Y - T - c_0 - c_1(Y - T)$$

Mit den Werten **vor** der Senkung des autonomen Konsums ergibt sich:

$$S = 1.900 - 500 - 200 - 0{,}5(1.900 - 500)$$
$$S = 500$$

Mit den Werten **nach** der Senkung des autonomen Konsums ergibt sich:

$$S' = 1.700 - 500 - 100 - 0{,}5(1.700 - 500)$$
$$S' = 500$$

Die private Ersparnis hat sich durch eine Senkung der autonomen Konsumnachfrage nicht verändert! Eine Reduktion von c_0 führt einerseits zu einem Anstieg von S. Andererseits führt ein Rückgang von c_0 zu einem Rückgang der Güternachfrage, was wiederum zu einem Rückgang von Y führt. Dies bewirkt einen Rückgang von S. Im vorliegenden Gütermarktmodell neutralisieren sich diese beiden gegenläufigen Effekte exakt: S bleibt unverändert.

(Weiterer Beweis, dass sich die private Ersparnis nicht verändert: Alternative Darstellungsform des Gütermarktgleichgewichts: $I=S+(T-G)$. Unter der Annahme, dass die exogenen Größen I, T und G unverändert bleiben, muss die private Ersparnis gleich geblieben sein, da die Gleichgewichtsbedingung sonst nicht erfüllt wäre.)

2. Gegeben: $C = 200 + 0{,}8(Y - T)$, $T = tY$, $I = 400$ und $G = 300$. Der Steuersatz t sei 0,5.
   a) Werte im Gütermarktgleichgewicht für die Produktion Y und den Konsum C:

   Für die Nachfrage nach Gütern gilt: $Z = C + I + G$

   Gleichgewichtsbedingung: $Y = Z$; in allgemeiner Form ergibt sich:

   $Y = c_0 + c_1(Y - tY) + I + G$ und somit gilt für Y:

   $$Y = \frac{1}{1 - c_1(1-t)}(c_0 + I + G)$$

   Einsetzen der angegebenen Werte ergibt:

   $$Y = \frac{1}{1 - 0{,}8(1 - 0{,}5)}(200 + 400 + 300) \Rightarrow Y = 1.500$$

   Für den Konsum C ergibt sich durch Einsetzen in die Konsumfunktion:

   $$C = 200 + 0{,}8(1.500 - 0{,}5 \cdot 1.500) \Rightarrow C = 800$$

   b) Staatsausgaben wurden um $dG = 150$ erhöht. Wie hoch ist die neue Produktion im Gleichgewicht?

   Bilden des totalen Differentials der allgemeinen Gleichgewichtsbedingung:

   $$dY = \frac{1}{1 - c_1(1-t)}(dc_0 + dI + dG)$$

   Da sich lediglich die Staatsausgaben ändern, gilt: $dc_0 = dI = 0$ und somit:

   $$dY = \frac{1}{1 - c_1(1-t)}dG$$

   Einsetzen der Parameter und $dG = 150$:

   $$dY = 250$$

   Aufgrund der Erhöhung der Staatsausgaben um 150 erhöht sich demnach die Produktion im neuen Gleichgewicht um 250 auf nunmehr $Y' = 1.750$.

   c) Budgetsalden vor und nach der Staatsausgabenerhöhung:

   Budgetdefizit (BD): $BD = G - T$ bzw. hier: $BD = G - tY$ mit $t = 0{,}5$:

   – Vor Staatsausgabenerhöhung: $Y = 1500$, $G = 300$, somit ergibt sich als Budgetdefizit:

   $$BD = G - T = G - tY = 300 - 0{,}5 \cdot 1500 = -450$$

   – Nach Staatsausgabenerhöhung: $Y' = 1750$, $G' = 450$; neues Budgetdefizit:

   $$BD' = G' - T' = G' - tY' \Rightarrow 450 - 0{,}5 \cdot 1750 = -425$$

   (Hinweis: Ein negatives Budgetdefizit entspricht einem Budgetüberschuss.)

   Wie an den Ergebnissen zu erkennen ist, hat sich der Budgetüberschuss durch die Erhöhung der Staatsausgaben lediglich um 25 verschlechtert, obwohl die Staatsausgaben um 150 angestiegen sind. Der Grund dafür ist, dass die Steuern proportional zum Einkommen erhoben werden. Wie bekannt ist, steigt durch eine Erhöhung der Staatsausgaben über den Multiplikatoreffekt das Einkommen bzw. die Produktion an. Dadurch wiederum steigen im Fall einkommensabhängiger Steuern die Steuereinnahmen des Staates an. Aus diesem Grund verschlechtert sich der Budgetsaldo weniger stark als in einem Fall mit konstanten Steuereinnahmen. Wären die Steuereinnahmen konstant, dann würde sich der Budgetsaldo in vollem Umfang der Staatsausgabenerhöhung verschlechtern. Wenn es also im Interesse des Staates liegt, das Staatsbudget bei Staatsausgabenerhöhungen zu schonen, ist eine einkommensabhängige Besteuerung einer einkommensunabhängigen überlegen.

d) Der in Teilaufgabe a. hergeleitete Multiplikator bei einkommensabhängiger Besteuerung lautet:

$$\frac{1}{1-c_1(1-t)}$$

bei einkommensunabhängiger Besteuerung ($t = 0$) hingegen:

$$\frac{1}{1-c_1}$$

Wenn eine zum Einkommen proportionale Besteuerung mit einem Steuersatz $0 < t < 1$ unterstellt wird, wird der Multiplikator kleiner, da der Nenner größer wird; mathematisch:

$$\frac{\partial\left(\frac{1}{1-c_1(1-t)}\right)}{\partial t} = \frac{-c_1}{\left(1-c_1(1-t)\right)^2} < 0$$

In diesem Zusammenhang spricht man von einem automatischen Stabilisator der Fiskalpolitik: Bei einer expansiven Fiskalpolitik **steigt** das Einkommen weniger stark, bei einer kontraktiven Fiskalpolitik **sinkt** das Einkommen weniger stark. Mit anderen Worten: Einkommensabhängige Steuern bewirken weniger starke konjunkturelle Schwankungen in beide Richtungen. Der Konjunkturverlauf wird also durch eine mit dem Einkommen proportionale Besteuerung „automatisch stabilisiert".

3. Die Grafik enthält zwei Nachfragekurven. ZZ_A ist die Nachfragekurve von Land A, ZZ_B ist die Nachfragekurve von Land B. In der Ausgangssituation sind die Gütermärkte beider Länder im Gleichgewicht mit der identischen gleichgewichtigen Produktion Y_0.

a) Warum unterscheiden sich die Nachfragekurven beider Länder?

Unterschiedliche Steigungen: Wie zu erkennen ist, weist die Nachfragekurve von Land A eine geringere Steigung auf als die Nachfragekurve von Land B. Verantwortlich für die Steigung der Nachfragekurve ist die Konsumneigung c_1. Da die Nachfragekurve von Land B steiler verläuft, bedeutet dies, dass die Konsumneigung in Land B höher ist als in Land A ➔ $c_{1B} > c_{1A}$. Im Umkehrschluss bedeutet dies: Die Sparneigung in Land A ist größer als in Land B ➔ $1-c_{1A} > 1-c_{1B}$.

Unterschiedliche Achsenabschnitte: Wie zu erkennen ist, liegt der Achsenabschnitt der Nachfragekurve von Land A über dem Achsenabschnitt der Nachfragekurve von Land B. Verantwortlich bei der Bestimmung des Achsenabschnittes sind die autonomen Nachfragekomponenten, welche unabhängig von der Höhe des Einkommens sind. Der Achsenabschnitt von Land A ist deswegen größer, weil die Summe der autonomen Nachfragekomponenten größer ist als bei Land B: $\left(c_0 + I + G - c_1 T\right)_A > \left(c_0 + I + G - c_1 T\right)_B$.

b) Die exogenen Investitionen wurden in beiden Ländern in exakt dem gleichen Betrag erhöht. Die Investitionen sind vom Einkommen unabhängig und werden zu jedem Einkommensniveau in gleicher Höhe getätigt. Im Modell des Gütermarktes bedeutet eine Erhöhung der exogenen Investitionen eine entsprechende Erhöhung der Summe der autonomen Nachfragekomponenten. Wenn die Investitionen in beiden Ländern um jeweils $\Delta I_A = \Delta I_B = \Delta I$ erhöht werden, gilt für die autonomen Nachfragekomponenten:

$$\left(c_0 + I + G - c_1 T + \Delta I\right)_i > \left(c_0 + I + G - c_1 T\right)_i \; \forall i = A, B$$

Grafisch verschieben sich die Nachfragekurven der Länder A und B um die Distanz $\Delta I_A = \Delta I_B = \Delta I$ nach oben. Neue Nachfragekurve Land A: ZZ_A', Land B: ZZ_B'.

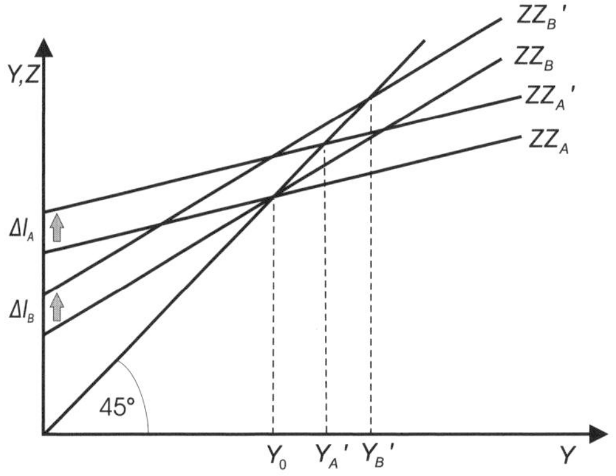

Abbildung 3.4: Verschiebung von ZZ_A und ZZ_B um ΔI nach oben

c) Vor der Erhöhung der Investitionen war das Einkommen im Gütermarktgleichgewicht für beide Länder gleich hoch. Durch die Erhöhung einer autonomen Nachfragekomponente wie *I* erhöht sich das Einkommen im neuen Gleichgewicht in Höhe der Veränderung multipliziert mit dem Multiplikator. Der Multiplikator

$$\frac{1}{1-c_1}$$

ist dafür verantwortlich, wie stark sich das Einkommen bzw. die Produktion aufgrund einer Veränderung der autonomen Nachfragekomponenten verändert. Die Stärke des Multiplikatoreffekts wird bestimmt durch die Konsumneigung c_1 (mit $0 < c_1 < 1$). Je größer die Konsumneigung, desto größer wird der Multiplikator und desto größer ist die Veränderung des Einkommens aufgrund der Veränderung einer autonomen Nachfragekomponente. Wie bereits in Teilaufgabe a) festgestellt, ist die Konsumneigung in Land B größer als in Land A, was an dem steileren Verlauf der Nachfragekurve für Land B zu erkennen ist. Demnach ist der Multiplikator von Land B größer als von Land A:

$$\frac{1}{1-c_{1B}} > \frac{1}{1-c_{1A}}$$

Eine Erhöhung der exogenen Investitionen in beiden Ländern im selben Umfang resultiert wegen der unterschiedlichen Multiplikatoren beider Länder in einem höheren Einkommen im neuen Gütermarktgleichgewicht in Land B. Grafisch siehe Abb. 3.4: Neues Gleichgewichtseinkommen Land A: Y_A', Land B: Y_B'.

4 Geld- und Finanzmärkte

4.1 Wissens- und Verständnistests

Multiple Choice

1. Welche der folgenden Größen ist eine „Stromgröße“?
   a) Ersparnis
   b) Vermögen
   c) Geld
   d) alle drei
2. Ein Anstieg des Zinssatzes (*i*) verursacht
   a) ...eine Rechtsverschiebung der Geldnachfragekurve.
   b) ...eine Verringerung der Geldnachfrage.
   c) ...eine Linksverschiebung der Geldnachfragekurve.
   d) ...eine Erhöhung des Geldangebots.
3. Welches der folgenden Ereignisse verursacht einen Anstieg des Zinssatzes (*i*) im Geldmarktgleichgewicht?
   a) Das nominale Einkommen erhöht sich.
   b) Die Zentralbank erhöht das Geldangebot.
   c) Die Zentralbank kauft Wertpapiere.
   d) Das nominale Einkommen verringert sich.
4. Eine Erhöhung der Zinsreagibilität der Geldnachfrage bewirkt Folgendes:
   a) Die Geldnachfragekurve verschiebt sich parallel nach links.
   b) Die Geldnachfragekurve verschiebt sich parallel nach rechts.
   c) Die Geldnachfragekurve wird flacher.
   d) Die Geldnachfragekurve wird steiler.
5. Ein festverzinsliches Wertpapier mit einjähriger Laufzeit verspricht in einem Jahr eine Auszahlung von 336 €. Wie hoch ist heute der Preis des Wertpapiers bei einem Zinssatz von 5%?
   a) 310 €
   b) 290 €
   c) 320 €
   d) 330 €

6. Ein festverzinsliches Wertpapier verspricht in einem Jahr eine Auszahlung von 840 €. Wenn der Preis des Bonds heute 700 € ist, wie hoch ist dann der Zinssatz?
   a) 15%
   b) 22,5%
   c) 25%
   d) 20%
7. Was bewirkt eine Erhöhung des Einkommens Y auf dem Geld- und Finanzmarkt bei einem gegebenen Geldangebot?
   a) Die Kurse festverzinslicher Wertpapiere sinken und die Zinsen steigen.
   b) Die Kurse festverzinslicher Wertpapiere steigen und die Zinsen sinken.
   c) Die Kurse festverzinslicher Wertpapiere sinken und die Zinsen sinken.
   d) Die Kurse festverzinslicher Wertpapiere steigen und die Zinsen steigen.
8. Gehen Sie davon aus, dass die Individuen kein Bargeld, sondern nur Sichteinlagen halten. Welche der folgenden Formeln bezeichnet man als den Geldschöpfungsmultiplikator?
   a) $1/c$
   b) $1/(1-\theta)$
   c) $1/(1-c)$
   d) $1/\theta$
9. Nehmen Sie an, die Zentralbank verringert den Mindestreservesatz θ. Was geschieht?
   a) Der Geldschöpfungsmultiplikator erhöht sich.
   b) Der Geldschöpfungsmultiplikator verringert sich.
   c) Die Geldbasis bzw. die Menge an Zentralbankgeld (H) verringert sich.
   d) Die Geldbasis bzw. die Menge an Zentralbankgeld (H) erhöht sich.

Wahr/Falsch: Welche der jeweiligen Aussagen sind wahr, welche falsch?

10. Nehmen Sie an, die Zentralbank kauft Wertpapiere. Was geschieht?
    a) Das Geldangebot erhöht sich.
    b) Das Geldangebot verringert sich.
    c) Die Wertpapierpreise steigen.
    d) Die Zinsen sinken.
11. Nehmen Sie an, dass zum gegenwärtigen Zinssatz das Geldangebot geringer ist als die Geldnachfrage. Was geschieht auf dem Geld- und Finanzmarkt?
    a) Der Zinssatz muss steigen, um den Geldmarkt ins Gleichgewicht zu bringen.
    b) Der Zinssatz muss fallen, um den Geldmarkt ins Gleichgewicht zu bringen.
    c) Die Wertpapierkurse müssen steigen, um den Finanzmarkt ins Gleichgewicht zu bringen.
    d) Die Wertpapierkurse müssen fallen, um den Finanzmarkt ins Gleichgewicht zu bringen.

12. Welche Konsequenzen hat eine restriktive geldpolitische Operation der Zentralbank?
    a) Das Geldangebot verringert sich.
    b) Der gleichgewichtige Zinssatz verringert sich.
    c) Die Kurse der Wertpapiere fallen.
    d) Die Kurse der Wertpapiere steigen.
13. Was geschieht ausgehend von einem Geldmarktgleichgewicht, wenn das Einkommen der Wirtschaftssubjekte sinkt und die Zentralbank die Geldmenge erhöht?
    a) Es kommt zu einem Rückgang des Zinssatzes.
    b) Es kommt zu einem Anstieg des Zinssatzes.
    c) Die Wertpapierkurse steigen.
    d) Die Wertpapierkurse fallen.
14. Nehmen Sie an, in Land A ist die Zinsreagibilität der Geldnachfrage höher als in Land B. Der Zinssatz im Geldmarktgleichgewicht sei in der Ausgangssituation in beiden Ländern gleich. Die Zentralbanken beider Länder weiten nun das Geldangebot in gleichem Umfang aus. Was kann man im neuen Geldmarktgleichgewicht beobachten?
    a) Der Zinssatz in Land B sinkt stärker als in Land A.
    b) Der Zinssatz in Land A sinkt stärker als in Land B.
    c) Der Zinssatz in Land B steigt stärker als in Land A.
    d) Die Wertpapierkurse steigen in beiden Ländern.
15. Was geschieht im Rahmen des Geldmarktmodells, wenn das Einkommen der Wirtschaftssubjekte ansteigt?
    a) Die Geldnachfrage sinkt und die Nachfrage nach festverzinslichen Wertpapieren steigt.
    b) Die Kurse festverzinslicher Wertpapiere sinken und der Zinssatz steigt.
    c) Die Kurse festverzinslicher Wertpapiere steigen und der Zinssatz sinkt.
    d) Die Geldnachfrage steigt und das Angebot an festverzinslichen Wertpapieren steigt.
16. Als Alternative zur Betrachtung von Angebot und Nachfrage nach Zentralbankgeld kann auch Angebot und Nachfrage nach Reserven betrachtet werden. Welche Aussage ist richtig, welche falsch?
    a) Das Angebot an Reserven entspricht dem Angebot an Zentralbankgeld (H) abzüglich der Nachfrage nach Bargeld durch Nicht-Banken (CU^d).
    b) Die Gleichgewichtsbedingung auf dem Tagesgeldmarkt lautet: $H + CU^d = R^d$ (wobei R^d die Nachfrage nach Reserven durch Geschäftsbanken darstellt).
    c) Den Zinssatz, der sich auf dem Markt für Reserven ergibt, bezeichnet man als Tagesgeldsatz.
    d) Der Tagesgeldsatz bewegt sich sehr nahe am Spitzenrefinanzierungssatz, der von der Zentralbank direkt gesteuert wird.

Basiswissen

Tagesgeldsatz und EZB

Geschäftsbanken handeln täglich auf dem Tagesgeldmarkt mit Reserven. Der Zinssatz, der auf dem Markt für Reserven bestimmt wird, heißt Tagesgeldsatz. Der Euro Overnight Index Average (EONIA) bezeichnet den durchschnittlichen Tagesgeldsatz im gesamten Euro-Währungsraum. Mit dem Spitzenrefinanzierungssatz und dem Einlagensatz legt die EZB eine Ober- bzw. Untergrenze fest, damit die Zinsen am Tagesgeldmarkt nicht zu stark schwanken. Der Tagesgeldsatz bewegt sich immer in diesem Zinskorridor und bewegt sich sehr nahe am Hauptrefinanzierungszins der EZB. Hauptrefinanzierungszins und Tagesgeldsatz weichen voneinander ab, wenn alle Geschäftsbanken zusammen über zu viel oder zu wenig Liquidität verfügen.

17. Allgemeines zu Geld- und Finanzmärkten
    a) Erläutern Sie die Begriffe „Kassenhaltungskoeffizient" und „Umlaufgeschwindigkeit"!
    b) Nennen und erläutern Sie stichpunktartig die ökonomischen Funktionen von Geld!
    c) Skizzieren Sie vereinfachte Bilanzen der Zentralbank und der Geschäftsbanken und erläutern Sie stichpunktartig deren Komponenten!
    d) Was verstehen Sie unter der Effektivverzinsung von Wertpapieren? Der Nennwert eines Wertpapiers mit einjähriger Restlaufzeit sei 100 €, die Nominalverzinsung sei 5%. Wenn das Wertpapier heute zu einem Kurs von 90 € gehandelt wird, wie hoch ist dann die Effektivverzinsung?
    e) Erläutern Sie den Effekt einer kontraktiven Offenmarktoperation einer Zentralbank auf die Effektivverzinsung von Wertpapieren!
    f) Erläutern Sie in wenigen Sätzen, was man unter dem so genannten Geldschöpfungsmultiplikator versteht!

4.2 Übungsaufgaben

1. Gegeben sei folgende grafische Darstellung des Geldmarktes:

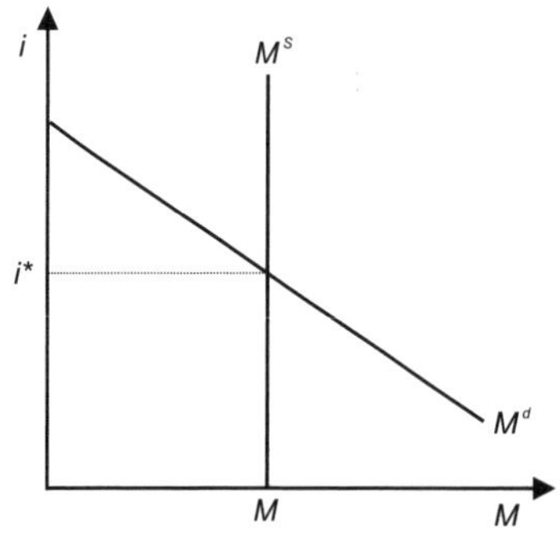

Der Schnittpunkt zwischen der fallenden Geldnachfragekurve und der senkrechten Kurve des Geldangebots bestimmt den Zinssatz i^*, bei dem der Geldmarkt im Gleichgewicht ist.

a) Erläutern Sie die Situation auf dem Geldmarkt verbal und grafisch, wenn der Zinssatz höher ist als der gleichgewichtige Zinssatz!

b) Erläutern Sie nun die Situation auf dem Geldmarkt verbal und grafisch, wenn der Zinssatz niedriger ist als der gleichgewichtige Zinssatz!

c) Nehmen Sie an, das Einkommen Y in der Volkswirtschaft steigt. Erläutern Sie grafisch und verbal die Auswirkungen auf die Geldnachfrage und den Zinssatz!

d) Nehmen Sie an, dass das Geldangebot steigt. Zeigen Sie grafisch und verbal die Auswirkungen auf die Geldangebotskurve und den gleichgewichtigen Zinssatz!

2. Die gesamtwirtschaftliche Geldnachfrage sei beschrieben durch folgende Geldnachfragefunktion:

$$M^d = PY(0{,}3-i)$$

Das nominale Einkommen der Volkswirtschaft beträgt $PY = 400$, das Preisniveau sei $P = 1$. Nehmen Sie an, dass die Zentralbank das nominale Geldangebot perfekt steuern kann.

a) Berechnen Sie den Zinssatz, der sich im Geldmarktgleichgewicht ergibt, wenn die Zentralbank das nominale Geldangebot auf $M_0^s = 100$ festsetzt!

b) Angenommen, die betrachtete Volkswirtschaft befinde sich in einer Rezession. Um die Wirtschaft wieder in Schwung zu bringen, beschließt die Zentralbank, die Zinsen auf 2% zu senken. Wie stark muss die Zentralbank die Geldmenge verändern, um ihr Ziel zu erreichen?

c) Die geldpolitische Aktion der Zentralbank war ein voller Erfolg und die reale Produktionstätigkeit steigt im nächsten Jahr um 10%, das Preisniveau bleibt konstant. Wie stark muss die Zentralbank ihr Geldangebot verändern, wenn der Zinssatz konstant bleiben soll? Zeigen Sie die Situationen der Teilaufgaben b) und c) in einer gemeinsamen Grafik!

d) Um inflationären Tendenzen vorzubeugen, beschließt die Zentralbank im darauf folgenden Jahr, das Geldangebot um 20 zu reduzieren. Welcher Zinssatz ergibt sich im neuen Geldmarktgleichgewicht? Berechnen Sie den Zinssatz und zeigen Sie das Ergebnis anhand einer Grafik!

3. Betrachtet wird ein Geldmarktmodell mit Geschäftsbanken. R seien die Reserven, CU das Bargeld, D die Sichteinlagen:

$$R = 150 \quad CU = 600 \quad D = 1.200$$

a) Was verstehen Sie unter dem Reserve-Einlagen-Verhältnis? Berechnen Sie das Reserve-Einlagen-Verhältnis!

b) Erläutern Sie allgemein, welche Auswirkungen eine Erhöhung des Reservesatzes auf den Zinssatz hat!

c) Wie hoch ist in diesem Beispiel das gesamte Geldangebot?

d) Was besagt der Parameter c? Berechnen Sie diesen Parameter!

e) Berechnen Sie anhand der Angaben das Angebot an Zentralbankgeld!

f) Berechnen Sie den Geldschöpfungsmultiplikator!

4. Nehmen Sie an, ein Wirtschaftssubjekt erhält ein monatliches nominales Einkommen PY = 3.000 € und jeden Monat konsumiert es in voller Höhe von PY, d.h. es spart nicht. Der Konsument erhält sein Einkommen in Form eines Schecks zu Beginn jeden Monats, und dieser wird auf einem verzinsten Bankkonto gutgeschrieben. Die Einlagen auf dem Bankkonto werden mit $i = 4\%$ verzinst und pro Gang zur Bank entstehen Kosten $c = 4$ €.

a) Welche Faktoren beeinflussen die Entscheidung des Individuums darüber, wie oft es pro Monat Geld bei der Bank für Konsumzwecke abhebt?

b) Das Wirtschaftssubjekt soll nun entscheiden, wie oft es im Monat zur Bank gehen soll, um Geld abzuheben. Stellen Sie anhand einer Tabelle die Gesamtkosten des Wirtschaftssubjekts für *einen* bis *sechs* Bankbesuche dar. Bestimmen Sie die Anzahl der Bankbesuche, bei der die Gesamtkosten minimiert werden!

Nehmen Sie an, das Wirtschaftssubjekt steht zum Monatsanfang folgenden drei Alternativen gegenüber:

i. Das Wirtschaftssubjekt kann sein Einkommen am Anfang des Monats vollständig als Geld halten.

ii. Das Wirtschaftssubjekt kann sein Einkommen am Anfang des Monats zur Hälfte in Geld halten, die andere Hälfte verbleibt auf dem verzinsten Konto bei der Bank.

iii. Das Wirtschaftssubjekt kann sein Einkommen am Anfang des Monats zu einem Drittel in Geld halten, der Rest verbleibt auf dem verzinsten Konto bei der Bank.

c) Stellen Sie die drei Alternativen anhand von drei Grafiken dar und bestimmen Sie rechnerisch und grafisch die durchschnittliche Geldhaltung des Wirtschaftssubjekts! Für welche Alternative entscheidet sich das Wirtschaftssubjekt, wenn $i = 0\%$?

Lösungen zu Kapitel 4

4.1 Wissens- und Verständnistests

Multiple Choice

1. a)
2. b)
3. a)
4. c)
5. c)
6. d)
7. a)
8. d)
9. a)

Wahr/Falsch

10. W, F, W, W
11. W, F, F, W
12. W, F, W, F
13. W, F, W, F
14. W, F, F, W
15. F, W, F, W
16. W, F, W, F

Basiswissen

17. Allgemeines zu Geld- und Finanzmärkten

    a) **Kassenhaltungskoeffizient**:

    Als Kassenhaltungskoeffizient bezeichnet man das Verhältnis bzw. den Quotienten von Geld zu nominalem Einkommen. Er beschreibt, wie viel Geld die Wirtschaftssubjekte im Verhältnis zu ihrem Einkommen halten.

Herleitung aus der Geldnachfrage:

$$M^d = PYL(i) \quad \leftrightarrow \quad \frac{M^d}{PY} = L(i)$$

Da die Funktion *L(i)* abnehmend mit *i* ist, kann die Schlussfolgerung gezogen werden, dass der Kassenhaltungskoeffizient bei niedrigen Zinsen hoch, bei hohen Zinsen jedoch niedrig ist.

Umlaufgeschwindigkeit:

Der Kehrwert des Kassenhaltungskoeffizienten lautet:

$$\frac{PY}{M^d}$$

Dieser Quotient wird als Umlaufgeschwindigkeit bezeichnet. Je größer das Verhältnis von nominalem Einkommen zur Geldmenge ist, desto größer ist auch das Verhältnis der Transaktionen in der Volkswirtschaft zur Geldmenge. Je größer dieses Verhältnis, desto schneller muss die gegebene Geldmenge zur Abwicklung der Transaktionen in der Volkswirtschaft zirkulieren bzw. von einer Hand in die andere wechseln. Mit anderen Worten: Je größer dieses Verhältnis ist, desto höher muss die Umlaufgeschwindigkeit des Geldes sein.

b) Ökonomische Funktionen von Geld:

Wertaufbewahrungsmittel: Geld kann in seiner Wertaufbewahrungsfunktion zur Aufbewahrung von Vermögen und damit zum Transfer von Kaufkraft aus der Gegenwart in die Zukunft verwendet werden.

Tauschmittel: Geld dient in der Volkswirtschaft als allgemeines Tauschmittel zur Bezahlung aller Transaktionen, egal welcher Art. Geld löst dabei das beim Warentausch auftretende Problem der doppelten Übereinstimmung der Bedürfnisse auf sehr einfache Art und Weise.

Recheneinheit: Geld dient in der Volkswirtschaft als Numeraire, um die Preise aller Güter auszudrücken. Geld verhindert so, dass alle Güter wie in einer Tauschwirtschaft zu relativen Preisen gehandelt werden müssen.

c) Vereinfachte Bilanz der Zentralbank:

Aktiva	**Passiva**
Wertpapiere aus Offenmarktgeschäften	Zentralbankgeld = Bargeld + Reservehaltung der Geschäftsbanken

Die Forderungen (Aktivseite) der Zentralbank beinhalten die in ihrem Portfolio gehaltenen Wertpapiere. Die Verbindlichkeiten (Passivseite) der Zentralbank beinhalten das von ihr geschaffene Zentralbankgeld. Dieses setzt sich aus dem – zum Großteil von Nichtbanken – gehaltenen Bargeld und der Reservehaltung der Geschäftsbanken zusammen. Offenmarktgeschäfte der Zentralbank führen zu gleich großen Veränderungen auf der Aktiv- und Passivseite.

Vereinfachte Bilanz der Geschäftsbanken:

Aktiva	**Passiva**
Reservehaltung Kredite Wertpapierhaltung	Sichteinlagen

Die Verbindlichkeiten (Passivseite) der Geschäftsbanken sind die Sichteinlagen, welche die Bankkunden einzahlen. Die Forderungen (Aktivseite) in der Bilanz sind die Reservehaltung, vergebene Kredite und Wertpapiere. Die Geschäftsbanken verwenden die Sichteinlagen der Anleger zur Kreditvergabe, zum Kauf von Wertpapieren und zur Reservehaltung.

d) Die Effektivverzinsung eines Wertpapiers ist das, was man für ein Wertpapier in einem Jahr erhält, abzüglich des heute gezahlten Preises, geteilt durch den Preis heute. Formal: Sei P_0 der Nennwert des Wertpapiers, i_0 seine nominale Verzinsung und P_B (B steht für Bond) der Preis (Kurs) des Wertpapiers heute. Die Effektivverzinsung des Wertpapiers ergibt sich dann aus:

$$i_B = \frac{P_0(1+i_0) - P_B}{P_B}$$

Mit $P_0 = 100$ €, $i_0 = 5\%$ und $P_B = 90$ € ergibt sich somit für die Effektivverzinsung des Wertpapiers mit einjähriger Restlaufzeit:

$$i_B = \frac{100\,€(1+0{,}05) - 90\,€}{90\,€}$$

$$i_B = 0{,}1666 = 16{,}67\%$$

e) Im Zuge einer kontraktiven Offenmarktoperation reduziert die Zentralbank die Geldmenge. Sie verkauft Wertpapiere am offenen Markt und reduziert damit ihre Forderungen auf der Aktivseite, reduziert aber auch die im Umlauf befindliche Geldmenge (Passivseite). Die Zentralbank tritt also auf dem Wertpapiermarkt als Verkäufer auf und somit steigt das Angebot an Wertpapieren. Wenn das Angebot an Wertpapieren steigt, werden die Preise (bzw. Kurse) der Wertpapiere sinken. Wenn der Kurs der Wertpapiere sinkt, dann steigt die effektive Verzinsung der Wertpapiere. Durch eine kontraktive Offenmarktoperation, d.h. durch den Verkauf von Wertpapieren, kann die Zentralbank einen Anstieg der Zinsen herbeiführen.

f) Der „Geldschöpfungsmultiplikator" stellt eine Beziehung her zwischen dem gesamten Geldangebot (einschließlich der Sichteinlagen bei Geschäftsbanken) und dem Zentralbankgeld bzw. der Geldbasis. Wird die Geldbasis durch die Zentralbank erhöht, dann erhöht sich das gesamte Geldangebot in einer Volkswirtschaft mit Geschäftsbanken um ein Vielfaches – nämlich um die Erhöhung der Geldbasis multipliziert mit dem Geldschöpfungsmultiplikator. Eine Veränderung der Geldbasis hat in einer Volkswirtschaft mit Geschäftsbanken stärkere Auswirkungen auf das Geldangebot und somit auch auf den Zinssatz.

4.2 Übungsaufgaben

1. Das Gleichgewicht auf dem Geldmarkt

a) Wenn der Zinssatz (i_1) auf dem Geldmarkt höher als der gleichgewichtige Zinssatz ist, bedeutet dies, dass der Geldmarkt nicht im Gleichgewicht ist. Zum Zinssatz i_1 ist die Geldnachfrage geringer als das Geldangebot. Dies ist in der Abbildung 4.1 zu erkennen. Ein Überschussangebot auf dem Geldmarkt ist gleichbedeutend mit einer Überschussnachfrage auf dem Wertpapiermarkt. Aufgrund der Überschussnachfrage nach Wertpapieren werden die Kurse steigen und die effektive Verzinsung der Wertpapiere fallen. Dieses Sinken des Zinssatzes bewirkt eine Zunahme der Geldnachfrage. Der Zinssatz muss somit fallen, um Geld- und Wertpapiermarkt ins Gleichgewicht zu bringen. Das Gleichgewicht ist erreicht beim Schnittpunkt der Geldnachfragekurve (M^d) mit der Geldangebotskurve (M^s).

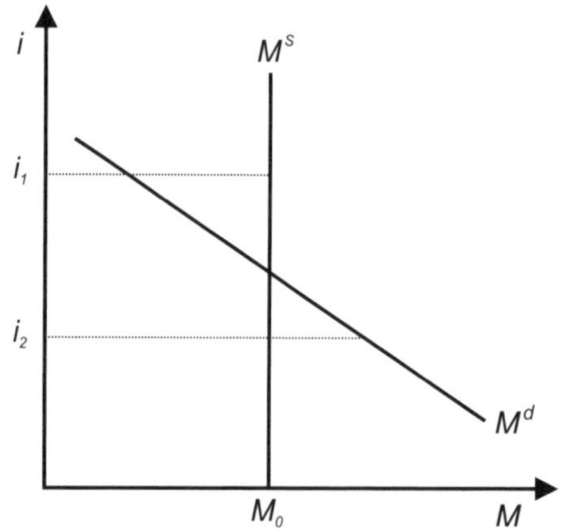

Abbildung 4.1: Geldmarkt

b) Wenn der Zinssatz (i_2) auf dem Geldmarkt geringer ist als der gleichgewichtige Zinssatz, dann ist der Geldmarkt ebenso wie in Teilaufgabe a. nicht im Gleichgewicht. Zum Zinssatz i_2 ist die Geldnachfrage nun jedoch höher als das Geldangebot. Dies ist zu erkennen, wenn in Abbildung 4.1 die Geldnachfrage zum Zinssatz i_2 auf die Abszisse abgetragen wird. Ein Nachfrageüberschuss auf dem Geldmarkt ist wiederum gleichbedeutend mit einem Angebotsüberschuss an Wertpapieren auf dem Finanzmarkt. Zum Zinssatz i_2 wollen die Wirtschaftssubjekte mehr Geld halten als angeboten wird und sie wollen deswegen ihre Wertpapiere verkaufen. Aus dem Angebotsüberschuss auf dem Finanzmarkt resultiert jedoch ein Sinken der Kurse, was gleichbedeutend ist mit einer Zunahme der effektiven Verzinsung der Wertpapiere. Die Zinsen steigen so lange an bzw. die Kurse der Wertpapiere fallen, bis die Wirtschaftssubjekte bei dem nun höheren Zinssatz genau die angebotene Menge Geld nachfragen (Schnittpunkt Geldnachfragekurve mit Geldangebotskurve).

c) Die gesamtwirtschaftliche Geldnachfragefunktion des Geldmarktmodells lautet: $M^d=PYL(i)$. Die Geldnachfrage hängt proportional vom nominalen Einkommen bzw. dem Transaktionsumfang der Volkswirtschaft ab. Negativ abhängig ist die Geldnachfrage vom Zinssatz. Je höher der Zinssatz, desto geringer die Liquiditätspräferenz und umgekehrt. Wenn sich nun das Einkommen Y der Volkswirtschaft erhöht, steigt proportional dazu die Geldnachfrage, da ein höheres Einkommen einen höheren Transaktionsumfang impliziert. Bei einem gegebenen Zinssatz wird in der Volkswirtschaft bei nun höherem Einkommen mehr Geld nachgefragt. Grafisch verschiebt sich die Geldnachfragekurve nach rechts (siehe Abbildung 4.2). Zum ursprünglichen Zinssatz i_0 wird nun mehr Geld nachgefragt als angeboten wird. Es besteht eine Überschussnachfrage auf dem Geldmarkt. Die Wirtschaftssubjekte wollen nun Wertpapiere verkaufen, um ihre gestiegene Geldnachfrage zu befriedigen. Dadurch entsteht ein Überschussangebot auf dem Finanzmarkt. Die Kurse der Wertpapiere fallen und die Zinsen steigen an. Dadurch geht die Geldnachfrage zurück und der Zinssatz steigt so lange, bis die Geldnachfrage wieder dem unveränderten Geldangebot entspricht. Das neue Gleichgewicht auf dem Geldmarkt ist mit dem Buchstaben B gekennzeichnet.

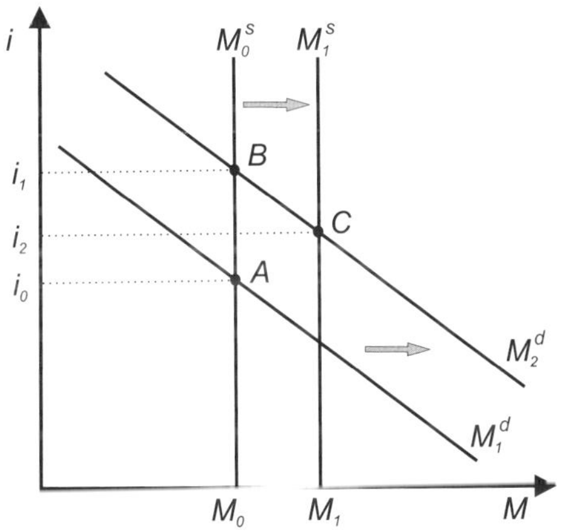

Abbildung 4.2: Geldmarkt nach Anstieg der Geldnachfrage und anschließender Erhöhung des Geldangebots

d) Das Geldmarktgleichgewicht der Volkswirtschaft befindet sich nun in Punkt B in Abbildung 4.2. Eine Erhöhung des Geldangebots bewirkt grafisch eine Verschiebung der Geldangebotskurve nach rechts. Zum ursprünglichen gleichgewichtigen Zinssatz i_1 ist nun beim höheren Geldangebot die Geldnachfrage geringer als das Geldangebot. Es besteht ein Überschussangebot auf dem Geldmarkt. Analog dazu ist beim Zinssatz i_1 die Nachfrage nach Wertpapieren größer als das Angebot. Es besteht eine Überschussnachfrage auf dem Finanzmarkt. Dadurch kommt es zu einem Ansteigen der Wertpapierkurse und damit verbunden zu einem Sinken der Zinsen. Die Zinsen sinken so lange, bis die Wirtschaftssubjekte bereit sind, das angebotene Geld auf dem Geldmarkt nachzufragen. Aufgrund der Erhöhung des Geldangebots kommt es somit zu einem Rückgang der Zinsen auf i_2 (siehe Punkt C in Abbildung 4.2.).

2. Auswirkungen von Zentralbankinterventionen auf das Geldmarktgleichgewicht
   a) Die Gleichgewichtsbedingung auf dem Geldmarkt lautet:

$$M_0^s = M^d$$

   Das Geldangebot muss also der Geldnachfrage entsprechen. Durch Einsetzen der gegebenen Größen erhält man:

$$100 = 400(0,3 - i)$$

   Die Variable, welche den Geldmarkt ins Gleichgewicht bringt, ist der Zinssatz. Den gleichgewichtigen Zinssatz erhalten wir, indem wir die Gleichgewichtsbedingung für den Geldmarkt nach dem Zinssatz i auflösen:

$$100 = 120 - 400i$$

$$i^* = 0,05 = 5\%$$

   Der Zinssatz, bei dem sich der Geldmarkt im Gleichgewicht befindet, beträgt 5%.
   b) Die Zentralbank will nun den Zinssatz auf 2% senken, um dadurch die Wirtschaft anzukurbeln. Um den Zinssatz zu senken, muss die Zentralbank expansive Geldpolitik betreiben, d.h. das Geldangebot erhöhen. Die Zentralbank kann in unserem Geldmarktmodell die Geldmenge erhöhen, indem sie Wertpapiere kauft, welche sie mit neu geschaffenem Geld bezahlt. Neben einem Anstieg der Geldmenge führt dies zu einem Anstieg des Wertpapierkurses und somit zu einem Rückgang des Zinssatzes. Wie hoch ist nun die neue Geldmenge? Dazu setzen wir den Zinssatz $i = 2\%$ in die Gleichgewichtsbedingung des Geldmarktes ein und berechnen die neue Geldmenge, bei der sich der Geldmarkt bei einem Zinssatz von 2% im Gleichgewicht befindet:

$$M_1^s = M^d$$

$$M_1^s = 400(0,3 - i)$$

$$M_1^s = 400(0,3 - 0,02)$$

$$M_1^s = 112$$

   Die Zentralbank muss die Geldmenge um 12 ($\Delta M = M_1 - M_0 = 112 - 100$) erhöhen, um den Zinssatz auf 2% zu senken.

   In Abbildung 4.3 ist grafisch die Auswirkung auf den Geldmarkt charakterisiert. Da die Zentralbank die Geldmenge erhöhen muss, um den Zinssatz auf 2% zu senken, muss in der Grafik die Kurve des Geldangebots nach rechts verschoben werden. Das Geldmarktgleichgewicht bewegt sich von A nach B.
   c) Die reale Produktion der Volkswirtschaft steigt um 10% und das Preisniveau bleibt konstant. Daraus folgt, dass das nominale Einkommen PY ebenfalls um 10% ansteigt. Wenn das nominale Einkommen ansteigt, steigt gemäß der Definition der Geldnachfragefunktion auch der Transaktionsumfang und dementsprechend proportional bei gegebenem Zinssatz die Geldnachfrage. Damit der Zinssatz bei 2% gehalten werden kann, muss die Zentralbank auf die Zunahme der Geldnachfrage mit einer expansiven Geldpolitik reagieren.

Da das nominale Einkommen um 10% gestiegen ist, gilt:

$$PY' = 1{,}1PY = 1{,}1 \cdot 400 = 440$$

Einsetzen von PY' und $i = 0{,}02$ in die Gleichgewichtsbedingung für den Geldmarkt ergibt für das Geldangebot:

$$M_2^s = 440(0,3-0,02)$$

$$M_2^s = 123,2$$

Die Zentralbank muss das nominale Geldangebot um 11,2 ($\Delta M = M_2 - M_1 = 123{,}2 - 112$) erhöhen, damit der Geldmarkt bei einem Zinssatz von 2% und einem nominalen Einkommen von 440 im Gleichgewicht ist.

In Abbildung 4.3 ist zu sehen, dass sich zunächst durch das gesteigerte Transaktionsvolumen die Geldnachfragekurve nach rechts verschiebt (M_1^d). Würde das Geldangebot unverändert bleiben, würde der Zinssatz ansteigen. Um dies zu verhindern, erhöht die Zentralbank das Geldangebot. Dabei verschiebt sich die Geldangebotskurve so weit nach rechts (M_2^s), bis der Geldmarkt bei unverändertem Zinssatz wieder im Gleichgewicht ist. Das neue Geldmarktgleichgewicht bewegt sich von Punkt *B* nach *C*.

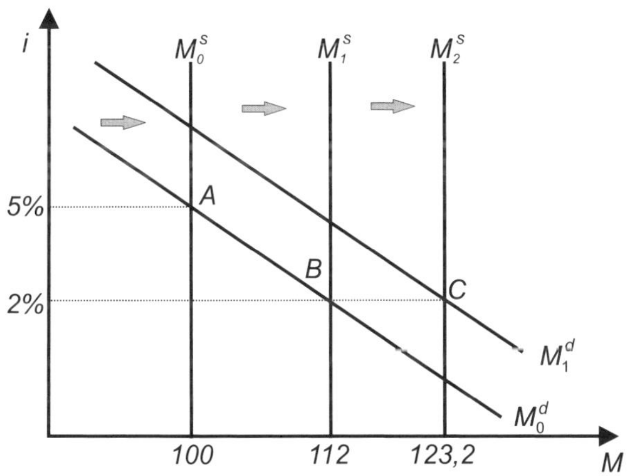

Abbildung 4.3: Notwendige Veränderungen des Geldangebots für eine dauerhafte Zinssenkung

d) Die Zentralbank verringert das nominale Geldangebot um 20. Das neue Geldangebot beträgt nun:

$$M_3^s = 103,2$$

Nun setzen wir das neue Geldangebot in die Gleichgewichtsbedingung des Geldmarktes ein und lösen die Gleichung nach dem Zinssatz auf:

$$103,2 = 440(0,3-i)$$

$$i^* = 6{,}5\%$$

In Abbildung 4.4 ist zu erkennen, dass sich die Geldangebotskurve nach links verschiebt. Damit der Geldmarkt wieder im Gleichgewicht ist, muss der Zinssatz ansteigen. Das neue Geldmarktgleichgewicht bewegt sich von Punkt *C* nach *D*.

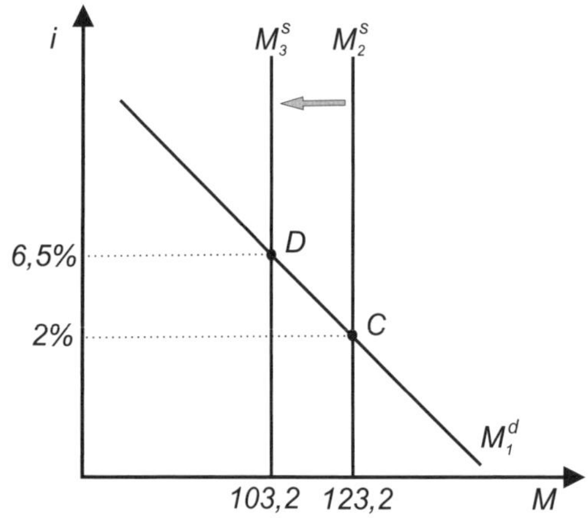

Abbildung 4.4: Auswirkung einer Reduktion des Geldangebots auf dem Geldmarkt

3. Angebot und Nachfrage nach Zentralbankgeld

a) Das Reserve-Einlage-Verhältnis, auch Mindestreservesatz genannt, ist der Anteil der Einlagen, den die Geschäftsbanken als Reserve halten müssen.

In der Aufgabe sind die Reserven und die Einlagen gegeben: $R = 150$ und $D = 1.200$. Das Reserve-Einlage-Verhältnis bzw. der Mindestreservesatz θ beträgt somit:

$$\theta = \frac{R}{D} \rightarrow \theta = \frac{150}{1.200} = 0{,}125 = 12{,}5\,\%$$

b) Die Nachfrage nach Zentralbankgeld setzt sich zusammen aus der Nachfrage nach Bargeld durch Nicht-Banken (CU^d) und der Nachfrage nach Reserven durch Geschäftsbanken (R^d). Im Gleichgewicht muss die Nachfrage nach Zentralbankgeld dem Angebot an Zentralbankgeld (H) entsprechen:

$$CU^d + R^d = H$$

Die Nachfrage nach Reserven durch Geschäftsbanken (R^d) ist abhängig von der Nachfrage nach Sichteinlagen durch Nicht-Banken. Ein Anteil c der gesamten Geldnachfrage der Nicht-Banken (M^d) fällt auf Bargeld (CU^d), ein Anteil $(1 - c)$ fällt auf Sichteinlagen (D^d). Einen Anteil θ davon müssen die Geschäftsbanken als Reserve halten und demnach bestimmt sich die Nachfrage der Geschäftsbanken nach Reserven (R^d) durch:

$$R^d = \theta(1-c)M^d$$

Die Gleichgewichtsbedingung des Marktes für Zentralbankgeld lautet somit:

$$\left[c + \theta(1-c)\right]M^d = H$$

Die Frage ist nun, was geschieht, wenn der Mindestreservesatz θ erhöht wird. Eine Erhöhung des Mindestreservesatzes führt dazu, dass die Nachfrage der Geschäftsbanken nach Zentralbankgeld steigt. D.h., die Gesamtnachfrage nach Zentralbankgeld ist nun zu jedem Zinssatz höher. Grafisch verschiebt sich die Nachfragekurve nach Zentralbankgeld nach rechts (Grafik analog zum Geldmarktgleichgewicht oben). Da das Angebot an Zentralbankgeld unverändert bleibt, muss der Zinssatz **ansteigen**, damit der Markt für Zentralbankgeld im Gleichgewicht bleibt.

➔ Ein Anstieg des Mindestreservesatzes führt über eine Erhöhung der Nachfrage nach Zentralbankgeld zu einer Erhöhung des Zinssatzes.

c) Die gesamte Geldnachfrage der Nicht-Banken setzt sich zusammen aus der Nachfrage nach Bargeld (CU^d) und der Nachfrage nach Sichteinlagen (D^d). Im Gleichgewicht entspricht die Nachfrage dem Angebot.

Mit den Angaben der Aufgabe ergibt sich somit:

$$M = CU + D = 600 + 1.200 = 1.800$$

d) Die gesamte Geldnachfrage der Nicht-Banken (M^d) teilt sich auf zwischen der Nachfrage nach Sichteinlagen, bzw. der Nachfrage nach Geschäftsbankgeld, und der Nachfrage nach Bargeld, bzw. Zentralbankgeld. Der Parameter c, der im Bereich zwischen 0 und 1 liegt, bezeichnet den Anteil der gesamten Geldnachfrage der Nicht-Banken, der auf Bargeld bzw. Zentralbankgeld fällt (CU^d). Der Anteil $1 - c$ fällt somit auf die Sichteinlagen (D^d).

Die gesamte Geldnachfrage mit den Werten der Angabe:

$$M = CU + D = 600 + 1.200 = 1.800$$

600 von insgesamt 1.800 ist Bargeld bzw. Zentralbankgeld und somit ergibt sich für den Parameter c:

$$c = \frac{CU}{M} = \frac{600}{1.800} = 0,33$$

33% der gesamten Geldnachfrage der Nicht-Banken fällt auf Bargeld bzw. Zentralbankgeld, 66% auf Sichteinlagen $(1 - c)$.

e) Der Markt für Zentralbankgeld ist im Gleichgewicht, wenn das Angebot an Zentralbankgeld der Nachfrage entspricht. Die Nachfrage nach Zentralbankgeld setzt sich zusammen aus der Nachfrage der Nicht-Banken (CU^d) und der Nachfrage der Geschäftsbanken nach Reserven (R^d).

Mit den Angaben der Aufgabe ergibt sich somit:

$$H = CU + R = 600 + 150 = 750$$

f) Die Gleichgewichtsbedingung für den Markt für Zentralbankgeld lautet (Herleitung siehe Teilaufgabe b.):

$$H = \left[c + \theta(1 - c)\right] M^d$$

Teilt man nun diesen Ausdruck durch den Ausdruck in eckigen Klammern auf der rechten Seite, dann erhält man:

$$\frac{1}{\left[c+\theta(1-c)\right]}H = M^d$$

Auf der linken Seite der Gleichung steht nun das gesamte Angebot an Geld (Bargeld plus Sichteinlagen), auf der rechten Seite die gesamte Nachfrage nach Geld (Bargeld plus Sichteinlagen). Der Quotient auf der linken Seite ist der so genannte Geldschöpfungsmultiplikator. Das Gesamtangebot an Geld entspricht der Menge an Zentralbankgeld multipliziert mit dem Multiplikator. Für den Geldschöpfungsmultiplikator ergibt sich mit den Zwischenergebnissen von oben:

$$\frac{1}{\left[c+\theta(1-c)\right]} = \frac{1}{\left[0{,}33+0{,}125(1-0{,}33)\right]} = 2{,}4$$

Wird die Menge an Zentralbankgeld also um 1 erhöht, dann erhöht sich das gesamte Geldangebot um 2,4.

4. Kosten und Nutzen der Geldhaltung

   a) Der Scheck mit dem monatlichen Einkommen wird zu Beginn des Monats auf dem verzinsten Bankkonto des Wirtschaftssubjekts gutgeschrieben. Um Bargeld für Transaktionszwecke zu bekommen, muss es zur Bank gehen, um Geld vom Bankkonto abzuheben. Es wird angenommen, dass für jeden Bankbesuch für das Individuum Kosten entstehen. In der Aufgabenstellung $c = 4$ €. Man kann diese Kosten als Opportunitätskosten der Zeit, die man für den Weg zur Bank verbraucht oder die man am Bankschalter wartet, interpretieren. Seien N die monatlichen Bankbesuche, dann entstehen dadurch monatliche Kosten in Höhe von cN. Diese Kosten sind umso geringer, je seltener das Wirtschaftssubjekt seine Bank besucht.

   Um die Transaktionskosten zu verringern, könnte das Wirtschaftssubjekt z.B. im Extremfall nur einmal zur Bank zu gehen und das gesamte Monatseinkommen abheben. Dann hätte das Wirtschaftssubjekt jedoch die Opportunitätskosten der Geldhaltung nicht berücksichtigt. Laut Angabe wird das Guthaben auf dem Bankkonto des Wirtschaftssubjekts monatlich mit $i = 4\%$ verzinst. Es müssen also die entgangenen Zinseinnahmen ins Kalkül mit einbezogen werden, die umso höher sind, je seltener das Wirtschaftssubjekt seine Bank besucht. Seien nun iM die Opportunitätskosten für eine durchschnittliche monatliche Geldhaltung von M. Wenn das Wirtschaftssubjekt nur einmal zur Bank geht (am Monatsanfang) und das Gehalt $PY = 3.000$ € abhebt und es bis Monatsende vollständig ausgibt, dann beträgt die durchschnittliche Geldhaltung 1.500 €. Die Opportunitätskosten der Geldhaltung betragen: $i \cdot 1.500$ € = 60 €. Für zwei Bankbesuche (einmal zu Beginn des Monats 1.500 € abheben, zu Monatsmitte noch einmal 1.500 €) beträgt die durchschnittliche Geldhaltung 750 €. Die Opportunitätskosten der Geldhaltung betragen $i \cdot 750$ € = 30 €. Allgemein ergibt sich die durchschnittliche Geldhaltung aus:

$$M = \frac{PY}{2N}.$$

   Es besteht demnach ein Trade-off zwischen den Kosten, die bei jedem Bankbesuch anfallen, und den Opportunitätskosten der Geldhaltung.

b) Die Gesamtkosten (C), die für eine bestimmte Anzahl (N) von Bankbesuchen entstehen, setzen sich zusammen aus den Opportunitätskosten der entgangenen Zinsen (Zinskosten) auf die durchschnittliche Geldhaltung

$$iM = i \cdot \frac{PY}{2N}$$

und den Transaktionskosten cN, die durch die Bankbesuche entstehen.

Somit gilt für die Gesamtkosten: $C = iM + cN$

Laut Angabe gilt: $i = 0{,}04$, $PY = 3.000$ und $c = 4$

Nachfolgende Tabelle fasst die Kosten (in €) für ein bis sechs Bankbesuche (N) zusammen:

Bankbesuche N	**Zinskosten** iM	**Transaktionskosten** cN	**Gesamtkosten** C
1	60	4	64
2	30	8	38
3	20	12	32
4	15	16	31
5	12	20	32
6	10	24	34

In der zweiten Spalte können die Zinskosten abgelesen werden. Je höher die Anzahl der Bankbesuche, desto geringer sind die Zinskosten. In der dritten Spalte stehen die Transaktionskosten, die pro Bankbesuch entstehen. Je höher die Anzahl der Bankbesuche, desto höher sind die Transaktionskosten. In der vierten Spalte sind die Gesamtkosten zu sehen. Man erkennt, dass die Gesamtkosten bei vier Bankbesuchen am geringsten sind. Das Wirtschaftssubjekt sollte sich also dazu entscheiden, jeden Monat viermal die Bank zu besuchen.

c) Alternative i. der Frage 4 b):

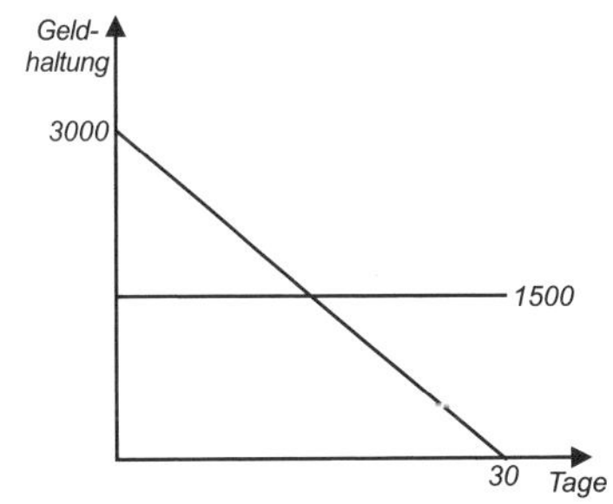

Das Wirtschaftssubjekt löst zu Beginn des Monats (ein Monat hat 30 Tage) seinen Scheck bei der Bank in Bargeld ein. Zu Beginn des Monats hält das Wirtschaftssubjekt 3.000 €, am Ende des Monats 0 €. Die durchschnittliche Geldhaltung beträgt 1.500 €.

Alternative ii. der Frage 4 b):

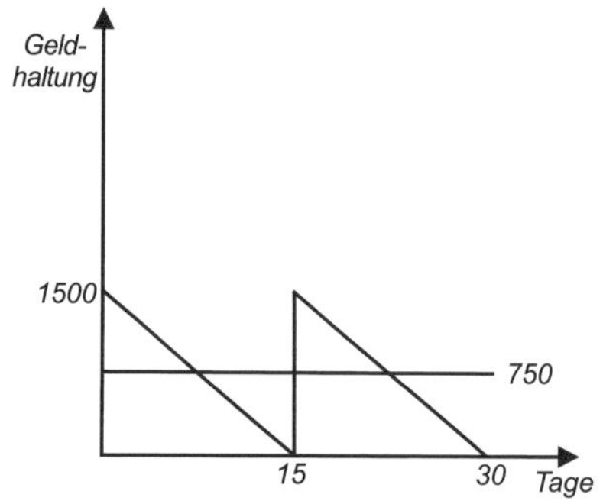

Das Wirtschaftssubjekt hebt zu Beginn des Monats 1.500 € ab, verbraucht das Geld bis Mitte des Monats für Konsumzwecke, hebt dann die noch vorhandenen 1.500 € ab und gibt diese bis Ende des Monats aus. Die durchschnittliche Geldhaltung beträgt 750 €.

Alternative iii. der Frage 4 b):

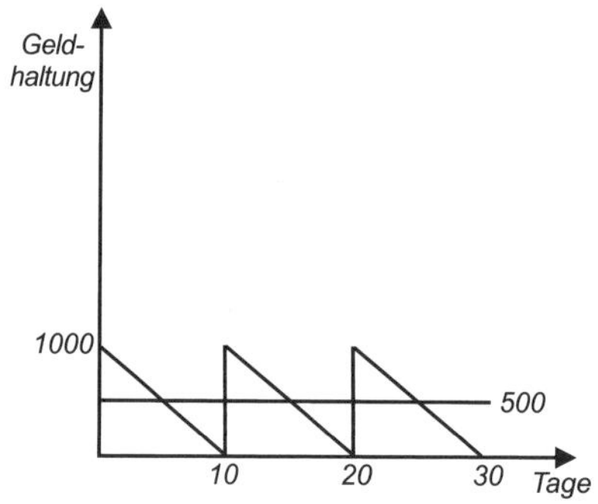

Das Wirtschaftssubjekt hebt zu Beginn des Monats 1.000 € ab, verbraucht das Geld bis zum Zehnten des Monats für Konsumzwecke, hebt dann weitere 1.000 € ab, gibt diese bis zum 20. des Monats aus, und dasselbe ein drittes Mal. Die durchschnittliche Geldhaltung beträgt 500 €.

➔ Für welche Alternative entscheidet sich das Wirtschaftssubjekt, falls: $i = 0\%$?

Das Wirtschaftssubjekt zieht bei seinem Entscheidungskalkül in diesem Fall nur die Transaktionskosten, die bei jedem Bankbesuch entstehen, in Betracht. Opportunitätskosten der Geldhaltung entstehen nicht, da $i = 0\%$ gilt. Zur Minimierung der Gesamtkosten wird diejenige Alternative gewählt, welche die geringsten Transaktionskosten aufweist. Die Transaktionskosten sind bei Alternative i. (ein Gang zur Bank) am geringsten.

5 Das *IS-LM*-Modell

5.1 Wissens- und Verständnistests

Multiple Choice

1. Welche ökonomische Aussage trifft die *IS*-Kurve?
   a) Die *IS*-Kurve bestimmt das Produktionsniveau, bei dem der Geldmarkt im Gleichgewicht ist.
   b) Die *IS*-Kurve bestimmt das Produktionsniveau, bei dem sowohl der Geldmarkt als auch der Gütermarkt im Gleichgewicht sind.
   c) Die *IS*-Kurve bestimmt das Produktionsniveau für unterschiedliche Zinsniveaus, bei dem der Gütermarkt im Gleichgewicht ist.
   d) Die *IS*-Kurve bestimmt das Produktionsniveau für unterschiedliche Zinsniveaus, bei dem der Geldmarkt im Gleichgewicht ist.
2. Die *LM*-Kurve bestimmt für jedes Produktionsniveau den Zinssatz, bei dem
   a) ...die Produktion der Nachfrage entspricht.
   b) ...der Gütermarkt im Gleichgewicht ist.
   c) ...der Gütermarkt und der Geldmarkt simultan im Gleichgewicht sind.
   d) ...der Geldmarkt im Gleichgewicht ist.
3. Was bewirkt eine expansive Fiskalpolitik im *IS-LM*-Modell?
   a) Die *IS*-Kurve verschiebt sich nach rechts, die *LM*-Kurve verschiebt sich nach oben.
   b) Weder die *IS*-Kurve noch die *LM*-Kurve verschieben sich.
   c) Die *LM*-Kurve verschiebt sich nach oben und die Volkswirtschaft bewegt sich entlang der *IS*-Kurve zum neuen Gleichgewicht.
   d) Die *IS*-Kurve verschiebt sich nach rechts und die Volkswirtschaft bewegt sich entlang der *LM*-Kurve zum neuen Gleichgewicht.
4. Was bewirkt eine restriktive Geldpolitik im *IS-LM*-Modell?
   a) Die *IS*-Kurve verschiebt sich nach links, die *LM*-Kurve verschiebt sich nach unten.
   b) Die *LM*-Kurve verschiebt sich nach oben und die Volkswirtschaft bewegt sich entlang der *IS*-Kurve zum neuen Gleichgewicht.
   c) Weder die *IS*-Kurve noch die *LM*-Kurve verschieben sich.
   d) Die *IS*-Kurve verschiebt sich nach links und die Volkswirtschaft bewegt sich entlang der *LM*-Kurve zum neuen Gleichgewicht.

5. Wenn die Investitionen sehr stark auf Veränderungen des Zinssatzes reagieren,
   a) ...ist der Verlauf der *IS*-Kurve relativ flach.
   b) ...ist der Verlauf der *LM*-Kurve relativ steil.
   c) ...ist der Verlauf der *IS*-Kurve relativ steil.
   d) ...ist die Verlauf der *LM*-Kurve relativ flach.
6. Wenn die Geldnachfrage sehr schwach auf Veränderungen des Zinssatzes reagiert,
   a) ...ist der Verlauf der *IS*-Kurve relativ flach.
   b) ...ist der Verlauf der *LM*-Kurve relativ flach.
   c) ...ist der Verlauf der *IS*-Kurve relativ steil.
   d) ...ist der Verlauf der *LM*-Kurve relativ steil.
7. Ein Policy-Mix aus einer restriktiven Geldpolitik und einer expansiven Fiskalpolitik verursacht
   a) ...einen Anstieg der Produktion, die Auswirkung auf den Zinssatz ist unbestimmt.
   b) ...einen Anstieg des Zinssatzes und der Produktion.
   c) ...einen Anstieg des Zinssatzes, die Auswirkungen auf die Produktion sind unbestimmt.
   d) ...eine Verringerung des Zinssatzes, die Auswirkungen auf die Produktion sind unbestimmt.
8. Was verursacht ein Anstieg des nominalen Geldangebots im *IS-LM*-Modell in jedem Fall?
   a) Der Zinssatz fällt und die Investitionen steigen.
   b) Die Investitionen steigen an und die *IS*-Kurve verschiebt sich nach rechts.
   c) Der Zinssatz fällt und die Auswirkung auf die Investitionen ist unbestimmt.
   d) Der Zinssatz verändert sich nicht, falls die Investitionen nicht vom Zinssatz abhängen.

Wahr/Falsch:
Welche der jeweiligen Aussagen sind wahr, welche falsch?

9. Nehmen Sie an, die Bundesregierung beschließt zum nächsten Jahr eine drastische Senkung der Einkommenssteuer. Welche wirtschaftspolitischen Impulse können im Rahmen des *IS-LM*-Modells erwartet werden?
   a) Der Konsum der privaten Haushalte erhöht sich.
   b) Die Kurse festverzinslicher Wertpapiere werden fallen.
   c) Die Investitionen werden in jedem Fall steigen.
   d) Die Zinsen werden steigen und die Investitionen werden teilweise verdrängt.

10. Nehmen Sie an, die Europäische Zentralbank wird die Zinsen im nächsten Jahr um 100 Basispunkte erhöhen. Welche Konsequenzen sind im Rahmen des *IS-LM*-Modells zu erwarten?
    a) Die Investitionen werden reduziert.
    b) Der Konsum der privaten Haushalte verändert sich nicht.
    c) Die Wertpapierkurse werden fallen.
    d) Der Konsum der privaten Haushalte reduziert sich.
11. Die Zentralbank kauft Wertpapiere im Rahmen eines Offenmarktgeschäftes. Welche Auswirkungen hat dies im *IS-LM*-Modell?
    a) Der Zinssatz sinkt, die Investitionen nehmen zu und die *IS*-Kurve verschiebt sich nicht.
    b) Der Zinssatz steigt, die Investitionen gehen zurück und die *IS*-Kurve verschiebt sich nach links.
    c) Der Zinssatz sinkt, die Investitionen gehen zurück und die *LM*-Kurve verschiebt sich nach oben.
    d) Der Zinssatz sinkt, die Investitionen nehmen zu und die *LM*-Kurve verschiebt sich nach unten.
12. Die Regierung beschließt, die Steuern zu senken. Welche Auswirkungen hat dies im *IS-LM*-Modell?
    a) Die *IS*-Kurve verschiebt sich nach links und der private Konsum geht zurück.
    b) Die *IS*-Kurve verschiebt sich nach rechts und der private Konsum steigt.
    c) Die *IS*-Kurve verschiebt sich nach rechts, Zinssatz und Produktion steigen.
    d) Die *IS*-Kurve verschiebt sich nach rechts, die Auswirkungen auf die Investitionen sind unbestimmt.
13. Die Zentralbank kauft Wertpapiere im Rahmen eines Offenmarktgeschäfts. Welche Auswirkungen hat dies im *IS-LM*-Modell?
    a) Die *LM*-Kurve verschiebt sich nach unten, die Investitionen nehmen zu.
    b) Die *LM*-Kurve verschiebt sich nach oben, die Investitionen verringern sich.
    c) Die *IS*-Kurve verschiebt sich nach rechts, die Investitionen nehmen zu.
    d) Die *IS*-Kurve verschiebt sich nicht, die Investitionen nehmen zu.
14. Welche Auswirkungen hat ein Anstieg des aggregierten Preisniveaus im *IS-LM*-Modell?
    a) Das reale Geldangebot steigt, die *LM*-Kurve verschiebt sich nach unten.
    b) Das reale Geldangebot sinkt, die *LM* Kurve verschiebt sich nach oben.
    c) Der Zinssatz steigt, die Investitionen gehen zurück.
    d) Der Zinssatz sinkt, die Investitionen nehmen zu.

15. Nehmen Sie an, die Investitionen reagieren nicht auf Zinsänderungen (man spricht in diesem Fall auch von einer „Investitionsfalle"). Welche Aussagen sind wahr, welche sind falsch?
    a) In dieser Situation ist expansive Geldpolitik besonders wirksam.
    b) In dieser Situation ist expansive Fiskalpolitik besonders wirksam.
    c) Die IS-Kurve verläuft in dieser Situation horizontal.
    d) Die IS-Kurve verläuft in dieser Situation vertikal.
16. Betrachten Sie zwei fast identische Volkswirtschaften A und B. Die beiden unterscheiden sich nur dadurch, dass in A die Zinsreagibilität der Investitionen viel höher ist als in B. Welche Aussagen sind wahr, welche sind falsch?
    a) Expansive Fiskalpolitik ist hinsichtlich der Produktion effektiver in A als in B.
    b) In A ist expansive Geldpolitik hinsichtlich der Produktion effektiver als in B.
    c) Der Multiplikator einer Geldmengenreduktion ist in A größer als in B.
    d) Der Multiplikator einer Staatsausgabenerhöhung ist in B größer als in A.

Basiswissen

1. Der Schnittpunkt von *IS*- und *LM*-Kurve

Die *IS*-Kurve (die *LM*-Kurve) ist der geometrische Ort aller Kombinationen von Zins und Einkommen, bei denen sich der Gütermarkt (Geldmarkt) im Gleichgewicht befindet. Der Schnittpunkt zwischen *IS*- und *LM*-Kurve im Zins-Einkommen-Diagramm bestimmt genau einen Zinssatz und ein Einkommensniveau, bei denen sowohl der Güter- als auch der Geldmarkt simultan im Gleichgewicht sind. Dieses Gleichgewicht nennt man „gesamtwirtschaftliches Gleichgewicht".

17. Herleitung und Verschiebung der *IS*- und der *LM*-Kurve
    a) Leiten Sie grafisch die *IS*-Kurve mit Hilfe des Gütermarktdiagramms her und erläutern Sie Ihr Vorgehen!
    b) Erläutern Sie, wodurch es zu Verschiebungen der *IS*-Kurve kommt!
    c) Leiten Sie grafisch die *LM*-Kurve mit Hilfe des Geldmarktdiagramms her und erläutern Sie Ihr Vorgehen!
    d) Erläutern Sie, wodurch es zu Verschiebungen der *LM*-Kurve kommt!
18. Geld- und Fiskalpolitik im *IS-LM*-Modell
    a) Erläutern Sie grafisch und verbal die Auswirkungen einer expansiven Fiskalpolitik auf Zinssatz und Produktion!
    b) Erläutern Sie grafisch und verbal die Auswirkungen einer kontraktiven Geldpolitik auf Zinssatz und Produktion!
    c) Durch welche geld- und fiskalpolitischen Maßnahmen kann erreicht werden, dass die Produktion steigt, der Zinssatz jedoch konstant bleibt?

d) Durch welche geld- und fiskalpolitischen Maßnahmen kann erreicht werden, dass der Zinssatz sinkt, das Produktionsniveau jedoch konstant bleibt?

e) Zeigen Sie grafisch und verbal, dass der Grad der Wirksamkeit von expansiver Geld- und Fiskalpolitik davon abhängig ist, wie stark die Investitionen auf Zinsänderungen reagieren.

2. Wie realistisch ist das *IS-LM*-Modell?

Die Betrachtung des *IS-LM*-Modells lässt die Vermutung zu, dass nach einer wirtschaftspolitischen Aktion, wie einer expansiven Geld- oder Fiskalpolitik, sofort das neue gesamtwirtschaftliche Gleichgewicht erreicht wird. Die dynamischen Aspekte, die in der Realität auftreten, werden dabei jedoch nicht berücksichtigt. Werden beispielsweise die Staatsausgaben erhöht, also die Güternachfrage, dann wird sich die Produktion erst mit einer gewissen Verzögerung erhöhen. Eine weitere Verzögerung entsteht dadurch, dass eine gewisse Zeit verstreicht, bis die Wirtschaftssubjekte aufgrund des nun höheren verfügbaren Einkommens ihren Konsum ausdehnen. Die Investitionen reagieren wiederum mit einer Verzögerung auf eine Veränderung der Absatzmöglichkeiten. Im Anpassungsprozess sind zudem asymmetrische Reaktionen sehr wahrscheinlich: Während eine kontraktive Politik in der Realität relativ schnell greift, kann relativ viel Zeit verstreichen, bis eine expansive Politik ihre volle Wirksamkeit erreicht.

5.2 Übungsaufgaben

1. Gegeben seien die folgenden Nachfragefunktionen für Konsum, Investitionen und Geld:

$$C = 80 + 0{,}8(Y - T)$$

$$I = 150 - 1.000i$$

$$\frac{M^d}{P} = 0{,}2Y - 1.000i$$

Das Preisniveau sei fixiert auf $P = 1$.

a) Die Staatsausgaben betragen $G = 100$. Das Staatsbudget sei ausgeglichen, das reale Geldangebot beträgt $M/P = 50$. Bestimmen Sie *IS*- und *LM*-Kurve und stellen Sie diese grafisch dar!

b) Berechnen Sie den Zinssatz, bei dem Güter-, Geld- und Kapitalmarkt geräumt sind und bestimmen Sie die zugehörigen Niveaus von verfügbarem Einkommen, Konsum und Investitionen!

c) Nehmen Sie an, der Staat erhöhe seine Ausgaben auf $G = 250$, wobei er die Differenz durch Kredite finanziert. Bestimmen Sie Zins, Einkommen und Investitionen im neuen Gleichgewicht und berechnen Sie die private Ersparnis nach der Staatsausgabenerhöhung! Erläutern Sie das Ergebnis!

d) Vergleichen Sie die Situation aus c) mit einer Finanzierung der Staatsausgaben durch Steuern T in gleicher Höhe. Wie wirkt sich diese Maßnahme auf die private Ersparnis aus? Warum führt sie zu einem Rückgang der Investitionen?

2. Gegeben seien folgende Gleichungen und Parameter einer Volkswirtschaft:

$$Z = c_0 + c_1(Y - T) + d_0 - d_1 i + G$$

mit $c_0 = 1.000$; $c_1 = 0{,}8$; $d_0 = 1.000$; $d_1 = 3.000$ und $G = 1.000$. Der Budgetsaldo sei in der Ausgangssituation ausgeglichen, die Steuern werden vom Einkommen unabhängig erhoben.

Die reale Geldnachfrage lautet:

$$\frac{M^d}{P} = e_1 Y - e_2 i$$

mit $e_1 = 0{,}4$ und $e_2 = 4.000$. Die Zentralbank stellt in der Ausgangssituation eine nominale Geldmenge von 2.000 bereit. Das Preisniveau nimmt einen Wert von $P = 2$ an und ist konstant.

a) Berechnen Sie die Gleichgewichtsproduktion zunächst allgemein und ermitteln Sie dann für das konkrete Beispiel das gleichgewichtige Einkommen, den gleichgewichtigen Zinssatz und den privaten Konsum im Gleichgewicht.

b) Das Finanzministerium schlägt vor, die Steuern um 600 zu senken. Eine Expertenkommission soll zwei Alternativen zur Umsetzung dieser Maßnahme vergleichen: eine kreditfinanzierte Steuersenkung bzw. eine Gegenfinanzierung durch eine gleich hohe Senkung der Staatsausgaben. Berechnen Sie mit Hilfe des Multiplikators die Wirkung der unterschiedlichen Politikmaßnahmen auf Produktion und den Konsum!

c) Es wird nun beschlossen, den Vorschlag, die Steuersenkung durch eine gleich hohe Senkung der Staatsausgaben zu finanzieren, in Erwägung zu ziehen. Würden Sie für den Vorschlag stimmen, wenn Sie als Wohlfahrtsmaß die gesamtwirtschaftliche Produktion verwenden? Wie lautet Ihre Antwort, wenn Sie als Wohlfahrtsmaß den privaten Konsum verwenden?

d) Die Zentralbank erklärt sich bereit, die Steuersenkung zu unterstützen, sofern sie mit einer Senkung der Staatsausgaben finanziert wird. Sie schlägt vor, in diesem Fall die nominale Geldmenge so anzupassen, dass es zu keiner Änderung der Produktion kommt. Berechnen Sie die nominale Geldmengenausweitung, die nötig ist, um dieses Ziel zu erreichen!

e) Nehmen Sie nun an, dass die Staatsausgaben einkommensabhängig getätigt werden: $G = g_0 + g_1 Y$, wobei g_0 die einkommensunabhängigen Staatsausgaben sind und der Parameter g_1 angibt, welchen Teil des Einkommens der Staat für Staatsausgaben verwendet. Dieser Parameter wird auch als zyklische Komponente bezeichnet. Bestimmen Sie nun den neuen Multiplikator und erläutern Sie, ob prozyklische ($g_1 > 0$) oder antizyklische ($g_1 < 0$) Fiskalpolitik im Konjunkturzyklus zu stärkeren Schwankungen führt!

3. Betrachten Sie folgende Volkswirtschaft:

   Für das Gütermarktgleichgewicht gilt: $Y = C + I + G$

   wobei $C = c_0 + c_1\,(Y - T)$ und $I = b_0 + b_1 Y - b_2 i$.

   a) Berechnen Sie die gleichgewichtige Produktion auf dem Gütermarkt. Vergleichen Sie den Multiplikator mit dem in einer Situation mit exogenen Investitionen!

   Nun gilt: $C = 200 + 0{,}6\,(Y - T)$, $I = 200 + 0{,}2Y - 150i$ und die LM-Gleichung sei gegeben durch:

   $$\frac{M}{P} = Y - 15.000i$$

   Zusätzlich sei $G = T = 100$, $M = 1.000$ und $P = 2$.

   b) Berechnen Sie sowohl die Produktion als auch den Zinssatz, bei dem der Güter- und der Geldmarkt im Gleichgewicht sind!

   c) Die Zentralbank überlegt, die reale Geldmenge um 200 zu erhöhen. Zeigen Sie das neue Gleichgewicht grafisch und berechnen Sie die neuen gleichgewichtigen Werte für Produktion und Zinssatz!

   d) Nehmen Sie an, das Preisniveau steigt plötzlich von 2 auf 4. Erläutern Sie grafisch und verbal die Konsequenzen dieses Preisanstiegs im *IS-LM*-Modell. Berechnen Sie außerdem die Werte für Produktion und Zinssatz im neuen Gleichgewicht!

4. Betrachten Sie eine Volkswirtschaft mit Staatssektor, die durch folgende Verhaltensgleichungen charakterisiert ist:

   Konsum: $C = 200 + 0{,}5(Y - T)$

   Investitionen: $I = 150 + 0{,}25Y - \beta i$

   Geldnachfrage: $\frac{M^d}{P} = 3Y - \gamma i$

   Das Preisniveau P sei konstant. Die Steuern sind gegeben mit $T = 200$. $\beta > 0$ bezeichnet die Zinsreagibilität der Investitionen und $\gamma > 0$ die Zinsreagibilität der Geldnachfrage.

   a) Berechnen Sie die Produktion im Gütermarktgleichgewicht und den zugehörigen Staatsausgabenmultiplikator!

   b) Berechnen Sie sowohl die Produktion als auch den Zinssatz im gesamtwirtschaftlichen Gleichgewicht. Bestimmen Sie den Staatsausgabenmultiplikator und vergleichen Sie ihn mit dem aus Teilaufgabe a) und erläutern Sie kurz!

   c) Berechnen Sie den Geldmengenmultiplikator im gesamtwirtschaftlichen Gleichgewicht! Zeigen Sie algebraisch, wie die Stärke des Geldmengenmultiplikators von der Zinsreagibilität der Investitionsnachfrage (β) und der Zinsreagibilität der Geldnachfrage (γ) abhängt. Begründen Sie beide Ergebnisse kurz ökonomisch!

Lösungen zu Kapitel 5

5.1 Wissens- und Verständnistests

Multiple Choice

1. c)
2. d)
3. d)
4. b)
5. a)
6. d)
7. c)
8. a)

Wahr/Falsch

9. W, W, F, W
10. W, F, W, W
11. W, F, F, W
12. F, W, W, W
13. W, F, F, W
14. F, W, W, F
15. F, W, F, W
16. F, W, W, W

Basiswissen

17. Herleitung und Verschiebung der *IS*- und der *LM*-Kurve

a) Die *IS*-Kurve ist der geometrische Ort aller Kombinationen von Zins und Einkommen, bei denen sich der Gütermarkt im Gleichgewicht befindet. Aus Kapitel 3 ist bekannt, dass sich der Gütermarkt im Gleichgewicht befindet, wenn die Produktion der Nachfrage entspricht:

$$Y = C(Y - T) + I + G$$

Von nun an wird angenommen, dass die Investitionen nicht mehr exogen, sondern abhängig von Produktion und Zinssatz sind.

$$I = I\underset{+\ -}{(Y, i)}$$

Je höher die Produktion, desto höher sind die Investitionen und je höher der Zinssatz, desto geringer sind die Investitionen. Eine Zinsvariation führt zu einer Veränderung der Investitionen und somit zu einer Veränderung der Nachfrage und über den Multiplikatoreffekt zu einer Veränderung der Produktion im Gütermarktgleichgewicht. Die neue Gleichgewichtsbedingung für den Gütermarkt (*IS*-Gleichung) lautet nun:

$$Y = C(Y - T) + I(Y, i) + G$$

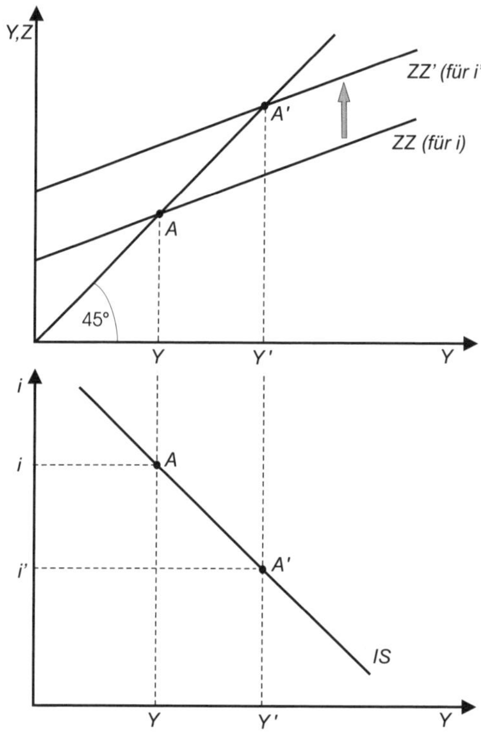

Abbildung 5.1: Herleitung der *IS*-Kurve

Zur grafischen Herleitung der *IS*-Kurve gehen wir folgendermaßen vor (siehe Abbildung 5.1): Zunächst wird das Einkommen im Gütermarktgleichgewicht für einen gegebenen Zinssatz *i* ermittelt (Punkt A): Schnittpunkt der *ZZ*-Kurve mit der 45°-Linie. Das gleichgewichtige Einkommen *Y* für einen gegebenen Zinssatz *i* korrespondiert mit dem Punkt A im darunter liegenden *i*-*Y*-Diagramm. Falls es nun zu einer Zinssenkung auf i' kommt ($i'<i$), resultiert daraus ein Anstieg der Investitionen, damit verbunden ein Anstieg der gesamtwirtschaftlichen Nachfrage und somit über den Multiplikatoreffekt ein Einkommensanstieg im neuen Gütermarktgleichgewicht. Die ZZ-Kurve verschiebt sich bei einer Zinssenkung nach

oben (auf ZZ'). Im neuen Gütermarktgleichgewicht (Punkt A') ist das Einkommen angestiegen (Y'). Der geringere Zinssatz i' und das dadurch induzierte höhere gleichgewichtige Einkommensniveau korrespondiert mit dem Punk A' im i-Y-Diagramm. Unter Verwendung der Abbildung 5.1 kann für jeden gegebenen Zinssatz das dazugehörige gleichgewichtige Einkommen auf dem Gütermarkt ermittelt werden. Mit steigendem Zinssatz gehen die Investitionen zurück und über den Multiplikatoreffekt sinkt im Gütermarktgleichgewicht das Einkommen. Dieser negative Zusammenhang zwischen Zins und Einkommen wird durch die fallende *IS*-Kurve beschrieben. Zinsvariationen bewirken Bewegung entlang der *IS*-Kurve. Wichtig: Auf dem Gütermarkt wird der Zinssatz i als gegeben betrachtet. Die Anpassungsvariable auf dem Gütermarkt ist das Einkommen Y!

b) Die *IS*-Kurve aus Teilaufgabe a. wurde für gegebene Werte von Steuern T, Staatsausgaben G und weiteren exogenen Nachfragekomponenten (z.B. autonomer Konsum c_0) hergeleitet. Aus Kapitel 3 ist bekannt, dass zum Beispiel eine Erhöhung von G (bzw. ein Rückgang von T) einen Anstieg der gesamtwirtschaftlichen Nachfrage bewirkt und über den Multiplikatoreffekt zu einem höheren Gleichgewichtseinkommen führt. Für jeden gegebenen Zinssatz wird somit ein höheres Einkommensniveau im Gütermarktgleichgewicht realisiert. Dies wird ausgedrückt durch eine Verschiebung der *IS*-Kurve nach rechts. Sämtliche Veränderungen exogener Komponenten (außer Zinsänderungen), welche die Güternachfrage erhöhen, führen zu einer Verschiebung der *IS*-Kurve nach rechts: Für jeden gegebenen Zinssatz kommt es zu einem Anstieg des Einkommens im Gütermarktgleichgewicht. Umgekehrt führen sämtliche Veränderungen (außer Zinsänderungen), welche die Güternachfrage verringern, zu einer Verschiebung der *IS*-Kurve nach links: Für jeden gegebenen Zinssatz kommt es zu einem Rückgang des Einkommens im Gütermarktgleichgewicht. Doch wie stark fällt die Verschiebung der *IS*-Kurve nach links oder nach rechts aus? Die Antwort ist aus dem Gütermarktdiagramm ersichtlich. Beispielsweise resultiert aus einer Staatsausgabenerhöhung (-senkung) ein Anstieg (Rückgang) des gleichgewichtigen Einkommens in Höhe der Staatsausgabenerhöhung (-senkung) multipliziert mit dem Staatsausgabenmultiplikator. Je größer der Staatsausgabenmultiplikator, desto weiter verschiebt sich die *IS*-Kurve. Die Veränderung des gleichgewichtigen Einkommens (dY) entspricht dem Ausmaß der Verschiebung der *IS*-Kurve nach rechts (links). Analoges gilt für eine Veränderung der übrigen exogenen Komponenten der Nachfrage.

c) Die *LM*-Kurve ist der geometrische Ort aller Kombinationen von Zins und Einkommen, bei denen sich der Geldmarkt im Gleichgewicht befindet. In Kapitel 4 wurde das Gleichgewicht auf dem Geldmarkt hergeleitet. Der Geldmarkt befindet sich im Gleichgewicht, wenn das Geldangebot der Geldnachfrage entspricht:

$$M = PYL(i)$$

Teilt man diese Gleichgewichtsbedingung durch das Preisniveau P, dann erhält man eine alternative Formulierung des Geldmarktgleichgewichts, ausgedrückt in Gütereinheiten: Das reale Geldangebot entspricht der realen Geldnachfrage (= *LM*-Gleichung).

$$\frac{M}{P} = YL(i)$$

Der Vorteil, reale Größen zu verwenden, liegt darin, dass die Geldnachfrage nun von derselben Variable abhängt, welche auf dem Gütermarkt (durch die *IS*-Gleichung) erklärt wird: das (reale) Einkommen *Y*. Zur Herleitung der *LM*-Kurve betrachten wir nun zunächst das Geldmarktgleichgewicht für ein gegebenes Einkommensniveau *Y* (siehe Punkt A in Abb. 5.2). Der Geldmarkt befindet sich im Gleichgewicht, wenn das reale Geldangebot der realen Geldnachfrage für ein gegebenes Einkommensniveau *Y* entspricht (ausgedrückt durch M_d). Als gleichgewichtiger Zinssatz ergibt sich *i*. Der gleichgewichtige Zinssatz *i* für das gegebene Einkommen *Y* korrespondiert mit Punkt A im *i*-*Y*-Diagramm. Nehmen wir nun an, das Einkommen sinkt auf Y'. Wie aus Kapitel 4 bekannt, verschiebt sich dadurch die Geldnachfragekurve nach links. Bei einem geringeren Einkommen wird zu jedem gegebenen Zinssatz weniger Geld nachgefragt, da sich der Transaktionsumfang verringert. Das neue Gleichgewicht befindet sich nun in Punkt A', mit dem niedrigeren Zinssatz i'. Für ein gegebenes Geldangebot führt ein Rückgang des Einkommens zu einem Rückgang des Zinssatzes. Bei einem geringeren Einkommen wollen die Wirtschaftssubjekte weniger Bargeld halten und versuchen deshalb Wertpapiere zu kaufen. Dadurch steigen die Kurse, was den Zinssatz sinken lässt. Die Zinssenkung bewirkt wiederum einen Anstieg der Geldnachfrage. Der Zinssatz muss genau so stark sinken, bis sich diese beiden gegenläufigen Effekte auf die Geldnachfrage ausgleichen und die Geldnachfrage wieder dem unveränderten Geldangebot entspricht. Der Geldmarkt befindet sich wieder im Gleichgewicht und ebenso der Wertpapiermarkt. Der gesunkene Zinssatz i' korrespondiert mit dem gegebenen niedrigeren Einkommen Y' im *i*-*Y*-Diagramm. Ein Einkommensrückgang führt also zu einer Senkung des Zinssatzes und umgekehrt. Ein Gleichgewicht auf dem Geld- und Finanzmarkt impliziert, dass bei gegebenem Geldangebot der Zinssatz eine zunehmende Funktion des Einkommens ist. Die *LM*-Kurve hat deshalb einen steigenden Verlauf. Wichtig: Auf dem Geldmarkt wird das Einkommen *Y* als gegeben betrachtet. Die Anpassungsvariable auf dem Geldmarkt ist der Zinssatz *i*!

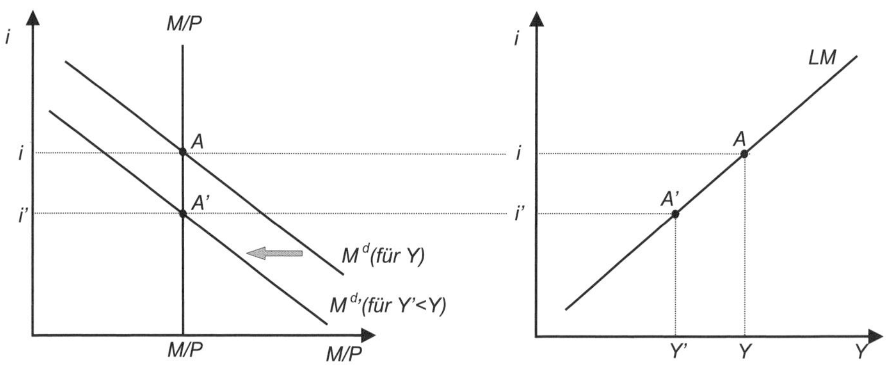

Abbildung 5.2: Herleitung der *LM*-Kurve

d) Veränderungen des realen Geldangebots (M/P) führen zu einer Verschiebung der *LM*-Kurve. Das reale Geldangebot kann sich sowohl durch Variationen der nominalen Geldmenge *M* als auch durch Variationen des Preisniveaus verändern. Eine Erhöhung der realen Geldmenge (Rechtsverschiebung des realen Geldangebots im Geldmarktdiagramm) führt für jedes gegebene Einkommensniveau zu einem

Rückgang des Zinssatzes: Die *LM*-Kurve verschiebt sich nach unten. Eine Verringerung der realen Geldmenge (Linksverschiebung des realen Geldangebots im Geldmarktdiagramm) führt für jedes gegebene Einkommensniveau zu einem Anstieg des Zinssatzes: Die *LM*-Kurve verschiebt sich nach oben.

18. Geld- und Fiskalpolitik im *IS-LM*-Modell

a) Mit einer expansiven Fiskalpolitik bezeichnet man eine Vergrößerung des Budgetdefizits $(G-T)$ bzw. eine Erhöhung der Staatsausgaben $(G\uparrow)$ oder eine Senkung der Steuern $(T\downarrow)$. Steuern und Staatsausgaben sind in der Gleichgewichtsbedingung des Gütermarktes enthalten, nicht jedoch in der Gleichgewichtsbedingung des Geldmarktes. Sowohl eine Staatsausgabenerhöhung als auch eine Steuersenkung bewirken einen Anstieg der Güternachfrage und führen somit zu einem höheren gleichgewichtigen Einkommen, bei dem sich der Gütermarkt bei gegebenem Zinssatz im Gleichgewicht befindet. Eine expansive Fiskalpolitik verursacht somit eine Verschiebung der *IS*-Kurve nach rechts (*IS'* in Abb. 5.1). Für jeden gegebenen Zinssatz ist das Einkommen, bei dem der Gütermarkt nach einer expansiven Fiskalpolitik im Gleichgewicht ist, nun höher. Die *LM*-Kurve verändert sich nicht. Die *IS*-Kurve verschiebt sich im Umfang der Veränderung von *G* bzw. *T* multipliziert mit dem Multiplikator des Gütermarktes nach rechts (Abb. 5.3: Punkt *B* bei gegebenem Zinssatz i_0). Da aber das Einkommen steigt, erhöht sich auch das Transaktionsvolumen und damit die Geldnachfrage. Damit der Geldmarkt im Gleichgewicht bleibt, muss also der Zinssatz steigen ($Y\uparrow$ ➔ Geldnachfrage↑ ➔ Wertpapiernachfrage↓ ➔ Kurse↓ ➔ Zinsen↑). Da nun aber die Investitionen negativ vom Zinssatz abhängen, wird die Güternachfrage wieder etwas abgeschwächt. Die Volkswirtschaft bewegt sich zum neuen Gleichgewicht *C*, dem Schnittpunkt der neuen *IS*-Kurve mit der alten *LM*-Kurve mit einem höheren Zins und einem gestiegenen Einkommen. Der höhere Zinssatz schwächt den positiven Effekt von $G\uparrow$ bzw. $T\downarrow$ auf die Güternachfrage ab, kann ihn jedoch nicht vollständig ausgleichen. Man spricht in diesem Zusammenhang von einem **Crowding-Out** der Investitionen. Der Gesamteffekt auf die Investitionen, die annahmegemäß vom Einkommen positiv, vom Zinssatz negativ abhängen, ist jedoch unbestimmt, da beide Effekte gegenläufig sind.

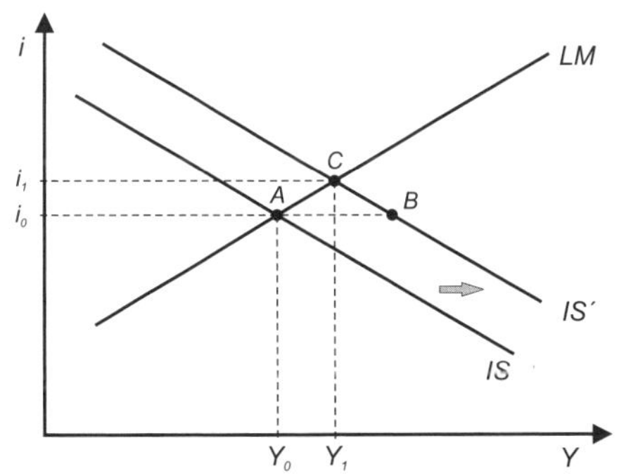

Abbildung 5.3: Expansive Fiskalpolitik

b) Mit einer kontraktiven Geldpolitik bezeichnet man eine Verringerung des Geldangebots $M/P\downarrow$. Unter der Annahme eines fixen Preisniveaus führt eine Verringerung von M zu einer Verringerung der realen Geldmenge M/P in gleichem Umfang. Die Geldmenge taucht in der Gleichgewichtsbedingung des Gütermarktes nicht auf und somit bleibt die *IS*-Kurve von einer kontraktiven Geldpolitik unberührt. Die Geldmenge ist jedoch in der Gleichgewichtsbedingung des Geldmarktes enthalten. Damit der Geldmarkt nach einer Verringerung der Geldmenge im Gleichgewicht bleibt, muss der Zinssatz ansteigen. Für jedes gegebene Einkommensniveau ist der Zinssatz nun höher und die *LM*-Kurve verschiebt sich nach oben (Punkt *B* in Abb. 5.4). Der Zinsanstieg wirkt negativ auf die Investitionsnachfrage, durch den Multiplikatorprozess verringert sich die Produktion und das Einkommen. Dadurch wird der ursprüngliche Zinsanstieg abgeschwächt (Rückgang der Geldnachfrage wegen $Y\downarrow$) und die Volkswirtschaft bewegt sich in das neue gesamtwirtschaftliche Gleichgewicht (Punkt *C*), dem Schnittpunkt der neuen *LM*-Kurve mit der alten *IS*-Kurve mit einer geringeren Produktion und einem niedrigeren Zins. Der Gesamteffekt auf die Investitionen ist, im Gegensatz zur kontraktiven Fiskalpolitik, eindeutig ➔ die Investitionen gehen zurück.

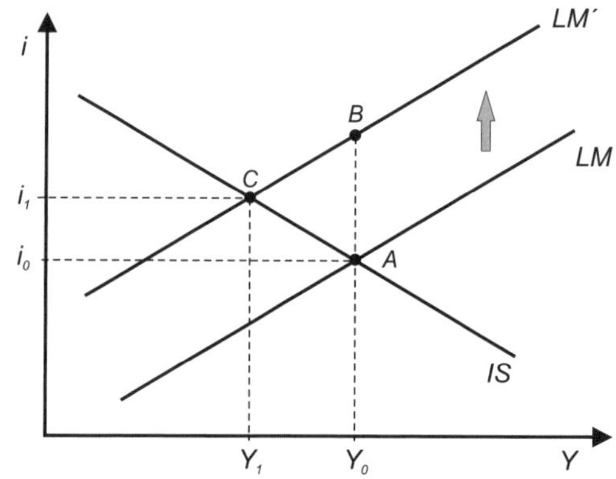

Abbildung 5.4: Kontraktive Geldpolitik

c) Eine Möglichkeit, im *IS-LM*-Modell die Produktion zu erhöhen und gleichzeitig den Zinssatz konstant zu halten, ist der kombinierte Einsatz (bzw. Policy-Mix) von expansiver Fiskalpolitik und expansiver Geldpolitik. Eine expansive Fiskalpolitik führt über erhöhte Staatsausgaben (oder eine Steuersenkung) zu einer Rechtsverschiebung der *IS*-Kurve. Die Produktion erhöht sich, der Zinssatz steigt jedoch wegen dem gestiegenen Transaktionsvolumen bei unverändertem Geldangebot an. Da der Zinssatz jedoch unverändert bleiben und das Einkommen steigen soll, muss zusätzlich eine expansive Geldpolitik durchgeführt werden. Eine expansive Geldpolitik führt zu einer Verschiebung der *LM*-Kurve nach unten. Ein gestiegenes Geldangebot führt bei gegebenem Transaktionsvolumen zu einer Zinssenkung. Die gesunkenen Zinsen führen wiederum über gestiegene Investitionen zu einer höheren Produktion. Sowohl expansive Fiskalpolitik als auch expansive Geldpolitik erhöhen somit im Gesamteffekt die Produktion. Die Zinserhöhung durch die expansive Fiskalpolitik kann durch eine simultane expansive Geldpolitik verhindert werden. In diesem Fall kommt es zu keinem Crowding-Out der Investitionen.

d) Eine Möglichkeit, im *IS-LM*-Modell den Zinssatz zu senken und gleichzeitig die Produktion konstant zu halten, ist ein Policy-Mix aus expansiver Geldpolitik und kontraktiver Fiskalpolitik. Eine expansive Geldpolitik führt zu einer Verschiebung der *LM*-Kurve nach unten. Eine Ausweitung des Geldangebots führt zu einer Senkung des Zinssatzes und über eine daraus resultierende Erhöhung der Investitionsnachfrage zu einem Produktionsanstieg. Der in der Aufgabenstellung nicht erwünschte Anstieg der Produktion kann durch eine simultane kontraktive Fiskalpolitik konterkariert werden, mit dem begleitenden Effekt einer weiteren Zinssenkung. Durch eine kontraktive Fiskalpolitik (Senkung der Staatsausgaben bzw. Steuererhöhung) kommt es zu einer Linksverschiebung der *IS*-Kurve. Der Produktionsanstieg kann somit verhindert werden.

e) Die negative Steigung der *IS*-Kurve erklärt sich aus der Tatsache, dass die Investitionen negativ vom Zins abhängig sind. Je höher der Zinssatz, desto unrentabler werden viele Investitionsprojekte und somit sinken die Investitionen. Umgekehrt: Je geringer der Zinssatz, desto rentabler werden viele Investitionsprojekte. Welcher Faktor ist jedoch dafür verantwortlich, wie stark negativ die Steigung der *IS*-Kurve ist? Welcher Faktor sorgt dafür, dass die *IS*-Kurve eher steil oder eher flach verläuft? Verantwortlich dafür ist die so genannte Zinsreagibilität der Investitionen. Je stärker die Investitionen auf Zinsvariationen reagieren, desto flacher ist die *IS*-Kurve und je schwächer die Investitionen auf Zinsvariationen reagieren, desto steiler ist die *IS*-Kurve. Dies kann auch mit Hilfe der Zinselastizität der Investitionen ausgedrückt werden:

$$\eta_{I,i} = \frac{dI}{di}\frac{i}{I}$$

Je höher die Zinselastizität der Investitionen, desto flacher ist die *IS*-Kurve und umgekehrt. Im Extremfall kann die Steigung der *IS*-Kurve unendlich werden (senkrechte *IS*-Kurve). Dies ist der Fall, wenn die Investitionen völlig zinsunelastisch sind (in einer solchen Situation spricht man von einer „Investitionsfalle“, da die Investitionen nicht auf Zinsänderungen reagieren und expansive Geldpolitik wirkungslos wäre). Für eine wirtschaftspolitische Intervention in Form einer expansiven Geld- oder Fiskalpolitik ist es für die Wirksamkeit hinsichtlich der Produktion von entscheidender Bedeutung, wie stark die Investitionen auf Zinsänderungen reagieren.

– *Fall I: expansive Geldpolitik*

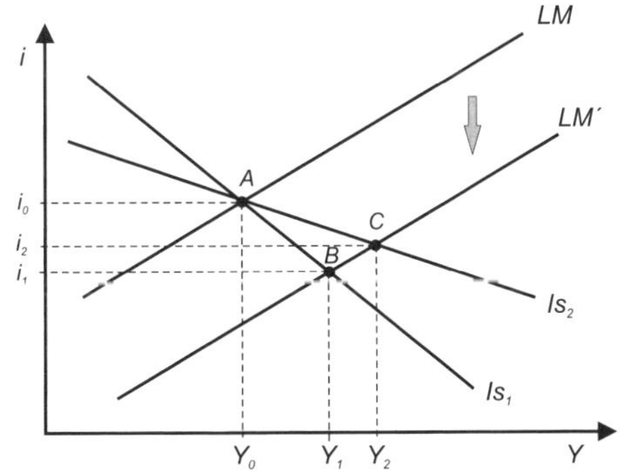

Abbildung 5.5: Expansive Geldpolitik

In der Ausgangssituation in Punkt *A* (Abbildung 5.5) ist das gesamtwirtschaftliche Gleichgewicht sowohl im Falle einer schwächer zinsreagiblen *IS*-Kurve (IS_1) als auch im Falle einer stärker zinsreagiblen *IS*-Kurve (IS_2) erreicht. Durch die expansive Geldpolitik wird die *LM*-Kurve nach unten verschoben (*LM′*). Die neuen Gleichgewichte für die unterschiedlich steilen *IS*-Kurven sind durch die Punkte *B* und *C* gekennzeichnet. Es ist zu erkennen, dass im neuen Gleichgewicht bei der flachen *IS*-Kurve das Einkommen höher ist als bei der steilen *IS*-Kurve. Der Grund liegt darin, dass im Fall einer flachen *IS*-Kurve die Investitionen stärker aufgrund der Zinssenkung ausgeweitet werden und somit im Endeffekt ein höheres gleichgewichtiges Einkommen erreicht wird.

– *Fall II: expansive Fiskalpolitik*

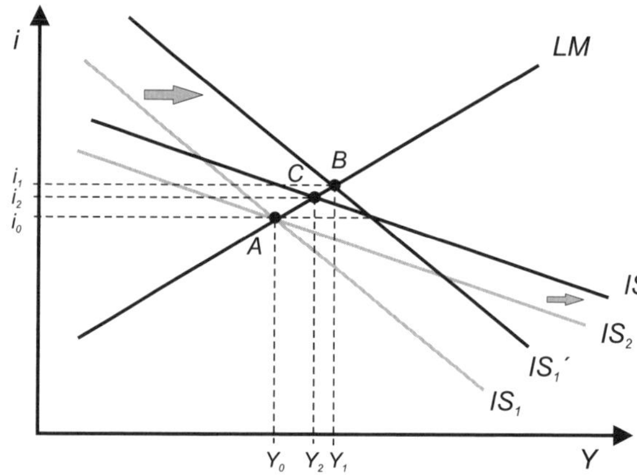

Abbildung 5.6: Expansive Fiskalpolitik

Punkt *A* in Abbildung 5.6 markiert wiederum das gesamtwirtschaftliche Gleichgewicht sowohl für den Fall einer flachen als auch einer steilen *IS*-Kurve. Nun wird eine expansive Fiskalpolitik durchgeführt. Dadurch wird die *IS*-Kurve horizontal um den Betrag der Erhöhung der Staatsausgaben multipliziert mit dem Multiplikator des Gütermarktes nach rechts verschoben. In der Grafik verschieben sich also beide *IS*-Kurven um dieselbe Strecke nach rechts. In der Grafik ist zu erkennen, dass im Fall einer flachen *IS*-Kurve das Einkommen im neuen Gleichgewicht (Punkt *C*) geringer ist als im Fall einer steilen *IS*-Kurve (Punkt *B*). Der Grund liegt darin, dass im Fall einer flachen *IS*-Kurve die Investitionen stärker aufgrund des Zinsanstiegs zurückgedrängt werden. Das Investitions-Crowding-Out ist also umso stärker, je zinsreagibler die Investitionen sind.

Wirtschaftspolitische Implikation:

- Für den Fall, dass die Investitionen relativ stark auf Zinsvariationen reagieren (flache *IS*-Kurve), ist eine expansive Geldpolitik besonders wirksam.
- Für den Fall, dass die Investitionen relativ schwach auf Zinsvariationen reagieren (steile *IS*-Kurve), ist eine expansive Fiskalpolitik besonders wirksam.

5.2 Übungsaufgaben

1. a) Ausgeglichenes Staatsbudget bedeutet: $G = T \rightarrow T = 100$.

Bestimmung der *IS*-Kurve (zuerst mit allgemeinen Parametern und Variablen):

Für ein Gleichgewicht auf dem Gütermarkt gilt: Die Güternachfrage (Z) entspricht der Produktion (Y) $\rightarrow$ $Y = Z$ bzw. $Y = C + I + G$; einsetzen für C und I gemäß Angabe ergibt:

$$Y = c_0 + c_1(Y - T) + b_0 - b_2 i + G \leftrightarrow Y = \frac{1}{1-c_1}(c_0 + b_0 + G - c_1 T) - \frac{b_2}{1-c_1} i$$

$$\text{bzw. } i = \frac{1}{b_2}(c_0 + b_0 + G - c_1 T) - \frac{1-c_1}{b_2} Y$$

wobei der erste Term den Achsenabschnitt der *IS*-Kurve im *i*-*Y*-Diagramm darstellt und der zweite Term die negative Steigung. Mit dem Modelldaten der Angabe ergibt sich somit:

$$Y = \frac{1}{1-0{,}8}(80 + 150 + 100 - 0{,}8 \cdot 100) - \frac{1.000}{0{,}2} i \leftrightarrow Y = 1.250 - 5.000i$$

$$\text{bzw. } i = 0{,}25 - 0{,}0002 \cdot Y$$

Der Achsenabschnitt der *IS*-Kurve liegt im *i*-*Y*-Diagramm somit bei einem Zinssatz von 0,25, die Steigung der *IS*-Kurve beträgt –0,0002.

Bestimmung der *LM*-Kurve (zuerst mit allgemeinen Parametern und Variablen):

Für ein Gleichgewicht auf dem Geldmarkt muss die reale Geldnachfrage (M^d/P) dem realen Geldangebot (M^S/P) entsprechen: Wegen $P = 1$ gilt somit:

$$M^S = d_1 Y - d_2 i \quad \leftrightarrow \quad Y = \frac{M^S}{d_1} + \frac{d_2}{d_1} i \text{ bzw. } i = \frac{d_1}{d_2} Y - \frac{M^S}{d_2}$$

wobei der erste Term die positive Steigung der *LM*-Kurve beschreibt und der zweite Term den Achsenabschnitt im *i*-*Y*-Diagramm.

Mit den Modelldaten der Angabe ergibt sich somit für die *LM*-Kurve:

$$Y = \frac{50}{0{,}2} + \frac{1.000}{0{,}2} i \quad \leftrightarrow \quad Y = 250 + 5.000i \text{ bzw. } i = 0{,}0002Y - 0{,}05$$

Für die *LM*-Kurve ergibt sich somit eine positive Steigung von 0,0002 und ein Achsenabschnitt im *i*-*Y*-Diagramm von –0,05.

Grafisch:

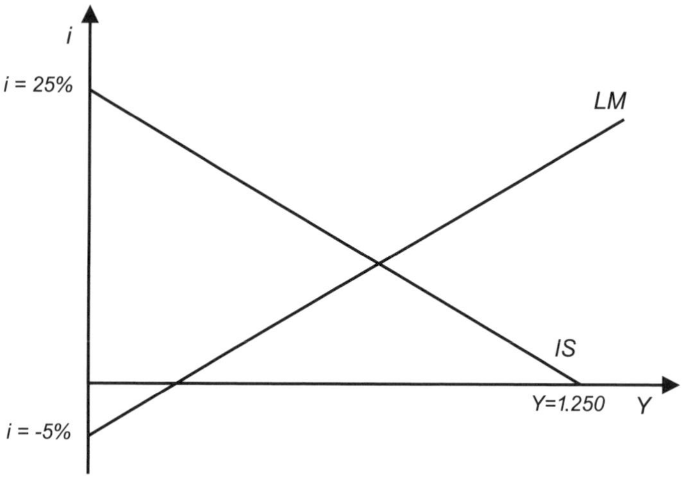

Abbildung 5.7: *IS*- und *LM*-Kurve

b) Die *IS*-Kurve ist der geometrische Ort aller Kombinationen von Zins und Einkommen, bei denen sich der Gütermarkt im Gleichgewicht befindet. Die *LM*-Kurve ist analog der geometrische Ort aller Kombinationen von Zins und Einkommen, bei denen sich der Geldmarkt im Gleichgewicht befindet. Grafisch ist ein Gleichgewicht auf beiden Märkten durch den Schnittpunkt der beiden Kurven beschrieben. Befinden sich Geld- und Gütermarkt im Gleichgewicht, ist auch der Kapitalmarkt im Gleichgewicht (Gesetz von Walras).

Mathematische Vorgehensweise mit Ergebnissen aus Teilaufgabe a):

- *IS*-Gleichung: $Y = 1.250 - 5.000i$
- *LM*-Gleichung: $Y = 250 + 5.000i$

Gleichsetzen (*IS*=*LM*) ergibt:

$$1.250 - 5.000i = 250 + 5.000i \quad \leftrightarrow \quad 10.000i = 1.000 \quad \leftrightarrow \quad i = 0{,}1 = 10\%$$

Bei einem Zinssatz von 10% sind somit der Güter- und der Geldmarkt simultan im Gleichgewicht. Um das gleichgewichtige Einkommen zu berechnen, setzt man nun den gleichgewichtigen Zinssatz entweder in die *IS*- oder die *LM*-Gleichung ein. Das Ergebnis muss in beiden Fällen das Gleiche sein.

Einsetzen von $i = 0{,}1$ in die *IS*-Gleichung:

$$Y = 1.250 - 5.000 \cdot 0{,}1 \quad \leftrightarrow \quad Y = 750$$

Einsetzen von $i = 0{,}1$ in die *LM*-Gleichung:

$$Y = 250 + 5.000 \cdot 0{,}1 \quad \leftrightarrow \quad Y = 750$$

Bei einem Zinssatz $i = 0{,}1$ und einem Einkommen $Y = 750$ befinden sich der Güter- und der Geldmarkt simultan im Gleichgewicht.

Verfügbares Einkommen: $Y_V = Y - T = 750 - 100 = 650$

Konsum: $C = 80 + 0{,}8 \cdot Y_V = 80 + 0{,}8 \cdot 650 = 80 + 520 = 600$

Investitionen: $I = 150 - 1.000i = 150 - 1.000 \cdot 0{,}1 = 150 - 100 = 50$

Für das Gleichgewicht am Kapitalmarkt gilt die Bedingung, dass die Investitionen der Summe aus privater und staatlicher Ersparnis, d.h. der gesamtwirtschaftlichen Ersparnis, entsprechen müssen:

$$I = S + (T - G)$$

Berechnung der privaten Ersparnis: $S = Y_V - C \leftrightarrow S = 50$

Einsetzen der Teilergebnisse in die Bedingung für das Kapitalmarktgleichgewicht zeigt, dass diese erfüllt ist:

$$I = S + (T - G) \quad \leftrightarrow \quad 50 = 50 + (100 - 100)$$

c) Erhöhung der Staatsausgaben (kreditfinanziert) auf $G' = 250$. Die Steuern bleiben unverändert $T = 100$.

Neue *IS*-Kurve (*IS'*): $Y = \frac{1}{1-c_1}(c_0 - c_1T + G' + b_0) - \frac{b_2}{1-c_1}i$

$$\leftrightarrow \quad Y = \frac{1}{1-0{,}8}(80 - 0{,}8 \cdot 100 + 250 + 150) - \frac{1.000}{1-0{,}8}i$$

$$\leftrightarrow \quad Y = 2.000 - 5.000i$$

Grafisch verschiebt sich die *IS*-Kurve nach rechts. Im Vergleich zur *IS*-Kurve aus Teilaufgabe a) ist der Achsenabschnitt nun größer, die Steigung jedoch unverändert.

Die *LM*-Kurve bleibt unverändert: $Y = 250 + 5.000i$

Ermittlung des Zinssatzes im neuen Gleichgewicht durch Gleichsetzen von $IS' = LM$:

$$\leftrightarrow \quad 2.000 - 5.000i = 250 + 5.000i$$

$$\leftrightarrow \quad i' = 0{,}175 = 17{,}5\%$$

Durch Einsetzen des neuen gleichgewichtigen Zinssatzes in die *IS*- oder die *LM*-Gleichung ermittelt man nun das Einkommen im neuen Gleichgewicht:

$$\leftrightarrow \quad Y' = 1.125$$

Für die Investitionen im neuen Gleichgewicht gilt:

$$I' = 150 - 1.000i' = 150 - 1.000 \cdot 0{,}175 = 150 - 175 = -25$$

Die private Ersparnis nach der Staatsausgabenerhöhung wird ermittelt durch Einsetzen des neuen Einkommens, der unveränderten Steuern und des neuen Konsums in die Sparfunktion $S' = (Y' - T) - C'$:

Für den Konsum nach der Staatsausgabenerhöhung ergibt sich:

$$C' = 80 - 0{,}8(Y' - T) = 80 - 0{,}8 \cdot 1.025 = 900$$

Somit ergibt sich nun für die private Ersparnis nach der Staatsausgabenerhöhung:

$$S' = 1.125 - 100 - 900 = 125 \text{ (davor: } S = 50)$$

Budgetsaldo nach der Staatsausgabenerhöhung: $BD = G' - T = 250 - 100 = 150$

Überprüfung ergibt, dass der Kapitalmarkt ebenfalls im Gleichgewicht ist:

$$I' = S' - BD \quad \leftrightarrow \quad -25 = 125 - 150$$

Zusammenfassung der Ergebnisse:

Erhöht der Staat seine Nachfrage durch ein kreditfinanziertes Budgetdefizit, steigt durch den Multiplikatoreffekt das Einkommen. Steigt das Einkommen, steigt allerdings auch die Nachfrage nach Geld aus dem Transaktionsmotiv. Da die Geldmenge in der Volkswirtschaft sich allerdings nicht erhöht hat, versuchen die Wirtschaftssubjekte Wertpapiere zu verkaufen, um mehr Geld für Transaktionszwecke zur Verfügung zu haben. Dadurch steigt das Angebot an Wertpapieren. Dieses überschüssige Angebot bewirkt eine Preissenkung der Wertpapiere. Der Zins steigt. Da der Zins steigt, reduzieren die Unternehmer ihre Investitionen, da nun weniger Investitionen rentabel sind (Crowding-Out). Die Ersparnisse steigen, da die Haushalte von jeder zusätzlichen Einheit an verfügbarem Einkommen nur den Anteil c_1 konsumieren und den Anteil $1 - c_1$ sparen. Im neuen Gleichgewicht hat die Zinssteigerung bewirkt, dass die Unternehmen sogar als Kapitalanbieter auftreten ($I = -25$). Das gesamte Kapitalangebot der Volkswirtschaft setzt sich nun zusammen aus der Ersparnis der Haushalte und der Ersparnis der Unternehmer. Kapital wird nur noch vom Staat nachgefragt, der damit sein Budgetdefizit finanziert.

d) Die Staatsausgabenerhöhung wird nun mit Steuern in gleicher Höhe finanziert: $G' = T' = 250$.

Analoges Vorgehen wie in Teilaufgaben b) und c). Einsetzen der neuen Werte für die Staatsausgaben und Steuern ergibt folgende Werte für das Einkommen und den Zinssatz im neuen Gleichgewicht:

$$i'' = 11{,}5\% \text{ bzw. } Y'' = 825$$

Berechnung der neuen privaten Ersparnis $S = Y_V - C$ mit

$$Y_V = Y'' - T' = 825 - 250 = 575 \text{ und } C'' = 80 + 0{,}8 \cdot 575 = 540 \quad \text{ergibt} \quad S'' = 35.$$

Im Vergleich zur Ausgangssituation vor der steuerfinanzierten Staatsausgabenerhöhung sinken die privaten Ersparnisse der Volkswirtschaft nun auf 35. Zwar steigt das Einkommen und damit tendenziell die Ersparnis, aber durch die hohen Steuern sinkt das verfügbare Einkommen der Haushalte. Es wird weniger konsumiert und mehr gespart.

Berechnung der Investitionen in der neuen Situation:

$$I'' = 150 - 1.000 \cdot 0{,}115 = 150 - 115 = 35$$

Die Investitionen sinken im Vergleich zur Ausgangssituation von 50 auf 35. Dies liegt an der Zinssteigerung. Durch das gestiegene Einkommen steigt die Nachfrage der Volkswirtschaft nach Geld aus dem Transaktionsmotiv. Das Wertpapierangebot steigt, die Kurse fallen, die Zinsen steigen. Auch in dieser Situation kommt es zu einem Crowding-Out. Die gestiegene Staatsnachfrage drängt die Investitionen zurück.

2. Aus der Information über einen ausgeglichenen Budgetsaldo in der Ausgangssituation folgt: $G = T = 1.000$.

   a) Die Gleichgewichtsbedingung für den Gütermarkt lautet $Y=Z$ bzw.

   $$Y = c_0 + c_1(Y - T) + d_0 - d_1 i + G \qquad (IS\text{-Gleichung})$$

   Die Gleichgewichtsbedingung für den Geldmarkt lautet

   $$\frac{M}{P} = e_1 Y - e_2 i \qquad (LM\text{-Gleichung})$$

   bzw. aufgelöst nach dem Zinssatz i:

   $$i = \frac{e_1}{e_2} Y - \frac{M}{P}\frac{1}{e_2}$$

   Mögliche Vorgehensweise zur Ermittlung des gesamtwirtschaftlichen Gleichgewichts:

   Auflösen der *LM*-Gleichung nach i und Einsetzen in *IS*-Gleichung, danach auflösen nach Y. Das so ermittelte Y eingesetzt in die nach i aufgelöste *LM*-Gleichung ergibt den gleichgewichtigen Zinssatz:

   $$\rightarrow \quad Y = c_0 + c_1(Y - T) + d_0 - d_1\left(\frac{e_1}{e_2} Y - \frac{M}{P}\frac{1}{e_2}\right) + G$$

   $$\leftrightarrow \quad Y = \frac{1}{1 - c_1 + \frac{d_1 e_1}{e_2}}\left(c_0 - c_1 T + d_0 + \frac{d_1}{e_2}\frac{M}{P} + G\right)$$

   Der Term vor der Klammer stellt den Multiplikator dar, der Term in der Klammer beinhaltet die exogen gegebenen Variablen und Parameter.

   Einsetzen der angegebenen Parameter und Werte ergibt: $Y = 5.900$

   bzw. für den Zinssatz $i = 0{,}34 = 34\%$

   Daraus ergibt sich für den privaten Konsum:

   $$C = c_0 + c_1(Y - T) = 1.000 + 0{,}8(5.900 - 1.000) = 4.920$$

   b) Steuersenkung um 600, d.h. $dT = -600$.

   Alternative I: Die Steuersenkung wird kreditfinanziert

   Bildung des totalen Differentials des Ausdrucks für die gleichgewichtige gesamtwirtschaftliche Produktion:

   $$dY_I = \frac{1}{1 - c_1 + \frac{d_1 e_1}{e_2}}\left(dc_0 - c_1 dT + dd_0 + \frac{d_1}{e_2}\frac{dM}{P} + dG\right)$$

Da sich nur die Steuern T verändern, werden dc_0, dd_0, dM und dG gleich Null gesetzt. Daraus folgt:

$$dY_I = \frac{-c_1}{1 - c + \frac{d_1 e_1}{e_2}} dT \leftrightarrow dY_I = -\frac{0,8}{0,5}(-600) = 960$$

Die Produktion (bzw. das Einkommen) erhöht sich bei Alternative I um 960. Somit ergibt sich im neuen Gleichgewicht für die Produktion und den Konsum:

$$Y_I = Y + dY_I = 5.900 + 960 = 6.860$$

$$C_I = c_0 + c_1(Y_I - T) = 1.000 + 0,8(6.860 - 400) = 6.168$$

Alternative II: Gegenfinanzierung der Steuersenkung durch gleich hohe Senkung der Staatsausgaben $\rightarrow dT = dG = -600$

Analoge Vorgehensweise wie bei Alternative I ergibt für die Änderung der Produktion:

$$dY_{II} = \frac{1-c_1}{1-c_1 + \frac{d_1 e_1}{e_2}} dT$$ (Hinweis: dG wurde gleich dT gesetzt)

$$\leftrightarrow \quad dY_{II} = -240$$

Die Produktion (bzw. das Einkommen) verringert sich bei Alternative II um 240. Somit ergibt sich im neuen Gleichgewicht für die Produktion und den Konsum:

$$Y_{II} = Y + dY_{II} = 5.900 - 240 = 5.660$$

$$C_{II} = c_0 + c_1(Y_{II} - T) = 1.000 + 0,8(5.660 - 400) = 5.208$$

c) Annahme: Alternative II soll durchgeführt werden ➔ staatsausgabenfinanzierte Steuersenkung

Einkommen als Wohlfahrtsmaß:

Erhöht sich die Wohlfahrt bzw. das Einkommen durch die staatsausgabenfinanzierte Steuersenkung? Betrachte das Einkommen vor und nach der fiskalpolitischen Operation!

Einkommen davor: $Y = 5.900$

Einkommen danach: $Y_{II} = 5.660$

➔ Das Einkommen ist gesunken; wenn das Einkommen als Wohlfahrtsmaß betrachtet wird, ist die vorgeschlagene staatsausgabenfinanzierte Steuersenkung abzulehnen!

Privater Konsum als Wohlfahrtsmaß:

Privater Konsum davor: $C = 4.920$

Privater Konsum danach: $C_{II} = 5.208$

➔ Der private Konsum ist gestiegen; wenn der private Konsum als Wohlfahrtsmaß betrachtet wird, ist die vorgeschlagene staatsausgabenfinanzierte Steuersenkung zu befürworten!

d) Die Zentralbank muss die Geldmenge so verändern, dass sich das Einkommen durch die staatsausgabenfinanzierte Steuersenkung nicht verändert. Man bildet wie in Teilaufgabe b) das totale Differential des Ausdrucks für die gesamtwirtschaftliche Produktion:

$$dY = \frac{1}{1 - c_1 + \frac{d_1 e_1}{e_2}} \left(dc_0 - c_1 dT + dd_0 + \frac{d_1}{e_2} \frac{dM}{P} + dG \right)$$

Da vorausgesetzt wird, dass sich das Einkommen nicht ändern soll, gilt: $dY = 0$. Da der autonome Konsum und die autonomen Investitionen unverändert bleiben, gilt: $dc_0 = dd_0 = 0$. Des Weiteren gilt bei einer staatsausgabenfinanzierten Steuersenkung: $dT = dG$. Somit reduziert sich obiges totale Differential zu:

$$\frac{1 - c_1}{1 - c_1 + \frac{d_1 e_1}{e_2}} dG + \frac{d_1}{e_2 P \left(1 - c_1 + \frac{d_1 e_1}{e_2} \right)} dM = 0$$

Einsetzen der Parameterwerte und für $dG = -600$ ergibt:

$$-240 + 0{,}75 dM = 0$$

$$\leftrightarrow \quad dM = 320$$

Wenn die Zentralbank die nominale Geldmenge um 320 erhöht, dann kommt es bei einer staatsausgabenfinanzierten Steuersenkung in diesem Fall zu keiner Veränderung des Einkommens.

e) Die Staatsausgaben werden nun in Abhängigkeit vom Einkommen getätigt:

$$G = g_0 + g_1 Y, \text{ wobei gilt } -1 < g_1 < 1$$

Der Ausdruck zur Ermittlung des gleichgewichtigen Einkommens aus Teilaufgabe a) unter Berücksichtigung dieser Modifikation:

$$Y = c_0 + c_1 (Y - T) + d_0 - d_1 \left(\frac{e_1}{e_2} Y - \frac{M}{P} \frac{1}{e_2} \right) + g_0 + g_1 Y$$

$$\leftrightarrow \quad Y = \frac{1}{1 - c_1 + \frac{d_1 e_1}{e_2} - g_1} \left(c_0 - c_1 T + d_0 + \frac{d_1}{e_2} \frac{M}{P} + g_0 \right)$$

Mit prozyklischer Fiskalpolitik ist gemeint, dass die Staatsausgaben erhöht werden, wenn das Einkommen bzw. die Produktion steigt. Dies ist der Fall, wenn für die zyklische Komponente g_1 gilt: $0 < g_1 < 1$. Analog zur Definition der Konsumneigung der privaten Haushalte bedeutet dies, dass die Staatsausgaben um g_1 erhöht werden, wenn das Einkommen um eine Einheit steigt. Mit antizyklischer Fiskalpolitik ist gemeint, dass die Staatsausgaben gesenkt werden, wenn das Einkommen bzw. die Produktion steigt. Dies ist der Fall, wenn für die zyklische Komponente g_1 gilt: $-1 < g_1 < 0$. Um nun eine Aussage darüber treffen zu können, ob eine antizyklische ($-1 < g_1 < 0$) oder eine prozyklische Fiskalpolitik ($0 < g_1 < 1$)

größere Konjunkturschwankungen verursacht, muss untersucht werden, bei welcher Politik der Multiplikator größer bzw. kleiner ist. Wie zu erkennen ist, taucht die zyklische Komponente g_1 im Nenner des Multiplikators auf. Gilt für die zyklische Komponente $0 < g_1 < 1$, so wird der Nenner kleiner und der Multiplikator größer. Gilt $-1 < g_1 < 0$, so wird der Nenner größer und der Multiplikator kleiner. Mathematisch ist dies anhand der partiellen Ableitung des Multiplikators nach g_1 zu erkennen:

$$\frac{\partial\left[1/(1-c_1+\frac{d_1e_1}{e_2}-g_1)\right]}{\partial g_1}=\frac{1}{\left(1-c_1+\frac{d_1e_1}{e_2}-g_1\right)^2}>0$$

Der Multiplikator hängt somit positiv von der zyklischen Komponente ab. Das bedeutet, dass prozyklische ($0 < g_1 < 1$) Fiskalpolitik größere Schwankungen im Konjunkturverlauf induziert als antizyklische ($-1 < g_1 < 0$) Fiskalpolitik.

3. a) Berechnung der gleichgewichtigen Produktion:

Einsetzen der Verhaltensgleichungen für Konsum und Investitionen in die Bedingung für ein Gütermarktgleichgewicht und auflösen nach Y:

$$Y=c_0+c_1\left(Y-T\right)+b_0+b_1Y-b_2i+G$$

$$\leftrightarrow \quad Y=\frac{1}{1-c_1-b_1}\left(c_0-c_1T+b_0-b_2i+G\right)$$

Der Multiplikator im Fall mit exogenen Investitionen lautet (siehe Kapitel 3):

$$\frac{1}{1-c_1}$$

im Fall mit einkommensabhängigen Investitionen:

$$\frac{1}{1-c_1-b_1}$$

Der Unterschied der beiden Multiplikatoren liegt im Parameter b_1, der Reagibilität der Investitionen in Bezug auf das Einkommen bzw. den Absatz. Es wird angenommen, dass $0 < b_1 < 1$ und $c_1 + b_1 < 1$. Diese Annahme muss getroffen werden, damit der Multiplikator nicht negativ wird oder der Nenner Null wird und mathematisch ein Gleichgewicht erreicht werden kann. Empirische Untersuchungen stützen die Annahme, dass gilt $c_1 + b_1 < 1$. Aus dieser Annahme folgt, dass der Nenner des Multiplikators bei einkommensabhängigen Investitionen kleiner wird, und der Multiplikator insgesamt größer:

$$\frac{1}{1-c_1-b_1}>\frac{1}{1-c_1}$$

Der Effekt einer Staatsausgabenerhöhung ist also in diesem Fall größer. Grund: Das durch die Staatsausgabenerhöhung generierte zusätzliche Einkommen (über höhere Nachfrage und damit höhere Produktion) führt im Fall einkommensabhängiger Investitionsnachfrage zusätzlich zur Erhöhung der privaten Konsumnachfrage auch zu einer Ausweitung der Investitionsnachfrage der Unternehmen. Die gesamte Nachfrage steigt also stärker an, wodurch sich ein höherer Anstieg für Produktion und Einkommen ergibt.

b) Bedingung für Gütermarktgleichgewicht: $Y = Z$ bzw. $Y = C + I + G$

Einsetzen der Verhaltensgleichungen für Konsum und Investitionen ergibt:

$$Y = 200 + 0,6(Y - T) + 200 + 0,2Y - 150i + G$$

LM-Gleichung aus der Angabe nach *i* auflösen:

$$i = \frac{1}{15.000}Y - \frac{1}{15.000}\frac{M}{P}$$

und einsetzen in das Gütermarktgleichgewicht ergibt:

$$Y = 200 + 0,6(Y - T) + 200 + 0,2Y - 150\left(\frac{1}{15.000}Y - \frac{1}{15.000}\frac{M}{P}\right) + G$$

Auflösen nach *Y* und Einsetzen der exogen gegebenen Variablen ergibt das gleichgewichtige Einkommen:

$$Y = 2.119,047 \approx 2.119$$

Durch Einsetzen in *LM*-Gleichung ergibt sich für den gleichgewichtigen Zins: $i = 0,1079 \approx 10,8\%$

c) Die reale Geldmenge wird um 200 erhöht. Bei einem Preisniveau von $P = 2$ bedeutet dies, dass die Zentralbank die nominale Geldmenge um 400 erhöhen muss. Statt $M = 1.000$ muss nun in die Gleichgewichtsbedingung aus Teilaufgabe b) $M = 1.400$ eingesetzt werden. Für das neue Einkommen und den Zinssatz im gesamtwirtschaftlichen Gleichgewicht ergibt sich somit:

$$Y' = 2.128,57 \approx 2.129$$

$$i' = 0,0952 \approx 9,5\%$$

Durch die expansive Geldpolitik erhöht sich das Einkommen um etwa 10 Einheiten und der Zinssatz sinkt auf 9,5%. Grafisch verschiebt sich durch diese Aktion die *LM*-Kurve nach unten.

d) Eine Erhöhung des Preisniveaus von 2 auf 4 verringert die reale Geldmenge *M/P*. Sie beträgt nach der Preiserhöhung statt 500 nur noch 250. Eine derartige Verringerung der realen Geldmenge durch das Preisniveau ist in seiner Wirkung im *IS-LM*-Modell gleichbedeutend mit einer kontraktiven Geldpolitik. Grafisch würde sich die *LM* Kurve nach oben verschieben und ein neues Gleichgewicht mit einem geringeren Einkommen und einem höheren Zinssatz erreicht werden. Die rechnerische Überprüfung bestätigt dies (Berechnung analog zu Teilaufgaben b) und c)):

$$Y'' = 2.107,14 \approx 2.107$$

$$i'' = 0,1238 \approx 12,4\%$$

4. a) Berechnung der Produktion im Gütermarktgleichgewicht:

Einsetzen der Verhaltensgleichungen für Konsum und Investitionen sowie $T = 200$ in die Gleichgewichtsbedingung des Gütermarkts ($Y = C + I + G$) und auflösen nach Y ergibt:

$$Y = 200 + 0{,}5\left(Y - T\right) + 150 + 0{,}25Y - \beta i + G$$

$$\leftrightarrow \quad Y = 100 - 4\beta i + 4G$$

Zur Berechnung des Staatsausgabenmultiplikators bilden wir das totale Differential und setzen $di = 0$:

$$dY = 4dG$$

Der Staatsausgabenmultiplikator beträgt:

$$\frac{dY}{dG} = 4$$

b) Im gesamtwirtschaftlichen Gleichgewicht befinden sich Gütermarkt und Geldmarkt simultan im Gleichgewicht. Im Geldmarktgleichgewicht entspricht das Geldangebot der Geldnachfrage (*LM*-Gleichung):

$$\frac{M}{P} = 3Y - \gamma i$$

Auflösen nach i ergibt die Geradengleichung der *LM*-Kurve im i-Y-Diagramm:

$$i = \frac{3}{\gamma}Y - \frac{1}{\gamma}\frac{M}{P}$$

Zur Berechnung von Produktion und Zinssatz im gesamtwirtschaftlichen Gleichgewicht setzen wir die *LM*-Kurve in das Gütermarktgleichgewicht aus Teilaufgabe a) ein:

$$Y = 1000 + 4G - 4\beta\left(\frac{3}{\gamma}Y - \frac{1}{\gamma}\frac{M}{P}\right)$$

Daraus ergibt sich für die Produktion im gesamtwirtschaftlichen Gleichgewicht:

$$Y = \frac{\gamma}{\gamma + 12\beta}\left(1000 + 4G + 4\frac{\beta}{\gamma}\frac{M}{P}\right)$$

Einsetzen in die *LM*-Kurve ergibt den gleichgewichtigen Zinssatz:

$$i = \frac{3}{\gamma + 12\beta}\left(1000 + 4G + 4\frac{\beta}{\gamma}\frac{M}{P}\right) - \frac{1}{\gamma}\frac{M}{P}$$

Zur Berechnung des Staatsausgabenmultiplikators bilden wir das totale Differential der gleichgewichtigen gesamtwirtschaftlichen Produktion. Unter der Annahme einer konstanten Geldmenge und eines konstanten Preisniveaus ergibt sich für den Staatsausgabenmultiplikator:

$$\frac{dY}{dG} = \frac{\gamma}{\gamma + 12\beta} \cdot 4$$

Da gilt $\gamma > 0$ und $\beta > 0$, ist ersichtlich, dass der Staatsausgabenmultiplikator nun kleiner ist als in Teilaufgabe a) ($dY/dG = 4$)

$$\underbrace{\frac{\gamma}{\gamma + 12\beta}}_{<1} \cdot 4 < 4$$

Wieso ist dies der Fall? Ein Anstieg der Staatsausgaben bewirkt einen Anstieg der gesamtwirtschaftlichen Nachfrage und somit des Einkommens. Bei Einbeziehung des Geldmarkts hat ein Anstieg des Einkommens zur Folge, dass die Geldnachfrage steigt (→ erhöhter Transaktionsumfang). Bei einem gegebenen Geldangebot kommt es dadurch zu einem Anstieg des Zinssatzes, was wiederum einen negativen Effekt auf die Investitionen hat (Crowding-Out). Der Rückkopplungseffekt über den Geldmarkt dämpft den positiven Effekt einer Staatsausgabenerhöhung auf die Produktion und der Multiplikator ist deshalb kleiner im Vergleich zur isolierten Betrachtung des Gütermarkts in Teilaufgabe a).

c) Zur Berechnung des Geldmengenmultiplikators bildet man das totale Differential der Produktion im gesamtwirtschaftlichen Gleichgewicht und setzt $dG = 0$:

$$dY = \frac{\gamma}{\gamma + 12\beta} \cdot 4 \frac{\beta}{\gamma} \cdot d\left(\frac{M}{P}\right)$$

Daraus ergibt sich nach Teilen durch $d(M/P)$ und Umformen der Geldmengenmultiplikator m_M:

$$\frac{dY}{d\left(\frac{M}{P}\right)} = m_M = \frac{4\beta}{\gamma + 12\beta}$$

Um algebraisch zu zeigen, wie der Geldmengenmultiplikator von der Zinsreagibilität der Investitionsnachfrage abhängt, bildet man die partielle Ableitung des Geldmengenmultiplikators nach β und betrachtet das Vorzeichen:

$$\frac{\partial m_M}{\partial \gamma} = \frac{4\gamma}{(\gamma + 12\beta)^2} > 0$$

Das Ergebnis der partiellen Ableitung besagt, dass ein Anstieg der Zinsreagibilität der Investitionsnachfrage den Geldmengenmultiplikator erhöht. Wieso ist dies der Fall? Ein Anstieg von β bedeutet, dass die Investitionen stärker auf Zinsänderungen reagieren. Eine durch eine Geldmengenerhöhung induzierte Zinssenkung hat somit einen stärkeren positiven Effekt auf die Investitionsnachfrage und der resultierende Produktionsanstieg fällt höher aus.

Analoges Vorgehen für die Zinsreagibilität der Geldnachfrage:

$$\frac{\partial m_M}{\partial \gamma} = -\frac{4\beta}{(\gamma + 12\beta)^2} < 0$$

Ein Anstieg der Zinsreagibilität der Geldnachfrage bewirkt, dass der Geldmengenmultiplikator kleiner wird. Wieso ist dies der Fall? Durch einen Anstieg von γ reagiert die Geldnachfrage stärker auf Zinsänderungen. Grafisch bedeutet dies im Geldmarktdiagramm, dass die Steigung der Geldnachfrage flacher wird. Für eine gegebene Geldmengenerhöhung ist nun eine geringere Zinssenkung erforderlich, um den Geldmarkt ins Gleichgewicht zu bringen. Da der Zins nun weniger stark sinkt, hat dies zur Folge, dass die Investitionen weniger stark angeregt werden und somit der Produktionsanstieg bei einer gegebenen Geldmengenerhöhung geringer ausfällt.

6 Arbeitsmärkte, Lohn- und Preisbildung

6.1 Wissens- und Verständnistests

Multiple Choice

1. Die Bevölkerung im erwerbsfähigen Alter sei 60 Millionen. Die Zahl der Erwerbspersonen sei 40 Millionen, die Zahl der Beschäftigten 37 Millionen. Welchen Wert nimmt die Arbeitslosenquote an?
   a) 5%
   b) 7,5%
   c) 14,3%
   d) Die Arbeitslosenquote lässt sich nicht ermitteln, da hierzu die Zahl der Arbeitslosen angegeben sein müsste.
2. Gehen Sie von den Zahlen in Aufgabenteil (a.) aus. Welchen Wert nimmt die Erwerbsquote an?
   a) 2/3
   b) 62%
   c) Einen Wert über 90%
   d) Die Erwerbsquote lässt sich nicht ermitteln, da hierzu die Zahl der Arbeitslosen angegeben sein müsste.
3. Die Bevölkerung im erwerbsfähigen Alter sei 50 Millionen. Die Zahl der Erwerbspersonen sei 35 Millionen, die Zahl der Beschäftigten 30 Millionen. Die Nicht-Beschäftigungs-Rate beträgt
   a) ...60%.
   b) ...40%.
   c) ...30%.
   d) ...70%.
4. Im Monatsdurchschnitt finden 200.000 Beschäftigte einen neuen Arbeitsplatz, 100.000 geben die Suche nach einem Arbeitsplatz auf. Im Durchschnitt sind 600.000 Personen arbeitslos. Die Durchschnittsdauer der Arbeitslosigkeit beträgt
   a) ...0,5 Monate.
   b) ...2 Monate.
   c) ...3 Monate.
   d) ...6 Monate.

5. Es wird ermittelt, dass der Anteil der Arbeitslosen, die in einem Monat ein neues Beschäftigungsverhältnis finden, angestiegen ist. Es ist zu erwarten, dass gleichzeitig
   a) ...die Arbeitslosenquote angestiegen ist.
   b) ...die Arbeitslosenquote gleich geblieben ist.
   c) ...die Arbeitslosenquote gefallen ist.
   d) Keine Aussage möglich.

6. Das natürliche Produktionsniveau eines Landes ist das Produktionsniveau,
   a) ...das sich einstellt, wenn die betrachtete Volkswirtschaft eine Rezession erlebt.
   b) ...das sich einstellt, wenn das erwartete und das tatsächliche Preisniveau unterschiedliche Werte annehmen.
   c) ...das sich einstellt, wenn die Arbeitslosenquote ihr natürliches Niveau erreicht.
   d) ...das realisiert wird, wenn alle zur Verfügung stehenden Produktionsfaktoren eingesetzt werden.

7. Gehen Sie von einem gleichgewichtigen Reallohn in Höhe von 0,75 pro Arbeitseinheit N aus aus. Die Produktionsfunktion sei $Y = N$ und die Unternehmen haben einen Preissetzungsspielraum. Im Durchschnitt verlangen die Unternehmen dann einen Aufschlag auf die Grenzkosten in Höhe von
   a) ...2/3.
   b) ...25%.
   c) ...1/3.
   d) ...75%.

Wahr/Falsch: Welche der jeweiligen Aussagen sind wahr, welche falsch?

8. Situationen, in denen die Beziehung zwischen Arbeitgebern und Arbeitnehmern durch asymmetrische Informationsverteilung charakterisiert ist, lassen sich durch die sogenannte Effizienzlohntheorie beschreiben. Welche der folgenden Aussagen können durch diese Theorie gestützt werden?
   a) Wenn es dem Arbeitgeber nur begrenzt möglich ist, den Arbeitseinsatz eines Mitarbeiters effektiv zu überwachen, wird er durch niedrige Löhne die Anreize zu Fehlverhalten auf Seiten des Arbeitnehmers begrenzen.
   b) Da ein Arbeitgeber nicht perfekt zwischen unterschiedlich qualifizierten Kandidaten unterscheiden kann, sollte er einen Lohn anbieten, der einfach der durchschnittlichen Qualifikation aller Kandidaten entspricht.
   c) Mit Löhnen, die oberhalb des Reservationslohns liegen, lässt sich moralisches Risiko unter gewissen Umständen vermeiden.
   d) Adverse Selektion ist besondes dann ein Problem, wenn unterschiedliche Kandidaten für eine offene Stelle ähnlich gut qualifiziert sind.

9. Es wird ermittelt, dass der Anteil der Arbeitslosen, die in einem Monat ein neues Beschäftigungsverhältnis finden, gefallen ist. Es ist zu erwarten, dass gleichzeitig
   a) ...die Wahrscheinlichkeit, von der Arbeitslosigkeit in die Erwerbstätigkeit zu wechseln, gestiegen ist.
   b) ...die Separationsrate gestiegen ist.
   c) ...die Arbeitslosenquote gefallen ist.
   d) ...die Verhandlungsmacht von Arbeitnehmern gestiegen ist.
10. Gehen Sie von einer Situation mit vollständiger Konkurrenz aus. Benutzen Sie *WS*- und *PS*-Beziehung, um die folgenden Aussagen zu bewerten.
   a) Der Mark-up-Faktor μ in der Preissetzungsgleichung nimmt in diesem Fall einen Wert größer 0 an.
   b) Es gilt die Bedingung Preis = Grenzkosten.
   c) Der Reallohn nimmt einen Wert von 1 an.
   d) Würde μ auf einen Wert größer 0 ansteigen, würde der Preis unter den Grenzkosten liegen.
11. Die Erwerbsbevölkerung L ist 50 Millionen. Im mittelfristigen Arbeitsmarktgleichgewicht sind 5 Millionen Erwerbspersonen arbeitslos. Die Produktionsfunktion sei $Y = AN$, mit $A = 1{,}5$.
   a) Die natürliche Arbeitslosenquote beträgt 10%.
   b) Das natürliche Beschäftigungsniveau beträgt 45 Millionen.
   c) Das natürliche Produktionsniveau beträgt 90 Millionen.
   d) Bei einer Verdoppelung der Arbeitsproduktivität wird ein natürliches Produktionsniveau von 135 Millionen erreicht.

Basiswissen

12. Lohnverhandlungen und Effizienzlohntheorie
   a) „Üblicherweise werden Nominallöhne gezahlt, die oberhalb des Reservationslohns liegen". Erläutern Sie in Stichworten!
   b) Erläutern Sie in wenigen Stichworten den Zusammenhang zwischen Arbeitslosenquote, Verhandlungsmacht der Arbeitnehmer und Lohnhöhe!
   c) Erläutern Sie in wenigen Stichworten, unter welchen Bedingungen asymmetrische Information bzgl. des Arbeitseinsatzes eines Arbeitnehmers zu einer höheren Entlohnung führen kann!
   d) Erläutern Sie in wenigen Stichworten, warum mangelnde Information bzgl. der Qualität eines Kandidaten zu einem höheren Lohnabschluss führen kann!
13. Lohnsetzung und Preissetzung

   Gehen Sie von der Lohnsetzungsgleichung $W = P^e \cdot F(u,z)$ und der Preissetzungsgleichung $P = (1+\mu)W$ aus.
   a) Erläutern Sie in wenigen Stichworte aus welchen Gründen das erwartete Preisniveau die Lohnsetzung beeinflusst!

b) Erläutern Sie kurz, welchen Effekt ein Anstieg der Arbeitslosenquote auf den Reallohn hat!

c) Begründen Sie in Stichworten den fallenden Verlauf der *WS*-Kurve!

d) Aus welchen Gründen kann sich die *WS*-Kurve verschieben? Geben Sie drei Beispiele!

e) Erläutern Sie, wie und warum sich der Reallohn verändert, wenn der Preisaufschlag μ zunimmt!

f) Erläutern Sie in Stichworten, warum bei vollständiger Konkurrenz der Preis einer Produktionseinheit genau den Kosten entspricht!

14. Gleichgewicht am Arbeitsmarkt

a) Definieren Sie das Gleichgewicht am Arbeitsmarkt! Erläutern Sie kurz die ökonomische Intuition der verwendeten Gleichgewichtskonzeption!

b) Wie kann es zu einer Veränderung der natürlichen Arbeitslosenquote kommen? Geben Sie ein Beispiel, bei dem eine Veränderung der Wettbewerbsintensität die gleichgewichtige Arbeitslosenquote senkt!

c) Welche Entwicklungen können zu einer Abweichung der Arbeitslosenquote von ihrem natürlichen Niveau führen?

6.2 Übungsaufgaben

Stromgrößen am Arbeitsmarkt

In Kapitel 6.1 des Lehrbuchs von Blanchard und Illing wird gezeigt, wie man den Arbeitsmarkt durch die Untersuchung von Stromgrößen besser verstehen kann. Die Größen, die bei der Darstellung verwendet werden, sind monatliche Durchschnittswerte. Natürlich schwankt die Zahl derer, die in jedem Monat ein neues Beschäftigungsverhältnis annehmen, den Arbeitsplatz verlieren oder die Gruppe der Erwerbspersonen verlassen. Um die ökonomische Bedeutung der Stromgrößenbetrachtung besser zu verstehen, ist es jedoch sinnvoll, zunächst den Fall zu betrachten, in dem der Anteil der Arbeitslosen, die in jedem Monat einen Arbeitsplatz finden und der Anteil der Beschäftigten, die ihren Arbeitsplatz verlieren, konstant sind (Aufgabenteile a) bis d)). Aufbauend auf dieser Analyse kann man dann besser verstehen, wie sich die Schwankungen der Anteile auswirken (Aufgabenteile e) und f)).

1. Stromgrößen am Arbeitsmarkt

Die statistische Abteilung der Bundesagentur für Arbeit hat folgende Daten zusammengetragen: In jedem Monat werden $s = 5\%$ aller Beschäftigungsverhältnisse aufgelöst und $g = 10\%$ der Arbeitslosen beginnen ein neues Beschäftigungsverhältnis. Der Anteil der Erwerbspersonen, die in jedem Monat die Gruppe der Erwerbspersonen verlässt, ist $v = 0\%$.

a) Angenommen, diese Zahlen bleiben über einen längeren Zeitpunkt konstant. Welche Arbeitslosenquote ergibt sich langfristig?

b) Eine Kommission schlägt Maßnahmen zur beschleunigten Vermittlung von Arbeitslosen vor und schätzt, dass damit jeden Monat 15% der Arbeitslosen eine Beschäftigung finden. Wie groß wäre der Anteil der Arbeitslosen an der gesamten Erwerbsbevölkerung?

c) Wie groß ist im vorliegenden Modell die Wahrscheinlichkeit, nach 2, 4 bzw. 6 Monaten noch arbeitslos zu sein? Wie ändert sich diese Wahrscheinlichkeit, wenn s auf 15% steigt bzw. g auf 5% fällt? Ist Ihre Berechnung realistisch (kurze Begründung)?

d) Ermitteln Sie die durchschnittliche Dauer der Arbeitslosigkeit in Monaten! Wie verändert sich Ihre Antwort, wenn in jedem Monat ein Anteil v_l = 2% aller Arbeitslosen aus der Erwerbsbevölkerung ausscheidet?

e) Es kommt zu einer Rezession. Welche Auswirkungen hat dies auf die Größen s, g und v?

f) Nennen Sie Faktoren, die die Wahrscheinlichkeit, dass ein Beschäftigungsverhältnis aufgelöst bzw. eingegangen wird, beeinflussen. Unterscheiden Sie zwischen strukturellen und konjunkturellen Faktoren!

Preissetzer und Preisnehmer

Das Arbeitsmarktgleichgewicht, das in den meisten makroökonomischen Analysen verwendet wird, unterscheidet sich deutlich von dem aus der Mikroökonomie bekannten Standard-Modell des Arbeitsmarktes. Letzteres geht davon aus, dass alle Akteure **Preisnehmer** sind. Dies bedeutet, dass Unternehmen und Arbeitnehmer aufgrund vollständiger Konkurrenz keinerlei Spielräume haben, Preise oberhalb der Grenzkosten zu verlangen. Würden sie dies tun, würden alle Nachfrager sofort den Anbieter wechseln. Bevor wir uns einem Modell zuwenden, in dem unvollständige Konkurrenz Lohn- und Preissetzungsspielräume eröffnet, ist es sinnvoll, sich die Grundlagen des Standard-Modells in Erinnerung zu rufen.

2. Standardtheorie des Arbeitsangebots und der Arbeitsnachfrage

   Die Nutzenfunktion eines Haushalts sei $U(c,l) = c \cdot (4 - l)$, wobei c den Konsum des Haushalts und l die für Arbeit aufgewendete Zeit pro Periode repräsentieren. Das Güterpreisniveau sei $p = 1$. Der Haushalt verfüge über ein Kapitaleinkommen von T.

   a) Bestimmen Sie das Arbeitsangebot des Haushalts als Funktion von Lohnsatz w und Kapitaleinkommen T!

   Gehen Sie nun davon aus, dass der Haushalt keine Kapitaleinkünfte hat. Stattdessen ist er berechtigt, Sozialhilfe zu beziehen, sofern sein Einkommen unter dem Sozialhilfesatz von $S = 4$ liegt.

   b) Wie hoch ist das Nutzenniveau des Haushalts, wenn er nicht arbeitet?

   c) Wie hoch muss der Lohn mindestens sein, damit der Haushalt Arbeit anbietet?

Gehen Sie in der Folge davon aus, dass das Arbeitsangebot stets 200 betrage. Die Technologie einer Volkswirtschaft sei beschrieben durch die Produktionsfunktion

$$Y = K^{1/2} N^{1/2}$$

Die Volkswirtschaft verfüge über 200 Einheiten Kapital, die stets voll eingesetzt werden.

d) Ermitteln Sie die Arbeitsnachfragefunktion der Volkswirtschaft!

e) Bei welchem Reallohn ist der Arbeitsmarkt im Gleichgewicht? Wie hoch sind im Gleichgewicht Produktion und reale Lohnsumme?

f) Welche Situation entsteht, wenn der Gesetzgeber einen realen Mindestlohn von 1 festsetzt? Hat der Gesetzgeber mit seinem Anliegen, Arbeitnehmern mehr Einkommen zu verschaffen, Erfolg?

Lohnsetzung und Preissetzung

Das hier verwendete Modell des Arbeitsmarktes beruht auf der Einsicht, dass Arbeitnehmer und Unternehmen Preise und Löhne setzen. Beide Gruppen orientieren sich hierbei am Reallohn. Wir müssen beachten, dass das Preissetzungsverhalten der Unternehmen vom Lohnsetzungsverhalten abhängt, dieses jedoch wieder vom erwarteten Preissetzungsverhalten der Unternehmer. Zunächst analysieren wir das Gleichgewicht am Arbeitsmarkt unter der Annahme, dass das erwartete Preisniveau dem tatsächlichen entspricht: $P = P^e$.

3. Lohn- und Preissetzung

Gehen Sie von folgenden Gleichungen aus:

$$Y = AN \qquad \text{(Produktionsfunktion)}$$

$$P = (1+\mu)\cdot W \qquad \text{(Preissetzung)}$$

$$W = P^e \cdot F(u,z) = P^e \cdot z \cdot [(1-u)L]^2 \qquad \text{(Lohnsetzung)}$$

Sei $A = 1$, $\mu = 0{,}25$, $z = 3{,}2$ und $L = 0{,}6$.

a) Erläutern Sie kurz die ökonomische Bedeutung der Gleichungen!

b) Bestimmen Sie Lohn- und Preissetzungskurve (*WS* und *PS*) und zeichnen Sie Ihr Ergebnis in ein Diagramm ein, in dem *N* auf der Abszisse, *W*/*P* auf der Ordinate abgetragen ist!

c) Ermitteln Sie den gleichgewichtigen Reallohn, die natürliche Beschäftigung sowie die natürliche Arbeitslosenquote!

d) Zeigen Sie anhand des Modells, welche Folgen eine Absenkung des Kündigungsschutzes für das mittelfristige Gleichgewicht hätte! Erläutern Sie Ihr Ergebnis! Geben Sie weitere Beispiele, die das Gleichgewicht in ähnlicher Weise beeinflussen!

e) Seit der Verbreitung des Internet wurden viele Firmen gegründet, die Preisvergleiche für unterschiedliche Produkte anbieten und so zu einer besseren Vergleichbarkeit der Anschaffungskosten beitragen. Zeigen Sie anhand des Modells, welche Folgen dies für das mittelfristige Gleichgewicht hätte! Erläutern Sie Ihr Ergebnis! Geben Sie weitere Beispiele, die das Gleichgewicht in ähnlicher Weise beeinflussen!

Lösungen zu Kapitel 6

6.1 Wissens- und Verständnistests

Multiple Choice

1. b)
2. a)
3. b)
4. b)
5. c)
6. c)
7. c)

Wahr/Falsch

8. F, F, W, F
9. F, W, F, F
10. F, W, W, F
11. W, W, F, W

Basiswissen

12. Lohnverhandlungen und Effizienzlohntheorie
    a) Reservationslohn: Der Lohn, zu dem ein Arbeiter gerade indifferent zwischen Arbeiten und Nicht-Arbeiten ist. Gründe, warum üblicherweise Löhne über dem Reservationslohn gezahlt werden:
       - **Verhandlungsmacht**: Arbeitnehmer verfügen üblicherweise über ein gewisses Ausmaß an Verhandlungsmacht, entweder, weil sie an kollektiven Lohnverhandlungen teilhaben oder weil sie nur unter Aufwand von Kosten ersetzt werden können. Je schwerer ein Mitarbeiter zu ersetzen ist und je mehr Möglichkeiten er hat, einen anderen Arbeitsplatz zu finden, desto größer ist seine Verhandlungsmacht.

- **Effizienzlöhne**: Unterschiedliche Gründe führen dazu, dass es von Unternehmerseite Sinn macht, einen Aufschlag auf den Reservationslohn zu zahlen. Insbesondere kann so eine bessere Mitarbeitermotivation erreicht werden. Außerdem lässt sich unter Umständen die Zahl der Arbeitskräfte, die ein Unternehmen pro Periode verlässt (Mitarbeiterfluktuation), senken. Besonders relevant sind Reservationslöhne bei asymmetrischer Information zwischen Arbeitgeber und Arbeitnehmer: Das Unternehmen ist bereit, höhere Löhne zu zahlen, um qualifizierte Mitarbeiter mit guten Ausweichmöglichkeiten zu binden und die Wahrscheinlichkeit von Fehlverhalten von Seiten des Arbeitnehmers zu reduzieren.

Beide Theorien zeigen, dass die Höhe der Löhne sowohl von der Art der Beschäftigung als auch von der Lage am Arbeitsmarkt abhängen. Im Rahmen der ersten Theorie spielt auch die Organisation des Lohnbildungsprozesses eine wesentliche Rolle.

b) Bei niedriger Arbeitslosenquote ist die Wahrscheinlichkeit, den Arbeitsplatz zu verlieren, klein. Gleichzeitig ist die Wahrscheinlichkeit, einen neuen Arbeitsplatz zu finden, groß. Bei niedriger Arbeitslosenquote steigt deshalb die Verhandlungsmacht der Arbeitnehmer (bzw. die ihrer gewerkschaftlichen Vertreter). Außerdem muss ein Unternehmen besonders darauf achten, über genügend hohe Löhne Mitarbeiter an sich zu binden und zu motivieren, da Arbeitnehmer mit ihren Alternativen ein entsprechendes Drohpotenzial aufbauen können. Beide Effekte erhöhen den Lohn.

c) Wenn der Einsatz eines Mitarbeiters nicht perfekt beobachtet werden kann, liegt es im Interesse des Arbeitgebers, die erwarteten Kosten eines Arbeitnehmers bei Fehlverhalten möglichst so hoch zu gestalten, dass sich ein solches nicht lohnt. Die erwarteten Kosten setzen sich aus der Wahrscheinlichkeit, bei Fehlverhalten entdeckt zu werden, und den Lohneinbußen nach einer eventuellen Entdeckung zusammen. Kann die Entdeckungswahrscheinlichkeit nicht oder nur begrenzt erhöht werden, können Lohnerhöhungen dazu dienen, die Kosten bei Entdeckung und damit die erwarteten Kosten des Fehlverhaltens soweit zu erhöhen, bis sich dieses nicht mehr lohnt.

d) Der Arbeitgeber würde es vorziehen, Mitarbeiter entsprechend ihrer Fähigkeiten zu entlohnen. Ist dies aufgrund von asymmetrischer Information nicht möglich, würde eine Entlohnung gemäß der Durchschnittsqualität dazu führen, dass besonders qualifizierte Mitarbeiter mit entsprechenden Alternativangeboten den Arbeitsplatz rasch wechseln – übrig bleiben die wenig qualifizierten.

13. Lohnsetzung und Preissetzung

a) Für Arbeitnehmer und Unternehmen ist die entscheidende Größe der Reallohn (W/P), der angibt, wie viele Güter die Arbeitnehmer erwerben können bzw. wie hoch die Produktionskosten relativ zum Preis der Produktion sind. Da Löhne in nominalen Einheiten für einen gewissen Zeitraum festgelegt werden, zum Zeitpunkt der Lohnsetzung das relevante Preisniveau jedoch nicht bekannt ist, müssen Erwartungen bzgl. des zukünftigen Preisniveaus gebildet werden:

- Wird erwartet, dass P in Zukunft ansteigt, würde W/P bei gegebenem W sinken ➔ Arbeitnehmer wären zum nun niedrigeren erwarteten Reallohn nicht mehr bereit, Arbeitskraft in ausreichendem Maße anzubieten. Gleichzeitig akzeptieren Unternehmen bei höheren Preisen auch einen Lohnkostenanstieg ➔ W steigt.
- Wird erwartet, dass P in Zukunft sinkt, würde W/P bei gegebenem W steigen ➔ Arbeitnehmer wollen zum höheren erwarteten Reallohn mehr Arbeitskraft anbieten. Allerdings sinkt die Arbeitsnachfrage der Unternehmen ➔ W sinkt.

b) Anstieg der Arbeitslosenquote ➔ Wahrscheinlichkeit, den Arbeitsplatz zu verlieren steigt/Wahrscheinlichkeit einen neuen Arbeitsplatz zu finden, sinkt ➔ Verhandlungsmacht der Arbeitnehmer sinkt/auch bei niedrigem Lohnniveau ist kein Motivationsverlust zu befürchten ➔ W sinkt.

c) Je höher die Arbeitslosenquote, desto schlechter ist die Verhandlungsposition der Arbeitnehmer, desto niedriger ist der geforderte Reallohn.

d) Veränderungen der *WS*-Kurve müssen ihren Grund in einer Veränderung der Sammelvariablen z haben, die alle anderen Größen repräsentiert, die bei gegebener Arbeitslosenquote und gegebenem erwarteten Preisniveau den Reservationslohn oder die Verhandlungsmacht der Arbeitnehmer beeinflussen. Ändert sich z, so verschiebt sich *WS*. Beispiele:
- Eine Senkung der Leistungen der Arbeitslosenversicherung ➔ Reservationslohn sinkt ➔ Gegeben P, sinkt W/P ➔ *WS* verschiebt sich nach unten.
- Eine Abnahme des gewerkschaftlichen Organisationsgrads ➔ Verhandlungsmacht der Arbeitnehmer sinkt ➔ *WS* verschiebt sich nach unten.
- Verbesserter Kündigungsschutz ➔ Verhandlungsmacht der Arbeitnehmer steigt ➔ *WS* verschiebt sich nach oben.

e) Eine Veränderung des Gewinnaufschlags μ verändert bei gegebenem Nominallohn die Preise ➔ Der Reallohn sinkt.

f) Bei vollständiger Konkurrenz sind die Unternehmen nicht mehr Preissetzer, sondern Preisnehmer. Würde ein Unternehmen den Preis über die Grenzkosten setzen, würde dies die Nachfrager dazu veranlassen, zu einem anderen Anbieter zu wechseln. Je elastischer die Nachfrage auf Preisänderungen reagiert, umso schwieriger wird es für den Unternehmer, Preise oberhalb der Grenzkosten zu verlangen.

14. Gleichgewicht am Arbeitsmarkt

a) Ein Gleichgewicht stellt sich ein, wenn der Reallohn, der im Rahmen der Lohnsetzung festgelegt wird, dem Reallohn entspricht, der durch die Preissetzung impliziert wird. Da die Lohnsetzer den Nominallohn W auf Basis des erwarteten Preisniveaus P^e bilden, der Nominallohn W jedoch in die Preissetzung eingeht, muss im Gleichgewicht $P = P^e$ gelten. Die gleichgewichtige Arbeitslosenquote wird natürliche Arbeitslosenquote genannt.

b) Die natürliche Arbeitslosenquote wird allein durch die Parameter μ und z bestimmt. Verändern sich diese, so verändert sich u_n. Beispiel: Strengere Gesetzgebung gegen Wettbewerbsbeschränkungen bzw. Preisabsprachen unter Unternehmen ➔ μ sinkt ➔ Bei gegebenem W sinkt P ➔ *PS* verschiebt nach oben ➔ u_n sinkt, da beim nun höheren Reallohn eine geringere Arbeitslosenquote erforderlich ist, um ein Gleichgewicht zu gewährleisten.

c) Damit die Arbeitslosenquote von ihrem natürlichen Niveau abweichen kann, müssen Preisniveau und erwartetes Preisniveau unterschiedliche Werte annehmen. Entscheidend ist also, wie Preiserwartungen gebildet werden und wie es zu Preisänderungen kommt.

6.2 Übungsaufgaben

1. Stromgrößen am Arbeitsmarkt

   a) Wir nennen die Zahl der Erwerbspersonen L. Sie setzt sich zusammen aus Erwerbstätigen N und Arbeitslosen U, so dass gilt:

$$L = N + U \qquad (1.)$$

Die Annäherung an den stationären Zustand

Was passiert, wenn die Wahrscheinlichkeit, einen Arbeitsplatz zu finden, und die Wahrscheinlichkeit, den Arbeitsplatz zu verlieren, konstant gegeben sind? Ist die Arbeitslosenzahl relativ zur Zahl der Erwerbstätigen sehr hoch (bspw. $U = 150$ und $N = 100$), ist die absolute Zahl derer, die einen Job finden, relativ zur absoluten Zahl derer, die ihren Job verlieren, hoch. In den ersten drei Monaten ergibt sich folgendes Bild:

	Monatsende 0	Monatsende 1	Monatsende 2	Monatsende 3
Entlassungen		5	5,5	5,925
Einstellungen		15	14	13,15
N	100	110	118,5	125,725
U	150	140	131,5	124,275

Dieser Prozess setzt sich fort, bis die Zahl der Arbeitslosen, die in einem Monat erwerbstätig werden, gleich der Zahl der Erwerbstätigen ist, die arbeitslos werden. Heben sich monatlich die gegenläufigen Ströme genau auf, sagen wir, dass die Wirtschaft in einem stationären Zustand verbleibt.

Beachten Sie, dass die verzögerte Wiederanstellung arbeitslos gewordener Erwerbspersonen eine positive Arbeitslosenquote bedingt. Sie kommt zustande, weil zu jedem gegebenen Zeitpunkt ein Teil der Erwerbspersonen eine Anstellung sucht. Das Modell erklärt nicht, warum eine Wiederanstellung arbeitslos gewordener Erwerbspersonen nicht erfolgt oder wovon die Wahrscheinlichkeit abhängt, einen Job zu finden. Es zeigt lediglich auf, auf welchem Niveau sich die Arbeitslosigkeit einstellt, wenn die Wahrscheinlichkeiten für das Ausscheiden aus Arbeitsverhältnissen und die Wiederanstellung konstant gegeben sind.

Die Arbeitslosenquote verändert sich nicht mehr, wenn die Zahl der Arbeitslosen, die eine neue Beschäftigung finden, der Zahl derer entspricht, die ihre Beschäftigung verlieren:

$$s \cdot N = g \cdot U \qquad (2.)$$

Um den Anteil der Arbeitslosen an der Erwerbsbevölkerung, *U/L*, zu bestimmen, drücken wir alle Variablen in Gleichung (2.) so aus, dass nur noch *L* und *U* enthalten sind. Mit Gleichung (1.) folgt

$$s \cdot (L - U) = g \cdot U$$

$$s \cdot L = (g + s) \cdot U$$

$$u = \frac{U}{L} = \frac{s}{g + s}$$

Einsetzen der Werte ergibt:

$$\frac{U}{L} = \frac{0{,}05}{0{,}15} = 0{,}3\overline{3}$$

Langfristig beträgt die Arbeitslosenquote also 33%.

b) Steigt die Wahrscheinlichkeit, dass ein Arbeitsloser in einem Monat eine Beschäftigung findet, auf 15%, würde die Arbeitslosigkeit in unserem Beispiel von 33% auf 25% sinken:

$$\frac{U}{L} = \frac{0{,}05}{0{,}2} = 0{,}25$$

c) Die Wahrscheinlichkeit *g*, in einem Monat einen Job zu finden, beträgt 10%. Mit einer Wahrscheinlichkeit von 90% ist man also nach einem Monat noch arbeitslos. Nach 2, 4 bzw. 6 Monaten beträgt die Wahrscheinlichkeit

$$0{,}9 * 0{,}9 = 0{,}81$$

$$0{,}9^4 = 0{,}65$$

$$0{,}9^6 = 0{,}53$$

Realitätsnähe: Für den einzelnen Arbeitslosen ist nicht zu erwarten, dass die Wahrscheinlichkeit, einen Arbeitsplatz zu finden, über die Zeit konstant bleibt. Mögliche Gründe hierfür sind:

- Existiert eine Arbeitslosenversicherung mit begrenzter Laufzeit, dann ist der Anreiz, in den ersten Monaten intensiv zu suchen, geringer. Dies senkt die Wahrscheinlichkeit zu Beginn und steigert sie, nachdem die Arbeitslosenversicherung die Zahlungen einstellt bzw. verringert.
- Eine lange Spanne der Arbeitslosigkeit könnte von potenziellen Arbeitgebern als negatives Qualitätssignal gewertet werden. Einerseits fragt er sich, warum der Arbeitssuchende bisher keine Arbeit finden konnte, andererseits befürchtet er, dass der Kandidat während seiner beschäftigungslosen Zeit Qualifikationen eingebüßt hat. Je länger ein Arbeitssuchender ohne Beschäftigung ist, desto kleiner werden also seine Chancen am Arbeitsmarkt.

d) Die durchschnittliche Dauer der Arbeitslosigkeit ergibt sich als Kehrwert des Anteils der Arbeitslosen, die in jedem Monat die Gruppe der Arbeitslosen verlassen. Die Arbeitslosigkeit kann man verlassen, indem man entweder einen Job findet oder aus der Erwerbsbevölkerung ausscheidet. Ist $v_1 = 0\%$ erhalten wir:

$$d = 1/g = 1/0{,}1 = 10 \textit{ Monate}$$

als durchschnittliche Dauer der Arbeitslosigkeit. Ist $v_1 = 2\%$ erhalten wir

$$d = 1/(g + v_1) = 1/(0{,}1 + 0{,}02) = 8{,}3\overline{3} \textit{ Monate}$$

als durchschnittliche Dauer der Arbeitslosigkeit.

e) In einer Rezession steigt die Arbeitslosenquote an. Demzufolge steigt die Wahrscheinlichkeit s, die Beschäftigung zu verlieren, die Wahrscheinlichkeit g, eine neue Beschäftigung zu finden, nimmt ab. Die Auswirkungen auf v sind war zunächst unklar. Insgesamt ist jedoch ein Anstieg zu erwarten. v setzt sich aus zwei Komponenten zusammen: einem Anteil v_1 der Arbeitslosen, die die Erwerbsbevölkerung verlassen, und einem Anteil v_2 der Erwerbstätigen, die die Erwerbsbevölkerung verlassen, also z.B. in Rente gehen. In der Rezession werden einerseits viele Arbeitslose entmutigt die Suche nach einem Job aufgeben: v_1 steigt. Durch Maßnahmen wie Frühverrentung könnte auch v_2 steigen.

f) Unter **strukturellen Faktoren** verstehen wir all jene Faktoren, die

- den Anreiz, einen Arbeitsplatz zu suchen, erhöhen oder senken (bspw. Ausgestaltung der Arbeitslosenversicherung und der Sozialhilfe).
- die Effizienz der Arbeitsvermittlung verändern.
- die Bereitschaft von Unternehmen erhöhen oder senken, bei einem gegebenen Anstieg bzw. Fall der Nachfrage zusätzliche Arbeitnehmer einzustellen bzw. zu entlassen (bspw. Ausmaß des Kündigungsschutzes).
- die Preissetzungsmacht der Unternehmen, damit die Höhe des Preisniveaus und damit die Höhe des Reallohns beeinflussen.

Unter **konjunkturellen Faktoren** verstehen wir all jene Faktoren, die über ein Schwanken der Nachfrage nach Gütern auch die Nachfrage nach Arbeitskräften beeinflussen. Auch wenn strukturelle und konjunkturelle Faktoren strikt zu trennen sind, müssen wir beachten, dass sie in einem wichtigen Aspekt interagieren: Ob sich Konjunkturschwankungen überhaupt auf die Arbeitsnachfrage auswirken, ist zunächst nicht selbstverständlich. Nur wenn kurzfristig Preise und Preiserwartungen auseinander fallen, kommt es zu den entsprechenden Effekten. Da sich strukturelle Faktoren auf die Reaktion des Preisniveaus und der Nominallöhne auswirken und so die Entwicklung des Reallohns beeinflussen, entscheiden sie mit über die Reaktion der Arbeitslosigkeit auf Nachfrageschwankungen.

Preissetzer und Preisnehmer

Das Arbeitsangebot bestimmt sich aus der Abwägung der Haushalte zwischen Freizeit- und Güterkonsum (Aufgabenteile a) bis c)). Zusätzlicher Arbeitseinsatz ermöglicht eine Ausdehnung des Güterkonsums auf Kosten wertvoller Freizeit. Je besser ein Haushalt für Freizeitverzicht entschädigt wird (je höher der Reallohn), desto höher fällt das Arbeitsangebot aus. Die Arbeitsnachfrage der Unternehmen wird üblicherweise aus ihrem Gewinnmaximierungsverhalten abgeleitet (Aufgabenteile d) bis f)). Ein repräsentatives Unternehmen stellt so lange Arbeiter ein, bis der durch den letzten Arbeiter erzielte Gewinn genau den Kosten dieses Arbeiters entspricht. Die Arbeitsnachfrage fällt mit dem Reallohn.

2. Standardtheorie von Arbeitsangebot und Arbeitsnachfrage

   a) Der Haushalt maximiert seine Nutzenfunktion $U(c,l) = c \cdot (4 - l)$ über c und l unter der Nebenbedingung $pc \leq T + wl$. (Die Bedingung besagt, dass die nominalen Konsumausgaben höchstens der Gesamtsumme der nominalen Einkünfte entsprechen können. Sie muss im Optimum mit Gleichheit erfüllt sein, da der Haushalt sein gesamtes Einkommen für Güter verbrauchen und nichts verschwenden wird. Da im vorliegenden Modell nur einer Periode betrachtet wird, gibt es keine Möglichkeit zum Transfer von Ressourcen über die Zeit). Einsetzen der Nebenbedingung in die Nutzenfunktion liefert, da $p = 1$,

   $$U(l) = (T + wl)(4 - l) \qquad (3.)$$

   Durch Maximierung nach l erhält man

   $$\frac{\partial U}{\partial l} = w(4 - l) - T - wl = 0 \qquad (4.)$$

   Hieraus folgt:

   $$l = 2 - \frac{1}{2}\frac{T}{w} \qquad (5.)$$

   Das Arbeitsangebot steigt also im Lohnsatz w und fällt im exogen gegebenen Kapitaleinkommen T.

   b) Wenn der Haushalt nicht arbeitet, ist $l = 0$. Da $p = 1$ und $S = 4$, ist $c = 4$. Der Nutzen des Haushalts ist damit $U = 4 \cdot (4 - 0) = 16$.

   c) Der Haushalt muss durch Arbeit mindestens auf ein Nutzenniveau von 16 kommen, sonst wird er keine Arbeit anbieten. Es muss also gelten: $wl(4 - l) \geq 16$ bzw.:

   $$w \geq \frac{16}{4l - l^2} \qquad (6.)$$

Aus Gleichung (5.) wissen wir, dass $l = 2$, falls $T = 0$. Ersetzt man T durch S, erhält man nach Einsetzen in Gleichung (6):

$$w \geq \frac{16}{8-4} = 4 \tag{7.}$$

sonst würde der Haushalt keine Arbeit anbieten. Der Haushalt könnte bereits bei einem Lohnsatz $w > 2$ ein höheres Einkommen erreichen, als er durch Sozialhilfe erhält, wenn er nicht arbeiten würde. Da er dann allerdings weniger Freizeit hätte, entschließt er sich, nicht zu arbeiten.

d) Die Arbeitsnachfrage wird aus dem Gewinnmaximierungsverhalten eines repräsentativen Unternehmens abgeleitet. Der Gewinn G ergibt sich als Erlös pY abzüglich der Kosten für den Einsatz von Kapital und Arbeit (den eingesetzten Mengen K und L multipliziert mit ihren Preisen, dem Lohnsatz w und dem Zins r):

$$\max_N G = pY - wN - rK = pK^{1/2}N^{1/2} - wN - rK \tag{8.}$$

G wird maximiert, wenn die Kosten der letzten eingesetzten Arbeitseinheit genau dem durch sie ermöglichten Ertrag entsprechen. Ableitung der Gewinnfunktion nach N ergibt (da K annahmegemäß konstant ist):

$$\frac{1}{2}pK^{1/2}N^{-1/2} = \frac{1}{2}p\left(\frac{K}{N}\right)^{1/2} = w$$

$$\frac{1}{2}\left(\frac{K}{N}\right)^{1/2} = \frac{w}{p} \tag{9.}$$

Die linke Seite der Gleichung ist der Betrag, den ein zusätzlicher Arbeiter erwirtschaftet, die rechte Seite sind die Kosten des zusätzlichen Arbeiters. Auflösen von Gleichung (9.) nach N ergibt die Arbeitsnachfragefunktion. Sie fällt im Reallohn:

$$N^{-1/2} = 2\frac{w}{p}K^{-1/2}$$

$$N^d = \frac{1}{4}\left(\frac{w}{p}\right)^{-2} K \tag{10.}$$

e) Die Volkswirtschaft ist im Gleichgewicht (Markträumung), wenn alle 200 Arbeitnehmer beschäftigt sind und alle 200 Kapitaleinheiten eingesetzt werden. Außerdem muss die Anstellung der 200 Arbeitnehmer zum gegebenen Reallohn der Optimalitätsbedingung des Unternehmens genügen. Aus (9.) ergibt sich der Reallohn als

$$\frac{w}{p} = \frac{1}{2}\left(\frac{200}{200}\right)^{1/2} = \frac{1}{2}$$

Die Produktion im Gleichgewicht beträgt:

$$Y = 200^{1/2} 200^{1/2} = 200$$

Die reale Lohnsumme ist:

$$\frac{w}{p} N = \frac{1}{2} 200 = 100$$

f) Wird ein Mindestlohn von 1 festgesetzt, ergibt sich als Arbeitsnachfrage aus (10.)

$$N^d = \frac{1}{4} (1)^{-2} 200 = 50$$

Von den 200 Arbeitnehmern werden nun also 150 arbeitslos und erhalten keinen Lohn mehr. Die Produktion sinkt auf 100. Die 50 Erwerbstätigen bekommen insgesamt eine reale Lohnsumme von 50 ausbezahlt. Die Mindestlohn-Politik führt dazu, dass 50 glückliche Erwerbstätige mehr verdienen als zuvor, während die 150 Arbeitslosen ihr Einkommen verlieren. Kann eine Arbeitslosenversicherung von den Arbeitenden auf die Arbeitslosen genug umverteilen, so dass die 150 Arbeitslosen weiterhin einen Reallohn von 1/2 bekommen? Nein: Durch die Arbeitslosigkeit ist auch die Gesamtproduktion gesunken – die insgesamt zu verteilende Gütermenge hat also abgenommen.

3. Lohn- und Preissetzung
   a) Siehe Abschnitt 6.1, Aufgabe 13.
   b) Die Preissetzungskurve (*PS*) ergibt sich als:

$$\frac{W}{P} = \frac{1}{1+\mu} = \frac{1}{1,25} = 0,8 \qquad (PS)$$

Die Lohnsetzungskurve ist:

$$\frac{W}{P^e} = 3,2 \cdot [(1-u)L]^{?} = 3,2 \cdot N^{?} \qquad (WS)$$

Grafisch erhalten wir:

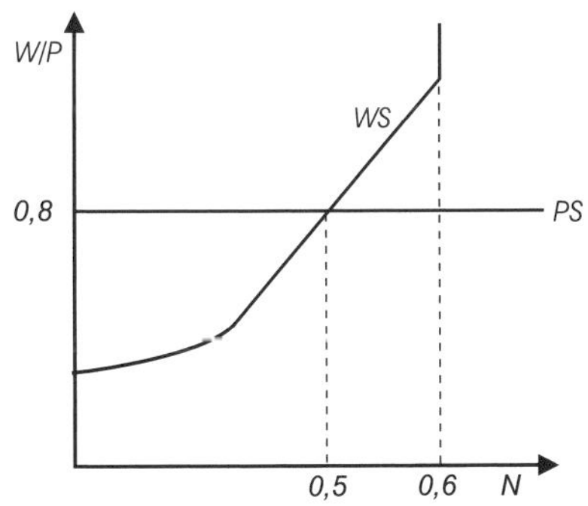

Abbildung 6.1: *WS*-Kurve im Beispiel

c) In der mittleren Frist gilt $P = P^e$. Gleichsetzen von *WS* und *PS* ergibt die gleichgewichtige Beschäftigung:

$$3{,}2 \cdot N_n^{\,2} = 0{,}8 \;\Rightarrow\; N_n = \sqrt{\frac{0{,}8}{3{,}2}} = 0{,}5$$

Die natürliche Arbeitslosenquote ist:

$$u_n = 1 - \frac{N_n}{L} \approx 16\%$$

Der Reallohn ist:

$$\frac{W}{P} = 0{,}8 = 3{,}2 \cdot 0{,}5^2$$

d) Eine Absenkung des Kündigungsschutzes wird zu niedrigeren Lohnforderungen führen; der Wert der Sammelvariablen z nimmt ab. Grafisch verschiebt sich die *WS*-Kurve nach unten, das natürliche Beschäftigungsniveau steigt:

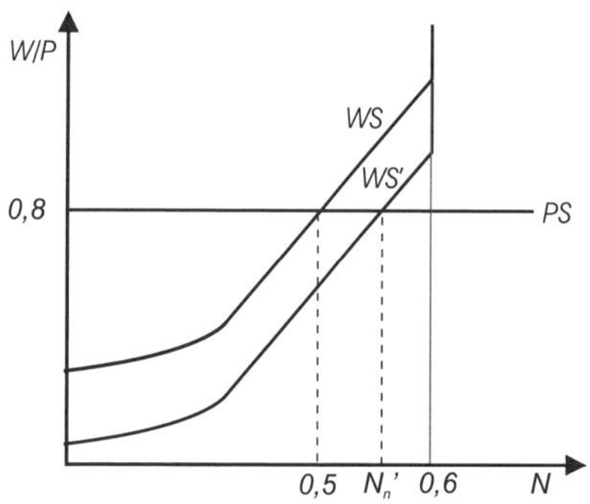

Abbildung 6.2: Verschiebung der *WS*-Kurve im Beispiel

e) Erhöhte Preistransparenz: Lassen sich die Preise unterschiedlicher Anbieter besser vergleichen, steigt die Preiselastizität der Nachfrage ➔ Es wird schwieriger, einen hohen Preisaufschlag zu verlangen ➔ μ sinkt ➔ Bei gegebenem W sinkt P ➔ *PS* verschiebt sich nach oben ➔ u_n sinkt, da beim nun höheren Reallohn eine geringere Arbeitslosenquote erforderlich ist, um ein Gleichgewicht zu gewährleisten.

7 Das *AS-AD*-Modell

7.1 Wissens- und Verständnistests

Multiple Choice

1. Zu einer Verschiebung der *AD*-Kurve kommt es immer dann,
   a) ...wenn sich *IS*- oder *LM*-Kurve verschieben.
   b) ...wenn sich *IS*- oder *LM*-Kurve verschieben, die Verschiebung jedoch nicht durch eine Veränderung der Staatsausgaben verursacht wurde.
   c) ...wenn sich *IS*- oder *LM*-Kurve verschieben, die Verschiebung jedoch nicht durch eine Veränderung des Preisniveaus verursacht wurde.
   d) ...wenn sich *IS*- oder *LM*-Kurve verschieben, die Verschiebung jedoch nicht durch eine Veränderung der autonomen Investitionen verursacht wurde.
2. Die Steigung der *AD*-Kurve verändert sich immer dann,
   a) ...wenn die Regierung kontraktive Fiskalpolitik betreibt.
   b) ...wenn die Zinsreagibilität der Geldnachfrage abnimmt.
   c) ...wenn sich die *IS*-Kurve verschiebt.
   d) ...wenn sich die *LM*-Kurve verschiebt.
3. In einer Situation, in der die Produktion unter ihrem natürlichen Niveau liegt, gilt:
   a) $P < P^e$
   b) $P > P^e$
   c) $P = P^e$
   d) $P = W$
4. Welche der folgenden Situationen führt im *AS-AD*-Modell kurzfristig zu einem Sinken des Zinssatzes?
   a) Ein Fall des Preisniveaus.
   b) Ein Anstieg der nominalen Geldmenge.
   c) Ein Anstieg der realen Geldmenge.
   d) Jede der obigen Antworten ist korrekt.
5. Eine Reduktion der realen Staatsausgaben um 50 Milliarden Euro führt im *AS-AD*-Modell mittelfristig zu
   a) ...keiner Veränderung von *Y* oder *I*.
   b) ...einem Sinken von *I* um mehr als 50 Mrd. Euro.
   c) ...einem Sinken von *I* um genau 50 Mrd. Euro.
   d) ...einem Anstieg von *I* um genau 50 Mrd. Euro.

6. Welche der folgenden Maßnahmen führt zu einer Verschiebung der *AD*-Kurve nach rechts?
   a) Ein Anstieg von P^e.
   b) Ein Anstieg von *P*.
   c) Ein Anstieg von *T*.
   d) Ein Anstieg von *M*.
7. Ein Anstieg der nominalen Geldmenge hat im *AS-AD*-Modell welche kurzfristigen Konsequenzen?
   a) Es kommt zu einem Anstieg von *i*.
   b) Zunächst gilt $P > P^e$.
   c) Zunächst gilt $u > u_n$.
   d) Es kommt zu einem Sinken von *i* und einer Rechtsverschiebung der *IS*-Kurve.
8. Ein Anstieg der Ölpreise
   a) ...ist ein reiner Angebotsschock, da sich nur die *AS*-Kurve verschiebt.
   b) ...ist ein reiner Nachfrageschock.
   c) ...kann weder als Angebots- noch als Nachfrageschock bezeichnet werden.
   d) ...verteilt Einkommen von Ölkonsumenten zu Ölproduzenten um und kann deshalb auch Nachfragewirkungen haben.

Für die folgenden Fragen ist davon auszugehen, dass sich die Volkswirtschaft ursprünglich in einer Situation befindet, in der der Potenzialoutput produziert wird. Es werden adaptive Erwartungen unterstellt.

9. Bei einer gegebenen Ausweitung der nominalen Geldmenge verschiebt sich die *LM*-Kurve in der kurzen Frist
   a) ...im *AS-AD*-Modell in gleichem Maße wie im *IS-LM*-Modell.
   b) ...im *AS-AD*-Modell stärker als im *IS-LM*-Modell.
   c) ...im *AS-AD*-Modell schwächer als im *IS-LM*-Modell.
   d) ...im *AS-AD*-Modell überhaupt nicht, da Geld neutral ist.
10. Ausgehend vom *AS-AD*-Modell hat eine Zunahme des Konsumentenvertrauens
   a) ...besonders starke Wirkungen, wenn sie von einer gleichzeitigen Steuersenkung begleitet wird.
   b) ...besonders starke Wirkungen, wenn gleichzeitig die autonomen Investitionen sinken.
   c) ...keine Auswirkungen, da weder die *AS*-Kurve noch die *AD*-Kurve hiervon betroffen sind.
   d) ...besonders starke Wirkungen, wenn gleichzeitig restriktive Geldpolitik betrieben wird.

11. Ausgehend vom *AS-AD*-Modell hat ein Anstieg der nominalen Geldmenge um 10% welche Folgen?
    a) Kurzfristig steigt das Preisniveau um 10%.
    b) Mittelfristig sinkt das Preisniveau um 10%.
    c) Mittelfristig verändert sich das Preisniveau nicht.
    d) Mittelfristig steigen die Nominallöhne um 10%.

12. Ausgehend vom *AS-AD*-Modell hat eine Reduktion der Ölpreise welche Folgen?
    a) Mittelfristig sinkt das Zinsniveau.
    b) Mittelfristig steigen die Produktion und das Preisniveau an.
    c) Mittelfristig sinkt die Arbeitslosenquote; gleichzeitig kommt es zu einem Anstieg der Nominallöhne und des Preisniveaus.
    d) Mittelfristig sinkt lediglich das Preisniveau.

13. Ausgehend vom *AS-AD*-Modell hat eine Verringerung der Leistungen der Arbeitslosenversicherung welche Folgen?
    a) Mittelfristig sinken die Reallöhne.
    b) Kurzfristig sinkt die Produktion.
    c) Kurzfristig steigt das Preisniveau.
    d) Mittelfristig sind die Reallöhne konstant.

14. Unterstellen Sie eine *IS*-Kurve des Typs $Y = 2000 - 5000i$ und eine *LM*-Kurve der Form:

$$i = \frac{Y - M / P}{5000}$$

Die *AS*-Kurve sei gegeben durch:

$$P = 0,5P^e + 0,0008Y$$

Das Geldangebot sei $M / P = 500$. Es gelten adaptive Erwartungen, das heißt: $P_t^e = P_{t-1}$. Welcher Zinssatz und und welches Produktionsniveau ergeben sich im mittelfristigen Gleichgewicht?
    a) $Y = 1250$ und $i = 0,25$
    b) $Y = 1150$ und $i = 0,25$
    c) $Y = 1150$ und $i = 0,15$
    d) $Y = 1250$ und $i = 0,15$

15. Gehen Sie von den Angaben in Aufgabe 14 aus. Welches Preisniveau P und welche nominale Geldmenge M ergeben sich?
    a) $P = 1$ und $M = 500$
    b) $P = 2$ und $M = 1000$
    c) $P = 2$ und $M = 500$
    d) $P = 1,5$ und $M = 750$

16. Gehen Sie von den Angaben in Aufgabe 14 aus und nehmen Sie an, dass das berechnete Volkseinkommen dem Potenzialoutput beziehungsweise dem natürlichem Produktionsniveau entspricht. Die Zentralbank erhöht die nominale Geldmenge um 200. Welches Zinsniveau und welches Volkseinkommen ergeben sich im neuen kurzfristigen Gleichgewicht?

   a) $Y = 1.300$ und $i = 0{,}14$

   b) $Y = 1.400$ und $i = 0{,}15$

   c) $Y = 1.500$ und $i = 0{,}16$

   d) $Y = 1.600$ und $i = 0{,}17$

17. Gehen Sie von den Angaben in Aufgabe 14 und 16 aus. Die Zentralbank erhöht die nominale Geldmenge um 200. Welches Preisniveau ergibt sich im neuen mittelfristigen Gleichgewicht?

   a) $P = 2{,}3$

   b) $P = 2{,}4$

   c) $P = 2{,}5$

   d) $P = 2{,}6$

18. Gehen Sie von den Angaben in Aufgabe 14 und 16 aus. Welche Gleichung beschreibt die neue kurzfristige *AS*-Kurve nach Beendigung aller Anpassungsprozesse?

   a) $P = 0{,}7864P^e + 0{,}0016Y$

   b) $P = 0{,}7632P^e + 0{,}0008Y$

   c) $P = 0{,}8313P^e + 0{,}0020Y$

   d) $P = 0{,}5833P^e + 0{,}0008Y$

Wahr/Falsch:
Welche der jeweiligen Aussagen sind wahr, welche falsch?

19. Grundlagen des *AS-AD*-Modells

   a) Die negative Steigung der *AD*-Kurve stellt den negativen Zusammenhang zwischen Nachfrage und Preisniveau dar, der auf die negative Preiselastizität der Nachfrage gewöhnlicher Güter zurückzuführen ist.

   b) Wenn die Volkswirtschaft sich in der Liquiditätsfalle befindet, dann haben die Preise keinen Effekt auf die Güternachfrage.

   c) Während Fiskalpolitik die *AD*-Kurve verschiebt, verursacht Geldpolitik eine Bewegung auf der *AD*-Kurve.

   d) Je niedriger die Zinsreagibilität der Investitionsnachfrage, desto steiler verläuft die *AD*-Kurve.

   e) Bei starren Preiserwartungen weicht die Produktion wahrscheinlich von ihrem natürlichen Niveau ab.

   f) Eine Verschärfung des Kündigungsschutzes verschiebt die *AS*-Kurve nach unten.

20. In der kurzen Frist
    a) ...haben Schwankungen der Geldmenge unabhängig von der Erwartungsbildung der Wirtschaftssubjekte reale Effekte.
    b) ...haben Schwankungen der Geldmenge reale Effekte, sofern adaptive Erwartungsbildung vorliegt.
    c) ...weicht die Produktion immer von ihrem natürlichen Niveau ab.
    d) ...schwankt der Reallohn nach Änderungen der Nachfrage, weil die Nominallöhne nur verzögert auf Änderungen des Preisniveaus reagieren.

21. In der mittleren Frist
    a) ...kehren Preis- und Produktionsniveau immer zu ihrem Ausgangswert zurück.
    b) ...kehrt das Produktionsniveau immer zu seinem Ausgangswert zurück.
    c) ...sind Preise und Preiserwartungen konsistent.
    d) ...entspricht das Produktionsniveau immer seinem natürlichen Wert.

22. Die Regierung beschließt, das Budgetdefizit zu verringern.
    a) Mittelfristig kehren alle endogenen Variablen im *AS-AD*-Modell zu ihrem Ursprungswert zurück.
    b) Mittelfristig kehren der Zins i, der Output Y und das Preisniveau P zu ihrem Ursprungswert zurück.
    c) Mittelfristig verändern sich lediglich die Investitionen.
    d) Mittelfristig kehren lediglich das Produktionsniveau und der Reallohn auf ihre Ursprungswerte zurück.

23. Will die Zentralbank im Sinne eines Policy Mix den kurzfristigen Auswirkungen einer Steuererhöhung entgegenwirken,
    a) ...muss sie kontraktive Geldpolitik betreiben.
    b) ...muss sie die nominale Geldmenge erhöhen.
    c) ...muss sie die reale Geldmenge erhöhen.
    d) ...muss sie in der Lage sein, das Zinsniveau zu beeinflussen.

24. Gehen Sie von einer geschlossenen Volkswirtschaft mit adaptiven Preiserwartungen aus. In der Ausgangslage entspricht die Produktion ihrem natürlichen Niveau: Güter-, Geld- und Arbeitsmarkt befinden sich im Gleichgewicht. Die Regierung erhöht die einkommensunabhängigen Steuern.
    a) Kurzfristig sinkt die Verhandlungsmacht der Gewerkschaften.
    b) Im neuen mittelfristigen Gleichgewicht herrscht eine niedrigere Konsumnachfrage der privaten Haushalte.
    c) Im neuen mittelfristigen Gleichgewicht herrscht eine niedrigere Investitionsnachfrage als in der Ausgangssituation.
    d) Wird die Steuererhöhung von kontraktiver Geldpolitik begleitet, so sinkt das Preisniveau im neuen mittelfristigen Gleichgewicht weniger stark als ohne den zusätzlichen Einsatz der Geldpolitik.

Basiswissen

25. Begründen Sie ökonomisch die folgenden Eigenschaften von *AS*- und *AD*-Kurve:
    a) Die Steigung der *AD*-Kurve ist negativ.
    b) Je zinsunelastischer die Investitionen, desto steiler ist die *AD*-Kurve.
    c) Die Steigung der *AS*-Kurve ist positiv.
    d) Die *AS*-Kurve verschiebt sich, wenn sich die Preiserwartungen ändern.
26. Erläutern Sie möglichst knapp die folgenden Aussagen:
    a) Mittelfristig ist Geld neutral.
    b) Bei Angebotsschocks besteht für die Zentralbank ein Zielkonflikt zwischen Preisstabilisierung und Produktionsstabilisierung.
    c) Mittelfristig kann sich Fiskalpolitik auf die Höhe der Investitionen auswirken. Die langfristigen Auswirkungen von Fiskalpolitik sind somit nicht im Rahmen des *AS-AD*-Modells zu klären.
    d) Die wirtschaftspolitischen Folgerungen aus dem *AS-AD*-Modell hängen stark davon ab, wie schnell die Volkswirtschaft nach Schocks zu ihrem mittelfristigen Gleichgewicht zurückkehrt.

7.2 Übungsaufgaben

1. Die *AS*-Kurve: Ableitung und Eigenschaften

   Gehen Sie von folgenden Gleichungen für Lohn- und Preissetzung aus:

   $Y = A \cdot N$ (Produktionsfunktion)

   $P = (1+\mu) \cdot W$ (Preissetzung)

   $W = P^e \cdot F(u,z) = P^e \cdot z \cdot [(1-u)L]^2$ (Lohnsetzung)

   Sei $A = 1$, $\mu = 0{,}25$, $z = 3{,}2$ und $L = 0{,}6$.

   a) Ermitteln Sie die *AS*-Kurve in der mittleren Frist und erläutern Sie ihren Verlauf! Welchen Wert nimmt die natürliche Produktion an?
   b) Bestimmen Sie die *AS*-Kurve in der kurzen Frist und erläutern Sie ihren Verlauf! Welcher Wert ergibt sich für P bzw. für P^e, wenn die Produktion einen Wert von $Y = 0{,}5$ annimmt?
   c) Zeigen Sie grafisch, wie sich die mittelfristige und die kurzfristige *AS*-Kurve verändern, wenn:
      i. ...eine große Anzahl von Firmenfusionen die Anzahl der Firmen drastisch verringert.
      ii. ...der Kündigungsschutz ausgedehnt wird.
      iii. ...das erwartete Preisniveau ansteigt.
      iv. ...ein Teil der Lohnsetzer statische Erwartungen bzgl. des Preisniveaus aufweist.

      Erläutern Sie Ihre Antwort ökonomisch!

d) Ermitteln Sie die *AS*-Kurve allgemein aus den folgenden Lohn- und Preissetzungsfunktionen:

$$W = P^e F(u, z)$$

$$P = (1+\mu)W$$

2. Die *AD*-Kurve: Ableitung und Eigenschaften

Gegeben sei das folgende vereinfachte *IS-LM*-Gleichungssystem:

Gütermarktgleichgewicht: $Y = \overline{Y} + cY - bi$

Geldmarktgleichgewicht: $M / P = d_1 Y - d_2 i$

mit $0 < c < 1$, $\overline{Y}$, b = konstant sowie d_1, d_2= konstant. Erläutern Sie Ihre Vorgehensweise ökonomisch!

a) Erläutern Sie knapp, welche ökonomische Bedeutung die Variable $\overline{Y}$ aufweist!

b) Leiten Sie die *AD*-Kurve algebraisch her und zeigen Sie, dass die Produktion negativ vom Preisniveau abhängt!

c) Leiten Sie die *AD*-Kurve grafisch in einem Vier-Felder-Diagramm ab, das folgende Komponenten enthält: eine Darstellung des Gütermarktgleichgewichts (Keynesianisches Kreuz), eine Darstellung des Geldmarkts, ein (i, Y)-Diagramm sowie ein (P, Y)-Diagramm. Erläutern Sie Ihre Vorgehensweise ökonomisch!

d) Erläutern Sie anhand des Diagramms aus Teilaufgabe c), wie sich die *AD*-Kurve verändert, wenn

i. ...das Preisniveau ansteigt.

ii. ...die Zentralbank expansive Geldpolitik betreibt.

iii. ...die Regierung die Staatsausgaben erhöht.

iv. ...die marginale Konsumquote sinkt.

e) Erläutern Sie ökonomisch, warum eine Senkung des Parameters b zu einem steileren Verlauf der *AD*-Kurve führt!

f) Erläutern Sie ökonomisch, warum eine Senkung des Parameters d_2 zu einem flacheren Verlauf der *AD*-Kurve führt!

3. *IS-LM* und *AS-AD*-Modell: Rechenbeispiel

Nehmen Sie an, eine Volkswirtschaft kann durch folgende Zusammenhänge beschrieben werden:

$$C = 750 + 0{,}8(Y - T)$$

$$I = -4.000i$$

$$G = 750$$

$$T = 2 \cdot G$$

$$M - P = 0{,}2 \cdot Y - 1.000 \cdot i$$

a) Zeichnen Sie die *IS*-Kurve mit entsprechenden Werten der Achsenabschnitte! Wie hoch ist die gleichgewichtige Produktion bei einem Zinssatz von 2%?

b) Ermitteln Sie die *AD*-Kurve rechnerisch!

c) Gehen Sie davon aus, dass die Staatsausgaben auf $G' = 1.000$ steigen. Welche neue *AD*-Kurve ergibt sich?

d) Gehen Sie davon aus, dass die Staatsausgaben auf $G' = 850$ steigen, die Steuern im Vergleich zu Teilaufgabe c) jedoch konstant sind. Welche neue *AD*-Kurve ergibt sich?

Gehen Sie von der *AD*-Kurve in Teilaufgabe d) aus. Unterstellen Sie die folgende *AS*-Kurve:

$$P = P^e + 0{,}5 \cdot (Y - Y_n)$$

Das natürliche Produktionsniveau sei $Y_n = 1.200$. Die Geldmenge im Ausgangsgleichgewicht sei $M_0 = 600$.

e) Wie hoch ist das erwartete Preisniveau im mittelfristigen Gleichgewicht? Welchen Wert nimmt der Zins an?

f) Ermitteln Sie Produktion und Preisniveau in der kurzen Frist, wenn die nominale Geldmenge auf $M_1 = 300$ reduziert wird! Gehen Sie von adaptiver Erwartungsbildung aus! Ermitteln Sie Ihre Antwort rechnerisch und begründen Sie diese möglichst knapp!

g) Welchen Effekt hat die Reduktion des nominalen Geldangebots auf den Zins? Ermitteln Sie Ihre Antwort rechnerisch und begründen Sie diese möglichst knapp!

4. Geldpolitik im *AS-AD*-Modell

Eine Volkswirtschaft ist durch folgende Gleichungen beschrieben:

$$i = 30 - 0{,}02 \cdot Y \qquad (IS)$$

$$i = 0{,}08 \cdot Y - 0{,}05 \cdot (M/P) \qquad (LM)$$

$$Y = Y_n + 10 \cdot (P - P^e) \qquad (AS)$$

Die Geldmenge im Ausgangsleichgewicht sei $M = 200$. Die natürliche Produktion ist $Y_n = 500$. Gehen Sie von adaptiven Erwartungen aus!

a) Bestimmen Sie das Preisniveau im mittelfristigen Gleichgewicht!

b) Gehen Sie vom in Teilaufgabe a) ermittelten mittelfristigen Gleichgewicht aus. Die Zentralbank erhöht die Geldmenge auf $M' = 300$. Ermitteln Sie das Preisniveau im neuen mittelfristigen Gleichgewicht nach Ablauf aller Anpassungsprozesse!

c) Beschreiben Sie die Anpassungsprozesse, die beim Übergang vom Gleichgewicht aus Teilaufgabe a) zum neuen Gleichgewicht auftreten, verbal und grafisch! Erläutern Sie, wie sich *Y*, *P* und *i* während des Anpassungsprozesses verändern!

d) Wie bewerten Sie den Einsatz von Geldpolitik in der vorgegebenen Situation? Beschreiben Sie Vor- und Nachteile des geldpolitischen Eingriffs! In welcher Situation wäre Geldpolitik uneingeschränkt zu befürworten?

5. Fiskalpolitik im *AS-AD*-Modell

   Das Produktionsniveau der Volkswirtschaft XY entspricht in Periode t seinem natürlichen Niveau. Um ihre Wiederwahlchancen zu steigern, kündigt die Regierung eine kreditfinanzierte Steuersenkung an. Unterstellen Sie adaptive Erwartungen hinsichtlich des Preisniveaus ($P_t^e = P_{t-1}$)!

   a) Argumentieren Sie grafisch und in Stichworten anhand des *AS-AD*-Modells, welche kurz- und mittelfristigen Konsequenzen auf Produktion, Zinsen und Preisniveau zu erwarten sind, wenn die Steuerreform durchgeführt wird!

   b) Nennen Sie möglichst viele weitere Effekte, die im *AS-AD*-Modell identische kurz- und mittelfristige Effekte auslösen würden!

   c) Viele Jahre nach der Steuersenkung untersucht eine Gruppe von Volkswirten die langfristigen Wirkungen der Maßnahme. Sie kommt zu dem Ergebnis, dass die Steuersenkung eine Welle von Unternehmensneugründungen ausgelöst hatte. Im Gegensatz zu den Vorhersagen des *AS-AD*-Modells kam es auch zu einem Anstieg des natürlichen Produktionsniveaus. Erläutern Sie die Ergebnisse der Expertenkommission anhand einer Grafik unter Verwendung von Preis- und Lohnsetzungskurve!

6. Geld- versus Fiskalpolitik im *AS-AD*-Modell

   Eine geschlossene Volkswirtschaft, die durch das *AS-AD*-Modell beschrieben werden kann, befindet sich in einer schwer wiegenden Rezession. Die Arbeitslosenquote liegt deutlich über ihrem natürlichen Niveau. Gehen Sie von adaptiven Erwartungen aus ($P_t^e = P_{t-1}$).

   a) Stellen Sie die beschriebene Situation im *AS-AD*-Diagramm grafisch dar!

   b) Wie wird sich die Situation ausgehend von Teilaufgabe a) weiterentwickeln, wenn keine wirtschaftspolitischen Maßnahmen ergriffen werden?

   c) Nehmen Sie nun an, dass die Rezession mit Hilfe von Wirtschaftspolitik bewältigt werden soll. Die Regierung argumentiert, es sei egal, ob man Fiskal- oder Geldpolitik einsetzen würde, da mittelfristig keine Unterschiede der Politikmaßnahmen festzustellen seien. Stimmen Sie zu? Erläutern Sie Ihre Antwort!

   d) Die Befürworter eines fiskalpolitischen Eingriffs argumentieren, dass Geldpolitik in der aktuellen Situation nicht anwendbar sei. Unter welchen Umständen könnte dies der Fall sein?

   e) Die Gegner fiskalpolitischer Maßnahmen argumentieren, dass eine expansive Fiskalpolitik kurzfristig zwar hilfreich, langfristig aber schädlich sei. Welche Argumente könnten eine solche Aussage unterstützen?

7. Angebotsschocks im *AS-AD*-Modell

   Nehmen Sie an, die Modellökonomie produziert den Potenzialoutput. Wie wirken sich die folgenden Schocks auf die zentralen Funktionen des *AS-AD*-Modells kurz- und mittelfristig aus?

   a) Ein Anstieg des Arbeitslosengeldes hat welche Konsequenz für *WS*-, *PS*-, *IS*-, *LM*-, *AD*- und *AS*-Funktion? Wie haben sich gesamtwirtschaftliches Einkommen, Zinssatz und Preisniveau im neuen Gleichgewicht verändert?

   b) Ein Rückgang der Rohölpreise hat welche Konsequenz für *WS*-, *PS*-, *IS*-, *LM*-, *AD*- und *AS*-Funktion? Wie haben sich gesamtwirtschaftliches Einkommen, Zinssatz und Preisniveau im neuen Gleichgewicht verändert?

Lösungen zu Kapitel 7

7.1 Wissens- und Verständnistests

Multiple Choice

1. c)
2. b)
3. a)
4. d)
5. d)
6. d)
7. b)
8. d)
9. c)
10. a)
11. d)
12. a)
13. d)
14. d)
15. b)
16. a)
17. b)
18. d)

Wahr/Falsch

19. F, W, F, W, W, F
20. F, W, F, W
21. F, F, W, W
22. F, F, F, W
23. F, W, W, W
24. W, W, F, F

Basiswissen

25. *AS*- und *AD*-Kurve

a) Negative Steigung der *AD*-Kurve: Ein Anstieg von *P* führt zu einer Senkung von *Y*. Grund: Anstieg von *P* führt zu Senkung der realen Geldmenge *M*/*P* ➔ Verknappung der Liquidität relativ zur Geldnachfrage ➔ Verkauf von Wertpapieren ➔ Kurse sinken ➔ Zinsen steigen ➔ Investitionsnachfrage sinkt ➔ *Y* sinkt.

b) Steilere *AD*-Kurve: Gegebene Änderung des Preisniveaus hat geringere Produktionswirkungen. Grund: Eine durch ein verändertes Preisniveau ausgelöste Zinsanpassung hat nun geringere Nachfragewirkungen.

c) Positive Steigung der *AS*-Kurve: Ein Anstieg von *Y* führt zu einer Erhöhung von *P*. Grund: Anstieg von *Y* führt zu Senkung der Arbeitslosenquote ➔ Nominallohnforderungen steigen ➔ Unternehmen setzen höhere Preise (als Aufschlag auf Löhne berechnet) ➔ *P* steigt an.

d) P^e steigt ➔ *W* steigt ➔ *P* steigt.

26. Zentrale Erkenntnisse der *AS*-*AD*-Analyse

a) Kurzfristig lösen Veränderungen der Geldmenge *M* über Veränderungen der aggregierten Nachfrage Produktionsanpassungen aus ➔ Es kommt zu veränderten Bedingungen am Arbeitsmarkt, die in Nominallohnanpassungen resultieren ➔ Diese führen zu Preisänderungen ➔ Sobald sich die Erwartungen vollständig angepasst haben (mehrfache Verschiebung der *AS*-Kurve), entspricht der Reallohn seinem alten Niveau, Arbeitslosenquote und Produktion entsprechen ihren natürlichen Niveaus. Mittelfristig kehrt die Produktion deshalb zu ihrem natürlichen Niveau zurück ➔ Geldmengenänderungen haben keine realen Wirkungen, sondern wirken sich nur auf das Preisniveau aus (= „Geld ist neutral").

Reallohnentwicklung im *AS-AD*-Modell

In Rahmen der Analyse des Arbeitsmarktes in Kapitel 6 haben wir gesehen, dass das mittelfristige Arbeitsmarktgleichgewicht durch eine Kombination aus Arbeitslosenquote und Reallohn gekennzeichnet ist. Es ist wichtig zu verstehen, dass sich auch im *AS*-*AD*-Modell ein Gleichgewicht am Arbeitsmarkt ergibt. Es wird durch die *AS*-Kurve repräsentiert und beruht entscheidend auf der Annahme, dass Preisniveauerwartungen und Preisniveau in der kurzen Frist (im Gegensatz zur mittleren Frist) auseinander fallen können. Dies wiederum führt zu Variationen des Reallohns, die das kurzfristige Gleichgewicht am Arbeitsmarkt verändern. Zum Verständnis der Zusammenhänge ist es deshalb äußerst hilfreich, zu überlegen, wie sich der Reallohn im Rahmen des *AS*-*AD*-Modells entwickelt.

Als Beispiel betrachten wir einen positiven Nachfrageschock (eine Rechtsverschiebung der *AD*-Kurve). Wir müssen überlegen, wie sich W und P entwickeln, um Aussagen zum Reallohn W/P machen zu können. Steigt die Nachfrage, führt dies bei zunächst konstantem Preisniveau zu einer Ausdehnung der Produktion. Diese geht mit einem Anstieg der Beschäftigung und einem Sinken der Arbeitslosenquote einher. Aufgrund besserer Verhandlungsmacht kommt es zu höheren Nominallohnforderungen, W steigt. Würde weiter nichts geschehen, wäre auch W/P gestiegen. Das dies in einem Widerspruch zu den Modellaussagen steht, lässt sich leicht ersehen. Schließlich bedeutet ein Anstieg von W/P ja eine Erhöhung der realen Produktionskosten. Warum sollten die Unternehmen jedoch die Produktion erhöhen, wenn ihre Kosten in der Folge stark ansteigen? Sie werden dies nur tun, wenn sie die höheren Kosten an die Nachfrager weitergeben können. Im Modell ist dies tatsächlich der Fall, da ein Anstieg der nominalen Lohnkosten W über die Preissetzungsgleichung zu einem Anstieg des Preisniveaus führt. Tatsächlich kommt es kurzfristig sogar zu einem Sinken des Reallohns, wie folgende Überlegung zeigt: Steigt W um eine Einheit, steigt P um $(1+\mu)$ Einheiten; insgesamt steigt P also stärker als W, W/P nimmt einen niedrigeren Wert an, die realen Produktionskosten sinken sogar. Zusammengefasst geht bei Nachfrageschocks ein Anstieg des Preisniveaus (und damit eine Ausdehnung der Produktion) immer mit einer Senkung des Reallohns, ein Fallen des Preisniveaus (und damit ein Sinken der Produktion) mit einem Anstieg einher, sofern sich die Preiserwartungen nur langsam anpassen.

Der Grund für dieses Ergebnis liegt in der nur langsamen Anpassung der Erwartungen. Würden die Lohnsetzer den Anstieg des Preisniveaus antizipieren, würde dies über einen Anstieg von P^e über die *WS*-Beziehung sofort zu zusätzlichen Lohnsteigerungen führen. Der Reallohn würde in dieser Situation auf seinem mittelfristigen Niveau verharren, damit die Arbeitslosenquote und damit die Produktion. Grafisch würde die *AS*-Kurve senkrecht verlaufen, Nachfrageänderungen hätten lediglich Preisänderungen zur Folge. Im vorliegenden *AS-AD*-Modell ist diese Entwicklung jedoch nur verzögert zu beobachten, da sich P^e nur schrittweise dem tatsächlichen Preisniveau annähert. Manchmal sprechen Makroökonomen deshalb davon, dass die kurzfristige *AS*-Kurve eine positive Steigung hat, die mittelfristige *AS*-Kurve jedoch senkrecht verläuft.

b) Bei Nachfrageschocks (Verschiebungen der *AD*-Kurve) kann die Zentralbank die *AD*-Kurve auf ihr altes Niveau zurückführen ➔ Sie erreicht das ursprüngliche Produktionsniveau beim ursprünglichen Preisniveau.

Bei Angebotsschocks (Verschiebungen der kurzfristigen *AS*-Kurve) kann die Zentralbank die Produktion nur stabilisieren, wenn sie gleichzeitig einen Anstieg des Preisniveaus (bei negativen Angebotsschocks bzw. einer Verschiebung von *AS* nach oben) bzw. eine Senkung des Preisniveaus (bei positiven Angebotsschocks bzw. einer Verschiebung von *AS* nach unten) akzeptiert. Setzt sich die Zentralbank das Ziel, sowohl das Preisniveau als auch das Produktionsniveau zu stabilisieren, unterliegt sie bei Angebotsschocks einem Zielkonflikt: Sie kann ein Ziel nur erreichen, wenn sie das andere verletzt.

c) Fiskalpolitik führt mittelfristig zu Änderungen des Zinssatzes, die sich auf die Höhe der Investitionen und damit auf die Zusammensetzung der Produktion auswirken. Beeinflusst diese Zusammensetzung die langfristige Wachstumsrate der Ökonomie (bspw. weil private Investitionen nötig sind, um den Kapitalstock aufzubauen oder um Forschungs- und Entwicklungstätigkeiten zu finanzieren), muss ihre Wirkung in einem Modell untersucht werden, das explizit die Bestimmungsfaktoren langfristigen Wachstums untersucht (vgl. Kapitel 11 und 12).

d) Mittelfristig kehrt die Produktion nach Schocks immer zu ihrem natürlichen Niveau zurück, auch wenn keine wirtschaftspolitischen Maßnahmen ergriffen werden. Dauern die Anpassungsprozesse entsprechend lange an (bspw. weil die Preiserwartungen nur langsam auf Preisänderungen reagieren), kann Konjunkturpolitik über die Beeinflussung der aggregierten Nachfrage zu einer schnelleren Rückkehr zum mittelfristigen Gleichgewicht beitragen.

7.2 Übungsaufgaben

1. Die *AS*-Kurve: Ableitung und Eigenschaften

a) Einsetzen von *WS* in *PS* und Berücksichtigung von $P = P^e$ ergibt:

$$P = P(1+\mu)\cdot z\cdot N^2 \qquad (1.)$$

Mit $Y = N$ und nach Einsetzen der Werte erhalten wir die mittelfristige *AS*-Kurve und das natürliche Produktionsniveau:

$$\frac{P}{P} = 1 = 1{,}25\cdot 3{,}2\cdot Y_n^2 = 4Y_n^2 \;\rightarrow\; Y_n = \sqrt{\frac{1}{4}} = 0{,}5 = N_n$$

In der mittleren Frist verläuft die *AS*-Kurve vertikal, es wird stets die natürliche Produktion realisiert.

b) Im Gegensatz zur mittleren Frist können P und P^e nun unterschiedliche Werte annehmen:

$$P = P^e(1+\mu)\cdot z\cdot N^2 = P^e\cdot 1{,}25\cdot 3{,}2\cdot Y^2 = P^e\cdot 4Y^2$$

Die *AS*-Kurve hat eine positive Steigung: Y steigt → P steigt → Bewegung auf *AS*. Ökonomischer Mechanismus: $Y\uparrow \rightarrow N\uparrow \rightarrow u\downarrow \rightarrow W\uparrow \rightarrow P\uparrow$.

AS verläuft durch Punkt, in dem gilt:

$$Y = Y_n \text{ und } P = P^e$$

Wenn Y sein natürliches Niveau übersteigt, ist $P > P^e$, im umgekehrten Fall ist $P < P^e$. Überprüfung: Bei $Y = 0{,}5$ ergibt sich

$$P = P^e\cdot 4\cdot 0{,}5^2 = P^e$$

c) Verschiebungen der *AS*-Kurve:
   i. Der Preissetzungsspielraum der Unternehmen steigt ➔ Mittelfristige *AS*-Kurve verschiebt sich nach links, kurzfristige *AS*-Kurve verschiebt sich nach oben.
   ii. Die Verhandlungsmacht der Arbeitnehmer steigt ➔ Mittelfristige *AS*-Kurve verschiebt sich nach links, kurzfristige *AS*-Kurve verschiebt sich nach oben.
   iii. Ein Anstieg des erwarteten Preisniveaus führt über einen Nominallohnanstieg zu einem höheren Preisniveau (*AS*-Kurve verschiebt sich nach oben).
   iv. *AS*-Kurve verläuft flacher.

d) Auflösen beider Gleichungen nach *W* und Gleichsetzen ergibt:

$$P = P^e(1+\mu)F(u,z)$$

Mit $Y = Y_n$ und

$$u = \left(\frac{U}{L} = 1 - \frac{N}{L}\right) = 1 - \frac{Y}{L}$$

folgt:

$$P = P^e(1+\mu)F\left(1 - \frac{Y}{L}, z\right)$$

2. Die *AD*-Kurve: Ableitung und Eigenschaften
   a) Die Variable $\overline{Y}$ fasst alle autonomen Nachfragekomponenten zusammen.
   b) Erster Schritt: *IS* nach *i* auflösen:

$$i = \frac{1}{b}\left(\overline{Y} + (c-1)Y\right)$$

Zweiter Schritt: *LM* nach *i* auflösen.

$$i = \frac{d_1}{d_2}Y - \frac{1}{d_2}\frac{M}{P}$$

Dritter Schritt: Beide Gleichungen gleichsetzen und nach *Y* auflösen:

$$Y\left[\frac{d_2(c-1) - bd_1}{d_2 b}\right] = -\frac{1}{d_2}\frac{M}{P} - \frac{1}{b}\overline{Y}$$

$$Y = -\frac{1}{d_2(c-1) - bd_1}\left[b\frac{M}{P} + d_2\overline{Y}\right] \qquad (AD)$$

Die partielle Ableitung nach *P* ergibt:

$$\frac{\partial Y}{\partial P} = \frac{M}{P^2}\frac{b}{d_2(c-1) - bd_1} < 0$$

Sie ist kleiner Null (die Steigung ist negativ), da $(c - 1)$ negativ ist; somit nimmt der zweite Bruchausdruck einen negativen Wert an.

c) Grafische Herleitung im Vier-Felder-Diagramm:

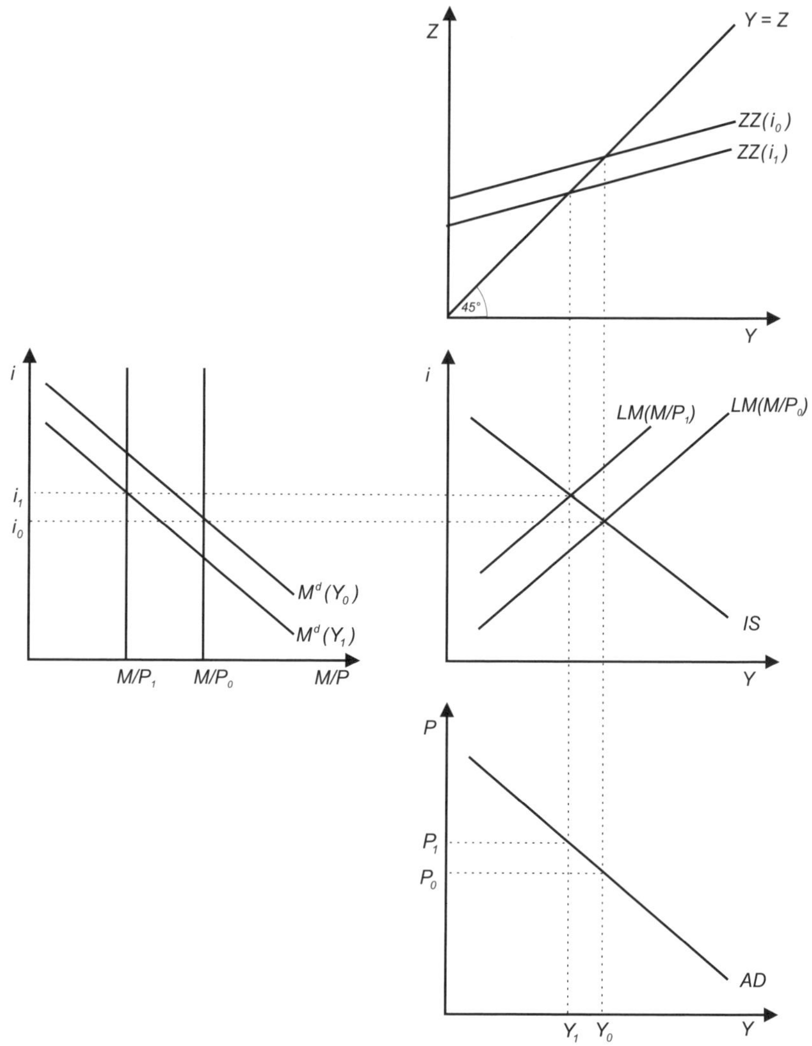

Abbildung 7.1: Ableitung der *AD*-Kurve

d) Die *AD*-Kurve

i. ...verschiebt sich nicht, da Bewegung auf der Kurve.

ii. ...verschiebt sich nach rechts.

iii. ...verschiebt sich nach rechts.

iv. ...dreht sich im Uhrzeigersinn.

e) Investitionen reagieren weniger stark auf Zinsänderungen (*IS*-Kurve steiler) ➔ Veränderungen der realen Geldmenge durch Variation des Preisniveaus führen zu geringeren Veränderungen der aggregierten Nachfrage ➔ Eine gegebene Preisänderung wirkt sich weniger stark auf die Produktion aus.

f) Zinsreagibilität der Geldnachfrage sinkt (Geldnachfragekurve steiler) ➔ Zins muss sich nun bei gegebener Änderung der realen Geldmenge durch Variation des Preisniveaus stärker verändern, um den Geldmarkt wieder ins Gleichgewicht zu bringen ➔ Größere Zinsänderung zieht größere Investitionsänderung und damit größere Nachfrageschwankung nach sich.

3. *IS-LM* und *AS-AD*-Modell: Rechenbeispiel

a) *IS*-Kurve:

Die *IS*-Kurve wird über das Gleichgewicht am Gütermarkt ermittelt:

$$Y = C + I + G = 750 + 0{,}8(Y - 1.500) - 4.000i + 750$$
$$4.000i = 300 - 0{,}2Y$$
$$i = 0{,}075 - 0{,}00005Y$$

Für die Achsenabschnitte erhält man:

$$Y(i = 0) = 1.500 - 20.000i = 1.500$$
$$i(Y = 0) = 7{,}5\%$$

Bei einem Zinssatz von 2% ist Y:

$$Y(i = 0{,}02) = 1.500 - 20.000 \cdot 0{,}02 = 1.100$$

b) Die Ermittlung der *AD*-Kurve erfolgt durch Gleichsetzen von *IS*-Gleichung

$$i = 0{,}075 - 0{,}00005Y \qquad (2.)$$

und *LM*-Gleichung

$$i = 0{,}0002Y - 0{,}001(M - P) \qquad (3.)$$

und Auflösen nach P:

$$0{,}0001P = 0{,}075 - 0{,}00005Y - 0{,}0002Y - 0{,}001M$$
$$P = 75 - 0{,}25Y + M \qquad (4.)$$

c) Zu beachten ist, dass eine Steigerung der Staatsausgaben auf $G' = 1.000$ eine Steigerung der Steuern auf $T' = 2.000$ nach sich zieht. Die neue *IS*-Kurve ist somit:

$$Y = 750 + 0{,}8(Y - 2.000) - 4.000i + 1.000$$
$$4.000i = 150 - 0{,}2Y$$
$$i = 0{,}0375 - 0{,}00005Y$$

Als neue *AD*-Kurve erhält man:

$$P = 37{,}5 - 0{,}25Y + M \qquad (5.)$$

d) Als neue *AD*-Kurve erhält man:

$$P = 100 - 0,25Y + M \quad (6.)$$

Die neue *IS*-Kurve ist:

$$i = 0,1 - 0,00005Y \quad (7.)$$

e) Im Ausgangspunkt bzw. im mittelfristigen Gleichgewicht kann des Preisniveau P_0 ermittelt werden, indem der Wert für das natürliche Produktionsniveau ($Y_n = 1.200$) und der Wert der nominalen Geldmenge ($M_0 = 600$) in Gleichung (6.) eingesetzt wird:

$$P_0 = 100 - 0,25 \cdot 1.200 + 600 = 400 \quad (8.)$$

Da im mittelfristigen Gleichgewicht erwartetes und tatsächliches Preisniveau übereinstimmen, ergibt sich für die Preiserwartungen in Periode 0 ein Wert von $P_0^e = 400$. Der Zins im Ausgangsgleichgewicht ergibt sich durch Einsetzen des natürlichen Produktionsniveaus in Gleichung (7.):

$$i = 0,1 - 0,00005Y = 0,1 - 0,06 = 4\% \quad (9.)$$

f) Wird die nominale Geldmenge auf $M_1 = 300$ reduziert, verschiebt sich die *AD*-Kurve. Um Produktion und Preisniveau im mittelfristigen Gleichgewicht zu bestimmen, müssen wir die neue *AD*-Kurve (*AD′*) bestimmen. Hierzu ersetzen wir in Gleichung (6.) M durch M_1 und erhalten:

$$P_1 = 100 - 0,25Y + M_1 = 400 - 0,25Y_1 \quad (10.)$$

Auflösen nach Y_1 ergibt:

$$Y_1 = 1.600 - 4P_1 \quad (11.)$$

Im nächsten Schritt muss die *AS*-Gleichung berücksichtigt werden:

$$P_1 = 400 + 0,5 \cdot (Y_1 - 1.200) \quad (12.)$$

Hierbei ist zu beachten, dass aufgrund adaptiver Erwartungen das erwartete Preisniveau in Periode 1 den Wert $P_1^e = P_0 = 400$ annimmt. Für Y_n setzen wir 1.200 ein. Einsetzen von Gleichung (12.) in (11.) ergibt:

$$Y_1 = 1.600 - 4 \cdot (400 + 0,5 \cdot Y_1 - 600)$$

beziehungsweise

$$Y_1 = \frac{1}{3} \cdot (1.600 - 1.600 + 2.400) = 800$$

Das neue Preisniveau ergibt sich nach Einsetzen in Gleichung (12.):

$$P_1 = 400 + 0,5 \cdot (800 - 1.200) = 200$$

Es ist im Vergleich zur Ausgangsposition gesunken: Da die restriktive Geldpolitik zu einem Rückgang der Produktion, damit zu erhöhter Arbeitslosigkeit und so zu einem Sinken des Nominallohns geführt hat, kommt es auch zu einer Reduktion von *P*.

g) Die Ermittlung des Zinssatzes i_1 im neuen kurzfristigen Gleichgewicht kann über Einsetzen von Y_1 in *IS*- oder *LM*-Gleichung erfolgen. Bei Verwendung der *LM*-Gleichung (Gleichung (3.)) ist zu beachten, dass sich drei Größen verändern: die nominale Geldmenge, die Produktion und das Preisniveau. Einsetzen der entsprechenden Werte ergibt

$$i = 0{,}0002 \cdot 800 - 0{,}001(300 - 200) = 6\%$$

Der Zins ist im Vergleich zur Ausgangsposition auf 6% gestiegen, da die restriktive Geldpolitik zu einer Verknappung liquider Mittel geführt hat. Diese hat einen Verkauf von Wertpapieren, fallende Wertpapierkurse und steigende Zinsen zur Folge.

4. Geldpolitik im *AS*-*AD*-Modell

a) Die *AD*-Kurve ist:

$$Y = 300 + 100 \cdot P^{-1}$$

Gleichsetzen mit *AS* unter Berücksichtigung von $P = P^e$ ergibt:

$$Y_n + 10(P - P^e) = 300 + 100 \cdot P^{-1}$$
$$P = 0{,}5$$

b) Erhöhung der Geldmenge auf $M' = 300$ ➔ Neue *AD*-Kurve:

$$Y = 300 + 150 \cdot P^{-1}$$

Gleichsetzen mit *AS* unter Berücksichtigung von $P = P^e$ ergibt:

$$Y_n + 10(P - P^e) = 300 + 150 \cdot P^{-1}$$
$$P = 0{,}75$$

c) Erhöhung von *M* ➔ Verschiebung *LM* auf *LM′* nach unten (Abbildung 7.2) ➔ Verschiebung *AD* auf *AD′* nach rechts ➔ Neues Güter- und Geldmarktgleichgewicht in Punkt *B*: *Y* ist gestiegen und *i* gesunken. (Beachte: Verschiebung von *AD* bei gegebenem *P* entspricht genau der Entwicklung im *IS*-*LM*-Modell; Punkt *B* im *AS*-*AD*-Diagramm muss daher genau senkrecht unter dem neuen Schnittpunkt *B* im *IS*-*LM*-Diagramm liegen.)

In *B* (zum Preisniveau P_0) herrscht Nachfrageüberschuss ➔ Produktion wird ausgeweitet und steigt über das natürliche Niveau ➔ Arbeitslosenquote fällt ➔ Anstieg der Nominallöhne aufgrund besserer Verhandlungsmacht ➔ Anstieg der Preise, die als Aufschlag auf Lohnkosten berechnet werden ➔ Anstieg *P* ➔ Reduktion der realen Geldmenge *M/P* ➔ Verschiebung *LM′* auf *LM″* ➔ Neues kurzfristiges Gleichgewicht im Schnittpunkt von *AS* und *AD′* (Punkt *C*).

In Punkt *C* liegt das tatsächliche Preisniveau P_1 über dem erwarteten Preisniveau ➔ Lohnsetzer korrigieren ihre Preiserwartungen nach oben ➔ Anstieg *W* ➔ Anstieg *P* ➔ Verschiebung *AS* auf *AS′* (*AS′* schneidet die senkrechte Gerade bei Y_n genau beim Preisniveau P_1: Wenn sich die Preiserwartungen als korrekt erweisen würden, würde das natürliche Produktionsniveau realisiert).

Zum Preisniveau P_1 herrscht wiederum Nachfrageüberschuss ➔ Anstieg P ➔ LM verschiebt sich dementsprechend nach oben ➔ i steigt ➔ Investitionen und damit Gesamtnachfrage gehen zurück ➔ Neues kurzfristiges Gleichgewicht in D: Preisniveau liegt wieder über dem erwarteten Preisniveau ➔ Preiserwartungen werden korrigiert ➔ AS verschiebt sich weiter nach oben.

Dieser Prozess setzt sich fort, bis sich AS'' und AD' beim natürlichen Produktionsniveau schneiden und die Erwartungen sich als korrekt erweisen (Punkt E). Während des Anpassungsprozesses kommt es zu einem weiteren Anstieg des Preisniveaus (Bewegung entlang der AD'-Kurve, LM verschiebt sich dementsprechend weiter nach oben, bis die ursprüngliche Position erreicht ist).

Mittelfristig stellen sich wieder das natürliche Produktionsniveau und das ursprüngliche Zinsniveau ein. Es ist ausschließlich das Preisniveau gestiegen: Geld ist neutral.

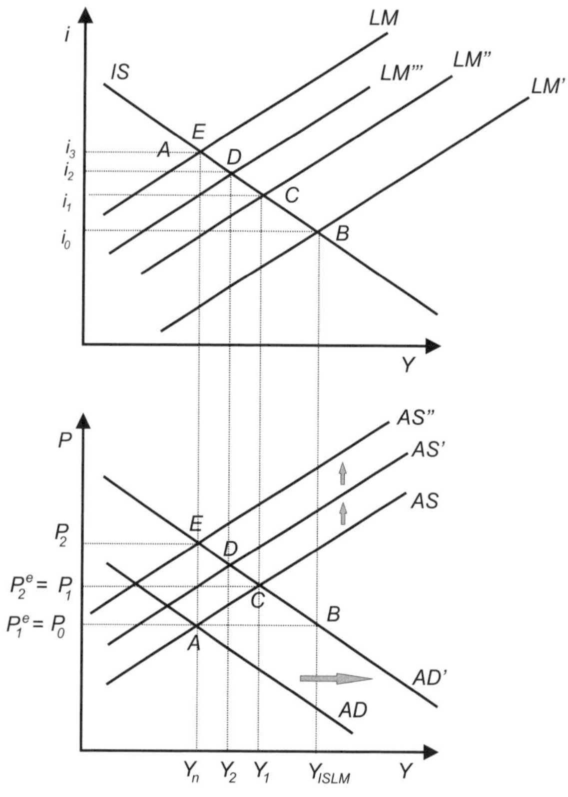

Abbildung 7.2: Expansive Geldpolitik im *AS-AD*-Modell

d) Die Anwendung von Geldpolitik führt kurzfristig zu einem Anstieg der Produktion, mittelfristig zu einem Anstieg des Preisniveaus (und somit zu einer zeitweilig positiven Inflationsrate). Führt Inflation zu einer negativen Beeinträchtigung der gesamtwirtschaftlichen Wohlfahrt, müssen Vorteile (Produktionsanstieg/Reduktion der Arbeitslosenquote) mit den Nachteilen (Anstieg Inflation) abgewogen werden.

Aufgrund dieses Zielkonflikts wird üblicherweise argumentiert, Geldpolitik solle zur Abfederung negativer Nachfrageschocks (restriktive Fiskalpolitik, Sinken des Konsumentenvertrauens) eingesetzt werden. Geldpolitik korrigiert also lediglich Verschiebungen der *AD*-Kurve (so genannte Nachfrageschocks), die zu unerwünschten Preissteigerungen (bei einer Rechtsverschiebung) bzw. zu einem unerwünschten Anstieg der Arbeitslosenquote (bei einer Linksverschiebung) führen.

5. Fiskalpolitik im *AS-AD*-Modell

   a) Steuersenkung ➔ Verfügbares Einkommen steigt ➔ Zunahme der Konsumnachfrage ➔ Rechtsverschiebung *IS* bzw. *AD* auf *IS′* bzw. *AD′* (Punkt *B* in Abbildung 7.3).

   Zum Preisniveau P_0 herrscht Nachfrageüberschuss ➔ Anstieg *Y* ➔ Anstieg *N* ➔ *u* sinkt ➔ Aufgrund einer besseren Verhandlungsposition der Arbeitnehmer steigt *W*, damit die Lohnkosten und damit das Preisniveau ➔ Reduktion *M/P* ➔ *LM* nach oben auf *LM′* ➔ Bewegung entlang *AD′* zum neuen kurzfristigen Gleichgewicht *C*: Im Vergleich zur Ausgangssituation sind *i* und *Y* gestiegen.

   In Punkt *C*: $P > P^e = P_0$ ➔ Revision der Preiserwartungen ➔ *W* steigt ➔ *P* steigt ➔ Verschiebung *AS* nach oben auf *AS′* (*AS′* schneidet die senkrechte Gerade bei Y_n genau beim Preisniveau P_1).

   Zum Preisniveau P_1 herrscht wiederum Nachfrageüberschuss ➔ Preisanpassungsprozess setzt sich fort, bis neues mittelfristiges Gleichgewicht im Punkt *D* erreicht. Im Zuge der Preisanpassungen kommt es zu Verschiebungen der *LM*-Kurve, bis diese *LM″* erreicht.

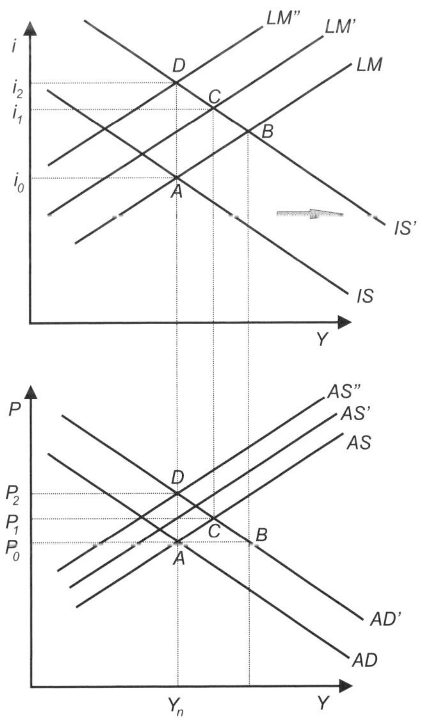

Abbildung 7.3: Expansive Fiskalpolitik im *AS-AD*-Modell

b) Anstieg der Staatsausgaben, Anstieg des Konsumentenvertrauens, Anstieg der autonomen Investitionen (alle Effekte, die die *IS*-Kurve nach rechts verschieben).

c) Steuersenkung führt zu Unternehmensneugründungen ➔ Mögliche Folgen:

- Preissetzungsspielraum der alten Unternehmen sinkt aufgrund Zunahme der Konkurrenz (Verschiebung *PS* nach oben ➔ u_n sinkt ➔ Y_n steigt).
- Neue Unternehmen haben größere Innovationskraft (vgl. Kapitel 13).
- Neue Unternehmen stellen Mitarbeiter ein, die einen geringeren Grad an gewerkschaftlicher Organisation aufweisen (Verschiebung *WS* nach unten ➔ u_n sinkt ➔ Y_n steigt).

6. Geld- versus Fiskalpolitik im *AS-AD*-Modell

a) Grafische Darstellung: Arbeitslosenquote liegt deutlich über ihrem natürlichen Niveau ➔ Produktion liegt deutlich unter ihrem natürlichen Niveau: *AD* schneidet *AS* links von Y_n ➔ $P_0 < P_0^e$ (Punkt *A* in Abbildung 7.4).

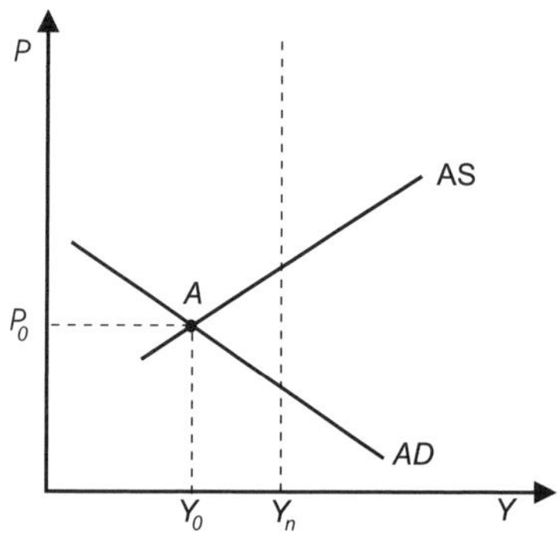

Abbildung 7.4: Rezession im *AS-AD*-Modell

b) P^e sinkt ➔ *AS* nach unten ➔ Schnittpunkt *B* in Abbildung 7.5 ➔ Überschussangebot ➔ $P\downarrow$ ➔ neues kurzfristiges Gleichgewicht in Punkt *C* ➔ $P_0 < P_0^e$ ➔ $P^e\downarrow$ ➔ *AS* nach unten ➔ Prozess setzt sich fort, bis neues mittelfristiges Gleichgewicht erreicht. Bewegungen entlang der *AD*-Kurve korrespondieren mit Verschiebung der *LM*-Kurve im *IS-LM*-Diagramm.

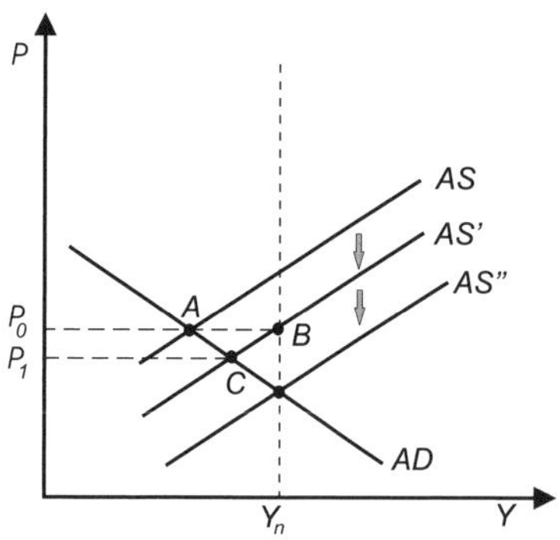

Abbildung 7.5: Anpassungsprozess nach negativen Nachfrageschocks

c) Beachte: Bei Fiskalpolitik (Verschiebung *IS* nach rechts) genügt es nicht, die *IS*-Kurve bis zum Schnittpunkt mit der *LM*-Kurve bei Y_n zu verschieben (Punkt *B* in Abbildung 7.6). Grund: Politik würde zu Anstieg des Preisniveaus führen ➔ reale Geldmenge sinkt ➔ *LM* nach oben ➔ Schnittpunkt von *IS* und *LM* wiederum links von Y_n. Deshalb: *IS* wird weiter nach rechts verschoben ➔ Zinsanstieg. Bei Geldpolitik kommt es hingegen zu Zinssenkungen. Unterschied zwischen beiden Politikmaßnahmen ist somit das Zinsniveau. Da sich dieses auf die Höhe der Investitionsnachfrage auswirkt, führen die beiden Politikmaßnahmen zu unterschiedlichen Zusammensetzungen der Produktion im neuen mittelfristigen Gleichgewicht.

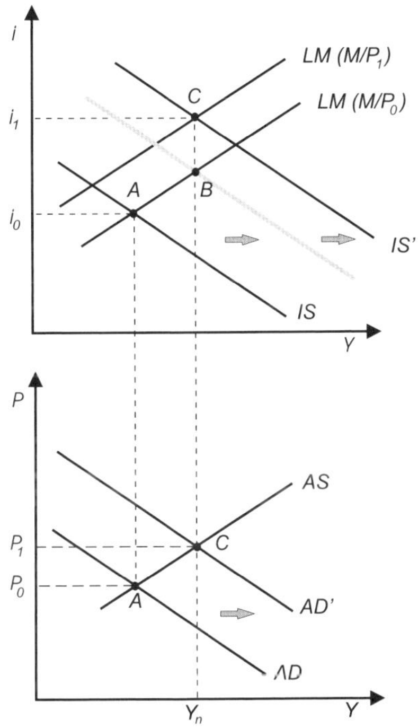

Abbildung 7.6: Fiskalpolitik nach negativen Nachfrageschocks

d) (1.) Investitionen sind nicht zinsreagibel (Investitionsfalle); (2.) Zentralbank kann Zins nicht weiter senken (Liquiditätsfalle).

e) Fiskalpolitik führt zu geringeren privaten Investitionen ➔ Wenn der Staat die zusätzlichen Mittel, die er ausgibt, konsumtiv oder für Investitionsprojekte verwendet, deren Grenzprodukt unterhalb des Grenzprodukts privatwirtschaftlicher Investitionen liegt, könnte dies die langfristige Wachstumsrate der Volkswirtschaft verringern.

7. Angebotsschocks im *AS-AD*-Modell

   a) Anstieg des Arbeitslosengeldes vergrößert Marktmacht der Arbeitnehmer (z steigt an), da die Aussicht auf Arbeitslosigkeit nun weniger schmerzhaft ist. Bei geg. Arbeitslosigkeit steigt der geforderte Lohn. Damit steigt die natürliche Arbeitslosigkeit, das natürliche Produktionsniveau geht zurück.

Die Preissetzungsfunktion bleibt unverändert, die Lohnsetzungsfunktion verschiebt sich nach oben. Die Ökonomie bewegt sich entlang der *PS*-Kurve hin zu einer höheren natürlichen Arbeitslosenrate: Diese ist notwendig, um W/P zu einem Niveau zurückzuführen, das die Unternehmen bereit sind zu zahlen – die Arbeitnehmer sind mit dem alten Reallohn jedoch nur bei einer höheren Arbeitslosigkeit zufrieden zu stellen.

In Abbildung 7.7 sind *WS*- und *PS*-Beziehung in einem Diagramm abgebildet, in dem auf der Abszisse das Beschäftigungsniveau abgetragen ist. Der Anstieg der natürlichen Arbeitslosenquote drückt sich hier in einer Reduktion des natürlichen Beschäftigungsniveaus N_n aus. Da $Y = N$, sinkt Y_n entsprechend.

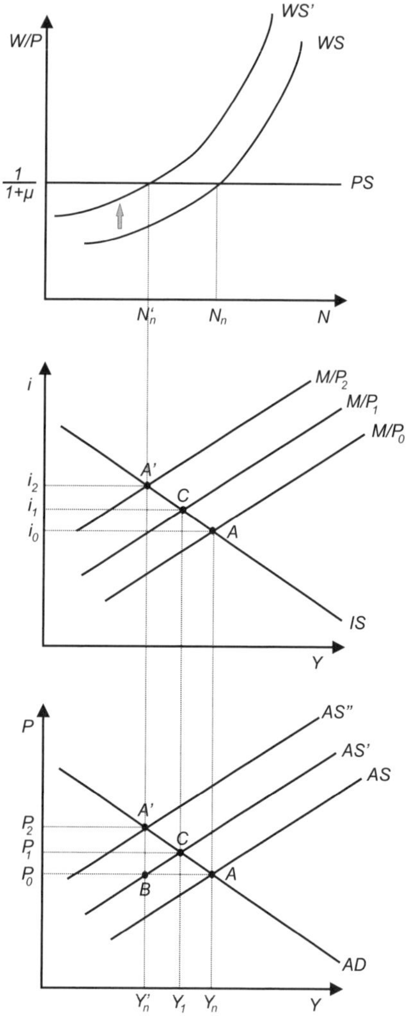

Abbildung 7.7: Anstieg von *z* im *AS-AD*-Modell

Die *AS*-Kurve verschiebt sich nach links, und zwar genau so weit, dass zum Preisniveau P_0 genau Y_n' angeboten wird (Punkt *B*). Die Produktion ist nun größer als ihr natürliches Niveau ➔ W steigt ➔ P steigt ➔ M/P sinkt ➔ LM-Kurve verschiebt sich nach oben. Durch die gestiegenen Zinsen geht die Nachfrage zurück, das neue kurzfristige Gleichgewicht ergibt sich in Punkt C.

In C ist das Preisniveau höher als erwartet. AS' verschiebt sich sukzessive nach oben, bis A' erreicht wird. Dementsprechend verschiebt sich LM nach oben bis auch im IS-LM-Diagramm A' erreicht ist.

Im neuen Gleichgewicht ist der Potenzialoutput gesunken, das Preisniveau und das Zinsniveau sind gestiegen, die reale Geldmenge ist zurückgegangen.

b) Ein Rückgang der Rohölpreise senkt den Preisaufschlagsfaktor μ ➔ PS verschiebt sich nach oben. Die Unternehmen sind bereit, die Preise zu senken und damit einen höheren Reallohn zu zahlen. Im neuen Arbeitsmarktgleichgewicht ist die natürliche Arbeitslosenquote gefallen, die natürliche Arbeitseinsatzmenge N_n (und damit Y_n) ist gestiegen (Abbildung 7.8 oben).

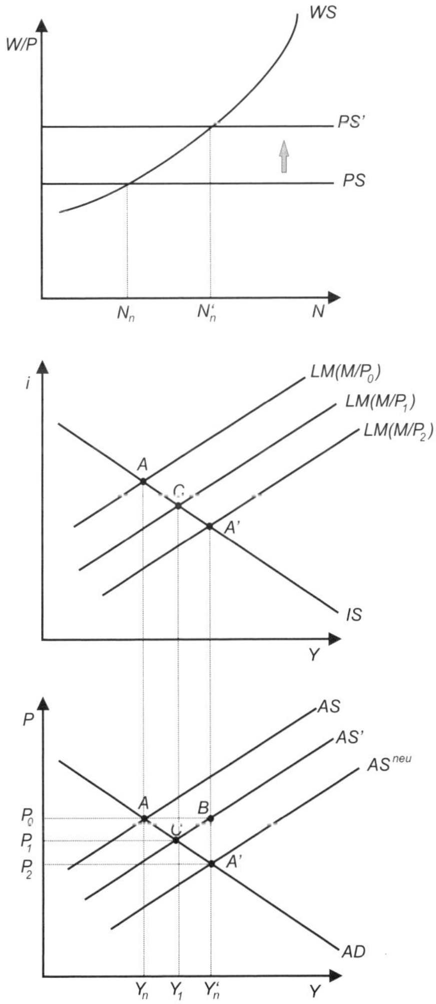

Abbildung 7.8: Rückgang der Rohölpreise im AS-AD-Modell

Im neuen Gleichgewicht ist das natürliche Produktionsniveau gestiegen, das Preisniveau und das Zinsniveau gesunken, die reale Geldmenge gestiegen.

AS verschiebt sich nach unten, beim Preisniveau P_0 wird nun genau Y_n' angeboten (Punkt *B*). Nachfrage in *A* liegt jetzt unter dem neuen Potenzialoutput in *B* ➔ *P* sinkt ➔ *LM* verschiebt sich nach unten ➔ Zinsen sinken ➔ Investitionen steigen.

Im neuen kurzfristigen Gleichgewicht *C* ist das Preisniveau niedriger als erwartet ➔ Revidierung der Preiserwartungen nach unten ➔ Preisniveau sinkt weiter (*AS′* verschiebt sich entlang der *AD*-Funktion nach unten, bis *A′* erreicht wird. Dementsprechend verschiebt sich *LM* nach unten, bis auch im *IS-LM*-Diagramm *A′* erreicht ist).

8 Die Phillipskurve

8.1 Wissens- und Verständnistests

Multiple Choice

1. Die aus dem Phillipskurvenzusammenhang $\pi_t = \pi_t^e + (\mu + z) - \alpha u_t$ ermittelte natürliche Arbeitslosenquote
   a) ...steigt, wenn die Preissetzungsspielräume der Unternehmen zunehmen und der Kündigungsschutz gelockert wird.
   b) ...fällt, wenn die Inflationsrate steigt und gleichzeitig über der erwarteten Inflationsrate liegt.
   c) ...steigt, wenn die Preissetzungsspielräume der Unternehmen abnehmen und der Kündigungsschutz gelockert wird.
   d) ...fällt, wenn die Preissetzungsspielräume der Unternehmen abnehmen und der Kündigungsschutz gelockert wird.

2. Der aus der Phillipskurve ermittelte Zusammenhang $\pi_t - \pi_{t-1} = -\alpha(u_t - u_n)$
   a) ...besagt, dass es zu einem Anstieg der Inflationsrate kommt, wenn der Parameter α positiv ist und die Arbeitslosenquote unter ihrem natürlichen Niveau liegt.
   b) ...besagt, dass es zu einem Anstieg der Inflationsrate kommt, wenn der Parameter α negativ ist und die Arbeitslosenquote unter ihrem natürlichen Niveau liegt.
   c) ...besagt, dass es zu einem Fall der Inflationsrate kommt, wenn der Parameter α positiv ist und die Arbeitslosenquote unter ihrem natürlichen Niveau liegt.
   d) ...lässt sich nur ableiten, wenn rationale Erwartungen bezüglich der Inflationsrate unterstellt werden.

3. In welchen Fällen kommt es gemäß des Phillipskurvenzusammenhangs zu einem Anstieg von π_t?
   a) π_t steigt lediglich dann an, wenn π_t^e ansteigt.
   b) π_t steigt lediglich dann an, wenn z oder μ ansteigen.
   c) π_t steigt an, sofern π_t^e, z oder μ ansteigen.
   d) Ein Anstieg von π_t wird immer von einer Erhöhung der Arbeitslosenquote ausgelöst.

4. Gehen Sie von folgendem Phillipskurvenzusammenhang aus:

$$\pi_t - \pi_{t-1} = 12 - 2u_t$$

   a) Die natürliche Arbeitslosenquote beträgt 12%.
   b) Die natürliche Arbeitslosenquote beträgt 6%.
   c) Die natürliche Arbeitslosenquote beträgt 5,5%.
   d) Die Antwort hängt davon ab, welche Inflationserwartungen vorliegen.

5. Sei $u_n = 7\%$ und $\pi_{t-1} = 4\%$. Die aktuelle Arbeitslosenquote beträgt $u_t = 6\%$.
   a) In diesem Fall wird die Inflationsrate um 1 Prozentpunkt fallen.
   b) In diesem Fall wird die Inflationsrate um 1 Prozentpunkt steigen.
   c) In diesem Fall wird die Inflationsrate genau 5% sein.
   d) Die Antwort hängt davon ab, welcher exakte Phillipskurvenzusammenhang unterstellt wird.

6. Sei $u_n = 7\%$ und $\pi_t^e = 4\%$. Die aktuelle Arbeitslosenquote beträgt $u_t = 6\%$.
   a) In diesem Fall wird die Inflationsrate im Jahre t geringer als 4% sein.
   b) In diesem Fall wird die Inflationsrate im Jahre t größer als 4% sein.
   c) In diesem Fall wird die Inflationsrate im Jahre t genau 4% sein.
   d) Ohne Angabe des exakten Phillipskurvenzusammenhangs ist keine Antwort möglich.

7. Fällt der Anteil der indexierten Arbeitsverträge in einer Volkswirtschaft, führt eine Verringerung der Arbeitslosenquote
   a) ...zu einem Anstieg der Inflationsrate, der größer ist als in der Situation mit einem höheren Anteil indexierter Arbeitsverträge.
   b) ...zu einem Anstieg der Inflationsrate, der kleiner ist als in der Situation mit einem höheren Anteil indexierter Arbeitsverträge.
   c) ...zu einem Sinken der Inflationsrate, das größer ist als in der Situation mit einem höheren Anteil indexierter Arbeitsverträge.
   d) ...zu einem Sinken der Inflationsrate, das kleiner ist als in der Situation mit einem höheren Anteil indexierter Arbeitsverträge.

Gehen Sie für die verbleibenden Aufgaben von folgendem Phillipskurvenzusammenhang aus:

$$\pi_t = \pi_t^e + 0{,}04 - (u_t)^2$$

In Periode $t - 1$ betrug die Arbeitslosenquote 20%, bei einer Inflationsrate von $\pi_{t-1} = 5\%$.

8. Die natürliche Arbeitslosenquote beträgt
   a) ...4%.
   b) ...8%.
   c) ...20%.
   d) ...2%.

9. Unterstellen Sie Inflationserwartungen der Form $\pi_t^e = \pi_{t-1}$. Welcher Wert ergibt sich für die Inflationsrate in Periode t, wenn die Regierung versucht, die Arbeitslosenquote um 25% zu senken?
   a) 8,75%
   b) 6,75%
   c) 4%
   d) 20%

10. Nehmen Sie an, die Regierung möchte die Arbeitslosenquote auch in allen Folgeperioden ($t + 1$, $t + 2$, ...) auf dem Niveau der Vorperiode halten. Um welchen Betrag muss die Inflationsrate in diesem Fall pro Periode ansteigen?
   a) 0,75%
   b) 4,75%
   c) 1,75%
   d) 6,75%

11. Aufgrund der ständig steigenden Inflationsraten ändern die Wirtschaftssubjekte ihre Erwartungsbildung. Ab der Periode $t + n$ unterstellen sie, dass die Inflationsrate des nächsten Jahres um 1,75% über der Inflationsrate des letzten Jahres liegt. Ohne die geänderte Erwartungsbildung zu berücksichtigen, beauftragt die Regierung die Zentralbank, die Inflationsrate weiterhin im alten Ausmaß ansteigen zu lassen.
   a) In diesem Fall wird die Arbeitslosenquote auf ihr natürliches Niveau ansteigen, obwohl die Inflationsrate erhöht wird.
   b) In diesem Fall wird die Arbeitslosenquote über ihr natürliches Niveau ansteigen.
   c) In diesem Fall wird es der Zentralbank nicht gelingen, die Inflationsrate zu beeinflussen.
   d) Keine der Antworten ist korrekt.

Wahr/Falsch:
Welche der jeweiligen Aussagen sind wahr, welche falsch?

12. Der Phillipskurvenzusammenhang sei beschrieben durch

$$\pi_t - \pi_{t-1} = 12 - 2u_t$$

   Ausgehend von einer Situation, in der die Arbeitslosenquote u genau ihrem natürlichen Niveau entspricht, versucht die Regierung, u um 2 Prozentpunkte zu senken.
   a) Die Inflationsrate steigt um 4%.
   b) Die Inflationsrate steigt mit Sicherheit auf 4%.
   c) Die Inflationsrate steigt auf 4%, falls die Inflationsrate der Periode $t - 1$ 0% betragen hat.
   d) Die Inflationsrate steigt um 4%, falls die Inflationsrate der Periode $t - 1$ 8% betragen hat.
   e) Die Inflationsrate steigt um 50%, falls die Inflationsrate der Periode $t - 1$ 8% betragen hat.

13. Wenn die Zentralbank die natürliche Arbeitslosenquote überschätzt, besteht die Gefahr,
    a) ...dass eine Politik durchgeführt wird, die zu unnötig hoher Arbeitslosigkeit führt.
    b) ...dass eine Politik durchgeführt wird, in der die Inflationsrate das Niveau übersteigt, das nötig ist, um die Arbeitslosenquote auf ihrem natürlichen Niveau zu stabilisieren.
    c) ...dass eine Politik durchgeführt wird, in der die Inflationsrate fällt, obwohl dies zur Stabilisierung der Arbeitslosenquote auf ihrem natürlichen Niveau gar nicht nötig ist.
    d) ...dass eine Politik durchgeführt wird, in der die Inflationsraten ständig weiter steigen.
14. Eine mögliche Erklärung für das Verschwinden der ursprünglichen Phillipskurve ist,
    a) ...dass in vielen Volkswirtschaften Inflation als persistentes Phänomen nicht mehr existierte.
    b) ...dass die Lohnsetzer ihre Erwartungsbildung veränderten.
    c) ...dass es zu einem Anstieg der Ölpreise kam, der sich auf den Preisaufschlagsfaktor μ auswirkte.
    d) ...dass die Wirtschaftspolitik versuchte, den ursprünglichen Phillipskurvenzusammenhang systematisch zur Senkung der Arbeitslosenquote auszunutzen.
15. In Land A beträgt die aktuelle Arbeitslosenquote $u_t^A = 6\%$, in Land B $u_t^B = 5\%$. Es gilt die modifizierte Phillipskurve mit $\pi_t^e = \pi_{t-1}$.
    a) Es ist davon auszugehen, dass die natürliche Arbeitslosenquote in Land A größer ist als in Land B, falls in beiden Ländern konstante Inflationsraten beobachtet werden.
    b) Es ist davon auszugehen, dass die natürliche Arbeitslosenquote in Land A kleiner ist als in Land B, falls in beiden Ländern konstante Inflationsraten beobachtet werden.
    c) Es ist mit Sicherheit davon auszugehen, dass die natürliche Arbeitslosenquote in Land A größer ist als in Land B, falls in Land A und in Land B fallende Inflationsraten beobachtet werden.
    d) Es ist davon auszugehen, dass die natürliche Arbeitslosenquote in Land A größer ist als in Land B, falls in Land A konstante, in Land B jedoch fallende Inflationsraten beobachtet werden.
16. Wenn der Anteil der indexierten Arbeitsverträge in einer Volkswirtschaft einen Wert nahe 1 annimmt, erwarten wir,
    a) ...dass relativ kleine Änderungen der Arbeitslosenquote zu relativ starken Veränderungen der Inflationsrate führen.
    b) ...dass es sich um eine Volkswirtschaft handelt, in der die Inflationsrate relativ hoch ist.
    c) ...dass es sich um eine Volkswirtschaft handelt, in der die Inflationsrate relativ niedrig ist.
    d) ...dass sich eine Veränderung der erwarteten Inflationsrate nicht auf die aktuelle Inflationsrate auswirkt.

17. Welcher der folgenden Aussagen zur Phillipskurve ist wahr, welche falsch?
    a) Die Phillipskurve beschreibt einen stabilen kausalen Zusammenhang zwischen Inflationsrate und Arbeitslosenquote.
    b) Der Phillipskurvenzusammenhang zeigt, dass Arbeitslosigkeit durch inflationäre Geldpolitik bekämpft werden sollte.
    c) Der Phillipskurvenzusammenhang zeigt, dass das gleichzeitige Auftreten von hoher Arbeitslosigkeit und hohen Inflationsraten ausgeschlossen werden kann.
    d) Werden rationale Erwartungen unterstellt, besteht gemäß des Phillipskurvenzusammenhangs kein langfristiger Zielkonflikt zwischen Arbeitslosigkeit und Inflation.
18. Die Non-Accelerating Inflation Rate of Unemployment (NAIRU)
    a) ...ist die Inflationsrate, bei der die Preise stabil sind.
    b) ...ist die Inflationsrate, bei der es zu keinem Anstieg der Arbeitslosigkeit kommt.
    c) ...beschreibt die Arbeitslosenquote, ab der eine weitere konjunkturelle Belebung des Arbeitsmarkts in erster Linie zu einer Erhöhung der Inflation führt.
    d) ...fällt, wenn Unternehmen aufgrund einer Zunahme des Wettbewerbs geringere Gewinnaufschläge verlangen.

Basiswissen

19. Grundverständnis und historische Entwicklung des Phillipskurvenzusammenhangs

    Aus der *AS*-Beziehung kann die Phillipskurve in der folgenden Form abgeleitet werden:

$$\pi_t = \pi_t^e + (\mu + z_1) - \alpha u_t$$

    wobei μ den Preisaufschlagsfaktor, z_l die strukturellen Bedingungen am Arbeitsmarkt repräsentiert. Der Parameter α erfasst ebenfalls strukturelle Bedingungen und gibt an, wie stark die Nominallöhne auf Veränderungen der Arbeitslosenquote reagieren.

    a) Welcher Zusammenhang besteht zwischen der **ursprünglichen** Phillipskurve und der aus der *AS*-Kurve abgeleiteten Beziehung? Welche Aussagen macht die ursprüngliche Phillipskurve zum Zusammenhang zwischen Inflation und Arbeitslosenquote? Welche Annahmen verbergen sich hinter dem ursprünglichen Phillipskurvenzusammenhang?
    b) Welcher Zusammenhang besteht zwischen der **modifizierten** Phillipskurve und der aus der *AS*-Kurve abgeleiteten Beziehung? Welche Aussagen macht die modifizierte Phillipskurve zum Zusammenhang zwischen Inflation und Arbeitslosenquote? Welche Annahmen verbergen sich hinter dem modifizierten Phillipskurvenzusammenhang?
    c) Häufig wird argumentiert, dass sich die modifizierte Phillipskurve aus der ursprünglichen Phillipskurve entwickelt habe, als die Inflationsraten dauerhaft positive Werte annahmen. Erläutern Sie die Grundidee dieser Argumentation!
    d) Die moderne Makroökonomie verwendet neben der ursprünglichen und der modifizierten Phillipskurve noch ein weiteres Konzept – die **Phillipskurve bei rationalen Erwartungen**. Erläutern Sie, welche Grundidee sich hinter diesem Konzept verbirgt!

20. Determinanten der natürlichen Arbeitslosenquote

   a) Nennen Sie aufbauend auf der allgemeinen Formulierung der Phillipskurve aus Aufgabe 19 Gründe, die zu international unterschiedlichen natürlichen Arbeitslosenquoten führen!

   b) Nennen Sie mögliche Gründe, warum die natürliche Arbeitslosenquote in den letzten Jahrzehnten in einigen Ländern Europas über die Zeit angestiegen ist!

   c) Welcher Zusammenhang besteht zwischen der Stromgrößenanalyse des Arbeitsmarktes in Kapitel 6 und der natürlichen Arbeitslosenquote?

8.2 Übungsaufgaben

1. Ableitung und Interpretation der Phillipkurve

   Die AS-Relation sei

$$P_t = P_t^e(1+\mu)F(u_t, z)$$

   wobei μ einen Wert von 0,1 annimmt. Der Zusammenhang zwischen Nominallohn, Arbeitslosenquote und sonstigen strukturellen Faktoren sei:

$$F(u,z) = 1 - \alpha u_t + z_1$$

   wobei α einen Wert von 2 und z_1 einen Wert von 0,05 annimmt.

   a) Leiten Sie die Phillipskurve allgemein ab!

   b) Leiten Sie die Phillipskurve für das konkrete Zahlenbeispiel ab!

   c) Interpretieren Sie die Phillipskurve aus Teilaufgabe b) möglichst exakt!

   d) Diskutieren Sie, wie sich eine Erhöhung des Parameters α auswirkt! Verändert sich die natürliche Arbeitslosenquote? Wenn ja: warum?

2. Phillipskurve bei unterschiedlichen Erwartungsbildungshypothesen

   Die kurzfristige Phillipskurve sei

$$\pi_t = \pi_t^e + 0{,}1 - 2 \cdot u_t$$

   a) Wie hoch ist die so genannte natürliche Arbeitslosenrate?

   b) Nehmen Sie an, in der Vergangenheit und bis zu Periode $t = 0$ habe die Arbeitslosenrate stets $u_0 = 5\%$ und die Inflationsrate $\pi = 0\%$ betragen. Wie hoch müsste die Inflation in den Perioden $t = 1,2,3,...$ sein, um die Arbeitslosigkeit dauerhaft auf 3% zu reduzieren, wenn die Inflationserwartungen der privaten Wirtschaftssubjekte folgende Form annehmen:

      i. $\pi_t^e = 0$

      ii. $\pi_t^e = \theta \cdot \pi_{t-1}$

      iii. $\pi_t^e = \pi_{t-1}$

   c) Wie plausibel sind die verschiedenen Annahmen zur Erwartungsbildung im Zusammenhang mit der beschriebenen Politik?

d) Angenommen, ein Anteil λ aller Arbeitsverträge werde durch Indexierung an das aktuelle Preisniveau gekoppelt. Bestimmen Sie die veränderte Gleichung für die kurzfristige Phillipskurve!

e) Welchen Effekt hat ein steigender Anteil indexierter Tarifverträge auf die Möglichkeiten, Arbeitslosigkeit durch Geldpolitik zu bekämpfen? Unterscheiden Sie zwischen kurzer und mittlerer Frist!

3. Phillipskurve bei rationalen Erwartungen

In einer Volkswirtschaft gelte folgender kurzfristiger Zusammenhang zwischen Inflation und Arbeitslosigkeit:

$$\pi_t = \pi_t^e + 0{,}3 - 3u_t$$

a) Ermitteln Sie die natürliche Arbeitslosenquote und erläutern Sie in Stichworten, was man unter dem Konzept der NAIRU versteht!

b) Die aktuelle Inflationsrate beträgt 4% und ist seit mehreren Jahren konstant. Die Zentralbank gibt bekannt, dass sie die Arbeitslosenquote im nächsten Jahr um 2 Prozentpunkte senken möchte. Sie unterstellt dabei adaptive Erwartungen der Wirtschaftssubjekte ($\pi_t^e = \pi_{t-1}$). Bestimmen Sie die Inflationsrate, die sich bei Durchführung der Maßnahme einstellen würde, und zeichnen Sie die von der Zentralbank unterstellte kurzfristige Phillipskurve in ein Diagramm ein!

c) Tatsächlich bilden 20% der Beschäftigten ihre Erwartungen auf rationale Art. Sie basieren deshalb ihre Nominallohnforderungen auf eine Abwägung aller Informationen bezüglich der zukünftigen Inflationsrate, inklusive der Ankündigungen der Zentralbank. Die übrigen 80% legen ihren Lohnabschlüssen die Inflation des Vorjahres zu Grunde. Wie hoch ist die tatsächlich erreichte Arbeitslosenquote, wenn die Zentralbank eine Inflationsrate von 10% ankündigt und durchsetzt? Kommentieren Sie das Ergebnis kurz!

d) Wie verändert sich die Phillipskurve grafisch, wenn ein immer größerer Anteil der Nominallohnforderungen unter Verwendung von rationaler Erwartungsbildung zu Stande kommt (verbale Erläuterung)? Zeichnen Sie eine Phillipskurve für den Fall, dass alle Wirtschaftssubjekte rationale Erwartungen bilden! Welche Konsequenzen ergeben sich für die Zentralbank?

e) „Viele Zentralbanken geben als vorrangiges Ziel ihrer Politik die Gewährung von Preisstabilität an. Zur Durchsetzung dieses Zieles wird der Zentralbank oft ein erhebliches Maß an politischer Unabhängigkeit zugestanden." Erläutern Sie die Aussage in wenigen Sätzen unter Verwendung Ihrer Ergebnisse aus den vorangegangenen Teilaufgaben!

4. Alternative Formulierung adaptiver Erwartungen

Die kurzfristige Phillipskurve einer Volkswirtschaft sei gegeben durch:

$$\pi_t = \pi_t^e + 0{,}3 - 4u_t$$

Die Wirtschaftssubjekte bilden ihre Inflationserwartungen gemäß:

$$\pi_t^e = \pi_{t-1}^e + \theta \cdot (\pi_{t-1} - \pi_{t-1}^e) \text{ mit } 0 \le \theta \le 1$$

a) Ermitteln Sie die natürliche Arbeitslosenquote!

b) Erläutern Sie die Gleichung zur Erwartungsbildung!

c) Sei $\theta = 0{,}7$. In der Ausgangsperiode $t = 0$ schätzten die Wirtschaftssubjekte die Inflationsrate auf $\pi_0^e = 2\%$, die tatsächliche Inflationsrate lag jedoch bei $\pi_0 = 3\%$. Wie hoch muss die Inflationsrate in den beiden Folgeperioden sein, wenn die Zentralbank eine Arbeitslosenquote von $u_1 = u_2 = 6\%$ erreichen möchte?

d) Welche Arbeitslosenquote wurde in der Periode $t = 0$ realisiert?

5. Schätzung der Phillipskurve

WWW.PEARSON-STUDIUM.DE CWS COMPANION WEBSITE

Zur Beantwortung der folgenden Fragen benötigen Sie Daten zur Arbeitslosenquote und Inflationsrate in Deutschland. Sie finden diese Daten auf der Companion Website.

a) Schätzen Sie den ursprünglichen Phillipkurvenzusammenhang für den Zeitraum 1960 bis 2003 mit Hilfe der Kleinste-Quadrate-Methode! Interpretieren Sie Ihr Ergebnis und bewerten Sie die Aussagekraft Ihrer Resultate.

b) Erstellen Sie ein Diagramm, in dem die Kombinationen von Arbeitslosenquote und Inflationsrate für unterschiedliche Zeiträume unterschiedlich markiert sind. Verwenden Sie für jeden der folgenden Zeiträume ein anderes Symbol: 1960–1970, 1971–1980, 1981–1990 und 1991–2003. Schätzen Sie für jeden Zeitraum separat den ursprünglichen Phillipskurvenzusammenhang und fügen Sie die entsprechenden Regressionsgeraden in das Diagramm ein! Diskutieren Sie die Verwendbarkeit der Ergebnisse und bewerten Sie Ihre Schätzung aus Teilaufgabe a) unter Verwendung der erzielten Ergebnisse.

c) Schätzen Sie die Parameter θ und α der modifizierten Phillipskurve mit adaptiven Erwartungen

$$\pi_t = \theta\pi_{t-1} + (\mu + z_1) - \alpha u_t$$

für den Gesamtzeitraum und diskutieren Sie Ihre Ergebnisse!

d) Im Laufe der Jahre 2007 und 2008 kam es zu einem Anstieg der Inflationsrate in Deutschland. Gleichzeitig sank die Arbeitslosigkeit beträchtlich. Kann diese Entwicklung durch die im Rahmen des Phillipskurvenzusammenhangs beschriebenen Mechanismen erklärt werden?

Lösungen zu Kapitel 8

8.1 Wissens- und Verständnistests

Multiple Choice

1. d)
2. a)
3. c)
4. b)
5. d)
6. b)
7. b)
8. c)
9. b)
10. c)
11. a)

Wahr/Falsch

12. F, F, W, F, W
13. W, F, W, F
14. F, W, W, W
15. W, F, F, W
16. W, W, F, F
17. F, F, F, W
18. F, F, W, W

Basiswissen

19. Grundverständnis

a) Die **ursprüngliche** Phillipskurve kann aus der vorgegebenen Beziehung abgeleitet werden, wenn angenommen wird, dass die Lohnsetzer im Durchschnitt eine Inflationsrate von 0 erwarten:

$$\pi_t = (\mu + z_1) - \alpha u_t$$

Die Gleichung macht eine Aussage zum Verhältnis zwischen Arbeitslosenquote und dem **Niveau** der Inflationsrate: Eine hohe Arbeitslosenquote verringert die Nominallöhne (bzw. die Nominallohnsteigerungen) und damit die Preise (und damit die Inflationsrate). Eine niedrige Arbeitslosenquote erhöht die Nominallöhne (bzw. die Nominallohnsteigerungen) und damit die Preise (und damit die Inflationsrate).

b) Die **modifizierte** Phillipskurve kann aus der vorgegebenen Beziehung abgeleitet werden, wenn angenommen wird, dass die Lohnsetzer im Durchschnitt eine Inflationsrate erwarten, deren Höhe von der Inflationsrate der Vorperiode abhängt ($\pi_t^e = \theta\pi_{t-1}$):

$$\pi_t = \theta\pi_{t-1} + (\mu + z_1) - \alpha u_t$$

Oft wird zusätzlich angenommen, dass durch die Persistenz (Beharrlichkeit) der Inflation θ einen Wert von nahe 1 annimmt.

Die Gleichung macht eine Aussage zum Verhältnis zwischen Arbeitslosenquote und der **Veränderung** der Inflationsrate pro Periode. Bei $\theta = 1$:

$$\pi_t - \pi_{t-1} = (\mu + z_1) - \alpha u_t$$

War die Inflationsrate der Vorperiode positiv, spiegelt sich dies in einer höheren aktuellen Inflationsrate wider: Da die Lohnsetzer höhere Preise erwarten, wird dies zu höheren Nominallohnforderungen führen, die die Preise (und damit die Inflationsrate) bereits in der aktuellen Periode ansteigen lassen. Eine hohe Arbeitslosenquote verringert nun lediglich den Anstieg der Nominallöhne und damit den Anstieg des Preisniveaus (und damit die Inflationsrate). Eine niedrige Arbeitslosenquote erhöht nun lediglich den Anstieg der Nominallöhne und damit die Inflationsrate.

Die modifizierte Phillipskurve kann alternativ als Beziehung zwischen der Abweichung der Arbeitslosenquote von ihrem natürlichen Niveau und der Veränderung der Inflationsrate dargestellt werden:

$$\pi_t - \pi_{t-1} = -\alpha\left(u_t - \frac{\mu + z_1}{\alpha}\right) = -\alpha\left(u_t - u_n\right)$$

Wenn $u_t < u_n$ ($u_t > u_n$), wird die Inflationsrate ansteigen (fallen). Wenn $u_t = u_n$, ist die Inflationsrate konstant.

c) Wenn die Inflationsrate im Durchschnitt immer einen Wert von 0 annimmt, kommt es im Durchschnitt nicht zu größeren Reallohneinbußen, wenn die Inflationsentwicklung unterschätzt wird. In den 70er Jahren kam es jedoch durch den starken Anstieg der Ölpreise zu dauerhaft positiven Inflationsraten: Wird nun die Inflationsentwicklung unterschätzt, steigen die Löhne dauerhaft langsamer als die Preise, der Reallohn W/P fällt. Die Lohnsetzer werden deshalb ihre Inflationserwartungen nach oben revidieren und bspw. an der Inflationsentwicklung der Vorperiode ausrichten.

Die Rolle der Wirtschaftspolitik

Ein weiterer Grund, warum es möglicherweise zu veränderten Inflationserwartungen kam, könnte im Versuch der Wirtschaftspolitik bestehen, den Phillipskurvenzusammenhang systematisch auszunutzen: Wenn die Wirtschaftspolitik davon ausgeht, dass die Inflationserwartungen sich nicht ändern, könnte sie der Versuchung erliegen, durch Inflation die Reallöhne und damit die Arbeitslosenquote zu senken. Auch hierdurch würde sich eine dauerhaft positive Inflationsrate ergeben. Sobald die Lohnsetzer den anhaltenden Anstieg der Inflationsrate bemerken (oder sobald sie die Politik der Regierung durchschauen), wird sich die Erwartungsbildung ändern.

d) Das Konzept der **Phillipskurve bei rationalen Erwartungen** geht davon aus, dass die Lohnsetzer alle ihnen zur Verfügung stehenden Informationen, die die zukünftige Inflationsrate beeinflussen, effizient berücksichtigen, wenn sie ihre Inflationserwartungen bilden. Die erwartete Inflationsrate ergibt sich dann als der mathematische Erwartungswert der zukünftigen Inflation. Die Phillipskurvenrelation nimmt dann folgende Form an:

$$\pi_t = E\left[\pi_t \middle| \Omega_t\right] + (\mu + z_1) - \alpha u_t$$

Die zum Zeitpunkt t verfügbaren Informationen Ω_t umfassen insbesondere die Kenntnis des zugrunde liegenden Modells. In die Erwartungen gehen also Einschätzungen bezüglich zu erwartender Politikmaßnahmen, bezüglich der zu erwartenden Änderungen der gesamtwirtschaftlichen Situation etc. ein. In einem Modell ohne Unsicherheit (ohne unerwartete Schocks) kann die Zukunft dann exakt vorhergesagt werden, wenn alle notwendigen Informationen zur Verfügung stehen – die Inflationsrate wird korrekt prognostiziert:

$$\pi_t = \pi_t + (\mu + z_1) - \alpha u_t$$

In einem solchen Modellrahmen kann die Wirtschaftspolitik die Arbeitslosenquote nur schwerlich beeinflussen, da ein erwarteter Anstieg der Inflationsrate sofort entsprechende Nominallohnsteigerungen auslöst; der Reallohn ist konstant und die Arbeitslosenquote verharrt auf ihrem mittelfristigen Niveau.

20. Determinanten der Natürlichen Arbeitslosenquote

a) Die natürliche Arbeitslosenquote ist:

$$u_n = \frac{\mu + z_1}{\alpha}$$

sie kann sich ändern, wenn sich der Preisaufschlagsfaktor μ, die sonstigen Faktoren z_1 oder der Parameter α ändern:

Ein Anstieg von μ erhöht den Preissetzungsspielraum der Unternehmen, die *PS*-Kurve verschiebt sich nach unten, der Reallohn sinkt. Bei gegebener Arbeitslosenquote sind die Arbeitnehmer nicht bereit, zum geringeren Reallohn Arbeitsleistungen im gewünschten Umfang zu erbringen, u_n steigt an.

Ein Anstieg von z_1 erhöht die Verhandlungsmacht der Arbeitnehmer, die *WS*-Kurve verschiebt sich nach oben, der zur bestehenden Arbeitslosenquote geforderte Reallohn steigt. Da die Unternehmen gegeben den aktuellen Preissetzungsspielraum nicht bereit sind, diesen Reallohn zu zahlen, muss u_n ansteigen, damit die Arbeitnehmer zum alten Reallohn bereit sind, Arbeit anzubieten.

Ein Anstieg von α erhöht die Reagibilität der Nominallöhne bei Schwankungen der Arbeitslosenquote, die *WS*-Kurve wird steiler, die natürliche Arbeitslosenquote fällt. Wenn die Arbeitnehmer empfindlicher auf die Bedingungen am Arbeitsmarkt reagieren, ist eine geringere Arbeitslosenquote erforderlich, um bei gegebenem Reallohn Arbeitsangebot und Arbeitsnachfrage ins Gleichgewicht zu bringen. Hinter dem Parameter α verbergen sich ebenfalls strukturelle Bedingungen am Arbeitsmarkt. In der allgemeinen Formulierung $F(u, z)$ sind seine Einflussfaktoren in der Sammelvariablen z erfasst. Bspw. dürften die Löhne stärker auf eine höhere Arbeitslosenquote reagieren, wenn die Sozialversicherungsleistungen gering sind – aufgrund mangelnder Alternativen ziehen es die Arbeitnehmer vor, zu einem geringeren Reallohn zu arbeiten, als mit einer nur spärlichen Sozialleistung zurechtzukommen.

Die Funktion *F(u, z)* und die Größe α

Die Funktion $F(u, z)$ beschreibt, wie der geforderte Nominallohn mit der Arbeitslosenquote und mit den strukturellen Bedingungen am Arbeitsmarkt verknüpft ist. Sie enthält Faktoren wie das Ausmaß an Sozialversicherungsleistungen für Arbeitslose, die Rolle der Gewerkschaften oder die Gestaltung der Arbeitsmarktregulierung, bspw. in Form von Regeln zum Kündigungsschutz. Häufig bietet es sich an, eine konkrete Funktionsform für $F(u, z)$ zu unterstellen, bspw.:

$$F(u, z) = 1 - \alpha u + z_1$$

Die Sammelvariable z findet ihren Niederschlag in den beiden Größen α und z_1. α gibt an, wie die strukturellen Bedingungen am Arbeitsmarkt die Reagibilität der Löhne auf Änderungen der Arbeitslosenquote beeinflussen. z_1 erfasst Zusammenhänge, die nicht im direkten Zusammenhang mit der Höhe der Arbeitslosenquote stehen.

b) Vgl. Kapitel 23.

c) Auch die Stromgrößenanalyse des Arbeitsmarktes in Kapitel 6.2 (Aufgabe 1) erlaubt die Ableitung einer natürlichen Arbeitslosenquote. Unter Verwendung der Größen g (der Anteil der Arbeitslosen, die in einer Periode einen neuen Arbeitsplatz finden) und s (der Anteil der Beschäftigten, die in einer Periode ihren Arbeitsplatz verlieren) hatten wir folgende strukturelle (natürliche) Arbeitslosenquote abgeleitet:

$$u_n = \frac{U}{L} = \frac{s}{g+s}$$

Ist eine in dieser Form abgeleitete Arbeitslosenquote vereinbar mit der hier diskutierten Herangehensweise? Ja, da die Größen s und g eng mit der Höhe der Arbeitslosenquote und den strukturellen Bedingungen am Arbeitsmarkt verknüpft sind.

8.2 Übungsaufgaben

1. Ableitung und Interpretation der Phillipkurve aus der *AS*-Kurve

a) Einsetzen der Funktion F in die *AS*-Funktion ergibt:

$$P_t = P_t^e(1+\mu)(1-\alpha u_t + z_1) \qquad (1.)$$

Die Phillipskurve betrachtet die Wachstumsrate des Preisniveaus (die Inflationsrate). Dividiere beide Seiten von (1.) durch P_{t-1}:

$$\frac{P_t}{P_{t-1}} = \frac{P_t^e}{P_{t-1}}(1+\mu)(1-\alpha u_t + z_1) \qquad (2.)$$

Die beiden Bruchausdrücke in der Gleichung können folgendermaßen umgeformt werden:

$$\frac{P_t}{P_{t-1}} = \frac{P_t - P_{t-1} + P_{t-1}}{P_{t-1}} = 1 + \frac{P_t - P_{t-1}}{P_{t-1}} = 1 + \pi_t$$

$$\frac{P_t^e}{P_{t-1}} = \frac{P_t^e - P_{t-1} + P_{t-1}}{P_{t-1}} = 1 + \frac{P_t^e - P_{t-1}}{P_{t-1}} = 1 + \pi_t^e$$

Ersetzen der beiden Brüche in Gleichung (2.) ergibt:

$$(1+\pi_t) = (1+\pi_t^e)(1+\mu)(1-\alpha u_t + z_1) \qquad (3.)$$

Wir können Gleichung (3.) vereinfachen, indem wir beide Seiten mit

$$\frac{1}{(1+\pi_t^e)(1+\mu)}$$

multiplizieren:

$$\frac{(1+\pi_t)}{(1+\pi_t^e)(1+\mu)} = 1-\alpha u_t + z_1$$

und die Regeln zum approximativen Umgang mit Wachstumsraten beachten

$$1+\pi_t - \pi_t^e - \mu = 1-\alpha u_t + z_1$$

Auflösen nach π_t ergibt:

$$\pi_t = \pi_t^e + (\mu + z_1) - \alpha u_t$$

b) Einsetzen der Zahlenwerte aus der Angabe ergibt

$$\pi_t = \pi_t^e + 0{,}15 - 2u_t$$

c) Ein Anstieg der Arbeitslosenquote um einen Prozentpunkt führt (bei gegebenen Inflationserwartungen) zu einer Senkung der Inflationsrate um zwei Prozentpunkte (Grund: Es kommt zu einem geringeren Nominallohnanstieg, der sich preisdämpfend auswirkt).

Ein Anstieg der Inflationserwartungen führt zu einer Erhöhung der Inflationsrate in gleichem Ausmaß (Grund: Um den erwarteten Reallohn zu stabilisieren, werden höhere Lohnsteigerungen vereinbart; diese führen zu Preiserhöhungen).

Ein Anstieg von μ oder z_1 führt zu einem Anstieg der Inflationsrate, wenn alle anderen Größen sich nicht verändern (Grund: die natürliche Arbeitslosenquote steigt, die aktuelle Arbeitslosenquote ist dann relativ zum natürlichen Niveau zu niedrig ➔ *W* steigt ➔ *P* steigt). Beachte: Im mittelfristigen Arbeitsmarktgleichgewicht kommt es nicht zu einem Anstieg der Inflationsrate, da sich die Arbeitslosenquote auf das natürliche Niveau erhöht). Die natürliche Arbeitslosenquote im Beispiel beträgt:

$$u_n = \frac{0{,}15}{2} = 7{,}5\%$$

d) Ein Anstieg von α hat zur Folge, dass sich die Lohnentwicklung (und damit die Entwicklung der Inflationsrate) stärker an der Entwicklung der Arbeitslosenquote ausrichtet. Dies hat zwei Konsequenzen:

- Kurzfristig führt ein Anstieg der Arbeitslosenquote zu einer stärkeren Reduktion der Inflationsrate.
- Mittelfristig sinkt die natürliche Arbeitslosenquote. Dies ist kein überraschendes Resultat, da auch α als Komponente von z ein struktureller Parameter ist. Er bestimmt die Steigung der *WS*-Kurve. Steigt α nimmt die Steigung der *WS*-Kurve zu, da nun *W* (und damit, gegeben *P*, auch *W*/*P*) stärker auf veränderte Bedingungen am Arbeitsmarkt reagiert. Wenn aber die Arbeitnehmer

empfindlicher auf die Bedingungen am Arbeitsmarkt reagieren, ist eine geringere Arbeitslosenquote erforderlich, um bei gegebenem Reallohn Arbeitsangebot und Arbeitsnachfrage ins Gleichgewicht zu bringen.

2. Phillipskurve bei unterschiedlichen Erwartungsbildungshypothesen

a) Für $\pi_t^e = \pi_t$ erhalten wir:

$$u_n = \frac{0{,}1}{2} = 5\%$$

b) Üblicherweise fragt die Phillipskurvenrelation, welchen Effekt eine gegebene Veränderung der Arbeitslosenquote auf die Inflationsrate hat. Hier fragen wir: Welche Inflationsrate würde sich ergeben, wenn Wirtschaftspolitik die Arbeitslosenquote (bspw. durch den Einsatz von Geldpolitik) verändern könnte.

i. Für $\pi_t^e = 0$ ergibt sich als Phillipskurve:

$$\pi_1 = \pi_2 = \pi_3 = \ldots = 0 + 0{,}1 - 2 \cdot 0{,}03 = 4\%$$

Wenn die Inflationserwartungen dauerhaft bei 0 verharren (statische Erwartungen), wäre eine jährliche Inflationsrate von 4% nötig.

ii. Für $\pi_t^e = \theta\pi_{t-1}$ ergibt sich als Phillipskurve:

$$\pi_t = \theta\pi_{t-1} + 0{,}1 - 2 \cdot u_t$$

Und somit (da $\pi_{t-1} = \pi_0 = 0$):

$$\pi_1 = 0 + 0{,}1 - 2 \cdot u_1 = 0 + 0{,}1 - 2 \cdot 0{,}03 = 4\%$$

$$\pi_2 = \theta \cdot \pi_1 + 0{,}1 - 2 \cdot u_2 = \theta \cdot 0{,}04 + 0{,}1 - 2 \cdot 0{,}03 = 0{,}04(1+\theta)$$

$$\pi_3 = \theta \cdot \pi_2 + 0{,}1 - 2 \cdot u_3 = \theta \cdot (0{,}04 + \theta \cdot 0{,}04) + 0{,}1 - 2 \cdot 0{,}03 = 0{,}04\,(1+\theta+\theta^2)$$

$$\pi_4 = \theta \cdot \left[0{,}04\,(1+\theta+\theta^2)\right] + 0{,}04 = 0{,}04\,(1+\theta+\theta^2+\theta^3)$$

...

Allgemein erhalten wir:

$$\pi_t = 0{,}04 \cdot (1+\theta^1+\theta^2+\ldots+\theta^{t-1}) = \sum_{t=0}^{t-1} 0{,}04 \cdot \theta^t$$

Die Inflationsrate muss also kontinuierlich ansteigen, damit eine Arbeitslosenquote von 3% aufrechterhalten werden kann. Das Ausmaß des Anstiegs nimmt allerdings ab, da $\theta < 1$.

iii. Für $\pi_t^e = \pi_{t-1}$ ist $\theta = 1$. Somit erhalten wir:

$$\pi_t = \sum_{t=0}^{t-1} 0{,}04 \cdot 1^t$$

Die Inflationsrate muss in jeder Periode um 4 Prozentpunkte ansteigen, damit die Arbeitslosenquote dauerhaft auf 3% gesenkt werden kann.

c) Bei i. werden die Erwartungen nicht an die tatsächliche Inflationsrate angepasst, so dass die tatsächliche Preisentwicklung keine Rolle in den Lohnverhandlungen spielt („**statische Erwartungen**"). Dies ist nicht besonders plausibel, da die Wirtschaftssubjekte Anreize zum Lernen haben: Irgendwann sollten sie erkennen, dass sie aufgrund ihrer konstanten Inflationserwartungen Reallohneinbußen hinnehmen müssen.

Bei ii. und iii. wird als Grundlage der Inflationserwartungen die tatsächliche Preisentwicklung der Vorperiode verwendet („**adaptive Erwartungen**"). Diese erhält bei ii. ein Gewicht θ, bei iii. ein Gewicht 1. Für $\theta < 1$ ist die Anpassung langsamer. Die Annahme adaptiver Erwartungen ist wesentlich plausibler, da hier die Arbeitnehmer die ihnen bekannte Preisentwicklung der Vorperiode in ihre Lohnforderung einbeziehen. Sowohl bei ii. als auch bei iii. wird vorhergesagt, dass die Inflationsrate immer weiter ansteigen muss, damit die Arbeitslosenquote dauerhaft gesenkt werden kann. Der durch Inflation begründete Anstieg des Preisniveaus führt zu höheren Lohnforderungen (bzw. einem höheren Nominallohnanstieg), diese wiederum zu höheren Kosten und höheren Inflationsraten.

Lohnindexierung

Lohnindexierung ist ein insbesondere in Ländern mit hoher (und damit stark variabler) Inflation benutztes Instrument, um starke Reallohneinbußen der Arbeitnehmer (bei steigender Inflation) bzw. Kostenexplosion auf Seiten der Unternehmer (bei fallender Inflation) vorzubeugen. Die Betrachtung hier geht von einer automatischen Anpassung der aktuellen Löhne um die **aktuelle** Inflationsrate aus. Die in der Realität zu beobachtenden Indexierungsklauseln müssen natürlich mit dem Problem fertig werden, dass Inflationsraten erst mit einer gewissen Verzögerung bekannt werden; dieser Umstand wird hier vernachlässigt.

d) Ableitung der Phillipskurve bei Lohnindexierung: Bei den indexierten Arbeitsverträgen wird die tatsächliche Inflationsrate zugrunde gelegt, so dass für diese Verträge gilt:

$$\pi_t^{ei} = \pi_t$$

Bei den anderen Arbeitsverträgen wird die Inflationsrate der Vorperiode zugrunde gelegt:

$$\pi_t^{en} = \pi_{t-1}$$

Die erwartete Inflationsrate ergibt sich als gewichtetes Mittel der beiden Größen:

$$\pi_t^e = \lambda\pi_t^{ei} + (1-\lambda)\pi_t^{en} = \lambda\pi_t + (1-\lambda)\pi_{t-1}$$

Einsetzen in die Phillipskurvenbeziehung:

$$\pi_t = \lambda\pi_t + (1-\lambda)\pi_{t-1} + 0{,}1 - 2u_t$$

Bei Indexierung entwickelt sich die Inflationsrate demzufolge gemäß:

$$\pi_t - \pi_{t-1} = \frac{0{,}1 - 2u_t}{(1-\lambda)} = -\frac{2}{(1-\lambda)}(u_t - \frac{0{,}1}{2}) = -\frac{\alpha}{(1-\lambda)}(u_t - u_n)$$

e) Die letzte Gleichung in Aufgabenteil d) besagt, dass der Effekt eines Anstiegs (einer Reduktion) der Arbeitslosenquote über (unter) ihr natürliches Niveau umso stärker ist, je größer das Ausmaß der Indexierung.

Wirksamkeit der Geldpolitik: Die kurzfristige Wirksamkeit der Geldpolitik beruht auf dem Umstand, dass steigende Preise nur unvollständig in höhere Löhne umgesetzt werden, da die Arbeitnehmer auf Preisänderungen nur verzögert reagieren. Dadurch fällt der Reallohn (W/P) ➔ u sinkt.

Ohne Indexierung kommt es nach einer Reduktion von u zwar zu Lohnsteigerungen aufgrund besserer Verhandlungsmacht. Die hierdurch ausgelösten Preissteigerungen werden jedoch erst in der Folgeperiode in höhere Löhne umgesetzt: Zunächst steigen die Preise deshalb stärker als die Löhne, der Reallohn fällt unter das Niveau, bei dem ein mittelfristiges Gleichgewicht am Arbeitsmarkt vorliegt, die Arbeitslosenquote sinkt tatsächlich. Erst mittelfristig passen sich die Erwartungen an.

Mit Indexierung führt eine Reduktion von u zu einem sofortigen Anstieg der Nominallöhne (und damit des Preisniveaus) aus zwei Gründen: Bessere Verhandlungsposition und erhöhte Inflationserwartungen. Der Reallohn kann nicht mehr sinken, was die Neueinstellungen bremst. Damit reduziert sich die kurzfristige Wirksamkeit der Geldpolitik und die Rückkehr zum mittelfristigen Gleichgewicht erfolgt wesentlich schneller.

3. Phillipskurve bei rationalen Erwartungen

a) $u_n = 10\%$

NAIRU = Non-Accelerating Inflation Rate of Unemployment; bezeichnet die Arbeitslosenquote, bei der sich die Inflationsrate nicht verändert. Liegt die Arbeitslosenquote darüber, fällt die Inflationsrate, liegt sie dagegen darunter, steigt die Inflationsrate an.

b) $\pi_t = 0{,}04 + 0{,}3 - 3 \cdot 0{,}08 = 10\%$

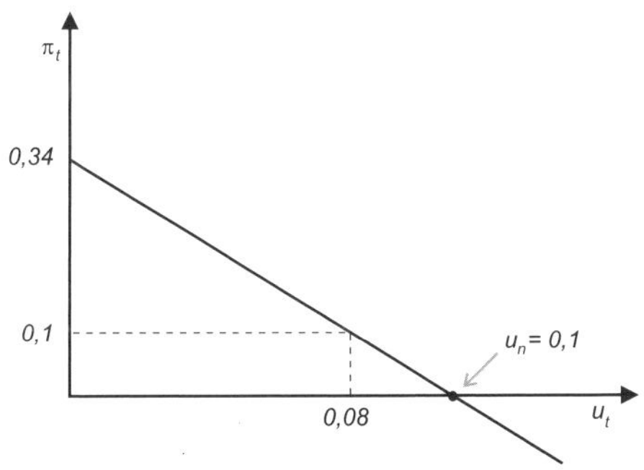

Abbildung 8.1: Zeichnung der Phillipskurve

c) Die Phillipskurvenrelation ist nun:

$$\pi_t = \lambda\pi_t + (1-\lambda)\pi_{t-1} + 0{,}3 - 3u_t = 0{,}2\pi_t + 0{,}8\pi_{t-1} + 0{,}3 - 3u_t$$

Es ergibt sich eine Arbeitslosenquote von

$$\pi_t - \pi_{t-1} = -\frac{\alpha}{(1-\lambda)}(u_t - u_n)$$

Die Wirtschaftssubjekte, die die Politik der Zentralbank korrekt antizipieren, fordern eine höhere Nominallohnsteigerung, dadurch geht der durchschnittliche Reallohn weniger stark zurück als von der Zentralbank erwartet. Aus diesem Grund ist die Reduktion der Arbeitslosenquote weniger ausgeprägt.

d) Phillipskurve wird steiler: Zur Reduktion der Arbeitslosenquote um 1 Prozentpunkt ist nun ein stärkerer Anstieg der Inflationsrate in Kauf zu nehmen. Bei $\lambda = 1$ verläuft die Phillipskurve senkrecht und die Zentralbank verliert ihren Einfluss auf die Arbeitslosenquote.

Die Parameter α und λ

Die Gleichung aus Aufgabe 2 d) ist äußerst hilfreich, um den Zusammenhang zwischen Erwartungsbildung und Inflationsentwicklung aus Aufgabe 3 d) zu verstehen:

$$\pi_t - \pi_{t-1} = -\frac{\alpha}{(1-\lambda)}(u_t - u_n)$$

Strebt λ gegen den Wert 1, wird der Bruchausdruck sehr groß, eine Abweichung der Arbeitslosenquote von ihrem natürlichen Niveau ruft sehr starke Änderungen der Inflationsrate hervor, da die Lohnsetzer jegliche erwartete Preissteigerung bereits in veränderte Lohnforderungen (und damit veränderte Inflationsraten) umsetzen. Nominallohn, Preisniveau und Reallohn müssen sich nicht erst umständlich über veränderte Arbeitslosenquoten anpassen. Sie passen sich sofort an neue Bedingungen an, da Letztere bereits in der erwarteten Inflationsrate zusammengefasst werden. Es ist deshalb nicht verwunderlich, dass der Parameter α, der die Stärke der Inflationsreaktion auf eine gegebene Veränderung der Arbeitslosenquote misst und somit in die Steigung der Phillipskurve eingeht, an Bedeutung verliert, je größer der Anteil der Wirtschaftssubjekte mit rationalen Erwartungen ist.

e) Bei adaptiven Erwartungen hat die Regierung möglicherweise einen Anreiz, die Arbeitslosenquote kurzfristig zu senken, um bspw. ihre Wiederwahlchancen zu erhöhen. Antizipieren (erkennen) die Wirtschaftssubjekte, dass dieser Anreiz vorliegt, werden sie ihre Lohnforderungen erhöhen: Die Inflationsrate steigt, die Arbeitslosenquote fällt jedoch nicht. Schlimmer noch: Hält die Regierung die Inflation wider Erwarten konstant, steigt die Arbeitslosenquote sogar, da die Nominallöhne dann stärker steigen als das Preisniveau ➔ W/P steigt ➔ u steigt. Um dieses Problem zu vermeiden, kann es sinnvoll sein, die Geldpolitik (also die Kontrolle der Inflationsrate) in die Hand eines Agenten zu geben, der glaubwürdig versichern kann, dass er nur an einer niedrigen Inflationsrate interessiert ist.

4. Alternative Formulierung adaptiver Erwartungen

a) Die natürliche Arbeitslosenquote beträgt:

$$u_n = \frac{0{,}3}{4} = 7{,}5\%$$

b) Bei der vorliegenden Erwartungsbildungshypothese

$$\pi_t^e = \pi_{t-1}^e + \theta \cdot (\pi_{t-1} - \pi_{t-1}^e) \qquad (4.)$$

handelt es sich um eine abgewandelte Form adaptiver Erwartungen. Die Wirtschaftssubjekte verändern ihre letzte Prognose bzgl. der Inflationsrate um einen Teil des Fehlers, den sie in der letzten Periode gemacht haben. Wurde die Inflationsrate der letzten Periode unterschätzt, so werden die Inflationserwartungen um einen Teil der Unterschätzung nach oben korrigiert. Wurde die Inflationsrate überschätzt, so werden die Inflationserwartungen um einen Teil der Überschätzung nach unten korrigiert. Die Wirtschaftssubjekte „lernen aus ihren Fehlern".

Bei den bereits bekannten Formen der statistischen und adaptiven Erwartungen handelt es sich um Spezialfälle von Gleichung (4.). Wird für θ ein Wert von 1 eingesetzt, entfällt die erwartete Inflationsrate der Vorperiode; die Wirtschaftssubjekte bilden Erwartungen, indem sie die tatsächliche Inflation der Vorperiode als Schätzer für die erwartete Inflationsrate benutzen. Wird für θ in Gleichung (4.) ein Wert $\theta = 0$ eingesetzt, entfallen die erwartete Inflationsrate der Vorperiode und die tatsächliche Inflation der Vorperiode; einmal gebildete Inflationserwartungen werden beibehalten und die erwartete Inflationsrate ist konstant.

c) Zunächst müssen die Inflationserwartungen für die Periode $t = 1$ ermittelt werden. Einsetzen in Gleichung (4.) ergibt:

$$\pi_1^e = \pi_0^e + \theta \cdot (\pi_0 - \pi_0^e) = 2\% + 0{,}7 \cdot (3\% - 2\%) = 2{,}7\%$$

Einsetzen von $u_1 = 6\%$ und $\pi_1^e = 2{,}7\%$ in
die vorgegebene Phillipskurve ergibt:

$$\pi_1 = 2{,}7\% + 0{,}3 - 4 \cdot 6\% = 8{,}7\%$$

Für die Inflationserwartungen der Periode $t = 2$ wird analog vorgegangen. Einsetzen der Werte für Inflationsrate und Inflationserwartungen der Vorperiode ergibt:

$$\pi_2^e - 2{,}7\% + 0{,}7 \cdot (8{,}7\% \quad 2{,}7\%) = 6{,}9\%$$

Die Inflationsrate in $t = 2$ beträgt:

$$\pi_2 = 6{,}9\% + 0{,}3 - 4 \cdot 6\% = 12{,}9\%$$

d) Die Arbeitslosenquote in Periode $t = 0$ lässt sich durch Auflösen der Phillipskurve nach u_t und Einsetzen der Werte für Inflation und Inflationserwartungen in der entsprechenden Periode ermitteln:

$$u_0 = \frac{1}{4}(\pi_0^e - \pi_0 + 0{,}3) = \frac{1}{4}(2\% - 3\% + 0{,}3) = 7{,}25\%$$

5. Schätzung der Phillipskurve

a) Für den Zeitraum 1960–2003 ergibt sich für die ursprüngliche Phillipskurve:

	Koeffizienten	**Standardfehler**	**t-Statistik**	**P-Wert**
Achsenabschnitt	0,041	0,004	10,022	1,052E-12
α	–0,256	0,080	–3,186	0,003

mit den folgenden Regressions-Statistiken:

Regressions-Statistik	
Multipler Korrelationskoeffizient	0,441
Bestimmtheitsmaß	0,195
Adjustiertes Bestimmtheitsmaß	0,175
Standardfehler	0,016
Beobachtungen	44

Würde die Phillipskurve tatsächlich gemäß der Schätzung verlaufen, würde sie folgende Form annehmen (in Klammern die entsprechende t-Statistik):

$$\pi_t = \underset{(10{,}02)}{0{,}04} - \underset{(-3{,}19)}{0{,}25}\, u_t$$

Allerdings weist schon der äußerst niedrige Wert für das Bestimmtheitsmaß darauf hin, dass wir bei der Interpretation der Ergebnisse äußerste Vorsicht walten lassen sollten. Der ermittelte Zusammenhang sollte deshalb nicht vorschnell als „Phillipskurve" bezeichnet werden. Einen von mehreren wichtigen Gründen, die uns zur Vorsicht mahnen, lernen wir in der nächsten Teilaufgabe kennen.

b) Zur Darstellung beschränken wir uns auf die zu erstellende Grafik:

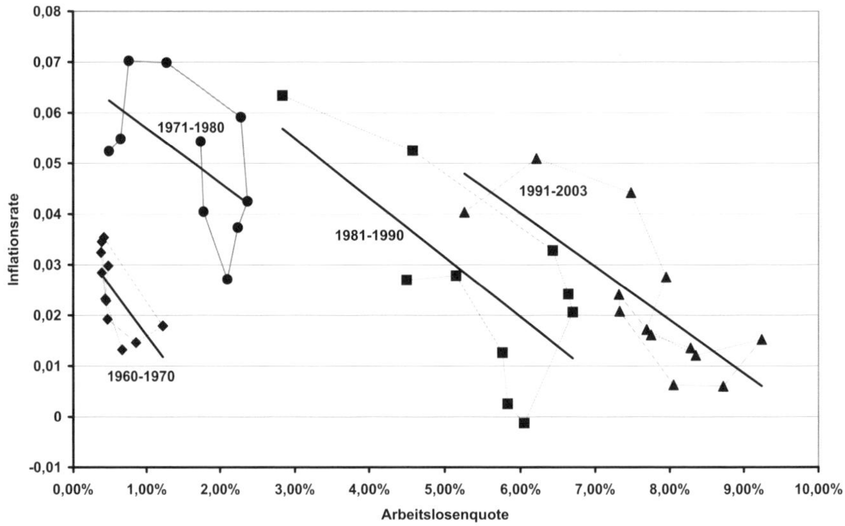

Abbildung 8.2: Kombinationen von Arbeitslosenquote und Inflationsrate für Deutschland, 1960 bis 2003

Die entsprechenden Schätzgleichungen sind
$\pi_t = 0{,}036 - 1{,}96u_t$ (1960 bis 1970),
$\pi_t = 0{,}067 - 1{,}08u_t$ (1971 bis 1980),
$\pi_t = 0{,}09 - 1{,}17u_t$ (1981 bis 1990) und
$\pi_t = 0{,}10 - 1{,}05u_t$ (1991 bis 2003).

Sowohl die grafische Darstellung als auch die ermittelten Regressionsgeraden zeigen, dass wir unsere erste Schätzung nicht als den tatsächlichen Zusammenhang zwischen Inflationsrate und Arbeitslosenquote fehl interpretieren sollten. Untersuchen wir unterschiedliche Zeiträume, ergeben sich ja jeweils ganz andere Zusammenhänge. In den 70er Jahren erscheint es so, als ob sich der ursprüngliche Zusammenhang stark nach oben verschiebt (u.a. als Resultat der hohen Inflationsraten als Folge des Ölpreisanstiegs in diesem Zeitraum), danach verlagert er sich nach rechts unten: Der in Teilaufgabe a) ermittelte Zusammenhang erweist sich als nicht stabil.

Sollten wir die Schätzungen aus dieser Teilaufgabe als Phillipskurvenrelation für die einzelnen Zeiträume interpretieren? Mit Sicherheit nicht! Hierfür sprechen viele Gründe, von denen zwei sehr offensichtlich sind:

- Erstens haben wir die Schätzzeiträume willkürlich gewählt. Bei Verwendung von anderen Zeitspannen ergäben sich sicherlich ganz andere Zusammenhänge. Wir können jedoch nicht davon ausgehen, dass wir „korrekte" Zeiträume ermitteln können, da uns keinerlei Ansatzpunkte für eine Auswahl vorliegen. Eine willkürliche Bestimmung der Zeiträume öffnet allerdings der Manipulation von Forschungsergebnissen Tür und Tor und ist in der empirischen Forschung deshalb nicht gern gesehen.
- Zweitens umfassen die einzelnen Zeiträume nur sehr wenige Datenpunkte. Die erzielten Ergebnisse verlieren somit an Aussagekraft, da sie auf purem Zufall beruhen könnten: Greife ich willkürlich nur zwei Kombinationen von Arbeitslosenquote und Inflationsrate heraus, ist die Gefahr sehr groß, dass ich einen negativen Zusammenhang zwischen beiden Größen beobachte, der unter Umständen nur in diesen beiden Jahren bestand. Erst wenn ich die Zahl der Beobachtungen entsprechend erhöhe, kann ich meine Ergebnisse absichern. Eine Erhöhung auf 10 Jahre ist jedoch keinesfalls ausreichend, um gesicherte Erkenntnisse zu sammeln.

c) Bei der Schätzung der Parameter θ und α kann folgendermaßen vorgegangen werden: Aus der vorgegebenen Gleichung ist bereits ersichtlich, dass θ ermittelt werden kann, indem die Inflationsrate des Vorjahres als erklärende Variable in die Regression mit aufgenommen wird. Der ermittelte Koeffizient für die Inflationsrate der Vorperiode ist dann ein Schätzer für θ, der ermittelte Koeffizient für die Arbeitslosenquote ein Schätzer für α. Wir erhalten folgendes Ergebnis (in Klammern die entsprechende t-Statistik):

$$\pi_t = \underset{(9{,}11)}{0{,}75\theta} + \underset{(3{,}39)}{0{,}013_t} - \underset{(-2{,}89)}{0{,}14\,u}$$

Das Bestimmtheitsmaß nimmt einen Wert von $\bar{R}^2 = 0{,}73$ an, es wird also ein deutlich größerer Teil der Veränderung der abhängigen Variable durch die Veränderungen der unabhängigen Variablen erklärt. Auch wenn dies auf eine deutliche Verbesserung der Anpassungsgüte hindeutet, müssen wir weiterhin äußerst vorsichtig agieren. Von den vielen Gründen, die hierfür sprechen, seien an dieser Stelle wieder nur zwei angesprochen:

- Auch für den in dieser Teilaufgabe ermittelten Zusammenhang müsste zunächst überprüft werden, ob er sich als stabil erweist. Tatsächlich wissen wir nach der Lektüre dieses Kapitels, dass die modifizierte Phillipskurve keineswegs immer den Zusammenhang zwischen Arbeitslosenquote und Inflationsrate beschrieben hat. Außerdem wurde diskutiert, dass sich die natürliche Arbeitslosenquote im Zeitverlauf ändern kann (und sich in Deutschland im Verlauf der Jahrzehnte wohl auch geändert hat).
- Weiterhin haben wir die Schätzung dieser Teilaufgabe unter der Annahme durchgeführt, dass die Inflationserwartungen tatsächlich gemäß der Gleichung

  $$\pi_t^e = \theta\pi_{t-1}$$

  gebildet werden. Dies muss jedoch nicht zwangsläufig der Fall sein. Wie wir bspw. in Aufgabe 3 sahen, müssen wir unsere Analyse beträchtlich anpassen, wenn ein Teil der Lohnsetzer rationale Erwartungen bildet.

d) Die im Rahmen des Phillipskurvenzusammenhang beschriebenen Mechanismen können nicht oder nur in geringem Maße zur Erklärung der beschriebenen Entwicklung herangezogen werden. Dies folgt schon aus dem Umstand, dass die Nominallöhne im relevanten Zeitraum nur wenig gestiegen sind, es also nicht zu der unterstellten Spirale von Lohn- und Preissteigerungen gekommen ist. Vielmehr ist der beobachtete Anstieg der Inflationsrate im Wesentlichen auf den starken Anstieg der Rohstoffpreise bis Mitte des Jahres 2008, also einen Angebotsschock, zurückzuführen. Dieser ließe sich allenfalls als ein Anstieg des Gewinnaufschlags μ beschreiben. Der Anstieg der Rohstoffpreise kann wiederum durch einen ausgeprägten weltwirtschaftlichen Aufschwung erklärt werden, der sich auch belebend auf dem deutschen Arbeitsmarkt bemerkbar gemacht hatte.

   Gleichzeitig ist nicht ausgeschlossen, dass es im Beobachtungszeitraum zu strukturellen Veränderungen gekommen ist. So argumentieren einige Volkswirte, dass die Reduktion der Arbeitslosigkeit in Deutschland bis zum Ende des Jahres 2008 zum Teil auf die Arbeitsmarktreformen der Jahre 2003 bis 2005 zurückzuführen ist. Es könnte also einerseits zu einem Sinken der natürlichen Arbeitslosenquote gekommen sein, da die in der Sammelvariablen z erfassten Rigiditäten abgenommen haben. Andererseits ist nicht auszuschließen, dass der im Rahmen des Okun'schen Gesetzes beschriebene Zusammenhang zwischen Wirtschaftswachstum und Arbeitslosigkeit, der im nächsten Kapitel besprochen wird, stärker geworden ist.

9 Geldmengenwachstum, Inflation und Wirtschaftswachstum

9.1 Wissens- und Verständnistests

Multiple Choice

1. Gehen Sie von der Beziehung $g_{yt} = g_{mt} - \pi_t$ und einem mittelfristigen Gleichgewicht aus.
   a) Ein plötzlicher Anstieg der Inflationsrate über g_{mt} hinaus führt stets zu einer Reduktion der realen Geldmenge *M/P*.
   b) Aus $g_{mt} < \pi_t$ folgt stets $g_{yt} > 0$.
   c) Eine Erhöhung der Wachstumsrate der Geldmenge geht stets mit einem Anstieg von g_{yt} einher.
   d) Eine Verringerung der Wachstumsrate der nominalen Geldmenge geht stets mit einer Reduktion der Wachstumsrate der Produktion und damit mit einem Anstieg der Arbeitslosenquote einher.
2. Will die Zentralbank langfristig das Preisniveau konstant halten,
   a) ...muss sie das nominale Geldmengenwachstum so steuern, dass es genau dem Potenzialwachstum entspricht.
   b) ...muss sie das nominale Geldmengenwachstum so steuern, dass es über dem Potenzialwachstum liegt.
   c) ...muss sie das reale Geldmengenwachstum so steuern, dass es genau dem Potenzialwachstum entspricht.
   d) Keine der vorangegangen Aussagen ist korrekt.
3. Welches der folgenden Phänomene erklärt **nicht**, warum ein Anstieg der Wachstumsrate der Produktion um 1 Prozentpunkt über das Potenzialwachstum hinaus zu einer Reduktion der Arbeitslosenquote um weniger als 1 Prozentpunkt führt?
   a) Bei einem Anstieg des Produktionswachstums werden bisher entmutigte Arbeitssuchende die stille Reserve verlassen und in die Gruppe der Erwerbspersonen eintreten.
   b) Bestimmte Tätigkeiten müssen in Unternehmen unabhängig vom Produktionsniveau ausgeführt werden.
   c) Nominallohnrigiditäten verhindern die Entlassung von Arbeitnehmern.

d) Arbeitsmarktregulierung und Unternehmensorganisation verhindern, dass Unternehmen auf eine veränderte Nachfragelage ausschließlich mit Entlassungen bzw. Einstellungen reagieren.

e) Unternehmen haben Anreize, Mitarbeiter bei einer geringen Nachfrage weiter zu beschäftigen, da die Anwerbung und Schulung neuer Mitarbeiter bei einem erneuten Anstieg der Nachfrage Kosten verursacht.

4. Welches der folgenden Ereignisse wird zu einem Anstieg des Opferverhältnisses führen?
   a) Ein Anstieg des Parameters α oder des Parameters β.
   b) Eine Reduktion des Parameters β.
   c) Ein Anstieg des Parameters α.
   d) Ein Reduktion des Parameters α.

5. Nehmen Sie an, der Parameter α nimmt einen Wert von 1,2 an. Die Zentralbank möchte die Inflationsrate um 12 Prozentpunkte reduzieren. Die natürliche Arbeitslosenquote ist 6%. Wie viele Jahresprozentpunkte an Überschussarbeitslosigkeit muss die Zentralbank hinnehmen, um ihr Ziel zu erreichen?
   a) 10
   b) 12
   c) 6
   d) 10,8

6. Nehmen Sie an, der Parameter α nimmt einen Wert von 1,5 an. Die Zentralbank möchte die Inflationsrate um 12 Prozentpunkte reduzieren. Die natürliche Arbeitslosenquote ist 6%. Wie hoch ist das Opferverhältnis näherungsweise?
   a) 0,5
   b) 0,67
   c) 2
   d) 3

Wahr/Falsch: Welche der jeweiligen Aussagen sind wahr, welche falsch?

7. Gehen Sie von der Beziehungen $u_t - u_{t-1} = -\beta(g_{yt} - \bar{g}_y)$ aus.
   a) Für den Fall, dass $\bar{g}_y = 0$ und $\beta > 0$, geht positives Produktionswachstum stets mit einem Anstieg der Arbeitslosigkeit einher.
   b) Für den Fall, dass $\bar{g}_y = 0$ und $\beta > 0$, geht negatives Produktionswachstum stets mit einem Anstieg der Arbeitslosigkeit einher.
   c) Wenn es selbst bei hohen Wachstumsraten der Produktion zu einem Anstieg der Arbeitslosigkeit kommt, kann dies unter anderem an einem besonders ausgeprägten Bevölkerungswachstum liegen.
   d) Wenn es selbst bei hohen Wachstumsraten der Produktion zu einem Anstieg der Arbeitslosigkeit kommt, kann dies unter anderem daran liegen, dass vermehrt der Faktor Arbeit durch den Faktor Kapital ersetzt wird.

8. Aus den Erfahrungen der Vereinigten Staaten bei der Disinflation in den Jahren 1979 bis 1985 können die folgenden Lehren gezogen werden:
   a) Sofern die Zentralbank ein Geldmengenziel ausgibt, kann sie problemlos Glaubwürdigkeit gewinnen.
   b) Um Glaubwürdigkeit aufbauen zu können, muss die Zentralbank unter Umständen bereit sein, zeitweise die Kosten der Disinflation im Sinne ansteigender Arbeitslosigkeit in Kauf zu nehmen.
   c) Das Opferverhältnis während einer Disinflation ist konstant.
   d) Einflussnahme von Seiten der Regierung kann die Bemühungen der Zentralbank erheblich erschweren.
9. Bis in die Siebzigerjahre gingen viele Ökonomen davon aus,
   a) ...dass die Zentralbank die zeitliche Verteilung der Jahresprozentpunkte an Überschussinflation beeinflussen kann, die zur Senkung der Inflationsrate um einen bestimmten Betrag notwendig ist.
   b) ...dass die Zentralbank die Gesamtzahl der Jahresprozentpunkte an Überschussinflation beeinflussen kann, die zur Senkung der Inflationsrate um einen bestimmten Betrag notwendig ist.
   c) ...dass zur Durchführung einer Disinflation immer ein Anstieg der Arbeitslosenquote notwendig ist.
   d) ...dass Erwartungen für das Ergebnis einer Politik der Disinflation keine Rolle spielen.
10. Bei Vorliegen von nominalen Rigiditäten und gestaffelter Preissetzung
   a) ...sollte eine glaubwürdige Zentralbank die Inflationsrate zunächst langsam und dann schneller senken.
   b) ...ist davon auszugehen, dass in der betrachteten Volkswirtschaft Löhne und Preise für einen gewissen Zeitraum festgelegt sind.
   c) ...spielt die Glaubwürdigkeit der Zentralbank bei einer Politik der Disinflation keine Rolle, da sie sich nicht auf die Preiserwartungen auswirken kann.
   d) ...gehen in aktuelle Lohnverhandlungen indirekt auch die Inflationserwartungen der Vergangenheit ein.
11. Die Lucas-Kritik impliziert, dass eine angekündigte Politik der Disinflation
   a) ...keinen Effekt auf die Höhe der Arbeitslosenquote haben wird.
   b) ...keinen Effekt auf die Höhe der Arbeitslosenquote sowie das Produktionswachstum haben wird, sofern die Ankündigung vollständig glaubwürdig ist.
   c) ...keinen Effekt auf die Inflationsrate haben wird.
   d) ...das Opferverhältnis verringern kann, sofern die Wirtschaftssubjekte der Ankündigung der Zentralbank Glauben schenken.

Basiswissen

12. Okun'sches Gesetz, Phillipskurve und aggregierte Nachfrage
    a) In seiner allgemeinen Form ist das Okun'sche Gesetz definiert als

$$u_t - u_{t-1} = -\beta \cdot \left(g_{yt} - \bar{g}_y\right)$$

    i. Welcher Spezialfall des Okun'schen Gesetzes wurde im vorangegangen Kapitel betrachtet? Wodurch zeichnet sich dieser Spezialfall ökonomisch aus?
    ii. Interpretieren Sie die allgemeine Form des Okun'schen Gesetzs ökonomisch!
    iii. Diskutieren Sie Einflussgrößen auf den Koeffizienten β. Ist sein Wert unabhängig von der untersuchten Periodenlänge?

    b) Welche Einflussfaktoren bestimmen die Höhe der natürlichen Arbeitslosenquote? Wie reagiert die Inflationsrate, wenn die tatsächliche Arbeitslosenquote über (unter) ihrem natürlichen Niveau liegt?
    c) Leiten Sie die aggregierte Nachfragebeziehung in Wachstumsraten aus der Ihnen bekannten *AD*-Funktion ab! Unterstellen Sie hierbei, dass in der betrachteten Volkswirtschaft Steuern und Staatsausgaben keine Rolle spielen! Interpretieren Sie die abgeleitete Beziehung möglichst knapp!
    d) Diskutieren Sie die folgenden Aussagen anhand des Zusammenhangs zwischen Okun'schem Gesetz, Phillipskurve und aggregierter Nachfrage:
    i. „Die aggregierte Nachfragebeziehung zeigt, dass die Zentralbank das Wachstum der Produktion über Veränderungen der Geldmengenwachstumsrate ungehindert steuern kann."
    ii. „Mittelfristig ist Geld neutral."

13. Disinflation
    a) Unterscheiden Sie die Begriffe Deflation und Disinflation!
    b) Erläutern Sie knapp das Konzept der „Jahresprozentpunkte an Überschussarbeitslosigkeit" sowie den Begriff des „Opferverhältnisses"!
    c) In den 70er Jahren gingen viele Ökonomen davon aus, dass die Zentralbank die Gesamtzahl der „Jahresprozentpunkte an Überschussarbeitslosigkeit", die für eine gegebene Reduktion der Inflationsrate nötig sind, nicht beeinflussen kann. Die Zentralbank ist jedoch in der Lage, die zeitliche Verteilung der Arbeitslosigkeit zu beeinflussen. Erläutern Sie die dieser Vorstellung zugrunde liegende ökonomische Intuition!
    d) Wie beeinflusste die so genannte „Lucas-Kritik" die Vorstellung vieler Ökonomen bezüglich Politikmaßnahmen, die auf Disinflation abzielen? Wie sollte nach Lucas und Sargent eine erfolgreiche Disinflationspolitik gestaltet sein?
    e) Was versteht man unter „nominalen Rigiditäten" und wie werden sie ökonomisch motiviert? Welche Politik erscheint bei Vorliegen nominaler Rigiditäten besonders angebracht, um erfolgreich die Inflationsrate zu senken? Erläutern Sie!

9.2 Übungsaufgaben

1. Okun'sches Gesetz, Phillipskurve und aggregierte Nachfrage
   a) Nehmen Sie an, die Produktivität des Faktors Arbeit steigt jährlich um 1,6%, die Zunahme der Erwerbsbevölkerung beträgt jährlich 0,9%. Um welchen Prozentsatz muss die Wirtschaft wachsen, damit die Arbeitslosenquote konstant bleibt?
   b) Die Beziehung zwischen Wachstums- und Arbeitslosenrate (Okun'sches Gesetz) sei

$$u_t - u_{t-1} = -\beta \cdot \left(g_{yt} - 2{,}5\%\right)$$

   β wird auf 0,4 geschätzt.
   i. Welche Wachstumsrate ist erforderlich, um die Arbeitslosenrate um 1 Prozentpunkt zu reduzieren?
   ii. Welche Wachstumsrate ist erforderlich, um die Arbeitslosenrate im Verlauf von 4 Jahren von 9% auf 7% zu reduzieren?

2. Gehen Sie von folgendem Phillipskurvenzusammenhang aus:

$$\pi_t - \pi_{t-1} = \alpha \cdot (u_t - u_n)$$

   Der Parameter α nimmt einen Wert von –1,5, die natürliche Arbeitslosenquote einen Wert von 8% an. Die Inflationsrate der Vorperiode betrug $\pi_{-1} = 4\%$.
   a) Ermitteln Sie die Inflationsrate, die sich in der Periode $t = 0$ ergibt, wenn die Arbeitslosenquote u_0 einen Wert von 6%, 7%, 8%, 9% bzw. 10% annimmt!
   b) Angenommen, die Arbeitslosenquote befindet sich in Periode $t = 0$ auf ihrem natürlichen Niveau. Zu Beginn der Periode $t = 1$ wird ein neuer Zentralbankpräsident bestimmt, der für eine strikte Einhaltung eines Inflationsziels von $\pi^* = 0$ plädiert. Die Wirtschaftssubjekte reduzieren hierauf ihre Inflationserwartungen und setzen fortan auf ein konstantes Preisniveau. Welche Kombination von Arbeitslosenquote und Inflationsrate erwarten Sie für die folgenden Perioden?
   c) Benutzen Sie die *AD*-Relation in Wachstumsraten, um die folgenden Fragen zu beantworten:
   i. Ermitteln Sie die Wachstumsrate der Produktion, wenn die Inflationsrate in Periode t 3% beträgt und die nominale Geldmenge mit 7%, 5%, 3% bzw. 1% wächst! Wie verändert sich g_{yt}, wenn die nominale Geldmenge bei konstanter Inflationsrate steigt?
   ii. Ermitteln Sie die Wachstumsrate der Produktion, wenn die Wachstumsrate der Geldmenge in Periode t 6% beträgt und die Inflationsrate einen Wert von 6%, 4% bzw. 2% annimmt! Wie verändert sich g_{yt}, wenn die Inflationsrate bei konstanter Geldmenge steigt?

3. Expansive Geldpolitik

   Eine Volkswirtschaft sei durch folgende Gleichungen charakterisiert:

$$u_t - u_{t-1} = -\frac{1}{3}\left(g_{yt} - 3\%\right) \qquad \text{(Okun'sches Gesetz)}$$

$$\pi_t - \pi_t^e = 0{,}06 - u_t \qquad \text{(Phillipskurve)}$$

$$g_{yt} = g_{mt} - \pi_t \qquad \text{(Aggregierte Nachfrage)}$$

$$\pi_t^e = \pi_{t-1} \qquad \text{(Erwartungsbildung)}$$

   Die Volkswirtschaft befindet sich in $t = 0$ in einem mittelfristigen Gleichgewicht mit $\pi_0 = 0$.

   a) Ermitteln Sie die natürliche Arbeitslosenquote!
   b) Ermitteln Sie die Wachstumsrate der Produktion im mittelfristigen Gleichgewicht! Welche alternative Bezeichnung kennen Sie für diese Wachstumsrate?
   c) Ermitteln Sie die Wachstumsrate der nominalen Geldmenge im mittelfristigen Gleichgewicht!

   Die Zentralbank erhöht die Wachstumsrate der nominalen Geldmenge auf $g_{mt} = 6\%$.

   d) Ermitteln Sie die Werte für Arbeitslosenquote, Produktionswachstum und Inflationsrate im neuen mittelfristigen Gleichgewicht! Erläutern Sie in wenigen Stichworten Ihre Vorgehensweise!
   e) Ermitteln Sie für die Perioden $t = 1$ und $t = 2$ das reale Geldmengenwachstum, die Inflationsrate, die Arbeitslosenquote sowie die Wachstumsrate der realen Produktion, die sich nach Durchführung der Politik ergeben!

4. Disinflation

   Eine Volkswirtschaft sei durch die folgenden drei Gleichungen charakterisiert:

$$u_t - u_{t-1} = -\beta \cdot \left(g_{yt} - \bar{g}_y\right) \qquad \text{(Okun'sches Gesetz)}$$

$$\pi_t - \pi_{t-1} = -\alpha(u_t - u_n) \qquad \text{(Phillipskurve)}$$

$$g_{yt} = g_{mt} - \pi_t \qquad \text{(Aggregierte Nachfrage)}$$

   Schätzungen der Zentralbank ergeben folgende Werte für die Parameter der drei zentralen Beziehungen:

$$\beta = 0{,}5$$
$$\alpha = 1$$
$$\bar{g}_y = 3\%$$
$$u_n = 6\% = u_0$$

   Die Inflationsrate in Periode $t = 0$ beträgt $\pi_0 = 18\%$. Die Zentralbank beschließt, die Inflationsrate schrittweise auf 3% zu senken. Beginnend mit der Periode $t = 1$ soll die Inflationsrate in jedem Jahr um 3 Prozentpunkte fallen.

a) Ermitteln Sie für die Jahre $t = 0$ bis $t = 8$ die Zielinflationsrate und die Arbeitslosenquote, die nötig ist, um die Zielinflationsrate zu erreichen! Erläutern Sie für beide Variablen kurz den Verlauf ökonomisch!

b) Ermitteln Sie für jedes der Jahre aus Teilaufgabe a) das Produktionswachstum und erläutern Sie kurz ökonomisch!

c) Ermitteln Sie für jedes der Jahre aus Teilaufgabe a) die Wachstumsrate der nominalen Geldmenge, die nötig ist, um die Zielsetzung der Zentralbank zu erreichen!

d) Wenden Sie die Lucas-Kritik auf Ihre Herangehensweise in den Teilaufgaben a) bis c) an. Welcher Pfad für die Geldmenge erscheint im Sinne der Lucas-Kritik angemessen? Von welchen wirtschaftspolitischen Maßnahmen sollte die Senkung des Geldmengenwachstums begleitet werden (nur verbale Erläuterung)?

e) Wie sollte der Pfad der nominalen Geldmenge im Vergleich zu Teilaufgabe c) verändert werden, wenn die Zentralbank wie in den Ansätzen von Taylor bzw. Fischer in einer Volkswirtschaft operiert, die sich durch nominale Rigiditäten auszeichnet (nur verbale Erläuterung)?

5. Restriktive Geldpolitik

Eine Volkswirtschaft sei durch die folgenden drei Gleichungen charakterisiert:

$$u_t - u_{t-1} = -0{,}5 \cdot \left(g_{yt} - 2\%\right) \qquad \text{(Okun'sches Gesetz)}$$

$$\pi_t - \pi_t^e = 5\% - u_t \qquad \text{(Phillipskurve)}$$

$$g_{yt} = g_{mt} - \pi_t \qquad \text{(Aggregierte Nachfrage)}$$

a) Wie hoch ist die NAIRU für diese Volkswirtschaft?

b) Die Arbeitslosenrate sei konstant 5%, die Inflation sei 8%. Wie hoch sind die Wachstumsraten von realem BIP und Geldmenge?

c) Lösen Sie die Gleichungen auf und stellen Sie die aktuelle Inflationsrate sowie die aktuelle Arbeitslosenquote als Funktion von Geldmengenwachstum, Inflationserwartungen und vergangener Inflationsrate dar!

d) Nehmen Sie an, die Zentralbank versucht die Inflationsrate dauerhaft von 8% auf 2% zu senken. Dazu beschränkt sie das Geldmengenwachstum auf 4%. Berechnen Sie Inflations- und Arbeitslosenrate der nächsten drei Perioden, wenn $\pi_t^e = \pi_{t-1}$!

e) Kann die Zentralbank ihr Ziel mit einem konstanten Geldmengenwachstum von 4% erreichen?

f) Simulieren Sie die Anpassungspfade des Geldmengenwachstums, der Arbeitslosenquote, der Inflationsrate und der Wachstumsrate der Produktion in einem Tabellenkalkulationsprogramm für einen Zeitraum von 30 Perioden. Interpretieren Sie Ihr Ergebnis!

6. Glaubwürdigkeit und Disinflation

Die Phillipskurve sei

$$\pi_t = \pi_t^e - (u_t - 5\%)$$

Die Inflationserwartungen werden gemäß der Regel $\pi_t^e = \pi_{t-1}$ gebildet.

a) Wie hoch ist das Opferverhältnis in der betrachteten Volkswirtschaft?

Gehen Sie von einem mittelfristigen Gleichgewicht mit $\pi = 12\%$ aus. Beginnend mit Periode t will die Zentralbank die Arbeitslosenquote so lange um 1 Prozentpunkt über ihrem natürlichen Niveau halten, bis die Inflationsrate auf 2% gefallen ist.

b) Berechnen Sie die Inflationsrate für die Jahre t, $t + 1$, $t + 2$, ... Für wie viele Jahre muss die Arbeitslosenquote über ihrem natürlichen Niveau liegen, damit die Zentralbank ihr Ziel erreicht?

c) Ermitteln Sie das Opferverhältnis! Entspricht es dem Ergebnis aus Teilaufgabe a)?

Gehen Sie in der Folge davon aus, dass alle Wirtschaftssubjekte das Inflationsziel der Zentralbank kennen. Sie sind sich allerdings nicht sicher, inwieweit die Zentralbank eine erhöhte Arbeitslosenquote in Kauf nehmen wird. Deshalb bilden sie Inflationserwartungen als gewichtetes Mittel aus dem Inflationsziel von 2% und der vergangenen Inflationsrate:

$$\pi_t^e = \lambda \cdot 2\% + (1 - \lambda)\pi_{t-1}$$

wobei λ die Gewichtung des Inflationsziels ist.

d) Sei $\lambda = 28{,}7\%$. Wie viele Jahre werden benötigt, um die Inflationsrate auf 2% zu reduzieren? Wie hoch ist das Opferverhältnis? Warum unterscheidet es sich vom Opferverhältnis aus Aufgabenteil c)?

e) Angenommen, nach Ablauf eines Jahres sind die Wirtschaftssubjekte vom Inflationsziel der Zentralbank überzeugt. Ihre Inflationserwartungen sind dann

$$\pi_t^e = 2\%$$

Ab welchem Jahr kann die Zentralbank die Arbeitslosenquote auf ihr natürliches Niveau sinken lassen?

Lösungen zu Kapitel 9

9.1 Wissens- und Verständnistests

Multiple Choice

1. a)
2. a)
3. c)
4. d)
5. a)
6. b)

Wahr/Falsch

7. F, W, W, W
8. F, W, F, W
9. W, F, W, F
10. W, W, F, W
11. F, W, F, W

Basiswissen

12. Okun'sches Gesetz, Phillipskurve und aggregierte Nachfrage
    a) Okun'sches Gesetz
        i. In unserem bisherigen Modellrahmen galt approximativ:

$$u_t - u_{t-1} = -g_{yt}$$

Veränderungen in der Wachstumsrate der Produktion (g_{yt}) führten zu einer gleichstarken und gleichgerichteten Veränderung der Beschäftigung und damit zu einer entgegen gerichteten und (approximativ) gleichstarken Veränderung von u.

Dabei blieb unberücksichtigt, dass die Arbeitsproduktivität steigt (technischer Fortschritt) und dass das Erwerbskräftepotenzial zunimmt.

ii. Dies wird durch folgende Neuformulierung berücksichtigt:

$$u_t - u_{t-1} = -\beta(g_{yt} - \bar{g}_y)$$

$\bar{g}_y$ stellt hierbei die Wachstumsrate dar, die erreicht werden muss, damit die Arbeitslosenquote konstant bleibt („normal growth rate" bzw. Potenzialwachstum). Diese ergibt sich als Summe aus dem Wachstum der Arbeitsproduktivität und der Erwerbsbevölkerung. Die Veränderung der Arbeitslosenquote ist genau dann Null, wenn $g_{yt} = \bar{g}_y$. Ist

$$g_{yt} > \bar{g}_y \ (g_{yt} < \bar{g}_y)$$

dann werden die Unternehmen zusätzliche Arbeitskräfte einstellen (entlassen). Aufgrund der Hortung von Arbeitskräften, Veränderung der Partizipationsrate etc. besteht hier allerdings keine 1:1-Beziehung, was durch den Parameter $\beta < 1$ ausgedrückt wird.

iii. Die Höhe des Koeffizienten β hängt davon ab, wie Unternehmen die Beschäftigung bei einer Änderung des Produktionswachstums anpassen (Unternehmensorganisation und Arbeitsmarktregulierung) und wie sich die Zahl der dem Arbeitsmarkt zur Verfügung stehenden Personen im Konjunkturverlauf ändert (Entwicklung der stillen Reserve in Reaktion auf veränderte Bedingungen am Arbeitsmarkt). Je einfacher es ist, momentan unbenötigte Arbeitnehmer zu entlassen bzw. neu benötigte Arbeitnehmer einzustellen (Kündigungsschutz, Schulungskosten, Kosten der Auswahl von Arbeitnehmern), desto höher wird β sein. Je stärker die stille Reserve auf Verbesserungen der Arbeitsmarktsituation reagiert, desto kleiner wird β sein.

Da die Anpassungsmöglichkeiten auf ein Jahr größer als in Quartals- oder Monatsfrist sind (z.B. wegen Kündigungsfristen), steigt β mit der betrachteten Periodenlänge. Eine Schätzung mit Monatsdaten sollte deshalb einen kleineren Wert für β liefern als eine Schätzung mit Jahresdaten.

b) Die Phillipskurve (PK) ist:

$$\pi_t = \pi_t^e - \alpha \cdot (u_t - u_n)$$

Die Höhe der natürlichen Arbeitslosenquote ist bestimmt durch die strukturellen Bedingungen am Güter- und Arbeitsmarkt. Diese Bedingungen werden durch den Preisaufschlagsfaktor μ (Preissetzungsspielraum der Unternehmen, Ausmaß an unvollständiger Konkurrenz), die Sammelvariable z (Arbeitsmarktregulierung, Organisationsgrad der Gewerkschaften etc.) und die Größe α (gibt an, wie stark der Lohn auf Veränderungen der Arbeitslosenquote reagiert) repräsentiert.

$$u_n = \frac{\mu + z}{\alpha}$$

Wenn die tatsächliche Arbeitslosenquote über ihrem natürlichen Niveau liegt, fällt die Inflationsrate.

Wenn die tatsächliche Arbeitslosenquote unter ihrem natürlichen Niveau liegt, steigt die Inflationsrate.

c) Ausgangspunkt ist die aus Kapitel 7 bekannte *AD*-Beziehung:

$$Y_t = Y\left(\frac{M_t}{P_t}, G_t, T_t\right)$$

Da wir an der Entwicklung der Größen über die Zeit interessiert sind, verwenden wir Zeitindizes. Um uns auf die Beziehung zwischen realer Geldmenge und Produktion konzentrieren zu können, ist es sinnvoll, Staatsausgaben und Steuern zu vernachlässigen und einen linearen Zusammenhang zu unterstellen:

$$Y_t = \gamma \frac{M_t}{P_t}$$

Die Beziehung sagt aus, dass es zu einem Anstieg der Produktion kommt, sofern die nominale Geldmenge schneller ansteigt als das Preisniveau, wenn immer also die reale Geldmenge steigt. Dahinter verbirgt sich der bekannte Anpassungsprozess aus dem *IS-LM*-Modell: Ein Anstieg der realen Geldmenge führt zu Portefeuilleumschichtungen (Kauf von Wertpapieren), es kommt zu einer Zinssenkung und einem Anstieg der Investitionsnachfrage.

Unter Anwendung der Regeln für den Umgang mit Wachstumsraten beträgt die Wachstumsrate der Produktion approximativ:

$$g_{yt} \approx g_\gamma + g_{mt} - \pi_t$$

Ist der Parameter γ konstant, ist seine Wachstumsrate 0. Wir erhalten:

$$g_{yt} \approx g_{mt} - \pi_t$$

d) Diskussion

i. Diese Aussage würde nur dann gelten, wenn durch eine Erhöhung des Geldmengenwachstums die Inflationsrate unberührt bliebe. Dies ist aber nicht der Fall: Zwar kann die Zentralbank bei Konstanz von π die Wachstumsrate der Produktion kurzfristig ändern; diese Änderung zieht allerdings Änderungen der Arbeitslosenquote und damit (über die Phillipskurvenbeziehung) Änderungen der Inflationsrate nach sich, die wiederum auf die reale Geldmenge zurückwirken.

ii. Im hier behandelten Modell endet der im vorangegangenen Absatz beschriebene Prozess in einer Situation, in der Arbeitslosenquote und Produktionswachstum ihren natürlichen Niveaus entsprechen. Ein einmaliger Anstieg von g_{mt} führt mittelfristig lediglich zu einer Erhöhung von π: Geld ist neutral.

13. Disinflation

a) Deflation: andauerndes Sinken des Preisniveaus; die Inflationsrate ist negativ.

Disinflation: eine Senkung der Inflationsrate von einem hohen auf ein niedriges Niveau.

b) Ein „Jahresprozentpunkt an Überschussarbeitslosigkeit" liegt vor, wenn die Arbeitslosenquote für ein Jahr um einen Prozentpunkt über ihrem natürlichen Wert liegt. Die Gesamtzahl an Jahresprozentpunkten an Überschussinflation lässt sich ermitteln, indem die Differenz zwischen u_t und u_n mit der Anzahl der Jahre multipliziert wird, in denen diese Differenz vorliegt.

Das „Opferverhältnis" gibt an, wie viele Jahresprozentpunkte an Überschussinflation benötigt werden, um die Inflationsrate um einen Prozentpunkt zu reduzieren:

$$Opferverhältnis = \frac{Jahresprozentpunkte\ an\ Überschussarbeitslosigkeit}{Reduktion\ der\ Inflationsrate} = \frac{1}{\alpha}$$

wobei α der Koeffizient in der Phillipskurvenbeziehung ist, der angibt, wie stark die Inflationsrate auf Änderungen der Arbeitslosenquote reagiert.

c) Die in den 70er Jahren von vielen Ökonomen verwendeten empirischen Modelle basierten auf der Annahme, dass die Volkswirtschaft adäquat durch Beziehungen beschrieben werden könne, die den in diesem Kapitel verwendeten sehr ähneln. Insbesondere unterstellten sie eine **stabile Phillipskurvenrelation** mit **adaptiven Erwartungen**: $\pi_t = \pi_t^e$. Unter diesen Annahmen:
- muss die Arbeitslosigkeit eine gewisse Zeit über ihrem natürlichen Niveau liegen, damit die Inflationsrate reduziert wird: Die notwendigen Jahresprozentpunkte an Überschussarbeitslosigkeit werden vor allem durch den Parameter α bestimmt.
- muss es zu einer Rezession kommen (die Wachstumsrate der Produktion muss unter ihr natürliches Niveau fallen), damit die Arbeitslosenquote ansteigt.
- muss die Zentralbank die Wachstumsrate der nominalen Geldmenge senken, um die notwendige Reduktion der Wachstumsrate der Produktion herbeizuführen.

d) **Lucas-Kritik**: Ökonomische und insbesondere empirische Modelle müssen berücksichtigen, dass geplante Politikänderungen zu Erwartungsanpassungen führen können.

Im vorliegenden Modell: Kann die Zentralbank glaubwürdig (!) ankündigen, die Inflationsrate zu senken, wird dies zu einer Reduktion der Inflationserwartungen führen. Bei reduzierten Inflationserwartungen kann eine Politik der Disinflation jedoch ohne Überschussarbeitslosigkeit durchgeführt werden: Die Lohnsetzer würden in Erwartungen niedriger Inflationsraten die Lohnsteigerungen verringern ➔ Die Inflationsrate fällt sofort.

Folgerung: Gilt die Lucas-Kritik, kann es für eine Zentralbank sinnvoll sein, eine radikale Maßnahme (eine schnelle und sofortige Senkung der Inflationsrate) durchzuführen, da dies zur Glaubwürdigkeit des Programms beitragen kann.

e) **Nominale Rigiditäten**: Löhne und Preise werden für einen gewissen Zeitraum in nominalen Größen festgelegt ➔ Sie können somit nicht sofort auf Änderung der (erwarteten) Politik reagieren, selbst wenn die angekündigte Disinflation glaubwürdig ist ➔ Eine Senkung der Inflationsrate führt deshalb zu einem Anstieg der Arbeitslosenquote, da der Reallohn kurzfristig steigt.

Die **zeitliche Staffelung von Lohnabschlüssen** (staggering of wage decisions) verstärkt dieses Problem. Da nun ein Lohnabschluss nach Ankündigung der Disinflation auch die Lohnabschlüsse berücksichtigen muss, die in der Vergangenheit zustande kamen, sinkt die Inflationsrate nur langsam, die Arbeitslosenquote steigt.

Bei nominalen Rigiditäten erscheint es deshalb sinnvoll, folgenden Geldmengenpfad anzukündigen: Zunächst wird das Geldmengenwachstum nur langsam reduziert, damit alle bereits abgeschlossen Verträge zunächst unter den aktualisierten Politikerwartungen neu ausgehandelt werden können. In der Folge (wenn immer mehr Verträge die reduzierten Inflationserwartungen berücksichtigen) kann die Reduktion des Geldmengenwachstums beschleunigt werden.

9.2 Übungsaufgaben

1. Okun'sches Gesetz, Phillipskurve und aggregierte Nachfrage

   a) Die Veränderung der Arbeitslosenquote ($u_t - u_{t-1}$) ist genau dann Null, wenn $g_{yt} = \bar{g}_y$, wenn also das tatsächliche Wachstum g_{yt} dem Potenzialwachstum entspricht. Das Potenzialwachstum ergibt sich als die Summe aus dem Wachstum der Arbeitsproduktivität und dem Wachstum der Erwerbsbevölkerung:

   $$\bar{g}_y = g_A + g_L = 1{,}6\% + 0{,}9\% = 2{,}5\% \quad (1.)$$

   b) Die Beziehung zwischen Veränderung der Arbeitslosenquote und Wachstumsrate der Produktion ist gegeben als:

   $$u_t - u_{t-1} = -\,0{,}4\,(g_{yt} - 2{,}5\%) \quad (2.)$$

   i. Wenn das tatsächliche Wachstum (ausgehend von einem Niveau, das mindestens dem Potenzialwachstum entspricht) um 1 Prozentpunkt zunimmt, fällt die Arbeitslosenquote um $0{,}4 \cdot 1\%$, also um 0,4 Prozentpunkte. Insgesamt muss das Produktionswachstum deshalb

   $$g_{yt} = \frac{-(u_t - u_{t-1})}{0{,}4} + 0{,}025 = \frac{0{,}01}{0{,}4} + 0{,}025 = 5\%$$

   betragen.

   ii. Da die ALQ insgesamt um 2 Prozentpunkte sinken soll, muss sie in jedem Jahr um 0,5 Prozentpunkte sinken. In einer Periode sinkt die Arbeitslosenquote um 0,5 Prozentpunkte, wenn die Wachstumsrate:

   $$g_{yt} = \frac{-(u_t - u_{t-1})}{0{,}4} + 0{,}025 = \frac{0{,}005}{0{,}4} + 0{,}025 = 3{,}75\%$$

   beträgt. Wenn also 4 Jahre lang die Wachstumsrate je 3,75% beträgt, kann die Arbeitslosenquote insgesamt um 2 Prozentpunkte gesenkt werden. In den 4 Jahren muss das tatsächliche Wachstum durchschnittlich 1,25 Prozentpunkte über dem Potenzialwachstum liegen.

2. Die Phillipskurve ist:

   $$\pi_t = \pi_{t-1} - 1{,}5 \cdot (u_t - 0{,}08)$$

   a) Gegeben die entsprechenden Werte für die Arbeitslosenquote u_0 ergeben sich die folgenden Inflationsraten: 7%, 5,5%, 4%, 2,5% und 1%.

   b) Die Inflationserwartungen sinken auf $\pi^e = 0\%$. Wenn sich die Erwartungen erfüllen und die Zentralbank tatsächlich eine Inflationsrate von 0% durchsetzt, verharrt die Arbeitslosenquote auf ihrem natürlichen Niveau von 8%.

   c) Die *AD*-Relation in Wachstumsraten ist im Fall einer konstanten Inflationsrate:

   $$g_{yt} = g_{mt} - \pi_t = g_{mt} - 3\%$$

Im Fall der konstanten Wachstumsrate der Geldmenge:

$$g_{yt} = g_{mt} - \pi_t = 6\% - \pi_t$$

i. Für Wachstumsraten der nominalen Geldmenge von 7%, 5%, 3% bzw. 1% ergeben sich Wachstumsraten der Produktion von 4%, 2%, 0% bzw. –2%. Steigt bei konstanter Inflationsrate die Wachstumsrate der nominalen Geldmenge um 1%, steigt die Wachstumsrate der Produktion um 1%.

ii. Für Inflationsraten von 6%, 4% bzw. 2% ergeben sich Wachstumsraten der Produktion von 0%, 2% bzw. 4%. Steigt bei konstanter Wachstumsrate der nominalen Geldmenge die Inflationsrate um 1%, sinkt die Wachstumsrate der Produktion um 1%.

3. Expansive Geldpolitik

a) $u_n = 6\%$

b) Die Wachstumsrate der Produktion im mittelfristigen Gleichgewicht (die normale Wachstumsrate) beträgt: $\bar{g}_y = 3\%$.

c) $g_{mt} = 3\%$

d) Im neuen mittelfristigen Gleichgewicht werden die Arbeitslosenquote und die Wachstumsrate der Produktion wieder zu ihren natürlichen Niveaus zurückkehren. u_t nimmt dann einen Wert von 6% an, g_{yt} einen Wert von 3%.

Mittelfristig wirkt sich die Veränderung nur auf die Höhe der Inflationsrate aus, die sich aus der aggregierten Nachfragebeziehung ergibt:

$$\pi_t = g_{mt} - \bar{g}_y = 6\% - 3\% = 3\%$$

e) Als Bestimmungsgleichung für die Inflationsrate in Periode t (für die Herleitung vgl. Aufgabe 5) erhalten wir:

$$\pi_t = \frac{3}{4}\left[-1\% + \frac{1}{3}g_{mt} + 2\pi_{t-1} - \pi_{t-2}\right]$$

Für $t = 1$ ergibt sich:

$$\pi_1 = \frac{3}{4}\left[-1\% + \frac{1}{3}\cdot 6\% + 2\cdot 0\% - 0\%\right] = 0{,}75\%$$

$$g_{y1} = g_{m1} - \pi_1 = 6\% - 0{,}75\% = 5{,}25\% \qquad \text{(aus } AD\text{)}$$

$$u_1 = u_0 - \frac{1}{3}\left[g_{y1} - \bar{g}_y\right] = 6\% - \frac{1}{3}[5{,}25\% - 3\%] = 5{,}25\% \qquad \text{(aus Okun's Law)}$$

Für $t = 2$ ergibt sich:

$$\pi_2 = \frac{3}{4}\left[-1\% + \frac{1}{3}\cdot 6\% + 2\cdot 0{,}75\% - 0\%\right] = 1{,}875\%$$

$$g_{y2} = g_{m2} - \pi_2 = 6\% - 1{,}875\% = 4{,}125\% \qquad \text{(aus } AD\text{)}$$

$$u_2 = u_1 - \frac{1}{3}\left[g_{y2} - \bar{g}_y\right] = 5{,}25\% - \frac{1}{3}[4{,}125\% - 3\%] = 4{,}875\% \qquad \text{(aus Okun's Law)}$$

4. Disinflation

Die Anpassungspfade aller Variablen sind in der untenstehenden Tabelle in Teilaufgabe c) zusammengefasst.

a) Die Inflationsrate in jedem Jahr ergibt sich einfach durch Abzug von 3 Prozentpunkten von der Inflationsrate des Vorjahres, bis die Zielinflation von 3% erreicht ist.

Aus der Phillipskurvenbeziehung kann dann ermittelt werden, wie stark die Arbeitslosenquote über ihr natürliches Niveau ansteigen muss, um eine Senkung der Inflationsrate um 3 Prozentpunkte zu erzielen ($u_t - u_n = 3\%$). Sobald die Inflationsrate 3% erreicht, kehrt die Arbeitslosenquote zu ihrem natürlichen Niveau zurück.

b) Gegeben die Arbeitslosenquote kann aus dem Okun'schen Gesetz die Wachstumsrate der Produktion ermittelt werden. Zunächst muss die Wachstumsrate fallen, um die Arbeitslosenquote zu erhöhen. Danach kehrt sie zu ihrem natürlichen Niveau zurück. In der sechsten Periode steigt sie einmalig über das normale Niveau an, um die Arbeitslosenquote wieder auf 6% zu senken.

c) Das nominale Geldmengenwachstum wird aus der aggregierten Nachfragebeziehung ermittelt. Es muss zunächst fallen, um eine Rezession zu erzeugen, durch die die Arbeitslosenquote ansteigt. Im zweiten Jahr muss das Geldmengenwachstum ansteigen, um das Produktionswachstum wieder auf das natürliche Niveau zu heben. Danach folgt das Geldmengenwachstum der Entwicklung der Inflationsrate. In der sechsten Periode steigt es kurzfristig noch einmal an, um die Arbeitslosenquote auf ihr natürliches Niveau zu senken.

Insgesamt ergeben sich die folgenden Anpassungspfade:

Jahr	0	1	2	3	4	5	6	7	8
Inflationsrate (%)	18	15	12	9	6	3	3	3	3
Arbeitslosenquote (%)	6	9	9	9	9	9	6	6	6
Produktionswachstum (%)	3	–3	3	3	3	3	9	3	3
Geldmengenwachstum (%)	21	12	15	12	9	6	12	6	6

d) Vgl. Aufgabe 13, Teilaufgabe d) in Kapitel 9.1!

e) Vgl. Aufgabe 13, Teilaufgabe e) in Kapitel 9.1!

5. Restriktive Geldpolitik

a) Aus der PK erhalten wir: $\pi_t - \pi_t^e = 0 = 5\% - u_t$ ➔ $u_n = 5\%$. Die NAIRU ist damit 5%.

b) Einsetzen der Werte in die PK:

$$\pi_t - \pi_t^e = 5\% - 5\% = 0$$

$$\pi_t = \pi_t^e = 8\%$$

Einsetzen in das Okun'sche Gesetz ergibt:

$$u_t - u_{t-1} = 5\% - 5\% = -0{,}5\left(g_{yt} - 2\%\right)$$

$$g_{yt} = 2\%$$

Die Wachstumsrate des BIP beträgt somit 2% und entspricht dem Normalwachstum: Es liegt somit ein mittelfristiges Gleichgewicht vor. Einsetzen in die aggregierte Nachfrage ergibt die Wachstumsrate der Geldmenge:

$$g_{mt} = g_{yt} + \pi_t = 10\%$$

Die Geldmengenwachstumsrate beträgt 10%.

c) Aus der PK:

$$u_t = 5\% - \left(\pi_t - \pi_t^e\right) \text{ und } u_{t-1} = 5\% - \left(\pi_{t-1} - \pi_{t-1}^e\right)$$

Damit ist

$$u_t - u_{t-1} = (\pi_{t-1} - \pi_t) - (\pi_{t-1}^e - \pi_t^e)$$

Dies ergibt unter Verwendung des Okun'schen Gesetzes und der aggregierten Nachfrage:

$$(\pi_{t-1} - \pi_t) - (\pi_{t-1}^e - \pi_t^e) = -0{,}5 g_{mt} + 0{,}5\pi_t + 1\%$$

$$\rightarrow \frac{3}{2}\pi_t = \frac{1}{2} g_{mt} + \pi_{t-1} - 1\% + \left(\pi_t^e - \pi_{t-1}^e\right)$$

Die Inflationsrate ist damit:

$$\pi_t = \frac{1}{3}\left[-2\% + g_{mt} + 2\pi_{t-1} + 2\left(\pi_t^e - \pi_{t-1}^e\right)\right]$$

Die Arbeitslosenquote ergibt sich durch Einsetzen in die PK als:

$$u_t = 5\% + \pi_t^e - \frac{1}{3}\left[-2\% + g_{mt} + 2\pi_{t-1} + 2\left(\pi_t^e - \pi_{t-1}^e\right)\right]$$

$$u_t = 5\frac{2}{3}\% + \frac{1}{3}\left[\pi_t^e - g_{mt} - 2\left(\pi_{t-1} - \pi_{t-1}^e\right)\right]$$

d) Reduktion der Inflationsrate durch Reduzierung des Geldmengenwachstums auf 4%. Dabei sei $\pi_t^e = \pi_{t-1}$. Die Inflationsrate ist damit:

$$\pi_t = \frac{1}{3}\left[-2\% + g_{mt} + 4\pi_{t-1} - 2\pi_{t-2}\right] \quad (3.)$$

Und die Arbeitslosenquote ist:

$$u_t = 5\frac{2}{3}\% + \frac{1}{3}\left[2\pi_{t-2} - g_{mt} - \pi_{t-1}\right] \quad (4.)$$

In der *ersten Periode* ergeben sich folgende Inflations- und Arbeitslosenraten:

$$\pi_1 = \frac{1}{3}\left[-2\% + 4\% + 4 \cdot 8\% - 2 \cdot 8\%\right] = 6\%$$

$$u_1 = 5\frac{2}{3}\% + \frac{1}{3}\left[2 \cdot 8\% - 4\% - 8\%\right] = 7\%$$

In der *zweiten Periode* ergeben sich folgende Inflations- und Arbeitslosenraten:

$$\pi_2 = \frac{1}{3}\left[-2\% + 4\% + 4 \cdot 6\% - 2 \cdot 8\%\right] = 3\frac{1}{3}\%$$

$$u_2 = 5\frac{2}{3}\% + \frac{1}{3}\left[2 \cdot 8\% - 4\% - 6\%\right] = 7\frac{2}{3}\%$$

In der *dritten Periode* ergeben sich folgende Inflations- und Arbeitslosenraten:

$$\pi_3 = \frac{1}{3}\left[-2\% + 4\% + 4 \cdot 3\frac{1}{3}\% - 2 \cdot 6\%\right] = 1{,}11\%$$

$$u_3 = 5\frac{2}{3}\% + \frac{1}{3}\left[2 \cdot 6\% - 4\% - 3\frac{1}{3}\%\right] = 7{,}22\%$$

Durch die Reduzierung des Geldmengenwachstums steigt die Arbeitslosenquote an und die Inflationsrate wird reduziert.

e) Da mittelfristig ein Wachstum von 2% erreicht werden muss, kann die Antwort bereits aus der Gleichung für die aggregierte Nachfrage ermittelt werden. Mittelfristig muss π_t der Differenz aus $g_{mt} = 4\%$ und $g_{yt} = 2\%$ entsprechen – also genau 2%. Die Zentralbank erreicht ihr Ziel.

f) Der Anpassungsprozess zurück zum langfristigen Gleichgewicht erfolgt über oszillierende Schwankungen:

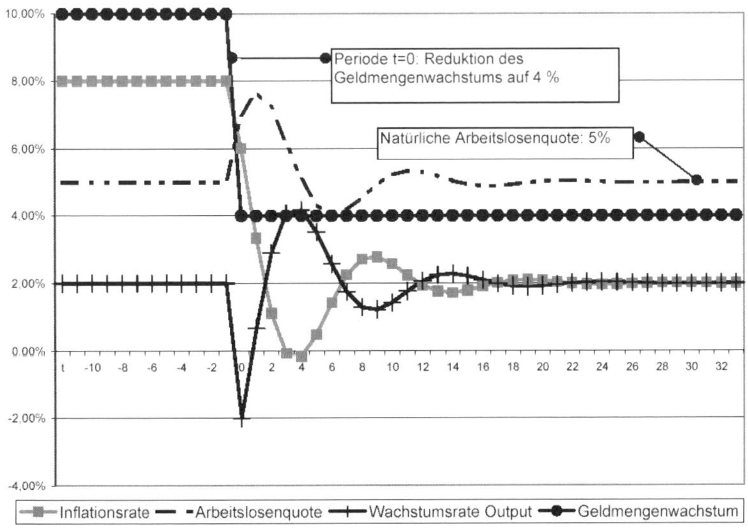

Abbildung 9.1: Anpassungsprozess im simulierten Modell

Für die Periode $t = -2$ bis $t = 10$ ergeben sich die folgenden Werte (die zweite Zeile enthält jeweils die entsprechende Gleichung zur Ermittlung des Werts):

t	π_t	u_t	g_{yt}	g_{mt}
	Gleichung (3.)	**Gleichung (4.)**	***AD*-Relation**	**exogen**
–2	8,00%	5,00%	2,00%	10,00%
–1	8,00%	5,00%	2,00%	10,00%
0	8,00%	5,00%	2,00%	10,00%
1	6,00%	7,00%	–2,00%	4,00%
2	3,33%	7,67%	0,67%	4,00%
3	1,11%	7,22%	2,89%	4,00%
4	–0,07%	6,19%	4,07%	4,00%
5	–0,17%	5,10%	4,17%	4,00%
6	0,49%	4,34%	3,51%	4,00%
7	1,43%	4,06%	2,57%	4,00%
8	2,25%	4,18%	1,75%	4,00%
9	2,71%	4,54%	1,29%	4,00%
10	2,78%	4,93%	1,22%	4,00%

6. Glaubwürdigkeit und Disinflation

   a) Das Opferverhältnis ist:

   $$\frac{1}{\alpha} = 1$$

   Je Prozentpunkt Inflationsreduktion muss die Zentralbank 1 Jahresprozentpunkt an Überschussarbeitslosigkeit in Kauf nehmen.

   b) Die Inflationsrate sinkt in jedem Jahr der folgenden Jahre um 1 Prozentpunkt. Die Zentralbank muss die Arbeitslosenquote also 10 Jahre um einen Prozentpunkt über ihrem natürlichen Niveau halten, um die Inflationsrate von 12% auf 2% zu senken.

   c) Das Opferverhältnis beträgt:

   $$Opferverhältnis = \frac{Jahresprozentpunkte\ an\ Überschussarbeitslosigkeit}{Reduktion\ der\ Inflationsrate} = \frac{10}{10} = 1$$

   und entspricht dem Ergebnis aus Teilaufgabe a).

d) Um das Ergebnis zu ermitteln, ersetzt man in der Phillipskurve:

$$\pi_t = \pi_t^e - (u_t - 5\%) \tag{5.}$$

die erwartete Inflationsrate durch den Ausdruck:

$$\pi_t^e = 0{,}287 \cdot 2\% + 0{,}713 \cdot \pi_{t-1} \tag{6.}$$

Für die erste Periode ergibt sich:

$$\pi_t = 0{,}287 \cdot 2\% + 0{,}713 \cdot 12\% - (6\% - 5\%) = 8{,}13\%$$

Für die zweite Periode erhalten wir:

$$\pi_{t+1} = 0{,}287 \cdot 2\% + 0{,}713 \cdot 8{,}13\% - (6\% - 5\%) = 5{,}37\%$$

Für die dritte Periode erhalten wir:

$$\pi_{t+2} = 0{,}287 \cdot 2\% + 0{,}713 \cdot 5{,}37\% - (6\% - 5\%) = 3{,}4\%$$

Für die vierte Periode erhalten wir:

$$\pi_{t+3} = 0{,}287 \cdot 2\% + 0{,}713 \cdot 3{,}4\% - (6\% - 5\%) = 2\%$$

Die Zentralbank benötigt also 4 Perioden (Jahre), in denen die Arbeitslosenquote um einen Prozentpunkt über ihrem natürlichen Niveau liegt, um die Inflationsrate auf 2% zu senken. Die Anzahl an Jahresprozentpunkten an Überschussinflation beträgt also 4. Für das Opferverhältnis erhalten wir:

$$\textit{Opferverhältnis} = \frac{\textit{Jahresprozentpunkte an Überschussarbeitslosigkeit}}{\textit{Reduktion der Inflationsrate}} = \frac{4}{10} = 0{,}4$$

Es ist wesentlich geringer als in Teilaufgabe c), da die Zentralbank eingeschränkt glaubwürdig ist. Die glaubwürdige Verpflichtung der Zentralbank zur Inflationsreduktion ermöglicht es ihr, die Inflationserwartungen der Preis- und Lohnsetzer zu beeinflussen. Geringere Inflationserwartungen senken die Inflationsrate, da die Nominallohnsteigerungen (und damit die Steigerungen des Preisniveaus) geringer ausfallen.

e) Im ersten Jahr ergibt sich weiterhin eine Inflationsrate von:

$$\pi_t = 0{,}287 \cdot 2\% + 0{,}713 \cdot 12\% - (6\% - 5\%) = 8{,}13\%$$

Im zweiten Jahr sind die Inflationserwartungen dann 2% – da sie dem Inflationsziel entsprechen, ist nun keine Überschussarbeitslosigkeit mehr notwendig:

$$\pi_{t+1} = 2\% - (5\% - 5\%) = 2\%$$

10 Langfristiges Wirtschaftswachstum aus empirischer Sicht

10.1 Wissens- und Verständnistests

Multiple Choice

1. Ein internationaler Vergleich des Wachstums der Pro-Kopf-Produktion in den letzten Jahrzehnten zeigt,
   a) ...dass es generell zu einer Angleichung (Konvergenz) der Pro-Kopf-Produktion gekommen ist.
   b) ...dass es ausschließlich zwischen den großen Industrienationen zu einer Konvergenz der Pro-Kopf-Produktion gekommen ist.
   c) ...dass es in vielen asiatischen Ländern zu einer Annäherung der Pro-Kopf-Produktion an das Niveau der Industrienationen kam.
   d) ...dass es in vielen afrikanischen Volkswirtschaften zu einer Annäherung der Pro-Kopf-Produktion an das Niveau der Industrienationen kam.
2. Welche der folgenden Aussagen ist korrekt?
   a) Internationale Konvergenz der Pro-Kopf-Produktion impliziert, dass eine negative Beziehung zwischen der ursprünglichen Pro-Kopf-Produktion und der Wachstumsrate der Pro-Kopf-Produktion besteht.
   b) Internationale Konvergenz der Pro-Kopf-Produktion impliziert, dass eine positive Beziehung zwischen der ursprünglichen Pro-Kopf-Produktion und der Wachstumsrate der Gesamtproduktion besteht.
   c) Internationale Konvergenz der Pro-Kopf-Produktion impliziert, dass eine negative Beziehung zwischen der ursprünglichen Pro-Kopf-Produktion und der Wachstumsrate der Gesamtproduktion besteht.
   d) Internationale Konvergenz der Pro-Kopf-Produktion impliziert, dass eine positive Beziehung zwischen der ursprünglichen Gesamtproduktion und der Wachstumsrate der Gesamtproduktion besteht.
3. Welche Folgen wird ein Anstieg des Einsatzes von K und N um jeweils 5% bei konstanten Skalenerträgen haben?
   a) Es kommt zu einem Anstieg von Y um mehr als 5%.
   b) Es kommt zu einem Anstieg von K/N um genau 5%.
   c) Die Produktion pro Kapitaleinheit sowie die Produktion pro Kopf sind konstant.
   d) Keine der drei vorangegangen Antworten ist korrekt.

4. Welche Folgen wird ein Anstieg des Kapitaleinsatzes K um 10% haben, falls fallende Grenzerträge des Kapitals vorliegen und die Arbeitseinsatzmenge konstant ist?
   a) Es kommt zu einer Senkung der Kapitalintensität K/N um 10%.
   b) Es kommt zu einer Senkung der Pro-Kopf-Produktion Y/N.
   c) Die Kapitalintensität steigt an, aber um weniger als 10%.
   d) Die Produktion steigt an, aber um weniger als 10%.
5. Welche Verzerrungen sind zu erwarten, wenn zum Vergleich der Pro-Kopf-Einkommen zwischen Weißrussland und Deutschland statt der Methode der Kaufkraftparität eine einfache Umrechnung auf Basis aktueller Wechselkurse erfolgt?
   a) Der relative Lebensstandard in Weißrussland wird überschätzt.
   b) Der aktuelle Wechselkurs wird unterschätzt.
   c) Das Einkommen pro Kopf in Deutschland relativ zum Einkommen pro Kopf in Weißrussland wird überschätzt.
   d) Keine der drei vorangegangen Antworten ist korrekt.
6. Eine Gerade mit positiver Steigung auf einer linearen Skala wird auf einer logarithmischen Skala zu
   a) ...einer Geraden mit positiver Steigung.
   b) ...einer Kurve mit positiver Steigung, wobei die Steigung kontinuierlich abnimmt.
   c) ...einer Kurve mit positiver Steigung, wobei die Steigung kontinuierlich zunimmt.
   d) ...einer horizontalen Gerade.

Wahr/Falsch: Welche der jeweiligen Aussagen sind wahr, welche falsch?

7. Die Untersuchung von Daten zum Wachstum der Produktion pro Kopf lässt folgende Schlussfolgerungen zu:
   a) Ausgeprägtes wirtschaftliches Wachstum ist ein Phänomen, das in allen Phasen der letzten 2.000 Jahre zu beobachten war.
   b) Die Erfahrung Europas in der Zeit zwischen dem Jahr 500 und dem Jahr 1500 nach Christus zeigt, dass wirtschaftliches Wachstum und Bevölkerungsentwicklung zwei völlig unabhängige Phänomene sind.
   c) Während der industriellen Revolution im 18. und 19. Jahrhundert wurde ein Rekordwachstum der Produktion pro Kopf beobachtet.
   d) In den beiden Dekaden nach dem zweiten Weltkrieg wuchs die Produktion pro Kopf nur schwach.

8. Die Untersuchung von Daten zum Wachstum der Produktion pro Kopf lässt folgende Schlussfolgerungen zu:
   a) Seit Mitte der 70er Jahre kam es in den größten Industrienationen zu einer deutlichen Abschwächung des Wachstums der Produktion pro Kopf.
   b) Die Volkswirtschaften, die im Jahre 1950 eine hohe (niedrige) Produktion pro Kopf aufwiesen, verzeichneten in den darauf folgenden Jahrzehnten ein relativ zum Durchschnitt höheres (niedrigeres) Wachstum der Produktion pro Kopf.
   c) Die Volkswirtschaften, die im Jahre 1950 eine hohe (niedrige) Produktion pro Kopf aufwiesen, verzeichneten in den darauf folgenden Jahrzehnten ein relativ zum Durchschnitt niedrigeres (höheres) Wachstum der Produktion pro Kopf.
   d) Im Laufe der letzten Jahrzehnte ist für einen Teil der Volkswirtschaften eine Angleichung der Lebensstandards zu beobachten, bei einem anderen Teil nahm der Abstand zu den großen Industrienationen sogar zu.
9. Zwischen 1950 und 1973 wuchsen die fünf größten Industrienationen um durchschnittlich 4,3%, zwischen 1974 und 2000 nur um 1,8%. Die Produktion pro Kopf 1973 sei mit Y_0 bezeichnet, die Produktion pro Kopf 2000 sei $Y_1 = 23.500$.
   a) Trotz des Rückgangs der Wachstumsraten hat sich die Produktion zwischen 1974 und 2000 mehr als verdoppelt.
   b) Hätte die durchschnittliche Wachstumsrate auch nach 1973 4,3% betragen, hätte sich die Produktion zwischen den Jahren 1974 und 2005 vervierfacht.
   c) Die Produktion pro Kopf wäre im Jahr 2000 nahezu doppelt so hoch gewesen, wenn die durchschnittliche Wachstumsrate ihr hohes Niveau beibehalten hätte.
   d) Verharrt die Wachstumsrate auf ihrem niedrigen Niveau, wird die Produktion pro Kopf im Jahr 2020 33.575 betragen. Kehrt sie auf ihr altes Niveau zurück, nimmt sie einen Wert von 35.500 an.
   e) Verharrt die Wachstumsrate auf ihrem niedrigen Niveau, wird die Produktion pro Kopf im Jahr 2020 33.575 betragen. Kehrt sie auf ihr altes Niveau zurück, nimmt sie einen Wert von 54.545 an.
10. Eine Produktionsfunktion weist konstante Skalenerträge auf. Die ursprüngliche Produktionsmenge sei mit Y_0 bezeichnet.
    a) Es ist ausgeschlossen, dass die Produktionsfunktion gleichzeitig fallende Grenzerträge für einen Faktor aufweist.
    b) Für die einzelnen Faktoren wird die Produktionsfunktion immer fallende Grenzerträge aufweisen.
    c) Wird der Einsatz aller Produktionsfaktoren um den Faktor $(1 + \lambda)$ erhöht, ergibt sich eine Produktionsmenge Y_1 in Höhe von $Y_0\,(1 + \lambda)$.
    d) Wird die Einsatzmenge aller Produktionsfaktoren mit dem Faktor $0 < \lambda < 1$ multipliziert, sinkt die Produktionsmenge auf $Y_1 = Y_0 \cdot \lambda$.
    e) Ein Beispiel für eine Produktionsfunktion mit konstanten Skalenerträgen ist $Y = K^{\alpha}L^{\beta}$, sofern die Parameter α und β größer 0 sind und die Bedingung $\alpha + \beta = 1$ erfüllt ist.

11. Angenommen, Sie stellen die Entwicklung einer Variablen über die Zeit dar, die in jeder Periode kontinuierlich um 5% wächst.
    a) Wird bei der Darstellung eine lineare Skala verwendet, ergibt sich eine Gerade mit positiver Steigung.
    b) Wird bei der Darstellung eine logarithmische Skala verwendet, ergibt sich eine Gerade mit positiver Steigung.
    c) Wird bei der Darstellung eine lineare Skala verwendet, ergibt sich eine Kurve mit positiver Steigung, wobei die Steigung kontinuierlich abnimmt.
    d) Wird bei der Darstellung eine lineare Skala verwendet, ergibt sich eine Kurve mit positiver Steigung, wobei die Steigung kontinuierlich zunimmt.
    e) Wird die Entwicklung der Wachstumsrate auf einer linearen Skala abgebildet, ergibt sich eine horizontale Linie.

Basiswissen

12. Stilisierte Fakten
    a) Gehen Sie von den Daten in der folgenden Tabelle aus:

	Durchschnittliche jährliche Wachstumsraten BIP pro Kopf (%)		**Reales BIP pro Kopf bewertet in $ zu Preisen von 1996**		
	1950–1973	**1974–2000**	**1950**	**2000**	**2000/1950**
Deutschland	4,8	1,7	4.642	21.910	4,7
Frankreich	4,1	1,6	5.489	21.282	3,9
Großbritannien	2,5	1,9	7.321	21.647	3,0
Japan	7,8	2,4	1.940	22.039	11,4
Vereinigte Staaten	2,2	1,7	11.903	30.637	2,6
Durchschnitt	4,3	1,8	6.259	23.503	3,7

Tabelle 10.1: *Quelle: 1950–1992: Penn World Tables, erstellt von Robert Summers und Alan Heston (pwt.econ.upenn.edu). Von 1992 bis 2000 erweitert unter Verwendung der Wachstumsraten des realen BIP, OECD Economic Outlook, sowie der Bevölkerungssatistik des IWF International Financial Statistics (IFS). Die letzte Zeile gibt den (ungewichteten) Durchschnitt an.*

i. Welche Aussagen lassen sich aus den Werten der ersten beiden Spalten bezüglich der Wachstumsgeschwindigkeit in Industrienationen herausarbeiten?
ii. Welche Aussagen lassen sich aus den Werten der ersten beiden Spalten bezüglich der Entwicklung des Lebensstandards in Industrienationen herausarbeiten?
iii. Interpretieren Sie die letzte Spalte der Tabelle und erläutern Sie in diesem Zusammenhang den Begriff der „Konvergenz des Produktionsniveaus pro Kopf"!

b) Beantworten Sie die folgenden Fragen möglichst knapp:
   i. Für welche Gruppen von Ländern kann in den letzten Jahrzehnten eine Konvergenz des BIP pro Kopf zum Niveau der Vereinigten Staaten festgestellt werden?
   ii. Wie könnte man ökonometrisch untersuchen, ob in den letzten Jahrzehnten Konvergenz stattgefunden hat?
   iii. In welchen Phasen der letzten 2.000 Jahre kam es zu einem ausgeprägten Wachstum der Pro-Kopf-Produktion und der Lebensstandards?

13. Die aggregierte Produktionsfunktion: Theoretische Grundlagen und Eigenschaften
   a) Erläutern Sie anhand einer Cobb-Douglas-Produktionsfunktion

$$Y = AF(K,N) = AK^{\alpha}N^{1-\alpha} \qquad \text{mit } 0 < \alpha < 1$$

   den Begriff konstante Skalenerträge verbal und formal!
   b) Erläutern Sie anhand einer Cobb-Douglas-Produktionsfunktion den Begriff „fallende Grenzerträge" grafisch, verbal und formal!
   c) Bei Verwendung einer Cobb-Douglas-Produktionsfunktion kommt es unter bestimmten Bedingungen zu einem wichtigen Ergebnis: Der Anteil der Lohneinkommen (Kapitaleinkommen) an der Gesamtproduktion entspricht genau den entsprechenden Exponenten in der Produktionsfunktion, α und $(1 - \alpha)$. Zeigen Sie, unter welchen Bedingungen man zu diesem Ergebnis gelangt!

10.2 Übungsaufgaben

1. Die Methode der Kaufkraftparität beim internationalen Vergleich von Lebensstandards

   Gehen Sie von der folgenden Tabelle aus. Sie gibt die Mengen und Preise der zwei Güter an, die der durchschnittliche Konsument in Deutschland bzw. Rumänien kauft:

	Grundnahrungsmittel		Pauschalreisen	
Land [Währung]	**Preis**	**Menge**	**Preis**	**Menge**
Deutschland [€]	2	4.000	4	8.000
Rumänien [Leu]	2	2.000	20	1.000

Tabelle 10.2: Warenkörbe in Deutschland und Rumänien

   a) Berechnen Sie den Konsum pro Kopf in Deutschland und Rumänien in der jeweiligen Landeswährung!
   b) Nehmen Sie an, der Wechselkurs zwischen Euro und Leu ist

   10 [L/€]

   Ermitteln Sie den Konsum pro Kopf in Rumänien als Anteil des Konsums pro Kopf in Deutschland. Welche Schlüsse können bezüglich des relativen Lebensstandards in beiden Volkswirtschaften gezogen werden?
   c) Benutzen Sie die Methode der Kaufkraftparität zur Ermittlung des relativen Lebensstandards!

d) Vergleichen Sie Ihr Ergebnis aus Teilaufgabe c) mit den Ergebnissen aus Teilaufgabe b) und kommentieren Sie knapp!

e) Ermitteln Sie den Wechselkurs auf Basis der Kaufkraftparitäten und erläutern Sie Ihr Ergebnis kurz!

f) Bei der hier gestellten Aufgabe handelt es sich um ein stilisiertes Beispiel. Nennen Sie eine zentrale Modifikation, die bei der Ermittlung von Kaufkraftparitäten in der Realität angewendet werden sollte!

g) Welche Kritikpunkte können gegen die Methode der Kaufkraftparität vorgebracht werden? Beschränken Sie sich auf einen wesentlichen Kritikpunkt!

2. Die Neoklassische Produktionsfunktion

Gehen Sie von einer Produktionsfunktion der Form

$$Y = K^{0,5}N^{0,5}$$

aus.

a) Bestimmen Sie die Gesamtproduktion für eine Ökonomie mit Kapital $K = 63$ und Arbeit $N = 21$! Welche Werte nehmen die Kapitalintensität, die Produktion pro Kopf sowie die Produktion pro Einheit eingesetzten Kapitals an?

b) Bestimmen Sie die Größen aus Teilaufgabe a), wenn sich die Ausstattung der Ökonomie mit Kapital und Arbeit verdoppelt! Zeichnet sich die Produktionsfunktion durch konstante Skalenerträge aus?

c) Erläutern Sie ökonomisch und verbal die Begriffe steigende Skalenerträge, fallende Skalenerträge und konstante Skalenerträge!

d) Bestimmen Sie die Höhe der Produktion, wenn der Einsatz von nur einem Faktor bei Konstanz des anderen Faktors um 10, 20 bzw. 30 Einheiten vermehrt wird! Weist die vorgegebene Produktionsfunktion

   i. ein fallendes Grenzprodukt der Arbeit

   ii. ein fallendes Grenzprodukt des Kapitals

   auf? Bei welchem Faktor ist die zusätzliche Produktion jeweils größer? Erläutern Sie Ihr Ergebnis!

e) Formulieren Sie die Produktionsfunktion so um, dass sie den Zusammenhang zwischen Pro-Kopf-Output und Pro-Kopf-Kapitaleinsatz beschreibt. Ermitteln Sie den Pro-Kopf-Output für das Zahlenbeispiel aus a). Wie verändert sich Ihr Ergebnis, wenn pro Arbeitnehmer doppelt so viel Kapital eingesetzt wird?

f) Nehmen Sie an, die Effizienz einer Arbeitsstunde verdoppelt sich aufgrund von technischem Fortschritt.

   i. Wie könnte die Produktionsfunktion angepasst werden, um technischen Fortschritt zu berücksichtigen?

   ii. Gehen Sie wiederum von einer Ökonomie mit Kapital $K = 63$ und Arbeit $N = 21$ aus! Welche Werte nehmen die Gesamtproduktion, die Kapitalintensität, die Produktion pro Kopf, sowie die Produktion pro Einheit eingesetzten Kapitals im Vergleich zu Teilaufgabe a) an?

   iii. Wie verändert sich die Produktion pro Arbeitseffizienzeinheit?

   iv. Wie verändert arbeitsvermehrender technischer Fortschritt die Pro-Kopf-Produktionsfunktion grafisch?

Lösungen zu Kapitel 10

10.1 Wissens- und Verständnistests

Multiple Choice

1. c)
2. a)
3. c)
4. d)
5. c)
6. b)

Wahr/Falsch

7. F, F, F, F
8. W, F, W, W
9. F, W, W, F, W
10. F, F, W, W, W
11. F, W, F, W, W

Basiswissen

12. Stilisierte Fakten
    a) Wachstum in Industrienationen
       i. In der zweiten Hälfte des 20. Jahrhunderts kam es zu einem dauerhaften Anstieg der Produktion pro Kopf. Zwischen 1950 und 1973 wuchs die Produktion pro Kopf jedoch wesentlich schneller als in der Periode ab Mitte der 70er Jahre.
       ii. Unter der Bedingung, dass das BIP ein geeignetes Maß für Lebensstandards ist, ist der Lebensstandard in Industrienationen stetig gestiegen.
       iii. Die letzte Spalte gibt an, wie stark die Produktion pro Kopf relativ zum Ausgangsniveau gestiegen ist. Es fällt auf, dass Länder mit anfänglich niedrigem BIP pro Kopf einen überdurchschnittlichen Anstieg der Produktion erlebten, Länder mit anfänglich hohem BIP pro Kopf einen unterdurchschnittlichen. Hieraus folgt, dass sich die Lebensstandards angenähert haben: Es kam zu einer „Konvergenz des Produktionsniveaus pro Kopf".

b) Wachstum und Konvergenz der Lebensstandards

i. Innerhalb der OECD sowie bei vielen asiatischen Volkswirtschaften ist Konvergenz zu beobachten. Für die Länder Lateinamerikas ergibt sich kein einheitliches Ergebnis; viele afrikanische Länder weisen sowohl ein ursprünglich niedriges Produktionsniveau als auch niedrige Wachstumsraten auf.

ii. Im Rahmen einer Regressionsanalyse und unter Verwendung der Produktion pro Kopf zu einem früheren Zeitpunkt (bspw. 1960) als erklärender Variable und der durchschnittlichen Wachstumsrate als abhängiger Variable. Ist der Koeffizient des ursprünglichen Produktionsniveaus negativ, wachsen Länder mit ursprünglich hoher Produktion langsamer und die Länder mit ursprünglich niedrigem Einkommen können aufschließen.

iii. Zwischen dem Ende des Römischen Reiches und dem Beginn der Neuzeit kam es zu nahezu keinem Wachstum der Produktion pro Kopf. Selbst danach (und auch während der industriellen Revolution) waren die Wachstumsraten im Vergleich zum 20. Jahrhundert sehr gering.

13. Die aggregierte Produktionsfunktion: Theoretische Grundlagen und Eigenschaften

a) Wir nehmen zunächst an, dass die totale Faktorproduktivität A konstant ist und somit auf 1 normiert werden kann. Die Produktionsfunktion

$$Y = F(K,N) \qquad (1.)$$

weist konstante Skalenerträge auf, wenn für jede positive Zahl z gilt:

$$zY = F(zK,zN) \qquad (2.)$$

Ökonomisch verbirgt sich hierhinter die Vorstellung, dass ein vermehrter bzw. verminderter Einsatz aller Produktionsfaktoren im gleichen Verhältnis zu einer Erhöhung bzw. Verminderung der Produktion in gleichem Ausmaß führt (z.B. Verdoppelung von K und N ➔ Verdoppelung von Y).

Im vorliegenden Fall, also bei Verwendung der Cobb-Douglas-Produktionsfunktion, gilt:

$$Y = F(K,N) = K^{\alpha}N^{1-\alpha} \text{ mit } 0 < \alpha < 1 \qquad (3.)$$

$$\begin{aligned} F(zK,zN) &= (zK)^{\alpha}(zN)^{1-\alpha} \\ &= z^{\alpha}z^{1-\alpha}K^{\alpha}N^{1-\alpha} \\ &= zK^{\alpha}N^{1-\alpha} \\ &= zY \end{aligned}$$

Die Produktionsfunktion (3.) weist also konstante Skalenerträge auf.

b) Die Änderung der Produktion bei einer marginalen Änderung eines Produktionsfaktors (bei Konstanz aller anderen Faktoren), wird als partielles (physisches) Grenzprodukt bzw. als Grenzertrag bezeichnet. Erhöht sich der Output bei Steigerung eines Inputs, ist das Grenzprodukt positiv. Nimmt der zusätzlich erzielte Output ab, spricht man von einem positiven, fallenden, im umgekehrten Fall von einem positiv steigenden Grenzprodukt.

Ein positives, fallendes Grenzprodukt (fallende Grenzerträge) liegt vor, wenn die erste Ableitung der Produktionsfunktion nach einem Faktor positiv, die zweite Ableitung negativ ist. Im vorliegenden Fall liegt ein positives Grenzprodukt für Kapital und Arbeit vor. Die partielle Ableitung der Produktionsfunktion (3.) beträgt:

$$GPN = \frac{\partial Y}{\partial N} = (1-\alpha)K^{\alpha}N^{-\alpha} > 0$$

$$GPK = \frac{\partial Y}{\partial K} = \alpha K^{\alpha-1}N^{1-\alpha} > 0$$

und ist positiv. Aus den Gleichungen ist bereits zu ersehen, dass das Grenzprodukt mit steigendem K bzw. N sinkt, da $-\alpha$ bzw. $(\alpha - 1)$ negativ sind. Partielles Ableiten von GPK und GPN liefert wegen $0 < \alpha < 1$:

$$\frac{\partial^2 Y}{\partial N^2} = -\alpha(1-\alpha)K^{\alpha}N^{-\alpha-1} < 0$$

$$\frac{\partial^2 Y}{\partial K^2} = \alpha(\alpha-1)K^{\alpha-2}N^{1-\alpha} < 0$$

Ökonomisch verbirgt sich hinter der Annahme eines fallenden Grenzertrags die Annahme, dass der zusätzliche Einsatz eines Faktors zunächst zu großen Produktionssteigerungen verhilft. Die erste Säge erlaubt der Schreinerei mit drei Schreinern eine äußerst große Produktionssteigerung; je stärker allerdings die Einsatzmenge eines Faktors relativ zum Einsatz anderer Faktoren ansteigt, desto geringer sind die erzielbaren Produktionssteigerungen; die hundertste Säge erlaubt der Schreinerei mit drei Schreinern eine äußerst kleine Produktionssteigerung.

Grafisch liegen fallende Grenzerträge vor, wenn die Steigung der partiellen Produktionsfunktion (die Steigung der Tangente an die Produktionsfunktion) mit zunehmendem Faktoreinsatz abnimmt:

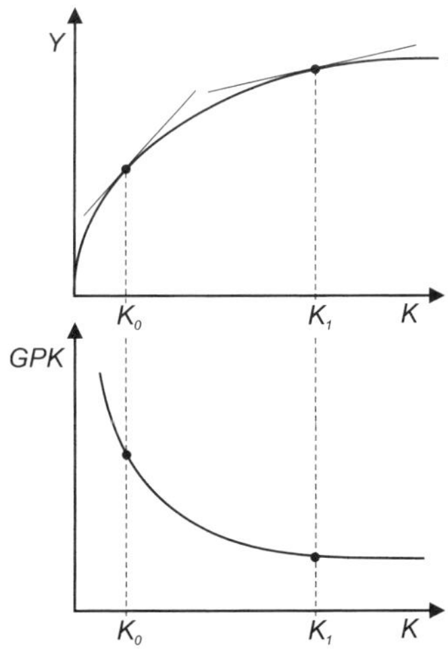

Abbildung 10.1: Fallende Grenzerträge

c) Für diese Aufgabe verwenden wir die ursprüngliche Produktionsfunktion

$$Y = AF(K,N)$$

Die Grenzerträge von Kapital und Arbeit sind:

$$GPN = \frac{\partial Y}{\partial N} = (1-\alpha)AK^{\alpha}N^{-\alpha} \tag{4.}$$

$$GPK = \frac{\partial Y}{\partial K} = \alpha AK^{\alpha-1}N^{1-\alpha} \tag{5.}$$

Multiplikation beider Gleichungen mit N (Gleichung (4.)) bzw. K (Gleichung (5.)) ergibt:

$$GPN \cdot N = (1-\alpha)AK^{\alpha}N^{-\alpha}N = (1-\alpha)AK^{\alpha}N^{1-\alpha} = (1-\alpha)Y \tag{6.}$$

$$GPK \cdot K = \alpha AK^{\alpha-1}N^{1-\alpha}K = \alpha AK^{\alpha}N^{1-\alpha} = \alpha Y \tag{7.}$$

Wenn eine Arbeitseinheit (eine Kapitaleinheit) jeweils mit ihrem Grenzprodukt entlohnt wird, gilt, dass die gesamte Lohnsumme (die Summe der Kapitaleinkommen) dem Produkt aus Grenzertrag und eingesetzter Arbeitsmenge (eingesetzter Kapitalmenge) entspricht:

$$Lohnsumme = GPN \cdot N$$

$$Kapitaleinkünfte = GPK \cdot K$$

Unter dieser Bedingung ergibt sich aus den Gleichungen (6.) und (7.), dass $(1-\alpha)$ bzw. α tatsächlich den Anteil der Lohneinkommen (bzw. Kapitaleinkommen) an der Gesamtproduktion erfassen:

$$(1-\alpha) = \frac{GPN \cdot N}{Y}$$

$$\alpha = \frac{GPK \cdot K}{Y}$$

Werden die beiden Faktoren mit ihrem Grenzprodukt entlohnt? Unter den Bedingungen vollständiger Konkurrenz ist dies tatsächlich der Fall, wie eine Betrachtung des Optimierungskalküls eines repräsentativen Unternehmens zeigt (vgl. Kapitel 6.2, Aufgabe 2).

10.2 Übungsaufgaben

1. Die Methode der Kaufkraftparität beim internationalen Vergleich von Lebensstandards

   a) Der Konsum pro Kopf in Deutschland beträgt:

   2 € · 4.000 + 4 € · 8.000 = 40.000 €

   Der Konsum pro Kopf in Rumänien beträgt:

   2 L · 2.000 €+ 20 L · 1.000 = 24.000 L

b) Multipliziert man den Konsum pro Kopf in Rumänien mit dem entsprechenden Wechselkurs (Achtung: Da der Wechselkurs aus der Sicht von Rumänien in Preisnotierung angegeben ist, muss der Kehrwert verwendet werden), erhält man als Konsum pro Kopf in €:

$$24.000 \text{ L} \cdot 0{,}1 \text{ [€/L]} = 2.400 \text{ €}$$

Und als relativen Konsum:

$$2.400 \text{ €} / 40.000 \text{ €} = 6\%$$

Bei der Bewertung des relativen Lebensstandards ist dieses Maß allerdings nur eingeschränkt sinnvoll, da die Berechnungsmethode nicht berücksichtigt, dass Grundnahrungsmittel in Rumänien wesentlich billiger sind: Ein deutscher Konsument könnte bei Verwendung aller Konsumausgaben für Grundnahrungsmittel 40.000 €/ 2 € = 20.000 Nahrungsmittel kaufen, ein rumänischer hingegen 24.000 L / 2 L = 12.000. In Bündeln Grundnahrungsmittel ist der Unterschied zwischen Rumänien und Deutschland also wesentlich geringer. Dies gilt umso mehr, da Grundnahrungsmittel einen wesentlich größeren Teil des rumänischen Warenkorbs ausmachen.

c) Soll die Methode der Kaufkraftparität verwendet werden, müssen die rumänischen Mengen mit den entsprechenden Europreisen gewichtet werden:

$$2 \text{ €} \cdot 2.000 \text{ €} + 4 \text{ €} \cdot 1.000 = 8.000 \text{ €}$$

Der relative Konsum ist dann:

$$8.000 \text{ €} / 40.000 \text{ €} = 20\%$$

d) Der Unterschied zwischen den beiden Berechnungsmethoden ist gravierend. Vertraut man den Ergebnissen aus Teilaufgabe b), ist der durchschnittliche deutsche Konsument etwa 17-mal besser gestellt als der durchschnittliche rumänische. Bei Verwendung der Ergebnisse aus Teilaufgabe c) reduziert sich dieser Wert auf den Faktor 5.

e) Als PPP-Kurs ergibt sich:

$$\frac{24.000 \text{ L}}{8.000 \text{ €}} = 3\left[\frac{\text{L}}{\text{€}}\right]$$

Der PPP-Kurs gibt also an, zu welchem Wechselkurs sich das gleiche Konsumgüterbündel im Verhältnis 1:1 tauschen ließe. Bewertet man die rumänischen Konsumausgaben (in Leu) mit diesem Wechselkurs

$$24.000 \text{ L} \cdot 0{,}33 \text{ [€/L]} = 8.000 \text{ €}$$

ergibt sich der relative Konsum wie in Teilaufgabe c).

f) In der Realität werden nicht die Preise nur eines Landes (im Beispiel Deutschland) zur Bewertung der Konsumausgaben herangezogen. Vielmehr benutzt man Durchschnittspreise aus verschiedenen Ländern, die als „internationale Dollarpreise“ bezeichnet werden.

g) Einer der wesentlichen Kritikpunkte an der Methode der Kaufkraftparität ist, dass sie unter der Annahme durchgeführt wird, die Warenkörbe in unterschiedlichen Ländern seien adäquat vergleichbar. Dahinter verbirgt sich beispielsweise die Annahme, dass das gleiche Gut in unterschiedlichen Volkswirtschaften die gleiche Qualität aufweist.

2. Die Neoklassische Produktionsfunktion

   a) Die Gesamtproduktion beträgt:

$$Y = 63^{0,5} \cdot 21^{0,5} = 36,37$$

   Die Kapitalintensität beträgt:

$$K / N = 63 / 21 = 3$$

   Die Produktion pro Kopf ist:

$$Y / N = 36,37 / 21 = 1,73 = (K / N)^{0,5}$$

   die Produktion pro Einheit eingesetzten Kapitals

$$Y / \mathrm{K} = 36,37 / 63 = 0,58 = (\mathrm{N} / \mathrm{K})^{0,5}$$

   b) Die Gesamtproduktion erhöht sich auf:

$$Y = 126^{0,5} \cdot 42^{0,5} = 72,75 = 2 \cdot 36,37$$

   Alle anderen Größen bleiben gleich. Es liegen konstante Skalenerträge vor, da

$$Y = F(2K,2N) = (2 \cdot 63)^{0,5}(2 \cdot 21)^{0,5} = 2 \cdot K^{0,5}N^{0,5} = 2 \cdot Y_0$$

   c) Konstante Skalenerträge: siehe Aufgabe 13 in Abschnitt 10.1. Steigende Skalenerträge liegen vor, wenn die Erhöhung bzw. Senkung aller Produktionsfaktoren um einen Faktor z zu einer überproportionalen Erhöhung bzw. Senkung der Produktion führt (die Produktion steigt um einen Faktor größer z). Fallende Skalenerträge liegen vor, wenn die Erhöhung bzw. Senkung aller Produktionsfaktoren um einen Faktor z zu einer unterproportionalen Erhöhung bzw. Senkung der Produktion führt (die Produktion steigt um einen Faktor kleiner z).

   d) Erläuterung: siehe Aufgabe 13 b) in Abschnitt 10.2. Im vorliegenden Fall liegt ein fallendes Grenzprodukt vor. Steigt der Arbeitseinsatz um 10, 20 bzw. 30 Einheiten, steigt die Produktion von 36,4 auf 44,2, 50,8 bzw. 56,7 Einheiten – die jeweilige Zunahme beträgt 7,8, 6,6 bzw. 5,9 Einheiten.

   Steigt der Kapitaleinsatz um 10, 20 bzw. 30 Einheiten, steigt die Produktion von 36,4 auf 39,2, 41,7 bzw. 44,2 Einheiten – die jeweilige Zunahme beträgt 2,8, 2,6 bzw. 2,4 Einheiten.

   Es liegen demnach fallende Grenzerträge für beide Faktoren vor. Die Zuwächse sind beim Faktor Kapital kleiner als beim Faktor Arbeit, da die Einsatzmenge des Kapitals relativ zum Faktor Arbeit bereits hoch ist.

   e) Unter der Annahme konstanter Skalenerträge können wir alle Größen relativ zur Höhe des Arbeitsvolumens ausdrücken. Sei $z = 1 / N$:

$$y = zY = \frac{Y}{N} = (zK)^{\alpha}(zN)^{1-\alpha} = \left(\frac{K}{N}\right)^{\alpha}\left(\frac{N}{N}\right)^{1-\alpha} = \left(\frac{K}{N}\right)^{\alpha} \cdot 1 = \left(\frac{K}{N}\right)^{\alpha} = f(k) = F(k,1)$$

   Die Produktion pro Kopf beträgt:

$$Y / N = (K / N)^{0,5} = 3^{0,5} = 1,73$$

Das Grenzprodukt des Kapital ergibt sich dann als:

$$MPK = \frac{\partial y}{\partial k} = \alpha\left(\frac{K}{N}\right)^{\alpha-1} = \alpha k^{\alpha-1}$$

wobei $k = K/N$. Es ist positiv und fallend.

f) Die Berücksichtigung des technischen Fortschritts

i. Der technische Fortschritt ermöglicht es, dass bei unveränderter Kapitalintensität mehr produziert wird. Im vorliegenden Fall kann der technische Fortschritt berücksichtigt werden, indem man den Produktionsfaktor Arbeit mit einer Größe multipliziert, die den technischen Stand der Volkswirtschaft misst. Wird der Stand der Technik mit A bezeichnet, erhält man:

$$Y = F(K, AN) = K^{0,5}(AN)^{0,5}$$

Da eine Erhöhung von A dazu führt, dass man mit einem geringeren Arbeitseinsatz die gleiche Produktion erzielen kann, nennt man diese Form der Berücksichtigung von technischem Fortschritt „arbeitsvermehrend". Alternativ kann man sich die Größe AN auch als Menge an effektiver Arbeit vorstellen.

ii. In Teilaufgabe a) war $A = 1$. Bei einer Verdoppelung der Arbeitseffizienz gilt nun $A = 2$. Die Gesamtproduktion beträgt dann:

$$Y = 63^{0,5}(2 \cdot 21)^{0,5} = 51,4$$

Die Kapitalintensität verändert sich nicht, die Produktion pro Kopf ist:

$$Y / N = 51,4 / 21 = 2,45$$

die Produktion pro Einheit eingesetzten Kapitals

$$Y / K = 51,4 / 63 = 0,82$$

iii. Die Produktion pro Arbeitseffizienzeinheit betrug vorher 1,73, nun beträgt sie 1,22.

iv. Die Pro-Kopf-Produktionsfunktion verschiebt sich nach oben.

11 Produktion, Sparen und Kapitalstock

Notationshinweis

Für alle Fragen gilt: Kleingeschriebene Buchstaben für *Y*, *K*, *C* und *I* geben die entsprechende Größe pro Kopf wieder:

$$\frac{Y}{N} = y, \frac{K}{N} = k, \frac{C}{N} = c \text{ und } \frac{I}{N} = i$$

Steady State-Werte werden durch einen Stern gekennzeichnet. Die Begriffe pro Kopf, pro Beschäftigtem und pro Arbeitseinheit werden synonym verwendet.

11.1 Wissens- und Verständnistests

Multiple Choice

1. Wenn der Kapitalstock der aktuellen Periode über dem Kapitalstock der vorangegangenen Periode liegt, wissen wir,
   a) ...dass die Ersparnisse pro Kopf größer sind als die Investitionen pro Kopf.
   b) ...dass die Ersparnisse pro Kopf größer sind als die Abschreibungen pro Kopf.
   c) ...dass die Ersparnisse pro Kopf kleiner sind als die Abschreibungen pro Kopf.
   d) ...dass die Sparquote in der vergangenen Periode gefallen ist.
2. Es kommt zu einer Reduktion der Sparquote in Periode t.
   a) In Periode t wird die Produktion abnehmen.
   b) In Periode t werden die Investitionen geringer sein als die Abschreibungen.
   c) In Periode t wird der Konsum abnehmen.
   d) Alle vorangegangenen Antworten sind korrekt.
3. Im Ausgangspunkt befindet sich die Volkswirtschaft im Wachstumsgleichgewicht. Die Sparquote sinkt. Wir können mit Sicherheit sagen,
   a) ...dass es in der langen Frist zu einem Anstieg von C/N kommt.
   b) ...dass es in der langen Frist zu einer Reduktion von C/N kommt.
   c) ...dass es in der langen Frist zu keiner Änderung von C/N kommt.
   d) Ohne zusätzliche Information kann keine der drei vorangegangenen Antworten als mit Sicherheit richtig bezeichnet werden.

4. In welcher Beziehung **unterscheiden** sich die allermeisten Modelle mit endogenem Wachstum von dem hier verwendeten Modell?
   a) Die Sparquote kann die Wachstumsrate der Produktion langfristig beeinflussen.
   b) Die Sparquote kann die Produktion pro Beschäftigten langfristig beeinflussen.
   c) Die Abschreibungsrate ist irrelevant.
   d) Die Sparquote kann den Konsum pro Kopf langfristig beeinflussen.

Für die verbleibenden Aufgaben verwenden Sie bitte die folgenden Angaben:

$$Y = \frac{2}{3} K^{(1/3)} N^{(2/3)}$$

Die Sparquote sei $s = 60\%$, die Abschreibungsrate $\delta = 10\%$.

5. Die Kapitalintensität im Steady State ist:
   a) 6
   b) 4
   c) 8
   d) 2,52

6. Die Produktion pro Kopf im Steady State ist:
   a) 3/4
   b) 4/3
   c) 1
   d) 2/3

7. Die Investitionen pro Kopf im Steady State sind:
   a) 4/5
   b) 5/4
   c) 3/2
   d) 1/3

Wahr/Falsch: Welche der jeweiligen Aussagen sind wahr, welche falsch?

8. In einer Volkswirtschaft ohne Bevölkerungswachstum und technischen Fortschritt
   a) ...ist die Wachstumsrate der Produktion immer 0.
   b) ...ist die Wachstumsrate der Produktion im Wachstumsgleichgewicht (Steady State) immer 0.
   c) ...ist die Wachstumsrate der Produktion immer positiv, wenn sich die Volkswirtschaft auf das Wachstumsgleichgewicht zu bewegt.
   d) ...ist die Wachstumsrate der Produktion immer negativ, wenn sich die Volkswirtschaft auf das Wachstumsgleichgewicht zu bewegt.

9. Es kommt zu einem Anstieg der Sparquote in Periode t.
   a) In Periode t werden der gesamtwirtschaftliche Konsum und der Konsum pro Kopf sinken.
   b) In Periode t kommt es zu keiner Änderung von Y/N.
   c) In Periode t kommt es zu keiner Änderung von K/N.
   d) In Periode t wird zwar der Konsum pro Kopf, nicht jedoch der gesamtwirtschaftliche Konsum fallen.

10. Betrachten Sie zwei Länder A und B. Land A weist eine im Vergleich zu Land B höhere Sparquote auf. Ansonsten sind beide Länder vollständig identisch.
    a) Im Wachstumsgleichgewicht weist Land A eine höhere Wachstumsrate der Produktion auf.
    b) Im Wachstumsgleichgewicht weist Land A eine höhere Produktion pro Kopf auf.
    c) Im Wachstumsgleichgewicht weist Land A einen niedrigeren Kapitalstock pro Kopf auf.
    d) Im Wachstumsgleichgewicht weist Land A immer einen höheren Konsum pro Kopf auf.

11. Im Wachstumsmodell mit Humankapital
    a) ...ist die Produktion pro Kopf eine Funktion des physischen Kapitals pro Kopf und des Humankapitals pro Kopf.
    b) ...führen höhere Investitionen in Bildung und/oder eine höhere Sparquote zu einer langfristig höheren Produktion pro Kopf.
    c) ...könnte die Rate des technischen Fortschritts mit der Sparquote zusammenhängen, da eine bessere Bildung den technischen Fortschritt beschleunigen könnte.
    d) ...spielt die Aufteilung der Investitionen in Investitionen in Bildung und Investitionen in physisches Kapital keine Rolle, da beide ein fallendes Grenzprodukt aufweisen.

Für die verbleibenden Teilaufgaben gilt:

$$y = f(k) = k^{\alpha}$$

mit $0 < \alpha < 1$. In jeder Periode wird ein Betrag $i = sy$ investiert. Die Sparquote ist $s < \alpha$.

12. Im Wachstumsgleichgewicht
    a) ...ist der Kapitalstock pro Kopf $\left(\frac{s}{\delta}\right)^{\frac{1}{1-\alpha}}$
    b) ...ist die Produktion pro Kopf $\frac{s}{\delta}$, sofern $\alpha = 0,5$
    c) ...ist die Produktion pro Kopf $\left(\frac{s}{\delta}\right)^{\frac{1}{2}}$, sofern $\alpha = 0,5$
    d) ...ist die Produktion pro Kopf $\left(\frac{s}{\delta}\right)^{\frac{1}{2}}$, sofern $(1 - \alpha) = 2/3$

13. Die Regierung möchte die Sparquote so beeinflussen, dass der Konsum pro Kopf im Wachstumsgleichgewicht maximal wird (Goldene Regel).
    a) Um zur Goldenen Regel zu kommen, muss die Regierung Maßnahmen ergreifen, die die Sparquote so weit wie möglich erhöhen.
    b) Um zur Goldenen Regel zu kommen, muss die Regierung Maßnahmen ergreifen, die die Investitionen pro Kopf erhöhen.
    c) Um zur Goldenen Regel zu kommen, muss die Regierung Maßnahmen ergreifen, die die Sparquote so lange erhöhen bis gilt: $s = \alpha$.
    d) Um zur Goldenen Regel zu kommen, muss die Regierung Maßnahmen ergreifen, die den Kapitalstock pro Kopf so beeinflussen, dass die Grenzproduktivität des Kapitals steigt.
14. Die Regierung ergreift Maßnahmen, die die Sparquote so beeinflussen, dass der Konsum pro Kopf im Wachstumsgleichgewicht maximal wird.
    a) Die Bevölkerung wird diese Maßnahme mit Begeisterung aufnehmen, da nun alle jederzeit mehr konsumieren können.
    b) Die aktuelle Konsumentengeneration könnte sich den Plänen der Regierung entgegenstellen, da der Konsum pro Kopf zunächst sinkt.
    c) Der Konsum pro Kopf wird erst im neuen Wachstumsgleichgewicht größer sein als in der Ausgangsposition.
    d) Der Konsum pro Kopf wird zunächst steigen, dann fallen.

Basiswissen

15. Kapitalstock und Produktionswachstum und das Wachstumsgleichgewicht
    a) Erstellen Sie für eine Volkswirtschaft mit konstanter Bevölkerung und konstanter Arbeitseffizienz eine Grafik, die den Zusammenhang zwischen
       i. Produktion und Kapitalintensität
       ii. Ersparnis und Kapitalintensität
       iii. Investitionen und Kapitalintensität
       iv. Abschreibungen und Kapitalintensität

       beschreibt! Erklären Sie knapp den Verlauf jeder Kurve!
    b) Charakterisieren Sie in Ihrer Grafik den Kapitalstock im Wachstumsgleichgewicht und erläutern Sie ökonomisch, welche Eigenschaften das Wachstumsgleichgewicht aufweist. Zeigen Sie, wie sich in der Grafik die Höhe von Konsum, Investitionen und Ersparnis pro Kopf ermitteln lässt!
    c) Schildern Sie knapp, wie und warum die Volkswirtschaft immer dem Wachstumsgleichgewicht zustrebt!

16. Sparquote und Wachstum
    a) Beschreiben Sie ausgehend von einem Steady State die Wirkungen einer Erhöhung der Sparquote auf die Kapitalintensität, die Produktion und das Produktionswachstum! Erläutern Sie anhand einer Grafik!
    b) Wie entwickeln sich der Konsum pro Kopf und die Investitionen pro Kopf nach einem Anstieg der Sparquote?
    c) Angenommen, ausgehend von einem Wachstumsgleichgewicht steigt die Abschreibungsrate δ. Die Regierung des Landes möchte die Produktion pro Kopf jedoch konstant halten. Welche Maßnahmen müsste sie ergreifen?
17. Die Goldene Regel
    a) Erläutern Sie möglichst knapp, was man unter dem Golden-Rule-Kapitalstock versteht!
    b) Stellen Sie den Zusammenhang zwischen Konsum pro Kopf und Sparquote grafisch dar, erläutern Sie den Verlauf der Kurve und kennzeichnen Sie die Sparquote der Goldenen Regel!
    c) Gehen Sie von einer Situation aus, in der der Kapitalstock pro Kopf unter dem Niveau der Goldenen Regel liegt. Die Regierung ergreift Maßnahmen, um zur Goldenen Regel zu gelangen. Beschreiben Sie die Entwicklung des Konsums pro Kopf über die Zeit!
    d) Gehen Sie von einer Situation aus, in der der Kapitalstock pro Kopf über dem Niveau der Goldenen Regel liegt. Die Regierung ergreift Maßnahmen, um zur Goldenen Regel zu gelangen. Beschreiben Sie die Entwicklung des Konsums pro Kopf über die Zeit!
    e) In der Goldenen Regel entspricht die Sparquote genau dem Exponenten des Faktors Kapital in der Produktionsfunktion (α). Erläutern Sie anhand einer Grafik, warum dies so sein muss!

11.2 Übungsaufgaben

1. Grundlagen der Wachstumstheorie

   Gehen Sie von einer Produktionsfunktion der Form

   $$Y = K^{\alpha}N^{1-\alpha}$$

   mit $0 < \alpha < 1$ aus.
   a) Welche Eigenschaften weist diese Produktionsfunktion auf?
   b) Formulieren Sie die Produktionsfunktion so um, dass sie den Zusammenhang zwischen Pro-Kopf-Output und Pro-Kopf-Kapitaleinsatz beschreibt.
   c) Leiten Sie für gegebene Sparquote s und gegebene Abschreibungsquote δ die Kapitalintensität K/N im Wachstumsgleichgewicht („Steady State") ab.
   d) Wie hoch ist die Produktion pro Kopf im Steady State, wenn $\alpha = 0{,}5$ $s = 0{,}24$ und $\delta = 0{,}06$. Wie verändert sich Ihr Ergebnis, wenn sich die Sparquote halbiert?
   e) Beschreiben Sie verbal, welche Prozesse einsetzen, wenn durch ein Erdbeben weite Teile des Kapitalstocks der betrachteten Ökonomie zerstört werden, Sparquote und Abschreibungsrate aber konstant bleiben.

2. Wachstumstheorie

   Die Produktionsfunktion einer Volkswirtschaft (Land A) sei gegeben durch:

   $$Y = K^{\alpha} N^{1-\alpha}$$

   mit $\alpha = 0{,}5$. Gehen Sie zunächst von einer Situation ohne technischen Fortschritt und ohne Bevölkerungswachstum aus!

   a) Leiten Sie allgemein die Kapitalintensität im Wachstumsgleichgewicht her. Bestimmen Sie dann sowohl die Kapitalintensität als auch die Produktion je Beschäftigten im Wachstumsgleichgewicht von Land A für eine Abschreibungsrate $\delta = 0{,}1$ und eine Sparquote $s = 0{,}25$!

   b) Nehmen Sie an, dass ein Erdbeben Land A erschüttert und große Zerstörungen anrichtet. 10% der Bevölkerung verliert bei der Katastrophe ihr Leben und der Kapitalstock wird zu 20% zerstört. Welche Konsequenzen hat das Erdbeben für die Volkswirtschaft aus wachstumstheoretischer Sicht? Verdeutlichen Sie die Situation anhand einer geeigneten Grafik und erläutern Sie in Stichworten!

   c) Das Nachbarland B unterscheidet sich von Land A nur in einer Hinsicht. Während in Land A die Bevölkerung konstant ist, wächst die Bevölkerung in Land B kontinuierlich um 2% pro Jahr. Wie unterscheiden sich die Wachstumsgleichgewichte in den beiden Ländern? Argumentieren Sie verbal und grafisch!

3. Wachstumstheorie und Goldene Regel I

   Die Produktionsfunktion einer Volkswirtschaft sei gegeben durch:

   $$Y = K^{\alpha} N^{1-\alpha}$$

   mit $\alpha = 1/3$. Gehen Sie von einer Situation ohne technischen Fortschritt und ohne Bevölkerungswachstum aus!

   a) Bestimmen Sie die Kapitalintensität und die Produktion je Beschäftigten im Wachstumsgleichgewicht (Steady State), wenn die Sparquote s einen Wert von 1/3 und die Abschreibungsrate δ einen Wert von 0,1 annimmt!

   b) Angenommen, die Volkswirtschaft befindet sich in einer Situation, in der der Kapitalstock pro Kopf größer ist als im Wachstumsgleichgewicht. Erläutern Sie in wenigen Stichworten, warum die Volkswirtschaft vorübergehend eine Phase sinkender Pro-Kopf-Produktion und sinkender Kapitalintensität erleben wird!

   c) Gehen Sie davon aus, dass bei einer Sparquote von $s = 1/3$ der Golden-Rule-Kapitalstock erreicht wird. Erläutern Sie in Stichworten, warum eine Erhöhung der Sparquote nicht zu einer Erhöhung des Steady State-Konsums führt, obwohl die Produktion pro Kopf ansteigt!

4. Wachstumstheorie und Goldene Regel II

   Gehen Sie von einer Produktionsfunktion der Form

   $$Y = 0{,}5 K^{\alpha} N^{1-\alpha}$$

   mit $\alpha = 1/3$ aus.

a) Leiten Sie die Kapitalintensität K/N, die Pro-Kopf-Produktion und den Pro-Kopf-Konsum im Steady State in Abhängigkeit der Sparquote s und der Abschreibungsquote δ ab!

b) Sei $\delta = 0{,}05$. Wie lautet die Gleichung für den Pro-Kopf-Konsum im Steady State? Ermitteln Sie Kapitalstock und Sparquote, bei denen der Pro-Kopf-Konsum maximal ist!

c) Zeigen Sie formal, wie Steady State-Kapitalstock k^* und Steady State-Konsum c^* von der Sparquote abhängen!

d) Die Regierung der Volkswirtschaft Sowosamma-Land möchte die Sparquote so beeinflussen, dass auf lange Sicht das Golden-Rule-Niveau des Kapitalstocks erreicht wird. Sie beauftragt deshalb eine Expertengruppe, die Auswirkungen einer solchen Maßnahme auf Output, Konsum und Investitionen zu untersuchen. Als Mitarbeiter der Expertengruppe sollen Sie die Entwicklung dieser Variablen über die Zeit beschreiben, wenn der Kapitalstock in der Ausgangsperiode

   i. größer

   ii. kleiner

   ist, als es die Goldene Regel erforderlich macht.

5. Wachstumstheorie bei Kapitalzuflüssen aus dem Ausland

Die Regierung von Solovenien rechnet mit einem anhaltenden Zustrom von Auslandskapital in Höhe von

$$b \cdot y$$

wobei b ein Maß für das Leistungsbilanzdefizit ist. Gehen Sie von einer Produktionsfunktion der Form

$$y = f(k) = k^{\alpha}$$

mit $0 < \alpha < 1$ aus. Gehen Sie auch davon aus, dass die Bevölkerung und die Arbeitseffizienz konstant sind.

a) Ermitteln Sie allgemein die Gleichung, die die Veränderung des Kapitalstocks pro Kopf über die Zeit beschreibt.

b) Leiten Sie die Kapitalintensität K/N, den Pro-Kopf-Output und den Pro-Kopf-Konsum im Steady State in Abhängigkeit der Sparquote s und der Abschreibungsquote δ ab!

c) Angenommen, ab einem gewissen Zeitpunkt versiegt der Zustrom von Auslandskapital, das bereits im Land befindliche Kapital verbleibt jedoch dort. Charakterisieren Sie das Wachstumsgleichgewicht, zu dem sich die Volkswirtschaft begibt, möglichst knapp!

d) Ist die in Teilaufgabe a) und b) beschriebene Situation realistisch? Diskutieren Sie!

Lösungen zu Kapitel 11

11.1 Wissens- und Verständnistests

Multiple Choice

1. b)
2. b)
3. d)
4. a)
5. c)
6. b)
7. a)

Wahr/Falsch

8. F, W, F, F
9. W, W, W, F
10. F, W, F, F
11. W, W, W, F
12. W, W, F, W
13. F, W, W, W
14. F, W, F, F

Basiswissen

15. Kapitalstock und Produktionswachstum und das Wachstumsgleichgewicht

a) Grafische Darstellung:

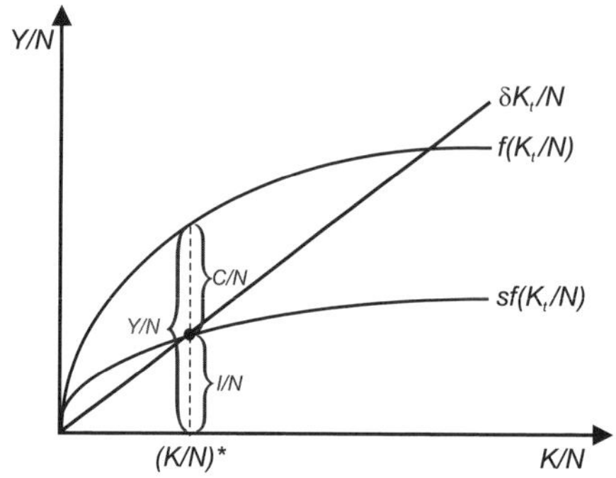

Abbildung 11.1: Grafische Darstellung des Grundmodells

Im Einzelnen ergeben sich folgende Zusammenhänge:

i. Die Beziehung zwischen Y/N und K/N ist durch die Produktionsfunktion $f(K/N)$ gekennzeichnet. Aufgrund der Annahme fallender Grenzerträge wächst Y/N bei einem Anstieg von K/N mit einer fallenden Rate.

ii. Die Beziehung zwischen Ersparnis und K/N ist durch die Investitionsfunktion $sf(K/N)$ gekennzeichnet, da die Ersparnis S ein konstanter Teil s des Einkommens Y ist und sich somit parallel zur Pro-Kopf-Produktionsfunktion entwickelt.

iii. Da $S = I$ gelten für die Beziehung zwischen Investitionen und Kapitalintensität die gleichen Aussagen wie unter (ii.).

iv. Die Beziehung zwischen Abschreibungen δ und K/N ist linear und durch die Gerade $\delta K/N$ mit positiver Steigung gekennzeichnet, da in jeder Periode ein konstanter Anteil des Kapitalstocks verschleißt.

b) Die Volkswirtschaft befindet sich im Wachstumsgleichgewicht, wenn K/N konstant ist. Dies ist der Fall, wenn die Investitionen pro Kopf ($sf(K/N)$) den Abschreibungen ($\delta K/N$) entsprechen, wenn also die Investitionsfunktion die Abschreibungsfunktion schneidet (beim Kapitalstock K^*/N). Der Konsum im Wachstumsgleichgewicht ist durch die obere geschweifte Klammer gekennzeichnet, Investitionen und Ersparnis durch die untere geschweifte Klammer.

c) Wenn sich die Volkswirtschaft links vom Steady State befindet ($K_t/N < K^*/N$):

- Die Investitionen sind größer als die Abschreibungen; deshalb nimmt der Kapitalstock pro Kopf zu.
- Ein Anstieg von K/N geht mit einem Anstieg von Y/N einher .
- K/N und Y/N steigen an, bis die Investitionen gerade ausreichen, um den verschlissenen Kapitalstock zu ersetzen (bei K^*/N).

Wenn sich die Volkswirtschaft rechts vom Steady State befindet ($K_t/N > K^*/N$):

- Die Investitionen sind kleiner als die Abschreibungen; deshalb nimmt der Kapitalstock pro Kopf ab.
- Sinkt K/N, sinkt auch Y/N.
- K/N und Y/N sinken, bis die Investitionen gerade ausreichen, um den verschlissenen Kapitalstock zu ersetzen (bei K^*/N).

16. Sparquote und Wachstum

a) Wenn die Sparquote s ansteigt:

- Die Investitionsfunktion verschiebt sich nach oben; beim anfänglichen Niveau der Kapitalintensität $(K_0/N)^*$ sind die Investitionen größer als die Abschreibungen ➔ Kapitalstock pro Kopf wächst.
- K/N wird ansteigen, bis das neue Wachstumsgleichgewicht $(K_1/N)^*$ erreicht ist; steigt K/N, steigt auch Y/N (die Wachstumsrate der Produktion ist positiv).
- Langfristig nehmen K/N und Y/N höhere Werte an.
- Die Wachstumsrate der Produktion nimmt langfristig nicht zu.

Grafisch:

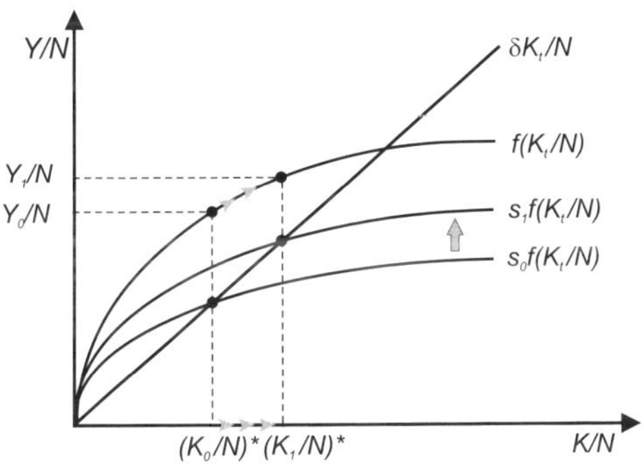

Abbildung 11.2: Anstieg der Sparquote von s_0 auf s_1

b) Da die Produktion und das Einkommen zunächst unverändert sind, wird der Konsum zunächst einen niedrigeren Wert annehmen, da vom gleichen Einkommen nun mehr gespart (und weniger konsumiert) wird. Wie sich der Konsum langfristig entwickelt, hängt von der Ausgangssituation ab (vgl. Aufgabe 17).

c) Wenn δ steigt, dreht sich die Abschreibungsgerade im Ursprung gegen den Uhrzeigersinn (sie wird steiler). Bei konstanter Sparquote fällt der Kapitalstock pro Kopf im Steady State. Soll dieser konstant gehalten werden, muss die Regierung die Sparquote erhöhen: Die Investitionsfunktion muss sich soweit nach oben verschieben, dass sie die neue Gerade $\delta K/N$ bei der ursprünglichen Kapitalintensität schneidet.

Golden Rule: Die Fragestellung

Wenn ein wohlfahrtsmaximierender Planer einfach wählen könnte, wie hoch die gesamtwirtschaftliche Sparquote sein soll, welches s würde er wählen? Naiv könnte man zunächst sagen: „Da die Produktion bei höherer Sparquote immer ansteigt, sollte $s = 1$ gesetzt werden". Der Bevölkerung in einer solchen Volkswirtschaft würde es aber nicht sonderlich gut gehen, da sie keinerlei Konsum hat. Um herauszufinden, wie der Output in outputsteigerndes Sparen und nutzenstiftenden Konsum aufgeteilt werden soll, müsste man eigentlich von den (intertemporalen) Präferenzen der Bevölkerung ausgehen. Hier beschränken wir uns darauf, die Sparquote zu ermitteln, bei der der Steady State-Konsum maximal ist.

17. Die Goldene Regel
    a) Der Golden-Rule-Kapitalstock ist der Kapitalstock, bei dem der Konsum langfristig (im Wachstumsgleichgewicht) maximiert wird.
    b) Grafisch ergibt sich folgender Zusammenhang zwischen C/N und s:

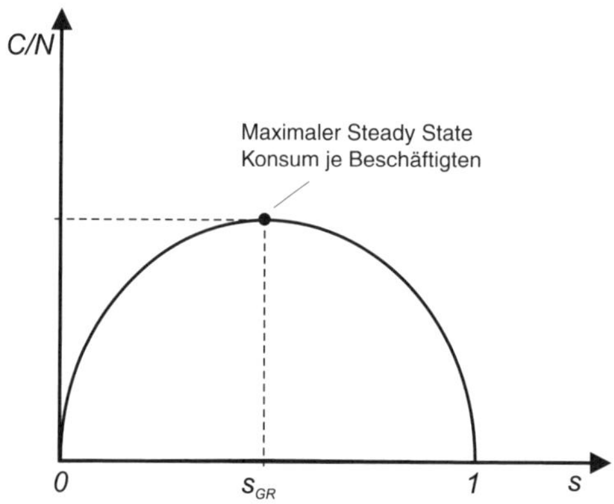

Abbildung 11.3: Der Zusammenhang zwischen Konsum und Sparquote im Wachstumsgleichgewicht

Ist die Sparquote gleich 0, ist auch der Konsum gleich 0: Da bei $s = 0$ keine Investitionen zur Verfügung stehen, ist der Kapitalstock, die Produktion und damit der Konsum gleich 0. Steigt s an, steigt C/N zunächst, erreicht bei s_{GR} ein globales Maximum und fällt dann wieder. Die ökonomische Erklärung dieses Verlaufs erfolgt folgendermaßen: Für niedrige Werte von s (und damit niedrige Werte von K/N) ist die Grenzproduktivität des Kapitals sehr hoch (die Steigung der Produktionsfunktion nimmt einen großen Wert an). In dieser Situation macht es Sinn, durch zusätzliches Sparen den Kapitalstock zu erhöhen, da diese Erhöhung einen großen Produktionszuwachs nach sich zieht. Insbesondere ist der Produktionszuwachs größer als die zusätzlichen Ersatzinvestitionen, die bei einem Anstieg des Kapitalstocks aufgebracht werden müssen und die den Konsum schmälern. Je höher s (und damit K/N), desto geringer werden die Produktionszuwächse bei einem weiteren Anstieg der beiden Größen. Ab einem gewissen Niveau s_{GR} sind die Produktionszuwächse bei einem Anstieg der Sparquote so gering, dass sie nicht mehr ausreichen, um sowohl einen höheren Konsum als auch den höheren Investitionsbedarf zu decken: Der Konsum pro Kopf nimmt ab.

c) In diesem Fall müsste s erhöht werden: Der Verschleiß des Kapitals (zunächst nahezu unverändert) wird vom nun gestiegenen Investitionsvolumen überkompensiert – der Kapitalstock wächst. ➔ C/N nimmt zunächst sprunghaft ab: Die Produktion hat sich noch nicht wesentlich verändert, allerdings wird jetzt ein größerer Teil der Produktion für Investitionszwecke zurückgelegt (siehe Abbildung 11.4).

Mit anwachsendem K/N steigt Y, damit C/N und I/N. Alle Größen nähern sich ihrem neuen stationären Wert an, der für alle Größen oberhalb des Wertes der Ausgangssituation ist.

Fazit: Zunächst sinkt der Konsum, um sich dann graduell einem höheren Niveau anzunähern.

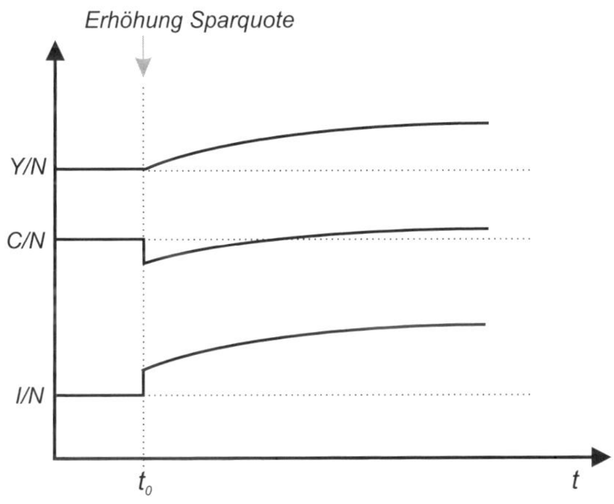

Abbildung 11.4: Erhöhung der Sparquote von einem Niveau $s < s_{GR}$

d) In diesem Fall müsste s gesenkt werden: Es ist dann nur noch eingeschränkt möglich, verschlissenes Kapital zu ersetzen (das potenzielle Investitionsvolumen sinkt entsprechend) ➔ C/N nimmt zunächst sprunghaft zu: die Produktion hat sich noch nicht wesentlich verändert, allerdings wird jetzt ein geringerer Teil für Investitionszwecke zurückgelegt (siehe Abbildung 11.5).

I/N sinkt sprunghaft. Da K/N noch sein altes Niveau hat (und in den Folgejahren auch nur graduell verschlissen wird), sind die Abschreibungen nun höher als die Investitionen – wir haben den stationären Zustand verlassen und der Kapitalstock schrumpft ➔ Mit sinkendem K/N sinkt Y/N, damit C/N und I/N. Diese Entwicklung erfolgt graduell und ist umso schneller, je schneller der Kapitalstock sich abbaut (je größer δ).

Wie stark sinkt der Konsum? Da wir wissen, dass wir uns vorher in einer Situation befunden haben, in der der Golden-Rule-Konsum nicht erreicht war, verharrt er im neuen Steady State auf einem höheren Niveau: Sowohl in der Übergangsphase als auch im neuen Steady State konnte also mehr konsumiert werden.

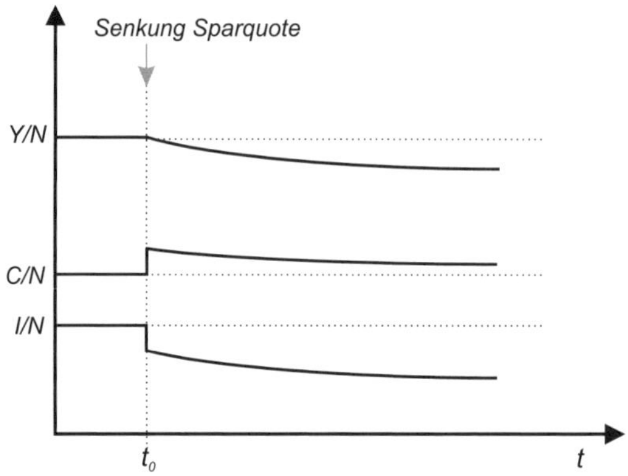

Abbildung 11.5: Senkung der Sparquote von einem Niveau $s > s_{GR}$

e) Der Pro-Kopf-Konsum ist genau dann maximal, wenn die Differenz zwischen Grenzertrag des Kapitals und Abschreibungsrate 0 ist. Beim Kapitalstock der Goldenen Regel k_{GR} muss also die Steigung der Tangente an die Produktionsfunktion genau der Steigung δ der Abschreibungsfunktion entsprechen (siehe Abbildung 11.6). Wenn die Steigung der Produktionsfunktion größer ist als die Abschreibungsrate, dann kann der Teil der Produktionssteigerung, der nicht zum Ersatz von verschlissenen Kapitalien benötigt wird, konsumiert werden. Wenn die Steigung der Produktionsfunktion kleiner ist als die Abschreibungsrate, dann wird die Produktionssteigerung zu gering sein, um die bei höherem Kapitalstock notwendigen Ersatzinvestitionen ohne Konsumverzicht zu ermöglichen.

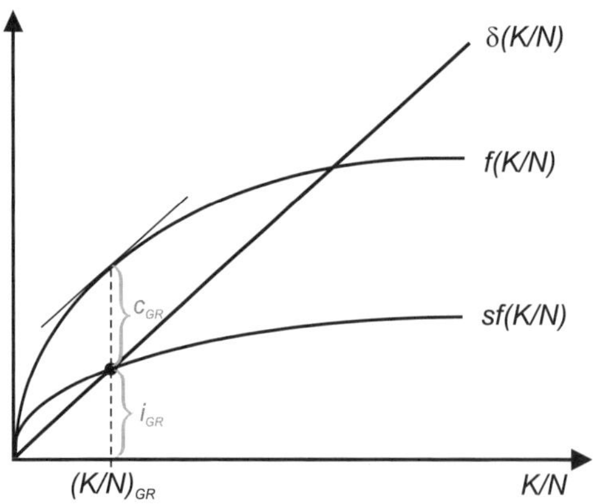

Abbildung 11.6: Grenzproduktivität des Kapitals und Goldene Regel

11.2 Übungsaufgaben

1. Grundlagen der Wachstumstheorie

   a) Konstante Skalenerträge sowie fallende Grenzerträge von Kapital und Arbeit (siehe Kapitel 10).

   b) Unter der Annahme konstanter Skalenerträge können wir alle Größen relativ zur Höhe des Arbeitsvolumens ausdrücken. Sei $z = 1/N$:

$$y = zY = \frac{Y}{N} = (zK)^{\alpha}(zN)^{1-\alpha} = \left(\frac{K}{N}\right)^{\alpha}\left(\frac{N}{N}\right)^{1-\alpha} = \left(\frac{K}{N}\right)^{\alpha} * 1 = k^{\alpha} = f(k) = F(k,1)$$

   Das Grenzprodukt des Kapital ergibt sich dann als:

$$\frac{\partial y}{\partial k} = \alpha\left(\frac{K}{N}\right)^{\alpha-1} = \alpha k^{\alpha-1} \qquad (1.)$$

   Es ist positiv und nimmt mit zunehmender Kapitalintensität ab.

   c) Die Güternachfrage setze sich aus Konsum und Investitionen zusammen:

$$y = c + i \qquad (2.)$$

   Die Haushalte sparen einen konstanten Teil s des Einkommens:

$$c = (1-s)y \qquad (3.)$$

   In einer Periode wird ein Anteil δ des Kapitalstocks verschlissen. Die Veränderung des Kapitalstocks ergibt sich dann als:

$$\Delta k = i - \delta k = sf(k) - \delta k \qquad (4.)$$

   Auf den Kapitalstock wirken also zwei entgegenwirkende Kräfte ein: Das im Sparen der Haushalte begründete Investitionsvolumen erhöht den Kapitalstock, der Verschleiß senkt ihn. Diese beiden Kräfte gleichen sich genau dann aus, wenn:

$$\Delta k = sf(k) - \delta k = 0 \qquad (5.)$$

   Die Höhe des Kapitalstocks, bei der $\Delta k = 0$ gilt, wird durch k^* repräsentiert und als „Steady State"-Kapitalstock bezeichnet. Bei k^* stellt sich ein langfristiges Gleichgewicht ein: Immer, wenn die Kapitalintensität kleiner ist als k^*, sind die Investitionen größer als die Abschreibungen, und man nähert sich k^*. Immer wenn die Kapitalintensität über k^* liegt, sind die Abschreibungen größer als die Investitionen: k sinkt bis zum Wert k^*. Nur wenn $k = k^*$, werden keinerlei Anpassungsmechanismen ausgelöst und man verharrt in der entsprechenden Situation.

   Für unser Beispiel ergibt sich folgendes k^*: Aus Gleichung (5.) folgt:

$$sf(k^*) = \delta k^*$$

   und damit:

$$\frac{k^*}{f(k^*)} = \frac{s}{\delta}$$

Unter Verwendung von $f(k) = k^{\alpha}$ ergibt sich:

$$\frac{k^*}{k^{*\alpha}} = \frac{s}{\delta}$$

und nach Umstellen:

$$k^* = \left(\frac{s}{\delta}\right)^{\frac{1}{1-\alpha}}$$

d) Bei den gegebenen Werten ergibt sich ein Steady State-Kapitalstock von:

$$k^* = \left(\frac{0,24}{0,06}\right)^{\frac{1}{1-0,5}} = 4^2 = 16$$

Aus der Produktionsfunktion erhält man:

$$y = f(16) = 16^{0,5} = 4$$

Wenn die Sparquote sich halbiert, erhält man

$$k^* = \left(\frac{0,12}{0,06}\right)^{\frac{1}{1-0,5}} = 2^2 = 4$$

und

$$y = f(4) = 4^{0,5} = 2$$

e) Die Zerstörung des Kapitalstocks verursacht eine geringere Kapitalintensität der Produktion (sofern der Kapitalstock stärker schrumpft als die Bevölkerung) ➔ Es kommt zu einer Reduktion der Produktion pro Beschäftigten.

Da s und δ konstant sind, setzt folgender Anpassungsmechanismus ein: Bei niedrigem Kapitalstock sind die Abschreibungen entsprechend niedrig und liegen unter den Investitionen pro Periode, die durch eine exogen vorgegebene Sparquote und die Höhe von y determiniert sind. Da die Investitionen mehr Kapital aufbauen als die Abschreibungen zerstören, wird eine Periode positiver Wachstumsraten einsetzen, die erst dann endet, wenn die gleichgewichtige Kapitalintensität k^* erreicht ist.

2. Wachstumstheorie

a) Die allgemeine Ableitung der Kapitalintensität erfolgt äquivalent zu Aufgabe 1. Zur Verdeutlichung werden an dieser Stelle lediglich noch einmal die entscheidenden Schritte ohne Verwendung von Kleinbuchstaben und unter Verwendung von Zeitindizes zusammengefasst.

Der Kapitalbestand entwickelt sich im Zeitablauf gemäß:

$$K_{t+1} = K_t + I_t - \delta K_t \quad (6.)$$

Mit Pro-Kopf-Größen:

$$\frac{K_{t+1}}{N} = (1-\delta)\frac{K_t}{N} + s\frac{Y_t}{N} \quad (7.)$$

$$\frac{K_{t+1}}{N} - \frac{K_t}{N} = s\frac{Y_t}{N} - \delta\frac{K_t}{N}$$

(keine Zeitindizes bei N, da N konstant).

Im Wachstumsgleichgewicht verändern sich Produktion pro Kopf und Kapitalstock pro Kopf nicht:

$$\frac{K_{t+1}}{N} - \frac{K_t}{N} = 0 \quad \Leftrightarrow \quad s\frac{Y^*}{L} = \delta\frac{K^*}{L}$$

Produktionsfunktion aus der Angabe einsetzen und auflösen ergibt:

$$\frac{K^*}{N} = \left(\frac{s}{\delta}\right)^{\frac{1}{1-\alpha}}$$

Mit den vorgegebenen Werten ergibt sich im Steady State eine Kapitalintensität von

$$\frac{K^*}{N} = \left(\frac{0,25}{0,1}\right)^{\frac{1}{1-0,5}} = 6,25$$

und eine Produktion pro Kopf von:

$$\frac{Y^*}{N} = \left(\frac{0,25}{0,1}\right)^{\frac{0,5}{1-0,5}} = 2,5$$

b) Da K stärker sinkt als N, nimmt auch die Kapitalintensität K/N ab. Grafisch befinden wir uns links vom Steady State (bei $(K/N)'$):

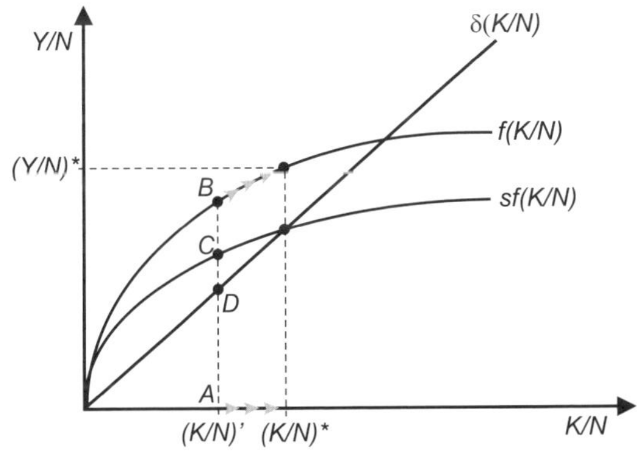

Abbildung 11.7: Situation nach einem Sinken der Kapitalintensität

In dieser Situation sind die Investitionen pro Kopf (Strecke AC) größer als die Abschreibungen (Strecke AD) ➔ K/N nimmt zu und Y/N wächst, bis das alte Wachstumsgleichgewicht erreicht wird (Der Anpassungsprozess folgt dem gestrichelten Pfeil).

c) Während in Land A die Investitionen ausschließlich benötigt werden, um verschlissenes Kapital zu ersetzen, muss in Land B zusätzliches Kapital aufgebracht werden, um die neu eintreffenden Beschäftigten mit Kapital zu bestücken. Bei gegebener Sparquote sinkt deshalb der Kapitalstock pro Kopf im Wachstumsgleichgewicht. Grafisch dreht sich die Gerade, die die notwendigen Investitionen kennzeichnet, im Ursprung gegen den Uhrzeigersinn:

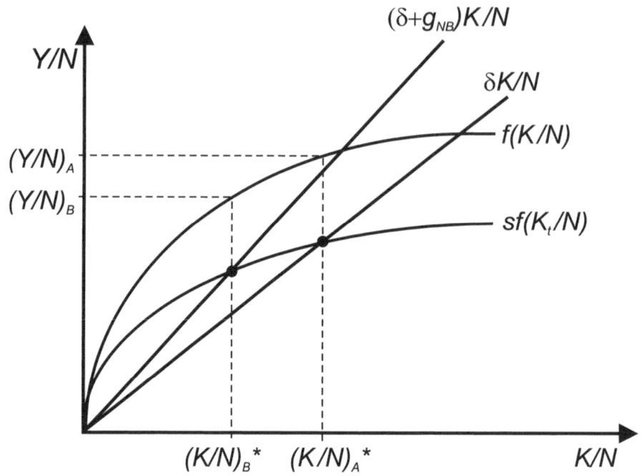

Abbildung 11.8: Vergleich zwischen Land A und Land B

3. Wachstumstheorie und Goldene Regel I
   a) Im Steady State gilt:

$$\frac{K^*}{N} = \left(\frac{(1/3)}{(1/10)}\right)^{\frac{1}{(2/3)}} = \left(\frac{10}{3}\right)^{\frac{3}{2}} = 6,09$$

$$\frac{Y^*}{N} = \left(\frac{10}{3}\right)^{\frac{1}{2}} = 1,83$$

   b) Siehe Abschnitt 11.1, Aufgabe 15 c).
   c) Siehe Abschnitt 11.1, Aufgabe 17 b) und e).

4. Wachstumstheorie und Goldene Regel II
   a) Kapitalintensität: Vorgehensweise wie bei Aufgabe 1, wobei:

$$y = f(k) = 0,5k^{\alpha} = 0,5k^{1/3}$$

Hieraus folgt:

$$k^* = \left(\frac{s}{2\delta}\right)^{\frac{1}{1-\alpha}} = \left(\frac{s}{2\delta}\right)^{\frac{3}{2}} \qquad (8.)$$

Pro-Kopf-Produktion:

$$y^* = f(k^*) = 0,5\left[\left(\frac{s}{2\delta}\right)^{\frac{1}{1-\alpha}}\right]^{\alpha} = 0,5\left(\frac{s}{2\delta}\right)^{\frac{\alpha}{1-\alpha}} = 0,5\left(\frac{s}{2\delta}\right)^{0,5} \qquad (9.)$$

Aus $c = y - i$ und $i = \delta k^*$ folgt:

$$c^* = f(k^*) - \delta k^* \qquad (10.)$$

Ein größerer Kapitalstock hat zwei Effekte auf den Konsum: er ermöglicht eine höhere Produktion, andererseits muss ein größerer Teil des Outputs verwendet werden, um verschlissenes Kapital zu ersetzen.

Einsetzen der Werte aus Gleichung (8.) und (9.) liefert:

$$c^* = 0{,}5\left(\frac{s}{2\delta}\right)^{\frac{1}{2}} - \delta\left(\frac{s}{2\delta}\right)^{\frac{3}{2}} \qquad (11.)$$

Umstellen:

$$c^* = (1-s)0{,}5\left(\frac{s}{2\delta}\right)^{0{,}5} \qquad (12.)$$

b) Einsetzen von $\delta = 0{,}05$ ergibt in Gleichung (12.):

$$c^* = (1-s)0{,}5\left(\frac{s}{0{,}1}\right)^{0{,}5}$$

Der Pro-Kopf-Konsum ist genau dann maximal, wenn die Differenz zwischen Grenzertrag des Kapitals und Abschreibungsrate 0 ist (vgl. Abschnitt 11.1 Aufgabe 17, Teilaufgabe e)). Für das Grenzprodukt des Kapitals (GPK) erhalten wir:

$$GPK = \frac{\partial y}{\partial k} = 0{,}5\alpha k^{\alpha-1} = \frac{1}{2}\frac{1}{3}k^{(\frac{1}{3}-1)} = \frac{1}{6}k^{(-\frac{2}{3})}$$

Es muss also gelten:

$$GPK - \delta = \frac{1}{6}k^{-(2/3)} - 0{,}05 = 0$$

Das konsummaximale Niveau des Kapitalstocks k_{GR} errechnet sich dann als:

$$k_{GR} = (0{,}05*6)^{-(3/2)} = 6{,}0858$$

Die Sparquote s_{GR}, bei der der Golden-Rule-Konsum erreicht wird, kann unter Verwendung von

$$k^* = \left(\frac{s}{2\delta}\right)^{\frac{3}{2}}$$

ermittelt werden:

$$k_{GR} = \left(\frac{s_{GR}}{0{,}1}\right)^{\frac{3}{2}} \Rightarrow 0{,}1^{(3/2)}k_{GR} = s_{GR}^{(3/2)} \Rightarrow s_{GR} = 0{,}1 * k_{GR}^{(2/3)}$$

Einsetzen von 6,0858 für k_{GR} liefert schließlich:

$$s_{GR} = 0{,}1 * 6{,}0858^{(2/3)} = 1/3$$

Die Sparquote entspricht genau dem Parameter α.

c) Partielle Ableitung von

$$k^* = \left(\frac{s}{2\delta}\right)^{\frac{3}{2}}$$

nach s:

$$\frac{\partial k^*}{\partial s} = \frac{1{,}5}{(2\delta)^{1{,}5}}s^{0{,}5} = \frac{1{,}5}{0{,}1^{1{,}5}}s^{0{,}5} > 0$$

Der Steady State-Kapitalstock steigt mit der Sparquote, da durch vermehrtes Sparen mehr verschlissenes Kapital ersetzt werden kann.

Aus Aufgabe 17 in Abschnitt 11.1 wissen wir bereits, dass der Konsum bei zunehmender Sparquote zunächst ansteigt (die Steigung der Produktionsfunktion, d.h. das Grenzprodukt des Kapitals ist größer als die der Abschreibungsrate δ – die Erhöhung der Produktion übersteigt die Erhöhung der notwendigen Abschreibungen), dann ein globales Maximum bei $s = \alpha = 1/3$ erreicht, um schließlich wieder zu fallen, weil ein zunehmender Kapitalstock immer größere Ersatzinvestitionen erforderlich macht (die Erhöhung der Produktion ist kleiner als die Erhöhung der Abschreibungen). Formal kann die Bedingung erster Ordnung unter Verwendung von Gleichung (11.) ermittelt werden:

$$c^* = 0,5\left(\frac{s}{0,1}\right)^{0,5} - 0,05\left(\frac{s}{0,1}\right)^{\frac{3}{2}} = \frac{0,5}{0,1^{0,5}}s^{0,5} - \frac{0,05}{0,1^{1,5}}s^{1,5}$$

$$\frac{\partial c^*}{\partial s} = \frac{0,5\cdot 0,5}{0,1^{0,5}}s^{-0,5} - \frac{0,05\cdot 1,5}{0,1^{1,5}}s^{0,5} = \frac{0,25}{0,1^{0,5}}s^{-0,5} - \frac{0,075}{0,1^{1,5}}s^{0,5} = 0$$

$$\frac{0,25}{0,1^{0,5}}s^{-0,5} = \frac{0,075}{0,1^{1,5}}s^{0,5} \quad \Big| \cdot \frac{1}{s^{-0,5}}, \cdot \frac{0,1^{1,5}}{0,075}$$

$$\frac{s^{0,5}}{s^{-0,5}} = s = \frac{0,25\cdot 0,1^{1,5}}{0,075\cdot 0,1^{0,5}} = \frac{0,25\cdot 0,1}{0,075} = \frac{0,025}{0,075} = \frac{1}{3}$$

d) Vgl. Aufgabe 17 in Abschnitt 11.1, Teilaufgaben c) und d).

5. Wachstumstheorie bei Kapitalzuflüssen aus dem Ausland

a) Die Änderung des Kapitalstocks pro Kopf beträgt:

$$\Delta k = \dot{k} = (s+b)\cdot f(k) - \delta k = 0$$

b) Im Steady State gilt:

$$k^* = \left(\frac{(s+b)}{\delta}\right)^{\frac{1}{1-\alpha}}$$

$$y^* = \left(\frac{(s+b)}{\delta}\right)^{\frac{\alpha}{1-\alpha}}$$

$$c^* = (1-s)\cdot\left(\frac{(s+b)}{\delta}\right)^{\frac{\alpha}{1-\alpha}}$$

c) Die Volkswirtschaft strebt dem Wachstumsgleichgewicht zu, das sich eingestellt hätte, wenn es nie einen Zustrom von ausländischem Kapital gegeben hätte.

d) Kein Land kann für immer ein Leistungsbilanzdefizit aufweisen. Die Kapitalströme müssten sich deshalb zwangsläufig einmal umkehren.

12 Wachstum und Technischer Fortschritt

Notationshinweis

Für alle Fragen gilt: Kleingeschriebene Buchstaben für *Y*, *K*, *C* und *I* geben die entsprechende Größe pro Kopf bzw. pro Arbeitseffizienzeinheit wieder:

$$\frac{Y}{N}=y,\ \frac{K}{N}=k,\ \frac{C}{N}=c \text{ und } \frac{I}{N}=i \text{ bzw.}$$

$$\frac{Y}{AN}=y,\ \frac{K}{AN}=k,\ \frac{C}{AN}=c \text{ und } \frac{I}{AN}=i$$

Steady State-Werte werden durch einen Stern gekennzeichnet.

12.1 Wissens- und Verständnistests

Multiple Choice

1. Die Profitabilität des Forschungsprozesses
   a) ...nimmt zu, wenn die Entdeckung eines neuen Produkts schnell zur Entdeckung eines noch besseren Produkts führt.
   b) ...nimmt ab, wenn die Entdeckung eines neuen Produkts schnell zur Entdeckung eines noch besseren Produkts führt.
   c) ...kann manchmal zu gering sein, um sozial wünschenswerte Innovationen zu erzeugen.
   d) ...kann auch in hochproduktiven Forschungsfeldern niedrig sein.
   e) Die Antworten b) bis d) sind richtig.

2. Welche der folgenden Gleichungen stellt das Investitionsniveau je effektiver Arbeitseinheit dar, das nötig ist, um den Kapitalbestand je effektiver Arbeitseinheit konstant zu halten?
   a) $(\delta+g_A+g_N)K$
   b) $(\delta+g_A+g_N)\frac{K}{N}$
   c) $(\delta+g_A+g_N)\frac{K}{AN}$
   d) $(g_A+g_N-\delta)\frac{K}{AN}$

3. Wenn K und NA jeweils um 5% ansteigen, wissen wir:
   a) Y steigt um exakt 5% an.
   b) Y steigt um weniger als 5% an.
   c) Y steigt um mehr als 5% an.
   d) Y steigt um exakt 0% an.

Für die verbleibenden Teilaufgaben gelten die folgende Angaben: Die Abschreibungsrate sei $\delta = 10\%$, die Wachstumsrate der Bevölkerung $g_N = 5\%$ und die Wachstumsrate der Arbeitseffizienz sei $g_A = 5\%$. Der Exponent des Faktors Kapital in der Produktionsfunktion ist $\alpha = 0{,}5$. Der Exponent von (AN) ist $(1 - \alpha)$.

4. Wenn die Sparquote $s = 10\%$ beträgt, ist der Kapitalstock je effektiver Arbeitseinheit im Wachstumsgleichgewicht:
   a) $\frac{K^*}{AN} = 0{,}5$
   b) $\frac{K^*}{AN} = 0{,}25$
   c) $\frac{K^*}{AN} = 0{,}2$
   d) $\frac{K^*}{AN} = 1$

5. Wenn die Sparquote $s = 10\%$ beträgt und die Abschreibungsquote auf $\delta' = 15\%$ steigt, ist die Produktion je effektiver Arbeitseinheit im Wachstumsgleichgewicht:
   a) $\frac{Y^*}{AN} = 0{,}4$
   b) $\frac{Y^*}{AN} = 0{,}6$
   c) $\frac{Y^*}{AN} = 0{,}16$
   d) $\frac{Y^*}{AN} = 0{,}25$

6. Sei $K/NA = 9$. Die Volkswirtschaft befindet sich im Wachstumsgleichgewicht. Die Sparquote beträgt:
   a) $s = 50\%$
   b) $s = 20\%$
   c) $s = 60\%$
   d) $s = 40\%$

Wahr/Falsch: Welche der jeweiligen Aussagen sind wahr, welche falsch?

7. Bei der Konzeption des Patentrechts
   a) ...sollten immer besonders strenge Regeln aufgenommen werden, die dafür sorgen, dass neu entdecktes Wissen für andere Unternehmen unzugänglich bleibt.
   b) ...ist ein schwerwiegender Zielkonflikt zu berücksichtigen: Zu wenig Patentschutz senkt die Anreize zu Investitionen in Forschung und Entwicklung, zu viel Patentschutz könnte dem F&E-Prozess schaden, da nicht auf bestehenden Forschungsergebnissen aufgebaut werden kann.
   c) ...ist zu berücksichtigen, dass ein Problem der Zeitinkonsistenz vorliegt: Sobald ein neues Produkt entdeckt wurde, besteht ein Anreiz, es öffentlich zugänglich zu machen.
   d) ...bevorzugen weniger fortgeschrittene Länder häufig weniger strenge Regeln.
8. Gehen Sie davon aus, dass die Wachstumsrate der Produktion je Beschäftigten größer ist als die Wachstumsrate der Arbeitseffizienz.
   a) Es ist davon auszugehen, dass kein Wachstumsgleichgewicht vorliegt.
   b) Es ist davon auszugehen, dass das Wachstum der Pro-Kopf-Produktion durch Kapitalakkumulation ausgelöst wurde.
   c) Es ist davon auszugehen, dass die Wachstumsrate der Produktion je Beschäftigten zukünftig fallen wird.
   d) Es ist davon auszugehen, dass die Wachstumsrate der Produktion je Beschäftigten weiter ansteigen wird.
9. Der Rückgang des technischen Fortschritts seit 1973 wird häufig erklärt durch
   a) ...eine Reduktion der Sparquote.
   b) ...Messfehler.
   c) ...den größeren Anteil des Dienstleistungssektors am BIP.
   d) ...die Verringerung von Investitionen in F&E.
10. Bei Vorliegen von technischem Fortschritt und Bevölkerungswachstum
   a) ...ist der Konsum je effektiver Arbeitseinheit immer konstant.
   b) ...ist der Konsum je effektiver Arbeitseinheit im Wachstumsgleichgewicht konstant.
   c) ...entspricht der Gesamtkonsum einem festen Anteil $(1 - s)$ der Gesamtproduktion.
   d) ...nehmen die Investitionen je Beschäftigten im Zeitablauf zu.
11. Ausgehend von einem Wachstumsgleichgewicht führt eine Erhöhung der Sparquote immer
   a) ...zu einem höheren Konsum je effektiver Arbeitseinheit im neuen Wachstumsgleichgewicht.
   b) ...zu einem niedrigeren Konsum je effektiver Arbeitseinheit im neuen Wachstumsgleichgewicht.

c) ...zu keiner Änderung des Konsums je effektiver Arbeitseinheit im neuen Wachstumsgleichgewicht.

d) ...zu einem höheren Konsum je effektiver Arbeitseinheit in der Periode, in der die Sparquote erhöht wird.

12. Das Solow-Residuum ist definiert als:

a) $g_Y - [\alpha g_K - (1-\alpha) g_N]$

b) $g_Y - [\alpha g_K + (1-\alpha) g_N]$

c) Differenz zwischen der Wachstumsrate der Gesamtproduktion und den Beiträgen von Kapitalakkumulation und Beschäftigungswachstum zum Produktionsanstieg.

d) $g = [\alpha g_K + (1-\alpha) g_N]$

Basiswissen

13. Wachstumstheoretisches Grundmodell mit technischem Fortschritt

a) Erläutern Sie die Bedingung, unter der es in einem Wachstumsmodell mit technischem Fortschritt und Bevölkerungswachstum zu einem Wachstumsgleichgewicht kommt, formal, grafisch und verbal!

b) Ordnen Sie in der folgenden Tabelle den einzelnen Größen die entsprechende Wachstumsrate zu:

Größe	Definition	Wachstumsrate
K/AN	Kapital je effektiver Arbeit/je effektiver Arbeitseinheit	
Y/AN	Produktion je effektiver Arbeit/je effektiver Arbeitseinheit	
C/AN	Konsum je effektiver Arbeit/je effektiver Arbeitseinheit	
I/AN	Investitionen je effektiver Arbeit/je effektiver Arbeitseinheit	
K/N	Kapital je Beschäftigtem (pro Kopf)	
Y/N	Produktion je Beschäftigtem (pro Kopf)	
C/N	Konsum je Beschäftigtem (pro Kopf)	
I/N	Investitionen je Beschäftigtem (pro Kopf)	
K	Kapitalstock	
Y	Produktionsniveau	
C	Konsumniveau	
I	Investitionsniveau	

c) Wie beeinflusst eine Erhöhung der Sparquote das Wachstumsgleichgewicht? Erläutern Sie anhand einer Grafik!

14. Das Solow-Residuum und die Triebkräfte des Wachstums

a) Im Wachstumsmodell mit technischem Fortschritt kann zwischen zwei Quellen des Wachstums der Pro-Kopf-Produktion unterschieden werden. Nennen Sie diese beiden Quellen und erläutern Sie, wie man identifizieren könnte, welche der beiden Quellen für ein aktuell beobachtetes Wachstum verantwortlich ist!

b) Ermitteln Sie das Solow-Residuum, wenn die Produktionsfunktion folgende Form annimmt:

$$Y = AF(K,N) = AK^{\alpha}N^{1-\alpha}$$

wobei A ein Maß für die totale Faktorproduktivität darstellt.

c) Wie erklären viele Ökonomen die Phase hoher Wachstumsraten zwischen 1950 und 1973?

12.2 Übungsaufgaben

1. Rechenbeispiel

Die Sparquote einer Volkswirtschaft betrage $s = 11\%$. Die Bevölkerung wachst mit einer Rate von $g_N = 3\%$, die Arbeitseffizienz mit einer Rate von $g_A = 1\%$. Die Abschreibungsrate ist $\delta = 7\%$ und die Produktionsfunktion lautet:

$$Y = K^{\alpha}(AN)^{1-\alpha}$$

mit $\alpha = 0{,}4$.

a) Ermitteln Sie den Kapitalstock pro Arbeitseffizienzeinheit im Wachstumsgleichgewicht!

b) Ermitteln Sie die Produktion pro Arbeitseffizienzeinheit im Wachstumsgleichgewicht!

c) Ermitteln Sie den Konsum pro Arbeitseffizienzeinheit sowie die Wachstumsrate des Konsums pro Kopf im Wachstumsgleichgewicht!

d) Ermitteln Sie die Wachstumsrate der Investitionen im Wachstumsgleichgewicht!

e) Erläutern Sie knapp (und unter Angabe des neuen Wertes für die Produktion pro Arbeitseffizienzeinheit), wie sich folgende Änderungen auswirken:

i. ein Anstieg der Sparquote auf $s = 30\%$.

ii. ein Rückgang des Bevölkerungswachstums auf $g_N = 2\%$.

iii. ein Anstieg des Wachstums der Arbeitsproduktivität auf $g_A = 2\%$.

iv. ein Rückgang der Abschreibungsrate auf $\delta = 5\%$.

2. Wirkungen des technischen Fortschritts: Formale Herangehensweise

   Die Produktionsfunktion einer Volkswirtschaft lautet

$$Y = K^{\alpha}(AN)^{1-\alpha}$$

   mit $\alpha = 0{,}5$. Die Abschreibungsquote δ beträgt 0,05. Die Sparquote liegt bei 20%. Die Bevölkerung wachse um 10% pro Jahr. A stellt eine Größe dar, die das Ausmaß des technischen Fortschritts bzw. die Arbeitseffizienz misst. Sie ist zunächst konstant (kein technischer Fortschritt).

   a) Wie groß sind im Steady State, also bei konstanter Kapitalintensität, die Pro-Kopf-Investitionen? Ermitteln Sie Ihr Ergebnis formal, indem Sie die Ableitung der Größen nach der Zeit verwenden!

   b) Vergleichen Sie mit einer identischen Volkswirtschaft ohne Bevölkerungswachstum und erläutern Sie, warum sich die Ergebnisse unterscheiden!

   Gehen Sie nun davon aus, dass die Arbeitseffizienz um 2% pro Jahr wächst.

   c) Wie groß sind nun im Steady State die Pro-Kopf-Investitionen (formale Ableitung)? Vergleichen Sie mit dem Ergebnis aus Teilaufgabe a)!

   d) Wie hoch ist die Wachstumsrate der Produktion pro Beschäftigten, falls die Arbeitseffizienz um 0% (wie in Teilaufgabe a) und b)) bzw. um 2% (wie in Teilaufgabe c)) wächst?

   e) Wie entwickeln sich die anderen zentralen Größen des Modells im Wachstumsgleichgewicht von Teilaufgabe c)? Unterscheiden Sie jeweils zwischen Niveaugrößen, Pro-Kopf-Größen und Größen, die in Arbeitseffizienzeinheiten gemessen werden!

3. Gehen Sie von den Angaben in Aufgabe 1 aus. Im Unterschied zu Aufgabe 1 produziert die hier betrachtete Volkswirtschaft jedoch ausschließlich unter Verwendung des Faktors Kapital. Die Produktion Y sei eine lineare Funktion des Kapitaleinsatzes K, multipliziert mit der Grenzproduktivität des Kapitals A_k.

   a) Welche Wachstumsrate ergibt sich für den Kapitalstock, wenn die Grenzproduktivität des Kapitals A_k einen konstanten Wert von 0,5 annimmt?

   b) Ermitteln Sie die Wachstumsrate der Produktion!

   c) Ermitteln Sie die Wachstumsrate der Produktion,

      i. …wenn die Grenzproduktivität des Kapitals auf $A_k = 0{,}25$ fällt!

      ii. …wenn die Grenzproduktivität des Kapitals weiterhin einen Wert von $A_k = 0{,}5$ annimmt, die Sparquote jedoch auf $s = 0{,}05$ fällt!

      iii. …wenn die Abschreibungsrate auf $\delta = 0$ fällt.

   d) Welcher Zusammenhang besteht zwischen Produktionswachstum, Sparquote, Grenzproduktivität des Kapitals und Abschreibungsrate? Erläutern Sie Ihr Ergebnis ökonomisch und vergleichen Sie mit Aufgabe 1!

   e) Diskutieren Sie möglichst knapp die Plausibilität der unterstellten Produktionsfunktion!

4. Sparquote und Wachstum bei Vorliegen von technischem Fortschritt

   Gehen Sie von folgender Produktionsfunktion aus:

$$Y = K^{\alpha}(AN)^{1-\alpha}$$

   mit $\alpha = 1/3$. Die Abschreibungsquote δ beträgt 0,05. Die Sparquote liegt bei 20%. A wächst mit einer Rate von 5%, N mit einer Rate von 2%.

   a) Ermitteln Sie den Konsum pro Arbeitseffizienzeinheit im Steady State, wenn die Sparquote 0,1; 0,2; 0,3; 0,4 bzw. 0,5 beträgt.

   b) Zeigen Sie grafisch und anhand einer Gleichung, unter welchen Bedingungen der Konsum im Wachstumsgleichgewicht maximiert wird! Erläutern Sie in Stichworten!

   c) Ermitteln Sie die Sparquote, bei der im vorliegenden Modell der Konsum im Wachstumsgleichgewicht maximiert wird!

Lösungen zu Kapitel 12

12.1 Wissens- und Verständnistests

Multiple Choice

1. e)
2. c)
3. a)
4. b)
5. a)
6. c)

Wahr/Falsch

7. F, W, W, W
8. W, W, W, F
9. F, W, W, W
10. F, W, W, W
11. F, F, F, F
12. F, W, W, F

Basiswissen

13. Wachstumstheoretisches Grundmodell mit technischem Fortschritt
    a) Im Wachstumsgleichgewicht muss der Kapitalstock je effektiver Arbeitseinheit konstant sein:

$$\Delta\left(\frac{K}{AN}\right) = k = 0$$

Dies ist genau dann der Fall, wenn sich der Zähler exakt in dem Ausmaß verändert, in dem sich der Nenner des Bruchausdrucks verändert. Die Veränderung des Nenners setzt sich zusammen aus dem Anstieg der Arbeitseffizienz (g_A) und dem Bevölkerungswachstum (g_N). Sind diese beiden Wachstumsraten positiv, muss auch K ansteigen, damit k konstant ist. Aus dem Kapitel zu den mathematischen Grundlagen wissen wir, dass die Wachstumsrate des Produkts zweier Variablen näherungsweise der Summe der Wachstumsraten der beiden Variablen entspricht. Der Kapitalstock muss also mindestens mit der Rate $g_{AN} = g_A + g_N$ wachsen. Allerdings wird in jeder Periode auch ein Anteil des Kapitals δ verschlissen. Da dieses Kapital ersetzt werden muss, muss das Investitionsniveau genau um δK steigen. Um den Kapitalstock je effektiver Arbeitseinheit konstant zu halten, wird also ein Investitionsniveau in Höhe von

$$\frac{I}{AN} = \left(\delta + g_A + g_N\right)\frac{K}{AN} = \left(\delta + g_A + g_N\right)k$$

benötigt. Die Höhe der Investitionen ergibt sich gemäß der folgenden Gleichung:

$$\frac{I}{AN} = s\frac{Y}{AN} = sy = sf(k)$$

wobei $f(k)$ die in Arbeitseffizienzeinheiten umgeformte Produktionsfunktion darstellt. Ein fester Anteil s der Produktion (bzw. der Produktion je effektiver Arbeitseinheit) wird gespart und investiert. Im Gleichgewicht gilt also:

$$sf(k) = \left(\delta + g_A + g_N\right)k$$

Grafisch muss die Gerade, die das Ausmaß der für einen konstanten Kapitalstock benötigten Investitionen wiedergibt (mit einer Steigung von $\delta + g_A + g_N$), die Investitionsfunktion $sf(k)$ schneiden:

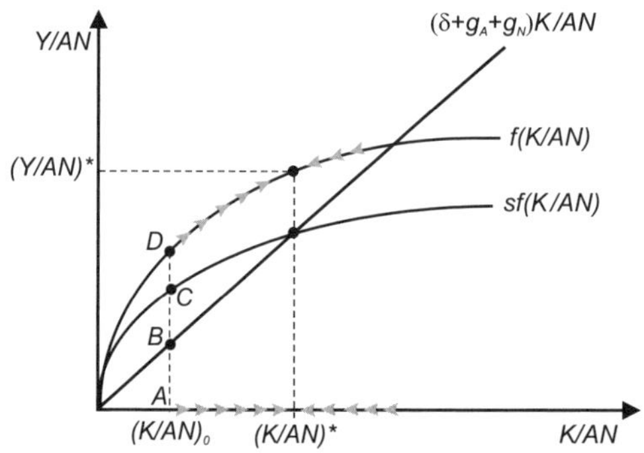

Abbildung 12.1: Das Wachstumsgleichgewicht mit technischem Fortschritt und Bevölkerungswachstum

In einer Situation links vom Wachstumsgleichgewicht (bspw. bei $(K/AN)_0$) sind die Investitionen (Strecke AC) größer als der Betrag, der notwendig ist, um den Kapitalstock je effektiver Arbeitseinheit konstant zu halten (Strecke AB): K/AN steigt auf $(K/AN)^*$.

b) Wachstumsraten der einzelnen Größen:

Größe	Definition	Wachstumsrate
K/AN	Kapital je effektiver Arbeit/je effektiver Arbeitseinheit	0
Y/AN	Produktion je effektiver Arbeit/je effektiver Arbeitseinheit	0
C/AN	Konsum je effektiver Arbeit/je effektiver Arbeitseinheit	0
I/AN	Investitionen je effektiver Arbeit/je effektiver Arbeitseinheit	0
K/N	Kapital je Beschäftigtem (pro Kopf)	g_A
Y/N	Produktion je Beschäftigtem (pro Kopf)	g_A
C/N	Konsum je Beschäftigtem (pro Kopf)	g_A
I/N	Investitionen je Beschäftigtem (pro Kopf)	g_A
K	Kapitalstock	$g_A + g_N$
Y	Produktionsniveau	$g_A + g_N$
C	Konsumniveau	$g_A + g_N$
I	Investitionsniveau	$g_A + g_N$

c) Steigt die Sparquote (die Investitionsfunktion in Abbildung 12.2 verschiebt sich nach oben), sind die Investitionen höher als der Betrag, der nötig ist, um den Kapitalstock konstant zu halten ➔ K/NA und Y/NA steigen an, bis ein neues Wachstumsgleichgewicht erreicht wird.

Während der Übergangsphase wachsen K und Y mit einer Rate größer $g_A + g_N$, K/N und Y/N mit einer Rate größer g_A.

Nach erreichen des Steady State nehmen alle Wachstumsraten ihr altes Niveau an ➔ Langfristig hat die Sparquote keinen Einfluss auf die Wachstumsraten.

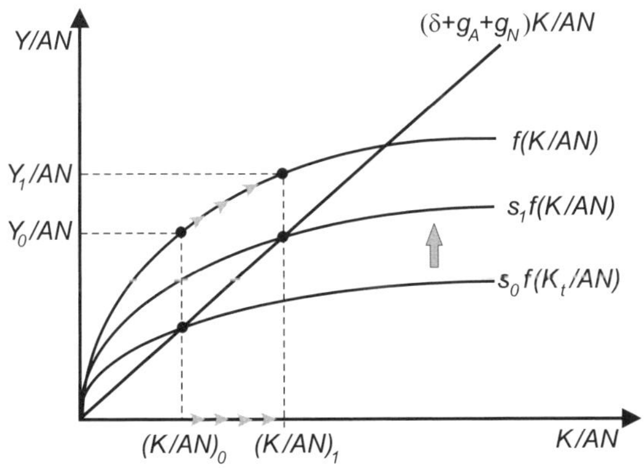

Abbildung 12.2: Anstieg der Sparquote

14. Das Solow-Residuum und die Triebkräfte des Wachstums

a) Die Pro-Kopf-Produktion kann wachsen,

- aufgrund von technischem Fortschritt,
- durch einen Anstieg des Kapitals pro Arbeitseffizienzeinheit.

Der erste Effekt tritt sowohl im Wachstumsgleichgewicht als auch in Übergangsphasen auf, der zweite Effekte nur außerhalb des Steady State. Wenn die Produktion pro Kopf also ausschließlich aufgrund von technischem Fortschritt wächst, sollte Y/N mit der Rate g_A wachsen, bei Vorliegen von durch Kapitalakkumulation verursachtem technischem Fortschritt mit einer Rate größer als g_A.

b) Zunächst ermitteln wir den Beitrag der Faktoren Arbeit und Kapital zum Wachstum der Produktion. Hierzu setzen wir zunächst $A = 1$. Wenn sich die Einsatzmenge des Faktors Kapital (des Faktors Arbeit) um eine Einheit erhöht, steigt die Produktion genau um das Grenzprodukt der beiden Faktoren:

$$GPK = \frac{\partial Y}{\partial K} = \alpha K^{\alpha-1} N^{1-\alpha}$$

$$GPN = \frac{\partial Y}{\partial N} = (1-\alpha) K^{\alpha} N^{-\alpha}$$

Die gesamte Veränderung der Produktion ergibt sich für beide Faktoren als Produkt aus Grenzertrag und der Veränderung des Faktoreinsatzes. Die Summe der beiden Produkte ist der Beitrag von zusätzlichem Kapital und zusätzlicher Arbeit zum Produktionswachstum:

$$\Delta Y = (GPK \cdot \Delta K) + (GPN \cdot \Delta N)$$

Division durch Y und Erweiterung der beiden Terme mit K/K bzw. N/N ergibt:

$$\frac{\Delta Y}{Y} = \left(\frac{GPK \cdot K}{Y} \right) \frac{\Delta K}{K} + \left(\frac{GPN \cdot N}{Y} \right) \frac{\Delta N}{N}$$

Die Wachstumsrate der Produktion ergibt sich also als Summe der Wachstumsraten von Kapital und Arbeit, gewichtet mit den beiden Klammerausdrücken. Diese Klammerausdrücke haben eine ökonomische Bedeutung. Sie stellen jeweils den Anteil der beiden Faktoren am Gesamteinkommen dar, also das Verhältnis von Kapital- bzw. Arbeitseinkommen am Gesamteinkommen. Wie in Kapitel 10.1 (Aufgabe 13) gezeigt, entspricht dieses Verhältnis bei konstanten Skalenerträgen genau den Exponenten α und $(1-\alpha)$ in der Produktionsfunktion, wenn die Faktoren mit ihrem Grenzprodukt entlohnt werden. Damit gilt:

$$\frac{\Delta Y}{Y} = g_Y^{AN} = \alpha \frac{\Delta K}{K} + (1-\alpha) \frac{\Delta N}{N} = \alpha g_K + (1-\alpha) g_N$$

Das Solow-Residuum (bzw. das Wachstum der totalen Faktorproduktivität A) kann dann ermittelt werden, indem von der tatsächlichen Wachstumsrate der Produktion g_Y der Anteil abgezogen wird, der durch ein Wachstum der Beschäftigten bzw. Kapitalakkumulation verursacht wurde (g_Y^{AN}):

$$g_A = g_Y - \left[\alpha g_K + (1-\alpha) g_N\right]$$

c) Die hohen Wachstumsraten werden meist mit technischem Fortschritt und nicht mit Kapitalakkumulation erklärt.

12.2 Übungsaufgaben

1. Rechenbeispiel

Die Sparquote einer Volkswirtschaft betrage $s = 11\%$. Die Bevölkerung wächst mit einer Rate von $g_N = 3\%$, die Arbeitseffizienz mit einer Rate von $g_A = 1\%$. Die Abschreibungsrate ist $\delta = 7\%$ und die Produktionsfunktion lautet:

$$Y = K^{\alpha}(AN)^{1-\alpha}$$

mit $\alpha = 0{,}4$.

a) Der Kapitalstock pro Arbeitseffizienzeinheit im Wachstumsgleichgewicht ist:

$$\left(\frac{K}{AN}\right)^* = k^* = \left(\frac{s}{\delta + g_A + g_N}\right)^{\frac{1}{1-\alpha}} = \left(\frac{0{,}11}{0{,}07+0{,}01+0{,}03}\right)^{\frac{1}{0{,}6}} = 1$$

b) Die Produktion pro Arbeitseffizienzeinheit im Wachstumsgleichgewicht ist:

$$\left(\frac{Y}{AN}\right)^* = y^* = \left(\frac{s}{\delta + g_A + g_N}\right)^{\frac{\alpha}{1-\alpha}} = \left(\frac{0{,}11}{0{,}07+0{,}01+0{,}03}\right)^{\frac{2}{3}} = 1$$

c) Der Konsum pro Arbeitseffizienzeinheit im Wachstumsgleichgewicht ist:

$$\left(\frac{C}{AN}\right)^* = c^* = (1-s)\left(\frac{s}{\delta + g_A + g_N}\right)^{\frac{\alpha}{1-\alpha}} = 0{,}89$$

Die Wachstumsrate des Konsums pro Kopf entspricht der Wachstumsrate der Produktion pro Kopf, die wiederum der Wachstumsrate der Arbeitseffizienz entspricht: $g_{C/N} = 1\%$.

d) Die Wachstumsrate der Investitionen entspricht der Wachstumsrate der Produktion, die wiederum der Summe der Summe aus g_N und g_A: ($g_I = 4\%$).

e) Ergebnisse:

i. Die Produktion pro Arbeitseffizienzeinheit steigt auf $y^{*\prime} = 1{,}95$, da bei höherer Sparquote mehr Investitionen zur Verfügung stehen, um den Kapitalstock pro Arbeitseffizienzeinheit konstant zu halten. Die Wachstumsrate der Gesamtproduktion steigt beim Übergang zum neuen Steady State zunächst an, ist nach Abschluss des Anpassungsprozesses im Vergleich zur Ausgangssituation jedoch unverändert ($g_Y = 4\%$).

ii. Die Produktion pro Arbeitseffizienzeinheit steigt auf $y^{*\prime} = 1{,}07$. Die Wachstumsrate der Gesamtproduktion ist nach Abschluss des Anpassungsprozesses im Vergleich zur Ausgangssituation geringer ($g_Y = 3\%$).

iii. Die Produktion pro Arbeitseffizienzeinheit fällt auf $y^{*\prime} = 0{,}94$. Die Wachstumsrate der Gesamtproduktion ist nach Abschluss des Anpassungsprozesses im Vergleich zur Ausgangssituation höher ($g_Y = 5\%$).

iv. Die Produktion pro Arbeitseffizienzeinheit steigt auf $y^{*\prime} = 1{,}14$. Die Wachstumsrate der Gesamtproduktion ist nach Abschluss des Anpassungsprozesses im Vergleich zur Ausgangssituation unverändert ($g_Y = 4\%$).

2. Wirkungen des technischen Fortschritts: Formale Herangehensweise

a) In dieser Teilaufgabe liegt lediglich Bevölkerungswachstum vor. Wir können deshalb die Größe A auf einen Wert von 1 normieren und mit Pro-Kopf-Größen (anstelle von Größen, die pro Arbeitseffizienzeinheiten gemessen werden) arbeiten. Die Produktionsfunktion der Volkswirtschaft wird umgeformt zu:

$$\frac{Y}{N} = y = k^{0,5}$$

Im Wachstumsgleichgewicht muss die Veränderung der Kapitalintensität über die Zeit 0 sein. Um zu ermitteln, wie sich K/N über die Zeit verändert, leiten wir die Kapitalintensität nach der Zeit ab. Zu beachten ist nun, dass Zähler und Nenner des Ausdrucks über die Zeit veränderlich sind. Durch folgenden Ausdruck wird berücksichtigt, dass K/N sich aufgrund einer Änderung von K und von N ändern kann:

$$\frac{dk}{dt} = \frac{\partial k}{\partial K}\frac{dK(t)}{dt} + \frac{\partial k}{\partial N}\frac{dN(t)}{dt} = \frac{dK}{dt}\frac{1}{N} - \frac{dN}{dt}\left(\frac{K}{N^2}\right) = \frac{1}{N}\left(\frac{dK}{dt} - k\frac{dN}{dt}\right) = 0 \qquad (1.)$$

Die Veränderung des Kapitalstocks entspricht den Investitionen abzüglich der Abschreibungen:

$$\frac{dK}{dt} = I - \delta K$$

Die Bevölkerungswachstumsrate ist:

$$g_n = \frac{dN}{dt}\frac{1}{N}$$

Einsetzen der beiden Ausdrücke in Gleichung (1.) liefert:

$$\frac{dk}{dt} = \frac{1}{N}\left(I - \delta K - g_n K\right) = i - \left(\delta + g_n\right)k = sf(k) - \left(\delta + g_n\right)k = 0$$

Einsetzen der Werte aus der Angabe ($s = 20\%$, $\delta = 0{,}05$ und $g_n = 0{,}1$)

$$\frac{dk}{dt} = 0{,}2k^{0,5} - 0{,}15k = 0$$

Auflösen nach k und i ergibt:

$$k^* = \frac{16}{9} \quad \text{und} \quad i^* = \frac{4}{15}$$

b) Vergleich mit $g_n = 0$:

$$\frac{dk}{dt} = sf(k) - (0{,}05)k = 0{,}2\sqrt{k} - 0{,}05k = 0$$

Auflösen nach k und i ergibt:

$$k^* = 16 \quad \text{und} \quad i^* = 0{,}8$$

Bevölkerungswachstum verringert also die Kapitalintensität im Wachstumsgleichgewicht.

c) Im Folgenden werden alle Größen relativ zur Menge an Arbeitseffizienzeinheiten gemessen (nicht mehr pro Beschäftigten bzw. pro Kopf). Als Notation gilt nun:

$$y = \frac{Y}{AN} \quad \text{und} \quad k = \frac{K}{AN}.$$

Die Wachstumsrate der Arbeitseffizienz

$$\frac{dA}{dt}\frac{1}{A}$$

wird mit g_A bezeichnet und beschreibt den so genannten arbeitsvermehrenden technischen Fortschritt.

Im Wachstumsgleichgewicht muss der Kapitalstock pro Arbeitseffizienzeinheit konstant sein. Formal:

$$\frac{dk}{dt} = \frac{d\left(\frac{K}{AN}\right)}{dt} = \frac{\partial k}{\partial K}\frac{dK}{dt} + \frac{\partial k}{\partial (AN)}\frac{d(AN)}{dt} = \frac{dK}{dt}\frac{1}{AN} - \frac{d(AN)}{dt}\frac{K}{(AN)^2} \qquad (2.)$$

Beachte:

$$\frac{d(AN)}{dt} = \frac{\partial (AN)}{\partial N}\frac{dN}{dt} + \frac{\partial (AN)}{\partial A}\frac{dA}{dt} = \frac{dN}{dt}A + \frac{dA}{dt}N$$

Einsetzen in Gleichung (2.):

$$\frac{dk}{dt} = \frac{dK}{dt}\frac{1}{AN} - \frac{K}{(AN)^2}\left(\frac{dN}{dt}A + \frac{dA}{dt}N\right) = \frac{1}{AN}\left(\frac{dK}{dt} - \frac{K}{(AN)}\frac{dN}{dt}A - \frac{K}{(AN)}\frac{dA}{dt}N\right)$$

Ausklammern sowie Kürzen von A im und N im Klammerterm ergibt:

$$\frac{dk}{dt} = \frac{1}{AN}\left(\frac{dK}{dt} - \frac{K}{N}\frac{dN}{dt} - \frac{K}{A}\frac{dA}{dt}\right) = \frac{1}{AN}\left(\frac{dK}{dt} - K\frac{1}{N}\frac{dN}{dt} - K\frac{1}{A}\frac{dA}{dt}\right)$$

Beachte, dass gilt:

$$\frac{dK}{dt} = I - \delta K$$ ➔ 1. Klammerterm

$$\frac{dN}{dt}\frac{1}{N} = g_N$$ ➔ 2. Klammerterm

$$\frac{dA}{dt}\frac{1}{A} = g_A$$ ➔ 3. Klammerterm

Einsetzen ergibt:

$$\frac{dk}{dt}=\frac{1}{AN}(I-\delta K-g_N K-g_A K)=i-\delta k-g_N k-g_A k=i-(\delta+g_N+g_A)k$$

Im Wachstumsgleichgewicht gilt die Bedingung:

$$\frac{dk}{dt}=i-(\delta+g_N+g_A)k=sf(k)-(\delta+g_N+g_A)k=0$$

Um k konstant zu halten, müssen nun Investitionen

- zum Ersatz des in einer Periode verschlissenen Kapitalstocks,
- zur Kapitalausstattung von durch Bevölkerungswachstum neu hinzugekommenen Arbeitseinheiten
- und zur Ausstattung von durch technischen Fortschritt neu hinzugekommenen Effizienzeinheiten

bereitgehalten werden.

Einsetzen der Produktionsfunktion

$$sf(k)=s\left(\frac{K}{AN}\right)^{0,5}=sk^{0,5}=(\delta+g_N+g_A)k$$

Auflösen nach k und Einsetzen der vorgegebenen Werte ergibt:

$$k^*=\left(\frac{0,2}{0,17}\right)^2=1,38$$

Für die Investitionen pro Arbeitseffizienzeinheit (i^*) erhält man:

$$i^*=0,2\cdot\sqrt{\left(\frac{0,2}{0,17}\right)^2}=\frac{4}{17}$$

d) Die Wachstumsrate der Produktion pro Kopf wird ermittelt durch:

$$\frac{d\left(Y/N\right)}{dt}\frac{1}{(Y/N)}=\frac{d\left(AY/AN\right)}{dt}\frac{1}{(Y/N)}=\frac{d(yA)}{dt}\frac{1}{(Y/N)}=\frac{N}{Y}\left(\frac{dy}{dt}A+\frac{dA}{dt}y\right)=\frac{N}{Y}\left(\frac{dy}{dt}A+\frac{dA}{dt}\frac{1}{A}\frac{Y}{N}\right)$$

Da im Wachstumsgleichgewicht der Kapitalstock pro Arbeitseffizienzeinheit konstant ist, bleibt auch die Produktion pro Arbeitseffizienzeinheit konstant $(dy / dt) = 0$. Damit gilt:

$$\frac{d\left(Y/N\right)}{dt}\frac{1}{(Y/N)}=\frac{N}{Y}g_A\frac{Y}{N}=g_A$$

Die Produktion pro Kopf wächst also in Teilaufgabe a) und b) nicht, in Teilaufgabe c) mit einer Rate von 2%.

e) Alle Größen, die in Arbeitseffizienzeinheiten gemessen werden (*K/AN* ➔ *Y/AN* ➔ *C/AN* bzw. *I/AN*) sind im Wachstumsgleichgewicht konstant.

Die Wachstumsraten aller Pro-Kopf-Größen (*K/N* ➔ *Y/N* ➔ *C/N* bzw. *I/N*) entsprechen der Rate des technischen Fortschritts $g_A = 2\%$.

Die Wachstumsraten aller Niveaugrößen (*K/AN* ➔ *Y/AN* ➔ *C/AN* bzw. *I/AN*) entsprechen der Summe aus Bevölkerungswachstum und Rate des technischen Fortschritts ($g_A + g_N = 12\%$).

3. Wachstum bei konstanten Grenzerträgen

a) Wiederum wächst der Kapitalstock, wenn die Summe der Investitionen $I = sY$ die Menge verschlissener Kapitalgüter übersteigt:

$$dK = sY - \delta K \tag{3.}$$

Die Produktionsfunktion nimmt nun folgende Form an:

$$Y = AK = 0{,}5 \cdot K \tag{4.}$$

Die Wachstumsrate ergibt sich nach Division durch K. Einsetzen in Gleichung (3.) unter Berücksichtigung der Parameterwerte ergibt:

$$\frac{dK}{K} = \frac{sAK - \delta K}{K} = sA - \delta = 0{,}2 \cdot 0{,}5 - 0{,}05 = 5\%$$

b) Ist die Grenzproduktivität des Kapitals konstant, entspricht die Wachstumsrate der Produktion genau der Wachstumsrate des Kapitals:

$$\frac{dY}{Y} = \frac{dK}{K} = 0{,}2 \cdot 0{,}5 - 0{,}05 = 5\%$$

c) Es ergeben sich Werte von:

i. $\frac{dY}{Y} = 0{,}2 \cdot 0{,}25 - 0{,}05 = 0\%$

ii. $\frac{dY}{Y} = 0{,}05 \cdot 0{,}5 - 0{,}05 = -2{,}5\%$

iii. $\frac{dY}{Y} = 0{,}2 \cdot 0{,}5 - 0 = 10\%$

d) Die Produktion wächst mit einer konstanten Rate, so lange das Produkt aus Sparquote und Grenzproduktivität größer ist als die Abschreibungsrate. Eine Erhöhung der Sparquote kann also zu dauerhaftem Wachstum führen, auch wenn kein technischer Fortschritt vorliegt (im Gegensatz zu Aufgabe 1, wo die Ökonomie unabhängig von der Sparquote immer einem Steady State zustrebt, in dem ohne technischen Fortschritt und ohne Bevölkerungswachstum keine Produktionssteigerung zu Stande kommt). Der wesentliche Grund liegt in der Neuformulierung der Produktionsfunktion, die jetzt konstante Grenzerträge unterstellt. Sind die mit der Produktivität gewichteten Investitionen größer als der Kapitalverschleiß, steigt in beiden Modellen die Produktion zunächst an. Im Modell mit fallendem Grenzprodukt wird die Produktionszunahme jedoch immer kleiner, bis die zusätzlichen Investitionen, die sich aus dem Produktionsanstieg bewältigen lassen, kleiner sind als der zusätzliche Verschleiß bei wachsendem Kapitalstock. Im Modell mit konstantem Grenzprodukt hingegen steigt die Produktion mit konstanter Rate an. Da dies auch für die Investitionshöhe gilt, kommt es in jeder Periode von neuem zu einer Situation, in der die Investitionen die Abschreibungen übersteigen. Der Kapitalstock wächst immer weiter und damit auch die Produktion.

e) Für physisches Kapital (Maschinen, Produktionsanlagen, etc.) scheint es wenig sinnvoll, von einem konstanten Grenzprodukt auszugehen: Ab einem gewissen Punkt wird ein Arbeitnehmer zusätzliche Kapitalausstattung nur in geringe Produktionszuwächse umsetzen können. Für Humankapital ist das Vorliegen konstanter Grenzerträge weniger unplausibel. Die empirische Evidenz bzgl. des Grenzertrags von Humankapital ist jedoch gemischt.

4. Sparquote und Wachstum bei Vorliegen von technischem Fortschritt

a) Der Konsum pro Arbeitseffizienzeinheit im Wachstumsgleichgewicht ist:

$$c^* = (1-s)\cdot\left(\frac{s}{\delta+g_A+g_N}\right)^{\frac{\alpha}{1-\alpha}} = (1-s)\cdot\left(\frac{s}{0,05+0,05+0,02}\right)^{0,5}$$

Für die entsprechenden Sparquoten von 0,1; 0,2; 0,3; 0,4 bzw. 0,5 ergeben sich Konsumwerte von 0,82; 1,03; 1,11; 1,09 und 1,02.

b) Der Konsum wird maximiert, wenn das Grenzprodukt des Kapitals (*GPK*) der Summe aus Bevölkerungswachstum, Rate des technischen Fortschritts und Abschreibungsquote entspricht:

$$GPK = \delta + g_A + g_N \qquad (5.)$$

Die linke Seite entspricht der zusätzlichen Produktion, die bei einer Erhöhung des Kapitalstocks im Steady State (durch eine Erhöhung der Sparquote) erzielt werden kann. Die rechte Seite entspricht den zusätzlichen Investitionen (welche dann nicht mehr für Konsumzwecke zur Verfügung stehen), die bei einer Erhöhung des Kapitalstocks aufgebracht werden müssen. Ist die Sparquote (und damit der Kapitalstock) im Vergleich zum Golden Rule-Niveau zu klein, sind die durch eine Steigerung erzielbaren Produktionsgewinne sehr groß, da die Grenzproduktivität des Kapitals entsprechend groß ist. Die Produktionssteigerung reicht dann aus, um die zusätzlich notwendigen Investitionen und einen Zuwachs an Konsum zu decken. Im Fall einer sehr hohen Sparquote (eines sehr großen Kapitalstocks) übersteigen die notwendigen Investitionen den Zuwachs an Produktion. Der Konsum muss eingeschränkt werden.

Grafisch muss der Kapitalstock (die Sparquote) so gewählt werden, dass die Steigung der Tangente an die Produktionsfunktion beim entsprechenden Kapitalstock genau der Steigung der Gerade der benötigten Investitionen ($\delta + g_A + g_N$) entspricht:

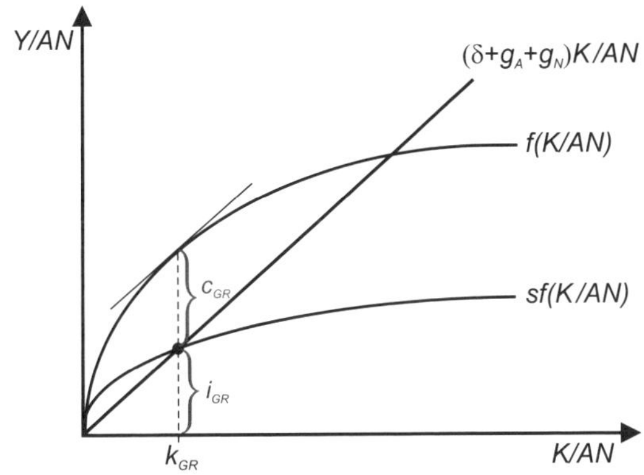

Abbildung 12.3: Goldene Regel bei Bevölkerungswachstum und technischem Fortschritt

c) Ausgangspunkt ist die Bestimmungsgleichung für den Konsum im Steady State:

$$c^* = (1-s)\cdot\left(\frac{s}{\delta + g_A + g_N}\right)^{0,5}$$

Die Bedingung erster Ordnung lautet:

$$\frac{\partial c^*}{\partial s} = 0,5s^{-0,5}\frac{1}{(\delta + g_A + g_N)^{0,5}} - 1,5s^{0,5}\frac{1}{(\delta + g_A + g_N)^{0,5}} = 0$$

bzw.

$$0,5s^{-0,5} = 1,5s^{0,5}$$

Auflösen nach s ergibt:

$$\frac{s^{0,5}}{s^{-0,5}} = s = \frac{0,5}{1,5} = \frac{1}{3}$$

Die Sparquote, bei welcher der Konsum pro Arbeitseffizienzeinheit im Wachstumsgleichgewicht maximiert wird, ist $s = 1/3$. Sie entspricht dem Exponenten des Faktors Kapital in der Produktionsfunktion.

13 Technischer Fortschritt und der Arbeitsmarkt

13.1 Wissens- und Verständnistests

Soweit keine andere Form spezifiziert wird, unterstellen alle Aufgaben dieses Teils eine Produktionsfunktion des Typs $Y = AN$.

Multiple Choice

1. Bei einer Produktionsfunktion des Typs $Y = AN$ ist die Arbeitsproduktivität definiert als:
   a) A
   b) A/N
   c) Y/N
   d) Sowohl die erste als auch die dritte Antwort sind korrekt.
2. Welche der folgenden Konsequenzen kann von technischem Fortschritt ausgehen?
   a) Die gleiche Menge an Gütern kann nun mit einem geringeren Arbeitseinsatz hergestellt werden.
   b) Bei konstantem Arbeitseinsatz kann nun eine größere Produktionsmenge hergestellt werden.
   c) Es werden neuartige Güter produziert.
   d) Bestimmte Güter werden nicht mehr produziert.
   e) In Erwartung höherer Einkommen beginnen Konsumenten und Unternehmen bereits heute, ihre Nachfrage auszudehnen.
   f) Alle der vorangegangenen Antworten sind korrekt.
3. Bei einer Produktionsfunktion des Typs $Y = AN$ ist
   a) ...das Beschäftigungsniveau definiert als A/N.
   b) ...das Beschäftigungsniveau definiert als A/Y.
   c) ...die Arbeitslosenquote definiert als $u = \frac{L - Y/A}{L}$.
   d) ...die Arbeitslosenquote definiert als $u = \frac{L - A/Y}{L}$.
4. Ein Anstieg der Produktivität wird immer
   a) ...zu einer Verschiebung der *AS*-Kurve nach unten führen.
   b) ...zu einer Verschiebung der *AS*-Kurve nach oben führen.
   c) ...zu einer Verschiebung der *AD*-Kurve nach rechts führen.
   d) ...zu einer Verschiebung der *AS*-Kurve nach links führen.

5. Welcher der folgenden Zusammenhänge begründet die Verschiebung der *AS*-Kurve bei einem Anstieg der Produktivität?
   a) Bei einem Produktivitätsanstieg muss für die Erstellung einer Produktionseinheit weniger Arbeit aufgewendet werden; die Kosten der Unternehmen sinken, damit sinken die Preise für jedes gegebene Produktionsniveau.
   b) Die Unsicherheit bezüglich der zukünftigen Chancen auf dem Arbeitsmarkt sinkt.
   c) Die Unsicherheit bezüglich der zukünftigen Chancen auf dem Arbeitsmarkt steigt.
   d) Die Investitionen erhöhen sich aufgrund besserer Zukunftsaussichten der Unternehmen.
6. Welcher der folgenden Zusammenhänge begründet eine Verschiebung der *AD*-Kurve nach links, sofern es zu einem Anstieg der Produktivität kommt?
   a) Anstieg der Ersparnis durch erhöhte Unsicherheit bezüglich zukünftiger Einkommensströme.
   b) Erhöhte Gewinnerwartungen bei Unternehmen.
   c) Sinken der Ersparnis durch verringerte Unsicherheit bezüglich zukünftiger Einkommensströme.
   d) Anstieg der natürlichen Arbeitslosenquote.
7. Bei einer Produktionsfunktion des Typs $Y = AN$ sind Preis- und Lohnsetzungsgleichung definiert als
   a) ... $P = (1+\mu)\dfrac{A}{W}$ und $W = P^e F(u,z)/A^e$.
   b) ... $P = (1+\mu)\dfrac{A}{W}$ und $W = \dfrac{A^e P^e}{F(u,z)}$.
   c) ... $P = (1+\mu)\dfrac{W}{A}$ und $W = P^e F\left(\dfrac{L-N}{L}, z\right)A^e$.
   d) ... $P = \dfrac{1}{(1+\mu)}\dfrac{W}{W}$ und $W = A^e F(u,z)/P^e$.
8. Was versteht man unter „unausgewogenem“ (skill-biased) technologischem Fortschritt?
   a) Technologischer Fortschritt, der zu einer Verlagerung von Arbeitsplätzen ins Ausland führt.
   b) Technologischer Fortschritt, der die Produktivität von qualifizierten Arbeitnehmern stärker erhöht als die Produktivität von weniger qualifizierten Arbeitnehmern.
   c) Technologischer Fortschritt, der in ausgewählten Sektoren zu einer Verschiebung der Nachfrage nach unterschiedlich qualifizierten Arbeitnehmern führt.
   d) Technologischer Fortschritt, der die Löhne von Arbeitnehmern ohne Hochschulabschluss relativ zu den Löhnen von Arbeitnehmern mit Hochschulabschluss erhöht.

Wahr/Falsch: Welche der jeweiligen Aussagen sind wahr, welche falsch?

9. Bei einer Produktionsfunktion des Typs $Y = AN$ kann ein Anstieg der Größe A interpretiert werden als
   a) ...technologischer Fortschritt.
   b) ...Anstieg der Arbeitsproduktivität.
   c) ...Anstieg der Wachstumsrate der Erwerbsbevölkerung.
   d) ...Anstieg des Kapitaleinsatzes.

10. In der Volkswirtschaft X wird beobachtet, dass ein Produktivitätsanstieg kurzfristig zu einem Anstieg von Y geführt hat.
    a) Ausgehend von dieser Information können wir mit Sicherheit feststellen, dass das Preisniveau P sinkt.
    b) Ausgehend von dieser Information können wir mit Sicherheit feststellen, dass die Beschäftigung ansteigt und die Arbeitslosenquote sinkt.
    c) Nur wenn der Produktivitätsanstieg kleiner ist als der Produktionsanstieg können wir mit Sicherheit feststellen, dass die Beschäftigung ansteigt und die Arbeitslosenquote sinkt.
    d) Ausgehend von dieser Information können wir mit Sicherheit feststellen, dass die Effekte, die bei einem Produktivitätsanstieg eine Linksverschiebung verursachen, von den Effekten, die eine Rechtsverschiebung verursachen, überwogen werden.

11. Welcher der folgenden Zusammenhänge begründet eine Verschiebung der AD-Kurve nach rechts, sofern es zu einem Anstieg der Produktivität kommt?
    a) Sofern die Produktivitätssteigerung zu einem höheren erwarteten Einkommen führt, steigt die Nachfrage nach Konsumgütern.
    b) Sofern die Produktivitätssteigerung zu erhöhten Gewinnerwartungen führt, steigt die Nachfrage nach Investitionsgütern.
    c) Sofern die Produktivitätssteigerung zu verringerter Einkommensunsicherheit führt, sinken die Ersparnisse.
    d) Sofern die Produktivitätssteigerung zu erhöhter Einkommensunsicherheit führt, steigen die Ersparnisse.

12. Empirisch beobachtet man, dass eine enge positive Beziehung zwischen Produktions- und Produktivitätswachstum vorliegt. Die Produktionszuwächse liegen zudem meist über den Produktivitätszuwächsen.
    a) Ausgehend von dieser Beobachtung können wir schließen, dass das Produktivitätswachstum die Produktion stärker steigen lässt, als notwendig wäre, um negative Beschäftigungseffekte zu vermeiden.
    b) Ausgehend von dieser Beobachtung können wir schließen, dass Produktivitätswachstum nicht zu Arbeitslosigkeit führt.

c) Ausgehend von dieser Beobachtung können wir schließen, dass Produktivitätswachstum zur Entlassung von Arbeitnehmern und damit zu Arbeitslosigkeit führt.

d) Da aufgrund von „labor hording" die kausale Beziehung auch vom Produktionswachstum zum Produktivitätswachstum verlaufen könnte, ist keine eindeutige Aussage möglich.

13. Welche Folgen hat ein Anstieg der Produktivität A um 3%, wenn Preis- und Produktivitätserwartungen korrekt sind ($P = P^e$ und $A = A^e$)?

a) Die *WS*-Kurve verschiebt sich nach oben.

b) Die *PS*-Kurve verschiebt sich um 3% nach oben.

c) Die *PS*-Kurve verschiebt sich um 3% nach unten.

d) Der Reallohn und die natürliche Arbeitslosenquote erhöhen sich um 3%.

e) Der Reallohn erhöht sich um 3%.

14. Welche Folgen hat eine Reduktion der Produktivität A um 1%, wenn Preis- und Produktivitätserwartungen korrekt sind ($P = P^e$ und $A = A^e$)?

a) Sowohl *WS*-Kurve als auch *PS*-Kurve verschieben sich nach unten.

b) Der Reallohn sinkt um 1% und die natürliche Arbeitslosenquote ist konstant.

c) Die natürliche Arbeitslosenquote sinkt um 1%.

d) Der Reallohn und die natürliche Arbeitslosenquote erhöhen sich um 1%.

15. Welche Folgen hat ein Sinken des Produktivitätswachstums dA/A in der mittleren Frist, wenn die Preiserwartungen zwar korrekt, die Produktivitätserwartungen jedoch nicht korrekt und vergangenheitsorientiert sind ($P = P^e$ und $A \neq A^e$)?

a) Sowohl *WS*-Kurve als auch *PS*-Kurve verschieben sich nach oben.

b) Die *WS*-Kurve verschiebt sich stärker als die *PS*-Kurve.

c) Die natürliche Arbeitslosenquote und der Reallohn sinken.

d) Die natürliche Arbeitslosenquote und der Reallohn steigen.

16. Welche der folgenden Aussagen zur Lohnspreizung ist wahr, welche falsch?

a) In Deutschland und Europa war die Lohnspreizung in den letzten Jahrzehnten wesentlich weniger ausgeprägt als in den Vereinigten Staaten.

b) Die Lohnspreizung zeigt, dass technologischer Fortschritt und internationaler Handel zu einer generellen Verschlechterung der wirtschaftlichen Situation führen können.

c) Die Lohnspreizung zeigt, dass technologischer Fortschritt und internationaler Handel zu einer relativen Verschlechterung bei ausgewählten Gruppen in einer Volkswirtschaft führen können.

d) Das starke Ausmaß der Lohnspreizung in den Vereinigten Staaten ist zu einem großen Teil darauf zurückzuführen, dass die Nachfrage nach hoch qualifizierten Arbeitskräften relativ zu niedrig qualifizierten Arbeitskräften zurückgegangen ist.

e) Das Zusammenwirken von zunehmender internationaler Arbeitsteilung und einer Form von technischem Fortschritt, die die Nachfrage nach hoch qualifizierten Arbeitnehmern stark erhöht, kann einen Großteil der zunehmenden Lohnspreizung erklären.

Basiswissen

17. Produktivität im *AS-AD*-Modell

    Gehen Sie von einer Produktionsfunktion des Typs $Y = AN$ aus.

    a) Bestimmen Sie die Ausdrücke für die Arbeitsproduktivität, die Beschäftigung und die Arbeitslosenquote! Erläutern Sie jeweils in einem Satz die Grundeinsicht der jeweiligen Ausdrücke!

    b) Erläutern Sie ausführlich, wie sich technologischer Fortschritt auf die Lage *AS*-Kurve auswirkt! Leiten Sie hierzu die *AS*-Beziehung aus Lohn- und Preissetzungsgleichung ab!

    c) Erläutern Sie in Stichworten, unter welchen Bedingungen technologischer Fortschritt kurzfristig zu einem Anstieg der Arbeitslosenquote führt!

    d) Erläutern Sie in Stichworten, unter welchen Bedingungen technologischer Fortschritt die *AD*-Kurve nach rechts verschiebt!

18. Produktivität und natürliche Arbeitslosenquote

    a) Gehen Sie von der Preissetzungsgleichung

    $$P = (1+\mu)\frac{W}{A} \qquad (PS)$$

    aus und erläutern Sie möglichst knapp, wie und warum ein Anstieg des Produktivitätswachstums zu einer Veränderung des Reallohns und einer Verschiebung der *PS*-Kurve führt! Unterscheiden sie zwischen einer Situation, in der die Lohnsetzer die Produktivitätssteigerung korrekt antizipieren und einer Situation, in der sich die Erwartungen bzgl. des Produktivitätswachstums nur langsam anpassen!

    b) Gehen Sie von der Lohnsetzungsgleichung

    $$W = P^e F(u,z) A^e \qquad (WS)$$

    aus und erläutern Sie möglichst knapp, wie und warum ein Anstieg des Produktivitätswachstums zu einer Veränderung des Reallohns und einer Verschiebung der *WS*-Kurve führt. Unterscheiden sie zwischen einer Situation, in der die Lohnsetzer die Produktivitätssteigerung korrekt antizipieren und einer Situation, in der sich die Erwartungen bzgl. des Produktivitätswachstums nur langsam anpassen!

    c) Gehen Sie zunächst von einer Situation aus, in der Preis- und Produktivitätserwartungen korrekt sind ($P = P^e$ und $A = A^e$). Welche Folgen wird ein Anstieg der Produktivität bzw. des Produktivitätswachstums auf Reallohn und natürliche Arbeitslosenquote haben? Erläutern Sie verbal und grafisch!

    d) Gehen Sie nun von einer Situation aus, in der Preiserwartungen zwar korrekt sind, die Produktivitätserwartungen jedoch träge auf Änderungen des Produktivitätswachstums reagieren. ($P = P^e$ und $A \neq A^e$). Welche Folgen wird ein Anstieg des Produktivitätswachstums auf Reallohn und natürliche Arbeitslosenquote u_n haben? Erläutern Sie verbal und grafisch!

    e) Untersuchen Sie die Auswirkungen auf u_n für den Fall, in dem zunächst ein starkes Produktivitätswachstum vorgelegen hat, A jedoch plötzlich mit einer geringeren Rate wächst!

13.2 Übungsaufgaben

1. Auswirkungen von Produktivitätsänderungen im *AS-AD*-Modell

   Gehen Sie von einer Produktionsfunktion des Typs $Y = AN$ aus.

   a) Gehen Sie zunächst von einer konstanten Produktion in Höhe von $Y_0 = 2.000$ aus. Wie viele Arbeitnehmer werden benötigt, wenn A einen Wert von 1; 1,25; 1,5 bzw. 2 annimmt?

   b) Gehen Sie nun davon aus, dass die Zahl der Arbeiter $N_0 = 100$ konstant ist. Wie hoch ist die Produktion, wenn A einen Wert von 1; 1,2; 1,4 bzw. 1,6 annimmt? Wie verändert sich die Arbeitsproduktivität?

   c) Gehen Sie davon aus, dass die Produktion um $dY = 1$ gesteigert werden soll. Wie viele zusätzliche Arbeitnehmer werden hierzu benötigt, wenn A einen Wert von 0,5; 0,75; 1 bzw. 1,5 annimmt? Wie entwickeln sich die Kosten der zusätzlichen Produktionseinheit, wenn der Nominallohn konstant ist?

   d) Gehen Sie davon aus, dass die Produktivität A um 5% steigt. Wie entwickelt sich N, wenn Y um 2%; 4%; 5%; 6%, bzw. 7%, steigt? Unter welchen Bedingungen führt technischer Fortschritt zu einer erhöhten Arbeitslosenquote?

2. Produktivitätsänderungen im *AS-AD*-Modell

   Betrachten Sie eine Volkswirtschaft, bei der die Produktion durch folgende Funktion gegeben ist:

$$Y = AN$$

   Nehmen Sie an, dass Preissetzungsfunktion und Lohnsetzungsfunktion festgelegt sind als

   Preissetzung: $$P = (1+\mu)\left(\frac{W}{A}\right)$$

   Lohnsetzung: $$W = A^e P^e (1-u)$$

   a) Leiten Sie die *AS*-Kurve formal her!

   b) Ermitteln Sie die Auswirkung eines Anstiegs der tatsächlichen Produktivität A auf die Lage der *AS*-Kurve, wenn die erwartete Produktivität A^e in gleichem Maße ansteigt (so dass A^e/A gleich 1 bleibt)! Erklären Sie!

   c) Nehmen Sie nun an, dass die tatsächliche Produktivität A ansteigt, die erwartete Produktivität A^e sich jedoch nicht verändert. Vergleichen Sie Ihr Ergebnis mit den Schlussfolgerungen aus b). Erklären Sie den Unterschied.

   d) Gehen Sie von der Situation in Teilaufgabe c) aus. Der Produktivitätsanstieg führt zu einem Boom an den Aktienmärkten, der das Konsumentenvertrauen und das Investitionsklima stark verbessert. Schildern Sie die Auswirkungen des Produktivitätsanstiegs auf Preisniveau, Produktionsniveau und Arbeitslosenquote im *AS-AD*-Modell grafisch und verbal.

   e) Aus Furcht vor den inflationären Folgen des Produktivitätsanstiegs entscheidet sich die Zentralbank, restriktive Geldpolitik zu betreiben. Die Konsumenten und Investoren vermuten, dass sich hinter der Politik der Zentralbank eine pessimistische Einschätzung der Zukunftsaussichten der Volkswirtschaft verbirgt. Der Anstieg des Konsumentenvertrauens und des Investitionsklimas wird hierdurch vollständig neutralisiert. Beschreiben Sie die Folgen dieser Politik im *AS-AD*-Modell.

3. Grundverständnis der Auswirkungen von Produktivitätsänderungen auf u_n

   Gehen Sie von der Preissetzungsgleichung

$$P = (1+\mu)\frac{W}{A}$$

   und der Lohnsetzungsgleichung

$$W = AP(1-u)$$

   aus.

   a) Gehen Sie von folgenden Werten aus: P = 1 und μ = 0,1. Welcher Reallohn ergibt sich gemäß der Preissetzungsgleichung, wenn A einen Wert von 0,5, 0,75, 1 bzw. 1,5 annimmt? Erklären Sie möglichst knapp, wie und warum sich der Reallohn bei Veränderungen von A anpasst!
   b) Ausgehend von Ihrer Analyse in Teilaufgabe a): Wie verändert sich der Reallohn gemäß der PS-Relation bei einem Anstieg von A um 7%?
   c) Gehen Sie von folgenden Werten aus: P = 1 und u = 0,05. Welcher Reallohn ergibt sich gemäß der Lohnsetzungsgleichung, wenn A einen Wert von 0,5, 0,75, 1 bzw. 1,5 annimmt? Erklären Sie möglichst knapp, wie und warum sich der Reallohn bei Veränderungen von A anpasst!
   d) Ausgehend von Ihrer Analyse in Teilaufgabe a): Wie verändert sich der Reallohn gemäß der WS-Relation bei einem Sinken von A um 2%?

4. Auswirkungen von Produktivitätsänderungen auf u_n

   Gehen Sie von der Preissetzungsfunktion und Lohnsetzungsfunktion aus Aufgabe 2 aus.

   a) Lösen Sie die Lohnsetzungsfunktion nach der Arbeitslosenquote auf, wenn gilt, dass P^e=P, aber A nicht notwendigerweise gleich A^e ist!

Nehmen Sie nun an, dass die Erwartungen sowohl bezüglich des Preisniveaus als auch bezüglich der Produktivität korrekt sind.

   b) Lösen Sie nach der Arbeitslosenquote auf, wenn der Gewinnaufschlag 5% beträgt!
   c) Hängt die natürliche Arbeitslosenquote von der Produktivität ab? Erklären Sie!
   d) Nehmen Sie nun an, dass die tatsächliche Produktivität A ansteigt, sich aber die erwartete Produktivität A^e nicht oder nur langsam verändert. Vergleichen Sie Ihr Ergebnis mit den Schlussfolgerungen aus c)! Erklären Sie den Unterschied!
   e) Gehen Sie von der Situation in Teilaufgabe d) aus und untersuchen sie den Fall, in dem sich die Produktivitätsentwicklung verlangsamt!

Lösungen zu Kapitel 13

13.1 Wissens- und Verständnistests

Multiple Choice

1. d)
2. f)
3. c)
4. a)
5. a)
6. a)
7. c)
8. b)

Wahr/Falsch

9. W, W, F, F
10. F, F, W, W
11. W, W, W, F
12. F, F, F, W
13. W, W, F, F, W
14. W, W, F, F
15. W, W, F, W
16. W, F, W, F

Basiswissen

17. Produktivität im *AS-AD*-Modell

    a) Die Arbeitsproduktivität, also die Produktion pro Arbeitseinheit, ergibt sich als

$$A = Y / N \qquad (1.)$$

A kann also gleichermaßen als Stand der Technik und als Produktivitätsmaß verstanden werden. Die Beschäftigung ist gleich der Produktion geteilt durch die Produktivität

$$N = Y / A \qquad (2.)$$

Ist der prozentuale Anstieg der Produktion größer als der prozentuale Anstieg der Produktivität, steigt die Beschäftigtenzahl an. Die Arbeitslosenquote ergibt sich als:

$$u = \frac{L-N}{L} = 1 - \frac{N}{L} = 1 - \frac{(Y/A)}{L} \qquad (3.)$$

Die Arbeitslosenquote fällt, sofern die Produktion schneller wächst als die Produktivität und sofern das Verhältnis von Y zu A stärker ansteigt als die zur Verfügung stehende Arbeitsmenge L.

b) Technologischer Fortschritt (ein Anstieg der Produktivität A) verschiebt die *AS*-Kurve nach unten: Für jedes gegebene Produktionsniveau wird ein niedrigeres Preisniveau realisiert. Das Ausmaß der Verschiebung der *AS*-Kurve hängt davon ab, ob sich die Erwartungen bezüglich der Produktivitätsentwicklung als korrekt erweisen. Dies wird aus der Formulierung der *AS*-Kurve deutlich, die sich durch Einsetzen von Gleichung (3.) in die *WS*-Relation und Ersetzen des Nominallohns W aus der *WS*-Relation in die *PS*-Relation ergibt:

$$P = P^e(1+\mu)\cdot\left(\frac{A^e}{A}\right)F\left(1-\frac{Y}{AL},z\right) \qquad (4.)$$

Ein Anstieg von A hat zwei Auswirkungen:

- Effekt 1: Ist $A^e = A$, verschiebt sich die *AS*-Kurve nur nach unten, weil sich bei gestiegener Produktivität jedes beliebige Produktionsniveau mit weniger Arbeitseinsatz produzieren lässt; die Arbeitslosenquote steigt, damit sinken die Nominallöhne und damit das Preisniveau.
- Effekt 2: In dem Ausmaß, in dem $A^e < A$ (bspw. weil die Lohnsetzer nur langsam realisieren, dass A gestiegen ist), nimmt auch der Ausdruck A^e / A einen kleineren Wert an: Die *AS*-Kurve verschiebt sich weiter nach unten (siehe Aufgabe 18).

c) Technologischer Fortschritt (ein Anstieg der Produktivität A) erhöht die Arbeitslosenquote in der kurzen Frist nur dann, wenn die prozentuale Veränderung von Y kleiner ist als die prozentuale Veränderung von A. Die prozentuale Veränderung von Y nach einem Anstieg von A hängt wiederum davon ab, wie stark Effekt 1 aus Teilaufgabe b) relativ zu Effekt 2 ist und wie sich die aggregierte Nachfrage AD entwickelt.

d) Bei den Auswirkungen eines Anstiegs von A auf AD sind zwei Fälle zu unterscheiden:

- Fall 1: Konsumenten und Investoren reagieren auf den Produktivitätsanstieg, indem sie ihre Erwartungen bzgl. zukünftiger Einkommensströme und Gewinne erhöhen ➔ sie erhöhen deshalb ihre aktuellen Ausgaben für Konsum und Investitionen ➔ AD verschiebt sich nach rechts.

- Fall 2: Eine effizientere Verwendung bestehender Technologien erlaubt es den Unternehmen, Kosten durch Entlassung von Arbeitnehmern einzusparen ➔ die Unsicherheit bezüglich zukünftiger Einkommensströme sinkt ➔ Konsumenten schränken die Nachfrage ein, bspw. um aus Vorsichtsgründen zu sparen ➔ *AD* verschiebt sich nach links.

18. Produktivität und natürliche Arbeitslosenquote

a) Ein Anstieg von *A* senkt die Kosten der Produktion, da die Produktion einer Outputeinheit immer 1/*A* Einheiten Arbeit erfordert, für die jeweils ein Nominallohn von *W* gezahlt werden muss. Bei gegebenem *W* sinkt gemäß der *WS*-Relation das Preisniveau ➔ Der von der Preissetzung implizierte Reallohn steigt genau im Ausmaß des Produktivitätszuwachses ➔ *PS* verschiebt sich um den Faktor g_A nach oben.

Die Erwartungen bzgl. des Produktivitätswachstums spielen hierbei keine Rolle.

b) Die Löhne werden so gesetzt, dass sie im Ausmaß der erwarteten Produktivitätssteigerung ansteigen. Je nachdem, ob die prozentuale Veränderung in A^e genau der prozentualen Veränderung von *A* entspricht, kommt es zu unterschiedlichen Ergebnissen:

- Fall 1: Entspricht die prozentuale Änderung von A^e der prozentualen Änderung von *A*, verschiebt sich die *WS*-Kurve genau in dem Maße nach oben (bei einem Produktivitätsanstieg) bzw. nach unten (bei einem Sinken der Produktivität), in dem sich die *PS*-Kurve verschiebt. Grund: Die Nominallöhne steigen genau um g_A; gegeben das Preisniveau steigt der von der Lohnsetzung implizierte Reallohn.
- Fall 2: Entspricht die prozentuale Änderung von A^e der prozentualen Änderung von *A* nicht, verschiebt sich die *WS*-Kurve weniger nach oben (bei einem Produktivitätsanstieg) bzw. nach unten (bei einem Sinken der Produktivität) als sich die *PS*-Kurve verschiebt. Grund: Die Nominallöhne steigen weniger als g_A, der von der Lohnsetzung implizierte Reallohn liegt unter dem von der Preissetzung implizierten Reallohn.

c) *WS*- und *PS*-Kurve verschieben sich genau im Ausmaß der Produktivitätssteigerung nach oben. Der Reallohn steigt genau in dem Ausmaß der Produktivitätssteigerung, die natürliche Arbeitslosenquote ist konstant.

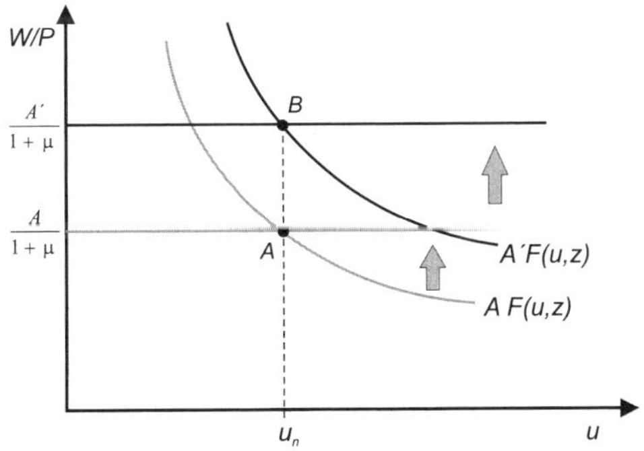

Abbildung 13.1: Produktivitätszuwachs und natürliche Arbeitslosenquote im Fall $A^e = A$

d) Die Lohnsetzer gehen zunächst davon aus, dass das Produktivitätswachstum sein altes (niedriges) Niveau beibehält. *WS*-Kurve verschiebt sich nun weniger als *PS*-Kurve nach oben, die natürliche Arbeitslosenquote fällt, bis sich die Erwartungen angepasst haben.

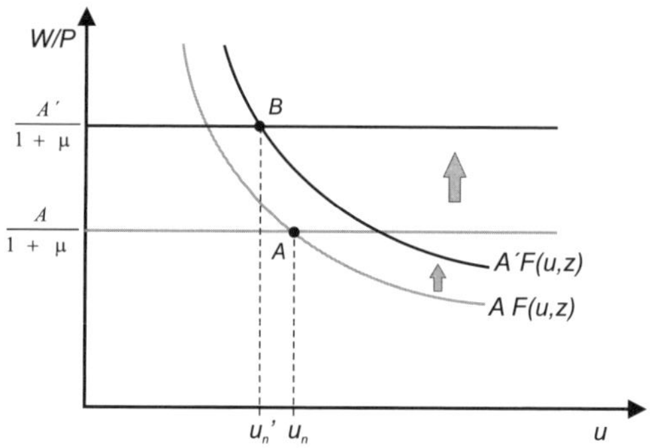

Abbildung 13.2: Produktivitätszuwachs und natürliche Arbeitslosenquote im Fall träger Erwartungen

e) Die Lohnsetzer gehen zunächst davon aus, dass das Produktivitätswachstum sein altes (hohes) Niveau beibehält. *WS*-Kurve verschiebt sich nun mehr als *PS*-Kurve nach oben, die natürliche Arbeitslosenquote steigt, bis sich die Erwartungen angepasst haben.

13.2 Übungsaufgaben

1. Auswirkungen von Produktivitätsänderungen im *AS-AD*-Modell
   a) *N* wird folgende Werte annehmen: 2.000, 1.600, 1.333,3 bzw. 1.000.
   b) *Y* wird folgende Werte annehmen: 100, 120, 140 bzw. 160. Die Arbeitsproduktivität steigt, da sie genau *A* entspricht.
   c) *dN* wird folgende Werte annehmen: 2, 1,33, 1 bzw. 0,67. Wenn *A* ansteigt, werden weniger Arbeitnehmer benötigt, um eine zusätzliche Produktionseinheit zu erzeugen ➔ bei konstantem Nominallohn sinken die Grenzkosten.
   d) Die prozentuale Änderung von *N* entspricht der prozentualen Veränderung von *Y* abzüglich des Produktivitätswachstums. *N* wird deshalb bei den jeweiligen Werten für die Produktionsänderung um 3% fallen, um 1% fallen, konstant bleiben, um 1% bzw. um 2% ansteigen. Technischer Fortschritt führt also (bei Konstanz der Erwerbsbevölkerung *L*) nur dann zu Arbeitslosigkeit, wenn der prozentuale Anstieg der Produktion geringer ist als der prozentuale Anstieg der Produktivität.
2. Produktivitätsänderungen im *AS-AD*-Modell
   a) Ausgangspunkt für die Ableitung der *AS*-Kurve ist die Beziehung zwischen Beschäftigung *N*, der Erwerbsbevölkerung *L* und der Arbeitslosenquote *u*:

$$N=(1-u)L \quad \rightarrow \quad u=\frac{L-N}{L}$$

Da $N = Y/A$ ergibt sich:

$$u = \frac{L - Y/A}{L}$$

Einsetzen dieser Beziehung in die *WS*-Relation ergibt:

$$W = A^e P^e \left(1 - \frac{L - Y/A}{L}\right) = A^e P^e \left(\frac{Y/A}{L}\right)$$

Einsetzen dieser Beziehung für *W* in die *PS*-Relation ergibt:

$$P = P^e (1+\mu) \cdot \left(\frac{A^e}{A}\right) \cdot \left(\frac{Y}{L}\right) \cdot \left(\frac{1}{A}\right) \qquad (5.)$$

b) Sofern die Bedingung $A^e/A = 1$ erfüllt ist (eine Änderung der Produktivität wird vollständig antizipiert), führt ein Anstieg von *A* zu einem Sinken von *P*, gegeben ein Produktionsniveau *Y*. Dies wird aus dem letzten Klammerterm in Gleichung (5.) ersichtlich. Der Grund hierfür ist, dass sich bei gestiegener Produktivität jedes beliebige Produktionsniveau mit weniger Arbeitseinsatz produzieren lässt; die Arbeitslosenquote steigt, damit sinken die Nominallohne und damit das Preisniveau.

   Grafisch verschiebt sich die *AS*-Kurve nach unten.

c) Steigt die Produktivität stärker als von den Lohnsetzern erwartet, kommt es im Vergleich zu Teilaufgabe b) zu einem zusätzlichen Effekt. Der erste Bruchausdruck in Klammern in Gleichung (5.), A^e/A, sinkt, was ein zusätzliches Sinken des Preisniveaus auslöst. Dieser zusätzliche Effekt basiert auf der folgenden Überlegung: Würden *A* und A^e in gleichem Ausmaß steigen (so wie in Teilaufgabe b)), würde der durch die Preissetzung implizierte Reallohn um den Faktor *A* steigen (die *PS*-Kurve verschiebt sich nach oben), der durch die Lohnsetzung implizierte Reallohn ebenfalls (die *WS*-Kurve verschiebt sich in gleichem Maße nach oben). Unterschätzen die Lohnsetzer die Produktivitätsentwicklung ($A^e < A$), ist ihr Reallohnanstieg geringer als der, der durch den Produktivitätsanstieg gerechtfertigt wäre. Verglichen zu b) sind die Nominallöhne deshalb geringer, was wiederum für jedes Produktionsniveau *Y* zu einem niedrigeren Preisniveau *P* führt.

   Grafisch verschiebt sich die *AS*-Kurve im Vergleich zu b) weiter nach unten.

d) Durch die Verbesserung der Zukunftsaussichten erhöht sich die gesamtwirtschaftliche Nachfrage (durch erhöhte Konsum- und Investitionsnachfrage): *AD* verschiebt sich nach rechts (auf *AD'*), nachdem sich *AS* aufgrund des Produktivitätsanstiegs nach unten verschoben hat. Niedrige Kosten treffen auf eine hohe Nachfrage und lösen einen Wirtschaftsaufschwung aus. Die Produktion *Y* steigt.

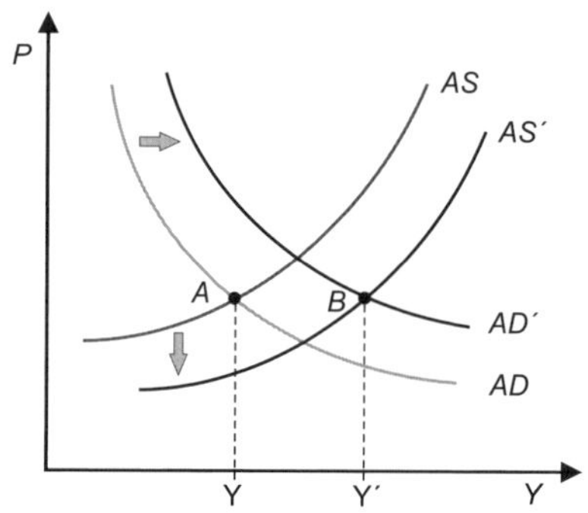

Abbildung 13.3: Auswirkungen eines Produktivitätsanstiegs auf die Produktion in der kurzen Frist

Die Auswirkungen auf das Preisniveau sind hingegen unklar und hängen sowohl von der Steigung der Kurven als auch vom Ausmaß der Verschiebung ab: Ist die *AS*-Kurve sehr steil (bzw. die *AD*-Verschiebung besonders ausgeprägt), kommt es zu einem Anstieg des Preisniveaus, im gegenteiligen Fall zu einem Sinken. Es kann nur festgehalten werden, dass bei einem Anstieg der Produktivität ein gegebener Anstieg der Nachfrage zu geringeren Preiseffekten führt.

Auch die Auswirkungen auf die Arbeitslosenquote sind unklar. Ist der prozentuale Anstieg der Produktion (g_Y) größer als der prozentuale Anstieg der Produktivität (g_A), sinkt die Arbeitslosenquote; im umgekehrten Fall ($g_Y < g_A$) steigt sie. Wovon hängt die kurzfristige Entwicklung der Arbeitslosenquote ab? Wir müssen zwei Effekte berücksichtigen:

- In dem Ausmaß, in dem A^e der Variable A hinterherhinkt, fällt A^e/A. Dieser Effekt reduziert die Arbeitslosenquote, da der von der Preissetzung implizierte Reallohn über dem von den Lohnsetzern geforderten Reallohn liegt.
- Allerdings kann nun ein gegebenes Produktionsniveau mit weniger Arbeitskräften produziert werden. Dieser Effekt erhöht die Arbeitslosenquote.

e) Die *AD*-Kurve verschiebt sich nun nach links, da die Geldpolitik die Nachfrage künstlich senkt. *P* sinkt; die Auswirkungen auf die Produktion können entweder positiv (AD'), negativ (AD'') oder neutral sein.

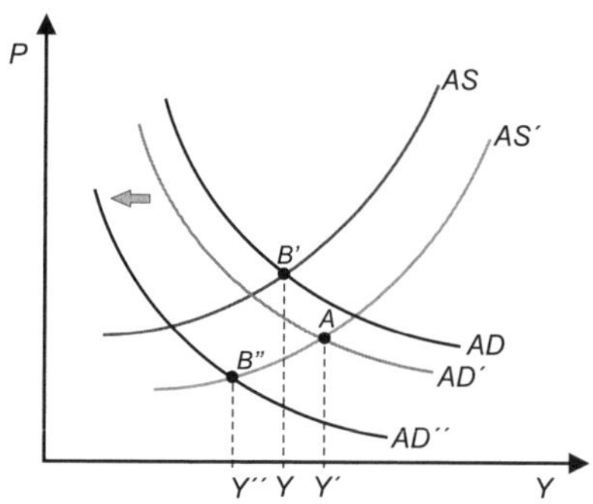

Abbildung 13.4: Auswirkungen eines Produktivitätsanstiegs bei sinkender aggregierter Nachfrage

3. Grundverständnis der Auswirkungen von Produktivitätsänderungen auf u_n
   a) Der Reallohn wird folgende Werte annehmen: 0,45; 0,68; 0,91 bzw. 1,36. Der Anstieg von *A* reduziert die Kosten der Unternehmen ➔ Preissenkungen ➔ Gegeben *W*, steigt *W*/*P*.
   b) *W*/*P* steigt um 7%.
   c) Der Reallohn wird folgende Werte annehmen: 0,48; 0,71; 0,95 bzw. 1,43. Der Anstieg von *A* führt dazu, dass die Arbeitnehmer höhere Nominallohnforderungen stellen ➔ Nominallohnsteigerungen ➔ Gegeben *P*, steigt *W*/*P*.
   d) *W*/*P* sinkt um 2%.
4. Auswirkungen von Produktivitätsänderungen auf u_n
   a) Auflösen von *WS* und *PS* nach *W*/*P* ergibt:

$$\frac{W}{P} = A^e(1-u) \quad \text{und} \quad \frac{W}{P} = \frac{A}{(1+\mu)}$$

   Nach Gleichsetzen folgt:

$$u = 1 - \left(\frac{A}{A^e}\right)\left(\frac{1}{1+\mu}\right)$$

   b) In diesem Fall ist $A^e/A = 1$. Für die Arbeitslosenquote ergibt sich:

$$u = 1 - \left(\frac{1}{1+0{,}05}\right) = 4{,}8\%$$

   c) Für den Fall $A^e = A$ hängt die natürliche Arbeitslosenquote nicht von der Produktivität ab. Da die Lohnsetzer ihre Lohnforderungen an der tatsächlichen Produktivitätsentwicklung ausrichten, steigt der durch die Lohnsetzung implizierte Reallohn in gleichem Maße wie der durch die Preissetzung implizierte. *WS*- und *PS*-Kurve verschieben sich gleichermaßen nach oben und die (natürliche) Arbeitslosenquote bleibt (bei gestiegenem Reallohn) konstant.
   d) Für den Fall $A^e \neq A$ hängt die natürliche Arbeitslosenquote von der Produktivität ab. Wenn *A* (bzw. die Wachstumsrate von *A*) ansteigt, A^e (bzw. die Wachstumsrate von A^e) jedoch auf dem alten Niveau verharrt, sinkt die Arbeitslosenquote. Ökonomischer Hintergrund: Der durch die Lohnsetzung implizierte Reallohn steigt weniger stark an als der durch die Preissetzung implizierte. Die *WS*-Kurve verschiebt sich weniger nach oben als die *PS*-Kurve und die (natürliche) Arbeitslosenquote fällt (bei einem im Vergleich zu c) identischen Reallohnanstieg).
   e) Wenn sich das Produktivitätswachstum verlangsamt, verschiebt sich die *PS*-Kurve nun weniger nach oben. Da die Lohnsetzer von den in der Vergangenheit hohen Produktivitätszuwächsen ausgehen, verschiebt sich die *WS*-Kurve stärker nach oben: Die natürliche Arbeitslosenquote u_n steigt an.

14 Erwartungen: Die Grundlagen

14.1 Wissens- und Verständnistests

Multiple Choice

1. Der Realzins gibt an,

   a) ...auf wie viele Einheiten Konsum wir in einem Jahr verzichten müssen, um heute eine zusätzliche Einheit konsumieren zu können.

   b) ...auf wie viele Euro wir in einem Jahr verzichten müssen, um heute eine zusätzliche Einheit konsumieren zu können.

   c) ...wie viele Euro wir heute aufgeben müssen, um in einem Jahr eine zusätzliche Einheit Konsum zur Verfügung zu haben.

   d) ...auf wie viele Einheiten Konsum wir heute verzichten müssen, um in einem Jahr eine zusätzliche Einheit konsumieren zu können.

2. Wenn der Nominalzins bei 3% liegt, ist der Gegenwartswert von 700 €, die Sie in zwei Jahren erhalten,

   a) ...742,63 €.

   b) ...679,61 €.

   c) ...659,81 €.

   d) ...640,60 €.

3. Ein Anstieg des Nominalzinses wird

   a) ...den Realzins senken.

   b) ...die erwartete Inflation senken.

   c) ...die Geldnachfrage senken.

   d) ...alle genannten Konsequenzen haben.

   e) ...keine der genannten Konsequenzen haben.

4. Ordnen Sie die folgenden Zahlungsströme nach ihrem Gegenwartswert. Gehen Sie von einem positiven Nominalzins aus und beginnen Sie mit dem größten.

	A	**B**	**C**
2005	1.000 €	900 €	1.100 €
2006	1.000 €	1.000 €	1.000 €
2007	1.000 €	1.100 €	900 €

a) A > B > C.
b) B > A > C.
c) C > A > B.
d) A > C > B.

5. Eine niedrigere Wachstumsrate der Geldmenge verursacht in der mittleren Frist
   a) ...keine Veränderung der Nominalzinsen und einen Anstieg der Realzinsen.
   b) ...keine Veränderung der Nominalzinsen und einen Rückgang der Realzinsen.
   c) ...höhere Nominalzinsen und keine Veränderung des Realzinses.
   d) ...niedrigere Nominalzinsen und keine Veränderung des Realzinses.

6. Ein Anstieg der Staatsausgaben verursacht
   a) ...einen Anstieg des natürlichen Realzinses.
   b) ...einen Rückgang des natürlichen Realzinses.
   c) ...eine unklare Veränderung des natürlichen Realzinses.
   d) ...keine Veränderung des natürlichen Realzinses.

7. In der mittleren Frist wird der Nominalzins durch welche der folgenden Gleichungen bestimmt?
   a) $r_n - \pi^e$.
   b) $r_n + g_m$.
   c) $r_n - g_m$.
   d) $g_y + g_m$.

Wahr/Falsch: Welche der jeweiligen Aussagen sind wahr, welche falsch?

8. Nehmen Sie an, Sie haben Anspruch auf eine Reihe von zukünftigen Auszahlungen. Der Gegenwartswert dieses Zahlungsstroms steigt mit
   a) ...einem steigenden Nominalzins.
   b) ...einem sinkenden Nominalzins.
   c) ...höheren Auszahlungen in der Zukunft.
   d) ...Unsicherheit der zukünftigen Auszahlungen.

9. Der Realzins ist
   a) ...gleich dem Nominalzins geteilt durch das Preisniveau.
   b) ...kurzfristig unabhängig vom Geldmengenwachstum.
   c) ...die Differenz aus Nominalzins und erwarteter Inflationsrate.
   d) ...mittelfristig unabhängig vom Geldmengenwachstum.

10. Wenn der Nominalzins auf der vertikalen Achse steht, wird die *LM*-Kurve nach unten verschoben durch einen Anstieg
    a) ...der nominalen Geldmenge.
    b) ...der realen Geldmenge.
    c) ...des nominalen Zinssatzes.
    d) ...der Inflationserwartungen.
11. Eine höhere Wachstumsrate der Geldmenge bewirkt
    a) ...niedrigere Realzinsen und niedrigere Nominalzinsen in der kurzen Frist.
    b) ...niedrigere Realzinsen und höhere Nominalzinsen in der kurzen Frist.
    c) ...niedrigere Realzinsen und niedrigere Nominalzinsen in der mittleren Frist.
    d) ...keine Veränderung der Realzinsen in der mittleren Frist.
12. Wenn Anleger sich zwischen Geld und Anleihen entscheiden wollen, reicht es, wenn sie folgende Größe kennen:
    a) den Realzins.
    b) den Nominalzins.
    c) die erwartete Inflation.
    d) den Realzins und die erwartete Inflation.
13. Für einen gegebenen Nominalzins i verursacht ein Anstieg der erwarteten Inflationsrate
    a) ...einen niedrigeren Realzins.
    b) ...einen Rückgang der Geldnachfrage.
    c) ...einen Anstieg der Investitionen.
    d) ...einen Anstieg des Geldangebots.

Basiswissen

14. Anstieg des Geldmengenwachstums
    a) Welche Effekte hat ein Anstieg des Geldmengenwachstums in der kurzen Frist?
    b) Welche Effekte hat ein Anstieg des Geldmengenwachstums in der mittleren Frist?
    c) Beschreiben Sie den Anpassungsprozess.

14.2 Übungsaufgaben

1. Fisher'sche Zinsgleichung

   Gehen Sie davon aus, Sie hätten einen Geldbetrag von W zur Verfügung, den Sie entweder in mit i nominalverzinste Anleihen oder in Kapitalgüter investieren können, die einen Realertrag von r abwerfen.

   a) Stellen Sie für beide Anlageformen die erwartete nominale Auszahlung in einer Periode dar.

b) Leiten Sie nun anhand eines einfachen Arbitragekalküls die Fisher'sche Zinsgleichung her. Gehen Sie davon aus, dass Sie sich risikoneutral verhalten.

c) Berechnen Sie für alle folgenden Kombinationen von Nominalzins und erwarteter Inflationsrate den Realzins einmal mit der Approximation (r_{appr}) und einmal mit der exakten Defnition (r_{exakt}).

i	π^e	r_{appr}	r_{exakt}
3%	0%		
5%	2%		
10%	7%		
15%	12%		
20%	17%		
50%	47%		
100%	97%		

d) Wie verändert sich die Güte der Approximation von r mit steigendem i und π^e?

e) Besuchen Sie die Zeitreihendatenbank auf der Webseite der Bundesbank (`www.bundesbank.de`) und laden Sie sich den Frankfurter Geldmarktsatz (Zinssatz zwischen Banken für Einlagen über Nacht) sowie den Verbraucherpreisindex als Monatswerte herunter. Berechnen Sie die Inflationsrate seit Januar 1992 und daraus den Realzins. Erstellen Sie nun eine Grafik mit dem Nominalzins, der Inflationsrate und dem Realzins.

f) Wodurch unterscheidet sich dieser Realzins von dem Konzept in der Fisher'schen Zinsgleichung?

2. Inflationsindexierte Anleihen

WWW.PEARSON-STUDIUM.DE CWS COMPANION WEBSITE

Gehen Sie auf die Companion Website zu diesem Buch und laden Sie sich die Datei `Aufgabe_14_2.xls` herunter. In ihr befinden sich die Zeitreihen mit den Zinssätzen der zehnjährigen Staatsanleihen der USA und der zehn-jährigen inflationsindexierten US-Staatsanleihe, die im Juli 2013 ausläuft.

a) Erstellen Sie eine Grafik, die die Entwicklung der durchschnittlichen Inflationserwartungen über die kommenden 10 Jahre auf dem Anleihemarkt abbildet.

b) Haben Sie mit den Ihnen zur Verfügung stehenden Daten einen Fehler gemacht?

3. Anwendung von Gegenwartswerten

a) Der aktuelle Zinssatz betrage 4%. An den Finanzmärkten stehen folgende Wertpapiere zum Kauf zur Verfügung: eine Anleihe,

   i. die in einem Jahr 5.000 € auszahlt.

   ii. die Ihnen für 10 Jahre 5.000 € auszahlt.

   iii. die Ihnen eine unendliche Rente von 5.000 € garantiert.

   Berechnen Sie jeweils den aktuellen Marktpreis der Anleihen.

b) An Ihrem 21. Geburtstag bekommen Sie von Ihren Großeltern 10.000 € für Ihre Altersvorsorge geschenkt. Ein Berater Ihrer Bank bietet Ihnen drei verschiedene Produkte an:

   i. eine einmalige Auszahlung an Ihrem 65. Geburtstag.

   ii. eine konstante Rente für 20 Jahre ab Ihrem 65. Geburtstag.

   iii. eine konstante Rente für Sie und alle Ihre Nachkommen.

   Berechnen Sie jeweils Ihre Auszahlungen, wenn Sie einen konstanten Nominalzins von 5% unterstellen.

c) Für welches Produkt sollten Sie sich entscheiden?

4. Zinssätze und *IS-LM*-Modell

   a) Von welchem Zinssatz hängt die *LM*-Funktion ab? Warum?

   b) Von welchem Zinssatz hängt die *IS*-Funktion ab? Warum?

   c) Was bewirkt ein Anstieg der Inflationserwartungen im bekannten *i-Y*-Diagramm?

   d) Sie können das *IS-LM*-Modell auch mit dem *Real*zins anstatt dem *Nominal*zins darstellen. Wie wirkt sich hier ein Anstieg der Inflationserwartungen im *r-Y*-Diagramm aus?

   e) Bedeutet das, dass ein Anstieg von π^e immer positiv ist? Hinweis: Denken Sie über das *IS-LM*-Modell hinaus!

5. Nullzinsgrenze

   a) Erläutern Sie, welcher Zinssatz – Nominal- oder Realzins – nicht negativ werden kann.

   b) Warum gilt dies für den anderen Zinssatz nicht?

   c) Nehmen Sie an, der gleichgewichtige Realzins sei 2%. Zeigen Sie, dass angesichts der Nullzinsgrenze bei hinreichenden Deflationserwartungen der tatsächliche Realzins über dem gleichgewichtigen liegen kann.

   d) Was für Konsequenzen hat eine solche Situation für eine Ökonomie?

Lösungen zu Kapitel 14

14.1 Wissens- und Verständnistests

Multiple Choice

1. a)
2. c)
3. c)
4. c)
5. d)
6. a)
7. b)

Wahr/Falsch

8. F, W, W, F
9. F, F, W, W
10. W, W, F, F
11. W, F, F, W
12. F, W, F, W
13. W, F, W, F

Basiswissen

14. Anstieg des Geldmengenwachstums
    a) Kurzfristig sorgt ein Anstieg des Geldmengenwachstums für einen Rückgang des Nominalzinses und ebenso für einen Rückgang des Realzinses bei gegebenen Inflationserwartungen π^e. Die Produktion steigt dadurch an.
    b) In der mittleren Frist kehrt die Produktion zu ihrem natürlichen Niveau zurück, gleiches geschieht mit dem Realzins. Die Inflationsrate wächst ebenso wie die erwartete Inflationsrate und der Nominalzins gerade um den Anstieg des Geldmengenwachstums an. Die Fisher-Hypothese fasst diese Aussagen zusammen. Mittelfristig gilt sowohl $i = r_n + \pi$ als auch $\pi = \pi^e = g_m - g_y$. Im Lehrbuch und in Aufgabe c) wird vereinfachend die reale Wachstumsrate auf 0 normiert.

c) Während des Anpassungsprozesses steigen die tatsächliche und die erwartete Inflationsrate, weil $Y > Y_n$ durch den anfänglichen Produktionsanstieg. Schließlich wird $\pi > g_m$ werden, wodurch das reale Geldmengenwachstum negativ wird und der Nominalzins i steigt. Für gegebene π^e steigt dadurch auch der Realzins r, bis $r = r_n$ und i dauerhaft angestiegen ist.

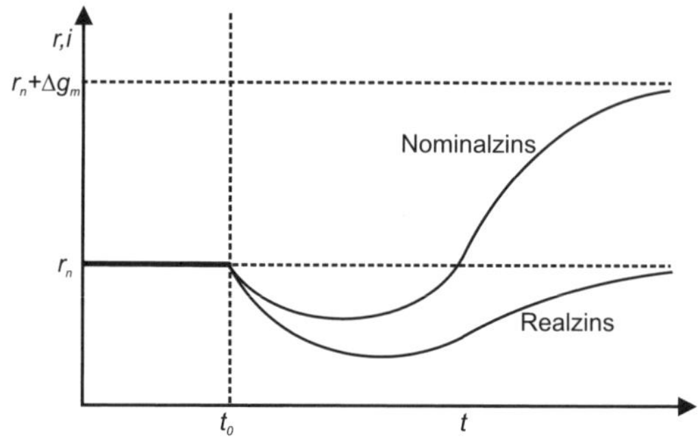

Abbildung 14.1: Entwicklung des Real- und Nominalzins nach einer Erhöhung des Geldmengenwachstums

14.2 Übungsaufgaben

1. Fisher'sche Zinsgleichung

a) Die nominale Auszahlung der Anleihe in einer Periode für einen Anlagebetrag von W beträgt $(1+i)W$.

Mit W Geldeinheiten können Sie W/P an Realkapital heute kaufen. Die erwartete nominale Auszahlung für eine Investition in dieses Realkapital in einer Periode beträgt dann $W/P_t \cdot (1+r)P^e_{t+1}$.

Arbitrage

Als Arbitragefreiheit bezeichnet man die Forderung, dass die erwartete Rendite zweier Finanzanlagen gleich sein muss. Diese Forderung geht von risikoneutralen Anlegern aus. Bei Risikoaversion gilt die um eine Risikoprämie modifizierte Arbitragebedingung.

b) Im Gleichgewicht müssen beide Anlageformen denselben Ertrag abwerfen:

$$(1+i)W = W/P_t \cdot (1+r)P^e_{t+1} \quad (1.)$$

Nach Kürzen von W und der Definition der erwarteten Inflationsrate als $\pi^e_t = (P^e_{t+1} - P_t)/P_t$ folgt aus (1.):

$$1+i = (1+\pi^e_t)\cdot(1+r)$$

und damit

$$1+i = 1+\pi^e_t + r + \pi^e_t \cdot r$$

Für niedrige Zinssätze und/oder kleine Zeitintervalle gilt $\pi^e_t \cdot r \to 0$ und folglich

$$i = r + \pi^e$$

c) Wenn Sie die Tabelle in Excel übertragen, berechnet sich r_{appr} einfach mit `= A1-B1` und r_{exakt} mit `=(1+A1)/(1+B1)-1`.

i	π^e	$r_{\mathbf{appr}}$	$r_{\mathbf{exakt}}$
3%	0%	3%	3,00%
5%	2%	3%	2,94%
10%	7%	3%	2,80%
15%	12%	3%	2,68%
20%	17%	3%	2,56%
50%	47%	3%	2,04%
100%	97%	3%	1,52%

d) Wenn die erwartete Inflationsrate ansteigt, sinkt die Güte der Approximation deutlich. Für $i = 100\%$ und $\pi^e = 97\%$ wird der Realzins sogar um fast 100% überschätzt.

e) Sie finden den Geldmarktsatz (Code: su0101) über *Zinssätze* ➔ *Geldmarktsätze*, den Verbraucherpreisindex (Code: uufa01) etwas versteckt unter *Konjunkturlage* ➔ *Preise*, nicht unter *Saisonbereinigte Wirtschaftszahlen*, wie man vielleicht vermuten könnte.

Steht der Verbraucherpreisindex bei Ihnen in Spalte C und beginnt Ihre Zeitreihe im Januar 1991, so berechnet sich die Inflationsrate für den Januar 1992 (bei zwei Kopfzeilen) mit der Formel `= 100*(C15-C3)/C3` z.B. in Zelle D15. Der Realzins ist einfach gleich der Differenz von Nominalzins und Inflationsrate.

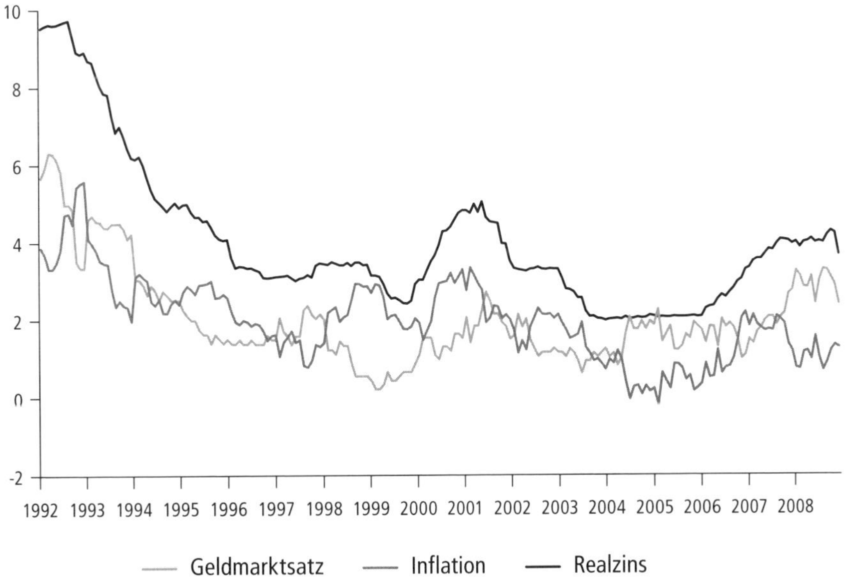

Abbildung 14.2: Geldmarktsatz, Inflationsrate und Realzins in Deutschland seit 1992

f) Wir haben hier den Realzins auf Basis der realisierten, nicht der erwarteten Inflationsraten berechnet. Häufig bezeichnet man den berechneten Zins als **ex-post-Realzins** im Gegensatz zum **ex-ante-Realzins**, der auf den Inflationserwartungen beruht. Geht man von rationalen Erwartungen aus, sollten sich die Fehler der Überschätzung und der Unterschätzung des Realzinses gerade aufheben, so dass im Durchschnitt der ex-ante- gleich dem ex-post-Realzins sein sollte.

2. Inflationsindexierte Anleihen

a) Der Zins der inflationsindexierten Anleihe ist ein Maß für den durchschnittlichen Realzins über die nächsten 10 Jahre. Die Differenz mit dem Zins der nicht-indexierten Anleihe (➔ Nominalzins) entspricht nach der Fisher-Gleichung gerade den durchschnittlichen Inflationserwartungen über die nächsten 10 Jahre.

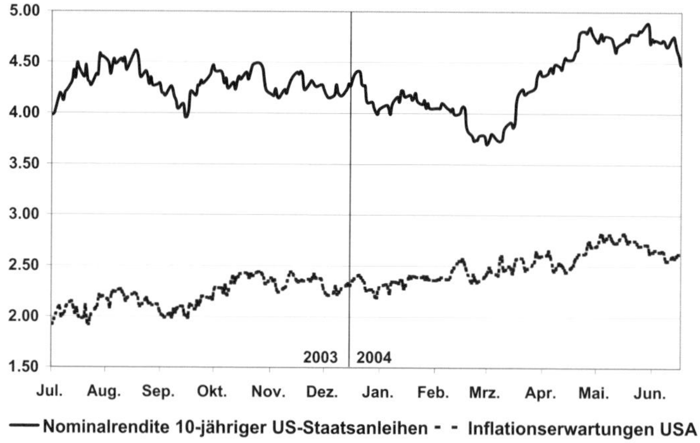

Abbildung 14.3: Durchschnittliche Inflationserwartungen über die nächsten zehn Jahre in den USA

Sie können einen Anstieg der Inflationserwartungen im Laufe des letzten Jahres von unter 2% auf kurzzeitig über 2,8% beobachten. Beachten Sie, dass die Fed trotzdem den kurzfristigen Zinssatz bis zum 30. 6. 2004 auf dem historisch niedrigen Niveau von 1% belassen hat. Daran können Sie abschätzen, wie expansiv die Geldpolitik der USA in der ersten Hälfte 2004 gewesen ist.

b) Ja. Während die nicht-inflationsindexierte Zeitreihe auf einer konstanten Restlaufzeit von 10 Jahren beruht, reduziert sich die Restlaufzeit der indexierten Anleihe mit jedem Tag, weil der Ablauftag fix ist. Damit bewegen wir uns auf der Zinsstrukturkurve (Kapitel 15!) jeden Tag einen kleinen Schritt nach links. Wenn wir vom normalen (steigenden) Verlauf der Zinsstrukturkurve ausgehen, bedeutet dies, dass der Zinssatz dieser Anleihe jeden Tag ein bisschen kleiner im Verhältnis zur Anleihe mit einer konstanten Restlaufzeit von 10 Jahren werden sollte. Dadurch überschätzen wir die Inflationserwartungen ein wenig. Für unsere Zwecke reicht diese Approximation aber aus.

3. Anwendung von Gegenwartswerten
   a) Gegenwartswerte
      i. $K_0 = \frac{5.000\ €}{1+0,04} = 4.807,69\ €$
      ii. $K_0 = \frac{1-\left[1/(1+0,04)^{10}\right]}{1-\left[1/(1+0,04)\right]} \cdot 5.000\ € = 42.176,66\ €$
      iii. $K_0 = \frac{5.000\ €}{0,04} = 125.000\ €$
   b) Zukünftige Auszahlungen
      i. $Z_1 = 10.000\ € \cdot (1+0,05)^{65-21} = 85.571,50\ €$
      ii. $Z_{20} = 85.571,50\ € \cdot \frac{1-\left[1/(1+0,05)\right]}{1-\left[1/(1+0,05)^{20}\right]} = 6.539,50\ €$
      iii. $Z_\infty = 85.571,50\ € \cdot 0,05 = 4.278,58\ €$
   c) Da der Gegenwartswert aller Produkte 10.000 € beträgt (so haben Sie die Auszahlungen ja berechnet), sind alle Produkte finanzmathematisch identisch und Sie sollten daher **indifferent** zwischen allen Produkten sein. Die Produkte können sich erst unterscheiden, wenn Sie z.B. von den unterstellten 5% abweichende Zinserwartungen besitzen, die Glaubwürdigkeit eines in alle Zukunft reichenden Vertrags bezweifeln oder keinen Nutzen aus Vererbung ziehen.
4. Zinssätze und *IS-LM*-Modell
   a) Die *LM*-Kurve wird über die Geldnachfragefunktion hergeleitet. Für diese sind die Opportunitätskosten der Geldhaltung relevant, d.h. die Kosten der Haltung von Geld an Stelle von Anleihen. ➔ Relevanz des **Nominalzinses**.
   b) Die *IS*-Kurve gibt das Gleichgewicht auf dem Gütermarkt an, bei dem Investitions- und Sparentscheidungen übereinstimmen. Da die Unternehmen Güter produzieren und für Investitionen einen Kredit aufnehmen müssen (bzw. der Zins über die Rentabilität von Investitionsprojekten entscheidet), wollen sie wissen, wie viel sie in Gütereinheiten, also real zurückbezahlen müssen. ➔ Relevanz des **Realzinses**.

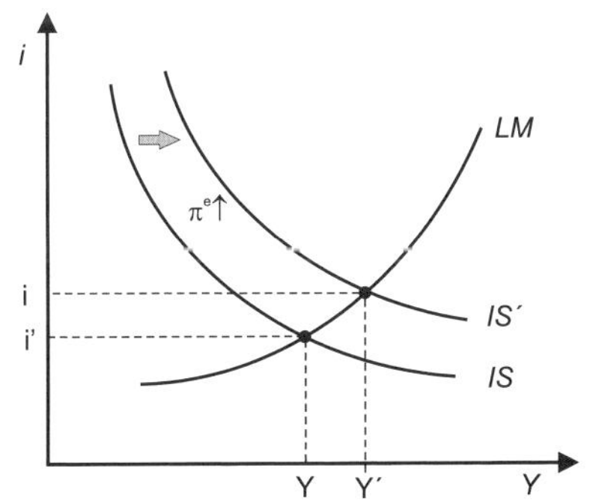

Abbildung 14.4: Anstieg von π^e im *i*-*Y*-Diagramm

c) Ein Anstieg von π^e bewirkt einen Rückgang des Realzinses für jeden gegebenen Nominalzins i. Dieser Realzinsrückgang bewirkt einen Anstieg der Investitionen für jedes i, wodurch sich die *IS*-Kurve nach rechts verschiebt.

d) Bei gegebenen Inflationserwartungen korrespondiert genau eine Kombination von r und Y zu einer Kombination von i und Y, so dass man die *LM*-Kurve in das r-Y-Diagramm übertragen kann. Bekanntlich bewirkt ein Anstieg von π^e einen Rückgang des Realzinses für jeden gegebenen Nominalzins i, so dass dieselbe i-Y-Kombination nun mit einer weiter unten liegenden r-Y-Kombination korrespondiert. Folglich verschiebt sich die *LM*-Kurve hier nach unten, während die vom Realzins abhängige *IS*-Kurve gleich bleibt.

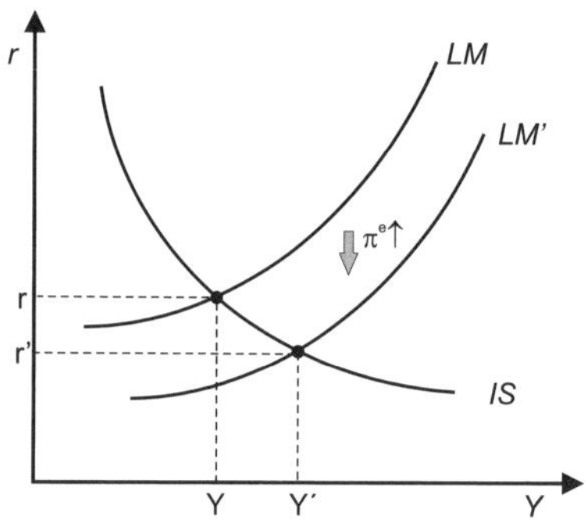

Abbildung 14.5: Anstieg von π^e im r-Y-Diagramm

e) Im Rahmen des *IS-LM*-Modells sorgt ein Anstieg der Inflationserwartungen für einen Produktionsanstieg. Beachten Sie jedoch, dass dies entscheidend auf der Annahme fixer Preise beruht! Wenn Sie den Anstieg von π^e nicht nur im *IS-LM*-Modell betrachten, sondern auch im *AS-AD*-Modell, sehen Sie, dass die Inflationserwartungen auch in der Lohnsetzungsgleichung $W = P^e F(u,z)$ berücksichtigt werden müssen. Dadurch verschiebt sich die *AS*-Kurve, bis sich die Produktion wieder auf ihrem ursprünglichen Niveau befindet.

5. Nullzinsgrenze

a) Der Nominalzins kann nicht negativ werden, weil sonst die Menschen Geld (mit einer Verzinsung von 0%) an Stelle von Anleihen halten würden. Bei $i = 0\%$ sind Geld und Anleihen perfekte Substitute.

b) Da der Realzins gleich dem Nominalzins abzüglich der erwarteten Inflationsrate ist, besteht durchaus die Möglichkeit, dass der Realzins negativ wird. Ein Beispiel: Bei einem Nominalzins von 3%, gleichzeitig aber Inflationserwartungen von $\pi^e = 4\%$, liegt der Realzins ungefähr bei –1%.

c) Für den Nominalzins gilt wegen der Fisher-Gleichung und der Nullzinsgrenze

$$i = r + \pi^e \geq 0 \qquad (1.)$$

Negative Inflationserwartungen sind nichts anderes als Deflationserwartungen (d^e). Wir definieren daher $d^e \equiv -\pi^e$. Damit gilt für den Realzins nach (1.), dass er mindestens so groß ist wie die Deflationserwartungen:

$$r \geq -\pi^e = d^e \qquad (2.)$$

Wenn also beispielsweise eine Deflation von $d^e = 3\%$ erwartet wird, liegt der tatsächliche Realzins bei 3% und damit über dem gleichgewichtigen Realzins von 2%. Der Grund ist, dass der Nominalzins für einen Realzins von 2% auf $i = -1\%$ sinken müsste, dies aber durch die Nullzinsgrenze verhindert wird.

d) Der gleichgewichtige Realzins beruht auf den optimalen individuellen Investitions- und Sparentscheidungen der Wirtschaftssubjekte. Liegt der tatsächliche bzw. effektive Realzins über dem gleichgewichtigen, werden diese Entscheidungen verzerrt: Die Wirtschaftssubjekte haben einen zu hohen Anreiz zu sparen, weil das Sparen übermäßig entlohnt wird. Gleichzeitig haben sie einen zu niedrigen Anreiz zu investieren, weil Investitionen zu teuer sind.

Die Folgen können für eine Ökonomie fatal sein: Sparen ist bekanntlich Konsumverzicht, also sinkt die Konsumnachfrage. Dieser Nachfragerückgang wird durch die ausbleibende Investitionsnachfrage noch verstärkt. Damit sinkt insgesamt die aggregierte Nachfrage. Anhand des *AS-AD*-Modells können Sie schnell erkennen, dass die Linksverschiebung der *AD*-Kurve die Preise weiter sinken lässt. Damit verstärkt sich die Deflation, der effektive Realzins steigt noch weiter an, die Nachfrage geht noch weiter zurück usw. Eine solche **Deflationsspirale** wird in Kapitel 22 im Zusammenhang mit der Weltwirtschaftskrise von 1929 bis 1930 und der Deflation in Japan noch ausführlicher behandelt.

15 Finanzmärkte und Erwartungen

15.1 Wissens- und Verständnistests

Multiple Choice

1. Eine einjährige Anleihe hat einen Nominalwert von 1.000 € einen Preis von 1.050 € und Kuponzahlungen von 100 €. Damit beträgt die Rendite dieses Wertpapiers
   a) ...10%.
   b) ...5%.
   c) ...4,76%.
   d) ...9,52%.
2. Eine zweijährige Anleihe hat einen Nominalwert von 1.000 €, einen Preis von 1.050 € und jährliche Kuponzahlungen von 100 €. Bei einer flachen Zinsstrukturkurve beträgt die Rendite dieses Wertpapiers
   a) ...2,35%.
   b) ...7,23%.
   c) ...4,76%.
   d) ...10%.
3. Gehen Sie von der gleichen Anleihe wie in (2.) aus. Am Markt wird daneben eine einjährige Anleihe mit einem Zinssatz von 5% gehandelt. Welcher Zins ergibt sich als i_{2t}?
   a) 15,21%
   b) 7,23%
   c) 10%
   d) 7,34%
4. Eine Anleihe, die eine einmalige Zahlung am Ende ihrer Laufzeit verspricht, heißt
   a) ...Junk Bond.
   b) ...Indexierte Anleihe.
   c) ...Corporate Bond.
   d) ...Diskontanleihe.

5. Gehen Sie von einer steigenden Zinsstrukturkurve aus. Nun steigt der aktuelle einjährige Zinssatz um 2% an, während der erwartete zukünftige einjährige Zinssatz konstant bleibt. Dadurch verändert sich der Zinssatz zweijähriger Anleihen wie folgt:
   a) Er steigt um weniger als 2%.
   b) Er steigt um 2%.
   c) Er fällt um weniger als 2%.
   d) Er fällt um 2%.
6. Wenn der Zins dieses Jahr 4% beträgt und die Finanzmärkte für nächstes Jahr einen Zins von 5% sowie für übernächstes Jahr einen Zins von 6% erwarten, beträgt die Rendite einer dreijährigen Anleihe ungefähr
   a) ...4%.
   b) ...5%.
   c) ...6%.
   d) ...7%.
7. Welche der folgenden Anleihen hätte die größte Risikoprämie?
   a) Deutsche Staatsanleihen
   b) Österreichische Staatsanleihen
   c) Junk Bonds
   d) von Moody's mit Aaa bewertete Anleihen
8. Wenn der Zins einer einjährigen Anleihe 3% beträgt und der einer zweijährigen Anleihe 3,5% beträgt, liegt der erwartete Zins einer einjährigen Anleihe in einem Jahr bei
   a) ...3%.
   b) ...3,5%.
   c) ...4%.
   d) ...4,5%.
9. Sie erwarten einen durchschnittlichen realen Dividendenstrom von 2. Welchen realen Kurs impliziert diese Dividendenerwartung, wenn Sie von einem konstanten Realzins von 3% ausgehen?
   a) 100
   b) 102
   c) 103
   d) 66,67
10. Ein unerwarteter Rückgang des Geldangebots wird tendenziell
   a) ...einen Anstieg der Aktienkurse bewirken.
   b) ...einen Rückgang der Aktienkurse bewirken.
   c) ...keinen Einfluss auf die Aktienkurse haben.
   d) ...keinen eindeutigen Effekt auf die Aktienkurse haben.

Wahr/Falsch:
Welche der jeweiligen Aussagen sind wahr, welche falsch?

11. Das Rating eines großen Versicherungsunternehmens verschlechtert sich. Dadurch
    a) ...steigen die Kurse seiner Anleihen.
    b) ...erhöhen sich die Finanzierungskosten des Unternehmens.
    c) ...sinken die Zinsen der Unternehmensanleihen.
    d) ...wollen mehr Menschen eine Lebensversicherung bei diesem Unternehmen abschließen.

12. Antizipieren die Finanzmärkte eine Zinssenkung der europäischen Zentralbank,
    a) ...ist die Zinssenkung bereits in den Wertpapierpreisen enthalten.
    b) ...wird die Durchführung der Zinssenkung einen zusätzlichen Schub für die Aktienpreise bewirken.
    c) ...ist sie in den Aktienpreisen bereits enthalten, die Anleihenkurse reagieren aber erst bei Durchführung der Zinssenkung.
    d) ...haben sich die Aktienkurse bereits zum Zeitpunkt der Erwartungsänderung angepasst.

13. Ob ein unerwarteter Anstieg der Staatsausgaben die Aktienkurse ansteigen lässt, hängt davon ab,
    a) ...ob der Staat das Geld für kurzfristige, den Konsum steigernde Projekte oder für Infrastrukturinvestitionen ausgibt.
    b) ...wie die Staatsausgabenerhöhung finanziert wird.
    c) ...wie ausländische Investoren diesen Schritt beurteilen.
    d) ...welche Reaktion der Geldpolitik erwartet wird.

14. Welches der folgenden Ereignisse wird einen Anstieg der aktuellen Aktienkurse bewirken?
    a) Ein Anstieg der erwarteten zukünftigen Dividenden.
    b) Ein Anstieg des heutigen einjährigen Zinssatzes.
    c) Ein Anstieg des erwarteten einjährigen Zinssatzes nächstes Jahr.
    d) Ein Anstieg der Risikoprämie auf Aktien.

15. Wenn die *LM*-Kurve steiler wird, bewirkt ein unerwarteter Anstieg des Konsumentenvertrauens
    a) ...einen relativ starken Produktionsanstieg und einen relativ starken Zinsanstieg.
    b) ...einen relativ kleinen Produktionsanstieg und einen relativ kleinen Zinsanstieg.
    c) ...eher, dass die Aktienkurse ansteigen.
    d) ...eher, dass die Aktienkurse sinken.

Basiswissen

16. Spekulative Blasen
    a) Wann spricht man von einer Überbewertung von Aktien?
    b) Angenommen, Sie wissen, dass eine Aktie überbewertet ist. Kann es für Sie dennoch rational sein, in diese Aktie zu investieren?
    c) Erläutern Sie kurz drei Argumente, warum trotz eines historisch niedrigen Dividenden-Kurs-Verhältnisses 1999 und 2000 einige Finanzmarktakteure davon ausgegangen sind, dass die Aktienmärkte nicht überbewertet waren.

15.2 Übungsaufgaben

1. Zinsstrukturkurve
   a) Welche Typen von Zinsstrukturkurven gibt es? Stellen Sie alle drei grafisch dar!
   b) Wieso ist die Zinsstrukturkurve ökonomisch relevant?
   c) Die zentrale Frage, mit der sich Theorien der Fristigkeitsstruktur der Zinssätze beschäftigen, lautet: Wie kann man den Verlauf der Zinsstrukturkurve und ihre Veränderung im Zeitablauf erklären? Welche Aussagen trifft dazu die klassische Erwartungstheorie?
   d) Gehen Sie davon aus, dass nur zwei Anleihen existieren:
      – Langfristige Anleihe L mit Laufzeit T und Zins i_L.
      – Kurzfristige Anleihe K mit Laufzeit 1 und Zins i_{Kt} (das t im Subindex bezeichnet die jeweilige Periode).
      i. Zeigen Sie mit Hilfe des Arbitragekalküls das Verhältnis von i_K zu i_L, wenn keine Zinsänderungen erwartet werden.
      ii. Welcher Einfluss ergibt sich auf die Zinsstrukturkurve, wenn ein Sinken des Zinsniveaus erwartet wird?
   e) Abweichend von der klassischen Erwartungstheorie argumentiert die Liquiditätsprämientheorie, dass Anleger einen Aufschlag für die Anlage in längere Laufzeiten verlangen. Wie verändern sich dadurch Ihre Antworten zu Aufgabe d)? Gehen Sie zur Vereinfachung von $T = 2$ aus.
   f) Welche Informationen beinhaltet die Zinsstrukturkurve für die Geldpolitik?
   g) Erläutern Sie im Zusammenhang mit der Zinsstrukturkurve, warum häufig von der Notwendigkeit einer „glaubwürdigen und stetigen Geldpolitik“ gesprochen wird.

2. Euribor-Futures

   Gehen Sie auf die Companion Website zu diesem Buch und laden Sie sich die Datei `Aufgabe_15_2.xls` herunter. Sie enthält die Kurse des Dreimonats-Euribor-Future vom 10.6.2003, 15.7.2003 und 12.8.2003. (Euribor = European Interbank Offered Rate).

CWS WWW.PEARSON-STUDIUM.DE COMPANION WEBSITE

a) Informieren Sie sich z.B. unter http://www.eurexchange.com/products/FEU3.html näher über den Euribor-Future. Was sagt der am 16.6.03 festgesetzte Wert von 98,085 für den September 2003 aus? Beachten Sie besonders die Hinweise unter „Quotation" und „Final Settlement Price" auf der Webseite!

b) Wofür kann man den Euribor-Future verwenden?

c) Erstellen Sie ein Diagramm, in dem die erwartete Entwicklung der Dreimonatszinsen im Euroraum am 10.6.2003, 15.7.2003 und 12.8.2003 dargestellt wird.

d) Interpretieren Sie die Grafik aus c).

Lösungen zu Kapitel 15

15.1 Wissens- und Verständnistests

Multiple Choice

1. c)
2. b)
3. d)
4. d)
5. a)
6. b)
7. c)
8. c)
9. d)
10. b)

Wahr/Falsch

11. F, W, F, F
12. W, F, F, W
13. W, W, W, W
14. W, F, F, F
15. F, F, F, W

Basiswissen

16. Spekulative Blasen

   a) Der Fundamentalwert einer Aktie Q_t entspricht dem Gegenwartswert heutiger und künftig erwarteter Dividenden:

   $$Q_t = \frac{D_{t+1}^e}{1+i_{1t}} + \frac{D_{t+2}^e}{(1+i_{1t})(1+i_{1t+1}^e)} + \ldots$$

   Von einer Überbewertung spricht man dann, wenn der Aktienkurs über seinem Fundamentalwert Q_t liegt.

b) An sich sollten Sie nicht mehr als Q_t für eine Aktie bezahlen. Wenn Sie aber davon ausgehen, dass der Aktienkurs im nächsten Jahr mit einer hinreichenden Wahrscheinlichkeit weiter ansteigen wird, kann es rational sein, auf diesen Anstieg zu spekulieren und die Aktie zu kaufen.

c) Im Zuge des Schlagworts von der „New Economy" wurde viel über einen Anstieg des Trendwachstums durch das höhere Produktivitätswachstum gesprochen. Dieses sollte einhergehen mit einem stärkeren Gewinnwachstum und damit höheren zukünftigen Dividenden, was bereits heute einen höheren Aktienkurs rechtfertigen würde. (Ein wichtiger Effekt des Internets ist allerdings, dass es Eintrittskosten und damit -barrieren in einzelne Märkte für neue Konkurrenten senkt. Diese Zunahme der Konkurrenz hat aber eine senkende Wirkung auf die Preise und insbesondere die Preis-mark-ups (unser μ aus Kapitel 6), was die Gewinne der Unternehmen tendenziell reduziert.)

Eine alternative Erklärung könnte der seit 1990 beobachtete Rückgang des realen Zinssatzes sein: Gegeben der heutigen und zukünftigen Dividenden steigt der Aktienkurs mit einem niedrigeren realen Zinssatz. (Wachstumsmodelle legen jedoch nahe, dass ein höheres Produktivitätswachstum nicht nur höhere Reallöhne bewirkt, wie wir in Kapitel 13 gesehen haben, sondern auch einen *höheren* Realzins.)

Ein drittes Argument bietet die Einbeziehung einer Risikoprämie auf Aktien in unsere Überlegungen. Empirische Schätzungen legen nahe, dass diese in den USA von ca. 7% in den 50er Jahren auf unter 3% heute gefallen ist, was bedeutet, dass Aktien heute als weniger riskant als früher eingestuft werden. Dieser Rückgang bewirkt einen Anstieg der Aktienkurse relativ zu den heutigen und zukünftigen Dividenden. (Der Rückgang der Risikoprämie war aber nie allein in der Lage, die Aktienkurse von 1999/2000 zu rechtfertigen.)

15.2 Übungsaufgaben

1. Zinsstrukturkurve

a) Die Zinsstrukturkurve stellt die Beziehung zwischen Laufzeit und Rendite von Anleihen dar. Man unterscheidet den **flachen** (gleicher Zins für alle Laufzeiten), **normalen** (Zins steigt mit der Laufzeit) und den **inversen** (Zins fällt mit der Laufzeit) Verlauf der Zinsstrukturkurve.

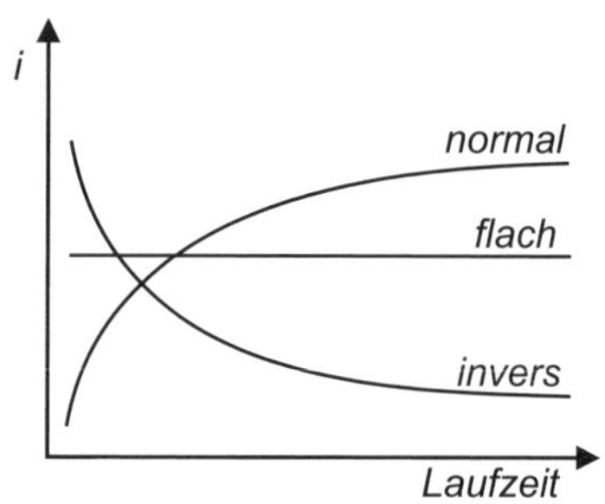

Abbildung 15.1: Typische Verläufe der Zinsstrukturkurve

In der Praxis wird die Zinsstrukturkurve häufig auf die Differenz („**spread**") zwischen 10-jährigen und 3-monatigen (Staats-)Anleihen reduziert. Dadurch verliert man natürlich die Information über die Krümmung der Kurve etc.

b) Die Relevanz der Zinsstrukturkurve hat zwei wesentliche Gründe:

- Für die ökonomische Aktivität ist vor allem der **langfristige Realzins** entscheidend.
- Geldpolitik besitzt unmittelbaren Einfluss nur auf den **kurzfristigen Nominalzins** (mittels Offenmarktgeschäften etc.).

c) Bei der Erwartungstheorie sind die Anleger risikoneutral und deshalb bei gleicher erwarteter Rendite indifferent zwischen kurz- und langfristigen Anleihen. Die unterschiedlichen Anleihen sind perfekte Substitute. Im Durchschnitt sollten wir deshalb eine flache Zinsstrukturkurve beobachten (sofern der Zinssatz keinem langfristigen Trend folgt).

Nach der Erwartungstheorie sollte sich die Zinsstrukturkurve immer dann verändern, wenn sich die Erwartungen über die zukünftigen Nominalzinsen verändern: Steigen die Zinserwartungen an, sollte die Kurve steiler werden, sinken sie, sollte die Kurve flacher werden oder fallen.

d) Nach dem Arbitragekalkül muss die Rendite der langfristigen Anleihe gleich der erwarteten Rendite einer Reihe von kurzfristigen Anleihen sein:

$$(1+i_L)^T = (1+i_{K1})\cdot E\left[(1+i_{K2})\cdot\ldots\cdot(1+i_{KT})\right] \qquad (1.)$$

i. Falls keine Zinsänderungen erwartet werden, gilt $i_{K1} = E[i_{K2}] = \ldots = E[i_{KT}]$. Dann folgt aus (1.) offensichtlich, dass $i_L = i_{K1}$ und damit eine *flache* Zinsstrukturkurve vorliegt.

ii. Werden dagegen Zinssenkungen erwartet, bedeutet das $i_{K1} \geq E[i_{K2}] \geq \ldots \geq E[i_{KT}]$, wobei mindestens einmal ein striktes > gelten muss. Damit folgt aus (1.), dass $i_L < i_{K1}$ und damit eine *inverse* Zinsstrukturkurve vorliegt.

Liquiditätsprämientheorie

Die Liquiditätsprämientheorie geht davon aus, dass sich sowohl Kapitalgeber als auch Kapitalnehmer risikoavers verhalten. Anleger befürchten vor allem, dass sie einen Kursverlust hinnehmen müssen, wenn sie nach dem Kauf eines langfristigen Wertpapiers ihr Geld vor dem Ende der Anleihenlaufzeit benötigen. Dagegen fürchten Kapitalnehmer, dass ihre Refinanzierung durch einen Zinsanstieg teurer werden könnte, wenn sie sich für kurze Laufzeiten ihrer Kredite entscheiden. Beide Effekte gehen in dieselbe Richtung: Sie senken das Angebot und erhöhen die Nachfrage nach langfristigem Kapital, wodurch der langfristige Zins im Durchschnitt um die Liquiditätsprämie über dem kurzfristigen liegen sollte. Lang- und kurzfristige Anleihen sind nun *keine* perfekten Substitute mehr.

In späteren Kapiteln werden wir das Konzept der Liquiditäts- oder auch Risikoprämien als Zinsaufschlag wieder verwenden.

e) Wenn wir die Liquiditätsprämie mit ρ bezeichnen, ergibt sich als neues Arbitragekalkül im 2-Perioden-Fall

$$(1+i_L)^2 = (1+i_{K1}) \cdot E[1+i_{K2}+\rho] \qquad (2.)$$

- Falls keine Zinsänderungen erwartet werden ($i_{K1} = E[i_{K2}]$) folgt aus (2.), dass $i_L > i_{K1}$ und damit eine *normale* Zinsstrukturkurve vorliegt.
- Werden dagegen Zinssenkungen erwartet ($i_{K1} > E[i_{K2}]$), bestehen drei Möglichkeiten für den Verlauf der Zinsstrukturkurve:

$$i_L \begin{cases} > i_{K1}, & falls\ (i_{K1} - E[i_{K2}]) < \rho \\ = i_{K1}, & falls\ (i_{K1} - E[i_{K2}]) = \rho \\ < i_{K1}, & falls\ (i_{K1} - E[i_{K2}]) > \rho \end{cases}$$

Damit beobachten wir nach der Liquiditätsprämientheorie erst dann eine *inverse* Zinsstrukturkurve, wenn die Zinssenkungserwartungen hinreichend stark sind.

f) Die Zinsstrukturkurve ist ein Indikator für die

- Inflationserwartungen (wegen der Fisher-Gleichung $i = r + \pi^e$)
- erwartete Konjunkturentwicklung:

Erwarteter Boom ➔ Erwartung einer restriktiven Geldpolitik ➔ Erwartung von Zinssteigerungen ➔ relativ stark ansteigende Zinsstrukturkurve.

Erwartete Rezession ➔ Erwartung einer expansiven Geldpolitik ➔ Erwartung von Zinssenkungen ➔ flachere bzw. inverse Kurve.

Zentral ist also die **Rolle der Erwartungen**.

g) Die langfristig glaubwürdige Verpflichtung (*commitment*) der Zentralbank zu einer stabilen Geldpolitik lässt π^e konstant (siehe Kapitel 24). Dadurch bewirken Veränderungen des kurzfristigen Nominalzinses direkte Veränderungen des Realzinses. Der Effekt auf die langfristigen Nominal- und Realzinsen wird durch eine stetige, d.h. nicht ständig die Richtung der Zinsänderungen wechselnde Geldpolitik noch verstärkt. Glaubwürdigkeit und Stetigkeit helfen also, eine die Realwirtschaft stabilisierende Geldpolitik zu betreiben.

2. Euribor-Futures

a) Am Abrechnungstag wird der Future-Preis als 100 minus dem dann aktuellen Dreimonats-Euribor berechnet. Deshalb spiegelt der jeweilige aktuelle Future-Preis die aktuelle Markterwartung für den Euribor am Abrechnungstag wider. Der erwartete Zinssatz wird in Prozent als 100 minus dem Future-Preis angegeben. Konkret heißt das, dass die Märkte am 16.6.03 einen Dreimonats-Euribor von 1,915% für den September 2003 erwartet haben.

Futures

Mit Ihren Kenntnissen über den Gegenwartswert von Wertpapieren könnten bzw. sollten Sie annehmen, dass man nicht direkt vom Future-Preis auf den erwarteten Zins schließen kann, sondern noch eine Anpassung hinsichtlich der Länge der Restlaufzeit und dem damit verbundenen entgangenen Zinseinnahmen vornehmen muss.

Dies trifft aber durch die Konstruktion von Future-Verträgen nicht zu: Ihr Preis bei Vertragsabschluss ist gerade so bestimmt, dass **keine Zahlung** zu diesem Zeitpunkt erfolgt, also kein Geld im Wertpapier gebunden ist und damit auch keine Zinseinnahmen verloren gehen: Der Future hat einen Marktwert von 0. Wenn sich dann die Zinserwartungen verändern, verändert sich auch der Preis des Futures. Entscheidend ist, dass die Vertragspartner diese Preisveränderungen **täglich** ausgleichen müssen, was als **marking-to-market** bezeichnet wird.

Für weitere Details zu Futures empfiehlt sich ein Buch über Derivate wie z.B. John C. Hull (2009), *Optionen, Futures und andere Derivate* (ISBN 978-3-8273-7281-9).

b) Der Euribor-Future gibt die Markterwartungen für das Dreimonatsgeld im Euroraum (Euribor) zum jeweiligen Ablaufdatum des Terminkontrakts an. Dieses Maß ist besonders gut im kurzfristigen Bereich, weil der Markt hier besonders liquide und damit effizient ist. Bei längeren Laufzeiten muss man berücksichtigen, dass durch die geringen Umsätze hier Liquiditätsprämien dafür sorgen können, dass der vom Future-Preis implizierte Zins vom eigentlich erwarteten abweicht.

c) Für Abbildung 15.2 müssen Sie drei neue Spalten in der Excel-Datei erstellen, in die Sie jeweils `=(100-B2)/100` usw. hineinschreiben bzw. kopieren.

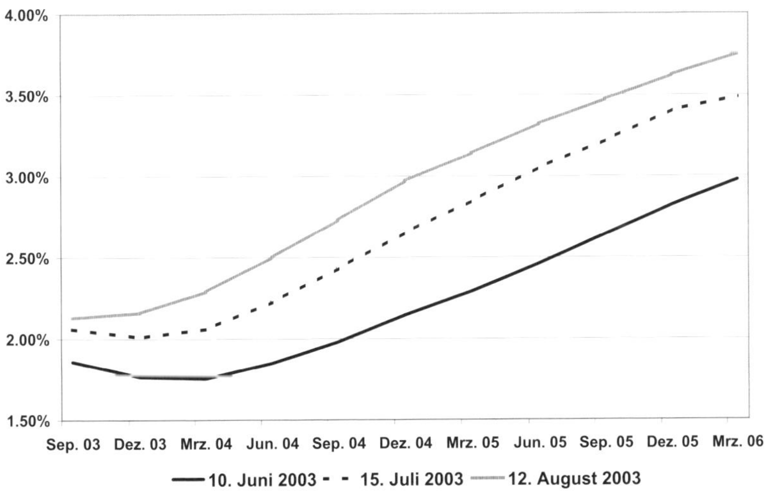

Abbildung 15.2: Erwartete Dreimonats-Zinsen auf Basis des Euribor-Futures

d) Nach der Zinssenkung der EZB auf 2% am 6. Juni 2003 erwarteten die Märkte zunächst einen weiteren Rückgang der Zinsen. Erst ab Ende 2004 wurde ein Anstieg der kurzfristigen Zinssätze erwartet. In den folgenden zwei Monaten verbesserten sich aber die Konjunkturaussichten des Euroraumes erheblich, so dass nicht mehr von weiteren Zinssenkungen ausgegangen wurde. Vielmehr erwarteten die Märkte, dass die EZB spätestens in der ersten Hälfte 2004 auf die sich abzeichnende wirtschaftliche Erholung reagieren und die geldpolitischen Zügel in Form einer Zinserhöhung anziehen würde.

16 Erwartungsbildung, Konsum und Investitionen

16.1 Wissens- und Verständnistests

Multiple Choice

1. Was verstehen Sie unter Humanvermögen?
   a) Die Summe aller erwarteter Nettoarbeitseinkommen über alle Lebensperioden.
   b) Der Gegenwartswert des erwarteten Bruttoarbeitseinkommens über alle Lebensperioden.
   c) Der Gegenwartswert des erwarteten Nettoarbeitseinkommens über alle Lebensperioden.
   d) Die Summe aller erwarteter Bruttoarbeitseinkommen über alle Lebensperioden.
2. Wovon hängt der Wert des Humanvermögens nicht ab?
   a) Ausbildungsniveau
   b) Berufserfahrung
   c) Entwicklung der Arbeitslosenquote
   d) Entwicklung der Aktien- und Wertpapiermärkte
3. Zum Gesamtvermögen, außer Humanvermögen, zählt nicht:
   a) Gegenwartswert des Nettoarbeitseinkommens
   b) Immobilienvermögen
   c) Hypothekenkredite
   d) Aktienvermögen
4. Als Gesamtvermögen bezeichnet man
   a) ...die Summe aus Finanz- und Immobilienvermögen.
   b) ...die Summe aus Human-, Immobilien- und Sachvermögen.
   c) ...die Summe aus Immobilien- , Finanz- und Sachvermögen.
   d) ...die Summe aus Human-, Finanz-, Sach- und Immobilienvermögen.
5. Welches der folgenden Ereignisse verursacht den geringsten Anstieg des gegenwärtigen Konsums?
   a) Ein permanenter Anstieg des verfügbaren Einkommens.
   b) Ein transitorischer Anstieg des verfügbaren Einkommens.
   c) Ein Anstieg des Immobilienvermögens.
   d) Ein Anstieg des Humanvermögens.

6. Ein Unternehmen entschließt sich zum Kauf einer Maschine, wenn Folgendes zutrifft:
   a) Der Gegenwartswert des erwarteten Gewinns ist größer als die Abschreibungsrate.
   b) Der Gegenwartswert des erwarteten Gewinns ist größer als der Realzins.
   c) Der Gegenwartswert des erwarteten Gewinns ist größer als der Anschaffungspreis.
   d) Der Gegenwartswert des erwarteten Gewinns ist größer als Null.
7. Unter der Annahme, dass die erwarteten Gewinne und Realzinsen konstant bei ihren gegenwärtigen Niveaus bleiben, trifft Folgendes zu:
   a) Die Investitionen sinken, wenn der Realzins sinkt.
   b) Die Investitionen steigen, wenn die Abschreibungsrate steigt.
   c) Die Investitionen steigen, wenn die Mietkosten des Kapitals steigen.
   d) Die Investitionen sinken, wenn der Gewinn des Unternehmens sinkt.
8. Welchen der folgenden Ausdrücke bezeichnet man als die „Mietkosten des Kapitals", falls Zinssatz und Gewinn über alle Perioden konstant bleiben?
   a) r_t
   b) $r+\delta$
   c) Π_t
   d) $\Pi/r+\delta$

Wahr/Falsch: Welche der folgenden Antworten sind wahr, welche falsch?

9. Nehmen Sie an, die Immobilienpreise steigen. Welche der folgenden Größen wird dadurch beeinflusst?
   a) Das Immobilienvermögen
   b) Das Gesamtvermögen
   c) Das Finanzvermögen
   d) Das Humanvermögen
10. Welche der folgenden Größen spielen bei der Bestimmung des Humanvermögens eine Rolle?
    a) Das erwartete Bruttoeinkommen
    b) Die erwartete Besteuerung
    c) Die erwarteten Realzinsen
    d) Die erwarteten Wertpapierkurse
11. Was ist zu erkennen, wenn man den Verlauf der relativen Wachstumsraten von Konsum und Investitionen in Deutschland während der letzten 40 Jahre beobachtet?
    a) Die Investitionen sind volatiler als der Konsum.
    b) Die Investitionen und der Konsum bewegen sich gleichgerichtet.
    c) Der Konsum ist volatiler als die Investitionen.
    d) Die Volatilität von Konsum und Investitionen ist in etwa gleich.

12. Welche Rolle spielen aktuelle und zukünftige Gewinne bei der Investitionsentscheidung?
    a) Die Empirie zeigt einen positiven Zusammenhang zwischen aktuellen Gewinnen und Investitionstätigkeit.
    b) Sowohl ein Anstieg des Cash-flows als auch der Profitabilität bewirken einen Anstieg der Investitionen.
    c) Aktuelle Gewinne spielen insofern eine Rolle, da Unternehmen sich oft zurückhalten, Kredite aufzunehmen.
    d) Da sich Unternehmen Kredite bei Banken besorgen können, spielt der aktuelle Gewinn bei der Investitionsentscheidung keine Rolle.
13. Welche Aussagen über den Zusammenhang zwischen Investitionstätigkeit und Aktienmarkt treffen zu?
    a) Übersteigt die Bewertung des Aktienmarktes den Einkaufspreis neuer Kapitalgüter, sollte das Unternehmen in neue Kapitalgüter investieren.
    b) Übersteigt die Bewertung des Aktienmarktes den Einkaufspreis neuer Kapitalgüter, sollte das Unternehmen in keine neuen Kapitalgüter investieren.
    c) Tobin's q wird berechnet, indem der Marktwert des eingesetzten Kapitals durch die Wiederbeschaffungskosten des eingesetzten Kapitals dividiert wird.
    d) Je höher Tobin's q desto geringer schätzen die Finanzmärkte das Gewinnpotenzial des eingesetzten Kapitals ein.
14. Unter der Annahme, dass die Produktion dem Absatz entspricht, kann der Gewinn pro Kapitaleinheit dargestellt werden als: $\Pi_t = \Pi(Y_t/K_t)$. Welche Implikationen lassen sich aus dieser Darstellung ableiten?
    a) Wenn in einer Rezession der Absatz sinkt, dann sinkt auch der Gewinn pro Kapitaleinheit.
    b) Wenn der Kapitalstock schon recht hoch ist, dann ist es wahrscheinlich, dass der Gewinn pro Kapitaleinheit gering ist.
    c) Wenn in einem wirtschaftlichen Aufschwung der Absatz steigt, dann werden die Investitionen sinken.
    d) Der positive Zusammenhang zwischen Y_t und Π_t lässt auf einen positiven Zusammenhang zwischen erwartetem Absatz und erwartetem Gewinn pro Kapitaleinheit schließen.

Basiswissen

15. Konsum und Erwartungen
    a) Erläutern Sie stichpunktartig die Aussagen der „Permanenten Einkommenshypothese“ nach Friedman und der „Lebenszyklus-Hypothese“ nach Modigliani.
    b) Erläutern Sie, aus welchen Komponenten sich das Gesamtvermögen der Konsumenten zusammensetzt!

c) Von welchen Größen wird die Konsumentscheidung der Wirtschaftssubjekte beeinflusst?

d) Erläutern Sie in wenigen Sätzen die Rolle von Erwartungen im Zusammenhang mit Aktienkursschwankungen und Konsum anhand folgender Abbildung!

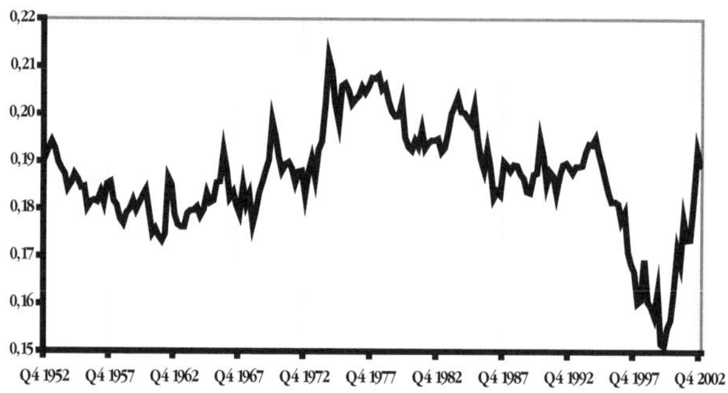

Abbildung 16.1: Verhältnis von Konsum zu Nettovermögen in den Vereinigten Staaten, 1952-2002
(Quelle: Illing, G., U. Klüh, „Vermögenspreise und Konsum", Münchner Wirtschaftswissenschaftliche Beiträge, 2004-5)

16. Investitionen und Erwartungen

a) Erläutern Sie die Determinanten der Investitionsentscheidung unter statischen Erwartungen!

b) Definieren Sie Tobin's q und erläutern Sie seine ökonomische Intuition!

c) Erläutern Sie die Bedeutung von Profitabilität und Cash-flow bei Investitionsentscheidungen!

16.2 Übungsaufgaben

1. Nehmen Sie an, ein Wirtschaftssubjekt verfügt über ein Aktienportfolio im Wert von 100.000 € und ein Einfamilienhaus im Wert von 150.000 €. Das jährliche Arbeitseinkommen des Wirtschaftssubjekts betrage $Y = 60.000$ €. Außerdem liegt eine Verbindlichkeit (Hypothekenkredit) in Höhe von 20.000 € vor. Nehmen Sie des Weiteren an, dass das Wirtschaftssubjekt in fünf Jahren in den Ruhestand eintritt. Es wird eine Reallohnsteigerung von $a = 5\%$ pro Jahr erwartet und es wird erwartet, dass der Realzins dauerhaft 0% beträgt. Das Arbeitseinkommen des Wirtschaftssubjekts unterliegt die nächsten fünf Jahre zudem einem proportionalen Steuersatz von $t = 40\%$. Das Preisniveau sei konstant (Hinweis: runden Sie auf ganze Zahlen).

a) Berechnen Sie das Humanvermögen und das Gesamtvermögen des Wirtschaftssubjekts!

b) Berechnen Sie das jährliche Konsumniveau des Wirtschaftssubjekts, wenn es nach Eintritt in den Ruhestand voraussichtlich noch 20 Jahre leben wird! Nehmen Sie an, dass das Wirtschaftssubjekt ein konstantes Konsumniveau für den Rest seines Lebens bevorzugt und eine Erbschaft in Höhe von 50.000 € hinterlassen will.

c) Berechnen Sie die durchschnittliche jährliche Ersparnis, die das Wirtschaftssubjekt tätigen muss, solange es noch arbeitet, um das Konsumniveau im Alter aufrechterhalten zu können! Nehmen Sie dabei an, dass der Konsum über die nächsten fünf Jahre ausschließlich aus dem Arbeitseinkommen finanziert werden soll!

d) Durch einen wirtschaftlichen Aufschwung im Wohnort des Wirtschaftssubjekts explodieren die Immobilienpreise und der Wert des Einfamilienhauses beträgt nun 340.000 €. Wie verändert sich dadurch das jährliche Konsumniveau?

2. Ein Unternehmen steht vor der Entscheidung, eine neue Maschine zu kaufen oder nicht. Gegeben seien folgende Werte, wobei mit δ die Abschreibungsrate, mit r_t^e der erwartete Realzins und mit Π^e_t der erwartete reale Gewinn in Periode t bezeichnet wird:

$\delta = 10\%$ $\quad r_t = 4\%$ $\quad r^e_{t+1} = 5\%$ $\quad r^e_{t+2} = 6\%$

$\Pi^e_{t+1} = 5.000$ $\quad \Pi^e_{t+2} = 8.000$ $\quad \Pi^e_{t+3} = 10.000$

Der Kauf erfolge in Periode t, die Maschine kann erstmals in Periode $t + 1$ eingesetzt werden und in Periode $t + 2$ büßt die Maschine erstmals an Funktionsfähigkeit ein. Der Anschaffungspreis beträgt 18.000. (Hinweis: Runden Sie auf eine Stelle nach dem Komma.)

a) Berechnen Sie den Gegenwartswert der erwarteten Gewinne! Würden Sie für den Kauf der Maschine stimmen?

b) Nehmen Sie an, die erwarteten Realzinsen in den Perioden $t + 1$ und $t + 2$ steigen nun auf 7% bzw. 9%. Ändert sich dadurch Ihre Investitionsentscheidung?

c) Die erwarteten Realzinsen bleiben nun doch auf dem ursprünglichen Niveau, die Abschreibungsrate steigt nun jedoch auf 12%. Berechnen Sie für diesen Fall den Gegenwartswert der erwarteten Gewinne! Wie lautet Ihre Investitionsentscheidung?

d) Die Erwartungen ändern sich nun derart, dass der reale Zinssatz über alle Perioden konstant bei 4% bleibt und der erwartete Gewinn je Periode bei 8.000. Die Abschreibungsrate beträgt 12%. Berechnen Sie den Gegenwartswert der erwarteten Gewinne in diesem Fall! Ändert sich Ihre Investitionsentscheidung?

Lösungen zu Kapitel 16

16.1 Wissens- und Verständnistests

Multiple Choice

1. c)
2. d)
3. a)
4. d)
5. b)
6. c)
7. d)
8. b)

Wahr/Falsch

9. W, W, F, F
10. W, W, W, F
11. W, W, F, F
12. W, W, W, F
13. W, F, W, F
14. W, W, F, W

Basiswissen

15. Konsum und Erwartungen
   a) Die „Lebenszyklushypothese“ nach Modigliani:

      Franko Modigliani entwickelte Anfang der 50er Jahre das Modell des Haushaltsverhaltens von Irving Fisher weiter, um die Konsumfunktion der Haushalte zu untersuchen.

      – Modigliani betonte in seiner Analyse, dass das Einkommen eines Wirtschaftssubjekts während seines Lebens systematisch variiert. Durch die Bildung von Ersparnissen ist es jedoch dem Wirtschaftssubjekt möglich, Einkommen in Zeiten hohen Einkommens in Zeiten niedrigen Einkommens zu transferieren.

- Eine zentrale Aussage der Hypothese von Modigliani ist, dass sich der Verlauf der Ersparnis eines Wirtschaftssubjektes über seinen Lebenszyklus hinweg vorhersagen lässt.
- Zentrales Ergebnis: Die Wirtschaftssubjekte glätten ihren Konsum über ihren Lebenszyklus. Während des Arbeitslebens wird durch Ersparnis Vermögen aufgebaut, im Ruhestand entsparen die Wirtschaftssubjekte und bauen ihr Vermögen ab.

Die „Permanente Einkommenshypothese" nach Milton Friedman:

- Im Gegensatz zur „Lebenszyklushypothese" betont die „Permanente Einkommenshypothese", dass das Einkommen der Wirtschaftssubjekte von Periode zu Periode temporären Veränderungen unterworfen ist.
- Nach Milton Friedman kann das gegenwärtige Einkommen in zwei Komponenten aufgeteilt werden: dem permanenten Einkommen und dem transitorischen Einkommen. Das permanente Einkommen ist der Teil des Einkommens, von dem die Wirtschaftssubjekte erwarten, dass er dauerhaft ist. Das transitorische Einkommen hingegen ist der Teil des Einkommens, von dem die Wirtschaftssubjekte erwarten, dass er nicht dauerhaft ist. Das permanente Einkommen kann auch als das durchschnittliche Einkommen und das transitorische Einkommen als zufällige Abweichungen vom Durchschnittseinkommen verstanden werden.
- Nach Friedmans Ansicht hängt der Konsum der Wirtschaftssubjekte hauptsächlich vom permanenten Einkommen ab. Wenn es zu transitorischen Schwankungen des Einkommens kommt, nutzen die Wirtschaftssubjekte die Möglichkeit des Sparens und Entsparens, um den Zeitpfad des Konsums zu glätten.
- Die permanente Einkommenshypothese argumentiert, dass die Konsumentscheidung der Wirtschaftssubjekte neben dem gegenwärtigen auch vom zukünftig erwarteten Einkommen abhängt. Der Konsum ist also abhängig von Erwartungen über die Zukunft.

b) Komponenten des Gesamtvermögens der Konsumenten:

Zur Ermittlung des Gesamtvermögens muss zunächst eine Aufstellung aller Vermögensgegenstände erstellt werden. Zu den Vermögensgegenständen zählt man Finanz-, Sach- und Immobilienvermögen (z.B. Wert eines Aktien- und Wertpapierportfolios, Guthaben auf Sparkonten, Antiquitäten, Schmuck, Verkehrswert einer Wohnimmobilie). Von der Summe dieser Vermögensgegenstände müssen alle Verbindlichkeiten abgezogen werden (z.B. offene Kredite aller Art inklusive Zinszahlungen).

Um zum Gesamtvermögen zu kommen, muss zum Gesamtwert von Finanz-, Sach- und Immobilienvermögen ein Schätzwert des Humanvermögens hinzuaddiert werden. Der Schätzwert des Humanvermögens eines Wirtschaftssubjekts ist der erwartete Barwert des Arbeitseinkommens während des gesamten Arbeitslebens abzüglich des Barwerts der zu erwartenden Zahlungen. Der Schätzwert des Humanvermögens berücksichtigt Aspekte, die sich auf die Verdienstmöglichkeiten auswirken, wie z.B. die Entwicklung der Steuersätze und der Arbeitslosenquote.

c) Das Entscheidungsverhalten der Konsumenten lässt sich folgendermaßen charakterisieren:

$$C_t = C(GV_t)$$

Der Konsum ist positiv abhängig vom Gesamtvermögen, wobei C_t das Konsumniveau in Periode t und GV_t die Summe aus Finanz-, Sach- und Immobilienvermögen und Humanvermögen zum Zeitpunkt t repräsentieren. (Zur Ermittlung des Gesamtvermögens siehe Teilaufgabe b) Nimmt man zur Vereinfachung an, dass sich der Wert der Vermögensgegenstände und der Wert der Schulden genau ausgleichen, besteht das Gesamtvermögen GV lediglich noch aus dem Humanvermögen zum Zeitpunkt t. Das Humanvermögen zum Zeitpunkt t (HV_t) ist der erwartete Gegenwartswert des Arbeitseinkommens, nämlich die erwarteten Nettoverdienste (erwartetes reales Arbeitseinkommen Y_{Lt}^e minus erwartete reale Steuerlast T_t^e) abdiskontiert mit dem Realzins.

$$HV_t = HV\left(Y_{Lt}^e - T_t^e\right)$$

Da Kreditbeschränkungen häufig und üblich sind, und weil aus diesem Grund das aktuelle Arbeitseinkommen eine wichtige Rolle bei Konsumentscheidungen spielt, kann obige Gleichung um das aktuell verfügbare Einkommen erweitert werden:

$$C_t = C\left(GV_t, Y_{Lt} - T_t\right)$$

Der Konsum ist somit eine steigende Funktion des Gesamtvermögens und des aktuellen Einkommens.

d) Ab Mitte der 90er Jahre erlebte der Aktienmarkt in Europa und in den USA einen gewaltigen Boom, auf den Ende der 90er Jahre ein enormer Kurseinbruch folgte. Ökonomen stellten sich die Frage, wie stark sich diese drastischen Veränderungen des Aktienvermögens der Wirtschaftssubjekte auf die Entwicklung des Konsums auswirkte. Die theoretische Betrachtung sagt, dass die Konsumenten zwischen temporären und dauerhaften Vermögensveränderungen unterscheiden sollten. Durch Anwendung neuer empirischer Methoden kommt man zu dem Ergebnis, dass die Haushalte durchaus zwischen diesen beiden Situationen unterscheiden. Die Konsumausgaben entwickelten sich robuster, als zunächst angenommen wurde. Die Abbildung 16.1 in der Angabe zeigt das Verhältnis von Konsumausgaben zu Nettovermögen. Es ist zu erkennen, dass ab Mitte der 90er Jahre, als die Aktienkurse sehr stark anstiegen, das Verhältnis von Konsum zu Nettovermögen deutlich sank, während dieses Verhältnis Ende der 90er Jahre, als die Kurse stark fielen, wieder angestiegen ist. Es kann somit gefolgert werden, dass die Konsumenten adäquat zwischen temporärer und dauerhafter Veränderung des Vermögens unterschieden haben. Es zeigt sich, dass die Konsumenten die Erwartung fallender Aktienkurse berücksichtigten und keine allzu großen Einschränkungen ihres Konsumniveaus hinnehmen mussten.

16. Investitionen und Erwartungen

a) Die Determinanten der Investitionsentscheidung unter statischen Erwartungen

Bei einer Investitionsentscheidung (Beispiel: Kauf einer Maschine) muss zunächst der Gegenwartswert der erwarteten Gewinne unter Berücksichtigung der Abschreibungen und der erwarteten Realzinsen ermittelt werden. Der ermittelte Gegenwartswert der erwarteten Gewinne wird danach mit den Anschaffungskosten der Maschine verglichen. Übersteigt der Gegenwartswert der erwarteten Gewinne die Anschaffungskosten, sollte die Investition durchgeführt werden, im umgekehrten Fall nicht. Daraus ergibt sich folgende Investitionsfunktion:

$$I_t = I\left(V\left(\Pi_t^e\right)\right)$$

Die aggregierte Investitionsnachfrage I_t ist positiv abhängig vom Gegenwartswert der erwarteten Gewinne $V(\Pi_t^e)$ pro Kapitaleinheit. Der Gegenwartswert der erwarteten Gewinne wiederum hängt positiv von den aktuellen und zukünftigen Gewinnen und negativ vom aktuellen und zukünftigen Realzins ab.

Unter statischer Erwartungsbildung nehmen die zukünftigen Gewinne pro Kapitaleinheit und die Realzinsen in der Zukunft den heute beobachtbaren Wert an, werden also für alle Perioden als konstant angenommen.

$$\Pi_{t+1}^e = \Pi_{t+2}^e = \ldots = \Pi_t$$

$$r_{t+1}^e = r_{t+2}^e = \ldots = r_t$$

Für den Gegenwartswert der erwarteten Gewinne ergibt sich somit nach Umformungen:

$$V\left(\Pi_t^e\right) = \left(\frac{\Pi_t}{r_t + \delta}\right)$$

Der Gegenwartswert der erwarteten Gewinne entspricht somit dem Verhältnis von Gewinn pro Kapitaleinheit (Profitrate) zur Summe aus Realzins und Abschreibungsrate δ. Daraus ergibt sich als Investitionsfunktion:

$$I_t = I\left(\frac{\Pi_t}{r_t + \delta}\right)$$

Für die Investitionsnachfrage gilt: Gewinn ↑ ➔ Investitionen ↑, bzw. Realzins/ Abschreibungsrate↑ ➔ Investitionen ↓. Der Nenner $(r_t + \delta)$ wird als Mietkosten des Kapitals bzw. als Opportunitätskosten des Kapitals bezeichnet.

b) Tobin's q und seine ökonomische Intuition

Tobin's q ist der Wert einer eingesetzten Kapitaleinheit relativ zu ihrem Einkaufswert, berechnet als Quotient aus der Summe der Marktkapitalisierungen aller an der Börse gehandelten Unternehmen und dem Wert des Kapitalstocks zu Wiederbeschaffungskosten.

Nimmt Tobin's q einen Wert größer als Eins an, dann schätzen die Finanzmärkte das Gewinnpotenzial des eingesetzten Kapitals höher ein als seine Wiederbeschaffungskosten. Die Unternehmen sollten also investieren. Nimmt Tobin's q

hingegen einen Wert kleiner als Eins an, dann schätzen die Finanzmärkte das Gewinnpotenzial des eingesetzten Kapitals geringer ein als seine Wiederbeschaffungskosten. Die Unternehmen sollten nicht investieren und verschlissene Kapitalbestände nicht ersetzen.

c) Die Bedeutung von Profitabilität und Cash-flow bei Investitionsentscheidungen

Mit dem Begriff „Profitabilität" bezeichnet man den Gegenwartswert der zukünftig erwarteten Gewinne, mit „Cash-flow" die aktuellen Nettogewinne. Beide Größen spielen bei der Investitionsentscheidung eine Rolle. Die entscheidende Frage, die sich viele Ökonomen stellen, ist, welche der beiden Größen bei der Investitionsentscheidung eine größere Rolle spielt. Die Empirie zeigt, dass einerseits Unternehmen mit rentablen Investitionsprojekten, aber niedrigen aktuellen Gewinnen tendenziell zu wenig investieren, und dass andererseits Unternehmen mit hohen aktuellen Gewinnen oft in wenig rentable Projekte investieren. Aktuelle Gewinne bzw. der Cash-flow scheinen also ein höheres Gewicht bei der Investitionsentscheidung zu haben als die Profitabilität. Ein Grund für dieses Verhalten ist darin zu suchen, dass sich Unternehmen mit aktuell geringem Cash-flow aber hoher Profitabilität verschulden bzw. Kredite aufnehmen müssen. Gründe wie Risikoaversion von Unternehmern oder Probleme bei der Kreditaufnahme bewirken außerdem, dass ein Unternehmen mit aktuell geringerem Cash-flow tendenziell weniger investiert als ein Unternehmen mit höherem Cash-flow, auch wenn die Profitabilität beider Unternehmen gleich hoch ist. Unter Berücksichtigung der aktuellen Gewinne (Π_t) kann die aggregierte Investitionsnachfrage aus Aufgabe 16 a) folgendermaßen erweitert werden:

$$I_t = I\left(V\left(\Pi_t^e\right), \Pi_t\right)$$

16.2 Übungsaufgaben

1. Erwartungen und Konsum

a) Das Humanvermögen des Wirtschaftssubjekts entspricht dem erwarteten Gegenwartswert der Summe des jährlichen Netto-Arbeitseinkommens während der nächsten fünf Jahre. Das jährliche Brutto-Arbeitseinkommen beträgt $Y = 60.000$ €. Des Weiteren muss der proportionale Steuersatz von $t = 40\%$ und die jährliche Reallohnsteigerung von $a = 5\%$ berücksichtigt werden. Da der Realzins 0% beträgt und keine Unsicherheit über die Lohnentwicklung herrscht, entspricht das Humanvermögen in diesem Fall der Summe der Netto-Arbeitseinkommen der nächsten fünf Jahre:

$$HV_t = \sum_{i=0}^{4} (1-t)Y(1+a)^i$$

$$\leftrightarrow \quad HV_t = \sum_{i=0}^{4} 0{,}6 \cdot 60.000 \text{ €}(1+0{,}05)^i$$

$$\leftrightarrow \quad HV_t = 198.922{,}725 \text{ €} \approx 198.923 \text{ €}$$

Das Gesamtvermögen ist die Summe aus Humanvermögen und Finanz- und Immobilienvermögen. Das Finanz- und Immobilienvermögen ergibt sich aus der Summe des Werts des Aktienportfolios und des Werts des Einfamilienhauses abzüglich der Hypothek:

Finanz- und Immobilienvermögen (FV):

$$FV_t = 150.000\ € + 100.000\ € - 20.000\ € = 230.000\ €$$

Für das Gesamtvermögen (GV) ergibt sich somit:

$$GV_t = HV_t + FV_t = 198.923\ € + 230.000\ € = 428.923\ €$$

b) Das Wirtschaftssubjekt lebt nach Eintritt in den Ruhestand noch 20 Jahre, bis zum Eintritt in den Ruhestand vergehen fünf Jahre. Das Wirtschaftssubjekt lebt also insgesamt noch 25 Jahre. Es bevorzugt ein konstantes jährliches Konsumniveau in dieser Zeit und es soll eine Erbschaft in Höhe von 50.000 € hinterlassen werden. Das Konsumniveau über die nächsten 25 Jahre ergibt sich, indem das Gesamtvermögen abzüglich der Erbschaft E durch 25 geteilt wird:

$$C_t = \frac{GV_t - E}{25}$$

$$\leftrightarrow \quad C_t = \frac{428.923\ € - 50.000\ €}{25} = 15.156{,}92\ € \approx 15.157\ € \ \forall\ t$$

c) Das Wirtschaftssubjekt arbeitet noch fünf Jahre lang. Das Einkommen über die nächsten fünf Jahre entspricht seinem Humanvermögen (siehe Teilaufgabe a)). Um die durchschnittliche jährliche Ersparnis zu berechnen, muss zunächst das durchschnittliche Jahreseinkommen des Wirtschaftssubjekts in den fünf Jahren der Berufstätigkeit berechnet werden. Das Humanvermögen muss durch 5 geteilt werden:

$$\text{Durchschnittliches Arbeitseinkommen } \frac{HV}{5} = \frac{198.923\ €}{5} \approx 39.785\ €$$

Das jährliche Konsumniveau aus Teilaufgabe b) beträgt: $C = 15.157\ €$

Da das Wirtschaftssubjekt seinen Konsum über die nächsten fünf Jahre ausschließlich aus dem Arbeitseinkommen finanziert, muss die Differenz aus durchschnittlichem Arbeitseinkommen und Konsumniveau gespart werden. Für die durchschnittliche jährliche Ersparnis (S_t) in den nächsten fünf Jahren ergibt sich somit:

$$S_t = 39.785\ € - 15.157\ € = 24.628\ € \ \forall\ t = 1,\ldots,5$$

d) Durch den Anstieg der Immobilienpreise erhöht sich das Finanz- und Immobilienvermögen des Wirtschaftssubjekts. Das neue Finanz- und Immobilienvermögen beträgt nun:

$$FV_t' = 100.000\ € + 340.000\ € - 20.000\ € = 420.000\ €$$

Unter Berücksichtigung des Anstiegs des Finanz- und Immobilienvermögens ergibt sich als Gesamtvermögen:

$$GV_t' = HV_t + FV_t' = 198.923\ € + 420.000\ € = 618.923\ €$$

Bei einer restlichen Lebenszeit von 25 Jahren ergibt sich somit für das jährliche Konsumniveau:

$$C_t = \frac{GV_t' - E}{25} = \frac{618.923\text{ €} - 50.000\text{ €}}{25} \approx 22.757\text{ €} \forall\ t$$

2. Erwartungen und Investitionen

a) Der Gegenwartswert der erwarteten Gewinne ergibt sich aus der Summe der einzelnen Gegenwartswerte der Gewinne in jeder Periode:

$$V\left(\Pi_t^e\right) = \frac{1}{1+r_t}\Pi_{t+1}^e + \frac{1}{\left(1+r_t\right)\left(1+r_{t+1}^e\right)}\Pi_{t+2}^e\left(1-\delta\right) + \frac{1}{\left(1+r_t\right)\left(1+r_{t+1}^e\right)\left(1+r_{t+2}^e\right)}\Pi_{t+3}^e\left(1-\delta\right)^2$$

Mit den Werten der Angabe ergibt sich somit für den Gegenwartswert der erwarteten Gewinne:

$$V\left(\Pi_t^e\right) = 4.807,7 + 6.593,4 + 6.997,7 = 18.398,8$$

Um eine Investitionsentscheidung treffen zu können, muss nun der Gegenwartswert der erwarteten Gewinne mit den Anschaffungskosten der Maschine zum Zeitpunkt *t* verglichen werden.

Entscheidungsregel:

➔ Ist der Gegenwartswert der erwarteten Gewinne größer als die Anschaffungskosten, dann sollte die Investition durchgeführt werden.

➔ Ist der Gegenwartswert der erwarteten Gewinne kleiner als die Anschaffungskosten, dann sollte die Investition nicht durchgeführt werden.

Wir wissen: Anschaffungskosten = 18.000 und

$$V\left(\Pi_t^e\right) = 18.398,8$$

$\leftrightarrow$ 18.000 < 18.398,8 ➔ Die Investition sollte durchgeführt werden!

b) Es wird nun erwartet, dass die Realzinsen in den Perioden $t + 1$ und $t + 2$ höher ausfallen. Sie steigen nun auf 7% bzw. 9%. Unter Berücksichtigung der veränderten Erwartungen über die Realzinsen ergibt sich für den Gegenwartswert der erwarteten Gewinne:

$$V\left(\Pi_t^e\right) = 4.807,7 + 6.470,2 + 6.677,9 = 17.955,8$$

Gemäß der Entscheidungsregel aus Teilaufgabe a) gilt nun bei unveränderten Anschaffungskosten von 18.000:

$\leftrightarrow$ 18.000 > 17.955,8 ➔ Die Investition sollte nicht durchgeführt werden!

c) Die erwarteten Realzinsen verändern sich nicht. Nun verändert sich jedoch der Verschleiß der Maschine bzw. die Abschreibungsrate. Sie beträgt nun nicht mehr 10%, sondern es gilt: δ = 12%. Unter Berücksichtigung der nun höheren Abschreibungsrate ergibt sich für den Gegenwartswert der erwarteten Gewinne mit Hilfe der Formel aus Teilaufgabe a):

$$V\left(\Pi_t^e\right) = 4.807,7 + 6.446,9 + 6.690,2 = 17.944,8$$

Gemäß der Entscheidungsregel aus Teilaufgabe a) gilt nun bei unveränderten Anschaffungskosten von 18.000:

↔ 18.000 > 17.944,8 ➔ Die Investition sollte nicht durchgeführt werden!

d) Nun ändern sich die Erwartungen in der Weise, dass für alle relevanten Perioden sowohl ein konstanter Realzins als auch ein konstanter Gewinn je Periode erwartet wird. Man spricht in diesem Fall von statischen Erwartungen. Der Realzins beträgt nun von Periode t bis $t + 2$: $r_t = r = 4\%$. Der erwartete Gewinn beträgt von Periode $t + 1$ bis $t + 3$ $\Pi_t = \Pi = 8.000$. Die Abschreibungsrat beträgt: $\delta = 12\%$. Die Formel zur Berechnung des Gegenwartswertes der erwarteten Gewinne aus Teilaufgabe a) lässt sich nun angesichts der statischen Erwartungen vereinfachen zu:

$$V(\Pi) = \sum_{i=1}^{3} \Pi \frac{(1-\delta)^{i-1}}{(1+r)^i}$$

Einsetzen der gegebenen Werte für r, Π und δ ergibt:

$$V(\Pi) = 7.692,3 + 6.508,9 + 5.507,5 = 19.708,7$$

Gemäß der Entscheidungsregel aus Teilaufgabe a) gilt nun bei unveränderten Anschaffungskosten von 18.000:

↔ 18.000 < 19.708,7 ➔ Die Investition sollte durchgeführt werden!

17 Erwartungen, Wirtschaftsaktivität und Politik

17.1 Wissens- und Verständnistests

Multiple Choice

1. Welche Größen werden in den aggregierten privaten Ausgaben (A) zusammengefasst?
   a) Investitionen und Staatsausgaben
   b) Konsum und Staatsausgaben
   c) Investitionen, Staatsausgaben und Konsum
   d) Konsum und Investitionen
2. Welches der folgenden Ereignisse bewirkt eine Verschiebung der *IS*-Kurve nach links?
   a) Ein Rückgang der aktuellen Steuern.
   b) Ein Rückgang des erwarteten Einkommens.
   c) Ein Rückgang des aktuellen realen Zinssatzes.
   d) Ein Rückgang des erwarteten realen Zinssatzes.
3. Welches der folgenden Ereignisse bewirkt eine Verschiebung der *IS*-Kurve nach rechts?
   a) Ein Rückgang des erwarteten Einkommens.
   b) Ein Rückgang des aktuellen realen Zinssatzes.
   c) Ein Rückgang der erwarteten Steuern.
   d) Ein Anstieg der aktuellen Steuern.
4. Aus welchem Grund ist die Steigung der *IS*-Kurve unter der Berücksichtigung von Erwartungen steiler als die der *IS*-Kurve ohne Erwartungen?
   a) Ein Rückgang des aktuellen Realzinses wirkt sich stärker auf die Nachfrage aus.
   b) Ein Rückgang des aktuellen Realzinses wirkt sich weniger stark auf die Nachfrage aus.
   c) Der Multiplikatoreffekt ist unter der Einbeziehung von Erwartungen größer, wenn sich das aktuelle Einkommen verändert.
   d) Ein Anstieg der Staatsausgaben bewirkt einen geringeren Anstieg des Einkommens.

5. Was bewirkt ein Rückgang des zukünftigen realen Zinssatzes in der aktuellen Periode?
   a) Die aggregierten privaten Ausgaben werden zurückgehen und die *IS*-Kurve verschiebt sich nach links.
   b) Die aggregierten privaten Ausgaben werden ansteigen und die *IS*-Kurve verschiebt sich nach rechts.
   c) Die *LM*-Kurve verschiebt sich nach oben.
   d) Die *LM*-Kurve verschiebt sich nach unten.
6. Von welchem Zinssatz hängt die Geldnachfrage ab?
   a) Aktueller realer Zinssatz
   b) Erwarteter realer Zinssatz
   c) Aktueller nominaler Zinssatz
   d) Erwarteter nominaler Zinssatz
7. Nehmen Sie an, die EZB erhöht das Geldangebot in der aktuellen Periode. Nehmen Sie zusätzlich an, dass die Wirtschaftssubjekte aufgrund dessen erwarten, dass der zukünftige Realzins niedriger und das zukünftige Einkommen höher ist. Daraus folgt, dass
   a) ...das aktuelle Einkommen ansteigen wird.
   b) ...der aktuelle Realzins ansteigen wird.
   c) ...der aktuelle Realzins sinken wird.
   d) ...das aktuelle Einkommen unverändert bleibt.
8. Unter welcher Voraussetzung bewirkt eine expansive Geldpolitik im *IS-LM*-Modell mit Erwartungen eine Rechtsverschiebung der *IS*-Kurve?
   a) Aktueller und erwarteter realer Zinssatz haben keinen Bezug zueinander.
   b) Aktueller und erwarteter realer Zinssatz haben einen positiven Bezug zueinander.
   c) Aktueller und erwarteter realer Zinssatz haben einen negativen Bezug zueinander.
   d) Es wird erwartet, dass die Zentralbank in Zukunft eine kontraktive Geldpolitik durchführt.
9. Was verstehen Sie unter „rationalen Erwartungen“?
   a) Die Wirtschaftssubjekte bilden ihre Erwartungen, aufgrund der Erfahrungen in der Vergangenheit.
   b) Die Wirtschaftssubjekte bilden ihre Erwartungen, indem sie alle verfügbaren Informationen über die Zukunft nutzen.
   c) Die Wirtschaftssubjekte bilden ihre Erwartungen rein zufällig.
   d) Die Wirtschaftssubjekte können die Zukunft präzise vorhersehen.

Wahr/Falsch: Welche der jeweiligen Aussagen sind wahr, welche falsch?

10. Welche Rolle spielen Erwartungen bezüglich der Geldnachfrage?
    a) Entscheidungen über die Geldhaltung sind kurzfristiger Natur, deshalb spielen Erwartungen keine Rolle.
    b) Erwartungen spielen nur bei Nachfrageentscheidungen auf dem Gütermarkt eine Rolle.
    c) Die Geldhaltung ist abhängig vom Einkommen und deswegen spielen Erwartungen über das künftige Einkommen eine Rolle.
    d) Die Geldhaltung ist abhängig vom Nominalzins und deswegen spielen Erwartungen über den künftigen Nominalzins eine Rolle.
11. Nehmen Sie an, die Zentralbank erhöht die nominale Geldmenge. Was geschieht im *IS-LM*-Modell unter der Berücksichtigung von Erwartungen?
    a) Die *LM*-Kurve verschiebt sich nach unten. Der Effekt der expansiven Geldpolitik ist größer, wenn die Erwartungen nicht positiv beeinflusst werden.
    b) Die *LM*-Kurve verschiebt sich nach unten und die *IS*-Kurve verschiebt sich nach rechts, wenn erwartet wird, dass der Realzins auch in Zukunft sinken wird. Der Effekt der expansiven Geldpolitik verstärkt sich dadurch.
    c) Der Effekt der expansiven Geldpolitik ist geringer, wenn die Erwartungen nicht beeinflusst werden. Lediglich die *LM*-Kurve verschiebt sich nach unten.
    d) Die *LM*-Kurve verschiebt sich nach unten und die *IS*-Kurve verschiebt sich nach links, wenn erwartet wird, dass das Einkommen auch in Zukunft steigen wird. Der Effekt der expansiven Geldpolitik verringert sich dadurch.
12. Welche Aussage(n) über den Begriff „rationale Erwartungen" treffen zu?
    a) Die Wirtschaftssubjekte versuchen, die zukünftige Entwicklung so gut wie möglich korrekt vorherzusagen.
    b) Die Wirtschaftssubjekte können die Zukunft perfekt vorhersehen.
    c) Die Wirtschaftssubjekte beziehen in ihrem Verhalten auch Erwartungen über die zukünftige Wirtschaftspolitik mit ein.
    d) Es wird unterstellt, dass die Wirtschaftssubjekte keine systematischen Fehler begehen.
13. Die Veränderung folgender Größen bewirkt eine Rechtsverschiebung der *IS*-Kurve:
    a) T sinkt.
    b) T^e sinkt.
    c) Y^e steigt.
    d) r^e steigt.
14. Die Veränderung folgender Größen bewirkt eine Linksverschiebung der *IS*-Kurve:
    a) r^e steigt.
    b) Y^e steigt.

c) T^e sinkt.

d) T steigt.

15. Welche Aussagen über die *LM*-Kurve unter der Berücksichtigung von Erwartungen treffen zu?

a) Die aktuelle Geldnachfrage ist lediglich abhängig vom aktuellen Transaktionsvolumen.

b) Das erwartete Transaktionsvolumen hat keinen Einfluss auf die aktuelle Geldnachfrage.

c) Die aktuelle Geldnachfrage ist lediglich abhängig vom aktuellen Realzins.

d) Die zukünftig erwarteten Zinssätze werden bereits in der aktuellen Periode als Opportunitätskosten antizipiert und beeinflussen somit die aktuelle Geldnachfrage.

16. Nehmen Sie an, die Bundesregierung beschließt, aktuell und auch in der Zukunft die Steuern zu erhöhen (T und T^e steigen). Es wird keine Reaktion der Zentralbank erwartet und nehmen Sie an, dass die Wirtschaftssubjekte nur die **kurzfristigen** Effekte dieser fiskalpolitischen Maßnahme betrachten:

a) Die dauerhafte Steuererhöhung bewirkt eine Verringerung des aktuellen Konsums und die *IS*-Kurve verschiebt sich nach links.

b) Die Wirtschaftssubjekte erwarten wegen eines Anstiegs von T^e für die Zukunft einen Rückgang des erwarteten Einkommens Y^e und des zukünftigen Realzinses r^e.

c) Ein geringerer erwarteter Realzins bewirkt einen Anstieg der Investitionen heute und tendenziell eine Rechtsverschiebung der *IS*-Kurve. Dieser Effekt wirkt der Linksverschiebung durch $Y^e\downarrow$ entgegen.

d) Der Gesamteffekt der betrachteten fiskalpolitischen Maßnahme auf das aktuelle Einkommen und den aktuellen Realzins ist eindeutig.

17. Betrachten Sie dieselbe fiskalpolitische Maßnahme wie in Aufgabe 16 (T und T^e steigen). Die Wirtschaftssubjekte beziehen nun die **langfristigen** Effekte dieser Maßnahme in ihre Erwartungsbildung mit ein:

a) Ein Anstieg der erwarteten Steuern bewirkt einen Rückgang des zukünftigen Realzinses. Dies bewirkt einen Anstieg der aktuellen Investitionen, die *IS*-Kurve verschiebt sich nach rechts.

b) Ein Anstieg der erwarteten Steuern bewirkt zusätzlich, dass die zukünftigen Investitionen ansteigen und somit einen Anstieg des Kapitalstocks verursachen.

c) Ein Anstieg der erwarteten Steuern bewirkt langfristig einen Rückgang des Einkommens.

d) Ein Anstieg der erwarteten Steuern bewirkt einen Anstieg des erwarteten Einkommens und deshalb bereits heute einen Anstieg des Konsums und der Investitionen. Die *IS*-Kurve verschiebt sich dadurch nach rechts.

Basiswissen

18. *IS-LM*-Modell mit Erwartungen

a) Erläutern Sie die Komponenten der *IS*-Relation. Welche Komponenten bewirken Verschiebungen der *IS*-Kurve, welche nicht?

b) Erläutern Sie die Komponenten der *LM*-Relation. Welche Komponenten bewirken Verschiebungen der *LM*-Kurve, welche nicht?

c) Erläutern Sie grafisch und verbal die Wirksamkeit einer restriktiven Geldpolitik. Unterscheiden Sie zwischen den Fällen, bei denen einerseits die Erwartungen unverändert bleiben und andererseits die Erwartungen beeinflusst werden können.

Abbau des Budgetdefizits durch Steuererhöhung oder Staatsausgabensenkung?

In Irland wurden in den 80er Jahren zwei Programme durchgeführt, um das hohe Budgetdefizit abzubauen. Das erste Programm zu Beginn der 80er Jahre enthielt vor allem Steuererhöhungen. Das Ergebnis war ein Anstieg des Budgetdefizits und der Arbeitslosenquote. Das zweite Programm zielte vor allem auf eine Verringerung der Staatsausgaben. Die Folge war ein starker Rückgang des Defizits und der Arbeitslosenquote. Kann daraus die Schlussfolgerung gezogen werden, dass eine Staatsausgabensenkung einer Steuererhöhung überlegen ist? So einfach ist es leider nicht. Es muss zum einen berücksichtigt werden, in welcher Weise die Erwartungen der Wirtschaftssubjekte beeinflusst werden (z.B. Glaubwürdigkeit des Programms). Zum anderen spielen viele andere Einflussfaktoren eine Rolle. In Irland beispielsweise kam es zur Zeit des zweiten Programms zu einem starken Produktivitätswachstum und zu einem Anstieg der Investitionen ausländischer Unternehmen.

17.2 Übungsaufgaben

1. Abbau des Budgetdefizits bei rationalen Erwartungen

Die Regierung eines Landes kündigt an, in Zukunft das derzeit hohe Budgetdefizit abzubauen. Daraufhin wird im Parlament ein Budget verabschiedet, das vorsieht, in Zukunft die Staatsausgaben zu senken und in der aktuellen Periode die Staatsausgaben bereits leicht zu senken. Nehmen Sie an, dass die Zentralbank nicht auf die zukünftige Senkung der Staatsausgaben reagiert. Unterstellen Sie für die Teilaufgaben a) und b), dass die Wirtschaftssubjekte nur die kurzfristigen Effekte in ihre Erwartungen mit einbeziehen.

a) Erläutern Sie, welche Auswirkungen eine für die Zukunft angekündigte Senkung der Staatsausgaben auf die Zinsstrukturkurve der aktuellen Periode hat!

b) Erläutern Sie die Auswirkungen der angekündigten fiskalpolitischen Maßnahme auf die zukünftige Produktion! Wie verändert sich die aktuelle Produktion?

c) Erläutern Sie die kurz-, mittel- und langfristigen Effekte einer Haushaltskonsolidierung ohne Berücksichtigung von Erwartungen!

d) Erläutern Sie die Effekte in der aktuellen Periode, die mit einer angekündigten Haushaltskonsolidierung verbunden sind, wenn die Wirtschaftssubjekte in ihre Erwartungsbildung auch die langfristigen Effekte des Abbaus des Budgetdefizits mit einbeziehen!

2. Kurzfristige Effekte einer angekündigten zukünftigen Staatsausgabenerhöhung bei rationalen Erwartungen

   Nehmen Sie an, dass erwartet wird, dass die angekündigte Staatsausgabenerhöhung nicht mit geldpolitischen Maßnahmen begleitet wird.

   a) Erläutern Sie die Auswirkungen dieser Maßnahme auf den erwarteten Realzins und das erwartete Einkommen!

   b) Welche Auswirkungen hat ein Anstieg der künftigen Staatsausgaben auf die Komponenten der aktuellen aggregierten privaten Ausgaben, auf den Verlauf der *IS*- und der *LM*-Kurve, auf den aktuellen Realzins und das aktuelle Einkommen?

   Gehen Sie nun davon aus, dass erwartet wird, dass die angekündigte Staatsausgabenerhöhung mit geldpolitischen Maßnahmen begleitet wird, so dass die Produktion konstant bleibt.

   c) Erläutern Sie die Auswirkungen der fiskalpolitischen Maßnahme auf den erwarteten Realzins und das erwartete Einkommen unter diesen Rahmenbedingungen!

   d) Welche Auswirkungen hat nun ein Anstieg der künftigen Staatsausgaben auf die Komponenten der aggregierten privaten Ausgaben, auf den Verlauf der *IS*- und der *LM*-Kurve, auf den aktuellen Realzins und das aktuelle Einkommen?

3. Langfristige Effekte einer Staatsausgabenerhöhung bei rationalen Erwartungen

   Die Regierung beschließt, die Staatsausgaben in der aktuellen Periode und auch in Zukunft zu erhöhen. Nehmen Sie für die Beantwortung der folgenden Teilaufgaben an, dass die Wirtschaftssubjekte ausschließlich die langfristigen Auswirkungen in ihre Erwartungsbildung mit einbeziehen.

   a) Erläutern Sie, wie sich diese fiskalpolitische Maßnahme auf den künftig erwarteten Realzins und das künftig erwartete Einkommen auswirkt!

   b) Erläutern Sie, wie sich diese fiskalpolitische Maßnahme auf das aktuelle Einkommen auswirkt!

   c) Ist es möglich, dass die genannte Staatsausgabenerhöhung zu einer Rezession führen kann? Erläutern Sie!

Lösungen zu Kapitel 17

17.1 Wissens- und Verständnistests

Multiple Choice

1. d)
2. b)
3. c)
4. b)
5. b)
6. c)
7. a)
8. b)
9. b)

Wahr/Falsch

10. W, W, F, F
11. F, W, W, F
12. W, F, W, W
13. W, W, W, F
14. W, F, F, W
15. W, W, F, F
16. W, W, W, F
17. W, W, F, W

Basiswissen

18. *IS-LM*-Modell mit Erwartungen

a) Im Kapitel 16 wurde bereits erläutert, über welche Kanäle Erwartungen die Konsum- und Investitionsentscheidungen beeinflussen. Erwartungen beeinflussen einerseits bei der Konsumentscheidung das Humanvermögen sowie das Finanz- und Immobilienvermögen. Andererseits beeinflussen Erwartungen den Gegenwartswert der Gewinne nach Steuern bei der Investitionsentscheidung.

In den vorhergehenden Kapiteln (insbesondere in den Kapiteln über die kurze Frist) wurde nicht zwischen Realzins und Nominalzins unterschieden. An dieser Stelle wird angenommen, dass die Investitionsentscheidung vom Realzins (r) abhängt.

Die bekannte *IS*-Relation ohne Erwartungen lautet somit:

$$Y = C(Y-T) + I(Y,r) + G$$

Konsum und Investitionen werden der Einfachheit halber zusammengefasst zu:

$$A(Y,T,r) \equiv C(Y-T) + I(Y,r)$$

Für die *IS*-Relation folgt somit:

$$Y = A(Y,T,r) + G$$

Diese modifizierte *IS*-Relation wird nun um Erwartungen erweitert. Zur Vereinfachung wird angenommen, dass es zwei Perioden gibt: die laufende bzw. aktuelle Periode und die Zukunft, zusammengefasst in einer Periode. Unter der Berücksichtigung, dass die private Nachfrage A von Erwartungen über die Entwicklung makroökonomischer Variablen in der Zukunft abhängt, lässt sich die *IS*-Relation formulieren als:

$$Y = A\left(Y,T,r,Y'^{e},T'^{e},r'^{e}\right) + G$$

Wie bereits aus dem *IS-LM*-Modell der kurzen Frist bekannt, bewirken Veränderungen des aktuellen (Real-)Zinses oder des aktuellen Einkommens eine Bewegung entlang der *IS*-Kurve. Veränderungen von Variablen außer r und Y bewirken eine Verschiebung der *IS*-Kurve:

$\Delta G > 0$: Verschiebung der *IS*-Kurve nach rechts

$\Delta T > 0$: Verschiebung der *IS*-Kurve nach links

Die Veränderung für die Zukunft erwarteter makroökonomischer Variablen bewirkt ebenfalls eine Verschiebung der *IS*-Kurve:

$\Delta Y'^{e} > 0$: Verschiebung der *IS*-Kurve nach rechts ➔ Die Wirtschaftssubjekte fühlen sich bereits heute reicher und konsumieren bzw. investieren schon heute mehr!

$\Delta T'^{e} > 0$: Verschiebung der *IS*-Kurve nach links ➔ Die Wirtschaftssubjekte fühlen sich bereits heute ärmer und konsumieren weniger!

$\Delta r'^e > 0$: Verschiebung der *IS*-Kurve nach links ➔ Ein höherer erwarteter Realzins dämpft bereits heute die Investitionstätigkeit!

(für den Fall Δ*Variable* < 0 ist die Verschiebung entgegengesetzt)

b) Die *LM*-Relation, die im Kapitel 5 hergeleitet wurde, lautet:

$$\frac{M}{P} = YL(i)$$

In der *LM*-Relation werden Erwartungen über zukünftige makroökonomische Größen nicht berücksichtigt, da die Entscheidung, wie viel Geld man heute halten will, vom aktuellen Transaktionsvolumen *Y* abhängt, nicht vom zukünftig erwarteten. Ebenso werden bei der Geldnachfrage lediglich die aktuellen Opportunitätskosten, ausgedrückt durch den aktuellen Nominalzins, mit in das Kalkül einbezogen und nicht der für die Zukunft erwartete Nominalzins. Im Gegensatz zu Konsum- und Investitionsentscheidungen ist die Geldnachfrage kurzfristiger Natur und deswegen behält die obige *LM*-Relation auch im *IS-LM*-Modell mit Erwartungen seine Gültigkeit.

$\Delta M/P > 0$: Verschiebung der *LM*-Kurve nach unten

$\Delta M/P < 0$: Verschiebung der *LM*-Kurve nach oben

c) Folgende Grafik zeigt das *IS-LM*-Modell mit Berücksichtigung von Erwartungen. Die *IS*-Kurve verläuft steiler als im *IS-LM*-Modell ohne Erwartungen: Wenn alle anderen Variablen unverändert bleiben, dann hat eine Veränderung des aktuellen Realzinses nur einen geringen Effekt auf die Produktion. Der Einfachheit halber wird des Weiteren angenommen, dass die Inflationsrate Null beträgt und somit der Realzins dem Nominalzins entspricht. Die Geldnachfrage hängt somit vom Realzins *r* ab. Im Punkt *A* befinden sich der Güter- und der Geldmarkt simultan im Gleichgewicht.

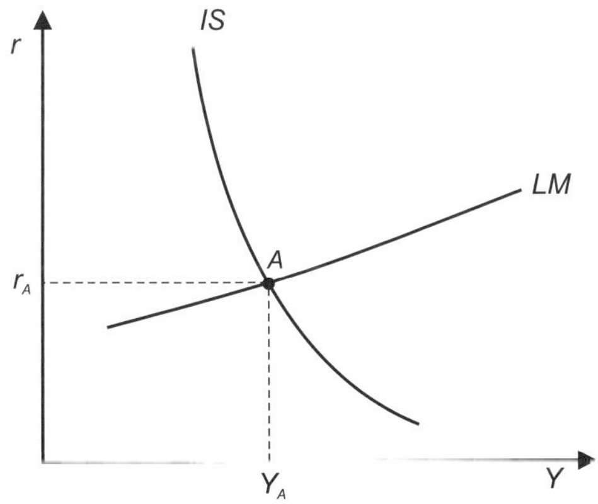

Abbildung 17.1: *IS-LM*-Modell mit Erwartungen

Restriktive Geldpolitik (d.h. Verringerung der realen Geldmenge): Verschiebung der *LM*-Kurve nach oben!

Für den Fall, dass die Erwartungen über die zukünftigen makroökonomischen Größen nicht beeinflusst werden, verschiebt sich das gesamtwirtschaftliche

Gleichgewicht von Punkt *A* nach Punkt *B* (siehe Abbildung 17.2). Durch den steileren Verlauf der *IS*-Kurve ist der Gesamteffekt der restriktiven Geldpolitik auf die Produktion geringer als im *IS-LM*-Modell ohne Erwartungen.

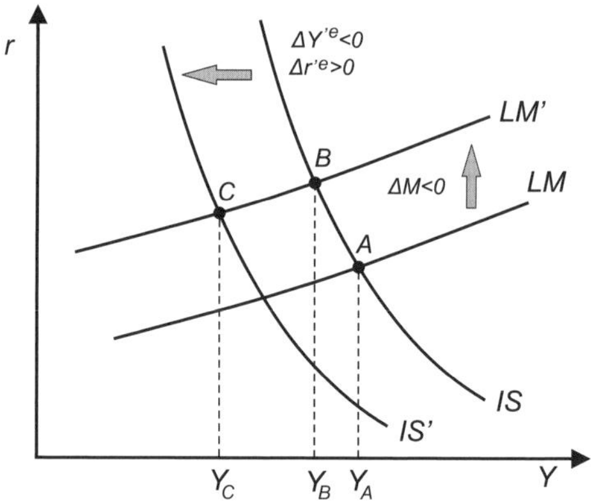

Abbildung 17.2: Restriktive Geldpolitik

Annahme: Restriktive Geldpolitik beeinflusst die Erwartungen der Wirtschaftssubjekte. Diese erwarten auch für die Zukunft einen höheren Realzins und ein geringeres Produktions- bzw. Einkommensniveau. Wenn dies der Fall ist, dann verschiebt sich, wie in Teilaufgabe a) erläutert, die *IS*-Kurve nach links. Falls dies zutrifft, wird bereits heute wegen der künftig erwarteten höheren Zinsen und des geringeren Einkommens die private Nachfrage verringert. Wenn also die Erwartungen beeinflusst werden, verschiebt sich neben der *LM*-Kurve auch die *IS*-Kurve und das neue gesamtwirtschaftliche Gleichgewicht liegt in Punkt *C* ➔ der Gesamteffekt auf die Produktion ist größer. Es ist zu erkennen, dass der Gesamteffekt einer restriktiven Geldpolitik entscheidend davon abhängt, ob und wie die Geldpolitik die Erwartungen der Wirtschaftssubjekte beeinflussen kann.

17.2 Übungsaufgaben

1. Abbau des Budgetdefizits bei rationalen Erwartungen

   a) Eine erwartete zukünftige Senkung der Staatsausgaben bedeutet, dass sich die erwartete zukünftige Gesamtnachfrage verringert. Weil dadurch die erwartete zukünftige Nachfrage geringer sein wird, wird für die Zukunft ein Sinken des kurzfristigen Zinssatzes vorhergesehen. Da nun angenommen wird, dass der zukünftige kurzfristige Zins fällt, kommt es in der aktuellen Periode zu einem Rückgang der aktuellen langfristigen Zinssätze. Aus dieser Überlegung folgt, dass die Zinsstrukturkurve flacher wird.

   b) Eine erwartete zukünftige Senkung der Staatsausgaben bedeutet, dass die erwartete Gesamtnachfrage zurückgeht. Dadurch verringert sich sowohl die zukünftige erwartete Produktion als auch der zukünftige Zinssatz. Über die Veränderung der aktuellen Produktion ist keine eindeutige Aussage möglich. Ein Rückgang der erwarteten zukünftigen Produktion bewirkt einen Rückgang der aktuellen privaten Nachfrage (Konsum und Investitionen) und somit eine Verschiebung der *IS*-Kurve nach links. Ein Rückgang des erwarteten zukünftigen Zinssatzes hingegen bewirkt einen Anstieg der aktuellen privaten Nachfrage (Investitionen) und somit eine Verschiebung der *IS*-Kurve nach rechts. Der Effekt des gesunkenen zukünftig erwarteten Einkommens bewirkt also tendenziell eine Verringerung der aktuellen Produktion, der Effekt des gesunkenen zukünftig erwarteten Zinssatzes hingegen tendenziell einen Anstieg der aktuellen Produktion. Je nachdem, welcher Effekt dominiert, kommt es zu einem Anstieg oder einem Rückgang der Produktion in der aktuellen Periode. Es lässt sich keine eindeutige Aussage treffen.

c) Kurzfristige Effekte einer Haushaltskonsolidierung:

In der kurzen Frist bewirkt eine Haushaltskonsolidierung, d.h. ein Anstieg der Steuern oder ein Rückgang der Staatsausgaben, einen Rückgang der privaten Nachfrage. Da angenommen wird, dass die fiskalpolitische Maßnahme nicht von einer geldpolitischen Maßnahme begleitet wird, kommt es in der kurzen Frist durch eine Haushaltskonsolidierung zu einem Rückgang der Produktion bzw. zu einer Rezession. Der Zinssatz sinkt ebenfalls. Grafisch kommt es zu einer Verschiebung der *IS*-Kurve nach links.

Mittelfristige Effekte einer Haushaltskonsolidierung:

In der mittleren Frist kehrt die Produktion wieder zu ihrem natürlichen Niveau zurück. Der Abbau des Budgetdefizits hat also mittelfristig keinen Einfluss auf die Produktion. Zur Erinnerung (siehe Kapitel 7): Das natürliche Produktionsniveau hängt nur von der Produktivität und der natürlichen Beschäftigung ab. Der Zinssatz sinkt im Vergleich zur Ausgangssituation. Aus diesem Grund stimuliert ein Abbau des Budgetdefizits in der mittleren Frist die privaten Investitionen.

Langfristige Effekte einer Haushaltskonsolidierung:

In der langen Frist werden die Auswirkungen der Kapitalakkumulation auf die Produktion berücksichtigt. Die zusätzlichen privaten Investitionen aufgrund des Rückgangs des Zinssatzes erhöhen den Kapitalstock und somit langfristig die Produktion. Denn es gilt: Je höher der Kapitalbestand, desto größer ist der langfristige Effekt auf das Produktionsniveau.

d) Langfristig bewirkt eine Haushaltskonsolidierung eine Erhöhung des Kapitalstocks und damit verbunden eine Erhöhung der Produktion. Wenn die langfristigen Effekte einer Haushaltskonsolidierung berücksichtigt werden, kommt es zu einem Anstieg der erwarteten zukünftigen Produktion und zu einem Rückgang des erwarteten zukünftigen Zinssatzes. Beide Effekte bewirken in der aktuellen Periode eine Verschiebung der *IS*-Kurve nach rechts, d.h. einen Anstieg der aktuellen Produktion. Da aber schon in der aktuellen Periode die Staatsausgaben gesenkt werden, bewirkt dies eine Verschiebung der *IS*-Kurve nach links. Es besteht also die Möglichkeit, dass die aktuelle Produktion ansteigt, obwohl die Staatsausgaben gesenkt werden. Dies ist genau dann der Fall, wenn der aktuelle Rückgang der Staatsausgaben relativ klein ist, denn dann ist der negative Effekt auf die Nachfrage umso kleiner. Je größer wiederum der Rückgang der zukünftigen Staatsausgaben ist, desto stärker ist der positive Nachfrageeffekt in der aktuellen Periode.

2. Kurzfristige Effekte einer angekündigten zukünftigen Staatsausgabenerhöhung bei rationalen Erwartungen
   a) Aus der Analyse des *IS-LM*-Modells ohne Erwartungen ist bekannt, dass eine Erhöhung der Staatsausgaben zu einer Verschiebung der *IS*-Kurve nach rechts führt. Sowohl die Produktion als auch der Zinssatz steigt an. Da sich in der Situation in der Angabe die zukünftigen Staatsausgaben erhöhen, verschiebt sich die zukünftige *IS*-Kurve nach rechts. Sowohl der erwartete Zinssatz als auch die erwartete Produktion steigt an.
   b) Die Auswirkungen einer zukünftigen Staatsausgabenerhöhung auf die gesamten aggregierten privaten Ausgaben ist nicht eindeutig zu bestimmen. Da die zukünftige Produktion bzw. das zukünftige Einkommen ansteigt, verursacht dies einen Anstieg der aggregierten privaten Ausgaben. Sowohl der aktuelle Konsum als auch die aktuellen Investitionen werden dadurch stimuliert und die aktuelle *IS*-Kurve verschiebt sich nach rechts. Der Anstieg des zukünftigen Zinssatzes hat jedoch einen gegenläufigen Effekt. Ein höherer zukünftiger Zinssatz bewirkt einen Rückgang der aktuellen aggregierten Ausgaben und somit eine Verschiebung der *IS*-Kurve nach links. Abhängig davon, welcher Effekt dominiert, kommt es zu einer Erhöhung oder zu einem Rückgang der aktuellen aggregierten privaten Ausgaben. Die *LM*-Kurve bleibt unverändert, da das Geldmarktgleichgewicht nicht von zukünftig erwarteten Größen abhängt.
   c) Da die Staatsausgaben in der Zukunft erhöht werden, steigt die Gesamtnachfrage in der Zukunft und die zukünftige *IS*-Kurve verschiebt sich nach rechts. Dadurch käme es zu einem Anstieg sowohl des zukünftigen Einkommens als auch des Zinses. Da die Zentralbank in der Weise reagiert, dass das Einkommen konstant bleibt, muss sie entsprechend die Geldmenge verringern. Dadurch kommt es zu einem weiteren Anstieg des Zinssatzes und zu einem Rückgang der künftigen Investitionen. Die *LM*-Kurve verschiebt sich dadurch nach oben. Daraus resultiert, dass sich die zukünftige Produktion nicht verändert und der Zinssatz ansteigt.
   d) Da sich der zukünftige erwartete Zinssatz erhöht und die zukünftig erwartete Produktion konstant bleibt, hat dies einen negativen Effekt auf die aktuellen Konsum- und Investitionsausgaben. Die aktuellen aggregierten Ausgaben sinken und die *IS*-Kurve verschiebt sich nach links. Das Ergebnis ist ein Rückgang sowohl des aktuellen Zinssatzes als auch der aktuellen Produktion.
3. Langfristige Effekte einer Staatsausgabenerhöhung bei rationalen Erwartungen
   a) Ein Anstieg der Staatsausgaben in der Zukunft bewirkt einen Anstieg der zukünftigen Zinsen (Verschiebung der *IS*-Kurve in der Zukunft nach rechts). Mittel- und langfristig hat dies zur Folge, dass die Investitionen sinken werden. Daraus folgt wiederum, dass der zukünftige Kapitalstock geringer sein wird und die zukünftige Produktion bzw. das Einkommen geringer ausfällt.
   b) Bei der Analyse der Auswirkung einer Staatsausgabenerhöhung (sowohl in der aktuellen als auch in der zukünftigen Periode) auf die aktuelle Produktion müssen mehrere gegenläufige Effekte mit in Betracht gezogen werden. Zum einen bewirkt ein Anstieg der aktuellen Staatsausgaben eine Verschiebung der *IS*-Kurve nach rechts und somit einen Anstieg der aktuellen Produktion bzw. des Einkommens.

Wie bereits erläutert wird es zukünftig (langfristig) zu einem Rückgang des Einkommens kommen. Dies wiederum hat zur Konsequenz, dass bereits der aktuelle Konsum und die aktuellen Investitionen sinken werden. Dieser Effekt verschiebt die *IS*-Kurve nach links. Ebenfalls wurde bereits in Teilaufgabe a) erläutert, dass der zukünftige Zinssatz langfristig ansteigen wird. Dies hat ebenfalls einen negativen Effekt auf die aggregierten privaten Ausgaben heute und verschiebt die *IS*-Kurve nach links. Ob es nun zu einem Anstieg oder zu einem Rückgang der aktuellen Produktion kommt, ist davon abhängig, welche Effekte dominieren (Effekte, welche die *IS*-Kurve nach links bzw. nach rechts verschieben).

c) Wie bereits in Teilaufgabe b) angedeutet, kann es trotz einer aktuellen Staatsausgabenerhöhung in der aktuellen Periode zu einer Rezession bzw. zu einem Rückgang der aktuellen Produktion kommen. Dies ist dann der Fall, wenn die negativen Effekte eines höheren zukünftigen Zinses und eines geringeren zukünftigen Einkommens den Effekt eines Anstiegs der aktuellen Staatsausgaben überwiegen und sich die *IS*-Kurve somit nach links verschiebt.

18 Offene Güter- und Finanzmärkte

18.1 Wissens- und Verständnistests

Multiple Choice

1. Ausgehend von einem $/€-Kurs von 1,2500 kommt es zu einer nominalen Aufwertung des Euro um 3%. Damit beträgt der neue Wechselkurs des Euro
   a) ...0,7767 €/$ und 1,2875 $/€.
   b) ...0,8247 €/$ und 1,2125 $/€.
   c) ...1,2125 €/$ und 0,8247 $/€.
   d) ...0,8247 €/$ und 1,2875 $/€.
2. Nach einem Handelsbilanzüberschuss von 205,8 Mrd. € im Jahr 2007 seien 2008 die Warenimporte und -exporte in Deutschland um jeweils 10% gestiegen. Folglich
   a) ...blieb der Handelsbilanzüberschuss konstant.
   b) ...stieg der Handelsbilanzüberschuss um 10%.
   c) ...sank der Handelsbilanzüberschuss um 10%.
   d) ...ist keine allgemeine Aussage über den Handelbilanzüberschuss 2008 möglich.
3. Deutschland hatte 2007 einen Handelsbilanzüberschuss von 205,8 Mrd. €, aber ein Dienstleistungsbilanzdefizit von 33,1 Mrd. €. Im Saldo erwirtschafteten Inländer im Ausland ein Faktoreinkommen von 41,9 Mrd. € und bezahlten 30,7 Mrd. € an laufenden Übertragungen. Aus diesen Zahlen ergibt sich das deutsche Leistungsbilanzsaldo von
   a) ...+ 311,5 Mrd. €
   b) ...+ 100,1 Mrd. €
   c) ...+ 183,9 Mrd. €
   d) ...– 161,5 Mrd. €
4. Bei einer ausgeglichenen Devisenbilanz heißt die Differenz von Leistungsbilanzdefizit und Nettokapitalflüssen
   a) ...Kapitalbilanzüberschuss.
   b) ...Kapitalbilanzdefizit.
   c) ...Statistische Diskrepanz.
   d) ...keines der genannten.

5. Während der € in Frankfurt für 1,2108 $/€ gehandelt wird, steht er gleichzeitig in New York bei 0,8279 €/$. Eine große Investmentbank hat 100 Mio. € für Arbitragegeschäfte zur Verfügung und kann Devisen ohne Transaktionskosten gleichzeitig in Frankfurt und in New York handeln. Wenn die Preise kurzfristig konstant blieben, könnte sie einen Gewinn erwirtschaften von
   a) ...146.250 € durch Verkauf von € in Frankfurt und Kauf von € in New York.
   b) ...146.250 € durch Verkauf von € in New York und Kauf von € in Frankfurt.
   c) ...242.132 € durch Verkauf von € in New York und Kauf von € in Frankfurt.
   d) ...242.132 € durch Verkauf von € in Frankfurt und Kauf von € in New York.
6. In Deutschland liegt der Zins bei 4%, in den USA dagegen bei 1,5%. Wenn die Zinsparität gilt, bedeutet dies, dass
   a) ...die erwartete Rendite in Deutschland um 2,5%-Punkte größer als in den USA ist.
   b) ...die erwartete Rendite in den USA um 2,5%-Punkte größer als in Deutschland ist.
   c) ...eine Aufwertung des € um 2,5% erwartet wird.
   d) ...eine Abwertung des € um 2,5% erwartet wird.
7. Bei einem aktuellen Wechselkurs von 2,62 Real/€ und einem erwarteten Wechselkurs von 2,85 Real/€ ergibt sich aus der exakten Zinsparität bei einem deutschen Zins von 4% ein brasilianischer Zins von
   a) ...13,1%.
   b) ...12,8%.
   c) ...12,1%.
   d) ...4%.

Wahr/Falsch: Welche der jeweiligen Aussagen sind wahr, welche falsch?

8. Eine reale Aufwertung bedeutet immer, dass
   a) ...der nominale Wechselkurs aufgewertet hat.
   b) ...inländische Güter im Ausland teuerer geworden sind.
   c) ...inländische Güter im Ausland billiger geworden sind.
   d) ...ausländische Güter im Inland billiger geworden sind.
9. Das BIP in Irland ist größer als das BNE, weil
   a) ...die Iren Nettoempfänger von Fördergeldern der EU sind.
   b) ...der Saldo der Erwerbs- und Vermögenseinkommen negativ ist.
   c) ...durch niedrige Steuersätze viele ausländische Unternehmen nach Irland gekommen sind.
   d) ...die Iren hohe Erwerbseinkommen im Ausland erzielen.

10. Die deutschen Warenexporte betrugen 2007 987,3 Mrd. €, die Warenimporte 781,5 Mrd. €. Das deutsche BIP lag im gleichen Jahr bei 2422,9 Mrd. €.
    a) Die deutsche Außenhandelsquote im Jahr 2007 betrug folglich 36,5%.
    b) Die deutsche Außenhandelsquote im Jahr 2007 betrug folglich 73,0%.
    c) Wenn man nicht nur den Warenhandel, sondern auch den Handel von Dienstleistungen berücksichtigt, sinkt die deutsche Außenhandelsquote.
    d) Deutschland als die größte europäische Volkswirtschaft und mehrmaliger „Exportweltmeister" hat auch die höchste Außenhandelsquote in Europa.

11. Die Gültigkeit der Kaufkraftparität impliziert, dass
    a) ...der nominale und reale Wechselkurs sich immer gleich verhalten.
    b) ...der nominale Wechselkurs konstant ist.
    c) ...der reale Wechselkurs konstant ist.
    d) ...in- und ausländische Güterbündel dasselbe kosten.

12. Der Preis für einen Whopper beträgt in New York 2,00 $; in Frankfurt dagegen beträgt er 2,00 €. Der aktuelle Dollar/Euro-Kurs beträgt 0,80 $/€.
    a) Dem Whopper-Index zufolge ist der US-$ relativ zum Euro um 25% überbewertet.
    b) Der Whopper ist in Frankfurt billiger als in New York.
    c) Wenn der Handel von Whoppern ohne Transaktionskosten möglich wäre, würden Händler, die den Whopper von Frankfurt nach New York exportieren, einen Gewinn von 0,50 $ je Whopper erzielen.
    d) Wenn der Handel von Whoppern ohne Transaktionskosten möglich wäre, würde dies zu einem Überangebot an US-$ führen.

13. Für das Konzept der (ungedeckten) Zinsparität gilt:
    a) Es wird die erwartete Wechselkursänderung, nicht die tatsächliche Wechselkursänderung betrachtet.
    b) Die Zinsparität beruht auf Arbitrageüberlegungen.
    c) Die Zinsparität abstrahiert von Transaktionskosten und von Risikoüberlegungen.
    d) Am Terminmarkt existieren keine Finanzinstrumente, um das Wechselkursrisiko auszuschließen.

14. Die Zinsparitätenbedingung lässt sich darstellen als
    a) ...$i = i^* - \left(E^e - E\right)/E$.
    b) ...$E^e = E\left(1 + i - i^*\right)$.
    c) ...$\left(1 + i^*\right)E = \left(1 + i\right)E^e$.
    d) ...$E^e = \left(1 - i + i^*\right)E$.

Basiswissen

15. Nominale und reale Wechselkurse
    a) Was ist der Unterschied zwischen nominalen und realen Wechselkursen, wieso ist er wichtig?
    b) Nennen Sie alle Möglichkeiten, die zu einer realen Abwertung des € gegenüber dem US-$ führen können.
16. Zahlungsbilanz
    a) Nennen Sie die drei Hauptbestandteile der Zahlungsbilanz.
    b) Nennen Sie die einzelnen Bestandteile der Leistungsbilanz.
    c) Warum sollte die Zahlungsbilanz einen Saldo von Null haben?
17. Tatsächliche und vermeintliche Anomalien in der Leistungsbilanz
    a) „Zusammengenommen haben die Länder der Welt ein großes Leistungsbilanzdefizit." Nehmen Sie zu dieser empirischen Tatsache Stellung.
    b) Die Außenhandelsquote Singapurs beträgt 135% (1999). Erläutern Sie aus der Definition der Außenhandelsquote, wie es zu dieser Zahl kommen kann.

18.2 Übungsaufgaben

1. Internationale Transaktionen und die Zahlungsbilanz (I)
   a) Was versteht man unter dem Begriff der Zahlungsbilanz? Welche wesentlichen Unterbilanzen gibt es, und welche Vorgänge werden in den jeweiligen Unterbilanzen gebucht?
   b) Buchen Sie die folgenden Transaktionen:
      1. Inländische Unternehmen exportieren Waren im Wert von 200 € ins Ausland. Die Hälfte wird als Kredit gewährt, die andere Hälfte wird sofort bezahlt.

         (Zur Erläuterung: Händler erhalten US-$ im Wert von 100 €. Diese tauschen sie bei der Zentralbank (zur Vereinfachung wird ein fester Wechselkurs angenommen) gegen 100 €. Die Auslandsforderungen der Zentralbank steigen daher um 100 €.)
      2. Für die Versicherung der in Transaktion (1) genannten Warenexporte überweisen die ausländischen Importeure einem inländischen Versicherungsunternehmen 10 €.
      3. Wie in jedem Jahr liefern inländische Unternehmen im Rahmen eines Entwicklungshilfeabkommens Waren ans Ausland in der Höhe von 15 €.
      4. Inländer führen ausländische Waren im Wert von 130 € gegen sofortige Zahlung ein.
      5. Das Inland leistet Beiträge an internationale Organisationen in Höhe von 15 €.
      6. Grenzgänger aus dem Ausland erhalten Löhne in der Höhe von 6 €.
      7. Im Rahmen von Auslandsreisen geben Touristen 7 € im Ausland aus.

8. Weil ihnen die Erträge zu gering sind, verkaufen Inländer ausländische Wertpapiere und kaufen dafür inländische Wertpapiere in Höhe von 40 €.
9. Inländer erhalten aus dem Ausland Zinszahlungen auf Wertpapieranlagen in der Höhe von 8 €.
10. Ein Inländer nimmt im Ausland einen Kredit in der Höhe von 5 € auf und kauft dafür ausländische Wertpapiere.

c) Ermitteln Sie den Leistungsbilanzsaldo, den Kapitalbilanzsaldo und den Zahlungsbilanzsaldo.

d) Das BIP in diesem Land beträgt 300 €. Welchen Wert nimmt das BNE an?

2. Internationale Transaktionen und die Zahlungsbilanz (II)

Betrachten Sie die folgenden Transaktionen zwischen Land A (Inland) und Land B (Ausland):

1. Unternehmen aus Land B kaufen für 600 € Vorprodukte in Land A.
2. Inländer kaufen für 2.900 € Autos aus Land B.
3. Ausländische Unternehmen zahlen Zinsen im Wert von 200 € an inländische Halter von Unternehmensanleihen, die dieses Einkommen nicht in ihrer Steuererklärung angeben, aber in Euro am Devisenmarkt umtauschen.
4. Ein Unternehmen aus Land A emittiert Aktien im Wert von 1.300 €. Sie werden allesamt von Investoren aus Land B aufgekauft.
5. Ausländische Investoren kaufen für 300 € umlaufende Aktien von inländischen Aktienbesitzern.
6. Die Bürger von Land A spenden nach einer Naturkatastrophe in Land B 500 € für Wiederaufbauarbeiten, die von dort ansässigen Unternehmen durchgeführt werden.
7. Banken aus Land A verkaufen ausländische Staatsanleihen im Wert von 1.000 €.

a) Stellen Sie die Zahlungsbilanz für Land A auf. Erläutern Sie, in welchem Ausmaß relevante Transaktionen nicht erfasst wurden und geben Sie einige Beispiele für solche Transaktionen!

b) Erläutern Sie kurz anhand der folgenden Beispiele, warum die Zahlungsbilanz eines Landes A eigentlich immer ausgeglichen sein sollte:

   i. Ein inländischer Konsument kauft einen Fernseher beim Vertreter einer Firma aus Land B. Die Zahlung erfolgt per Scheck.

   ii. Ein Tourist aus Land A besucht einen Freizeitpark in B und bezahlt per Kreditkarte.

   iii. Ein Investor aus Land A kauft Aktien einer Firma aus Land B.

c) Das BIP in Land A beträgt 10.000 €. Welchen Wert nimmt das BNE an?

d) Das BIP in Land B betrage 2.500 € und ist damit geringer als die Summe der Exporte. Erläutern Sie, wie es zu einer solchen Situation kommen kann!

3. Kaufkraftparität und Wechselkursbestimmung

   Die Währung im Land A sei Mark, im Land B Schilling. Am 1.1.2008 kostet ein Schilling drei Mark. Die Inflationsrate im Land A beträgt 10%, im Land B 20%.

   a) Versetzen Sie sich in ein Wirtschaftssubjekt aus Land A. Welcher Wechselkurs ergibt sich gemäß der Mengennotierung, welcher gemäß der Preisnotierung?

   b) Versetzen Sie sich nun in ein Wirtschaftssubjekt aus Land B. Es kommt zu einer Abwertung der heimischen Währung. Wie verändert sich der Wechselkurs, wenn die Zentralbank von Land B den Wechselkurs in Preisnotierung angibt?

   Für die folgenden Aufgaben versetzen wir uns in ein Wirtschaftssubjekt aus Land A. Verwenden Sie die Mengennotierung.

   c) Berechnen Sie den nominalen Wechselkurs am 1.1.2009, wenn die Kaufkraftparität gilt.

   d) Am 1.1.2009 bringt eine Mark 0,4 Schilling. Ist die Mark gegenüber dem Schilling real auf- oder abgewertet worden?

4. Big-Mac-Index

   Betrachten Sie die folgende Tabelle:

	Nominaler Wechselkurs gegenüber US-Dollar	**Preis eines Big-Mac in der Landeswährung**
USA	---	$P_{USA} = 2{,}50$ \$
Euroland	$E = 1{,}25$ \$/€	$P_{EWU} = 2{,}50$ €
Mexiko	$E = 0{,}4$ \$/Peso	$P_{MEX} = 5{,}0$ Peso

   Beantworten Sie folgende Fragen:

   a) Welche Währung ist gemäß des Big-Mac-Index im Vergleich zum US-$ überbewertet, welche unterbewertet? Geben Sie das Ausmaß der Fehlbewertung gegenüber dem Dollar an.

   b) Welchen Gewinn bzw. Verlust erzielt ein Händler aus Mexiko, wenn er einen Big-Mac in die Vereinigten Staaten exportiert? Ermitteln Sie den Gewinn in Peso und unterstellen Sie, dass keine Transaktionskosten anfallen.

   c) Wie hoch ist der maximale Gewinn, den ein Big-Mac-Exporteur aus Mexiko erzielen kann? Welche Transaktionen muss ein solcher Exporteur durchführen?

5. Zinsparität

   Das Zinsniveau in der Schweiz war in der Vergangenheit häufig niedriger als in Deutschland. Mittlerweile haben sich manche Unternehmen darauf spezialisiert, günstige Hypothekenkredite in der Schweiz an deutsche Hauskäufer zu vermitteln. Nehmen Sie an, Sie haben die Wahl zwischen einem Kredit in Deutschland zu einem Nominalzins von 8% und einem Kredit in der Schweiz zu einem Nominalzins von 5%.

   a) Ihr Finanzberater schlägt Ihnen die Finanzierung in der Schweiz vor, wodurch Sie bei Ihrem Finanzierungsbedarf von 200.000 € jährlich 6.000 € einsparen könnten. Sollten Sie ihm blind vertrauen?

b) Angenommen, in der Schweiz und in Deutschland wäre der Realzins gleich groß. Was lässt sich dann – aus Ihrer Kenntnis über die Beziehung zwischen Nominal- und Realzinsen von Kapitel 14 – über die erwartete Inflationsentwicklung in beiden Ländern sagen?

c) Gehen Sie von der Gültigkeit der Zinsparität aus. Was folgt aus dem Zinsunterschied für die erwartete Wechselkursentwicklung?

d) Stehen Ihre Antworten zu den letzten beiden Teilaufgaben in irgendeinem Widerspruch oder sind sie konsistent?

e) Welche Faktoren haben Sie in Ihrer bisherigen Analyse nicht berücksichtigt, die die Gültigkeit Ihrer Antworten beeinträchtigen und evtl. Ihre Entscheidung bezüglich einer Kreditaufnahme in der Schweiz beeinflussen könnten?

Lösungen zu Kapitel 18

18.1 Wissens- und Verständnistests

Multiple Choice

1. a)
2. b)
3. c)
4. c)
5. d)
6. d)
7. a)

Wahr/Falsch

8. F, W, F, W
9. F, W, W, F
10. W, F, F, F
11. F, F, W, W
12. W, W, F, W
13. W, W, W, F
14. W, F, W, W

Basiswissen

15. Nominale und reale Wechselkurse

    a) Nominaler Wechselkurs (in Mengennotierung) = Menge ausländischer Währungseinheiten pro €.

    Realer Wechselkurs = Preis deutscher Güter in Einheiten ausländischer Güter.

    Relevant für Kaufentscheidungen etc. ist die Kaufkraft einer Währung, also der reale Wechselkurs. Hier reicht ein bloßer Vergleich der nominalen Wechselkurse von z.B. 1,20 $/€ und 140 Yen/€ nicht aus. Erst über die Berücksichtigung der jeweiligen Preisniveaus kann man beurteilen, ob in Deutschland, Japan oder den USA am günstigsten eingekauft werden kann.

b) Aus der Definition des realen Wechselkurses $\varepsilon = EP/P^*$ ergeben sich folgende Einflussfaktoren, die eine reale Abwertung bewirken können:

Nominale Abwertung des € (= nominale Aufwertung des $); Anstieg des amerikanischen relativ zum europäischen Preisniveau (durch $P^*\uparrow$ oder $P\downarrow$ oder beides).

16. Zahlungsbilanz

a) Leistungsbilanz, Kapitalbilanz (im engeren Sinne), Devisenbilanz.

b) Warenexporte – Warenimporte = Handelsbilanz

Dienstleistungsexporte – Dienstleistungsimporte = Dienstleistungsbilanz

Summe der beiden = Außenbeitrag

Nettoerwerbseinkommen + Nettovermögenseinkommen = Saldo der Erwerbs- und Vermögenseinkommen bzw. Saldo der Primäreinkommen

Laufende Übertragungen

c) Die Summe der Kapital- und Devisenbilanz ist das Spiegelbild der Leistungsbilanz. Dies deshalb, weil eine Zahlungsverpflichtung gegenüber dem Ausland, wie sie z.B. beim Güterimport entsteht und von der Leistungsbilanz erfasst wird, gleichzeitig auch als Kapitalmarkttransaktion erfasst werden muss. Das ist das Grundprinzip der doppelten Buchführung, wodurch sich diese Transaktionen in der Summe immer gerade aufheben müssen. Die Übungsaufgaben 1 und 2 vertiefen dieses Prinzip mit einer ganzen Reihe von Beispielen.

17. Tatsächliche und vermeintliche Anomalien in der Leistungsbilanz

a) Theoretisch ist dies nicht möglich, da die Welt als Ganzes keinen Außenhandel mit anderen Planeten betreibt und sich nationale Leistungsbilanzdefizite und -überschüsse gerade aufheben sollten. Ursache sind **strukturelle** Messfehler. (*Zufällige* Messfehler müssten sich gegenseitig aufheben.)

Beispiele: Aus Steuergründen werden häufig ausländische Zinserträge nicht im Heimatland gemeldet ➔ negatives globales Nettovermögenseinkommen. Ein Großteil der Welthandelsflotte ist in Staaten registriert, die ihre Einnahmen aus dem Frachtverkehr nicht an den IWF berichten.

b) Die Außenhandelsquote ist der Durchschnitt aus der Summe der Warenimporte und Warenexporte, gemessen als Anteil am BIP. Das BIP ist u.a. definiert als der Marktwert aller im Inland produzierten Waren und Dienstleistungen abzüglich der von anderen Wirtschaftseinheiten bezogenen Vorleistungen. Dagegen wird bei den Importen und Exporten der volle Warenwert auch der Zwischenprodukte zu Grunde gelegt. In modernen Produktionsabläufen werden heutzutage so viele Zwischenprodukte aus dem Ausland verwendet, dass in kleinen offenen Volkswirtschaften wie Singapur die Außenhandelsquote über 100% ansteigen kann.

18.2 Übungsaufgaben

1. Internationale Transaktionen und die Zahlungsbilanz (I)

   a) Die Zahlungsbilanz erfasst den Wert aller ökonomischen Transaktionen von Gütern und Dienstleistungen sowie Forderungen und Verbindlichkeiten zwischen In- und Ausländern in einer Periode nach dem Prinzip der doppelten Buchführung. Wichtig: Die Zahlungsbilanz enthält Stromgrößen und ist deshalb *zeitraumbezogen*. Sie ist keine Bilanz im eigentlichen Sinne (enthält Bestandsgrößen an einem Stichtag), sondern ist eher mit der Gewinn- und Verlust-Rechnung vergleichbar. Da jede Transaktion auf Grund der doppelten Buchführung sowohl auf der Aktiv- als auch auf der Passivseite gebucht wird, muss die Zahlungsbilanz immer ausgeglichen, also ihr Saldo gleich 0 sein.

   Die wichtigsten Unterbilanzen heißen:

   Leistungsbilanz: Erfasst den internationalen Tausch von Waren, Dienstleistungen und Faktoreinkommen sowie unilaterale Transfers wie z.B. Entwicklungshilfe.

   Kapitalbilanz: Erfasst die Finanztransaktionen bzw. die Veränderung der Kapitalströme. Hier stehen Veränderungen von Verbindlichkeiten und Forderungen gegenüber dem Ausland im Vordergrund. Auf der Aktivseite stehen damit Kapitalimporte und auf der Passivseite Kapitalexporte.

   Zusammenfassung:

<table>
<tr><th>Aktivseite (+)</th><th>Passivseite (-)</th><th colspan="2">=Saldo der</th></tr>
<tr><td>Warenexporte</td><td>Warenimporte</td><td>Handelsbilanz</td><td rowspan="5">Leistungsbilanz</td></tr>
<tr><td>Dienstleistungsexporte</td><td>Dienstleistungsimporte</td><td>Dienstleistungsbilanz</td></tr>
<tr><td>Empfangene Erwerbseinkommen</td><td>geleistete Erwerbseinkommen</td><td rowspan="2">Primäreinkommen</td></tr>
<tr><td>Empfangene Vermögenseinkommen</td><td>geleistete Vermögenseinkommen</td></tr>
<tr><td>empfangene laufende Übertragungen</td><td>geleistete laufende Übertragungen</td><td>laufende Übertragungen</td></tr>
<tr><td>Kapitalimporte (Zunahme der Verbindlichkeiten gegenüber dem Ausland bzw. Abnahme der Forderungen an das Ausland)</td><td>Kapitalexporte (Zunahme von Forderungen an das Ausland bzw. Abnahme von Verbindlichkeiten gegenüber dem Ausland)</td><td>Kapitalbilanz (im engeren Sinne)</td><td rowspan="2">Kapitalbilanz (im weiteren Sinne)</td></tr>
<tr><td>Zunahme der Auslandsverbindlichkeiten der ZB</td><td>Zunahme der Auslandsforderungen der ZB</td><td>Devisenbilanz</td></tr>
</table>

Abbildung 18.1: Die Posten der Zahlungsbilanz

   b) Die Aufgabe lässt sich am übersichtlichsten beantworten, wenn man für jeden Posten der Zahlungsbilanz ein eigenes Konto einführt und in diesem die jeweiligen Transaktionen bucht. Die Nummern in Klammern beziehen sich dabei jeweils auf die Aufgabennummer.

Leistungsbilanz:

Handelsbilanz			
(1) Warenexporte	200	(4) Warenimporte	130
(3) Warenexporte	15		
		Saldo	85

Dienstleistungsbilanz			
(2) Versicherungsexport	10	(7) Auslandsreisen	7
		Saldo	3

Bilanz der Primäreinkommen			
(9) Kapitalerträge	8	(6) Löhne an Ausländer	6
		Saldo	2

Bilanz der laufenden Übertragungen			
		(3) Entwicklungshilfe	15
		(5) Beiträge zu int. Orga.	15
		Saldo	–30

Kapitalbilanz:

Kapitalbilanz im engeren Sinne			
(8) Verkauf ausl. WP	40	(1) Handelskredite	100
(Abnahme der Forderung ans Ausland)		(10) Kauf ausl. WP	5
(10) Aufnahme ausl. Bankkredit	5		
		Saldo	–60

Devisenbilanz			
(4) Bezahlung Warenimporte	130	(1) Bezahlung Warenexporte	100
(5) Beiträge zu int. Orga	15	(2) Bezahlung Versicherung	10
(6) Bezahlung Grenzgänger	6	(8) Verkauf ausl. WP.	40
(7) Auslandsreisen	7	(9) Zinsen und Dividenden	8
		Saldo	0

c) *Leistungsbilanzsaldo*:

Handelbilanzsaldo	85
+ Dienstleistungsbilanzsaldo	3
+ Saldo der Primäreinkommen	2
+ Saldo der laufenden Übertragungen	–30
= Leistungsbilanzsaldo	60

Kapitalbilanzsaldo:

Saldo der Kapitalbilanz im engeren Sinne	–60
+ Saldo der Devisenbilanz	0
= Kapitalbilanzsaldo	–60

Zahlungsbilanzsaldo:

Leistungsbilanzsaldo	60
+ Kapitalbilanzsaldo	–60
= Zahlungsbilanzsaldo	0

d) Das BNE ist definiert als: BNE = BIP + Saldo der Primäreinkommen. Hier ergibt sich BNE = BIP + SP = 300 € + 2 € = 302 €.

2. Internationale Transaktionen und die Zahlungsbilanz (II)

a) Die Buchungen sind wieder in den jeweiligen Unterkonten vorgenommen:

Leistungsbilanz:

Handelsbilanz			
(1) Warenexporte: Vorprodukte	600	(2) Warenimporte: Autos	2.900
		Saldo	–2.300

Dienstleistungsbilanz			
		Saldo	0

Bilanz der Primäreinkommen	
[(3) Zinsen 200] (nicht gemeldet, daher nicht gebucht!)	
	Saldo 0

Bilanz der laufenden Übertragungen	
	(6) Spenden 500
	Saldo –500

Kapitalbilanz:

Kapitalbilanz im engeren Sinne	
(4) Kapitalimport: Neuemission 1.300	(7) Verkauf ausl. Staatsanleihen –1.000 (= Reduktion von Auslandsvermögen)
(5) Kapitalimport: Aktienkauf umlaufender Aktien 300	
	Saldo 2.600

Devisenbilanz	
(2) Warenimporte: Autos 2.900	(1) Warenexporte: Vorprodukte 600
(6) Entwicklungshilfeprojekt 500	(3) Zinsen 200
	(4) Kapitalimport: Neuemission 1.300
	(5) Kapitalimport: Aktienkauf umlaufender Aktien 300
	(7) Verkauf ausl. Staatsanleihen 1.000
	Saldo 0

Leistungsbilanzsaldo:

Handelbilanzsaldo	–2.300
+ Dienstleistungsbilanzsaldo	0
+ Saldo der Primäreinkommen	0
+ Saldo der laufenden Übertragungen	–500
= Leistungsbilanzsaldo	–2.800

Kapitalbilanzsaldo:

Saldo der Kapitalbilanz im engeren Sinne	2.600
+ Saldo der Devisenbilanz	0
= Kapitalbilanzsaldo	2.600

Zahlungsbilanzsaldo:

Leistungsbilanzsaldo	–2.800
+ Kapitalbilanzsaldo	2.600
+ **Statistische Diskrepanz**	**200**
= Zahlungsbilanzsaldo	0

Es wurden relevante Transaktionen in Höhe von 200 € nicht erfasst (*Statistische Diskrepanz*), da die Zahlungsbilanz ausgeglichen sein muss. In der Realität entsteht diese Diskrepanz durch Messprobleme oder auch beispielsweise durch nicht erfassbare Bestechungsgelder oder Steuerhinterziehung.

b) Beispiele, warum die Zahlungsbilanz eines Landes A ausgeglichen sein muss:

i. Der Kauf des Fernsehers geht als Warenimport in die Leistungsbilanz ein. Der Exporteur der Firma aus Land B hat im Gegenzug einen Scheck erhalten. Dieser legt den Scheck beispielsweise in einer Bank im Land A an und erwirbt so einen Vermögenswert des Landes A. Dem Warenimport steht somit ein Kapitalimport (= Verkauf eines inländischen Vermögenswertes ans Ausland) in gleicher Höhe gegenüber und die Zahlungsbilanz (*LB*+*KB*) ist ausgeglichen.

ii. Der Besuch des Freizeitparks des Touristen aus A in Land B zählt als Dienstleistungsimport und geht als Import in die Leistungsbilanz ein. Die Bezahlung per Kreditkarte an den Freizeitpark in Land B stellt für Land B den Erwerb eines Vermögenswertes dar, einen Anspruch auf eine künftige Zahlung vom Kreditkartenunternehmen. Dem Import in der Leistungsbilanz steht somit wiederum ein Kapitalimport in gleicher Höhe gegenüber und die Zahlungsbilanz ist wieder ausgeglichen.

iii. Der Kauf der Aktie, also der Kauf eines ausländischen Vermögenswertes, geht als Kapitalexport in die Kapitalbilanz des Landes A ein. Den Kaufpreis der Aktie legt beispielsweise die Firma aus Land B bei einer Bank in Land A an. Somit erwirbt die Firma aus Land B ein Asset in Land A. Folglich fand ein Kapitalimport bzw. der Verkauf eines Assets an Land B statt. In der Kapitalbilanz treten entsprechend ein Kapitalexport und ein Kapitalimport in gleicher Höhe auf. Der Saldo der Kapitalbilanz ist Null. Ebenso natürlich der Saldo der Zahlungsbilanz.

c) Das BNE ist definiert als: BNE = BIP + Saldo der Primäreinkommen. Hier ergibt sich

$$BNE = BIP + SP = 10.000\text{ €} - 0\text{ €} = 10.000\text{ €}$$

d) Vgl. Kapitel 18.1, Aufgabe 17b).

3. Kaufkraftparität und Wechselkursbestimmung

a) Aus Sicht von Land A gilt:

Mengennotierung:

Preis einer Einheit inländischer Währung in Einheiten ausländischer Währung; hier: Preis einer Mark in Einheiten von Schilling.

Konkret: $E = 0{,}33$ Schilling/Mark

Preisnotierung:

Preis einer Einheit ausländischer Währung in Einheiten inländischer Währung; hier: Preis eines Schilling in Einheiten von Mark.

Konkret: $\tilde{E} = 3$ Mark/Schilling

b) Die heimische Währung verliert an Wert. Das heißt, man kann mit einer Einheit inländischer Währung nun weniger ausländische Währungseinheiten kaufen.

Preisnotierung aus Sicht des Landes B (Währung: Schilling): Schilling/Mark. D.h., man muss nun, nach der Abwertung, mehr Schilling für eine Mark bezahlen. Der Wechselkurs in Preisnotierung muss bei einer Abwertung also *steigen*.

Absolute und relative Kaufkraftparität

Nach der **absoluten** Kaufkraftparität kostet der gleiche Warenkorb in allen Ländern gleich viel, wenn er in derselben Währung gemessen wird. Nach der **relativen** Kaufkraftparität entspricht die prozentuale Veränderung des Wechselkurses innerhalb einer Periode der Differenz der Inflationsraten der beiden Länder in derselben Periode. Absolute Kaufkraftparität impliziert relative Kaufkraftparität, umgekehrt gilt dies nicht. (In Kapitel 18 von Blanchard/Illing wird nur die absolute Kaufkraftparität behandelt; weitere Informationen finden Sie z.B. in Krugman und Obstfeld, *Internationale Wirtschaft*, Kapitel 15.2.)

c) Bei Gültigkeit der (absoluten) Kaufkraftparität stellt sich der Wechselkurs E durch die internationale Güterarbitrage so ein, dass ausländische Preise P^B (Schilling) umgerechnet gleich den inländischen Preisen P^A (Mark) sind, formal also

$$P^A = P^B / E \Rightarrow E = P^B / P^A$$

Sei im Weiteren der Wechselkurs am 1.1.2008 mit E_0 bezeichnet, der am 1.1.2009 mit E_1.

Es gilt $\frac{E_1}{E_0} = \frac{P_1^B / P_1^A}{P_0^B / P_0^A}$.

Da das allgemeine Preisniveau gemäß der Inflationsrate steigt, gilt:

$$P_1^A = P_0^A\left(1+\pi_A\right); P_1^B = P_0^B\left(1+\pi_B\right) \qquad \text{und somit}$$

$$\frac{E_1}{E_0} = \frac{P_0^B\left(1+\pi_B\right)}{P_0^A\left(1+\pi_A\right)} \cdot \frac{P_0^A}{P_0^B} = \frac{1+\pi_B}{1+\pi_A}$$

Mit den Zahlen im Beispiel:

$$E_1 = E_0 \frac{1+\pi_B}{1+\pi_A} = 0{,}33 \cdot \frac{1{,}2}{1{,}1} = 0{,}36\ [\text{Schilling/Mark}].$$

d) Da der tatsächliche nominale Wechselkurs (0,4 Schilling/Mark) über dem durch die Kaufkraftparität implizierten (0,36 Schilling/Mark) liegt, ist der reale Wechselkurs von Land A gestiegen. Es sind nun mehr Einheiten ausländischer Güter für den Kauf ausländischer Güter nötig und die Mark bzw. Land A hat real **aufgewertet**.

4. Big-Mac-Index

a) Sind in zwei Ländern die Warenkörbe und das Basisjahr der Preisindizes identisch, so besagt ein realer Wechselkurs von 1, dass die Währung eines Landes weder über- noch unterbewertet im Verhältnis zur Währung des anderen Landes ist und deshalb die Kaufkraftparität (PPP) gilt. Gegeben der jeweiligen Preisniveaus lässt sich aus dieser Bedingung der nominale Wechselkurs bestimmen, der der PPP entspricht. Im Folgenden wird angenommen, dass der Big-Mac repräsentativ für das Preisniveau im jeweiligen Land ist. Aus

$$\varepsilon = E_{Euro}^{PPP}\left[\$/€\right] \cdot \frac{P\left[€\right]}{P^*\left[\$\right]} = 1$$

folgt

$$E_{Euro}^{PPP} = \frac{P^*\left[\$\right]}{P\left[€\right]} = \frac{2{,}50\left[\$\right]}{2{,}50\left[€\right]} = 1$$

Gemäß der PPP sollte 1 € genau 1 \$ kosten. Tatsächlich kostet 1 € jedoch 1,25 \$. Der Euro ist also um 20% überbewertet.

Der durch die Big-Mac Preise und die PPP implizierte Wechselkurs des Peso beträgt

$$E_{Euro}^{PPP} = \frac{P^*\left[\$\right]}{P\left[Peso\right]} = \frac{2{,}5\left[\$\right]}{5\left[Peso\right]} = 0{,}5$$

1 Peso sollte also 0,5 \$ kosten. Tatsächlich kostet 1 Peso aber 0,4 \$, weshalb der Peso um 25% unterbewertet ist.

b) Gewinn/Verlust für Big-Mac Export von Mexico nach USA (in Peso):

Kauf eines Big-Mac in Mexico für 5,0 Peso.

Verkauf dieses Big-Mac in den USA für 2,5 \$.

Umtausch der $ in Peso ergibt einen Erlös von 2,5[$]/0,4[$/Peso] = 6,25 Peso.

Der Gewinn beträgt also (6,25 Peso – 5,0 Peso) = 1,25 Peso.

c) Der maximale Gewinn wird erzielt, indem sowohl die Unterbewertung des Peso als auch die Überbewertung des Euro ausgenutzt werden. ➔ Verkaufe Big-Mac in Euroland!

Kauf eines Big-Mac in Mexico für 5,0 Peso.

Verkauf dieses Big-Mac in Europa für 2,5 €.

Umtausch der € in $ bringt einen Erlös von 2,5 € · 1,25 $/€ = 3,125 $.

Umtausch dieser $ in Peso ergibt 3,125 $/0,4 Peso/$ = 7,8125 Peso.

Der Gewinn beträgt dann (7,8125 Peso – 5,0 Peso) = 2,8125 Peso.

5. Zinsparität

a) Für Ihre Finanzierungsentscheidung sind – ebenso wie bei der Anlage in Anleihen – nicht allein die Nominalzinsen relevant, sondern auch die erwartete Wechselkursentwicklung (die Schweiz ist *nicht* Mitglied des Euroraums!).

b) Aus Kapitel 14 wissen Sie: $r = i - \pi^e$ und damit $\pi^e = i - r$ in jedem Land. Da r in beiden Ländern per Annahme gleich ist, entspricht die unterschiedliche erwartete Inflation der Differenz der Nominalzinsen, also $\pi_S^e - \pi_D^e = i_S - i_D = -3\%$.

c) Die Zinsparitätentheorie besagt, dass die erwartete Rendite in heimischer Währung (hier: Euro) bei jeder Anlage (z.B. einer Anleihe, aber auch bei Krediten) gleich hoch sein muss, egal ob die Anlage in Euro oder einer Fremdwährung notiert ist (hier: Franken). Äquivalent dazu: Der Zinssatz im Inland i_D muss gleich sein dem Zinssatz im Ausland i_S minus der erwarteten Aufwertungsrate der inländischen Währung: $i_D = i_S - \left(E_{t+1}^e - E_t\right)/E_t$. Damit ergibt sich als erwartete Wechselkursveränderung $\left(E_{t+1}^e - E_t\right)/E_t = i_S - i_D = 5\% - 8\% = -3\%$, also ein Rückgang des nominalen Wechselkurses um 3% und damit eine entsprechende nominale Abwertung des Euro.

d) Die beiden Antworten sind vollkommen konsistent. Der Zinsunterschied spiegelt einerseits die unterschiedlichen Inflationserwartungen und andererseits die erwartete Wechselkursveränderung wider. Wenn die tatsächlichen mit den erwarteten Inflationsraten über eine Periode übereinstimmen, dann impliziert die Kaufkraftparität, dass auch der Wechselkurs am Ende dieser Periode sich wie auf Grund der Inflationsunterschiede vorhergesagt verändert hat.

Dies folgt aus der Beziehung

$$\frac{E_1}{E_0} = \frac{P_1^S / P_1^D}{P_0^S / P_0^D} = \frac{P_0^S\left(1+\pi_S\right)}{P_0^D\left(1+\pi_D\right)} \cdot \frac{P_0^D}{P_0^S} = \frac{1+\pi_S}{1+\pi_D}$$

die sich für kleine Inflationsraten über

$\frac{E_1}{E_0} - \frac{E_0}{E_0} = \frac{1+\pi_S}{1+\pi_D} - \frac{1+\pi_D}{1+\pi_D}$ zu $\frac{E_1 - E_0}{E_0} = \pi_S - \pi_D$ vereinfacht.

e) Zunächst könnten Ihre Erwartungen bezüglich Inflation und Wechselkurs natürlich von den durch die Zinsunterschiede implizierten abweichen. Im Gegensatz zu Anleihezinsen muss dies nicht bedeuten, dass sich Ihre Erwartungen von den allgemeinen Markterwartungen unterscheiden: Privatkredite werden nicht an der Börse gehandelt (kein Sekundärmarkt) und deshalb ist das Arbitrage-Argument nur eingeschränkt gültig, so dass z.B. unterschiedliche Ausmaße von Wettbewerb auf dem jeweiligen Kreditmarkt zu Verzerrungen führen können.

   Allerdings sollten Sie auch unbedingt Risikoprämien für die Wechselkursunsicherheit sowie Transaktionskosten in Ihre Berechnungen mit einbeziehen.

19 Der Gütermarkt in einer offenen Volkswirtschaft

19.1 Wissens- und Verständnistests

Multiple Choice

1. In einer offenen Volkswirtschaft hat ein Anstieg der inländischen Nachfrage einen
   a) ...kleineren Effekt auf die Produktion als in einer geschlossenen Volkswirtschaft und einen positiven Effekt auf die Handelsbilanz.
   b) ...kleineren Effekt auf die Produktion als in einer geschlossenen Volkswirtschaft und einen negativen Effekt auf die Handelsbilanz.
   c) ...größeren Effekt auf die Produktion als in einer geschlossenen Volkswirtschaft und einen negativen Effekt auf die Handelsbilanz.
   d) ...größeren Effekt auf die Produktion als in einer geschlossenen Volkswirtschaft und einen positiven Effekt auf die Handelsbilanz.
2. Eine Rezession in den USA und Japan führt in der EU zu
   a) ...keiner Veränderung der Produktion und der Nettoexporte.
   b) ...einem Rückgang der Nettoexporte. Die Produktion bleibt aber unverändert, weil die fehlende Auslandsnachfrage durch zusätzliche Inlandsnachfrage substituiert wird.
   c) ...einer Verschiebung der ZZ-Kurve nach unten.
   d) ...einem Anstieg der Importe aus den USA und Japan.
3. In einer offenen Volkswirtschaft führt ein Anstieg der Staatsausgaben zu
   a) ...einem Anstieg der inländischen Produktion.
   b) ...einem Anstieg der Importe.
   c) ...einem Rückgang der Nettoexporte.
   d) ...allen genannten Effekten.
4. Wenn innerhalb eines Jahres der nominale $/€-Wechselkurs um 10% gefallen ist und die deutsche Inflationsrate 1%, die amerikanische 3% betrug, ist der reale Wechselkurs aus deutscher Sicht um
   a) ...12% gefallen.
   b) ...8% gefallen.
   c) ...8% gestiegen.
   d) ...12% gestiegen.

5. Eine Rückführung des staatlichen Budgetdefizits führt ceteris paribus zu
   a) ...einem Rückgang der privaten Ersparnis.
   b) ...einem Anstieg der Investitionen.
   c) ...einer Verbesserung der Leistungsbilanz.
   d) ...zu einer Kombination von allen drei Effekten.
6. Ein Anstieg der marginalen Importneigung wird
   a) ...den Multiplikator ansteigen lassen, wodurch die gleiche Staatsausgabenveränderung einen größeren Effekt auf die inländische Produktion hat.
   b) ...den Multiplikator ansteigen lassen, wodurch die gleiche Staatsausgabenveränderung einen kleineren Effekt auf die inländische Produktion hat.
   c) ...den Multiplikator zurückgehen lassen, wodurch die gleiche Staatsausgabenveränderung einen größeren Effekt auf die inländische Produktion hat.
   d) ...den Multiplikator zurückgehen lassen, wodurch die gleiche Staatsausgabenveränderung einen kleineren Effekt auf die inländische Produktion hat.
7. Die Marshall-Lerner Bedingung besagt,
   a) ...dass die Handelsbilanzänderung bei Abwertung nie negativ sein kann.
   b) ...dass die relativen Veränderungen von Exporten und Importen genau der relativen Änderung des Wechselkurses entspricht.
   c) ...dass die Handelsbilanz negativ ist, wenn die relative Änderung der Wechselkurse bei einer Abwertung die relative Änderung von Exporten und Importen übersteigt.
   d) ...dass die Handelsbilanzänderung positiv ist, wenn der Anstieg des Wechselkurses kleiner als der Anstieg der Importe und der Anstieg der Importe kleiner als der Anstieg der Exporte ist.
   e) Keine der Aussagen ist richtig.
8. Der *J*-Kurven-Effekt impliziert,
   a) ...dass es zu einer Handelsbilanzverschlechterung kommt, weil die Anpassung kurzfristig in Mengen erfolgt.
   b) ...dass die Handelbilanz unter Umständen mittelfristig nach einer Aufwertung wieder ausgeglichen ist.
   c) ...dass sich kurzfristig die Exporte und Importe stark verändern.
   d) ...dass der Wechselkurs keinen Einfluss auf die Mengen- und Preisentscheidungen hat.

Wahr/Falsch: Welche der jeweiligen Aussagen sind wahr, welche falsch?

9. Eine reale Aufwertung führt zu
   a) ...einer Abnahme der Exporte.
   b) ...einem Anstieg des relativen Preises ausländischer Güter.
   c) ...einer Zunahme der Importe.
   d) ...einem Anstieg des relativen Preises inländischer Güter.

10. In einer offenen Volkswirtschaft

    a) ...fällt ein Teil der inländischen Güternachfrage auf ausländische Güter.

    b) ...ist die ZZ-Kurve flacher.

    c) ...sinkt der Multiplikator.

    d) ...steigt die Nachfrage nach inländischen Gütern mit dem Welteinkommen.

11. Gegeben sind die folgenden Gleichungen:

    $Z = C + I + G + X - IM / \varepsilon$

    $C = 20 + 0{,}8(Y - T)$

    $I = 20$, $G = 10$, $T = 0{,}1 \cdot Y$, $X = 0{,}1 \cdot Y^*$, $IM = 0{,}22 \cdot Y$, $\varepsilon = 1$

    a) Unter der Annahme, dass das Ausland durch identische Gleichungen beschrieben ist (mit Ausnahme der Exporte, die nun vom Einkommen im Inland abhängen), beträgt das gleichgewichtige inländische Volkseinkommen 125.

    b) Das gleichgewichtige Volkseinkommen im Inland beträgt $Y = 100 + 0{,}1 \cdot Y^*$.

    c) Erhöht das Inland seine Staatsausgaben um 24 Einheiten, dann gilt im Gleichgewicht $Y^* = 143$.

    d) Wenn beide Länder ihre Staatsausgaben verdoppeln, steigt die Summe ihrer Einkommen auf 300.

12. Die Leistungsbilanz verbessert sich durch einen Anstieg der

    a) ...Investitionen.

    b) ...Ersparnis.

    c) ...Staatsausgaben.

    d) ...Steuern.

13. Nehmen Sie an, die Weltwirtschaft befindet sich in einer Rezession. Die Regierungschefs der OECD-Länder suchen einen gemeinsamen Weg aus der Krise.

    a) Da es allen Ländern gleich schlecht geht, ist es überhaupt kein Problem, zu einer gemeinsamen Politik zu kommen.

    b) Belgien könnte auf Grund seiner sehr hohen Außenhandelsquote besonders von einem weltweiten Aufschwung profitieren. Trotzdem sollte Belgien auch bei keiner Einigung selbstständig eine stark expansive Fiskalpolitik betreiben, weil diese hauptsächlich im Inland wirkt.

    c) Die USA sind so groß, dass für sie eine weltweit koordinierte Wirtschaftspolitik nicht oberste Priorität besitzt. Sie können sich viel eher auf eine nationale Wirtschaftspolitik verlassen als kleine offene Volkwirtschaften.

    d) Alle Länder vereinbaren eine gemeinsame expansive Fiskalpolitik. Nun besteht für kein Land mehr ein Anreiz, diese nicht durchzuführen.

Basiswissen

14. Grundlagen
    a) Erläutern Sie den Zusammenhang zwischen Wechselkurs, Importen, Exporten und Bruttoinlandsprodukt und leiten Sie grafisch den Zusammenhang zwischen Produktion Y und Nettoexporten NX ab.
    b) Ermitteln Sie aus der Bedingung für ein Gütermarktgleichgewicht algebraisch die Gleichgewichtsbedingung $NX = S + (T - G) - I$. Gehen Sie dabei davon aus, dass sich Primäreinkommen aus dem Ausland und ins Ausland gerade aufheben.
    c) Was verändert sich in Aufgabe b), wenn sich die Primäreinkommen nicht aufheben?
    d) Was verstand man in den 80er Jahren und zu Beginn des 21. Jahunderts unter dem „Zwillingsdefizit" der USA. Wieso wird manchmal argumentiert, dass die Amerikaner in den letzten Jahren über ihre Verhältnisse lebten?
15. Ausländischer Nachfrageanstieg

    Zeigen Sie, dass ein Anstieg der ausländischen Nachfrage folgende Wirkungen hat:
    a) einen Anstieg der privaten Ersparnis,
    b) höhere Investitionen (die Zunahme ist geringer als die der Ersparnis),
    c) keine Veränderung des Budgetdefizits,
    d) eine Verbesserung der Leistungsbilanz.

19.2 Übungsaufgaben

1. Marshall-Lerner-Bedingung und J-Kurven-Effekt
    a) Unter welcher Bedingung führt eine reale Abwertung der heimischen Währung zu einem Handelsbilanzüberschuss ausgehend von einer Situation mit ausgeglichener Handelsbilanz?
    b) Erläutern Sie den J-Kurven-Effekt bei einer *Aufwertung*.
    c) Betrachten Sie die folgende Tabelle. Welche Reaktionen der Handelsbilanzen der einzelnen Länder sind bei einer realen Abwertung um 10% unmittelbar (innerhalb der ersten sechs Monate nach der Wechselkursänderung), mittelfristig (nach 12 Monaten) und langfristig (in einer hypothetischen, unendlich langen Anpassungsperiode) zu erwarten?

Land	Elastizität der Exportnachfrage			Elastizität der Importnachfrage		
	Sofortige Wirkung	**In mittlerer Frist**	**In langer Frist**	**Sofortige Wirkung**	**In mittlerer Frist**	**In langer Frist**
Deutschland	–	–	1,41	0,57	0,77	0,77
Frankreich	0,20	0,48	1,25	–	0,49	0,60
Japan	0,59	1,01	1,61	0,16	0,72	0,97
Österreich	0,39	0,71	1,37	0,03	0,36	0,80
Schweiz	0,28	0,42	0,73	0,25	0,25	0,25
USA	0,18	0,48	1,67	–	1,06	1,06

Tabelle 19.1: Geschätzte Preiselastizitäten für den internationalen Handel mit Industrieprodukten *(Quelle: Krugmann und Obstfeld (2009, S. 598))*

d) In der folgenden Grafik ist der nominale Wechselkurs einer Volkswirtschaft in Mengennotierung auf der rechten Achse abgetragen (gepunktete Linie). Die Nettoexporte sind auf der linken Achse abgetragen (durchgezogene Linie). Das Preisniveau sei konstant. Gilt die Marshall-Lerner-Bedingung (kurze Begründung)? Gibt es einen J-Kurven-Effekt (kurze Begründung)?

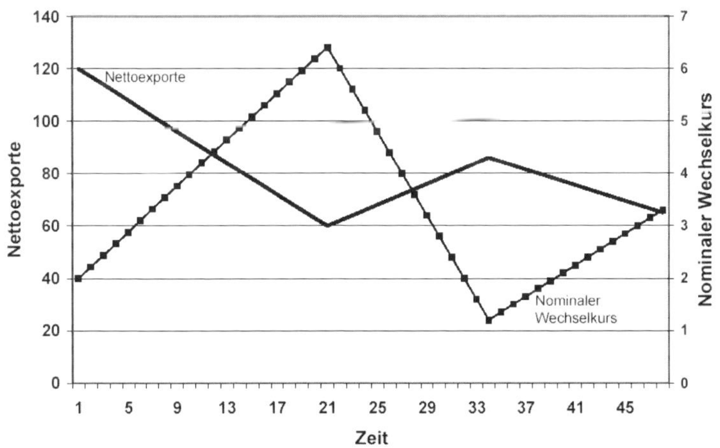

2. Entwicklung des deutschen Außenbeitrags

Gehen Sie auf die Companion Website zu diesem Buch und laden Sie die Datei `Aufgabe_19_2_Mengennotierung.xls` herunter. Die vier Zeitreihen beinhalten die Quartalswerte für die deutschen Exporte und Importe von Gütern und Dienstleistungen, das deutsche BIP sowie den Wechselkurs des Euro (bzw. der DM) zum US-$ seit 1991.

a) Erstellen Sie eine möglichst aussagefähige Grafik über die Entwicklung und die Bedeutung der Exporte und Importe für die deutsche Wirtschaft.

b) Berechnen Sie die Entwicklung der deutschen Nettoexporte und vergleichen Sie diese mit der Entwicklung des Euro-Wechselkurses zum Dollar in der Zeit von der Euro-Einführung (1999) bis Anfang 2008. Was fällt Ihnen auf? Können Sie insbesondere die Entwicklung seit dem 1. Quartal 2002 erklären?

3. Rechenbeispiel zum realen Wechselkurs und der Leistungsbilanz

Gehen Sie von einer kurzfristigen Importnachfragefunktion der Form $IM = \frac{1}{100}\varepsilon^{0,5} \cdot Y$ und einer langfristigen Importnachfrage von $IM = \frac{1}{100}\varepsilon^{1,1} \cdot Y$ aus. Die kurzfristige Exportnachfragefunktion sei dagegen $X = \frac{1}{100}\varepsilon^{-0,2} \cdot Y^*$ und die langfristige Exportnachfrage von $X = \frac{1}{100}\varepsilon^{-1,3} \cdot Y^*$.

a) Berechnen Sie die kurz- und langfristigen Importelastizitäten.

b) Berechnen Sie die kurz- und langfristigen Exportelastizitäten.

Nehmen Sie nun an, dass Y=1.000 und Y^*=1.000 sowie der reale Wechselkurs ε =1 ist. Der Saldo der Primäreinkommen sei gleich 0.

c) Wie hoch ist der Saldo der Leistungsbilanz in dieser Situation?

d) Wie entwickeln sich kurz- und langfristige Importe mengenmäßig und wertmäßig, d.h. in inländischen Gütereinheiten, wenn ε um 5% steigt?

e) Wie entwickeln sich kurz- und langfristige Exporte mengenmäßig und wertmäßig, d.h. in inländischen Gütereinheiten, wenn ε um 5% steigt?

f) Wie verändert sich jeweils die Leistungsbilanz?

4. Gütermarktgleichgewicht in der offenen Volkswirtschaft

Die Nachfrage nach heimischen Gütern sei:

$$Z = C + I + G + X - IM/\varepsilon$$

Dabei ist ε der reale Wechselkurs. Dieser sei gleich 1 und konstant. Unterstellen Sie folgende Verhaltensgleichungen:

$$C = c_0 + c_1(Y - T),\ I = b_0 + b_1 Y - b_2 i,\ IM = q_1 Y \text{ und } X = x_1 Y^*$$

Dabei ist Y^* das exogene ausländische Einkommen.

a) Welche Bedingungen müssen in dieser Volkswirtschaft erfüllt sein, damit die Annahme eines konstanten realen Wechselkurses von ε =1 berechtigt ist?

b) Ermitteln Sie die gleichgewichtige Produktion dieser Volkswirtschaft.

c) Berechnen Sie den Einkommensmultiplikator einer Steueränderung und vergleichen Sie diesen mit dem Multiplikator einer (ansonsten identischen) geschlossenen Volkswirtschaft.

d) Neben den bekannten Einkommensmultiplikatoren bei einer Staatsausgaben- oder einer Steueränderung lässt sich in der offenen Volkswirtschaft auch die Wirkung einer fiskalpolitischen Maßnahme auf die Handelbilanz bestimmen. Ermitteln Sie den Multiplikatoreffekt auf die Handelbilanz bei einer Staatsausgabenerhöhung.

e) Worin würden sich im vorliegenden Modell eine kleine offene Volkswirtschaft und eine große offene Volkswirtschaft unterscheiden? In welcher Ökonomie hat eine Veränderung der Staatsausgaben größere Auswirkungen auf Output und Nettoexporte? Warum?

f) Welche Wirkung hat eine Rezession im Ausland auf die inländische Produktion?

5. Gütermarktgleichgewicht in zwei großen offenen Volkswirtschaften

Nehmen Sie an, in der Weltwirtschaft existierten nur zwei relevante Regionen, die EU und die USA, die ausschließlich untereinander Handel treiben. Der reale Wechselkurs sei auf $\varepsilon = 1$ normiert und konstant. Die Güternachfrage sei durch folgende Tabelle beschrieben (Variablen mit * kennzeichnen die USA):

	EU	USA
Konsumfunktion	$C = 950 + 0{,}6(Y - T)$	$C^* = 300 + 0{,}8(Y^* - T^*)$
Investitionen	$I = 1.000$	$I^* = 1.100$
Staatsausgaben	$G = 1.000$	$G^* = 1.500$
Budgetdefizit	$G - T = 100$	$G^* - T^* = 300$
Nettoexportfunktion	$NX = 0{,}1 \cdot Y^* - 0{,}1 \cdot Y$	$NX^* = 0{,}1 \cdot Y - 0{,}1 \cdot Y^*$

a) Ermitteln Sie die gleichgewichtige Produktion dieser Volkswirtschaften.

b) Betrachten wir zunächst die Handelsbilanz ein wenig genauer:
   i. Hat eine der beiden Regionen einen Handelsbilanzüberschuss?
   ii. Wie wirkt sich ein Anstieg der marginalen Importneigung der EU auf 0,15 aus?

c) Berechnen Sie die Auswirkungen einer kreditfinanzierten Staatsausgabenerhöhung um 100 jeweils für die EU und die USA (ausgehend von der Situation in der Tabelle).
   i. In welcher Region hat die Staatsausgabenerhöhung einen höheren Einfluss auf die inländische Produktion?
   ii. Wie werden die Nettoexporte beeinflusst?

d) Berechnen Sie die Auswirkungen einer koordinierten kreditfinanzierten Staatsausgabenerhöhung um je 100 in der EU und den USA.

e) Welche Erkenntnisse gewinnen Sie aus Ihren Antworten für die Anreize zu fiskalpolitischen Maßnahmen in der EU und den USA? Was würde sich verändern, wenn man anstatt den USA und der EU eine kleine offene Volkswirtschaft betrachten würde?

f) Was sind die Folgen für die Möglichkeiten einer koordinierten Wirtschaftspolitik in einer Welt mit vielen kleinen Staaten im Vergleich zu zwei großen Wirtschaftsblöcken?

Mikroökonomie in der Makroökonomie

Die moderne Makroökonomie basiert auf mikroökonomisch fundierten Modellen. Die einzelnen Wirtschaftssubjekte werden dabei meist zu einem einzelnen Durchschnittshaushalt, dem **repräsentativen Haushalt**, aggregiert. Dessen Entscheidungen basieren auf einem individuellen Nutzenmaximierungskalkül, wie es aus der Mikroökonomie bekannt ist, und spiegeln das Verhalten der gesamten Volkswirtschaft wider.

6. Dynamische, mikroökonomisch fundierte Betrachtung der Leistungsbilanz

   Betrachten Sie eine kleine offene Volkswirtschaft mit exogen gegebenem Inlandsprodukt (y_1, y_2) für die Dauer von zwei Perioden. Der repräsentative Haushalt hat die Möglichkeit, sich in der ersten Periode im Ausland zu verschulden bzw. dort Ersparnisse zu bilden. Die Vermögenssalden zu Beginn der ersten Periode und zum Ende der zweiten Periode seien jeweils null. Der exogene Weltzins der Anleihen B sei r.

   a) Leiten Sie die intertemporale Budgetrestriktion des repräsentativen Haushalts ab. (Hinweis: In jeder Periode kann der Haushalt sein Einkommen für Konsum verwenden und den Rest über die Anleihen zwischen den Perioden transferieren.)

   b) Der Haushalt maximiere die allgemeine Nutzenfunktion $U = u(c_1) + \beta u(c_2)$, $0 < \beta < 1$. Leiten Sie die Bedingungen erster Ordnung ab und interpretieren Sie sie.

   c) Berechnen Sie den Konsum in den Perioden 1 und 2 für die Nutzenfunktion $U = ln(c_1) + \beta ln(c_2)$. Unter welchen Bedingungen konsumiert der Haushalt in beiden Perioden gleich viel?

   d) Stellen Sie das Maximierungsproblem grafisch dar. Welches Nutzenniveau würde der Haushalt bei Autarkie höchstens erreichen?

   e) Es gelte $y_1 = y_2$.

      i. Unter welchen Bedingungen ergibt sich in der ersten Periode ein Leistungsbilanzüberschuss?

      ii. Unter welcher Bedingung ergibt sich verglichen mit dem Autarkiezustand kein zusätzlicher Nutzen aus dem intertemporalen Handel mit dem Rest der Welt?

   f) Es gelte $\beta = 1/(1 + r)$ und $y_1 = y_2$. Wie verändert sich die Leistungsbilanz bei einem

      i. ...permanenten Einkommensschock?

      ii. ...temporären Einkommensschock?

   g) Wie können sich die Sparentscheidung eines Haushalts und sein Konsum in den beiden Perioden mit steigendem Zinssatz verändern, wenn Gegenwarts- und Zukunftskonsum normale Güter sind? (Unterscheiden Sie zwischen einem Haushalt, der beim ursprünglichen Zinssatz gespart hat, und einem Haushalt, der sich ursprünglich verschuldet hat.)

Lösungen zu Kapitel 19

19.1 Wissens- und Verständnistests

Multiple Choice

1. b)
2. c)
3. d)
4. a)
5. d)
6. d)
7. e)
8. b)

Wahr/Falsch

9. W, F, W, W
10. W, W, W, W
11. W, F, F, W
12. F, W, F, W
13. F, F, W, F

Basiswissen

14. Grundlagen

    a) Wie üblich: Nominaler Wechselkurs in Mengennotierung: E = ausländische Währung/inländische Währung.

    Sei ε der reale Wechselkurs, dann gilt $\varepsilon = (E \cdot P)/P^*$. Das heißt, es kommt nicht nur auf den Wechselkurs an, sondern auch auf die Preisniveaus im In- und Ausland.

    – Falls der nominale Wechselkurs fällt (Abwertung), bedeutet dies, dass die ausländische Währung teurer wird. Wenn P^* und P konstant sind, fällt gleichzeitig auch der reale Wechselkurs. Damit werden inländische Produkte für Ausländer billiger. Folglich steigt die Nachfrage aus dem Ausland nach inländischen Produkten an, die Exporte (X) steigen also.

- Außerdem werden die ausländischen Produkte für Inländer teuerer, d.h., die Nachfrage nach ausländischen Produkten und damit die Importe (*IM*) fallen.

  Abbildung 19.1 stellt beide Mengeneffekte dar, wobei zur Vereinfachung jeweils eine waagrechte Angebotskurve unterstellt wird.

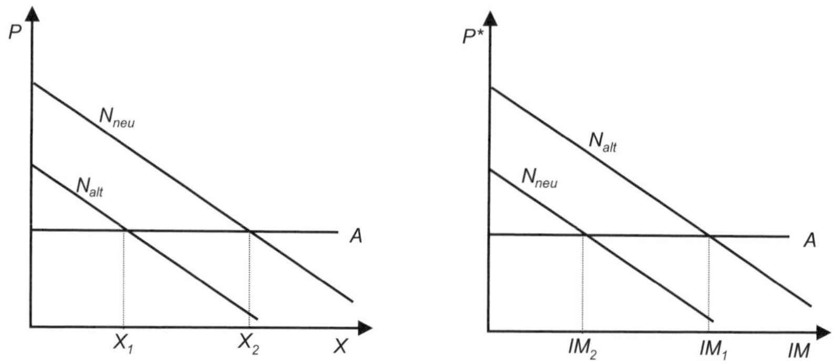

Abbildung 19.1: Mengeneffekte einer Abwertung

- Durch das Fallen von ε steigt der Wert der Importe in heimischen Gütern an, da die Importe in heimische Güter umgerechnet werden müssen.

Zusammenfassend lässt sich daher feststellen, dass die Exporte bei einer Abwertung auf jeden Fall ansteigen, während die Wirkung auf die Importe unklar ist, da Preis- und Mengeneffekte entgegengesetzt verlaufen.

Damit ist auch der Gesamteffekt auf die Nettoexporte ebenso wie auf das BIP, das durch $BIP = C + I + G + X - IM/\varepsilon$ gegeben ist, unklar. Es kommt darauf an, ob Preis- oder Mengenwirkung überwiegen. Die Marshall-Lerner-Bedingung, die in Aufgabe 1 des nächsten Abschnittes mathematisch hergeleitet wird, gibt die formale Bedingung dafür an, dass der Mengeneffekt überwiegt und damit das BIP steigt.

	Wechselkurs	Export	Import	BIP
Abwertung:	↓	↑	unklar	unklar
Aufwertung:	↑	↓	unklar	unklar

Tabelle 19.2: Zusammenfassung der Effekte einer Wechselkursänderung

Der grafische Zusammenhang zwischen Produktion *Y* und Nettoexporten *NX* ist in Abbildung 19.2 dargestellt. Die *DD*-Kurve zeigt die inländische Güternachfrage $C + I + G$. Zieht man davon die grau schraffierten Importe *IM* gemessen in inländischen Gütereinheiten, also IM/ε, ab, kommt man zur inländischen Nachfrage nach inländischen Gütern, der AA-Kurve. Beachten Sie, dass der Abstand zwischen *DD*- und *AA*-Kurve mit steigendem Einkommen *Y* zunimmt, weil die Importe positiv von *Y* abhängen. Die gesamte Nachfrage nach inländischen Gütern, die *ZZ*-Kurve, erhalten wir nun, indem wir die Exportnachfrage *X* zur *AA*-Kurve addieren. Hier handelt es sich um eine Parallelverschiebung, weil *X* unabhängig von *Y* ist (lediglich ε und Y^* beeinflussen *X*).

Die Nettoexporte ergeben sich nun offensichtlich aus der Differenz zwischen der Nachfrage nach inländischen Gütern und der inländischen Güternachfrage, also dem Abstand zwischen *ZZ*- und *DD*-Kurve. Für Y_1 ergibt sich also beispielsweise ein Handelbilanzüberschuss von *BC*, während bei Y_{HB}, dem Schnittpunkt von *ZZ*- und *DD*-Kurve, die Handelsbilanz gerade ausgeglichen ist.

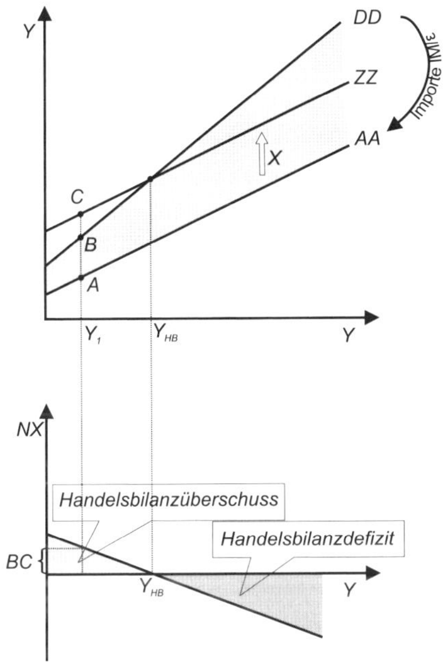

Abbildung 19.2: Nachfrage nach inländischen Gütern und die Nettoexporte

b) Das Gleichgewicht auf dem Gütermarkt impliziert:

$$Y = C + I + G + X - IM/\varepsilon \qquad (1.)$$

Zieht man auf beiden Seiten $C + T$ ab und berücksichtigt, dass die private Ersparnis $S = Y - C - T$, folgt

$$S = I + G - T + X - IM/\varepsilon \qquad (2.)$$

Durch Einsetzen der Definition der Nettoexporte ($NX = X - IM/\varepsilon$) erhält man

$$NX = S + (T - G) - I \qquad (3.)$$

c) Falls der Saldo der Primäreinkommen $SP \neq 0$, muss zwischen Bruttoinlandsprodukt $BIP = Y$ und Bruttonationaleinkommen $BNE = Y + SP$ unterschieden werden. Die private Ersparnis hängt natürlich vom Einkommen, also vom *BNE* ab: $S = BNE - C - T$ bzw. $S = Y + SP - C - T$. Dagegen muss im Gleichgewicht die Nachfrage nach inländischen Gütern weiterhin gleich der inländischen Produktion (*BIP*) sein, also Gleichung (1.) gelten. Folglich verändert sich (2.) zu

$$S - SP = I + G - T + X - IM/\varepsilon$$

Durch Einsetzen der Definition des Leistungsbilanzsaldos

$$LB = NX + SP = X - IM / \varepsilon + SP$$

(bei ausgeglichener Dienstleistungsbilanz und ausgeglichenen laufenden Übertragungen) erhält man als neue Gleichung (3.)

$$LB = S + (T - G) - I \qquad (4.)$$

Die Summe aus privater Ersparnis S und staatlicher Ersparnis $T - G$ abzüglich der privaten Investitionen I, also die Ersparnis des Landes im Ausland (= Kapitalexport), ist gerade gleich dem Leistungsbilanzsaldo.

d) Mit dem „Zwillingsdefizit" bezeichnen Ökonomen staatliche Budgetdefizite bei gleichzeitigen Leistungsbilanzdefiziten. Hier reicht die private Ersparnis nicht aus, um die privaten Investitionen und das Staatsdefizit zu finanzieren. Der Wert der inländischen Güternachfrage $C + I + G$ (manchmal auch als **Absorption** bezeichnet) liegt über dem Wert des inländischen Einkommens (*BNE*). Die Differenz (= Leistungsbilanzdefizit) ist gleichbedeutend mit der zusätzlichen Verschuldung eines Landes im Ausland. Insofern lebt ein Land „über seine Verhältnisse", wenn es ein Leistungsbilanzdefizit aufweist.

Ein solches Verhalten muss aber nicht schlecht sein. Vielmehr ermöglicht der Auf- und Abbau von Vermögenspositionen im Ausland eine Glättung des intertemporalen Konsums eines Landes (vgl. Übungsaufgabe 6). Entscheidend ist, dass Leistungsbilanzdefizite heute durch entsprechende Überschüsse in der Zukunft ausgeglichen werden müssen.

15. Ausländischer Nachfrageanstieg

a) Ein Anstieg der ausländischen Nachfrage lässt die Exporte ansteigen, wodurch das Einkommen im Inland über den Multiplikatoreffekt ansteigt. Die private Ersparnis steigt gerade um die marginale Sparneigung multipliziert mit der Einkommensveränderung.

b) Sind die Investitionen einkommensunabhängig, bleiben sie vom Einkommensanstieg unberührt und es ist offensichtlich, dass $S - I$ ansteigt. Sind die Investitionen dagegen einkommensabhängig, steigen sie durch das höhere Einkommen an. Dass ihre Zunahme aber geringer als die der Ersparnis ist, lässt sich am einfachsten zeigen, wenn die *gesamte* zusätzliche Nachfrage auf ausländische Güter fallen würde (in der Notation von Übungsaufgabe 4: $q_1 = c_1 + b_1$):

In der ersten Runde des Multiplikatorprozesses führt der Einkommensanstieg durch den Exportanstieg ΔX zu einem Anstieg der Ersparnis von $(1 - c_1)\Delta X$. Gleichzeitig steigt die inländische Güternachfrage um $(c_1 + b_1)\Delta X = q_1\Delta X$, die komplett aus dem Ausland importiert wird. Der Multiplikatorprozess bricht bereits nach der ersten Runde zusammen, weil kein zusätzliches inländisches Einkommen generiert wird. Da die marginale Investitionsneigung b_1 kleiner als die marginale Sparneigung $(1 - c_1)$ sein muss (vgl. Kapitel 5), steigt die private Ersparnis stärker als die Investitionen an.

c) Das Budgetdefizit verändert sich im Grundmodell nicht, weil sowohl Steuern als auch Staatsausgaben exogen gegeben sind. Wirken dagegen die automatischen Stabilisatoren (vgl. z.B. Kapitel 3), weil Steuern und/oder Staatsausgaben einkommensabhängig sind, sinkt das Budgetdefizit, d.h. $T - G$ steigt.

d) Die Leistungsbilanz ist definiert als $LB = S - I + (T - G)$. Formal ist aus den bereits genannten Gründen ein Anstieg der rechten Seite der Gleichung und damit auch von *LB* offensichtlich. Ökonomisch kann man den Anstieg von *LB* folgendermaßen begründen: Während in der geschlossenen Volkswirtschaft eine Vermögensänderung lediglich über den Aufbau des inländischen Kapitalstocks und damit Investitionen erfolgen konnte, besteht nun auch die Möglichkeit, Vermögensansprüche im Ausland zu erwerben. Diese „Auslandsinvestition" spiegelt sich in einem Anstieg der Leistungsbilanz wider. Das Ausland als Kreditnehmer verwendet diese Ersparnis, um sein eigenes Leistungsbilanzdefizit zu finanzieren, das durch den Anstieg der ausländischen Nachfrage entsteht (als Spiegelbild des inländischen Leistungsbilanzüberschusses).

19.2 Übungsaufgaben

1. Marshall-Lerner-Bedingung und J-Kurven-Effekt

a) Verbal:

Wenn eine Währung abwertet, ergeben sich sowohl ein Preis- als auch Mengeneffekte.

Preiseffekt: Durch die Abwertung steigen die Importe wertmäßig an, da für die Inländer die ausländische Währung teurer wird. Die Exporte werden in einheimischer Währung gerechnet, weshalb sie wertmäßig unverändert bleiben. Folglich ergibt sich eine Außenhandelsbilanzverschlechterung.

Mengeneffekte: Durch die Abwertung werden für die Ausländer die inländischen Produkte billiger, was eine Erhöhung der Exporte zur Folge hat. Für die Inländer hingegen werden die ausländischen Produkte teurer, was eine Senkung der Importe zur Folge hat. Damit ergibt sich durch den Mengeneffekt eine Außenhandelsbilanzverbesserung. Die Gesamtwirkung auf die Nettoexporte ist damit zunächst nicht eindeutig. Nur wenn der Mengen- den Preiseffekt überwiegt, steigen die Nettoexporte. Dafür ist eine hinreichend starke Reaktion der Export- und Importnachfrage notwendig, die in der Marshall-Lerner-Bedingung zusammengefasst wird. Die genaue Form dieser Bedingung wird im Folgenden hergeleitet.

Formal:

Die Nettoexporte sind definiert als

$$NX = X\left(Y^*, \varepsilon\right) - IM\left(Y, \varepsilon\right) / \varepsilon \qquad (1.)$$

Um die Reaktion der Nettoexporte auf eine Abwertung zu bestimmen, betrachtet man die partielle Ableitung (1.) nach ε (Quotientenregel bei IM/ε!):

$$\frac{\partial NX}{\partial \varepsilon} = \frac{\partial X}{\partial \varepsilon} - \left(\frac{\frac{\partial IM}{\partial \varepsilon} \cdot \varepsilon - IM}{\varepsilon^2} \right) = \frac{\partial X}{\partial \varepsilon} - \frac{\frac{\partial IM}{\partial \varepsilon}}{\varepsilon} + \frac{IM}{\varepsilon^2}$$

Wann gilt nun $\partial NX/\varepsilon < 0$, ausgehend von einer ausgeglichenen Handelsbilanz, d.h. $NX = 0$ bzw. $X = IM/\varepsilon$?

$$\frac{\partial X}{\partial \varepsilon} - \frac{\frac{\partial IM}{\partial \varepsilon}}{\varepsilon} + \frac{IM}{\varepsilon^2} < 0$$

Multipliziert mit ε/X ergibt sich

$$\frac{\partial X}{\partial \varepsilon} \cdot \frac{\varepsilon}{X} - \frac{\frac{\partial IM}{\partial \varepsilon}}{X} + \frac{IM}{\varepsilon X} < 0$$

Nach Einsetzen der ausgeglichenen Handelsbilanz $X = IM/\varepsilon$ bleibt

$$\frac{\partial X}{\partial \varepsilon} \cdot \frac{\varepsilon}{X} - \frac{\partial IM}{\partial \varepsilon} \cdot \frac{\varepsilon}{IM} + 1 < 0$$

bzw.

$$\underbrace{-\frac{\partial X}{\partial \varepsilon} \cdot \frac{\varepsilon}{X}}_{\eta} + \underbrace{\frac{\partial IM}{\partial \varepsilon} \cdot \frac{\varepsilon}{IM}}_{\eta^*} > 1$$

und damit die *Marshall-Lerner-Bedingung*

$$\eta + \eta^* > 1$$

η und η^* sind dabei die Preiselastizitäten der Export- und der Importnachfrage, wie sie allgemein in der Mathematikeinführung in Kapitel 2 definiert sind. Beachten Sie die folgende Box für die Vorzeichen von η und η^*!

Preiselastizität

Die Tabelle 19.1 im Aufgabenteil enthält die Schätzungen des Internationalen Währungsfonds (IWF) über die Preiselastizitäten gehandelter Industrieprodukte. Die Preiselastizität ist der Betrag der Veränderung der nachgefragten Menge y relativ zur Veränderung des Preises p und damit eine spezielle Form der Punktelastizität, wie sie in Kapitel 2 eingeführt worden ist. Im konkreten Fall geben die Zahlen also die Veränderung der Export- und Importnachfrage für einen 1%-Anstieg des realen Wechselkurses ε an.

Sie sollten sich über die positiven Werte der Exportnachfrage wundern! Schließlich wissen Sie, dass ein Anstieg von ε , also eine reale Aufwertung, die Exporte zurückgehen lässt; η sollte also negativ sein! Die Erklärung ist einfach: Zur besseren Lesbarkeit wird in der ökonomischen Literatur in der Regel nur der Betrag von η angegeben, weil jeder weiß, dass für **gewöhnliche Güter** die Preiselastizität **negativ** ist. Hier ist die Preiselastizität der Exportnachfrage also definiert als

$$\eta = \left|(\Delta X / X)/(\Delta\varepsilon/\varepsilon)\right| = -(\Delta X / X)/(\Delta\varepsilon/\varepsilon)$$

b) Die zentralen Aspekte für die Beantwortung dieser Frage sind:

- Dynamische Analyse, das heißt: eine Betrachtung der Entwicklung der Handelsbilanz im Zeitverlauf.
- Zunächst vor allem eine Preis- und weniger eine Mengenreaktion auf Grund längerfristiger Verträge und evtl. Handlungsverzögerungen bei den Wirtschaftssubjekten:

  $\varepsilon \uparrow$ in $NX = X(Y^*, \varepsilon) - IM(Y, \varepsilon)/\varepsilon$ sorgt zunächst dafür, dass der Wert der Importe $IM(Y, \varepsilon)/\varepsilon$ sinkt und sich damit die Nettoexporte erhöhen.
- Mittelfristig (im Allgemeinen nach 6 bis 12 Monaten) sind Import- und Exportnachfrage hinreichend elastisch bezüglich ε, so dass die Marshall-Lerner-Bedingung erfüllt ist und die Nettoexporte durch die Aufwertung sinken.

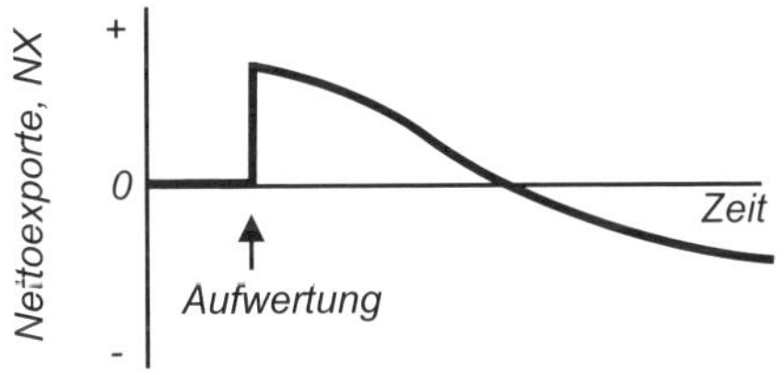

Abbildung 19.3: J-Kurve bei einer Aufwertung

c) Die Frage soll beispielhaft für den Fall Österreich beantwortet werden: Als unmittelbare Reaktion auf eine reale Abwertung um 10% ist zu erwarten, dass innerhalb der ersten sechs Monate die Exporte um 3,9% ansteigen, die Importe um 0,3% fallen. (Die in der Tabelle angegebenen Werte beziehen sich – wie bei empirischen Studien üblich – auf eine 1%-Änderung!) In der Summe reicht diese Mengenreaktion aber nicht aus, den Preiseffekt der Abwertung zu kompensieren: Da $0{,}39 + 0{,}03 < 1$, ist die Marshall-Lerner-Bedingung unmittelbar nicht erfüllt und die Nettoexporte werden durch die Abwertung zunächst sinken.

Nach 12 Monaten reagieren Exporte und Importe deutlich stärker auf die Abwertung. Die Marshall-Lerner-Bedingung ist dank $0{,}71 + 0{,}36 = 1{,}07$ erfüllt. Die geschätzten Parameter legen also nahe, dass der Mengeneffekt den Preiseffekt gerade überkompensiert, weshalb die Nettoexporte ansteigen sollten.

Langfristig verstärkt sich diese Tendenz noch: Im Erwartungswert steigt die Exportnachfrage um 13,7%, die Importnachfrage sinkt um 8%.

Die Tabelle 19.1 im Aufgabenteil zeigt damit, dass für Österreich wie für die meisten Länder eine reale Abwertung unmittelbar zu einer Verschlechterung der Nettoexporte, kurz- oder zumindest mittelfristig aber zu einem Anstieg der Nettoexporte führt. Sie ist also ein empirischer Beleg für die *J*-Kurve.

d) In der Grafik bewirkt eine Aufwertung (= Anstieg des Wechselkurses in Mengennotierung) eine Verringerung der Nettoexporte und umgekehrt, die Marshall-Lerner-Bedingung ist also erfüllt.

Es gibt keinen *J*-Kurven-Effekt, da keine temporäre Verschlechterung der Handelsbilanz bei einer Abwertung (und umgekehrt) erfolgt. Der Mengeneffekt überwiegt also immer den Preiseffekt.

2. Entwicklung des deutschen Außenbeitrags

   a) Die einfachste grafische Darstellung zeigt die beiden Zeitreihen „exporte“ und „importe“ ohne weitere Veränderungen. Hier sehen Sie z.B., dass sich die Exporte seit 1991 mehr als verdoppelt haben. Sie sollten aber beachten, dass es sich hier um nominale Größen handelt! Dieser Anstieg könnte also allein auf hohe Inflationsraten zurückzuführen sein. Anfang der 90er Jahre lag die deutsche Inflationsrate teilweise über 5%, so dass dieser Effekt kumuliert durchaus eine Rolle spielen könnte. Sie könnten nun die Daten deflationieren, d.h. mit Hilfe eines Preisindizes in die Preise eines Basisjahres umrechnen und hätten so die Entwicklung der realen Exporte und Importe.

   Eine Alternative besteht darin, den Außenhandel relativ zum nominalen BIP zu berechnen. Damit bereinigen Sie die Zeitreihen quasi um die nominale BIP-Wachstumsrate: Steigen z.B. die Exporte genauso stark wie das nominale BIP, bleibt die Exportquote konstant; steigen sie schneller, steigt auch die Exportquote. Auf diese Weise lösen Sie nicht nur das Problem der nominalen Einheiten, sondern können auch gleichzeitig den gestiegenen Anteil von Exporten und Importen relativ zum BIP erkennen.

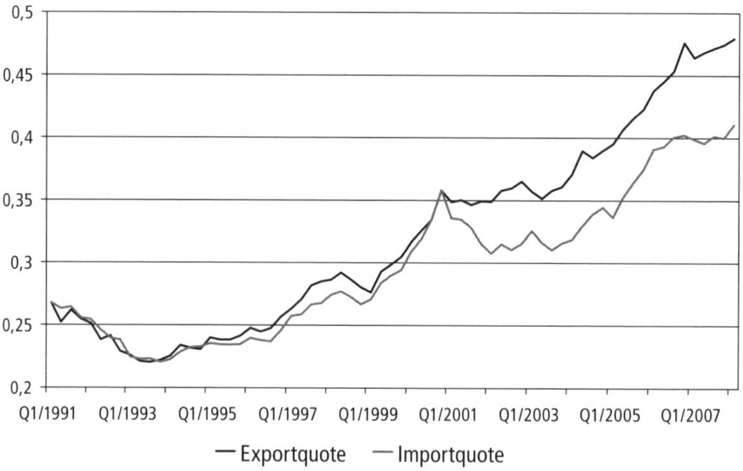

Abbildung 19.4: Deutsche Exporte und Importe als Anteil am BIP

Der Anstieg des Handels seit 1999 ist ein erstes kleines Indiz, dass die Einführung des Euro tatsächlich mit dem Abbau von Handelshemmnissen verbunden war und ist. Eine saubere Analyse müsste aber unbedingt zwischen dem Handel innerhalb der EWU und dem mit Drittländern unterscheiden sowie z.B. hinsichtlich der Einkommensentwicklung der Handelspartner kontrollieren.

   b) Die Nettoexporte berechnen sich hier einfach als Differenz zwischen Exporten und Importen (da beide in Euro). Für die Grafik können Sie entweder die neue Zeitreihe direkt (die deutsche Inflation seit 1999 war sehr niedrig → relativ geringer Fehler) oder besser wieder ihren Anteil am BIP verwenden. Sie sehen, dass der Euro seit dem Frühjahr 2002 stark aufgewertet hat (rechte Achse, in Mengennotierung). Dennoch blieben die Nettoexporte – abgesehen von einem kurzen Rückgang 2003 – konstant auf einem hohen Niveau.

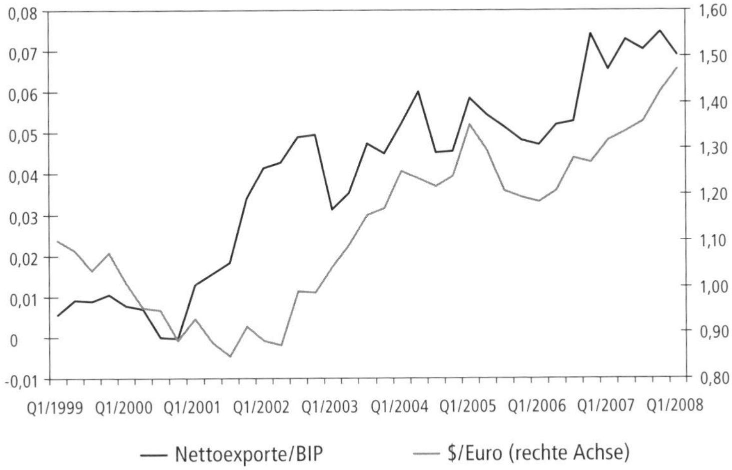

Abbildung 19.5: Deutsche Nettoexporte und der Wechselkurs des Euro

Eine Ursache für den Anstieg der deutschen Nettoexporte könnte der oben besprochene *J*-Kurven-Effekt sein, der bei einer Aufwertung zunächst einen Anstieg der Handelsbilanz erwarten lässt. Allerdings scheint der Zeitraum von mehr als 3 Jahren zu lange, um die Entwicklung der Nettoexporte auf diese Art zu erklären (vgl. z.B. die hohe Elastizität der deutschen Importnachfrage in Tabelle 19.1 des Aufgabenteils).

Relevant für den deutschen Export ist nicht allein der $/€-Wechselkurs, sondern der reale effektive Wechselkurs, der als nach Handelsanteilen gewichteter Durchschnitt der realen Wechselkurse gegenüber allen Handelspartnern berechnet wird. Dieser hat weit weniger aufgewertet als der € gegenüber dem US-$. Ein Grund liegt darin, dass ein Großteil der deutschen Exporte in die anderen EWU-Länder geht, gegenüber denen der reale Wechselkurs Deutschlands durch die niedrigsten Inflationsraten in der EWU sogar abgewertet hat.

Eine weitere Ursache für diese Entwicklung wird aus der Definition der Nettoexporte deutlich: $NX = X(Y^*, \varepsilon) - IM(Y, \varepsilon)/\varepsilon$.

Die Nettoexporte hängen nicht nur vom realen Wechselkurs ab, sondern auch vom ausländischen Einkommen Y^* (positiv) und vom inländischen Einkommen Y (negativ). Durch die deutsche Wachstumsschwäche der letzten Jahre und das Anziehen der Weltkonjunktur im Verlauf des Jahres 2003 sind die negativen Effekte der realen Aufwertung offensichtlich überkompensiert worden.

3. Rechenbeispiel zum realen Wechselkurs und der Leistungsbilanz

   a) Die Importelastizität ist definiert als

$$\eta^* = \frac{\partial IM}{\partial \varepsilon} \cdot \frac{\varepsilon}{IM}$$

Wegen $\partial IM/\partial\varepsilon = \frac{1}{100}\cdot(0,5)\varepsilon^{-0,5}Y$ ergibt sich hier also als kurzfristige Elastizität

$$\begin{aligned}\eta_k^* &= \tfrac{1}{100}\cdot(0,5)\varepsilon^{-0,5}Y\cdot\varepsilon/IM \\ &= \tfrac{1}{100}\cdot(0,5)\varepsilon^{0,5}Y\Big/\left(\tfrac{1}{100}\cdot\varepsilon^{0,5}Y\right) \\ &= 0,5\end{aligned}$$

Analog berechnet sich die langfristige Importelastizität als

$$\eta_l^* = 1,1$$

b) Die Exportelastizität ist definiert als (vgl. die Box zur Preiselastizität in Aufgabe 1 a) dieses Kapitels)

$$\eta = \left|\frac{\partial X}{\partial\varepsilon}\cdot\frac{\varepsilon}{X}\right|$$

Analog zur Berechnung der Importelastizität in a) erhält man unter Berücksichtigung der Beträge $\eta_k = 0,2$ und $\eta_l = 1,3$.

c) Hier gilt $LB = X - IM/\varepsilon$. Unter Verwendung der Exportfunktion $X = \frac{1}{100}\cdot 1^{-1,3}\cdot 1000 = 10$ und der Importfunktion $IM = \frac{1}{100}\cdot 1^{1,1}\cdot 1000 = 10$ sowie $\varepsilon = 1$ folgt für den Leistungsbilanzsaldo $LB = 0$.

d) Zunächst kann man durch Einsetzen des neuen realen Wechselkurses $\varepsilon = 1,05$ in die jeweilige Importfunktion die *mengenmäßige Reaktion* der Importe bestimmen. Als kurzfristige Reaktion erhält man auf diesem Weg $IM_k = \frac{1}{100}\cdot 1,05^{0,5}\cdot 1000 = 10,25$, langfristig $IM_l = 10,55$.

Die Menge an importierten Gütern muss nun natürlich noch in inländischen Gütereinheiten ausgedrückt werden, um die *wertmäßige Reaktion* zu bestimmen. Dazu werden die neuen Mengen durch den neuen realen Wechselkurs $\varepsilon = 1,05$ geteilt und man erhält $IM_k/\varepsilon = 9,76$ sowie $IM_l/\varepsilon = 10,05$.

e) Die mengenmäßige Reaktion der Exporte lässt sich entsprechend bestimmen: Kurzfristig $X_k = 9,90$, langfristig $X_l = 9,39$. Hierbei handelt es sich bereits um inländische Güter, so dass die wertmäßige Reaktion identisch ist.

f) Aus den in d) und e) berechneten Werten folgt, dass kurzfristig der Leistungsbilanzsaldo durch die reale Aufwertung von $LB = 0$ auf $LB_k = 9,90 - 9,76 = 0,14$ ansteigt, langfristig verschlechtert er sich dagegen auf $LB_1 = 9,39 - 10,05 = -0,66$.

Dieses Ergebnis ist auch aus der Marshall-Lerner-Bedingung und den berechneten Elastizitäten in a) und b) ersichtlich. Wegen $\eta_k + \eta_k^* = 0,2 + 0,5 < 1$ ist die Bedingung kurzfristig nicht erfüllt und es kommt durch die reale Aufwertung kurzfristig zu einem Anstieg des Leistungsbilanzsaldos, langfristig aber fällt der Saldo wegen $\eta_l + \eta_l^* = 1,3 + 1,1 > 1$ ins Negative. Hier zeigt sich wieder der bekannte *J*-Kurven-Effekt.

4. Gütermarktgleichgewicht in der offenen Volkswirtschaft

In dieser vereinfachten Version des Mundell-Fleming-Modells wird nur der Gütermarkt betrachtet, während der reale Wechselkurs fix ist. In Kapitel 20 werden die Finanzmärkte in das Modell integriert und der Wechselkurs kann sich verändern.

a) Ein konstanter realer Wechselkurs von $\varepsilon = 1$ bedeutet, dass die Kaufkraftparität ständig erfüllt ist. Dies ist – durch die Definition von ε – genau dann gegeben, wenn das Verhältnis EP/P^* konstant bleibt, was auf verschiedenen Wegen erreicht werden kann; ihnen gemeinsam ist, dass der nominale Wechselkurs Veränderungen des relativen Preisniveaus gerade ausgleichen muss. Eine Alternative, die insbesondere für die kurzfristige Analyse äußerst sinnvoll ist und mit den Annahmen in Teil 2 des Buches übereinstimmt, liegt in der Annahme von fixen Preisen sowohl im Inland als auch im Ausland. Zusätzlich muss in diesem Fall noch von einem fixen nominalen Wechselkurs ausgegangen werden (mehr dazu in den Kapiteln 20 und 21).

b) Durch Einsetzen der Verhaltensgleichungen in die gesamtwirtschaftliche Nachfrage erhält man

$$Z = c_0 + c_1(Y - T) + b_0 + b_1 Y - b_2 i + G + x_1 Y^* - q_1 Y$$

Beachten Sie, dass $\varepsilon = 1$ laut Angabe. Im Gütermarktgleichgewicht gilt $Y = Z$ und durch Auflösen nach Y erhält man in mehreren Schritten das gleichgewichtige Einkommen in dieser Volkswirtschaft:

$$Y = c_0 + c_1 Y - c_1 T + b_0 + b_1 Y - b_2 i + G + x_1 Y^* - q_1 Y$$

$$\Leftrightarrow \quad Y = \left(\frac{1}{1 - c_1 - b_1 + q_1}\right)\left(c_0 - c_1 T + b_0 - b_2 i + G + x_1 Y^*\right) \qquad (1.)$$

c) Die ansonsten identische geschlossene Volkswirtschaft unterscheidet sich nur durch $X = 0$ (bzw. $x_1 = 0$) und $IM = 0$ (bzw. $q_1 = 0$) von der offenen Volkswirtschaft.

Mit Hilfe von (1.) gilt in der geschlossenen Volkswirtschaft:

$$\frac{dY}{dT} = -\frac{c_1}{1 - c_1 - b_1}$$

In der offenen Volkswirtschaft ergibt sich hingegen

$$\frac{dY}{dT} = -\frac{c_1}{1 - c_1 - b_1 + q_1}$$

Damit ist der Multiplikator einer geschlossenen Volkswirtschaft größer

$$\frac{c_1}{1 - c_1 - b_1 + q_1} < \frac{c_1}{1 - c_1 - b_1}$$

weil der Nenner des Multiplikators in der offenen Volkswirtschaft größer ist und für positive x, y gilt, dass $1/x > 1/y$, wenn $x < y$. Der ökonomische Grund liegt darin, dass ein Teil des zusätzlichen Einkommens durch eine Steuersenkung in

Form von Importen ins Ausland abgegeben wird und damit aus dem Multiplikatorprozess abfließt. Das Ausmaß dieses Abflusses wird von der marginalen Importneigung q_1 bestimmt.

d) Die Handelsbilanz bzw. die Nettoexporte sind hier bei konstantem ε definiert als

$$NX = X(Y^*) - IM(Y) = x_1 Y^* - q_1 Y$$

Das ausländische Einkommen Y^* bleibt im Falle einer kleinen offenen Volkswirtschaft von inländischen Einkommensentwicklungen vollkommen unberührt, es ist exogen. Der Einfluss einer Staatsausgabenerhöhung auf die Handelsbilanz erfolgt allein über die Auswirkung auf das inländische Einkommen Y (über die Importe):

$$\frac{dNX}{dG} = \frac{dNX}{dY} \cdot \frac{dY}{dG} = -q_1 \cdot \frac{1}{1 - c_1 - b_1 + q_1} \tag{2.}$$

Folglich verschlechtert sich die Handelsbilanz bei einer Staatsausgabenerhöhung. (Außerdem ist eine Staatsausgabenerhöhung in der offenen Volkswirtschaft weniger effektiv, wie aus dem zweiten Faktor ersichtlich ist. Die Argumentation erfolgt analog zur Steuersenkung in Aufgabe c).)

e) Je größer ein Land ist, desto unabhängiger ist es vom Ausland, und desto weniger muss es importieren. Der Unterschied liegt also in den marginalen Importneigungen: $q_{groß} < q_{klein}$ (die marginale Importneigung ist in der großen offenen Volkswirtschaft kleiner als in der kleinen offenen Volkswirtschaft).

Damit gilt für den Staatsausgabenmultiplikator

$$\frac{1}{1 - c_1 - b_1 + q_{groß}} > \frac{1}{1 - c_1 - b_1 + q_{klein}}$$

eine Staatsausgabenerhöhung erzeugt also in einer großen Volkswirtschaft einen stärkeren Produktionsanstieg als in einer kleinen.

Nachdem der Quotient in Gleichung (2.) mit einer steigenden Importneigung wegen

$$\frac{\partial \frac{q_1}{1 - c_1 - b_1 + q_1}}{\partial q_1} = \frac{(1 - c_1 - b_1 + q_1) - q_1}{(1 - c_1 - b_1 + q_1)^2} > 0$$

(Quotientenregel!) ansteigt, reagieren die Nettoexporte der kleinen offenen Volkswirtschaft ($q_{groß} < q_{klein}$) stärker.

Ergebnis:

- Für das *große Land* (große offene Volkswirtschaft) ist die Wirkung eines Anstiegs von G auf die *Produktion groß* und die Wirkung auf die *Handelsbilanz klein*.
- Für das *kleine Land* (kleine offene Volkswirtschaft) ist die Wirkung eines Anstiegs von G auf die *Produktion klein* und die Verschlechterung der *Handelsbilanz groß*.

Ein möglicher zweiter Effekt einer großen offenen Volkswirtschaft ist bisher ausgeklammert worden: Da ein sehr großes Land wie die USA ein wichtiger Handelspartner für viele Länder ist (obwohl die Außenhandelsquote der USA vergleichsweise niedrig ist), erhöhen sich durch den Einkommensanstieg in den USA die Exporte dieser Länder in die USA und damit ihre Einkommen; Y^* ist also nicht mehr exogen. Dieser Einkommensanstieg erhöht wiederum die Importe dieser Länder aus den USA, bzw. die Exporte der USA in diese Länder. Somit verstärken sich durch die Berücksichtigung der Endogenisierung von Y^* die beiden bereits hergeleiteten Wirkungen einer Staatsausgabenerhöhung für eine große offene Volkswirtschaft: Die Produktion wird noch stärker angehoben und die Handelsbilanz verschlechtert sich noch geringer als in einer kleinen offenen Volkswirtschaft, die keinen Einfluss auf Y^* hat.

f) Aus (1.) ergibt sich für eine Veränderung des ausländischen Einkommens

$$\frac{dY}{dY^*} = \frac{x_1}{1 - c_1 - b_1 + q_1}$$

Eine Rezession im Ausland ($Y^*\downarrow$) senkt also das inländische Einkommen. Je größer die ausländische Importneigung x_1, desto größer ist der Multiplikatoreffekt.

5. Gütermarktgleichgewicht in zwei großen offenen Volkswirtschaften

a) EU:

Aus dem Budgetdefizit $G - T = 100$ und $G = 1.000$ folgt $T = 900$. Im Gleichgewicht muss bekanntlich $Y = C + I + G + NX$ gelten, also hier

$$Y = 950 + 0{,}6(Y - 900) + 1.000 + 1.000 + 0{,}1 \cdot Y^* - 0{,}1 \cdot Y$$

$$\Leftrightarrow \quad (1 - 0{,}6 + 0{,}1)Y = 2.410 + 0{,}1 \cdot Y^*$$

$$\Leftrightarrow \quad Y = 4.820 + 0{,}2 \cdot Y^* \qquad (1.)$$

Etwas schneller geht es mit Gleichung (1.) von Aufgabe 4, wobei $b_1 = b_2 = 0$:

$$Y = \left(\frac{1}{1 - c_1 + q_1}\right)(c_0 - c_1 T + b_0 + G + x_1 Y^*)$$

$$\Rightarrow \quad Y = \left(\frac{1}{1 - 0{,}6 + 0{,}1}\right)(950 - 0{,}6 \cdot 900 + 1.000 + 1.000 + 0{,}1 \cdot Y^*)$$

$$\Rightarrow \quad Y = 4.820 + 0{,}2 \cdot Y^*$$

USA:

Aus dem Budgetdefizit $G^* - T^* = 300$ und $G^* = 1.500$ folgt $T^* = 1.200$, im Gleichgewicht gilt

$$Y^* = 300 + 0{,}8(Y^* - 1.200) + 1.100 + 1.500 + 0{,}1 \cdot Y - 0{,}1 \cdot Y^*$$

$$\Leftrightarrow \quad (1 - 0{,}8 + 0{,}1)Y^* = 1.940 + 0{,}1 \cdot Y$$

$$\Leftrightarrow \quad Y^* = 6.466{,}67 + \tfrac{1}{3} \cdot Y \qquad (2.)$$

Aus (1.) und (2.) ergibt sich

$$Y = 4.820 + 0{,}2 \cdot (6.466{,}67 + \tfrac{1}{3} \cdot Y)$$

$$\Leftrightarrow \quad Y = 6.550$$

$$\Rightarrow \quad Y^* = 6.466{,}67 + \tfrac{1}{3} \cdot 6.550 = 8.650$$

Wenn es Ihnen zu arbeitsaufwändig ist, die einzelnen Veränderungen der Ausgangssituation von Hand zu berechnen, können Sie auch ein Mathematikprogramm wie Maple oder Mathematica verwenden, das Ihnen diese Arbeit abnimmt. Der entsprechende Code in Maple lautet (`ye` = EU-BIP, `yu` = USA-BIP):

```
solve({ye=950+0.6*(ye-900)+1000+1000+0.1*yu-0.1*ye,
yu=300+0.8*(yu-1200)+1100+1500+0.1*ye-0.1*yu});
```

Versuchen Sie aber, mindestens einmal das Gleichgewicht von Hand zu berechnen. So sehen Sie beispielsweise die Größe des Multiplikators, während Maple nur das Ergebnis von $Y =$ `ye` und $Y^* =$ `yu` angibt.

b) Analyse der Handelsbilanzen:

i. Die EU erwirtschaftet einen Handelbilanzüberschuss von

$$NX = 0{,}1 \cdot Y^* - 0{,}1 \cdot Y = 0{,}1 \cdot 8.650 - 0{,}1 \cdot 6.550 = 210$$

Entsprechend müssen die USA natürlich ein Handelsbilanzdefizit im gleichen Ausmaß besitzen:

$$NX^* = 0{,}1 \cdot Y - 0{,}1 \cdot Y^* = -210$$

ii. Der Anstieg der marginalen Importneigung in der EU (= marginale Exportneigung in den USA) verändert die *NX*-Funktionen sowohl in der EU als auch in den USA:

$$NX = 0{,}1 \cdot Y^* - 0{,}15 \cdot Y \text{ und } NX^* = 0{,}15 \cdot Y - 0{,}1 \cdot Y^*$$

Als neue gleichgewichtige Produktion berechnet sich analog zu Teilaufgabe a):

$$Y = 6.113{,}33 \text{ und } Y^* = 9.523{,}33$$

Das europäische BIP reduziert sich also um 436,67, das US-BIP steigt um 873,33. Gleichzeitig sinkt der europäische Handelsbilanzüberschuss auf $NX = 35{,}33$, das US-Defizit reduziert sich entsprechend auf $NX^* = -35{,}33$.

c) Kreditfinanzierte Staatsausgabenerhöhung um 100 in

i. EU:

Die gleichgewichtige Produktion steigt auf $Y = 6.764{,}29$ und $Y^* = 8.721{,}43$ (analog zu Aufgabe a). Der Staatsausgabenmultiplikator berechnet sich als

$$\frac{dY}{dG} = \frac{6.764{,}29 - 6.550}{100} = 2{,}14$$

und ist damit kleiner als in der geschlossenen europäischen Volkswirtschaft, wo $dY/dG = 2{,}5$ wäre ($dY/dG = \Delta Y/\Delta G$, da wir ein lineares Gleichungssystem betrachten). Dafür erhöht sich Y^* um den Faktor $dY^*/dG = 0{,}71$, die Weltproduktion steigt also um $d\left(Y + Y^*\right)/dG = 2{,}85$.

USA:

Die gleichgewichtige Produktion steigt auf $Y = 6.621,43$ und $Y^* = 9.007,14$ (analog zu Aufgabe a). Der Staatsausgabenmultiplikator berechnet sich als

$$\frac{dY^*}{dG^*} = \frac{9.007,14 - 8.650}{100} = 3,57$$

und ist damit kleiner als in der geschlossenen amerikanischen Volkswirtschaft, wo $dY^*/dG^* = 5$ wäre. Dafür erhöht sich Y um den Faktor $dY/dG^* = 0,71$, die Weltproduktion steigt also um $d(Y + Y^*)/dG^* = 4,29$.

Damit hat dieselbe Staatsausgabenerhöhung einen größeren Effekt in den USA als in der EU. Die Ursache hierfür ist der größere Multiplikator der USA auf Grund der deutlich höheren marginalen Konsumneigung. Der in Aufgabe 4 e) angesprochene Effekt der Größe der Volkswirtschaft spielt hier keine Rolle, weil die marginalen Importneigungen in der Aufgabe identisch sind.

Beachten Sie: Dass die externen Effekte ($dY^*/dG = dY/dG^* = 0,71$) hier gleich sind, ist Zufall. Das Ausmaß des externen Effekts hängt ab von der Größe des jeweiligen Landes, von der marginalen Konsumneigung und der Nachfrageelastizität der Importe bzw. der marginalen Importneigung. Dies können Sie z.B. überprüfen, indem Sie die Analyse mit $NX = 0,1 \cdot Y^* - 0,15 \cdot Y$ aus Aufgabe b) ii. wiederholen.

ii. EU-Staatsausgabenerhöhung: Der Handelsbilanzüberschuss der EU sinkt auf $NX = 195,71$, entsprechend $NX^* = -195,71$.

US-Staatsausgabenerhöhung: Das Handelsbilanzdefizit der USA steigt auf $NX^* = -238,57$, entsprechend $NX = 238,57$.

Wir sehen hier also das Ergebnis von Aufgabe 4, nämlich $dY/dG > 0$ und $dNX/dG < 0$, für beide Länder bestätigt.

d) Die koordinierte Staatsausgabenerhöhung ($dG = dG^*$) in beiden Ländern bewirkt einen Produktionsanstieg auf $Y = 6.835,71$ und $Y^* = 9.078,57$.

Also ist $dY/dG\big|_{dG = dG^*} = 2,86$ und $dY^*/dG^*\big|_{dG = dG^*} = 4,29$, die Weltproduktion steigt mit dem Multiplikator

$$d(Y + Y^*)/d(G + G^*) = 3,57$$

e) Zunächst ist festzustellen, dass sich der Multiplikator in der offenen Volkswirtschaft gegenüber der geschlossenen verkleinert (vgl. Aufgabe c)). Gleichzeitig profitieren beide Länder vom externen Effekt einer expansiven Fiskalpolitik des jeweils anderen Landes, ohne dafür Kosten z.B. in Form einer höheren Verschuldung tragen zu müssen (vgl. ebenfalls Aufgabe c)). Beide Effekte senken die Anreize, eine eigenständige expansive Fiskalpolitik in einer Rezession durchzuführen.

Die Tatsache, dass es sich hier um zwei große Volkswirtschaften handelt, sorgt aber auch für einen Rückkopplungseffekt einer eigenen Staatsausgabenerhöhung, weil die jeweilige ausländische Produktion nicht exogen ist. Dieser Effekt erhöht tendenziell den Multiplikator, weil ein Anstieg des Einkommens im Ausland zu einem Anstieg der inländischen Exporte führt. Dieser Rückkopplungseffekt ist in einer kleinen offenen Volkswirtschaft nicht vorhanden.

f) Der Rückkopplungseffekt sorgt dafür, dass der externe Effekt einer eigenen Staatsausgabenerhöhung zumindest teilweise berücksichtigt („internalisiert“) wird. Dadurch wird es auch leichter, sich auf eine gemeinsame Wirtschaftspolitik zu koordinieren.

In einer Welt voller kleiner offener Volkswirtschaften berücksichtigt kein Land seinen Einfluss auf das Welteinkommen. Außerdem sind die marginalen Importneigungen dieser kleinen Volkswirtschaften tendenziell größer (vgl. Aufgabe 4 e)). Aus beiden Gründen ist der Anreiz zum Trittbrettfahren auf Kosten der anderen Staaten hier wesentlich ausgeprägter, so dass das Koordinationsproblem größer ist als bei zwei großen Wirtschaftsblöcken.

6. Dynamische, mikroökonomisch fundierte Betrachtung der Leistungsbilanz

a) Der repräsentative Haushalt kann sein Einkommen in Periode 1 konsumieren oder sparen, d.h. in Anleihen B anlegen. Alternativ kann er seinen Konsum in Periode 1 durch Kredite (d.h. $B < 0$) über sein Einkommen hinaus erhöhen. Diese Anleihen entsprechen gesamtwirtschaftlich dem Leistungsbilanzsaldo. Als Budgetrestriktion in Periode 1 ergibt sich:

$$y_1 = c_1 + B \quad \Leftrightarrow \quad B = y_1 - c_1$$

In der 2. Periode steht dem Haushalt wieder ein Einkommen zur Verfügung. Des Weiteren muss er entweder seinen verzinsten Kredit zurückbezahlen oder er erhält seine verzinsten Ersparnisse zurück. Daraus folgt als Budgetrestriktion in Periode 2:

$$c_2 = y_2 + (1+r)B$$

Gesamtwirtschaftlich bedeutet dies: Da nach der 2. Periode der Vermögenssaldo gleich 0 sein soll, muss das Land nach einem Leistungsbilanzdefizit in der 1. Periode in der 2. Periode einen Leistungsbilanzüberschuss in Höhe des ursprünglichen Defizits zuzüglich der Zinszahlung (= Nettovermögenseinkommen) erzielen. Umgekehrtes gilt für einen Leistungsbilanzüberschuss in der 1. Periode.

Einsetzen von B aus der Budgetrestriktion der 1. Periode ergibt $y_2 + (1+r)(y_1 - c_1) = c_2$ und nach Umformen die

$$\text{intertemporale Budgetrestriktion:} \quad \underbrace{y_1 + \frac{y_2}{1+r}}_{\substack{\text{Gegenwartswert des}\\ \text{Lebenseinkommens}}} = \underbrace{c_1 + \frac{c_2}{1+r}}_{\substack{\text{Gegenwartswert des}\\ \text{Lebenskonsums}}} \qquad (1.)$$

b) Wie Sie in der Mikroökonomie gelernt haben, erfolgt die Nutzenmaximierung unter Nebenbedingungen mit Hilfe eines Lagrange-Ansatzes. Hier dient die intertemporale Budgetrestriktion (1.) als Nebenbedingung.

$$\max_{c_1, c_2} U(c_1, c_2) \text{ unter der Nebenbedingung } y_1 + \frac{y_2}{1+r} - c_1 - \frac{c_2}{1+r} = 0.$$

$$L = u(c_1) + \beta u(c_2) + \lambda\left(y_1 + \frac{y_2}{1+r} - c_1 - \frac{c_2}{1+r}\right)$$

Als Bedingungen erster Ordnung erhält man

$$\frac{\partial L}{\partial c_1} = u'(c_1) - \lambda = 0 \text{ und} \tag{2.}$$

$$\frac{\partial L}{\partial c_2} = \beta u'(c_2) - \frac{\lambda}{1+r} = 0 \tag{3.}$$

Einsetzen von λ aus (2.) in (3.) ergibt $u'(c_1) = (1+r)\beta u'(c_2)$ und nach Umformen die so genannte **intertemporale Euler-Gleichung**:

$$\left(\frac{\partial U/\partial c_2}{\partial U/\partial c_1} = \right)\frac{\beta u'(c_2)}{u'(c_1)} = \frac{1}{1+r} \tag{4.}$$

Links: Grenzrate der Substitution zwischen Gegenwarts- und Zukunftskonsum, wobei der zukünftige Grenznutzen mit dem persönlichen Diskontfaktor β diskontiert wird.

Rechts: Preisverhältnis zwischen Gegenwarts- und Zukunftskonsum: $1/(1 + r)$ = Preis einer Einheit Zukunftskonsum in Einheiten des Gegenwartskonsums.

Erkennen Sie die Analogie zum normalen Zwei-Güter-Maximierungsproblem der Mikroökonomie? Dort ist die Grenzrate der Substitution zwischen beiden Gütern gleich ihrem Preisverhältnis. Genauso verhält es sich auch in diesem Zwei-Perioden-Modell: Der Unterschied ist lediglich, dass der gleichzeitige Konsum verschiedener Güter durch den Konsum eines Einheitsgutes c in unterschiedlichen Zeitperioden ersetzt wird.

c) Der Grenznutzen der Nutzenfunktion $u(c) = \ln c$ ist gegeben durch $u'(c) = 1/c$.

Einsetzen in die intertemporale Euler-Gleichung (4.) ergibt

$$\frac{\beta \cdot 1/c_2}{1/c_1} = \frac{\beta \cdot c_1}{c_2} = \frac{1}{1+r} \quad \Leftrightarrow \quad \beta c_1 = \frac{c_2}{1+r}$$

Den Konsum in der 1. Periode erhält man durch Einsetzen in die intertemporale Budgetrestriktion (1.):

$$y_1 + \frac{y_2}{1+r} = c_1 + \beta c_1$$

$$c_1 = \frac{1}{1+\beta}\left[y_1 + \frac{y_2}{1+r}\right]$$

Den Konsum in der 2. Periode kann man durch Einsetzen von c_1 in die Euler-Gleichung (4.) berechnen:

$$c_2 = \beta(1+r) \cdot c_1 = \beta(1+r) \cdot \frac{1}{1+\beta}\left[y_1 + \frac{y_2}{1+r}\right]$$

$$c_2 = \frac{\beta}{1+\beta}\left[(1+r)y_1 + y_2\right]$$

Die Beziehung von Diskontfaktor und Zeitpräferenzrate

In dieser Aufgabe wird der heutige Wert des zukünftigen Konsums mit dem individuellen Diskontfaktor β angegeben, wobei $0 < \beta < 1$; d.h., zukünftiger Konsum ist weniger wert als aktueller Konsum, die Menschen sind ungeduldig. Äquivalent zu dieser Darstellung hätte man auch eine individuelle Zeitpräferenzrate ρ angeben können ($\rho > 0$), die analog zum Marktzins r zu interpretieren ist. Es gilt immer $\beta = 1/(1+\rho)$.

Unter welcher Bedingung konsumiert der Haushalt in beiden Perioden gleich viel?

Nach der Euler-Gleichung (4.) gilt im Optimum $\beta c_1/c_2 = 1/(1+r)$. Gleicher Konsum in beiden Perioden bedeutet $c_1 = c_2 = \bar{c}$. Es muss also gelten:

$$\beta \cdot \frac{\bar{c}}{\bar{c}} = \frac{1}{1+r} \quad \Leftrightarrow \quad \beta = \frac{1}{1+r}$$

Der Haushalt konsumiert in beiden Perioden gleich viel, wenn der Diskontfaktor β, der Wert des Zukunftskonsums in Einheiten des Gegenwartskonsums, gleich dem Preis $1/(1+r)$ des Zukunftskonsums in Einheiten des Gegenwartskonsums ist!

d) Die Budgetgerade können Sie im c_1–c_2–Diagramm leichter zeichnen, indem Sie sie nach c_2 auflösen: $c_2 = y_2 + (1+r)y_1 - (1+r)c_1$. Die Steigung beträgt folglich $-(1+r)$.

Die Achsenschnittpunkte der Budgetgeraden erhalten Sie, indem Sie in der intertemporalen Budgetrestriktion einmal c_1 und einmal c_2 gleich 0 setzen:

Schnittpunkt mit c_2-Achse: $c_2 = y_2 + (1+r)y_1$.

Schnittpunkt mit c_1-Achse: $c_1 = y_2/(1+r) + y_1$.

In Abbildung 19.6 beschreibt Punkt A den Autarkiezustand und U_A das entsprechende Nutzenniveau, Punkt H den optimalen Konsum in beiden Perioden, wenn intertemporaler Handel zum Zins r möglich ist.

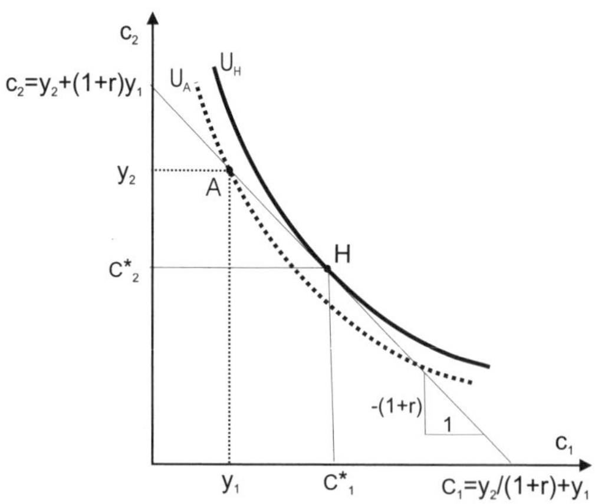

Abbildung 19.6: Intertemporale Nutzenmaximierung

e) Das Einkommen ist in beiden Perioden identisch: $y_1 = y_2 = y$.

i. Ein Leistungsbilanzüberschuss bedeutet $c_1 < y_1$; es wird gespart, d.h. ein Kredit ans Ausland vergeben. Aus Aufgabe c) wissen wir:

$$c_1 = \frac{1}{1+\beta}\left(y_1 + \frac{y_2}{1+r}\right) = \frac{1}{1+\beta}\left(y + \frac{y}{1+r}\right)$$

Wann gilt nun $c_1 < y_1 = y$?

$$\frac{1}{1+\beta}\left(y + \frac{y}{1+r}\right) \overset{?}{<} y$$

$$\Leftrightarrow \quad y + \frac{y}{1+r} < y + \beta y$$

$$\Leftrightarrow \quad \frac{1}{1+r} < \beta$$

Folglich wird der Haushalt einen Kredit ans Ausland vergeben, wenn der Auslandszins sehr hoch ist, d.h., wenn der Preis des Zukunftskonsums $1/(1 + r)$ unter seinem individuellen Wert β liegt.

Mit Hilfe der Definition der Zeitpräferenzrate ρ, nämlich $\beta = 1/(1 + \rho)$, lässt sich zeigen, dass diese Bedingung äquivalent zu $r > \rho$ ist. Der Haushalt spart in Periode 1, wenn der Auslandszins über seiner individuellen Zeitpräferenzrate liegt.

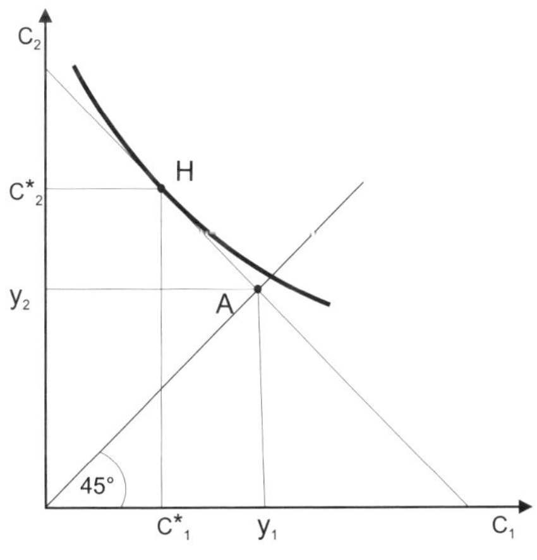

Abbildung 19.7: Konsumverzicht in der 1. Periode

ii. Gegenüber der Autarkie ergibt sich kein zusätzlicher Nutzen, wenn die Leistungsbilanz ausgeglichen ist, also wenn $c_1 = y_1$ und $c_2 = y_2$.

Dies ist hier genau dann der Fall, wenn $1/(1 + r) = \beta$ gilt (Berechnung analog zu vorigem Aufgabenteil). In Abbildung 19.8 tangiert die Indifferenzkurve die Budgetrestriktion gerade auf der 45°-Linie.

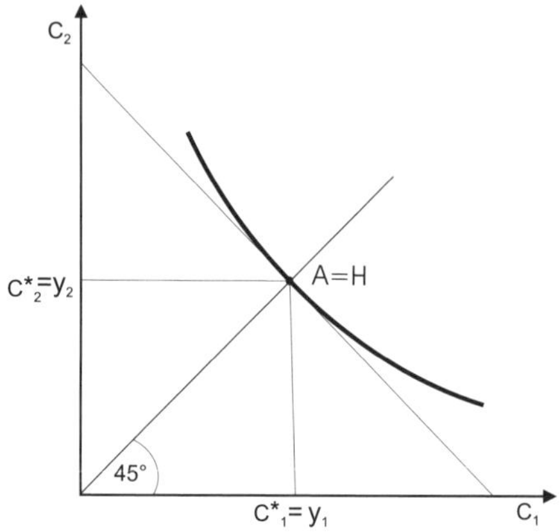

Abbildung 19.8: Kein Nutzengewinn aus der Möglichkeit zum intertemporalen Ressourcentransfer

f) Aus e) wissen wir, dass die Leistungsbilanz ausgeglichen ist, wenn $y_1 = y_2$ und $1/(1 + r) = \beta$.

   i. Ein permanenter Einkommensschock bedeutet, dass sich y_1 und y_2 im gleichen Ausmaß verändern. Grafisch kommt es zu einer Parallelverschiebung der Budgetgeraden. Folglich ändert sich das optimale Konsumverhältnis nicht und die Leistungsbilanz bleibt ausgeglichen.

   ii. Ein temporärer Einkommensschock bedeutet, dass sich nur y_1 verändert, y_2 aber konstant bleibt. Für den Fall, dass y_1 ansteigt, folgt aus der Euler-Gleichung $\beta c_1/c_2 = 1/(1 + r)$ und der Vorgabe $1/(1 + r) = \beta$, dass $c_1/c_2 = 1$ und damit konstant ist. Der repräsentative Haushalt möchte also immer in beiden Perioden gleich viel konsumieren. Dafür muss er nun in Periode 1 sparen, die gesamte Ökonomie also einen Leistungsbilanzüberschuss erzielen, und in Periode 2 über ein Leistungsbilanzdefizit diese Ersparnis aufbrauchen.

   Für den Fall, dass y_1 fällt, verhält es sich genau umgekehrt: Um die Konsumglättung über die Zeit zu erreichen, nimmt der repräsentative Haushalt in Periode 1 einen Kredit im Ausland auf, die Ökonomie leistet sich also ein Leistungsbilanzdefizit. In Periode 2 muss dieser Kredit über einen Leistungsbilanzüberschuss zurückgezahlt werden.

g) Der steigende Zinssatz bewirkt eine Drehung der Budgetgeraden im Autarkiepunkt ($c_1 = y_1$ und $c_2 = y_2$) im Uhrzeigersinn, da die Budgetgerade stärker fällt. (Zur Erinnerung: Die Steigung beträgt $-(1 + r)$.) Es ist nun wichtig, zwischen dem Substitutions- und dem Einkommenseffekt der Zinserhöhung zu unterscheiden. Da mit steigendem Zins r der Preis des zukünftigen Konsums $1/(1 + r)$ sinkt, steigt durch den **Substitutionseffekt** c_2 immer relativ zur Ausgangssituation, während c_1 immer fällt. Der **Einkommenseffekt** dagegen ist nicht eindeutig, er hängt davon ab, ob der Haushalt in der Ausgangssituation Kreditgeber oder -nehmer gewesen ist.

– Falls sich in der Ausgangssituation der Haushalt bzw. das Land in der ersten Periode verschuldet hat, steht ihm durch den Zinsanstieg insgesamt weniger Einkommen zur Verfügung, der Einkommenseffekt ist also negativ und der Haushalt sollte deshalb in beiden Perioden weniger konsumieren. Für c_1 laufen damit beide Effekte in dieselbe Richtung, der Konsum in Periode 1 sinkt, die Ersparnis steigt. Für c_2 gehen die beiden Effekte in die entgegengesetzte Richtung, weshalb der Nettoeffekt unklar ist, er hängt von der spezifischen Nutzenfunktion und dem Ausmaß des Zinsanstiegs ab. In der folgenden Abbildung 19.9 überwiegt der Substitutionseffekt, so dass c_2 ansteigt.

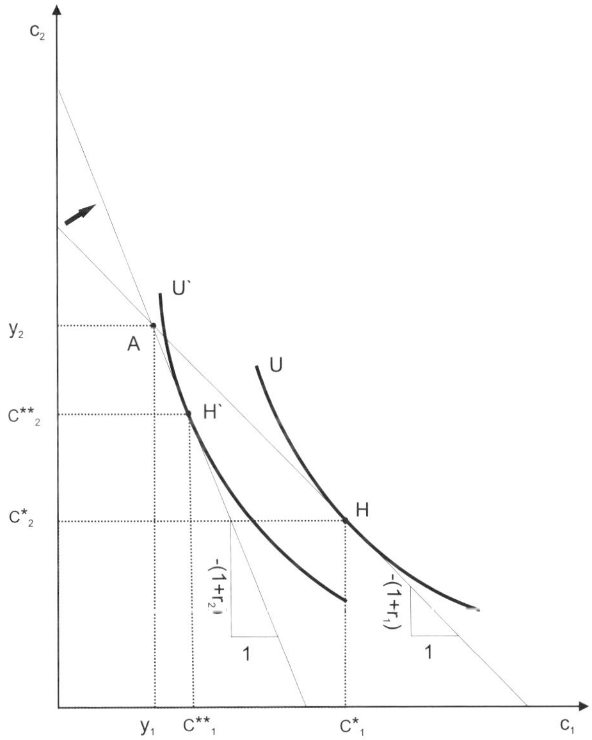

Abbildung 19.9: Auswirkungen einer Zinserhöhung für einen Schuldner in der Anfangsperiode

– Falls in der Ausgangssituation der Haushalt bzw. das Land in der ersten Periode Kreditgeber ist, steht ihm durch den Zinsanstieg insgesamt mehr Einkommen zur Verfügung, der Einkommenseffekt ist also positiv und der Haushalt sollte deshalb in beiden Perioden mehr konsumieren. Für c_2 laufen damit beide Effekte in dieselbe Richtung, der Konsum in Periode 2 steigt also an. Dagegen gehen für c_1 die beiden Effekte in die entgegengesetzte Richtung, weshalb der Nettoeffekt unklar ist und keine Aussage über den Konsum und die Ersparnis in der 1. Periode möglich ist. (Auf die grafische Darstellung verzichten wir hier; sie entspricht der vorangehenden Abbildung 19.9, nur dass *H* und *H'* oberhalb von *A* liegen.)

20 Produktion, Zinssatz und Wechselkurs

20.1 Wissens- und Verständnistests

Multiple Choice

1. Falls sowohl das inländische als auch das ausländische Preisniveau heute und in der Zukunft konstant sind, wissen wir, dass
   a) ...$Y = Y^*$.
   b) ...$r = i$.
   c) ...$NX - 0$.
   d) ...$E > 1$.
2. In der üblichen grafischen Darstellung der Zinsparitätenbeziehung bewirkt ein Anstieg des ausländischen Zinses i^*
   a) ...eine Verschiebung der Kurve nach oben.
   b) ...eine Verschiebung der Kurve nach unten.
   c) ...eine Bewegung auf der Kurve nach links oben.
   d) ...eine Bewegung auf der Kurve nach rechts unten.
3. In Japan liegen die Zinsen seit Jahren nahe 0%, während in den USA deutlich höhere Zinserträge von angenommen 4% zu erzielen waren. Ein Investor, der dennoch in Japan investierte, erwartete für den Yen/$-Kurs jährlich
   a) ...einen Anstieg um höchstens 4%.
   b) ...einen Anstieg um mindestens 4%.
   c) ...einen Rückgang um höchstens 4%.
   d) ...einen Rückgang um mindestens 4%.
4. Argentinien hatte in den 1990er Jahren einen besonders festen Wechselkurs (ein so genanntes Currency Board) mit dem US-$ als Leitwährung. Die im Vergleich zu den USA höheren Inflationsraten Argentiniens
   a) ...sorgten dort für eine reale Aufwertung.
   b) ...sorgten dort für eine reale Abwertung.
   c) ...ließen den argentinischen realen Wechselkurs unberührt.
   d) ...verbesserten die argentinische Wettbewerbsfähigkeit.

5. Aktuell liegt der €/Franken-Kurs bei 0,67 €/Franken, der schweizerische Zins bei 3% und der Zins in Euroland bei 4,5%. Bei Gültigkeit der Zinsparität beträgt der vom Markt erwartete Wechselkurs in einem Jahr damit
   a) ...0,66 €/Franken.
   b) ...0,68 €/Franken.
   c) ...0,67 €/Franken.
   d) ...keiner der genannten Wechselkurse.
6. Im Mundell-Fleming-Modell hängen die Nettoexporte vom nominalen und nicht vom realen Wechselkurs ab, weil
   a) ...beide Wechselkurse immer identisch sind.
   b) ...der Wechselkurs als fix angenommen wird.
   c) ...das inländische und das ausländische Preisniveau als fix angenommen werden.
   d) ...die Unterscheidung nur für die Zinsparität eine Rolle spielt.

Wahr/Falsch:
Welche der jeweiligen Aussagen sind wahr, welche falsch?

7. Das ausländische Zinsniveau steigt. Damit die Zinsparität weiterhin erfüllt bleibt, muss zum Beispiel
   a) ...der Wechselkurs abwerten.
   b) ...der Wechselkurs aufwerten.
   c) ...der inländische Zins steigen.
   d) ...der erwartete Wechselkurs steigen.
8. Die Nettoexporte sind genau dann eine Funktion des nominalen Wechselkurses, wenn
   a) ...die Preise im Inland konstant sind.
   b) ...die Preise im Ausland konstant sind.
   c) ...die Preise im Inland und im Ausland konstant sind.
   d) ...die Preise im Inland und im Ausland mit der gleichen Inflationsrate wachsen.
9. Im Rahmen des Mundell-Fleming-Modells aus Blanchard/Illing führt unabhängig vom Wechselkursregime
   a) ...eine expansive Geldpolitik zu einem Produktionsanstieg.
   b) ...eine expansive Fiskalpolitik zu einem Produktionsanstieg.
   c) ...eine Senkung des ausländischen Zinsniveaus zu einem Rückgang des inländischen Zinsniveaus.
   d) ...eine Einschränkung der Kapitalmobilität zu einem Verlust von geldpolitischer Autonomie.

10. Das Europäische Währungssystem (EWS) und die Europäische Währungsunion (EWU) unterscheiden sich
    a) ...durch den neuen Namen Euro für die bereits vorhandene gemeinsame Währung Ecu.
    b) ...durch die Einführung einer supranationalen Zentralbank.
    c) ...in der Möglichkeit der schnellen Veränderung der realen Wechselkurse zwischen den beteiligten Ländern.
    d) ...nicht besonders in ihren Aufgaben für die nationalen Zentralbanken der beteiligten Länder.
11. Betrachten Sie zwei Volkswirtschafen A und B, die miteinander handeln. *IS*- und *LM*-Kurve besitzen einen normalen Verlauf und es gilt die Zinsparität.
    a) Expansive Fiskalpolitik in Land B erhöht bei fixen Wechselkursen das gleichgewichtige Volkseinkommen in Land A.
    b) Expansive Geldpolitik in Land A hat bei flexiblen Wechselkursen keine Auswirkung auf das Volkseinkommen in B.
    c) Eine koordinierte Erhöhung der Staatsausgaben in beiden Ländern hat einen größeren Effekt als eine unkoordinierte Erhöhung.
    d) Wenn die Zinsen in beiden Ländern momentan nicht identisch sind, führt eine simultane Erhöhung des Zinssatzes in beiden Ländern zu einer Änderung des Wechselkurses.
12. Das Land *XY* hat einen festen Wechselkurs zum US-$ und führt eine Tobin-Steuer auf sämtliche Währungstransaktionen in Höhe von 2% ein.
    a) Mit dieser Steuer macht sich das Land wieder unabhängig von den internationalen Kapitalmärkten.
    b) Der Steuersatz ist zu gering, um einen Einfluss auf die internationalen Kapitalströme zu haben.
    c) Da sich das Land in einer schweren Rezession befindet, möchte die Zentralbank den Zins mit Hilfe einer expansiven Geldpolitik von 5% auf 2% senken. Die Tobin-Steuer ermöglicht ihr dies trotz des festen Wechselkursregimes.
    d) Das Land befindet sich in einer leichten Rezession, so dass die glaubwürdige Zentralbank den Zins vorübergehend (für 1 Jahr) von 5% auf 4% senken möchte, um die Nachfrage zu stimulieren. Sie kann durch die Steuer den festen Wechselkurs beibehalten, ohne ihre Devisenreserven angreifen zu müssen.

Basiswissen

13. *IS*-Kurve der offenen Volkswirtschaft
    a) Wie wirkt sich in der offenen Volkswirtschaft ein Anstieg der marginalen Importneigung auf die Steigung der *IS*-Kurve aus?
    b) Gehen Sie von einer geschlossenen Volkswirtschaft aus. Erklären Sie, wie sich die Öffnung der Volkswirtschaft auf die Steigung der *IS*-Kurve auswirkt.
    c) Wie wirkt sich die Veränderung der Steigung der *IS*-Kurve auf die Wirksamkeit wirtschaftspolitischer Maßnahmen aus?

14. Geldmengenänderungen in der offenen Volkswirtschaft

a) Zeigen Sie ausgehend von der nachfolgenden vereinfachten Zentralbankbilanz, wie die Zentralbank die Geldmenge in einer offenen Volkswirtschaft um 100 Einheiten verkleinern kann.

Vermögensanlagen / Aktiva		**Verbindlichkeiten / Passiva**	
Währungsreserven	200	Geldbasis	1.000
Wertpapiere aus Offenmarktgeschäften	800		

Tabelle 20.1: Beispiel einer vereinfachten Zentralbankbilanz

b) Können Sie sich vorstellen, was mit „sterilisierten" oder „neutralisierten" Devisenmarktinterventionen gemeint ist?

20.2 Übungsaufgaben

1. Zinsparität und Wechselkursbestimmung

Die Restlaufzeiten der US-Staatsanleihe A und der deutschen Staatsanleihe B seien jeweils 1 Jahr. Anleihe A verspricht bei Ablauf einen Rückzahlungsbetrag von 1.000 $, Anleihe B von 1.333,3 €. Heute müssen sie 961,54 $ für den Kauf der A-Anleihe und 1.269,81 € für die B-Anleihe bezahlen. Der aktuelle $/€-Wechselkurs sei 1 € = 1,05 $.

a) Erläutern Sie die Zinsparitätentheorie formal und anhand einer Grafik.

b) Bestimmen Sie den erwarteten Wechselkurs für den Fall, dass die Bedingung der Zinsparität gilt.

2. Mundell-Fleming-Modell (I)

Unterstellen Sie eine kleine offene Volkswirtschaft, die durch folgende Gleichungen charakterisiert ist:

$$Y = C(Y - T) + I(Y, i) + G + NX(Y, Y^*, E) \qquad \text{[Gütermarktgleichgewicht]}$$

$$\frac{M}{P} = YL(i) \qquad \text{[Geldmarktgleichgewicht]}$$

$$E = \frac{(1+i)}{(1+i^*)} \bar{E}^e \qquad \text{[Zinsparität]}$$

Gehen Sie zunächst von flexiblen Wechselkursen aus und erläutern Sie Ihre Antworten grafisch und verbal.

a) Welche Wirkungen hat eine Reduzierung der Staatsausgaben zum Abbau der Staatsverschuldung?

b) Welche Wirkungen hat eine expansive Geldpolitik?

c) Wie ändern sich Ihre Antworten zu a) und b) in einem Regime fixer Wechselkurse?

Der fixe Wechselkurs $\bar{E}$ sei 4 und der ausländische Zinssatz $i^* = 5\%$. Das Preisniveau sei $P = 1$. Die *IS*-Kurve sei durch folgende Werte beschrieben:

$$Y = 120 + 0{,}9 \cdot (Y - 100) + 110 - 400i + G + 30 - 0{,}1 \cdot E \cdot Y$$

d) Wie hoch ist die gleichgewichtige Produktion, wenn der Staat Ausgaben in Höhe von 100 tätigt?

e) Welchen Wert nimmt die neue gleichgewichtige Produktion an, wenn der Staat seine Ausgaben kreditfinanziert von 100 auf 150 erhöht? Wie verändern sich E und i?

f) Die Geldnachfrage lautet:

$$M^d = 0{,}4PY - 200i$$

Bestimmen Sie die reale Geldmenge vor und nach der Staatsausgabenerhöhung aus Teilaufgabe e).

3. Mundell-Fleming-Modell (II)

Unterstellen Sie eine kleine offene Volkswirtschaft „Latinien", die durch dieselben Gleichungen für das Gütermarktgleichgewicht, das Geldmarktgleichgewicht und die Zinsparität wie in Aufgabe 2 charakterisiert ist.

Gehen Sie von flexiblen Wechselkursen und einer ursprünglichen Gleichgewichtssituation mit $i = i^*$ aus und erläutern Sie Ihre Antworten verbal und grafisch.

a) Das *gleichgewichtige* Weltzinsniveau sinkt auf $i^{*\prime} < i$, die Weltproduktion Y^* bleibt davon unberührt. Wie verändern sich Produktion Y und Zins i in Latinien?

b) Was verändert sich zu Aufgabe a), wenn das Weltzinsniveau durch eine koordinierte expansive Geldpolitik sowohl in der Euro-Zone als auch in den USA auf $i^{*\prime} < i$ sinkt?

c) Bei Latinien handelt es sich um ein Entwicklungsland, das in der Vergangenheit seine Schulden nicht immer bedient hat. Deshalb verlangen Investoren in diesem Land einen Risikoprämienaufschlag.

   i. Wie wirkt sich diese Risikoprämie auf die Zinsparitätenbedingung aus?

   ii. In Latinien stehen Wahlen bevor, deren Ausgang unsicher ist. Internationale Investoren befürchten, ein Bündnis linksgerichteter Parteien, die ausländische Kapitalgeber für die wirtschaftliche Situation des Landes verantwortlich machen, könnte die Mehrheit gewinnen. Welche Konsequenzen ergeben sich für die Risikoprämie, den Zins und das Einkommen Latiniens?

   iii. Diskutieren Sie kritisch Ihre Ergebnisse der vorangehenden Teilaufgabe bzgl. der Entwicklung des Einkommens. Welche Faktoren könnten dazu führen, dass sich das Einkommen genau entgegengesetzt entwickelt?

d) Zwei Ökonomen, Balassa und Samuelson, veröffentlichen eine Forschungsarbeit, in der sie behaupten, dass die Wechselkurse von Entwicklungsländern auf Grund des wirtschaftlichen Konvergenzprozesses langfristig aufwerten. Die internationalen Devisenhändler haben zwar die Begründung noch nicht ganz verstanden, sie übernehmen aber das Ergebnis für ihre Anlagestrategie in Latinien. Was sind die kurzfristigen Folgen dieser Erwartungsänderung für Latinien?

e) Ein anderer Ökonom, Fama, schreibt dagegen, dass Märkte immer effizient sind und deshalb der aktuelle Preis eines Assets (= Vermögenswert wie z.B. Aktien, Immobilien oder auch Währungen) die beste Voraussage für den zukünftigen Preis sei. Übertragen in die Darstellungsweise unseres Modells bedeutet das, dass immer $E = E^e$ gilt. Wie wirkt eine expansive Geldpolitik in Latinien auf Produktion Y und Zins i in Latinien?

f) Vergleichen Sie die bisher und im gesamten Blanchard/Illing gemachte Annahme, dass der langfristige Wechselkurs E^e konstant sei, mit der Annahme von Aufgabe e), dass $E = E^e$. Welche Annahme halten Sie für gerechtfertigter?

4. Mundell-Fleming-Modell – ein Rechenbeispiel

Das Gütermarktgleichgewicht einer kleinen offenen Volkswirtschaft mit fixen Preisen $P = 1$ sei gegeben durch

$$Y = 1.000 + 0{,}8(Y - T) - 80i + G + 100\frac{1}{E}$$

E bezeichne den fixen nominalen Wechselkurs und es gelte $E = 1$ sowie $G = T = 1.500$. Die reale Geldnachfragefunktion des Landes laute

$$M/P = 0{,}4Y - 340i + 200$$

a) Nehmen Sie an, das reale Geldangebot betrage $M/P = 1.000$. Berechnen Sie den gleichgewichtigen Zinssatz i und die gleichgewichtige Produktion Y des Landes!

Gehen Sie im Folgenden davon aus, dass der Weltzinssatz $i^* = 5$ ist.

b) Wie werden Ihre Ergebnisse von Aufgabe a) durch diese neue Information beeinflusst? Wie groß ist die reale Geldmenge M/P der Volkswirtschaft?

c) Die Regierung des Landes beschließt eine Abwertung auf $E = 0{,}8$ und kann den Finanzmärkten diesen Schritt glaubwürdig als einmalige Aktion vermitteln. Berechnen Sie die neue reale Geldmenge M/P und die neue gleichgewichtige Produktion Y. Stellen Sie die Auswirkungen der Abwertung auch grafisch dar.

Betrachten Sie nun eine Situation bei *flexiblen* Wechselkursen, in der der langfristig erwartete Wechselkurs $\bar{E}^e = 1$ sei und das reale Geldangebot $M/P = 500$ betrage. (Hinweis: Die folgenden Berechnungen sind ein wenig langwierig, verdeutlichen jedoch die Effekte von Fiskalpolitik in der offenen Volkswirtschaft.)

d) Berechnen Sie den Zins i, den Wechselkurs E und die Produktion Y im Gleichgewicht.

e) Ermitteln Sie, wie sich die drei Variablen bei einer Steuersenkung um 100 verändern, wenn die Staatsausgaben konstant bleiben. Stellen Sie die Auswirkungen der Steuererhöhung auch grafisch dar.

f) Vergleichen Sie Ihr Ergebnis von Aufgabe e) mit der Auswirkung der gleichen Steuersenkung in einer *geschlossenen* Volkswirtschaft. Nehmen Sie zur direkten Vergleichbarkeit an, dass die Nettoexporte $NX\ (E = 1) = 100$ in der geschlossenen Volkswirtschaft zum autonomen Konsum addiert werden.

5. Wirtschaftspolitik in „Transformatien"

Die kleine, offene Volkswirtschaft „Transformatien" grenzt direkt an die Europäische Währungsunion (EWU). Alle internationalen Güter- und Finanztransaktionen Transformatiens finden nur im Austausch mit der EWU statt. Die Volkswirtschaft weist folgende Gleichgewichtsbedingungen auf:

$$Y = C(Y - T) + I(Y, i) + G + NX(Y, Y^*, E)$$

$$M/P = YL(i)$$

Das Preisniveau sei konstant. Die Marshall-Lerner-Bedingung gilt. Transformatien hat seinen Wechselkurs an die europäische Einheitswährung Euro angebunden (fixe Wechselkurse).

a) Die Regierungen der Mitglieder der EWU entschließen sich gemeinsam zu einer massiven Steuersenkung in allen Mitgliedsstaaten, um die Konsumnachfrage in der EWU anzukurbeln. Der Weltmarktzins wird hierdurch nicht beeinflusst, da die Europäische Zentralbank (EZB) gleichzeitig expansive Geldpolitik betreibt. Erläutern Sie anhand einer Grafik und in Stichworten, welche Wirkungen diese Maßnahme auf Einkommen, Zinssatz und Nettoexporte von Transformatien hat!

b) Gehen Sie davon aus, dass keine fiskalpolitischen Maßnahmen durchgeführt werden. Die EZB führt eine restriktive Geldpolitik durch. Erläutern Sie die Effekte dieser Aktion auf Produktion und Zinssatz in Transformatien grafisch und in Stichworten, wenn das Fixkursregime beibehalten wird und alle Markteilnehmer dies erwarten!

c) Aufgrund der Terroranschläge am 11. September 2001 habe sich das Investorenvertrauen Transformatiens erheblich verschlechtert. Analysieren Sie stichwortartig anhand einer Grafik die Auswirkungen eines Rückgangs der autonomen Investitionen auf Einkommen Y und Zinssatz i.

Lösungen zu Kapitel 20

20.1 Wissens- und Verständnistests

Multiple Choice

1. b)
2. a)
3. d)
4. a)
5. b)
6. c)

Wahr/Falsch

7. W, F, W, W
8. F, F, W, W
9. F, W, W, F
10. F, W, W, F
11. W, F, W, W
12. F, F, F, W

Basiswissen

13. *IS*-Kurve der offenen Volkswirtschaft
    a) Ein Anstieg der marginalen Importneigung führt dazu, dass der Multiplikatoreffekt einer Nachfrageerhöhung kleiner wird (vgl. Kapitel 19.1, Aufgabe 6). Derselbe Zinsanstieg hat damit einen geringeren Effekt auf die Produktion, die *IS*-Kurve wird also steiler.
    b) In der geschlossenen Volkswirtschaft verläuft die *IS*-Kurve fallend, weil niedrigere Zinsen i die Investitionen I anregen und über den Multiplikatoreffekt die Produktion Y ansteigen lassen. Dieser Wirkungszusammenhang bleibt auch in der offenen Volkswirtschaft bestehen. Zusätzlich sorgen hier aber niedrigere Zinsen für einen Kapitalabfluss und damit für ein Überangebot an heimischer Währung

auf dem Devisenmarkt. Folglich wertet die inländische Währung ab (*E* sinkt), wodurch (bei Gültigkeit der Marshall-Lerner-Bedingung, was von jetzt an immer angenommen wird) die Nettoexporte *NX* ansteigen. In der offenen Volkswirtschaft bestehen also zwei Kanäle, über die *i* auf *Y* wirken kann, nämlich über *I* und über *NX*, weshalb dieselbe Zinsänderung ceteris paribus einen stärkeren Effekt auf *Y* hat und die *IS*-Kurve flacher verlaufen sollte.

Die Nettoexporte sind aber nicht allein vom Wechselkurs, sondern auch von *Y* und der marginalen Importneigung abhängig. Im Vergleich zur geschlossenen Volkswirtschaft steigt diese von 0 auf einen positiven Wert. Wie in Aufgabe a) analysiert, lässt dieser Effekt die *IS*-Kurve steiler werden.

Der Gesamteffekt der Öffnung der Volkswirtschaft auf die *IS*-Kurve ist damit unklar. Überwiegt bei den Nettoexporten der Zinseffekt über den Wechselkurskanal, wird die *IS*-Kurve flacher, überwiegt dagegen der Einkommenseffekt auf die Importe, wird die *IS*-Kurve steiler. Empirisch kommt dem Zinseffekt eine größere Bedeutung als dem Einkommenseffekt zu, so dass die *IS*-Kurve in der offenen Volkswirtschaft in der Regel flacher als in der geschlossenen verläuft.

c) Dieselbe Geldmengenänderung sorgt immer noch für dieselbe Verschiebung der *LM*-Kurve, weil im Mundell-Fleming-Modell angenommen wird, dass nur Inländer inländische Währung halten wollen. Die Geldnachfrage ist also von der Öffnung der Volkswirtschaft nicht beeinflusst. Damit gilt wie in Kapitel 5.1, Aufgabe 18 e), dass eine *flachere IS*-Kurve die **Geldpolitik** *wirksamer* werden lässt, die damit einen stärkeren Einfluss auf *Y* besitzt.

Dagegen ist die **Fiskalpolitik** umso *wirksamer*, je *steiler* die *IS*-Kurve verläuft. Der Grund ist, dass eine steilere *IS*-Kurve eine relativ geringere Sensitivität der Investitionen und der Nettoexporte gegenüber dem inländischen Zins widerspiegelt. Das bedeutet, dass dieselbe Zinserhöhung, die durch zusätzliches Einkommen ausgelöst wird (unveränderte *LM*-Kurve), einen geringeren Dämpfungseffekt auf *I* und *NX* bewirkt und damit dieselbe fiskalpolitische Maßnahme einen größeren Effekt auf die Produktion hat.

14. Geldmengenänderungen in der offenen Volkswirtschaft

a) Die Zentralbank kann die Geldmenge wie in der geschlossenen Volkswirtschaft durch den Verkauf von Wertpapieren im Rahmen eines Offenmarktgeschäftes reduzieren:

Vermögensanlagen /Aktiva		**Verbindlichkeiten / Passiva**	
Währungsreserven	200	Geldbasis	900
Wertpapiere aus Offenmarktgeschäften	700		

Tabelle 20.2: Auswirkung des Verkaufs von Wertpapieren im Rahmen eines Offenmarktgeschäftes auf die Zentralbankbilanz

Als neue Alternative in der offenen Volkswirtschaft steht der Zentralbank auch eine Intervention am Devisenmarkt zur Verfügung: Wenn sie mit ihren Währungsreserven eigene Währung aufkauft, reduziert sie die umlaufende Bargeldmenge und damit ebenfalls die Geldbasis:

Vermögensanlagen /Aktiva		Verbindlichkeiten / Passiva	
Währungsreserven	100	Geldbasis	900
Wertpapiere aus Offenmarktgeschäften	800		

b) Unter „sterilisierten" oder „neutralisierten" Devisenmarktinterventionen versteht man die gleichzeitige Durchführung eines der Devisenmarktintervention entgegen gerichteten Offenmarktgeschäfts, so dass die Geldbasis konstant bleibt. Ausgehend von der Situation in a) führt der sterilisierte Verkauf von 100 Einheiten der Währungsreserven zu folgender neuer Zentralbankbilanz:

Vermögensanlagen / Aktiva		Verbindlichkeiten / Passiva	
Währungsreserven	100	Geldbasis	1.000
Wertpapiere aus Offenmarktgeschäften	900		

Sterilisierte Devisenmarktinterventionen

Die Idee, die sterilisierten Devisenmarktinterventionen zugrunde liegt, ist das Vorliegen von Friktionen zwischen dem Geldmarkt und dem Devisenmarkt und der Wille der Zentralbank, ein starkes Schwanken des Wechselkurses zu verhindern. Reagiert die Zentralbank z.B. auf einen durch $i^* > i$ ausgelösten Kapitalexport und damit auf einen Abwertungsdruck mit Devisenverkäufen, um den Wechselkurs zu stabilisieren, und sterilisiert sie diese Intervention gleichzeitig über Offenmarktgeschäfte, um die inländische Geldmenge und damit den Zins i konstant zu halten, wird dadurch bei perfekten Märkten nur ein weiterer Kapitalexport und somit wieder ein Abwertungsdruck ausgelöst.

⇒ Bei perfekter Kapitalmobilität machen sterilisierte Devisenmarktinterventionen keinen Sinn.

20.2 Übungsaufgaben

1. Zinsparität und Wechselkursbestimmung

a) Die Zinsparitätentheorie besagt, dass die erwartete Rendite in heimischer Währung (hier: €) bei jeder Anlage (z.B. einer Anleihe) gleich hoch sein muss, egal ob die Anlage in € oder einer Fremdwährung notiert ist (hier: $).

$$(1+i_t) = (1+i_t^*)\frac{E_t}{E_{t+1}^e} \qquad (1.)$$

Als Approximation dieser Gleichung gilt äquivalent (2.): Der Zinssatz im Inland i muss gleich sein dem Zinssatz im Ausland i^* minus der erwarteten Aufwertungsrate der inländischen Währung. Zur Herleitung: (1.) kann geschrieben werden als

$$(1+i_t) = \frac{(1+i_t^*)}{[1+(E_{t+1}^e - E_t)/E_t]}$$

Nach Logarithmieren und Verwenden der Approximation $\ln(1+x) \approx x$ bleibt

$$i_t = i_t^* - \frac{E_{t+1}^e - E_t}{E_t} \qquad (2.)$$

Dementsprechend passt sich der Wechselkurs so an, dass er den Devisenmarkt ins Gleichgewicht bringt. Angenommen, der für die Zukunft erwartete Wechselkurs sei konstant $\bar{E}^e$, dann lässt sich die vorangegangene Gleichung umstellen zu

$$E = \frac{E^e}{1-i+i^*}$$

Positiver Zusammenhang zwischen inländischem Zinssatz und Wechselkurs: Bei gegebenem zukünftig erwartetem Wechselkurs und gegebenem Zinssatz im Ausland führt ein Anstieg des inländischen Zinssatzes zu einer Zunahme des Wechselkurses – äquivalent dazu: zu einer Aufwertung der inländischen Währung. Fällt der Zinssatz im Inland, sinkt der Wechselkurs – die inländische Währung wertet ab. Wenn der inländische Zinssatz (z.B. in Europa) steigt, werden Anlagen in Europa (z.B. im Vergleich zu USA) attraktiver, die Nachfrage nach Euro steigt und der Euro wertet auf. Der Euro muss dabei gerade so stark aufwerten, dass seine dann in Zukunft erwartete Abwertung den Anstieg des europäischen Zinssatzes exakt kompensiert. Wenn dies der Fall ist, sind die Kapitalanleger indifferent und es herrscht wieder Gleichgewicht.

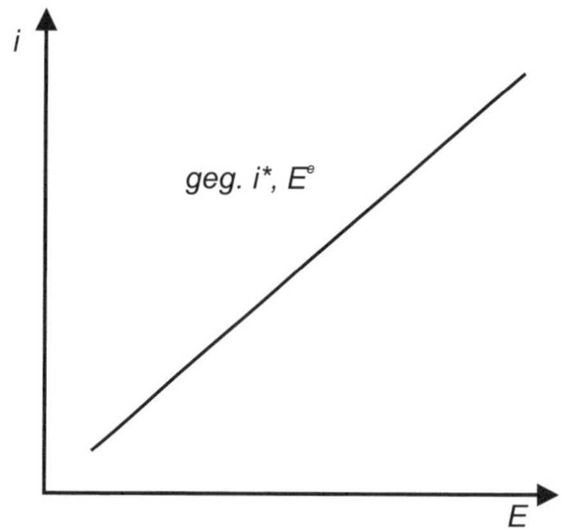

Abbildung 20.1: Zinsparitätenbedingung

b) Verzinsung einer Anleihe nach einer Periode:

$$i = \frac{\textit{Kurs der Anleihe zum Zeitpunkt } t+1}{\textit{Kurs der Anleihe zum Zeitpunkt } t} - 1$$

Damit ist der Zins der Anleihe A $i_A = \frac{1.000\ \$}{961{,}54\ \$}$ und der Anleihe B

$$i_B = \frac{1.333{,}3\ €}{1.269{,}81\ €} - 1 = 5{,}00\%.$$

Bei Gültigkeit der Zinsparität ergibt sich damit als exakter Wert für den erwarteten Wechselkurs aus Gleichung (1.), wenn man Deutschland als Inland betrachtet und die Mengennotierung \$/€ verwendet:

$$E_1^e = E_0 \frac{(1+i_A)}{(1+i_B)} = 1{,}05 \frac{\$}{€} \cdot \frac{1{,}04}{1{,}05} = 1{,}04 \frac{\$}{€}$$

Verwenden Sie statt der exakten Form (1.) die Approximation der Zinsparität (2.), erhalten Sie als Ergebnis $E_1^e = 1{,}0395 €/\$$.

Äquivalente Ergebnisse erhalten Sie natürlich, wenn Sie die USA als Inland betrachten und/oder die Preisnotierung des Wechselkurses verwenden.

Probleme der Zinsparität in der Realität

Die Gültigkeit der Zinsparität in der Realität ist aus zwei Gründen eingeschränkt: Zum einen werden Transaktionskosten nicht berücksichtigt, zum anderen werden Risikogesichtspunkte vernachlässigt, obwohl E_1 unsicher ist. Dennoch liefert die Zinsparität eine gute Approximation für reiche Länder mit hoch entwickelten Finanzmärkten.

2. Mundell-Fleming-Modell (I)

a) Ersetzt man in der *IS*-Kurve den Wechselkurs *E* mit Hilfe der Gleichgewichtsbedingung des Devisenmarktes (= Zinsparität), so gelangt man zum „*IS*/*LM*-Modell der offenen Volkswirtschaft":

IS: $$Y = C(Y-T) + I(Y,i) + G + NX\left(Y, Y^*, \frac{1+i}{1+i^*}\bar{E}^e\right) \quad (1.)$$

LM: $$\frac{M}{P} = Y \cdot L(i) \quad (2.)$$

Durch eine Reduzierung der Staatsausgaben *G* kommt es zu einem Rückgang der gesamtwirtschaftlichen Nachfrage; die *IS*-Kurve verschiebt sich nach links. Im neuen Gleichgewicht sind der Output *Y* und der Zins *i* folglich niedriger als im alten Gleichgewicht. Der niedrigere Zins führt zu einem Kapitalabfluss, dadurch entsteht ein Überangebot an inländischer Währung auf dem Devisenmarkt und der Wechselkurs *E* sinkt, d.h., es kommt zu einer Abwertung der inländischen Währung, bis die Zinsparitätenbedingung wieder erfüllt ist ($i = i^*$ – *erwartete Auf-*

wertung). Mit dem Output sinkt auch das verfügbare Einkommen, was zu einem geringeren Konsum *C* und, verstärkt durch den höheren Wechselkurs, zu höheren Nettoexporten *NX* führt. Wie sich die Investitionen *I* verändern, hängt davon ab, ob der positive Effekt des gesunkenen Zinses oder der negative Effekt des gesunkenen Einkommens überwiegt.

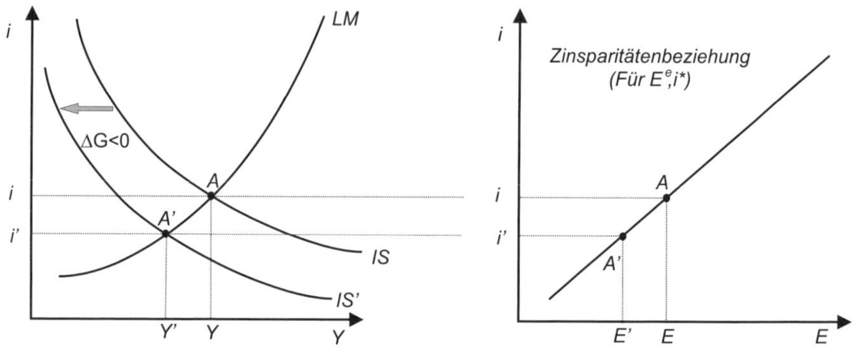

Abbildung 20.2: Auswirkungen einer Staatsausgabenreduktion bei flexiblen Wechselkursen

b) Durch expansive Geldpolitik kommt es zu einer Ausweitung der nominalen Geldmenge *M* und damit (bei konstantem Preisniveau *P*) auch zu einer Ausweitung der realen Geldmenge *M*/*P*; die *LM*-Kurve verschiebt sich nach unten. (Bei gegebenem *Y* führt das Überangebot an Geld zu einer Überschussnachfrage nach Wertpapieren. Deren Kurse steigen und der Zins sinkt.) Der gesunkene Zinssatz *i* lässt die Investitionsnachfrage *I* und somit den Output *Y* ansteigen, durch das gestiegene Einkommen steigt auch der Konsum *C*. Gleichzeitig verringert der sinkende Zins den Wechselkurs *E*, führt also zu einer Abwertung der inländischen Währung. Wie sich die Nettoexporte *NX* verändern, hängt davon ab, ob der negative Effekt des gestiegenen Einkommens oder der positive Effekt des gesunkenen Wechselkurses überwiegt.

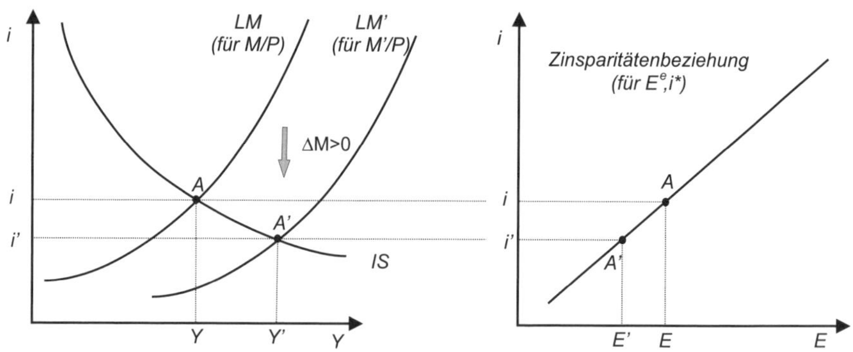

Abbildung 20.3: Auswirkungen einer Geldmengenerhöhung bei flexiblen Wechselkursen

c) Hält die Zentralbank mit ihrer Politik den Wechselkurs konstant, so befindet sich die Volkswirtschaft in einem **System fester Wechselkurse**, d.h. $E = \bar{E} = \bar{E}^e$. Damit die Gleichgewichtsbedingung des Devisenmarkts erfüllt ist, muss daher stets $i = i^*$ gelten.

– Durch eine Reduzierung der Staatsausgaben *G* kommt es zu einem Rückgang der gesamtwirtschaftlichen Nachfrage; die *IS*-Kurve verschiebt sich nach links. Damit in dieser Situation der Zinssatz nicht unter das Weltmarktniveau sinkt, muss die Zentralbank die Geldmenge *M* verknappen (entweder durch Aufkauf heimischer Währung am Devisenmarkt oder auf dem „normalen“ Weg über eine Offenmarktoperation); die *LM*-Kurve verschiebt sich nach oben, bis sie die neue *IS*-Kurve auf Höhe des Weltmarktzinses schneidet. Im neuen Gleichgewicht ist der Output *Y* folglich niedriger als im alten Gleichgewicht. Mit dem Output sinkt auch das verfügbare Einkommen, was zu einem geringeren Konsum *C*, zu höheren Nettoexporten *NX* und geringeren Investitionen *I* führt. Die Veränderungen von Output, Konsum und Investitionen fallen stärker aus als im Fall flexibler Wechselkurse. Dies ist dadurch zu erklären, dass die kontraktive Fiskalpolitik der Regierung die Zentralbank dazu zwingt, eine kontraktive Geldpolitik zu betreiben, um Zins und Wechselkurs stabil zu halten.

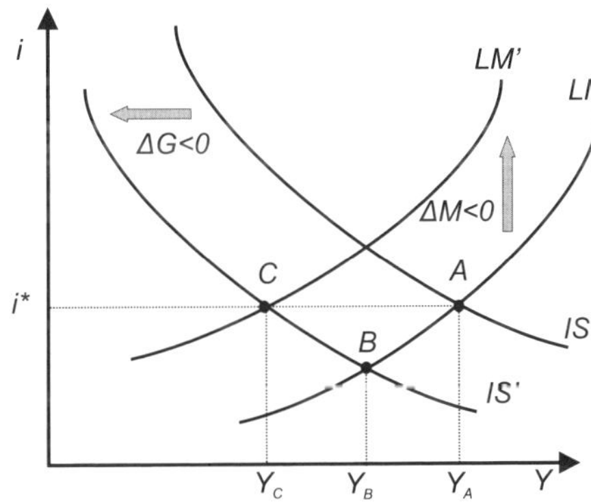

Abbildung 20.4: Auswirkungen einer Staatsausgabenreduktion bei fixen Wechselkursen

– Die Zentralbank kann und darf Geldpolitik nicht als Mittel der Konjunkturpolitik, sondern nur zur Stabilisierung von Zins und Wechselkurs einsetzen, also nur dann, wenn der Zins sonst vom Weltmarktzins i^* abzuweichen droht.

Der Versuch einer expansiven Geldpolitik würde den Zins *i* tendenziell sinken lassen. Jede Zinssenkung lässt aber sofort Kapital aus dem Land abfließen, wodurch ein Abwertungsdruck auf den Wechselkurs entstunde. Bei einem fixen Wechselkurs muss die Zentralbank deshalb inländische Währung mit Devisen aufkaufen, wodurch sie die inländische Geldmenge reduziert und damit ihre ursprüngliche Geldmengensteigerung konterkariert.

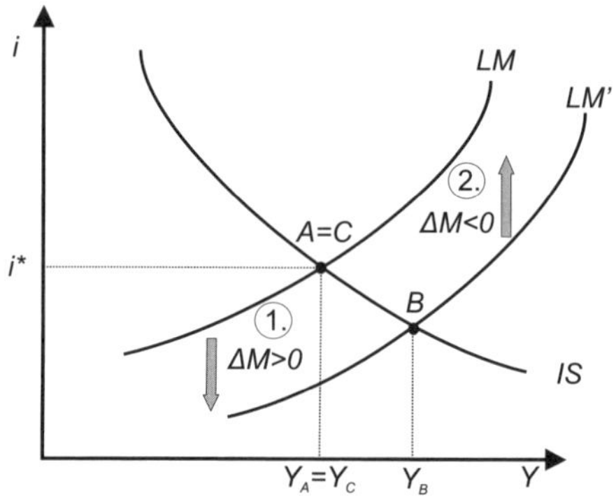

Abbildung 20.5: Auswirkungen einer Geldmengenerhöhung bei fixen Wechselkursen

d) Wegen $i = i^*$ und $E = \bar{E} = \bar{E}^e$ bei einem fixen Wechselkursregime kann man hier $G = 100$, $E = 4$, $i = 5\%$ in die *IS*-Kurve einsetzen und nach *Y* auflösen:

$$Y = 120 + 0{,}9(Y - 100) + 110 - \ \ 00 \cdot 0{,}05 + 100 + 30 - 0{,}1 \cdot (4) \cdot Y$$

$$Y(1 - 0{,}9 + 0{,}4) = 250$$

$$Y = 500$$

e) Statt $G = 100$ nun $G = 150$ in die *IS*-Gleichung einsetzen. *E* und *i* ändern sich *nicht*, da der Wechselkurs fixiert ist!

$$Y(1 - 0{,}9 + 0{,}4) = 300$$

$$Y = 600$$

f) Reale Geldmenge: Geldnachfrage durch $P = 1$ teilen und $Y = 500$ bzw. $Y = 600$ und jeweils $i = 5\%$ einsetzen:

Bei $G = 100$ beträgt $M/P = M = 0{,}4 \cdot 500 - 200 \cdot 0{,}05 = 190$.

Bei $G = 150$ beträgt $M/P = M = 0{,}4 \cdot 600 - 200 \cdot 0{,}05 = 230$.

Die Zentralbank musste durch eine Geldmengenerhöhung auf die expansive Fiskalpolitik reagieren, um den Zins *i* und damit den Wechselkurs *E* konstant zu halten.

3. Mundell-Fleming-Modell (II)

a) Die ausländische Zinssenkung bewirkt wegen $i > i^{*\prime}$ einen Kapitalzufluss ins Inland und damit eine Überschussnachfrage nach latiniensischer Währung, was zu einem Aufwertungsdruck führt. Bei flexiblen Wechselkursen wird diese Aufwertung auch realisiert. Dadurch verliert Latinien an Wettbewerbsfähigkeit gegenüber dem Ausland und seine Nettoexporte *NX* sowie über den Multiplikatoreffekt auch *Y* gehen zurück (➔ Punkt *B* in Abbildung 20.6).

Durch $Y \downarrow$ entsteht bei gegebenem Geldangebot ein Überschussangebot an Geld bzw. eine Überschussnachfrage nach Wertpapieren, die Kurse steigen und *i* sinkt. Dieser Zinsrückgang lässt die Investitionen *I* ansteigen und begrenzt den negativen Effekt sowohl auf *E* und damit *NX* wie auf *Y* (➔ Punkt *C* in Abbildung 20.6).

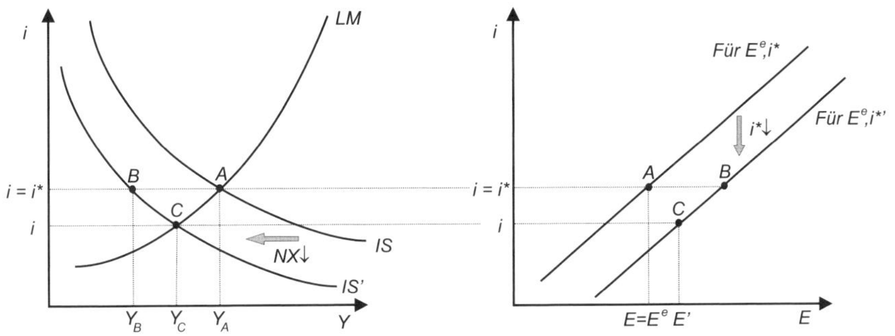

Abbildung 20.6: Auswirkungen einer Senkung von i^* bei flexiblen Wechselkursen

Die Entwicklung wird in Abbildung 20.6 zusammengefasst: $i^* \downarrow$ verschiebt die Zinsparitätenbedingung nach unten (gegeben der jeweiligen erwarteten Aufwertung $\left(\bar{E}^e - E\right)/E$ ist die Bedingung immer für niedrigere i erfüllt). Da die Geldpolitik nicht reagiert (M ist konstant), wirkt sich die Aufwertung allein auf die Nettoexporte und damit die *IS*-Kurve aus. Sie verschiebt sich nach links und es kommt zu einem neuen Gleichgewicht mit niedrigerem Zins und Einkommen in Punkt C.

Wechselkursveränderungen und die *IS*-Kurve

Sie haben nun unterschiedliche Auswirkungen von Wechselkursveränderungen auf die *IS*-Kurve über die Wirkung auf die Nettoexporte untersucht. Einmal, in Aufgabe 2 a) und b), sorgte die Abwertung der inländischen Währung für eine **Bewegung auf** der *IS*-Kurve, dieses Mal hat sich die *IS*-Kurve durch die Aufwertung **verschoben**. Haben wir hier etwas durcheinander gebracht?

Nein. Die Gleichung der *IS*-Kurve in der offenen Volkswirtschaft ist gegeben durch Gleichung (1.) von Aufgabe 2:

$$Y = C(Y-T) + I(Y,i) + G + NX\left(Y, Y^*, \frac{1+i}{1+i^*}\bar{E}^e\right).$$

Endogene Variablen in Kombination mit der *LM*-Kurve sind hier nur i und Y, alle anderen Variablen (G, T, Y^*, $\bar{E}^e$ und eben i^*) sind dagegen exogen; der über die Zinsparitätenbedingung ebenfalls endogene Wechselkurs E wurde bereits in der *NX*-Funktion substituiert. In Aufgabe 2 a) sorgte $G \downarrow$ für $Y \downarrow$ und damit $i \downarrow$, in Aufgabe 2 b) wurde dagegen die Geldmenge M erhöht und dadurch $i \downarrow$. In beiden Fällen sorgte der endogene Inlandszins $i \downarrow$ für $E \downarrow$ (wir bewegten uns auf der Zinsparitätenkurve) und zusammen mit dem ebenfalls endogenen ΔY für den Effekt auf die Nettoexporte. Bei gegebenem i blieben aber E ebenso wie die Nettoexporte konstant. Deshalb haben wir uns **auf** der *IS*-Kurve bewegt.

In Aufgabe 3 a) dagegen wird die Aufwertung $E \uparrow$ nicht von $i \uparrow$, sondern von $i^* \downarrow$ ausgelöst, die Zinsparitätenkurve verschiebt sich. Diese Veränderung ist im i-Y-Diagramm von Abbildung 20.6 noch nicht enthalten: Für jedes gegebene inländische Zinsniveau i ist der Wechselkurs E jetzt höher (= Aufwertung) und damit sind die Nettoexporte ebenso wie die inländische Produktion Y niedriger $\Rightarrow$ die *IS*-Kurve **verschiebt** sich nach links.

b) Wie in a) bewirkt $i > i^{*\prime}$ bei flexiblen Wechselkursen eine Aufwertung, die ceteris paribus die *IS*-Kurve nach links verschiebt.

Durch die expansive Geldpolitik verschiebt sich die Welt-*LM*-Kurve nach unten und die Weltproduktion Y^* steigt durch das gesunkene Weltzinsniveau auf $i^{*\prime}$. Der Anstieg von Y^* lässt die latiniensischen Exporte X und damit auch die Nettoexporte NX ceteris paribus ansteigen. Über den Multiplikator steigt auch Y, wobei der Anstieg wieder von einer im *IS-LM*-Modell exogenen Variable (Y^*) ausgelöst wird und deshalb die *IS*-Kurve ceteris paribus nach rechts verschiebt.

Wie sich die NX insgesamt verändern, hängt davon ab, ob der positive Effekt des gestiegenen Welteinkommens oder der negative Effekt der Aufwertung überwiegt.

c) Die Auswirkungen eines Risikoprämienaufschlags:

i. In der bekannten Form besagt die Zinsparität, dass die Verzinsung im Inland gleich dem Weltzins abzüglich der erwarteten Aufwertung sein muss:

$$i = i^* - \left(\bar{E}^e - E\right)/E$$

Verlangen die internationalen Investoren zusätzlich einen Risikoaufschlag ρ, weil sie sich dem Risiko der Nichtrückzahlung ihrer Kredite ausgesetzt sehen, muss der inländische Zins genau um diesen Risikoaufschlag ansteigen, die Zinsparitätenbedingung heißt nun

$$i = i^* - \left(\bar{E}^e - E\right)/E + \rho$$

und die Zinsparitätenkurve verschiebt sich nach oben.

ii. Ein Anstieg der Risikoprämie ρ hat die entgegengesetzten Effekte wie der Rückgang des gleichgewichtigen Weltzinses i^* in Aufgabe a). Für ein gegebenes Zinsniveau bewirkt er einen Kapitalabfluss und damit ein Überschussangebot an latiniensischer Währung, was zu einem Abwertungsdruck führt. Bei flexiblen Wechselkursen wird diese Abwertung auch realisiert. Dadurch gewinnt Latinien an Wettbewerbsfähigkeit gegenüber dem Ausland und seine Nettoexporte NX steigen.

Der Anstieg von NX lässt Y über den Multiplikator ansteigen, dadurch entsteht bei gegebenem Geldangebot eine Überschussnachfrage nach Geld bzw. ein Überschussangebot an Wertpapieren, die Kurse sinken und i steigt. Dieser Zinsanstieg lässt die Investitionen I sinken und begrenzt den positiven Effekt sowohl auf E und damit NX wie auf Y. Insgesamt steigt die Produktion Y aber überraschenderweise.

iii. Dieses Ergebnis überrascht, weil ein Anstieg der Risikoprämie ρ (ausländisches) Kapital teuerer macht und deshalb eigentlich ein Rückgang von Y zu erwarten wäre. Tatsächlich sinken die Investitionen hier auch, aber lediglich als Zweitrundeneffekt in Reaktion auf $NX \uparrow \rightarrow Y \uparrow \rightarrow i \uparrow$. Wichtiger ist, dass die internationalen Investoren für jeden gegebenen Zins i mit einer erwarteten Aufwertung für den Anstieg der Risikoprämie kompensiert werden müssen. Deshalb muss E gegeben i sinken (= Abwertung heute) und dadurch erhöhen sich NX.

Es gibt aber drei Gründe, die einen solchen Anstieg der Produktion Latiniens *Y* in der Realität verhindern: Erstens ist es möglich, dass die Zentralbank Latiniens die starke Abwertung durch eine Reduktion der Geldmenge *M* und damit von *M*/*P* verhindern möchte. Zweitens könnte die Abwertung der Währung Latiniens die Preise der Importgüter plötzlich erhöhen, wodurch sich *P* und damit die reale Geldmenge *M*/*P* ebenfalls reduzieren könnte. Drittens sind wir bisher davon ausgegangen, dass die inländische Geldnachfrage *L* (*i*) unabhängig von der Risikoprämie ρ ist. Wenn aber Geld im Vergleich zu nicht ausfallsicheren Wertpapieren als sicher angesehen wird, erhöht sich ceteris paribus die Geldnachfrage. In allen drei Fällen würde sich die *LM*-Kurve nach oben verschieben und tendenziell der Zins *i* bzw. der Wechselkurs *E* ansteigen. Beide Effekte sorgen tendenziell für einen Rückgang der Produktion *Y*, der Gesamteffekt hängt von den exakten Reaktionen ab.

Wenn somit die kurzfristigen konjunkturellen Effekte des Risikoprämienanstiegs nicht eindeutig bleiben, sind gerade für Entwicklungsländer auch die langfristigen Wachstumseffekte zu berücksichtigen. Hier ist der induzierte Zinsanstieg, der die Investitionen und damit die Kapitalakkumulation eindeutig zurückgehen lässt, besonders schädlich. Deshalb sollten Entwicklungsländer keine Erhöhung ihrer Risikoprämie anstreben, im Gegenteil.

d) Die internationalen Devisenhändler erwarten also durch diese Studie plötzlich langfristig eine Aufwertung, d.h. E^e steigt. Dadurch verschiebt sich die Zinsparitätenkurve nach unten: Für jedes gegebene Zinsniveau *i* wird die notwendige erwartete Aufwertung über die Laufzeit der Anleihen nur durch einen entsprechend höheren (= aufgewerteten) Wechselkurs *E* heute induziert.

Ökonomisch sorgt $E^e \uparrow$ dafür, dass die Anlage in Latinien attraktiver wird, es kommt zu einem Kapitalzufluss und damit zu einem Aufwertungsdruck. Die Auswirkungen von $E^e \uparrow$ auf *Y* und *i* sind also identisch mit denen von $i^* \downarrow$, was in Aufgabe a) bereits analysiert wurde.

Balassa-Samuelson-Effekt

1964 beschrieben Balassa und Samuelson in zwei unabhängigen Arbeiten tatsächlich diesen Effekt. Eine einfache Erklärung finden Sie z.B. in Krugman und Obstfeld (2009, S. 524ff.), eine formale Darstellung z.B. in Obstfeld und Rogoff, *Foundations of International Macroeconomics* (1996, S. 210ff).

Die Idee: Es existieren handelbare und nichthandelbare Güter. Entwicklungsländer sind bei der Herstellung handelbarer Güter (z.B. Fernseher) weniger produktiv als reiche Länder, bei den nichthandelbaren Gütern (z.B. Haarschnitte) sind die Produktivitätsunterschiede dagegen vernachlässigbar. Die geringere Produktivität spiegelt sich in einem niedrigeren Lohnniveau wider (vgl. Kapitel 13). Durch den wirtschaftlichen Aufholprozess (z.B. durch Technologietransfers) wächst die Produktivität im handelbaren Sektor von Entwicklungsländern schneller als in den reichen Ländern, das Lohnniveau und damit auch das gesamte Preisniveau steigt relativ zu den reichen Ländern. $\Rightarrow$ Bei gegebenem *E* führt dies zu einer realen Aufwertung.

e) Mit $E = E^e$ fällt die erwartete Aufwertung aus der Zinsparitätenbedingung heraus und es gilt immer

$$i = i^* - (E^e - E)/E = i^*$$

Der inländische Zins ist also immer vollständig vom ausländischen Zins determiniert. Wie wirkt nun eine expansive Geldpolitik? Wie in Aufgabe 2 b) verschiebt sich die *LM*-Kurve nach unten (Punkt *B*). Im Unterschied zur Aufgabe 2 b) wird der Kapitalabfluss, der zur Abwertung führt, nicht durch die entstehende erwartete Aufwertung gebremst, weil immer $E = E^e$ ist. Vielmehr muss so viel Kapital abfließen, dass der Zins im Inland wieder gleich dem ausländischen ist ($i = i^*$, Punkt *C*). Dadurch entsteht in diesem Modellrahmen eine stärkere Abwertung als in 2 b), die sich entsprechend stärker auf den Anstieg der Nettoexporte auswirkt. In Abbildung 20.7 *verschieben* die gestiegenen Nettoexporte die *IS*-Kurve nach rechts (es ändert sich hier auch das „exogene" E^e!), bis sie sich mit der *LM*-Kurve auf der Waagrechten $i = i^*$ im neuen Gleichgewicht schneidet.

Zusammengefasst sorgt die expansive Geldpolitik bei flexiblen Wechselkursen und der Annahme $E = E^e$ wie in Aufgabe 2 b) für einen Anstieg der Produktion. Im Unterschied zu 2 b) entsteht der Anstieg nicht auch über den Zinskanal auf die Investitionen, sondern allein durch die Abwertung und den damit verbundenen Anstieg der Nettoexporte.

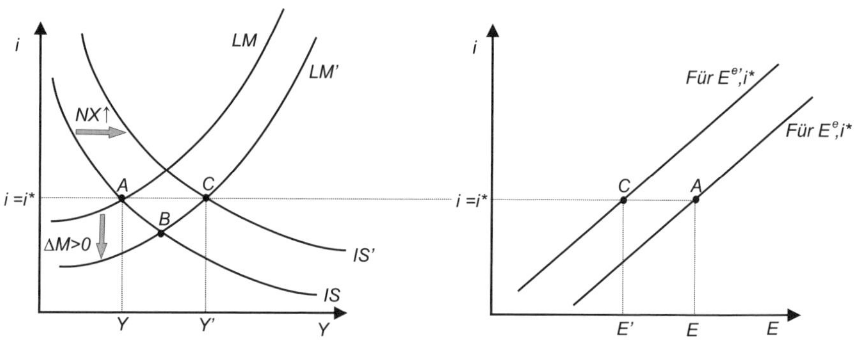

Abbildung 20.7: Auswirkungen einer expansiven Geldpolitik bei flexiblen Wechselkursen und einer Anpassung der Wechselkurserwartungen E^e an E

f) Auf die Bedeutung der Annahme über E^e wird auch in Blanchard/Illing (2009, S. 597) eingegangen. Die Begründung für ein konstantes E^e könnte sein, dass die Anleger langfristig den Wechselkurs erwarten, der den Bedingungen der Kaufkraftparität genügt. Bei fixen Preisniveaus im In- und Ausland kann nur ein Wechselkurs diese Bedingung erfüllen.

Dagegen unterstellt die Annahme $E = E^e$, dass die Devisenhändler zukünftige Änderungen des Wechselkurses nicht antizipieren. Sie würden also z.B. die Auswirkungen der expansiven Geldpolitik, die Veränderung des Gleichgewichts von Punkt *A* zu *C* in Abbildung 20.7, nicht erwarten. Vielmehr würden sie auch in der Übergangsphase den aktuellen Wechselkurs immer für fix halten. Die Annahme

$E = E^e$ ist übrigens einer der Unterschiede in der Darstellung des *IS-LM*-Modells der offenen Volkswirtschaft in dem Makroökonomie-Lehrbuch von Gregory Mankiw (2008) im Vergleich zu Blanchard/Illing (2009).

Beide Annahmen sind natürlich ein wenig problematisch, so dass das Mundell-Fleming-Modell auch in einer Mischform mit so genannten regressiven Erwartungen existiert. Dabei passt sich E^e mit einer bestimmten Geschwindigkeit an E an. Zusammenfassend zeigt sich jedoch, dass die Annahme über E^e zwar Konsequenzen auf den Wirkungsmechanismus im Modell hat, die grundlegenden Konsequenzen wirtschaftspolitischer Maßnahmen davon aber unbeeinflusst bleiben: Eine expansive Geldpolitik bei flexiblen Wechselkursen führt in beiden Fällen zu einer Abwertung und einem Anstieg der Produktion (vgl. z.B. Hallwood und MacDonald, *International Money and Finance*, 2000).

4. Mundell-Fleming-Modell – ein Rechenbeispiel

a) Mit den angegebenen Werten ergibt sich als *IS*-Kurve

$$Y = 1.000 + 0,8(Y - 1.500) - 80i + 1.500 + 100 \qquad (1.)$$

und als *LM*-Kurve

$$1.000 = 0,4Y - 340i + 200 \qquad (2.)$$

Auflösen von (2.) nach i und Einsetzen in (1.) führt zu

$$Y = 1.400 + 0,8Y - 80\left[\frac{1}{340}(0,4Y - 800)\right]$$

Daraus berechnet sich als gleichgewichtige Produktion Y

$$Y = \frac{1}{1 - 0,8 + \frac{80}{340} \cdot 0,4}\left(1.400 + \frac{80}{340} \cdot 800\right) = 5.400$$

Eingesetzt in (2.) ergibt sich der Zins

$$i = \frac{1}{340}(0,4 \cdot 5.400 - 800) = 4$$

b) Bei fixen Wechselkursen und $i^* = 5$ muss nach der Zinsparitätenbedingung auch das inländische Zinsniveau bei $i = 5$ liegen. Gleichzeitig wird die reale Geldmenge M/P endogen. Zunächst ist aber die neue gleichgewichtige Produktion Y durch Einsetzen von $i = 5$ in (1.) zu berechnen:

$$Y = 1.000 + 0,8(Y - 1.500) - 80 \cdot 5 + 1.500 + 100$$

$$\rightarrow \quad Y = \frac{1}{1 - 0,8} 1.000 = 5.000$$

Damit ergibt sich aus dem Geldmarktgleichgewicht (2.) als reale Geldmenge in diesem Land

$$M/P = 0,4 \cdot 5.000 - 340 \cdot 5 + 200 = 500$$

c) Erfolgt die Abwertung zu einem neuen, langfristig gültigen festen Wechselkurs und wird dies von den Finanzmarktteilnehmern geglaubt, gilt weiterhin $i = i^* = 5$. Beim neuen Wechselkurs von $E = 0{,}8$ erhöhen sich die Nettoexporte von 100 auf 125 und es ergibt sich als neues Y

$$Y = \frac{1}{1-0{,}8} 1.025 = 5.125$$

Die reale Geldmenge beträgt nun

$$M/P = 0{,}4 \cdot 5.125 - 340 \cdot 5 + 200 = 550$$

Grafisch verschiebt sich die Zinsparitätenkurve parallel nach links, für $i = 5$ gilt nun $E = 0{,}8$ und nicht mehr $E = 1$. Durch die Abwertung erhöhen sich die Nettoexporte und die *IS*-Kurve verschiebt sich nach rechts (Auslöser ist die Veränderung von E und $\bar{E}^e$!). Die Geldpolitik muss auf den Kapitalzufluss und den Aufwertungsdruck reagieren, indem sie die Geldmenge erhöht, wodurch sich die *LM*-Kurve nach unten verschiebt.

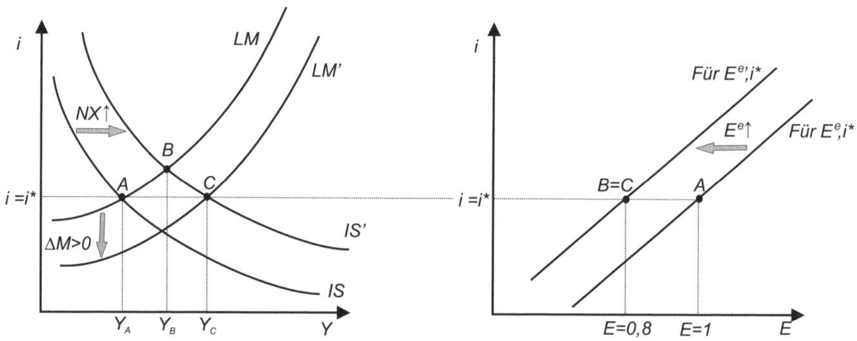

Abbildung 20.8: Auswirkungen einer Abwertung zu einem neuen glaubwürdigen fixen Wechselkurs

d) Bei flexiblen Wechselkursen haben Sie mit der *IS*-Kurve, der *LM*-Kurve und der Zinsparitätenbedingung ein Gleichungssystem mit drei Gleichungen und drei Unbekannten, i, E und Y:

$$Y = 1.000 + 0{,}8(Y - 1.500) - 80i + 1.500 + 100\frac{1}{E} \quad (3.)$$

$$500 = 0{,}4Y - 340i + 200 \quad (4.)$$

$$i = i^* - (\bar{E}^e - E)/E = 5 - (1 - E)/E \quad (5.)$$

(4.) aufgelöst nach i und (5.) aufgelöst nach E ergeben

$$i = \frac{1}{340}(0{,}4Y - 300) \quad \text{und} \quad (6.)$$

$$E = \frac{1}{6-i} = \frac{1}{6 - \frac{1}{340}(0{,}4Y - 300)} = \frac{340}{2.340 - 0{,}4Y} \quad (7.)$$

(6.) und (7.) eingesetzt in (3.) führt nach Zusammenfassen zu:

$$Y = 1.300 + 0{,}8Y - \frac{1}{340} \cdot 32Y + \frac{1}{340} \cdot 24.000 + \frac{1}{340} \cdot 234.000 - \frac{1}{340} \cdot 40Y \qquad (8.)$$

Multiplizieren von (8.) mit 340 und weiteres Zusammenfassen führt zu:

$$340Y = 700.000 + 200Y \qquad (9.)$$

Auflösen nach Y ergibt:

$$Y = 5.000$$

Den Wert für E erhält man durch Einsetzen in (7.):

$$E = \frac{340}{2.340 - 0{,}4 \cdot 5.000} = 1$$

Für den Zinssatz i folgt durch Einsetzen in (6.):

$$i = \frac{1}{340}\left(0{,}4 \cdot 5.000 - 300\right) = 5$$

Wir befinden uns hier bei flexiblen Wechselkursen also zunächst im gleichen Gleichgewicht wie in Aufgabe b).

e) Durch die Steuersenkung verändert sich das Gütermarktgleichgewicht von (3.) zu

$$Y = 1.000 + 0{,}8\left(Y - 1.400\right) - 80i + 1.500 + 100\frac{1}{E} \qquad (10.)$$

(4.) und (5.) bleiben unverändert. Das Vorgehen für die Berechnung von i, E und Y verläuft vollkommen analog zu d), auf den Rechenweg verzichten wir an dieser Stelle. Im Gleichgewicht steigt Y auf $Y = 5194{,}29$ und i auf $i = 5{,}23$ und der Wechselkurs wird aufgewertet auf $E = 1{,}2987$.

Die grafische Darstellung entspricht Abbildung 20.2, außer dass sich die *IS*-Kurve nach rechts und nicht nach links verschiebt, da die Steuersenkung expansiv wirkt.

f) Durch Addition der Nettoexporte zum autonomen Konsum verändert sich (3.) zu

$$Y = 1.100 + 0{,}8\left(Y - 1.500\right) - 80i + 1.500 \qquad (11.)$$

das Geldmarktgleichgewicht (4.) bleibt unverändert, die Zinsparitätenbedingung (5.) dagegen fällt in der geschlossenen Volkswirtschaft weg. Dadurch ist im Gleichgewicht zunächst $Y = 5.000$ und $i = 5$ wie in b) und d).

Die Steuersenkung verändert (11.) zu

$$Y = 1.100 + 0{,}8\left(Y - 1.400\right) - 80i + 1.500 \qquad (12.)$$

Auflösen von (4.) nach i und Einsetzen in (11.) führt zu

$$Y(1 - 0{,}8) = 1.480 - 80 \cdot \frac{1}{340}(0{,}4Y - 300) \text{ und damit}$$

$$Y = 5.272 \text{ sowie } i = 5{,}32$$

Damit sorgt die Öffnung der Volkswirtschaft dafür, dass die Fiskalpolitik an Wirksamkeit einbüßt. Dieselbe Steuersenkung um 100 lässt die Produktion in der geschlossenen auf 5.272, in der offenen Volkswirtschaft aber nur auf 5.194,29 ansteigen. Gegenüber der alleinigen Betrachtung des Gütermarktes wie in Kapitel 19 kommt es hier zu einem doppelten Crowding Out durch den Zinsanstieg: Wie in der geschlossenen Volkswirtschaft dämpft $i\uparrow$ die Investitionen, zusätzlich gehen hier in Aufgabe e) auch die Nettoexporte wegen der mit $i\uparrow$ verbundenen Aufwertung zurück.

Den in der Basiswissensaufgabe 13 b) beschriebenen, die Nettoexporte reduzierenden Effekt der steigenden Importe durch den Einkommensanstieg im Inland haben wir in dieser Aufgabe ausgeklammert, weil die Nettoexporte hier nur vom Wechselkurs abhängen. Die *IS*-Kurve ist *in dieser Aufgabe* in der offenen Volkswirtschaft also eindeutig flacher als in der geschlossenen, die Fiskalpolitik deshalb bei flexiblen Wechselkursen weniger wirksam.

5. Wirtschaftspolitik in „Transformatien"

   a) Veränderungen aufgrund der Steuersenkung **in der EWU**: Die *IS*-Kurve der EWU verschiebt sich nach rechts (größere Konsumnachfrage), was normalerweise den Zinssatz in der EWU erhöhen würde. Um dies zu vermeiden, betreibt die EZB expansive Geldpolitik (EWU-*LM*-Kurve nach unten). Der Zinssatz steigt nicht an, der Weltzinssatz wird hierdurch also nicht beeinflusst, das Einkommen in der EWU steigt. Weil das Einkommen in der EWU gestiegen ist, steigt dadurch auch die EWU-Nachfrage nach Exporten aus Transformatien.

      In **Transformatien** verschiebt sich die *IS*-Kurve durch die höheren Exporte nach rechts (größere Auslandsnachfrage nach heimischen Produkten). Bei *flexiblen* Wechselkursen würde der Zinssatz steigen (Nachfrage nach Geld steigt, Angebot von Wertpapieren steigt, die Wertpapierkurse fallen, Zins steigt) und die heimische Währung wäre aufgewertet worden (Anstieg des Wechselkurses gemäß Zinsparitätenbedingung).

      Bei *fixen* Wechselkursen ist die Zentralbank von Transformatien verpflichtet, die Geldmenge auszuweiten (Transformatien-*LM*-Kurve nach unten), um den Zinssatz auf Weltniveau zu bringen und den Wechselkursänderungsdruck aufzuheben. Als Ergebnis steigt das Einkommen, der Zinssatz bleibt auf dem Weltniveau, und die Nettoexporte sind gestiegen.

      Die grafische Darstellung entspricht also Abbildung 20.4, außer dass sich die *IS*-Kurve nach rechts und nicht nach links sowie die *LM*-Kurve nach unten und nicht nach oben verschieben.

   b) Die restriktive Geldpolitik in der EWU hat zwei Effekte:

      – i^* steigt, wodurch I^* und Y^* sinken, folglich die Importe der EWU IM^* bzw. die Exporte Transformatiens X und damit auch die Nettoexporte zurückgehen. Dieser Rückgang senkt über den Multiplikatoreffekt das Einkommen Y, verschiebt die *IS*-Kurve nach links und senkt tendenziell i.

– Der Anstieg von i^* und die Linksverschiebung von *IS* sorgen für $i^{*\prime} > i$. Folglich wird die Wertpapieranlage in der EWU attraktiver und bewirkt eine zusätzliche Nachfrage nach Devisen, was sich in einem Abwertungsdruck auf die Währung Transformatiens widerspiegelt. Die Zentralbank Transformatiens muss intervenieren und Devisen verkaufen, wodurch *M* sinkt und sich die *LM*-Kurve nach oben verschiebt, bis $i = i^{*\prime}$. Dadurch sinken die Investitionen *I* und das Einkommen *Y*.

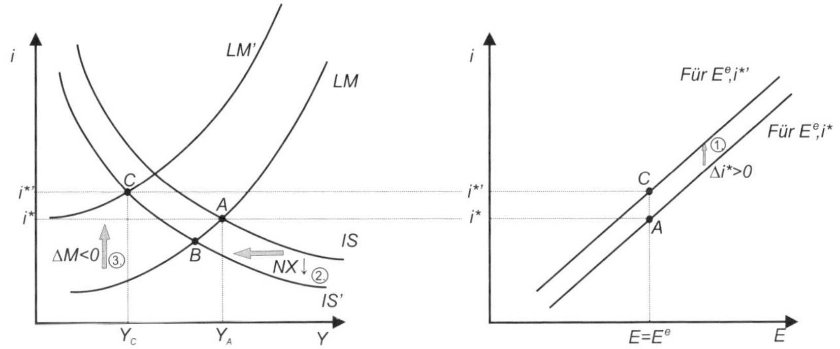

Abbildung 20.9: Auswirkungen einer ausländischen Zinssenkung bei fixen Wechselkursen

c) Entscheidend zur Beantwortung der Frage ist der Einfluss der autonomen Investitionen (b_0) auf das Gütermarktgleichgewicht. Für die Investitionsfunktion

$$I = b_0 + b_1 Y - b_2 i$$

bedeutet ein Rückgang von b_0, dass für jeden gegebenen Zins die Investitionsnachfrage sinkt. Dieser Nachfragerückgang führt über den Multiplikatorprozess auch zu einer Einkommenssenkung. Deshalb verschiebt $b_0 \downarrow$ die *IS*-Kurve nach links.

Die Konsequenzen dieser *IS*-Kurvenverschiebung auf *i* und *Y* sind vollkommen analog zu einer durch eine kontraktive Fiskalpolitik hervorgerufenen Verschiebung. Es gilt wieder Abbildung 20.2 aus Aufgabe 2 a). Im System fixer Wechselkurse wird die negative Wirkung des Schocks auf das Investorenvertrauen noch verstärkt, weil die Zentralbank die Geldmenge reduzieren und damit die *LM*-Kurve nach oben verschieben muss, um dem Abwertungsdruck entgegenzuwirken (vgl. Abbildung 20.4).

21 Unterschiedliche Wechselkursregimes

21.1 Wissens- und Verständnistests

Multiple Choice

1. Die Analyse der mittleren Frist unterscheidet sich von der kurzen Frist durch
   a) ...die Betrachtung des realen Wechselkurses.
   b) ...die Vernachlässigung der Zinsparität.
   c) ...den Verzicht auf die Annahme der fixen Preise.
   d) ...keine der genannten Antworten.

2. Der ausländische Zins liegt bei 4% p.a., d.h. per annum. Trotz eines festen Wechselkursregimes rechnen die Marktteilnehmer damit, dass eine Abwertung kurz bevorsteht. Im Marktdurchschnitt erwarten sie innerhalb der nächsten drei Monate eine Abwertung um 10%. Deshalb muss der inländische Zins auf Grund der Zinsparitätenbedingung approximativ
   a) ...4% p.a. betragen.
   b) ...14% p.a. betragen.
   c) ...24% p.a. betragen.
   d) ...44% p.a. betragen.

3. Nehmen Sie an, der reale Wechselkurs beträgt 0,9, der inländische Realzins liegt bei 9%, der ausländische bei 5%. Dann ist der erwartete reale Wechselkurs in einem Jahr
   a) ...0,97.
   b) ...0,87.
   c) ...1,03.
   d) ...0,93.

4. Hongkong hatte während der Asienkrise 1997/98 einen festen Wechselkurs zum US-$ von $\bar{E} = 1$. Der amerikanische Tagesgeldzinssatz lag zu dieser Zeit bei 5,5%. Wie hoch musste die Zentralbank von Hongkong den inländischen Zins setzen, wenn die Märkte die Aufgabe des festen Wechselkurses und eine Abwertung von 20% innerhalb eines Monats mit einer Wahrscheinlichkeit von nur 10% erwarteten? (Rechnen Sie approximativ, indem Sie Zinseszinseffekte vernachlässigen!)
   a) 29,5%
   b) 25,5%
   c) 7,5%
   d) 205,5%

5. Ein Land mit einem festen Wechselkurs musste seinen Zinssatz um 20% über den der Ankerwährung anheben. Mit welcher Wahrscheinlichkeit erwartete der Markt die Aufgabe des festen Wechselkurses und eine Abwertung innerhalb eines halben Jahres um 25%?
   a) 20%
   b) 25%
   c) 40%
   d) 80%

Gehen Sie für den Rest der Aufgaben davon aus, dass die Zentralbank eines Landes unerwartet ankündigt, den kurzfristigen Zinssatz auf einjährige Anleihen um 2%-Punkte für die nächsten 3 Jahre zu senken.

6. Nach dieser Ankündigung erwarten wir einen Rückgang der Zinsen von
   a) ...einjährigen Anleihen.
   b) ...fünfjährigen Anleihen.
   c) ...zehnjährigen Anleihen.
   d) ...allen genannten Anleihen.

7. Nach dieser Ankündigung erwarten wir, dass
   a) ...der langfristige Wechselkurs aufwertet.
   b) ...der langfristige Wechselkurs abwertet.
   c) ...der heutige Wechselkurs abwertet.
   d) ...der heutige Wechselkurs aufwertet.

8. Für die nächsten drei Jahre wird nun erwartet, dass die inländische Währung
   a) ...aufwertet.
   b) ...abwertet.
   c) ...bei ihrem ursprünglichen Niveau bleibt.
   d) ...gleich ihrem langfristigen Wert bleibt.

Wahr/Falsch: Welche der jeweiligen Aussagen sind wahr, welche falsch?

9. Das Gütermarktgleichgewicht sei durch die Gleichung

$$Y = C(Y-T) + I\left(Y, i^* - \pi^e\right) + G + NX\left(Y, Y^*, EP/P^*\right)$$

   beschrieben. Ein Anstieg der inländischen Produktion wird hier verursacht durch einen Anstieg
   a) ...des ausländischen Zinssatzes i^*.
   b) ...des inländischen Preisniveaus P.
   c) ...des ausländischen Preisniveaus P^*.
   d) ...der inländischen Inflationserwartungen π^e.

10. Ökonomische Argumente für die Einführung des Euro waren unter anderem die
    a) ...Senkung von Transaktionskosten im Handel.
    b) ...Beseitigung von Wechselkursrisiken.
    c) ...bessere Möglichkeit der Durchführung von Stabilisierungspolitik in Europa.
    d) ...Erhöhung der Preistransparenz.
11. Die Vorteile aus einer gemeinsamen Währung steigen mit dem Ausmaß
    a) ...der Spezialisierung der Wirtschaft in den beteiligten Ländern auf einzelne Sektoren.
    b) ...der Mobilität der Bürger zwischen den Regionen.
    c) ...der Korrelation von Schocks, die die einzelnen Länder betreffen.
    d) ...der Möglichkeiten zu einer gemeinsamen Fiskalpolitik, die Gelder zwischen den beteiligten Ländern umverteilen kann.
12. Gehen Sie von einer kleinen offenen Volkswirtschaft aus. *IS*- und *LM*-Kurve besitzen einen normalen Verlauf und es gilt die Zinsparität.
    a) Unter einem festen Wechselkursregime ist nach einer Öffnung einer Volkswirtschaft die *IS*-Kurve steiler.
    b) Die *LM*-Kurve verändert sich nach Öffnung einer Volkswirtschaft.
    c) Ein fixes Wechselkursregime ist von Vorteil bei positiven Nachfrageschocks.
    d) Bei einem negativen Nachfrageschock muss die Zentralbank unter einem fixen Wechselkursregime expansive Geldpolitik betreiben.
13. Die reale Zinsparität impliziert, dass
    a) ...eine Anlage im In- und Ausland den gleichen erwarteten Ertrag in Gütereinheiten eines Landes erwirtschaften muss.
    b) ...die Zinsdifferenz $r - r^*$ gleich der erwarteten realen Aufwertung ist.
    c) ...die Zinsdifferenz $r - r^*$ gleich der erwarteten realen Abwertung ist.
    d) ...bei Gültigkeit der Kaufkraftparität $r = r^*$ sein muss.

Basiswissen

14. Anpassung des realen Wechselkurses in der mittleren Frist

    Gehen Sie von einer Situation aus, in der die kurzfristige gleichgewichtige Produktion in einer kleinen offenen Volkswirtschaft mit festen Wechselkursen über der natürlichen Produktion liegt.
    a) Zeichnen Sie ein entsprechendes *AS-AD*-Diagramm.
    b) Wie verändert sich mittelfristig die Situation bei festen Wechselkursen. Erläutern Sie den Anpassungsprozess.
    c) Wodurch unterscheidet sich dieser Anpassungsprozess von dem in der geschlossenen Volkswirtschaft?
    d) Wie kann man alternativ zu dem langwierigen Prozess in b) schneller zu Y_n gelangen? Ist dies auch optimal?

15. Leistungsbilanz in der langen Frist
    a) Welche Bedingung muss für die Leistungsbilanz langfristig erfüllt sein? Warum?
    b) Was bedeutet dies für den realen und nominalen Wechselkurs?
16. Das Politik-Trilemma in offenen Volkswirtschaften

    Warum sind vollständige internationale Kapitalmobilität, feste Wechselkurse und monetäre Unabhängigkeit inkompatibel? Unterscheiden Sie zur Beantwortung die Implikationen eines Anstiegs des ausländischen Zinsniveaus i^* in folgenden Situationen:
    a) Kapitalmobilität und feste Wechselkurse
    b) Kapitalmobilität und monetäre Unabhängigkeit
    c) Feste Wechselkurse und monetäre Unabhängigkeit

21.2 Übungsaufgaben

1. Currency Board in Argentinien

   Argentinien hatte von 1991 bis Anfang 2002 ein Currency Board, in dem 1 Peso genau 1 US-$ wert war. Die folgende Tabelle enthält die Inflationsraten beider Länder von 1989 bis 2002.

	1989	1990	1991	1992	1993	1994	1995	1996	1997	1998	1999	2000	2001	2002
Argentinien	3.079,8	2.314,0	171,7	24,9	10,6	4,2	3,4	0,2	0,5	0,9	−1,2	−0,9	−1,1	25,9
USA	4,8	5,4	4,2	3,0	3,0	2,6	2,8	2,9	2,3	1,6	2,2	3,4	2,8	1,6

Tabelle 21.1: Jährliche Veränderung des Konsumentenpreisindex in Argentinien und USA
Quelle: IWF

   a) Berechnen Sie, wie sich der reale Wechselkurs Argentiniens gegenüber den USA von 1992 bis 1995 entwickelt hat.
   b) Was sind die Konsequenzen einer solchen Entwicklung des realen Wechselkurses Argentiniens?
   c) Wieso hat Argentinien trotzdem am Currency Board festgehalten?
   d) Wie hat sich der reale Wechselkurs gegenüber den USA in der zweiten Hälfte der 90er bis zum Ende des Currency Boards entwickelt?
   e) Warum kam es trotzdem zu einer Wirtschaftskrise in Argentinien?
2. Zinsstrukturkurve, erwartete Wechselkurse und reale Zinsparität

   Die Zinsstrukturkurve (vgl. Kapitel 15) eines Landes sei durch den Zins auf fünfjährige Staatsanleihen $i_{5,t} = 6\%$ und den Zins auf zehnjährige Staatsanleihen $i_{10,t} = 8\%$ gegeben. Im Ausland besteht dagegen eine flache Zinsstrukturkurve mit $i^* = 5\%$, der aktuelle Wechselkurs beträgt $E_t = 0{,}5$. Abstrahieren Sie bei dieser Aufgabe von Liquiditäts- und Risikoprämien.

a) Berechnen Sie den erwarteten Zinssatz auf eine fünfjährige Staatsanleihe in fünf Jahren im In- und Ausland.

b) Ermitteln Sie den erwarteten Wechselkurs in fünf und in zehn Jahren.

c) Berechnen Sie ausgehend von einem konstanten Realzins $r = 3\%$ die durchschnittliche erwartete Inflation im Inland für die nächsten 5 Jahre.

d) Was ergibt sich als durchschnittliche erwartete Inflationsdifferenz $\pi_t^e - \pi_t^{*e}$ zwischen diesen beiden Ländern über die nächsten 10 Jahre, wenn in beiden Ländern ein konstanter Realzins von $r = 3\%$ gilt?

e) Leiten Sie eine zur nominalen Zinsparität $i_t \approx i_t^* - \left(E_{t+1}^e - E_t\right)/E_t$ analoge Bedingung für die reale Zinsparität her.

f) Für welche durchschnittliche erwartete Inflationsdifferenz $\pi_t^e - \pi_t^{*e}$ impliziert die erwartete nominale Abwertung aus b) auch eine reale Abwertung in 10 Jahren?

g) Sie sind ein risikoneutraler inländischer Investor und erwarten in den nächsten 10 Jahren konstante Inflationsraten von $\pi^e = 4\%$ und $\pi^{*e} = 2\%$. Wo werden Sie gegeben der Zinsstrukturkurven investieren, wenn Sie von einer ständigen Gültigkeit der Kaufkraftparität ausgehen und

   i. ...einmalig für fünf Jahre anlegen möchten?

   ii. ...einmalig für zehn Jahre anlegen möchten?

3. Europäisches Wechselkurssystem (EWS)

   Vor der EWS-Krise 1992/93 konnten die Wechselkurse im Rahmen des EWS innerhalb einer Bandbreite von 2,25% in beide Richtungen schwanken. Gehen Sie am Beispiel des Franc/DM-Wechselkurses davon aus, dass die Parität und das Band unveränderlich gewesen wären.

   a) Was wäre dann die maximale Zinsdifferenz für einjährige Anleihen in Frankreich und Deutschland gewesen?

   b) Wie verändert sich Ihre Antwort für sechsmonatige und dreimonatige Anleihen?

   c) Geben Sie eine kurze Begründung für Ihre Ergebnisse!

   d) Auf den Kapitalmärkten werden 1994 zehnjährige Staatsanleihen aus Deutschland mit 7%, aus Frankreich mit 8% gehandelt. Was kann man mit dieser Information über die langfristige Glaubwürdigkeit des EWS sagen?

   e) Wie würden Ihre Antworten zu den vorangehenden Aufgaben durch die Berücksichtigung einer potenziellen Veränderbarkeit der Parität beeinflusst?

4. Wirksamkeit wirtschaftspolitischer Maßnahmen in der offenen Volkswirtschaft

   Eine kleine Volkswirtschaft will ihre Grenzen für den internationalen Handel und internationale Kapitalströme öffnen. Sie sollen die Implikationen dieser Entscheidung hinsichtlich der Wirksamkeit von Geld- und Fiskalpolitik analysieren. Für Ihre Arbeit erwarten Sie folgende Gleichgewichtsbeziehungen nach der potentiellen Öffnung der Volkswirtschaft, wobei alle Parameter positiv definiert sind:

   Gütermarktgleichgewicht: $Y = c_0 + c_1(Y - T) + \bar{I} - \beta \cdot i + G + f_1 Y^* - f_2 Y - f_3 E$

   Geldmarktgleichgewicht: $M / P = d_1 Y - d_2 i$

   Devisenmarktgleichgewicht (Zinsparität): $E = \bar{E}^e(1+i)/(1+i^*)$

   Darüber hinaus gehen Sie von einem konstanten Preisniveau aus.

a) Ermitteln Sie das Gleichgewicht auf dem Gütermarkt und den Staatsausgabenmultiplikator.

b) Berechnen Sie das gesamtwirtschaftliche Gleichgewicht und den Staatsausgabenmultiplikator.

c) Erläutern Sie verbal, wie sich die Öffnung der Volkswirtschaft auf die Steigung der *IS*- und *LM*-Kurve auswirkt.

d) Nehmen Sie Stellung zu folgenden Aussagen:

   i. In einer geschlossenen Volkswirtschaft ist Geldpolitik effektiver als in einer offenen Volkswirtschaft.

   ii. Eine kleine offene Volkswirtschaft kann ihr BIP durch Fiskalpolitik besser beeinflussen als eine geschlossene Volkswirtschaft.

e) Empfehlen Sie der Regierung, sich auf Basis Ihrer Ergebnisse für oder gegen eine Öffnung der Volkswirtschaft zu entscheiden? Wovon sollte diese Entscheidung abhängen?

5. Wirtschaftspolitik in Transformatien (Fortsetzung von Übungsaufgabe 5 aus Kapitel 20)

   a) Die Regierung von Transformatien möchte, dass Geldpolitik aktiv zur Stabilisierung von Konjunkturschwankungen eingesetzt werden kann. Als Experte für Wechselkursregimes sollen Sie zwei Maßnahmen vorschlagen, mit denen dies ermöglicht werden kann (kurze Erläuterung in Stichworten).

   b) Welchen Grund könnte Transformatien haben, an einer Fixierung seines Wechselkurses festzuhalten? Gehen Sie bei Ihrer Antwort davon aus, dass Transformatien eine schmerzvolle Periode hoher Inflationsraten gerade überstanden hat. Argumentieren Sie unter Verwendung des folgenden Zusammenhangs: $g_{yt} = g_{mt} - \pi_t$!

6. Zentralbankinterventionen in Asien

   CWS WWW.PEARSON-STUDIUM.DE COMPANION WEBSITE

   Gehen Sie auf die Companion Website zu diesem Buch und laden Sie die Datei `Aufgabe_21_6.xls` herunter. Die Datei enthält die monatliche Entwicklung der Wechselkurse des Euro, des japanischen Yen und des chinesischen Yuan relativ zum US-$ in der Preisnotierung des jeweiligen Landes. Daneben enthält die Datei die monatliche Entwicklung der Währungsreserven der Euro-Zone, der USA, Japans und Chinas in Millionen US-$.

   a) Betrachten Sie den Verlauf der Wechselkurse. Welches Wechselkursregime vermuten Sie für die jeweiligen Länder?

   b) Gegeben Ihre Vermutungen in a), wie sollten die Währungsreserven der einzelnen Länder im Zeitablauf aussehen?

   c) Erstellen Sie nun eine Grafik über die Entwicklung der Währungsreserven in den jeweiligen Ländern. Bestätigen sich Ihre Vermutungen von Aufgabe b)?

   d) Können Sie die Entwicklung in Japan und China erklären?

      i. Welche Konsequenzen hat sie für die jeweiligen Länder?

      ii. Welche Konsequenzen hat sie – angesichts des US-Leistungsbilanzdefizits von rund 5% des US-BIP im 1. Quartal 2004 – für die USA?

      iii. Welche Konsequenzen hat sie für die Weltwirtschaft und die Euro-Länder im Besonderen?

Lösungen zu Kapitel 21

21.1 Wissens- und Verständnistests

Multiple Choice

1. c)
2. d)
3. b)
4. a)
5. c)
6. d)
7. c)
8. a)

Wahr/Falsch

9. F, F, W, W
10. W, W, F, W
11. F, W, W, W
12. W, F, W, F
13. W, F, W, W

Basiswissen

14. Anpassung des realen Wechselkurses in der mittleren Frist

a)

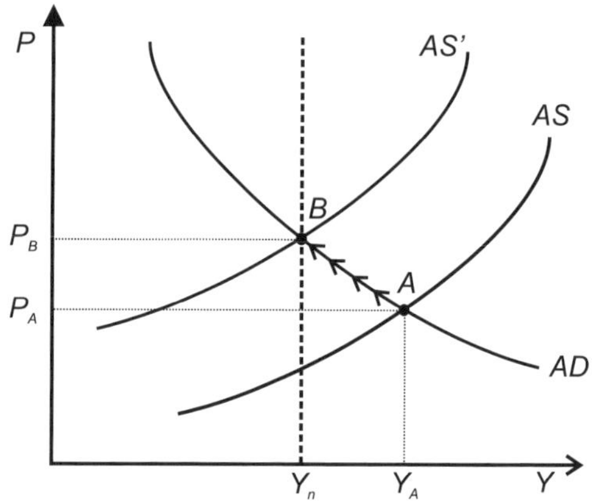

Abbildung 21.1: Aggregierte Nachfrage und aggregiertes Angebot

b) In der kurzfristigen Gleichgewichtssituation liegt das tatsächliche Preisniveau über dem erwarteten. Dies führt dazu, dass die an der Lohnsetzung Beteiligten ihre Preiserwartungen nach oben korrigieren. Für jedes Produktionsniveau ergibt sich also ein höheres Preisniveau; die aggregierte Angebotskurve verschiebt sich nach oben. Daher bewegt sich die Volkswirtschaft ausgehend von Punkt *A* im Zeitverlauf entlang der aggregierten Nachfragekurve, bis sie Punkt *B* erreicht.

Solange die Produktion über der natürlichen Produktion liegt, steigt das Preisniveau. Bei gegebenem nominalen Wechselkurs $\bar{E}$ und gegebenem ausländischen Preisniveau P^* bedeutet ein Anstieg des inländischen Preisniveaus P einen Anstieg des realen Wechselkurses $\bar{E}P/P^*$. Diese reale Aufwertung reduziert die Nettoexporte, die Gesamtnachfrage und schließlich die Produktion, bis wieder das natürliche Produktionsniveau erreicht ist.

c) Der Anpassungsprozess bezüglich der schrittweisen Verschiebung der *AS*-Kurve von *A* nach *B* ist in der geschlossenen und offenen Volkswirtschaft identisch. Der Unterschied liegt in der Begründung des fallenden Verlaufs der *AD*-Kurve, auf der man sich bewegt: In der geschlossenen Volkswirtschaft beeinflusst das Preisniveau die Produktion nicht über den realen Wechselkurs, sondern durch den Effekt auf die reale Geldmenge und den dadurch resultierenden Effekt auf den Zinssatz:

$$P\uparrow \Rightarrow (M/P)\downarrow \Rightarrow i\uparrow \Rightarrow Y\downarrow$$

Dieser Wirkungsmechanismus ist in der offenen Volkswirtschaft bei festen Wechselkursen ausgeschlossen, weil sich *M*/*P* endogen an i^* anpasst. An seine Stelle tritt die in b) beschriebene Anpassung des realen Wechselkurses.

d) In Aufgabe b) haben wir gesehen, dass der Anpassungsprozess über den realen Wechselkurs ε läuft. Bekanntlich kann ε über die relativen Preisniveaus oder den nominalen Wechselkurs E beeinflusst werden. Während die Anpassung über P/P^* eine ganze Zeit dauern kann, kann ε über E sehr schnell verändert werden. In diesem Fall würde eine entsprechend große Aufwertung, also $E\uparrow$, diesen Anpassungsprozess deutlich verkürzen.

Ob diese Entwicklung auch gewünscht ist, hängt vom Ausmaß der in der Marktmacht der Unternehmen begründeten strukturellen Ineffizienzen der Volkswirtschaft ab, die im Parameter μ der Preissetzungsgleichung in Kapitel 6 zusammengefasst werden. Für den Fall vollkommener Konkurrenz, d.h. $\mu = 0$, würde $Y > Y_n$ zu einer Überbeanspruchung der Ressourcen einer Volkswirtschaft führen (die Menschen würden zu viel arbeiten) und eine schnelle Rückkehr zu Y_n wäre wünschenswert. Für $\mu > 0$ ist eine schnelle Rückkehr zum sozial optimalen Y, aber nicht zum natürlichen Produktionsniveau Y_n optimal.

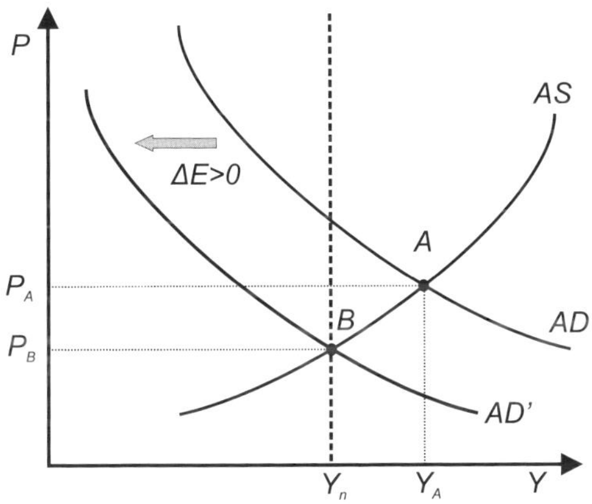

Abbildung 21.2: Anpassung durch Aufwertung

15. Leistungsbilanz in der langen Frist

a) Aus Kapitel 18 wissen wir, dass ein Leistungsbilanzdefizit eine Kreditaufnahme im Ausland ist. Ein Land kann aber nicht bis in alle Ewigkeit Kredite aufnehmen, die es nie zurückzahlt. Ein solches „Ponzi-Spiel“ ist bei rationalen Akteuren ausgeschlossen. Umgekehrt wird ein Land auch nicht bis in alle Ewigkeit Kredite vergeben wollen, also einen Leistungsbilanzüberschuss ausweisen. Ein solches Verhalten kann nicht optimal sein, weil es anderen Ländern ein Ponzi-Spiel ermöglichen würde. Die Leistungsbilanzüberschüsse eines Landes sind die -defizite eines anderen Landes! Langfristig muss die Leistungsbilanz also ausgeglichen sein.

b) Da die Handelsbilanz und damit auch die Leistungsbilanz vom realen Wechselkurs abhängen, existiert ein langfristiger realer Wechselkurs, für den die Leistungsbilanz ausgeglichen ist. Weil die Ökonomie langfristig zu diesem Wechselkurs strebt, ist er eine gute Grundlage für die langfristigen Wechselkurserwartungen.

Diesem langfristigen realen Wechselkurs entspricht natürlich auch ein langfristiger nominaler Wechselkurs. Allerdings ist dieser etwas schwieriger zu bestimmen, weil zusätzlich zur Bestimmung von ε über $LB(\varepsilon) = 0$ auch noch Erwartungen hinsichtlich der Preisentwicklung im In- und Ausland gebildet werden müssen.

16. Das Politik-Trilemma in offenen Volkswirtschaften

a) Kapitalmobilität und feste Wechselkurse:

Wenn die Zentralbank des Leitwährungslandes beispielsweise den ausländischen Zins i^* anhebt, kommt es zu einem Kapitalabfluss und damit zu einem Abwertungsdruck auf die inländische Währung. Um den festen Wechselkurs zu halten, muss die Zentralbank den eigenen Zins i ebenfalls erhöhen. Dies geschieht entweder mittels Offenmarktgeschäften oder durch den Kauf eigener Währung mit Devisenreserven am Devisenmarkt. In beiden Fällen wird die Geldmenge reduziert und so über den üblichen Mechanismus (Überschussnachfrage nach Geld, Überschussangebot an Wertpapieren, Wertpapierkurse↓, i ↑) der inländische Zins ansteigen.

⇒ Keine Unabhängigkeit, da die Zentralbank jedem Zinsschritt der Leitwährung folgen muss. Andernfalls entsteht aus Arbitrage-Überlegungen ein Veränderungsdruck auf den Wechselkurs.

b) Kapitalmobilität und monetäre Unabhängigkeit:

$i^* > i$ ➔ Kapitalabfluss ➔ Abwertungsdruck. Verfolgt die inländische Zentralbank eine unabhängige Geldpolitik, interveniert sie nicht und lässt ihre Währung abwerten.

⇒ Nur mit flexiblen Wechselkursen kann vermieden werden, dass die ausländische Geldpolitik bei vollkommener Kapitalmobilität die inländische reale Geldmenge und damit i beeinflusst.

c) Feste Wechselkurse und monetäre Unabhängigkeit:

$i^* > i$ ➔ Abwertungsdruck durch Kapitalabfluss, falls Kapital vollkommen mobil ist ➔ Abwertung oder Anhebung von i wären notwendig.

⇒ Kapitalverkehrskontrollen, d.h. gesetzliche Beschränkungen des freien Kapitalimports und/oder -exports, ermöglichen einem Land, ein festes Wechselkursziel mit geldpolitischer Unabhängigkeit zu kombinieren, indem sie verhindern, dass Kapital auf ausländische Zinsänderungen reagieren kann.

Die Wirksamkeit von Kapitalkontrollen ist unter Ökonomen allerdings umstritten: Zum einen zeigt die Geschichte, dass es findigen Finanzmarktakteuren durchaus gelingen kann, Kapitalkontrollen mit Hilfe neuer Finanzinstrumente zu umgehen. Zum anderen stellen sie einen erheblichen Eingriff in den normalen Wirtschaftskreislauf sowie eine potenzielle Korruptionsquelle dar.

Die Aussagen des Politik-Trilemmas sind in Abbildung 21.3 zusammengefasst:

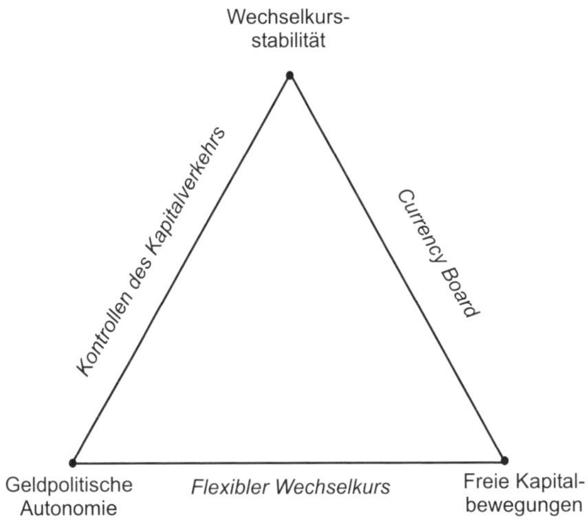

Abbildung 21.3: Das Politik-Trilemma in offenen Volkswirtschaften
Quelle: Krugman und Obstfeld, Internationale Wirtschaft, 2009, S. 851

21.2 Übungsaufgaben

1. Currency Board in Argentinien

a) Da der reale Wechselkurs zu jedem Zeitpunkt $t=\{1992,1996\}$ definiert ist als $\varepsilon_t = E_t \cdot P_t / P_t^*$ (der Zeitpunkt *t* stehe hier für den Anfang der Zeitperiode *t*), gilt für die Entwicklung von Anfang 1992 bis Ende 1995 bei konstantem nominalen Wechselkurs

$$\frac{\varepsilon_{1996}}{\varepsilon_{1992}} = \frac{E_{1996} \cdot P_{1996}^{Arg} / P_{1996}^{US}}{E_{1992} \cdot P_{1992}^{Arg} / P_{1992}^{US}}$$

$$= \frac{\left[P_{1992}^{Arg} \cdot \left(1+\pi_{92}^{Arg}\right)\left(1+\pi_{93}^{Arg}\right)\left(1+\pi_{94}^{Arg}\right)\left(1+\pi_{95}^{Arg}\right)\right] P_{1992}^{US}}{\left[P_{1992}^{US} \cdot \left(1+\pi_{92}^{US}\right)\left(1+\pi_{93}^{US}\right)\left(1+\pi_{94}^{US}\right)\left(1+\pi_{95}^{US}\right)\right] P_{1992}^{Arg}}$$

$$= \frac{(1,249)(1,106)(1,042)(1,034)}{(1,030)(1,030)(1,026)(1,028)} = \frac{1,4884}{1,1190} = 1,3301$$

Der reale Wechselkurs hat also innerhalb dieser vier Jahre um ein Drittel (33%) aufgewertet.

b) Die reale Aufwertung der argentinischen Währung beeinträchtigte die Wettbewerbsfähigkeit der dortigen Unternehmen. Bekanntlich führt eine reale Aufwertung zu einem Rückgang der Nachfrage nach inländischen Gütern, zu einem Rückgang der Produktion und zu einem Anstieg des Handelsbilanzdefizits.

c) Der entscheidende Grund für die Einführung des Currency Board war die Bekämpfung der extrem hohen Inflationsraten Argentiniens (3.079,8% im Jahr 1989, 2.314% 1990). Nur das glaubwürdige Festhalten an diesem Regime schien geeignet, die Inflation weiter einzudämmen, weil ein Currency Board das Geldmengenwachstum eines Landes streng begrenzt. Im Übrigen war diese Strategie zunächst auch sehr erfolgreich, wie der drastische Rückgang der Inflation bei gleichzeitigem starken Produktionswachstum von durchschnittlich 5% in der ersten Hälfte der 90er belegt.

d) Durch die niedrigeren Inflationsraten bzw. die Deflation in Argentinien kam es zu einer realen Abwertung. Nach derselben Berechnungsmethode wie in Aufgabe a) ergibt sich für das Verhältnis der realen Wechselkurse

$$\varepsilon_{2002}/\varepsilon_{1996} = 0,9839/1,1618 = 0,8469$$

und damit von 1996 bis 2002 eine reale Abwertung des Peso gegenüber dem US-$ um 18% (1/0,8469).

e) Das ist eine schwierige Frage, die mitunter heiß diskutiert wird. Bei den Ursachen muss man zwischen dem Currency Board und anderen wirtschaftspolitischen Gründen unterscheiden. Wir wollen uns hier hauptsächlich auf den Einfluss des Currency Board beschränken.

Das Currency Board sorgte zwar für eine reale Abwertung des Peso gegenüber dem US-$, gleichzeitig wertete der US-$ in der zweiten Hälfte der 90er durch den New Economy Boom deutlich auf. Insbesondere zum brasilianischen Real, aber auch gegenüber anderen südamerikanischen Währungen stieg der US-$ und damit auch der Peso um teilweise mehr als 80% an (Jan. 1998 bis Jan. 1999). Insgesamt wurde die Wettbewerbsfähigkeit der argentinischen Wirtschaft durch die Entwicklung des Wechselkurses zwar gegenüber den USA gestärkt, gegenüber den wichtigsten Handelspartnern in der unmittelbaren Nachbarschaft aber wurden argentinische Produkte zu teuer.

Andere Ursachen lagen zum Beispiel darin, dass es Argentinien nicht geschafft hat, die Budgetdefizite insbesondere in den Provinzen oder auch das hohe Ausmaß an Korruption unter Kontrolle zu bringen.

2. Zinsstrukturkurve, erwartete Wechselkurse und reale Zinsparität

a) Aus Arbitragegründen muss die Anlage in die zehnjährige Anleihe die gleiche Rendite erwirtschaften wie eine zweimalige Anlage in fünfjährige Anleihen:

$$\left(1+i_{10,t}\right)^{10} = \left(1+i_{5,t}\right)^{5} \cdot \left(1+i^{e}_{5,t+5}\right)^{5}$$

Im Inland: $\Rightarrow \left(1+i^{e}_{5,t+5}\right)^{5} = \left(1+0,08\right)^{10} / \left(1+0,06\right)^{5}$

$$\Rightarrow i^{e}_{5,t+5} = \sqrt[5]{1,6133} - 1 = 10,04\%$$

Im Ausland: Flache Zinsstruktur ➔ alle erwarteten Zinsen i^* sind gleich 5%.

b) Aus

$$E_t = \frac{1+i_t}{1+i_t^*} E_{t+1}^e$$

folgt über das rekursive Einsetzen der jeweils einperiodigen Zinsarbitrage für den erwarteten Wechselkurs in fünf Jahren

$$E_{t+5}^e = \frac{\left(1+i_t^*\right)^5}{\left(1+i_{5,t}\right)^5} E_t = \frac{\left(1+0,05\right)^5}{\left(1+0,06\right)^5} \cdot 0,5 = 0,4769$$

und für den erwarteten Wechselkurs in zehn Jahren

$$E_{t+10}^e = \frac{\left(1+i_t^*\right)^{10}}{\left(1+i_{10,t}\right)^{10}} E_t = \frac{\left(1+0,05\right)^{10}}{\left(1+0,08\right)^{10}} \cdot 0,5 = 0,3772$$

c) Aus der Definition des Realzinses folgt

$$\left(1+r_t\right)^5 = \left(1+i_t\right)^5 / \left(1+\pi_t^e\right)^5$$

und damit

$$\pi^e - \left(1+0,06\right)^5 / \left(1+0,03\right)^5 - 1 = 2,91\% \approx 3\%$$

d) $$\pi^e = \left(1+0,08\right)^{10} / \left(1+0,03\right)^{10} - 1 = 4,85\% \approx 5\% \text{ und}$$

$$\pi^{*e} = \left(1+0,05\right)^{10} / \left(1+0,03\right)^{10} - 1 = 1,94\% \approx 2\%$$

$$\Rightarrow \quad \pi^e - \pi^{*e} = 4,85\% - 1,94\% = 2,91 \approx 3\%$$

e) Ausgehend von der nominalen Zinsparitätenbedingung

$$\left(1+i_t\right) = \left(1+i_t^*\right) \frac{E_t}{E_{t+1}^e}$$

wird in Blanchard/Illing (2009, S. 649) gezeigt, wie man über die Definition des Realzinses, der Inflationsrate und des realen Wechselkurses zu der Bedingung

$$\varepsilon_t = \frac{1+r_t}{1+r_t^*} \varepsilon_{t+1}^e$$

kommt (Gleichung 21.A2 im Lehrbuch). Diese kann man einfach umformen zu

$$1+r_t = \left(1+r_t^*\right) \frac{\varepsilon_t}{\varepsilon_{t+1}^e}$$

und damit (da $\varepsilon_t / \varepsilon_{t+1}^e = 1/1 + \left(\varepsilon_{t+1}^e - \varepsilon_t\right)/\varepsilon_t$)

$$1+r_t = \frac{1+r_t^*}{\left(1+\left(\varepsilon_{t+1}^e - \varepsilon_t\right)/\varepsilon_t\right)}$$

Als Approximation gilt nun

$$r_t \approx r_t^* - \frac{\left(\varepsilon_{t+1}^e - \varepsilon_t\right)}{\varepsilon_t}$$

f) Bei einer Inflationsdifferenz von 2,91% implizieren die angegebenen Zinsstrukturkurven eine nominale Abwertung um 32,5% (1/(0,3772/0,5) = 1,3256) aus Aufgabe b), einen identischen Realzins in beiden Ländern und keine Veränderung des realen Wechselkurses.

Bei den gegebenen Nominalzinsen bewirkt eine erwartete Inflationsdifferenz von $\pi_t^e - \pi_t^{*e} < 2{,}91\%$ einen relativen Anstieg des inländischen zum ausländischen Realzins, $r > r^*$ im Vergleich zur Situation $r = r^* = 3\%$. Aus e) wissen wir, dass gemäß der realen Zinsparitätenbedingung der inländische Realzins gleich dem ausländischen Realzins abzüglich der erwarteten realen Aufwertung ist. Umgeformt bedeutet dies

$$\left(\varepsilon_{t+1}^e - \varepsilon_t\right)/\varepsilon_t = r_t^* - r_t \text{ bzw. } \frac{\varepsilon_{t+10}^e}{\varepsilon_t} = \frac{\left(1+r_t^*\right)^{10}}{\left(1+r_t\right)^{10}}$$

Für $r > r^*$, ausgelöst durch $\pi_t^e - \pi_t^{*e} < 2{,}91\%$, impliziert diese Gleichung eine erwartete Abwertung mit $\varepsilon_{t+10}^e < \varepsilon_t$.

g) Ständige Gültigkeit der Kaufkraftparität bedeutet, dass der reale Wechselkurs immer gleich 1 ist, also keine reale Auf- oder Abwertung möglich ist. Dann muss gemäß der realen Zinsparität immer $r = r^*$ gelten. Es reicht hier also, die realen Zinsen der Anlage in beiden Ländern zu vergleichen.

i. Im Inland ergibt sich als Realzins aus

$$\left(1+r_t\right)^5 = \frac{\left(1+i_{5,t}\right)^5}{\left(1+\pi_t^e\right)^5} = \frac{\left(1+0{,}06\right)^5}{\left(1+0{,}04\right)^5} = 1{,}0999$$

ein Realzins von $r = 1{,}92\%$. Im Ausland dagegen folgt aus

$$\left(1+r_t^*\right)^5 = \frac{\left(1+0{,}05\right)^5}{\left(1+0{,}02\right)^5} = 1{,}1560$$

und damit $r^* = 2{,}94\%$. Es lohnt sich also, über 5 Jahre das Geld im Ausland zu investieren, weil es einen höheren erwarteten Realzins erwirtschaftet.

ii. Betrachten wir zunächst eine i) entsprechende Einmalanlage für 10 Jahre. Hier ergibt sich aus

$$\left(1+r_t\right)^{10} = \frac{\left(1+i_{10,t}\right)^{10}}{\left(1+\pi_t^e\right)^{10}} = \frac{\left(1+0{,}08\right)^{10}}{\left(1+0{,}04\right)^{10}} = 1{,}4585$$

und so ein durchschnittlicher Realzins von $r = 3{,}85\%$. Analog folgt für r^* aus

$$\left(1+r_t^*\right)^{10} = \frac{(1+0{,}05)^{10}}{(1+0{,}02)^{10}} = 1{,}3363$$

wieder ein Wert von $r^* = 2{,}94\%$. Will der Investor einmalig sein Geld für zehn Jahre anlegen, sollte er dies im Inland tun.

Wie kommen diese unterschiedlichen Anlageempfehlungen zustande? Der Grund ist die steigende Zinsstrukturkurve im Inland, die im Prinzip drei Ursachen haben kann: höhere Liquiditäts- bzw. Risikoprämien bei längeren Laufzeiten, die Erwartung steigender Realzinsen oder die Erwartung steigender Inflationsraten. Unterschiedliche Liquiditätsprämien sind in der Aufgabe per Annahme ausgeschlossen und der betrachtete Investor besitzt im Zeitablauf konstante Inflationserwartungen, so dass sich die höheren langfristigen Nominalzinsen in höheren langfristigen Realzinsen widerspiegeln müssen.

Noch ein ergänzender Hinweis: In der Angabe war explizit nach einer „einmaligen" Anlage gefragt. Bei entsprechendem Vermögen oder Kreditwürdigkeit könnte ein Investor durch Arbitragegeschäfte – gegeben seiner Erwartungen – noch weit höhere erwartete Gewinne erzielen.

3. Europäisches Wechselkurssystem (EWS)
   a) Die maximale Schwankungsbreite des Franc/DM-Wechselkurses bis 1992 betrug 4,5% (wenn sich der Franc beispielsweise vom oberen zum unteren Ende der Bandbreite bewegte). Ohne das Risiko einer Veränderung der Wechselkursparität spiegelt die mögliche Veränderung des Franc/DM-Wechselkurses um 4,5% während dieses Zeitraums gemäß der Zinsparität gerade die maximale Zinsdifferenz zwischen einer einjährigen Franc-Anleihe und einer einjährigen DM-Anleihe wider.
   b) Bei sechsmonatiger Laufzeit (= 0,5 Jahre) steigt die maximale Zinsdifferenz auf $(1+x)^{0{,}5} \le 1+0{,}045$, also $x \le 9{,}20\%$, weil sich nun der Wechselkurs innerhalb eines halben Jahres um maximal 4,5% verändern kann.

      Bei dreimonatiger Laufzeit (= 0,25 Jahre) berechnet sich die maximale Zinsdifferenz analog zu oben: $(1+x)^{0{,}25} \le 1{,}045$ und damit $x \le 19{,}25\%$.
   c) Wir drücken die Zinssätze immer als Jahreszins (per annum) aus, also über denselben Zeitraum. Dagegen wurde in b) die Zeitspanne, über die der Wechselkurs um 4,5% schwanken kann, verkürzt. So ist klar, dass der Jahreszins entsprechend ansteigen muss.
   d) Der Zinsunterschied von 1%-Punkt pro Jahr kumuliert sich über 10 Jahre zu einem Unterschied von $(1+0{,}08)^{10}/(1+0{,}07)^{10} - 1 = 9{,}75\%$. Damit liegt die erwartete Veränderung des Franc/DM-Wechselkurses für diesen Zeitraum deutlich außerhalb des Umfangs, der sich mit der Aufrechterhaltung der EWS-Bandbreiten vereinbaren ließe. Solche Zinsdifferenzen für Zehnjahresanleihen waren ein Indiz für die geringe langfristige Glaubwürdigkeit der EWS-Bandbreiten.

Das ist ein Grund für eines der so genannten Maastricht-Konvergenzkriterien zur Europäischen Währungsunion, nach dem die durchschnittliche Rendite langfristiger Staatsanleihen eines Mitgliedslandes im Verlauf eines Jahres vor dem Konvergenztest nicht mehr als 2% über dem Durchschnitt der entsprechenden Zinsen in den – höchstens – drei Ländern mit den niedrigsten Inflationsraten liegen darf.

e) Durch die potenzielle Veränderbarkeit der Parität müsste in der Zinsparität zusätzlich eine Risikoprämie berücksichtigt werden. In der Geschichte des EWS bestand eigentlich immer nur das Risiko einer Abwertung gegenüber der DM, weshalb hier der französische Zins um die Risikoprämie über dem deutschen liegen muss. Die Risikoprämie ist also eine Erklärung für den höheren französischen Zinssatz in Aufgabe d).

Risikoprämien

Im Allgemeinen kann so eine Risikoprämie nicht nur für potenzielle Wechselkursänderungen stehen, sondern z.B. auch das Ausfallrisiko einer Anleihe beinhalten, also das potenzielle Nicht-Zurückzahlen des Anleihebetrags durch den Schuldner. Ein Maß für die Wahrscheinlichkeit eines solchen Verhaltens, die so genannte *Bonität*, sind die bekannten **Ratings** durch Agenturen wie S&P, Moody's oder Fitch. Sie sind insbesondere bei Investitionen in Entwicklungsländern zu berücksichtigen.

4. Wirksamkeit wirtschaftspolitischer Maßnahmen in der offenen Volkswirtschaft

a) Wie in den Aufgaben zum Mundell-Fleming-Modell in Kapitel 20 bestimmen wir das Gleichgewicht auf dem Gütermarkt, indem wir den heutigen Wechselkurs E aus der Zinsparität in die IS-Kurve einsetzen und anschließend nach dem gleichgewichtigen Einkommen Y auflösen. Als Ergebnis erhalten wir

$$Y = \frac{1}{1-c_1+f_2}\left[\left(c_0 - c_1 T + \bar{I} + G + f_1 Y^* - \frac{f_3 \bar{E}^e}{1+i^*}\right) - \left(\beta + \frac{f_3 \bar{E}^e}{1+i^*}\right)\cdot i\right]$$

Der Staatsausgabenmultiplikator lässt sich mit Hilfe des totalen Differentials bestimmen. Da wir nur an der Reaktion des endogenen Einkommens Y auf eine Veränderung der exogenen Staatsausgaben G interessiert sind, lassen wir alle anderen exogenen Variablen unverändert. Damit sind die Differentiale $dT = d\bar{I} = dY^* = d\bar{E}^e = di^* = 0$ und es bleibt

$$\frac{dY}{dG} = \frac{1}{1-c_1+f_2} \text{ als Staatsausgabenmultiplikator.}$$

Beachten Sie, dass in einer geschlossenen Volkswirtschaft die marginale Importneigung $f_2 = 0$ ist. In einer offenen Volkswirtschaft gilt dagegen $f_2 > 0$. Folglich ist der Staatsausgabenmultiplikator bei alleiniger Betrachtung des Gütermarktes in einer offenen Volkswirtschaft kleiner als in einer geschlossenen, da

$$dY/dG = 1/(1-c_1+f_2) < 1/(1-c_1)$$

Deshalb löst dieselbe Veränderung der Staatsausgaben in einer offenen Volkswirtschaft eine geringere Verschiebung der *IS*-Kurve aus.

b) Da im gesamtwirtschaftlichen Gleichgewicht sowohl Güter- als auch Geldmarkt im Gleichgewicht sind, erhalten wir das Ergebnis durch Gleichsetzen von *IS*- und *LM*-Kurve. Um am Ende den Staatsausgabenmultiplikator dY/dG leichter berechnen zu können, lösen wir zunächst die Gleichungen für das Güter- und das Geldmarktgleichgewicht jeweils nach dem Zins auf. Wir erhalten als *IS*-Kurve

$$i = \frac{c_0 - c_1 T + \bar{I} + G + f_1 Y^* - f_3 \bar{E}^e (1+i^*)^{-1}}{\beta + f_3 \bar{E}^e (1+i^*)^{-1}} - \frac{1 - c_1 + f_2}{\beta + f_3 \bar{E}^e (1+i^*)^{-1}} \cdot Y \qquad (1.)$$

und als *LM*-Kurve

$$i = -\frac{M}{Pd_2} + \frac{d_1}{d_2} \cdot Y$$

Beim Gleichsetzen fällt der Zins i heraus und lediglich das Einkommen Y bleibt als endogene Variable übrig. Aufgelöst nach Y ergibt sich

$$Y = \frac{d_2\left[\beta + f_3 \bar{E}^e (1+i^*)^{-1}\right]}{d_1\left[\beta + f_3 \bar{E}^e (1+i^*)^{-1}\right] + d_2(1 - c_1 + f_2)} \cdot \left[\frac{c_0 - c_1 T + \bar{I} + G + f_1 Y^* - f_3 \bar{E}^e (1+i^*)^{-1}}{\beta + f_3 \bar{E}^e (1+i^*)^{-1}} + \frac{M}{Pd_2}\right]$$

Wie in Teilaufgabe a) setzen wir alle Differentiale außer dY und dG gleich Null. Somit bleibt als Staatsausgabenmultiplikator

$$\frac{dY}{dG} = \frac{d_2}{d_1\left[\beta + f_3 \bar{E}^e (1+i^*)^{-1}\right] + d_2(1 - c_1 + f_2)} \qquad (2.)$$

In einer geschlossenen Volkswirtschaft sind sowohl marginale Importneigung $f_2 = 0$ (vgl. Teilaufgabe a) als auch die Wechselkursabhängigkeit der Nettoexporte $f_3 = 0$. In einer offenen Volkswirtschaft dagegen ist – neben $f_2 > 0$ – auch $f_3 > 0$, sofern die Marshall-Lerner-Bedingung erfüllt ist. Folglich ist der Nenner in (2.) größer als beim Multiplikator in der geschlossenen Volkswirtschaft $dY/dG = d_2/\left[d_1\beta + d_2(1-c_1)\right]$. Dies bedeutet wiederum, dass der Staatsausgabenmultiplikator in der offenen Volkswirtschaft kleiner ist als der Multiplikator in der geschlossenen Volkswirtschaft.

c) *LM-Kurve:*

Eine Öffnung der Volkswirtschaft hat keinen Einfluss auf die Kombinationen aus Zins und Einkommen, für die der Geldmarkt im Gleichgewicht ist. Deshalb kommt es zu keiner Veränderung bei der Steigung der *LM*-Kurve.

IS-Kurve:

Aus Gleichung (1.) in Teilaufgabe b) wissen wir, dass die *IS*-Kurve die Steigung

$$\frac{di}{dY} = -\frac{1 - c_1 + f_2}{\beta + f_3 \bar{E}^e (1+i^*)^{-1}}$$

hat. Durch die Öffnung der Volkswirtschaft werden die Parameter $f_2, f_3 > 0$, was zwei gegenläufige Effekte auf die *Steigung* der *IS*-Kurve auslöst:

1. marginale Importneigung $f_2 > 0$: dieselbe Zinssenkung geht mit einer geringeren Veränderung des Einkommens einher, um den Gütermarkt wieder ins Gleichgewicht zu bringen. Der Grund ist, dass ein Teil der zusätzlichen Nachfrage über die Importe ins Ausland abfließt und damit dem Multiplikatorprozess im Inland nicht zur Verfügung steht. Folglich sorgt $f_2 > 0$ für eine tendenziell steilere *IS*-Kurve. Dies bedeutet, dass es beispielsweise bei expansiver Fiskalpolitik zu einem stärkeren Crowding-Out zinsabhängiger Nachfragekomponenten kommt.

2. Wechselkursreagibilität der Nettoexporte $f_3 > 0$: Zinsänderungen haben in der offenen Volkswirtschaft (bei flexiblen Wechselkursen) einen zusätzlichen Wirkungskanal auf die Nachfrage. Z.B. führt eine Zinssenkung eine Abwertung der inländischen Währung herbei ($E\downarrow$), was wiederum einen Anstieg der Nettoexportnachfrage und damit des Einkommens bewirkt. Dadurch wird die *IS*-Kurve tendenziell flacher und es kommt bei expansiver Fiskalpolitik zu einem geringeren Crowding-Out zinsabhängiger Nachfragekomponenten. Beachten Sie, dass dieser Effekt bei fixen Wechselkursen nicht vorhanden ist, da E unverändert bleibt!

Damit ist der Gesamteffekt auf die Steigung der *IS*-Kurve durch die Öffnung der Volkswirtschaft bei flexiblen Wechselkursen nicht eindeutig und hängt vom Verhältnis der Parameter f_2 und f_3 ab: Für $f_3 > f_2$ ist die *IS*-Kurve flacher, für $f_3 < f_2$ ist sie steiler als in der geschlossenen Volkswirtschaft. Da bei fixen Wechselkursen der zweite Effekt nicht vorhanden ist, verläuft die *IS*-Kurve in diesem Fall eindeutig steiler als 1.) sowohl in einer geschlossenen Volkswirtschaft als auch 2.) einer offenen Volkswirtschaft mit flexiblen Wechselkursen.

d) In Aufgabe 2 a) - c) in Kapitel 20.2 werden Geldpolitik und Fiskalpolitik in einer offenen Volkswirtschaft analysiert. Hier erfolgt der Vergleich einer geschlossenen mit einer offenen Volkswirtschaft.

i. **Geldpolitik**

Feste Wechselkurse:

In diesem Fall dient die Geldpolitik in der offenen Volkswirtschaft lediglich zur Stabilisierung des Wechselkurses, eine eigenständige Geldpolitik ist nicht möglich.

Die Behauptung ist hier also richtig.

Flexible Wechselkurse:

Hier kann die Geldpolitik in einer offenen Volkswirtschaft eine eigenständige Rolle spielen. Die expansive Geldpolitik führt zu einer Ausweitung der nominalen Geldmenge M und bei konstantem Preisniveau P zu einer Ausweitung der realen Geldmenge. Der dadurch sinkende Zinssatz i führt (wie in der geschlossenen Volkswirtschaft) zu einer Erhöhung der Investitionsnachfrage I und somit zu einer Steigerung des Outputs Y und des Konsums C. Entscheidend ist nun die Entwicklung der Nettoexporte: Diese hängt davon ab, ob der negative Effekt des gestiegenen Einkommens über die marginale Importneigung (f_2) oder der positive Effekt des gesunkenen Wechselkurses (über f_3) überwiegt.

Für $f_2 > f_3$ verläuft die *IS*-Kurve steiler (vgl. auch Teilaufgabe c) und die Nettoexporte fallen bei einer expansiven Geldpolitik. Deshalb ist in diesem Fall die Wirkung der Geldpolitik kleiner als in der geschlossenen Volkswirtschaft. Steigen die Nettoexporte jedoch, d.h. falls $f_2 < f_3$, gibt es einen zusätzlichen positiven Effekt der Geldpolitik und ihre Wirkung ist in der offenen Volkswirtschaft sogar stärker als in der geschlossenen.

ii. **Fiskalpolitik**

Feste Wechselkurse:

Fiskalpolitik führt wie in der geschlossenen Volkswirtschaft zu einer Veränderung des Outputs und des Zinses. Damit gibt es aufgrund der Zinsparitätenbedingung auch einen Veränderungsdruck auf den Wechselkurs und die Zentralbank wird zu einer Geldmengenanpassung gezwungen. Die Geldpolitik muss dabei so beschaffen sein, dass wieder der ursprüngliche Gleichgewichtszins erreicht wird. Damit kommt es in diesem Fall nicht zu einem zinsbedingten Crowding-out, was die Wirksamkeit der Fiskalpolitik gegenüber der geschlossenen Volkswirtschaft erhöht.

Der veränderte Output führt allerdings auch zu veränderten Nettoexporten, da sich die Importe über die marginale Importneigung (f_2) verändern, die Exporte wegen des fixen Wechselkurses aber konstant bleiben. Dabei führt eine expansive Fiskalpolitik zu niedrigeren Nettoexporten. Dies reduziert tendenziell die Wirksamkeit der Fiskalpolitik in einer offenen Volkswirtschaft, wie Sie bereits am niedrigeren Staatsausgabenmultiplikator in den Teilaufgaben a) und b) gesehen haben.

Eine allgemeingültige Antwort auf die Behauptung in der Aufgabe ist deshalb bei fixen Wechselkursen nicht möglich. Die Beurteilung hängt von der Importneigung f_2 relativ zum zinsbedingten Crowding-out ebenso ab wie vom notwendigen Ausmaß der Geldmengenänderung, um den Wechselkurs konstant zu halten.

Flexible Wechselkurse:

Fiskalpolitik führt wie in der geschlossenen Volkswirtschaft zu einer Veränderung des Outputs und des Zinses. Allerdings wird sich hier aufgrund der Zinsparitätenbedingung auch der Wechselkurs ändern. Expansive Fiskalpolitik führt sowohl zu einem Anstieg des Outputs und des Zinses als auch zu einem Anstieg des Wechselkurses (Aufwertung). Die Output- und Wechselkursveränderungen verursachen eine Veränderung der Nettoexporte. Dabei führt expansive Fiskalpolitik zu niedrigeren Nettoexporten: Durch die Aufwertung sinken bei Gültigkeit der Marshall-Lerner-Bedingung die Exporte und durch den Outputanstieg steigen die Importe noch zusätzlich. Dadurch wird die Wirksamkeit der Fiskalpolitik eingeschränkt, die Behauptung ist hier also falsch.

e) Geldpolitik und Fiskalpolitik sind potentielle Mittel zur Stabilisierung konjunktureller Schwankungen. Bei der Öffnung einer Volkswirtschaft für internationale Güter- und Kapitalströme handelt es sich aber um eine strukturelle Entscheidung, die das mittel- und langfristige Wachstum einer Volkswirtschaft beeinflussen kann. Die bestehende Literatur zeigt, dass durch eine Öffnung große Wohlfahrtsgewinne für Volkswirtschaften möglich und wahrscheinlich sind. Deshalb sollte diese grundsätzliche Entscheidung nicht von eventuellen Veränderungen bei kurzfristigen Stabilisierungsmöglichkeiten abhängen. Allerdings sollten diese Stabilisierungsmöglichkeiten eine wichtige Rolle bei der Wahl des Wechselkursregimes einer offenen Volkswirtschaft spielen.

5. Wirtschaftspolitik in Transformation (Fortsetzung von Übungsaufgabe 5 aus Kapitel 20)
   a) Es stehen folgende Maßnahmen zur Verfügung:
      - Flexible Wechselkurse

        Während bei festem Wechselkurs die Zentralbank die Geldmenge so anpassen muss, dass in- und ausländischer Zinssatz gleich sind und deshalb Transformatien die Geldpolitik nicht als Politikinstrument benutzen kann, unterliegt das Land diesem Druck bei flexiblen Wechselkursen nicht.
      - Unvollkommene Kapitalmobilität

        Wenn unvollkommene Kapitalmobilität herrscht, gilt die Zinsparitätenbedingung nicht mehr, weil die inländischen Investoren nicht mehr unbegrenzt ausländische Wertpapiere kaufen können, wenn $i < i^*$ ist.
   b) Zur Erinnerung: $g_{yt} = g_{mt} - \pi_t$ basiert auf der Quantitätsgleichung. g_{yt} bezeichnet die Wachstumsrate der Produktion, g_{mt} die Wachstumsrate der Geldmenge. Die Gleichung ist äquivalent zu $\pi_t = g_{mt} - g_{yt}$.

      Da mittelfristig $g_{yt} = \bar{g}_{yt}$, das Produktionswachstum also der natürlichen Wachstumsrate entspricht, ist mittelfristig allein das Geldmengenwachstum für Inflation verantwortlich. Bei fixen Wechselkursen verliert die Zentralbank die Kontrolle über g_{mt} und kann deshalb nicht mehr zur Inflation beitragen. Die Wechselkursanbindung bindet die Zentralbank an die Geldpolitik des Leitwährungslandes (hier die EWU) und damit glaubwürdig an eine Politik niedriger Inflationsraten.

6. Zentralbankinterventionen in Asien
   a) Der Wechselkurs des Yuan zum US-$ ist seit 1999 konstant geblieben, was auf ein Fixkursregime schließen lässt. Dagegen haben sowohl der Euro (um mehr als 50%) als auch der Yen (um mehr als 28%) stark gegenüber dem US-$ geschwankt, was jeweils ein flexibles Wechselkursregime nahe legt.

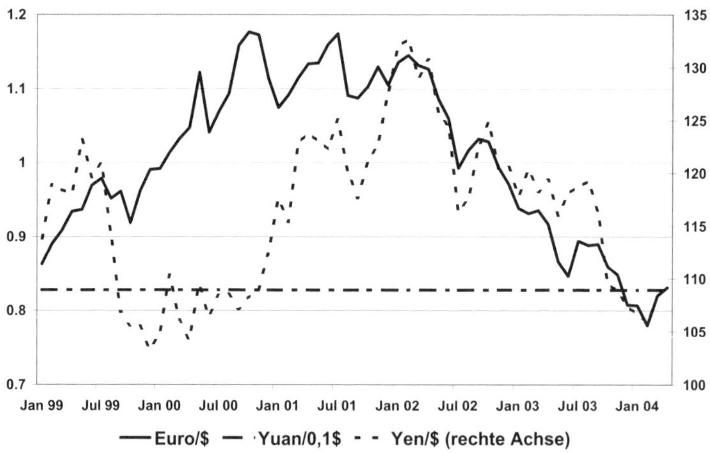

Abbildung 21.4: Entwicklung des Euro, Yuan und Yen zum US-$ seit 1999

b) Da bei einem fixen Wechselkursregime Überschussnachfrage und -angebot eigener Währung über die Devisenreserven ausgeglichen werden müssen, sollten die chinesischen Reserven seit 1999 deutlich geschwankt haben. Dagegen besteht bei einem flexiblen WK diese Notwendigkeit nicht, so dass die Reserven der EZB, Japans und auch der USA weitgehend konstant geblieben sein sollten.

c) Die Reserven der EZB und der USA sind im betrachteten Zeitfenster ziemlich konstant geblieben, die Vermutung aus Aufgabe b) bestätigt sich also für beide Währungsräume.

Bei China fallen zwei Punkte ins Auge: Erstens schwanken die Währungsreserven kombiniert mit dem fixen Wechselkurs deutlich weniger als beispielsweise der Euro-Wechselkurs bei konstanten Währungsreserven, zweitens beobachten wir seit 2001 einen starken Anstieg der Währungsreserven. In letzterem spiegelt sich der starke Aufwertungsdruck auf China wider, der von der boomenden chinesischen Wirtschaft ausgeht. Die vergleichsweise geringe Volatilität lässt sich zum einen mit den noch vorhandenen chinesischen Kapitalverkehrskontrollen begründen, die schnelle Zu- und Abflüsse insbesondere kurzfristigen Kapitals verhindern, zum anderen mit der hohen Glaubwürdigkeit des fixen Wechselkurses, die E^e_{t+n} konstant hält.

Wirklich überraschend ist dagegen die japanische Entwicklung: Trotz eines vermeintlich flexiblen Wechselkurses haben sich die japanischen Devisenreserven seit 1999 ungefähr vervierfacht! Japan hat also massiv US-$ gekauft, um den Yen nicht aufwerten zu lassen.

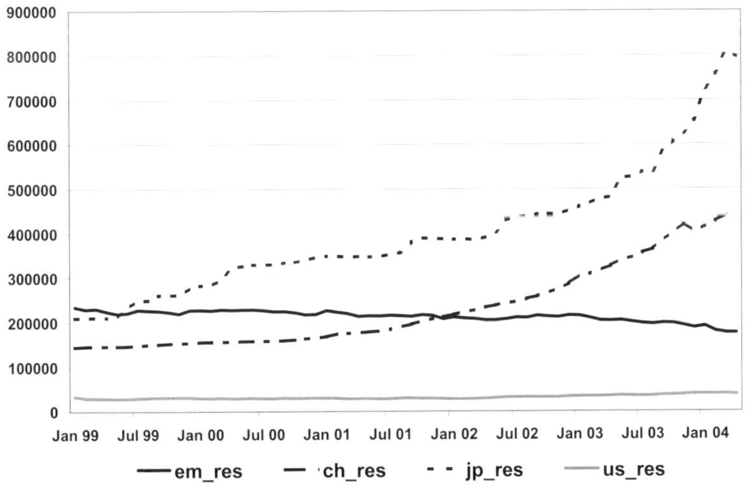

Abbildung 21.5: Entwicklung der Währungsreserven in der EWU, China, Japan und den USA seit 1999 in Millionen US-$

d) Konsequenzen der Entwicklung in China und Japan

i. In beiden Ländern wird durch die (nicht sterilisierten) Devisenmarktinterventionen und den daraus resultierenden Anstieg der Währungsreserven die Geldmenge ausgedehnt. In Japan, das seit Jahren unter Deflation litt und sich in der Liquiditätsfalle befand, war dies ein erwünschter Effekt: Angesichts der Nullzinsgrenze war der Wechselkurskanal der einzige herkömmliche

Weg, expansive Geldpolitik zu betreiben (vgl. ausführlich Kapitel 23). Allerdings konnte trotz des starken Anstiegs der Währungsreserven die Aufwertung des Yen nicht verhindert, sondern nur begrenzt werden. Dennoch hat diese Wechselkurspolitik sicherlich zum Anstieg des japanischen BIP in der ersten Hälfte von 2004 beigetragen.

In China dagegen, dessen BIP 2003 mit erstaunlichen 9% gewachsen ist, droht durch die expansive Geldpolitik eine Überhitzung der Wirtschaft. Andererseits wird insbesondere von chinesischen Politikern häufig argumentiert, das chinesische Bankensystem sei noch nicht entwickelt genug, um mit einem flexiblen Wechselkurs und stark schwankenden Kapitalströmen umzugehen.

ii. Beide asiatischen Länder finanzieren durch die Interventionen einen Großteil des amerikanischen Leistungsbilanzdefizits (erinnern Sie sich an die Beziehung von Leistungs-, Kapital- und Devisenbilanz in Kapitel 18!). Außerdem halten sie ihre Dollarreserven nicht als Geldscheine, sondern überwiegend in Form von US-Staatsanleihen. Ihre Nachfrage nach diesen Wertpapieren sorgt mit dafür, dass die langfristigen Zinsen in den USA in 2003 und 2004 trotz des US-Wirtschaftsaufschwungs äußerst niedrig und so z.B. die Finanzierungskosten von Investitionen sowie Hypothekenkredite sehr günstig (nach Meinung mancher Ökonomen sogar *zu* günstig) geblieben sind.

Andererseits beklagen amerikanische Industrie-Lobbyisten und Gewerkschafter häufig die durch die Devisenmarktinterventionen künstlich billig gehaltenen chinesischen Exporte. Diese hätten durch die Währungspolitik einen ungerechtfertigten Wettbewerbsvorteil gegenüber amerikanischen Produkten. Die Lobbyisten berücksichtigen dabei aber nur die Partikularinteressen ihres Industriezweiges und nicht die gesamte Wohlfahrt der USA. Trotzdem ist zumindest a priori nicht unbedingt klar, welcher Effekt überwiegt.

iii. Nach der schweren Weltrezession im Jahr 2001 sorgten die USA, aber auch China für einen starken Anstieg der Weltkonjunktur. Der Anstieg des Einkommens dieser Länder bewirkt einen Anstieg der Exportnachfrage für die anderen Länder der Welt, insbesondere für die Mitglieder der EU, und fördert dadurch deren Wachstum (vgl. Übungsaufgabe 2 in Kapitel 19 mit der Entwicklung der deutschen Nettoexporte).

Allerdings stellt sich die Frage, wie sich die chinesische und japanische Währungspolitik auf den Euro-Kurs auswirkt. Unter Ökonomen ist relativ unumstritten, dass das enorm hohe US-Leistungsbilanzdefizit von rund 5% des US-BIP im 1. Quartal 2004 mittelfristig zurückgeführt werden muss und dafür eine Abwertung des US-$ notwendig ist. Nun wird unter anderem in einigen Zeitungen immer wieder argumentiert, dass der Euro die gesamte Last der US-$-Abwertung tragen müsse, solange die asiatischen Länder die Aufwertung ihrer Währung verhindern. Bei dieser Argumentation wird aber vergessen, dass ja ein Aufwertungsdruck auf z.B. den Yuan besteht. Die chinesische Zentralbank hält ihren Wechselkurs nun nicht nur durch verbale Äußerungen niedrig, sondern muss US-$ aufkaufen. Dadurch finanziert sie gerade das Leistungsbilanzdefizit, das eigentlich abgebaut werden müsste. Solange sich diese Politik aber nicht ändert, kann das US-Leistungsbilanzdefizit bestehen bleiben und der Euro-Kurs muss nicht übermäßig aufwerten.

22 Die makroökonomische Analyse von Finanzkrisen

22.1 Wissens- und Verständnistests

Multiple Choice

1. Gehen Sie von der folgenden Bankbilanz aus:

Aktiva		**Passiva**	
Kassenbestände	25	Einlagen	150
Kredite an Unternehmen	115	Schuldverschreibungen bei anderen Banken	50
Verbriefte Forderungen	100	Eigenkapital	40
Summe	240	Summe	240

Der Hebel (Leverage) und die Eigenkapitalquote der Bank betragen

a) ...5 und 1/5.

b) ...6 und 1/6.

c) ...5 und 1/6.

d) ...10 und 8%.

2. Ausgehend von der Situation in Aufgabe 1 kommt es zu einem Preisverfall am Immobilienmarkt, dessen Ende nicht absehbar ist. Der Bilanzwert der verbrieften Forderungen sinkt in der Folge um 20. Hebel und Eigenkapitalquote betragen nun

a) ...11 und 1/10.

b) ...10 und 1/10.

c) ...5,5 und 1/11.

d) ...10 und 1/11.

3. Ausgehend von der Situation in Aufgabe 2 kommt es als Folge der Immobilienkrise zu einer schweren Rezession. In der Folge können einige Unternehmen, denen die Bank aus Aufgabe 1 Kredite verschafft hat, diese nicht zurückzahlen. Ab welchen Verlusten im Kreditportfolio erleiden die Fremdkapitalgeber (Einleger und andere Banken) erste finanzielle Einbußen?

a) Wenn der Wert des Kreditportfolios um mehr als 10 Einheiten sinkt.

b) Wenn der Wert des Kreditportfolios auf einen Wert von 100 fällt.

c) Wenn der Wert des Kreditportfolios auf einen Wert unter 95 fällt.

d) Wenn der Wert des Kreditportfolios um mehr als 25 Einheiten sinkt.

4. Besorgt um die Situation der Bank aus Aufgabe 1 entscheiden sich die Einleger der Bank, 1/3 ihrer Einlagen abzuziehen, noch bevor die Bank die Verschlechterung am Immobilienmarkt und in der Realwirtschaft in der Bilanz berücksichtigt hat (ihre offizielle Bilanzsumme beträgt also immer noch 240 und ihr Eigenkapital 40). Mit welchem Problem sieht sich die Bank konfrontiert?
   a) Ihre Kassenbestände decken nur die Hälfte der Verbindlichkeiten, die die Bank kurzfristig bedienen muss.
   b) Um der kurzfristigen Nachfrage nach Liquidität nachkommen zu können, muss die Bank unter Umständen Aktiva verkaufen, deren Marktwert unter dem in der Bilanz eingetragenen Wert liegt.
   c) Der Versuch der Bank, sich durch Ausgabe neuer Aktien oder Verkauf neuer Schuldverschreibungen bei anderen Banken zusätzliche Liquidität zu verschaffen, dürfte aufgrund der eigenen Bilanzrisiken und der angespannten gesamtwirtschaftlichen Situation äußerst kostenträchtig oder sogar unmöglich sein.
   d) Alle der vorangegangenen Antworten sind korrekt.

5. Die Finanzmarktkrise, die im Sommer 2007 begann, verschärfte sich im Herbst des Jahres 2008 erheblich, nachdem die Investmentbank Lehman Brothers Insolvenz anmelden musste. Auch wenn die Folgen dieses Konkurses vielschichtig waren, erklärt vor allem ein Aspekt diese extreme Verschärfung.
   a) Unternehmen, die zuvor Kunden bei Lehman Brothers waren, verloren für eine gewisse Zeit den Zugang zum Kapitalmarkt.
   b) Kleinanleger in der ganzen Welt büßten durch den Konkurs einen erheblichen Teil ihrer Ersparnisse ein.
   c) Bis zum Zusammenbruch von Lehman Brothers gingen die Finanzmarktakteure davon aus, dass die Verbindlichkeiten großer Finanzinstitute durch implizite Staatsgarantien abgesichert seien. Der Konkurs von Lehman zeigte, dass dies nicht der Fall war, und dass auch Fremdkapitalgeber mit Einbußen rechnen mussten.
   d) Der Fall des Aktienkurses von Lehman Brothers führte zu Verlusten bei anderen großen Banken.

Wahr/Falsch: Welche der jeweiligen Aussagen sind wahr, welche falsch?

6. Wenn eine Bank ihren Leverage, also das Verhältnis von Verbindlichkeiten zu Eigenkapital, erhöht,
   a) ...steigt ihre Eigenkapitalquote.
   b) ...nimmt ihre Fähigkeit, Verluste durch eine Reduktion des Eigenkapitals temporär abzufedern, ab.
   c) ...vergrößert sie die Eigenkapitalrendite, die bei einem gegebenen Wertgewinn ihres Wertpapierportfolios erzielt werden kann.
   d) ...erhöht sich die Gefahr, dass sie bei Verlusten Wertpapierpositionen überstürzt auflösen muss.

7. Die Verbriefung von Hypothekenkrediten trug zur Krise bei,
   a) ...weil sie üblicherweise die Streuung von Risiken verringert.
   b) ...weil sie Anreize zur effektiven Auswahl und Überwachung von Kreditnehmern verringerte.
   c) ...weil sie aufgrund von Anreizverzerrungen dazu beitrug, dass Immobilienkredite auch an solche Haushalte vergeben wurden, die nicht in der Lage waren, diese zu bedienen.
   d) ...weil sie im Vorfeld der Krise die Zinskosten, die bei einem Immobilienkauf anfallen, stark in die Höhe trieb.
8. Zu den unkonventionellen Maßnahmen der amerikanischen Zentralbank zur Überwindung der Krise 2008 zählten
   a) ...das Senken des Leitzinses, der Federal Funds Target Rate.
   b) ...der Ankauf von amerikanischen Staatsanleihen von Banken am Offenmarkt bei gleichzeitiger Vereinbarung des Rückverkaufs.
   c) ...der direkte Ankauf von Commercial Paper (Geldmarktpapieren).
   d) ...die quantitative Lockerung über eine starke Ausdehnung der Zentralbankbilanz.
9. Abbildung 22.1 veranschaulicht das deutsche Maßnahmenpaket zur Stabilisierung der Finanzmärkte, das im Oktober 2008 beschlossen wurde.

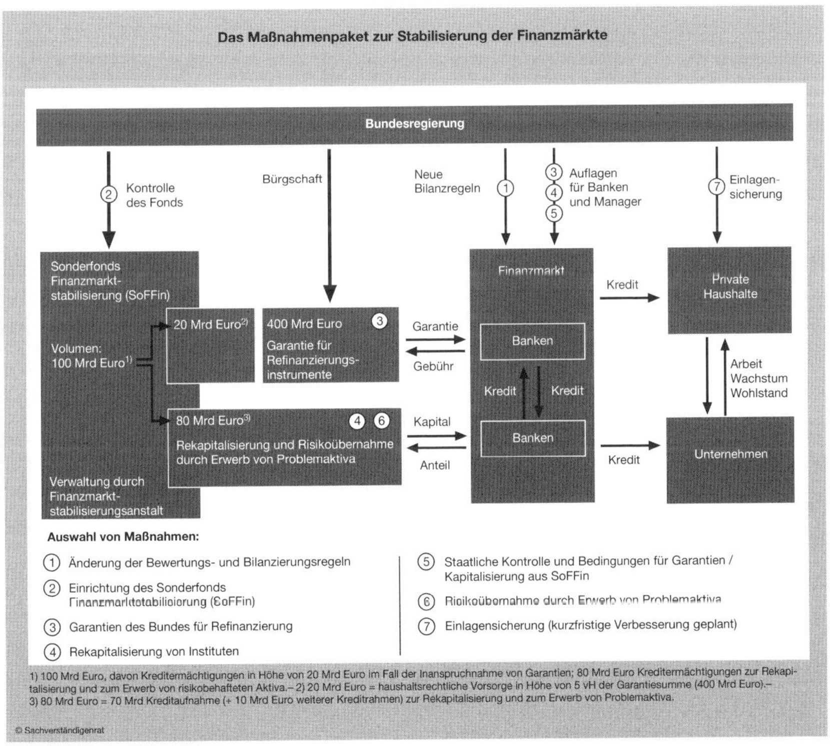

Abbildung 22.1: Deutsches Maßnahmenpaket zur Stabilisierung der Finanzmärkte
Quelle: Sachverständigenrat zur Begutachtung der gesamtwirtschaftlichen Entwicklung, Jahresgutachten 2008, S. 158

a) Das Maßnahmenpaket kostet den deutschen Steuerzahler 480 Milliarden Euro.

b) Ein zentraler Zweck des Maßnahmenpakets besteht in der Aufrechterhaltung der Kreditvergabe von Banken an private Haushalte und Unternehmen.

c) Die Risiken des Staates sind auf die 100 Milliarden Euro des Sonderfonds Finanzmarktstabilisierung beschränkt.

d) Der Staat erhält eine risikoabhängige Vergütung für seine Garantien und Kapitalbereitstellungen.

Basiswissen

10. Funktion und Fragilität des Finanzsystems

a) Schildern Sie knapp die zentralen Funktionen des Finanzsystems!

b) Warum sind Finanzsysteme anfällig für krisenhafte Zuspitzungen und was versteht man unter dem Begriff „systemisches Risiko“?

11. Ursachen und Verlauf der Finanzkrise der Jahre 2007/2008

a) Schildern Sie knapp drei der Hauptursachen, die zum Entstehen der Krise beigetragen haben!

b) In welcher Weise kam es während der Krise zu sich selbst verstärkenden Abwärtsspiralen?

22.2 Übungsaufgaben

1. Prozess des Deleveraging

Ein Finanzintermediär mit einem Eigenkapital $EK = 50$ setzt einen Hebel (Leverage) von 4 ein.

a) Welcher Hebel ergibt sich, wenn sich der Wert der Aktiva des Intermediärs um 5, 10, bzw. 15 Prozent verringert?

b) Gehen Sie davon aus, dass die Kreditgeber des Intermediärs darauf beharren, dass ein Hebel von maximal 4 eingehalten wird. Wenn keine Möglichkeit besteht, neues Eigenkapital zu beschaffen: Um welchen Betrag muss die Summe der Aktiva reduziert werden, wenn der Wert der Aktiva des Intermediärs um 5, 10, bzw. 15 Prozent sinkt?

c) Wie verändern sich Ihre Ergebnisse aus Teilaufgabe b), wenn die Fremdkapitalgeber zusätzlich verlangen, dass der Intermediär den Hebel auf einen Wert von 3 verringert?

d) Wie verändern sich ihre Ergebnisse in Teilaufgabe c) für den Fall eines Wertverlustes von 5%, wenn ursprünglich ein Hebel von 10 angesetzt war (weiterhin gilt $EK = 50$)?

e) Welche zusätzlichen Effekte ergeben sich, wenn eine größere Zahl von Intermediären gleichzeitig in die beschriebene Lage kommt?

2. Finanzkrisen im *IS-LM*-Modell

a) Welche Auswirkungen hat eine abrupte Erhöhung der Zinsaufschläge im Rahmen des *IS-LM*-Modells?

b) Welche weiteren Effekte von Finanzkrisen können in einem *IS-LM*-Modell auftreten?

c) Mit welchen Herausforderungen muss eine Zentralbank im Rahmen des *IS-LM*-Modells rechnen, wenn sie versucht, die Folgen einer Finanzkrise abzumildern?

Lösungen zu Kapitel 22

22.1 Wissens- und Verständnistests

Multiple Choice

1. c)
2. d)
3. c)
4. d)
5. c)

Wahr/Falsch

6. F, W, W, W.
7. F, W, W, F.
8. F, F, W, W.
9. F, W, F, W.

Basiswissen

10. Funktion und Fragilität des Finanzsystems
   a) Die zentrale Aufgabe des Finanzsystems besteht in der Mobilisierung von Ersparnissen und der Kanalisierung dieser Ersparnisse in produktive Verwendungen. Indem sie den Austausch von Ressourcen zwischen Kapitalgebern und Kapitalnehmern begleiten, übernehmen Finanzintermediäre und insbesondere Banken verschiedene Transformationsfunktionen:
      - Durch *Fristentransformation* werden langfristige Kredite in kurzfristige Einlagen umgewandelt. Damit trägt das Finanzsystem zur Schaffung von Liquidität bei.
      - Durch *Losgrößentransformation* werden beispielsweise die Anlagen kleiner Wirtschaftseinheiten so kombiniert, dass sich auch größere Projekte effizient realisieren lassen.
      - Durch *Risikotransformation* werden Risiken für die Kapitalgeber gemindert, insbesondere indem die Diversifikation und Streuung von Risiken erleichtert wird.

Im Rahmen der Wahrnehmung dieser Transformationsfunktionen werden Transaktionskosten vermindert. Dabei stellt der Finanzsektor Leistungen zur Verfügung, die die effiziente Allokation von Ersparnissen trotz ausgeprägter Informationsprobleme gewährleisten sollen. Insbesondere werden Kapitalnehmer bezüglich ihrer Rückzahlungswahrscheinlichkeit geprüft (Screening) und während der Laufzeit von Finanzkontrakten begleitet (Monitoring).

b) Die Fragilität des Finanzsystems ist insbesondere in der Fristentransformationsfunktion begründet, die vor allem durch Banken wahrgenommen wird. Da Banken auf der Passivseite ihrer Bilanz kurzfristig verfügbare (liquide) Einlagen, auf der Aktivseite jedoch langfristige (illiquide) Anlagen halten, sind sie anfällig gegenüber Liquiditätsrisiken: Wenn eine zu große Zahl von Anlegern gleichzeitig ihre Einlagen auflösen, muss auf Aktiva zurückgegriffen werden, deren kurzfristige Liquidierung nur unter Inkaufnahme erheblicher Verluste möglich ist. Wenn die Einleger befürchten, dass der Wert der liquidierten Aktiva geringer ist als die Summe der Forderungen gegenüber der Bank, werden sie überstürzt ihr Geld zurückverlangen und das von ihnen befürchtete Szenario selbst in Gang setzen: Es kommt zu sogenannten Bank Runs.

Erschwert wird dieses Liquiditätsrisiko durch den Umstand, dass die Auszahlungen der meisten Finanzaktiva mit großer Unsicherheit behaftet sind und unter Problemen der asymmetrischen Informationsverteilung leiden. Die an sich schon komplexe Aufgabe des Risikomanagements wird deshalb durch vielfältige Anreizprobleme noch erschwert.

Die Möglichkeit des Zusammenbruchs einer einzelnen Bank wäre dabei noch das geringere Problem. Da Finanzinstitutionen direkt und indirekt miteinander vernetzt sind (beispielsweise über den Interbankenmarkt, der normalerweise zu einer effizienten Verteilung von Liquidität beitragen soll) kann sich die Krise einer einzelnen Bank schnell in eine allgemeine Krise des Systems ausbreiten. Insbesondere wenn zentrale Stützpfeiler des Finanzsystems (also die Institute, die besonders viele und ausgeprägte Finanzbeziehungen mit dem Rest aufweisen) unter Problemen leiden, steigt das *systemische Risiko*, das heißt die Gefahr, dass die Funktionsfähigkeit des gesamten Finanzsystems erheblich beeinträchtigt wird.

11. Ursachen und Verlauf der Finanzkrise der Jahre 2007/2008

a) Bei der Analyse der Krisenursachen ist es sinnvoll, zwischen makroökonomischen Problemen und Problemen in der Organisation und Regulierung des Finanzsektors zu unterscheiden.

Im Bereich der *Makroökonomie* kommt besonders dem anhaltend niedrigen Zinsniveau in den Jahren vor Ausbruch der Krise eine entscheidende Bedeutung zu. In einem Umfeld sehr niedriger Zinsen entstehen Anreize für Finanzinstitutionen, übergroße Risiken einzugehen und den eigenen Hebel (leverage) anzuheben. Gleichzeitig befeuerte das niedrige Zinsniveau den starken Anstieg von Vermögenspreisen, speziell im Immobilienbereich.

Im Bereich der Organisation und Regulierung des Finanzsektors lässt sich eine Vielzahl von Problemen identifizieren. Zu den wesentlichen Aspekten zählen:

- Verfehlte Anreize im *Verbriefungsprozess*: Die Tendenz der letzten Jahre, Kreditrisiken vermehrt aus den Bilanzen von Banken zu nehmen und in Form von komplexen Wertpapieren zu bündeln, führte dazu, dass die Anreize zu einer kritischen Überprüfung der Kreditqualität abnahmen. Dies ist insbesondere bei sogenannten Subprime-Krediten offensichtlich, also Hypotheken, die an Kreditnehmer mit geringer Bonität vergeben wurden.
- *Mangelnde Transparenz und überhöhte Komplexität* von Finanzinnovationen, speziell im Verbriefungsbereich, aber auch im Bereich des Kreditrisikotransfers (das heißt der Absicherung von Kreditrisiken, beispielsweise durch sogenannte Credit Default Swaps): Mangelnde Transparenz und überhöhte Komplexität führten dazu, dass sich die Halter von Wertpapieren nur eingeschränkt über die Risiken bewusst waren, die sie hielten. Darüber hinaus entstehen Probleme bei der Bewertung von entsprechenden Wertpapieren.
- Der Aufbau von erheblichen Risiken in sogenannten *Schattenbanken*, also Finanzinstituten, die oft bewusst zur Umgehung von Regulierungsvorschriften gegründet wurden: Die Auslagerung von Liquiditäts- und Solvenzrisiken führte nicht zuletzt dazu, dass die hinter den Schattenbanken stehenden Institute unzureichende Risikovorsorge betrieben.

b) Sich selbst verstärkende Abwärtsspiralen sind ein wichtiges Charakteristikum von Finanzkrisen. In der Krise, die im Sommer 2007 begann, lässt sich dies besonders gut an den folgenden beiden Beispielen demonstrieren:

- Fehlende Bodenbildung an den Immobilienmärkten: Der Preisverfall an den Immobilienmärkten verursachte Verluste bei den Haltern der Wertpapiere, die mit den Immobilien besichert waren. Diese Verluste reduzierten die Bereitschaft und Fähigkeit der Halter, neue Immobilienkredite zu vergeben. Aufgrund der hieraus resultierenden Kreditverknappung sinkt die Nachfrage nach Immobilien weiter, was den Preisverfall noch verstärkt. Gleichzeitig steigen mit dem Preisverfall die Anreize, die einmal aufgenommene Hypothek nicht zurückzuzahlen, was zu weiteren Verlusten bei Banken und anderen Finanzintermediären führt.
- Deleveraging: Wenn Finanzinstitutionen Verluste auf ihre Anlagen erleiden, sinkt hierdurch ihr Eigenkapital, das üblicherweise als Risikopuffer dient (bevor Fremdkapitalgeber Verluste erleiden, wird zunächst der Wert des Eigenkapitals reduziert). Regulierungsvorgaben und die Interessen der Kreditgeber einer Finanzinstitution implizieren, dass ein gewisses Verhältnis von Fremd- zu Eigenkapital nicht überschritten werden kann. Stößt eine Finanzinstitution an eine Grenze, muss sie sich entweder mit neuem Eigenkapital eindecken (beispielsweise durch die Herausgabe neuer Aktien) oder sie muss Aktiva verkaufen und Fremdkapital tilgen. Da die erste Option in einer Krise kostenträchtig und oft unmöglich ist, kommt es simultan zu Panikverkäufen von Wertpapieren. Hierdurch sinkt der Preis der entsprechenden Papiere weiter, was zu erneuten Verlusten und einer Verstärkung des Verkaufsdrucks führt.

22.2 Übungsaufgaben

1. Prozess des Deleveraging
   a) Bei einem Wertverlust von 5% steigt der Hebel auf 5,3, bei einem Wertverlust von 10% (15%) auf 8 (16).
   b) Bei einem Wertverlust von 5% müssen Aktiva in Höhe von 50 verkauft werden, um damit Fremdkapital zu tilgen. Bei einem Wertverlust von 10% (15%) müssen Aktiva in Höhe von 100 (150) verkauft werden.
   c) Bei einem Wertverlust von 5% müssen Aktiva in Höhe von 87,5 verkauft werden. Bei einem Wertverlust von 10% (15%) müssen Aktiva in Höhe von 125 (162,5) verkauft werden.
   d) Es müssen Aktiva in Höhe von 432,5 liquidiert werden, um den Leverage auf 3 zu reduzieren und Fremdkapital entsprechend zu tilgen.
   e) Die simultane Liquidierung von Vermögenspositionen wird die Preise für entsprechende Vermögenswerte drücken. Dies zieht erneute Verluste nach sich, die den Prozess des Deleveraging weiter verstärken.
2. Finanzkrisen im *IS-LM*-Modell
   a) Die *IS*-Kurve verschiebt sich nach links, da sich durch die Zinsaufschläge die Finanzierungskosten der Unternehmen erhöhen. Folglich sinkt die Nachfrage der Unternehmen nach Investitionsgütern bei konstantem Zinssatz.
   b) Durch die Verschlechterung der Konjunkturaussichten können sich weitere Verschiebungen der *IS*-Kurve nach links ergeben, beispielsweise da Konsumenten aus Vorsichtsmotiven vermehrt sparen oder Unternehmen selbst bei niedrigen Zinsen keine Investitionen tätigen.
   c) Zunächst muss berücksichtigt werden, dass die Zentralbank lediglich den Zinssatz, nicht die Zinsaufschläge beeinflussen kann. Ihre Möglichkeiten zur Stimulierung der Investitionen sind also begrenzt. Zudem kann die Verschiebung der *IS*-Kurve dermaßen ausgeprägt sein, dass selbst bei einem Zinssatz von 0 eine geringere effektive Nachfrage erzielt wird als im Ausgleichsgleichgewicht. Dann befindet sich die Volkswirtschaft in einer Liquiditätsfälle (vgl. Kapitel 23.2, Übungsaufgabe 1).

23 Depression, Deflation und Arbeitslosigkeit

23.1 Wissens- und Verständnistests

Multiple Choice

1. Nehmen Sie an, das nominale Geldangebot ist fix und die Volkswirtschaft befindet sich unterhalb des natürlichen Produktionsniveaus. Welche Aussage trifft **nicht** zu?
   a) Im Laufe der Zeit wird das Preisniveau sinken.
   b) Die reale Geldmenge steigt im Laufe der Zeit, der Realzins sinkt, die Investitionen steigen.
   c) Die reale Geldmenge sinkt im Laufe der Zeit, der Realzins steigt, die Investitionen sinken.
   d) Die *LM*-Kurve verschiebt sich entlang der *IS*-Kurve nach unten, bis wieder das natürliche Produktionsniveau erreicht wird.
2. Nehmen Sie an, dass die nominale Geldmenge mit einer konstanten Rate wächst und sich die Volkswirtschaft oberhalb des natürlichen Produktionsniveaus befindet. Welche Aussage trifft **nicht** zu?
   a) Gemäß der Phillipskurven-Relation steigt die Inflationsrate im Zeitablauf.
   b) Wenn die Inflationsrate stärker steigt als die nominale Geldmenge, dann steigt die reale Geldmenge.
   c) Wenn die Inflationsrate stärker steigt als die nominale Geldmenge, dann sinkt die reale Geldmenge.
   d) Eine höhere Produktion als die natürliche Produktion führt zu einem Rückgang der realen Geldmenge.
3. Welche Aussage über die „Liquiditätsfalle“ ist **nicht** richtig?
   a) Sinkt der Nominalzins auf Null, dann sind die Wirtschaftssubjekte indifferent zwischen Geldhaltung und Wertpapierhaltung.
   b) Die Geldnachfrage verläuft horizontal.
   c) Eine weitere Erhöhung der nominalen Geldmenge hat keine Auswirkungen auf den Nominalzins.
   d) Die Wirtschaftssubjekte sind bereit, zum selben Nominalzins immer weniger Liquidität zu halten.

4. Welche Aussage über den Zusammenhang zwischen Realzins, Inflation und Liquiditätsfalle ist falsch?
   a) Die Höhe des Realzinses bei einem Nominalzins von Null ist abhängig von der erwarteten Inflation.
   b) Der Realzins ist die Differenz aus Nominalzins und erwarteter Inflationsrate.
   c) Wenn der Nominalzins Null beträgt, dann ist der Realzins bei Deflationserwartungen positiv.
   d) Bei einer hohen Inflationsrate ist die Liquiditätsfalle ein größeres Problem als bei einer Deflation.
5. Was verursachte der Börsencrash 1929, wenn man im Rahmen des *IS-LM*-Modells argumentiert?
   a) Der Output sank und der Zinssatz stieg an.
   b) Die *LM*-Kurve verschob sich nach unten.
   c) Die *IS*-Kurve verschob sich nach links.
   d) Der Zinssatz sank und die *IS*-Kurve verschob sich nach rechts.
6. Wodurch wurde der Rückgang des nominalen Geldangebots während der Weltwirtschaftskrise von 1929 bis 1933 verursacht?
   a) Die Geldbasis verringerte sich.
   b) Das Preisniveau stieg an.
   c) Das Preisniveau sank.
   d) Der Geldschöpfungsmultiplikator nahm ab.
7. Was geschieht im Rahmen des *IS-LM*-Modells, wenn die Wirtschaftssubjekte eine Deflation erwarten?
   a) Die *IS*-Kurve verschiebt sich nach links und die *LM*-Kurve verschiebt sich nach oben.
   b) Die *IS*-Kurve verschiebt sich nach links.
   c) Die *LM*-Kurve verschiebt sich nach unten.
   d) Die *IS*-Kurve verschiebt sich nach rechts.
8. Welche Maßnahme ist nicht dazu geeignet, eine Volkswirtschaft am Beispiel Japans aus der „Liquiditätsfalle“ zu befreien?
   a) Die Erzeugung von Inflation und Inflationserwartungen.
   b) Eine Ausweitung des Budgetdefizits.
   c) Eine „Bereinigung“ des Bankensystems.
   d) Der Abbau struktureller Probleme.

9. Welche Auswirkung hat ein hoher Anteil an Langzeitarbeitslosen auf die Bestimmung der natürlichen Arbeitslosenquote?
   a) Die Preissetzungskurve verschiebt sich nach oben und die natürliche Arbeitslosenquote verringert sich.
   b) Die Lohnsetzungskurve verschiebt sich nach unten und die natürliche Arbeitslosenquote verringert sich.
   c) Die Preissetzungskurve verschiebt sich nach unten und die natürliche Arbeitslosenquote erhöht sich.
   d) Die Lohnsetzungskurve verschiebt sich nach oben und die natürliche Arbeitslosenquote erhöht sich.

Wahr/Falsch: Welche der jeweiligen Aussagen sind wahr, welche falsch?

10. Nehmen Sie an, die Produktion befindet sich unter dem natürlichen Niveau. Welche Mechanismen spielen sich im Rahmen des *IS-LM*-Modells ab, wenn weder fiskal- noch geldpolitische Maßnahmen ergriffen werden?
    a) Die Inflationsrate geht zurück, dadurch steigt die reale Geldmenge und die *LM*-Kurve verschiebt sich nach unten.
    b) Die Produktion kehrt mittelfristig auf jeden Fall zu ihrem natürlichen Niveau zurück.
    c) Da die erwartete Inflationsrate sinkt, steigt der Realzins für einen gegebenen Nominalzins und die *IS*-Kurve verschiebt sich nach links.
    d) Es besteht die Möglichkeit, dass sich die Produktion trotz sinkender Inflationsrate noch weiter von seinem natürlichen Niveau entfernt.

11. Welcher Bezug besteht zwischen Nominalzins, Realzins und Inflationserwartungen?
    a) Wenn der Nominalzins 0% beträgt, dann führen Deflationserwartungen zu einem Rückgang des Realzinses.
    b) Wenn sich die Inflationserwartungen verringern, dann erhöht sich der Realzins für einen gegebenen Nominalzins.
    c) Wenn die Inflationserwartungen negativ sind, d.h. eine Deflation erwartet wird, dann sinkt der Realzins für einen gegebenen Nominalzins.
    d) Wenn die Inflationserwartungen negativ sind, d.h. eine Deflation erwartet wird, dann steigt der Realzins für einen gegebenen Nominalzins.

12. Welche Ereignisse traten vor oder während der Weltwirtschaftskrise ein bzw. lösten sie aus?
    a) Der Börsenkrach von 1929 war der alleinige Auslöser der Weltwirtschaftskrise.
    b) Die Ursache des Börsenkrachs war höchstwahrscheinlich das Platzen einer spekulativen Blase.
    c) Die nominale Geldmenge verringerte sich stark.
    d) Im Laufe der Weltwirtschaftskrise kam es zu einem starken Anstieg der Inflationsrate.

13. Welche Ereignisse führten aller Wahrscheinlichkeit nach zu einer Erholung von der Weltwirtschaftskrise?
    a) Die Zentralbank erhöhte die nominale Geldmenge in hohem Maße.
    b) Die Regierung schaffte die Einlagenversicherung der Banken ab.
    c) Positive Inflationsraten führten zu einem Rückgang der Realzinsen.
    d) Durch einen Anstieg des Produktionswachstums kam es zu einem Anstieg der Preise und somit wurde der deflationäre Druck der Arbeitslosigkeit reduziert.
14. Nehmen Sie an, ein Land befinde sich in der „Liquiditätsfalle". Welche Effekte haben geld- und fiskalpolitische Eingriffe?
    a) Es ist nicht möglich, den nominalen Zinssatz durch eine expansive Geldpolitik zu senken.
    b) Expansive Fiskalpolitik führt zu einer Erhöhung der Produktion, ohne zwingend den Zinssatz zu erhöhen.
    c) Expansive Geldpolitik führt zu einem Anstieg der Inflationsrate.
    d) Expansive Fiskalpolitik führt zu einem Anstieg der Inflationsrate.
15. Welche Faktoren führen entweder zu einem Anstieg des Mark-up-Faktors μ in der Preissetzungsgleichung oder zu einem Anstieg der Sammelvariable z in der Lohnsetzungsgleichung?
    a) Die Gewerkschaftsmacht verringert sich.
    b) Die Arbeitslosenunterstützung erhöht sich.
    c) Die Steuerbelastung und die Lohnnebenkosten nehmen zu.
    d) Die Verhandlungsmacht der Arbeitnehmer nimmt zu.
16. Welche der folgenden Punkte sind wesentliche Rigiditäten am europäischen Arbeitsmarkt im Vergleich zum US-amerikanischen?
    a) Die Lohnnebenkosten sind relativ gering.
    b) Die Macht der Gewerkschaften ist relativ hoch.
    c) Kündigungsschutz und Abfindungszahlungen sind relativ hoch.
    d) Die Mindestlöhne sind im Vergleich zum Durchschnittslohn relativ gering.

23.2 Übungsaufgaben

1. Liquiditätsfalle und Deflation
    a) Was verstehen Sie unter dem Begriff „Liquiditätsfalle"? Leiten Sie grafisch mit Hilfe des Geldmarktdiagramms die *LM*-Kurve für den Fall einer Liquiditätsfalle ab!
    b) Erläutern Sie grafisch und verbal die Wirksamkeit von Fiskal- und Geldpolitik in einer Volkswirtschaft, die sich in einer Liquiditätsfalle befindet!
    c) Nehmen Sie an, die Produktion befindet sich unter ihrem natürlichen Niveau, es herrsche Deflation und der Nominalzins beträgt bereits null Prozent. Argumentieren Sie grafisch und verbal die Konsequenzen einer solchen Situation im Rahmen des *IS*-*LM*-Modells!

d) Welche Argumente sprechen für eine stabilisierende Wirkung, welche für eine destabilisierende Wirkung von Deflation?

e) Im Jahr 2002 wurde die Diskussion geführt, ob nach Japan auch die USA und Deutschland in eine Situation mit Deflation geraten könnten. Betrachten Sie folgendes Zitat: „Das Problem der Deflation in Japan ist auf eine verfehlte Politik der japanischen Zentralbank zurückzuführen. In Europa und den USA ist mit Deflation nicht zu rechnen." Nehmen Sie kritisch zu dieser These Stellung. Arbeiten Sie dabei die Unterschiede und eventuelle Gemeinsamkeiten zwischen der Entwicklung in Japan zu Beginn der 90er Jahre und der Situation in den USA und Europa Ende 2002 heraus!

2. Weltwirtschaftskrise

a) Wissenschaftler diskutieren seit langer Zeit, wie es zur Weltwirtschaftskrise kommen konnte. Analysieren Sie die Auswirkungen der Weltwirtschaftskrise in den USA im Rahmen des *IS-LM*-Modells. Welche Argumente könnten die Krise durch eine Verschiebung der *IS*-Kurve erklären, welche durch eine Verschiebung der *LM*-Kurve?

b) Nehmen Sie an, die Bargeldhaltung in der Bevölkerung steigt. Welche Auswirkungen hat dies auf die Geldbasis, den Geldmengenmultiplikator, das nominale Geldangebot und die *LM*-Kurve?

c) Das nominale Geldangebot in den USA sank zwischen 1929 und 1933 um etwa 27%, das reale Geldangebot hingegen blieb etwa konstant. Erläutern Sie, wie es zu diesem Effekt kam!

d) Zwischen 1933 und 1941 war in den USA sowohl das durchschnittliche Wirtschaftswachstum als auch die Arbeitslosenquote relativ hoch. Sind diese Fakten mit dem Okun'schen Gesetz vereinbar?

3. Eurosklerose und Hysterese

a) Nennen und erläutern Sie für den europäischen Arbeitsmarkt wesentliche Rigiditäten!

b) Erläutern Sie grafisch und verbal mit Hilfe der Lohnsetzungsgleichung: $W = PF(u,z)$ und der Preissetzungsgleichung: $P = W(1+\mu)$ die Auswirkungen der Rigiditäten des europäischen Arbeitsmarktes aus a) auf die natürliche Arbeitslosenquote! Welche Faktoren betreffen die Lohnsetzungskurve, welche die Preissetzungskurve?

c) Was verstehen Sie unter dem Begriff „Hysterese"? Mit welchen Argumenten versucht dieser Ansatz, das Phänomen der hohen Arbeitslosigkeit in Europa zu erklären?

d) Zeigen Sie formal mit Hilfe folgender Gleichungen, dass die natürliche Arbeitslosenquote umso höher ist, je höher der Anteil der Langzeitarbeitslosen ist! Zeigen Sie auch, dass die natürliche Arbeitslosenquote gesenkt werden kann, je geringer die strukturellen Rigiditäten (z.B. höhere Arbeitslosenunterstutzung, höhere Lohnebenkosten) ausgeprägt sind.

Lohnsetzungsgleichung: $W = P^e\{0{,}4z - [(1 - \beta)u + 0{,}6\beta u]\}$

Preissetzungsgleichung: $P = W(1 + \mu)$

(Der Faktor β mit $0 < \beta < 1$ bezeichnet den Anteil der Langzeitarbeitslosen an den gesamten Arbeitslosen)

Lösungen zu Kapitel 23

23.1 Wissens- und Verständnistests

Multiple Choice

1. c)
2. b)
3. d)
4. d)
5. c)
6. d)
7. b)
8. b)
9. d)

Wahr/Falsch

10. W, F, W, W
11. F, W, F, W
12. F, W, W, F
13. W, F, W, W
14. W, W, F, F
15. F, W, W, W
16. F, W, W, F

23.2 Übungsaufgaben

1. Liquiditätsfalle und Deflation

   a) Unter dem Begriff „Liquiditätsfalle" versteht man eine Situation mit einer horizontal verlaufenden Geldnachfragekurve. Der Nominalzins hat seine natürliche Untergrenze bei null Prozent. Wenn der Nominalzins bei null Prozent liegt, dann besteht für die Zentralbank nicht mehr die Möglichkeit, ihn weiter zu senken. Eine weitere Ausweitung der Geldmenge hat keine Auswirkungen auf den Nominalzins und somit auch nicht auf die Produktion.

Grafische Darstellung:

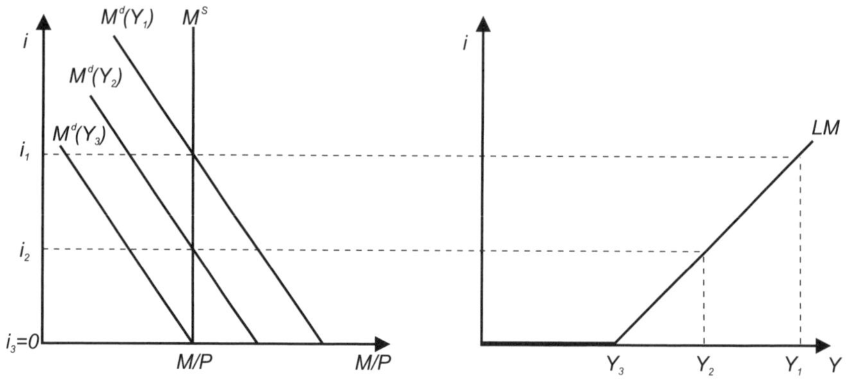

Abbildung 23.1: Liquiditätsfalle

Die Abbildung links stellt den Geldmarkt dar, die Abbildung rechts stellt mit der *LM*-Kurve alle Kombinationen von Nominalzins und Einkommen dar, bei denen sich der Geldmarkt im Gleichgewicht befindet. Die Ableitung der *LM*-Kurve erfolgt analog der Vorgehensweise in Kapitel 5 „Das *IS*-*LM*-Modell". Kurze Wiederholung: Verschiedene Einkommensniveaus bedeuten unterschiedliche Transaktionsvolumina. Sinkt das Einkommen, dann sinken die Transaktionen, die Geldnachfrage geht zurück, die Wertpapiernachfrage steigt, die Kurse steigen und der Zinssatz fällt. Steigt das Einkommen, dann steigen die Transaktionen, die Geldnachfrage steigt, die Wertpapiernachfrage sinkt, die Kurse fallen und der Zinssatz steigt. Die *LM*-Kurve verläuft im Zins-Einkommen-Diagramm steigend (siehe Abbildung 23.1). Sinkt jedoch das Einkommen unter Y_3 und verschiebt sich die Geldnachfragekurve weiter nach links, dann fällt der Schnittpunkt zwischen Geldangebot und Geldnachfrage in den horizontalen Abschnitt der Geldnachfragekurve. Der Nominalzins bleibt bei Null. Die Geldnachfrage ist bei einem Zinssatz von Null deswegen horizontal, da die Wirtschaftssubjekte in diesem Fall indifferent sind zwischen dem Halten von Wertpapieren und Geld, sobald sie genügend Geld für Transaktionszwecke halten. Die *LM*-Kurve verläuft für Einkommensniveaus, die geringer sind als Y_3, horizontal bei einem Zinssatz von Null. Für höhere Einkommensniveaus verläuft sie steigend.

b) Auswirkungen expansiver Geldpolitik im Rahmen des *IS*-*LM*-Modells für eine Volkswirtschaft, die sich in der Liquiditätsfalle befindet:

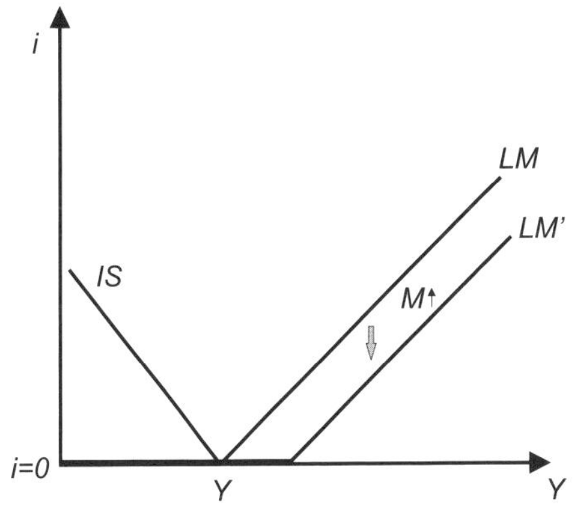

Abbildung 23.2: Expansive Geldpolitik bei Liquiditätsfalle

Der Nominalzins beträgt in der Ausgangssituation bereits null Prozent. Eine expansive geldpolitische Maßnahme verschiebt die *LM*-Kurve von *LM* nach *LM'*. Da nicht die Möglichkeit besteht, den Nominalzins weiter zu senken, hat eine expansive Geldpolitik keinen Effekt auf die Produktion. Das Produktionsniveau bleibt unverändert.

Auswirkungen expansiver Fiskalpolitik:

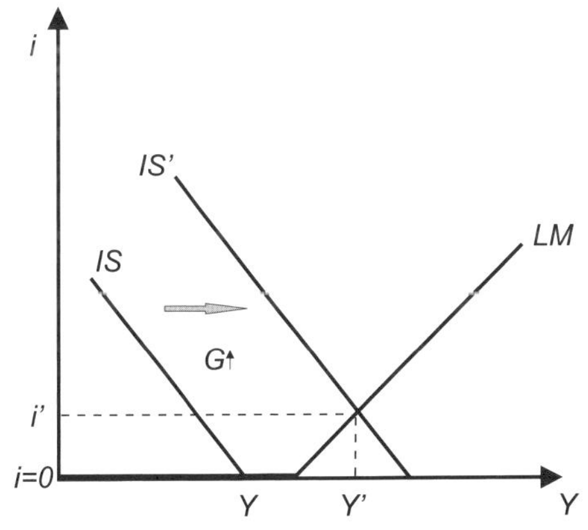

Abbildung 23.3: Expansive Fiskalpolitik bei Liquiditätsfalle

Expansive Fiskalpolitik (G↑) führt zu einer Erhöhung der Nachfrage und damit zu einer Verschiebung der *IS*-Kurve nach rechts. Wenn der fiskalpolitische Impuls groß genug ist, dann ist es möglich, dass der Zinssatz wieder positive Werte erreicht und die Volkswirtschaft somit aus der Liquiditätsfalle geführt werden kann. Die Produktion steigt dadurch an. Allerdings ist anzumerken, dass eine derartige Politik auf Kosten eines erhöhten Budgetdefizits erkauft werden muss.

c) In der gegebenen Ausgangssituation befindet sich die Produktion unter ihrem natürlichen Niveau und der Nominalzins beträgt null Prozent. Aus der Analyse des *AS-AD*-Modells (siehe Kapitel 7) folgt, dass in einer Situation mit einer Produktion unter dem natürlichen Niveau das Preisniveau im Zeitverlauf sinken wird; da außerdem angenommen wird, dass sich die Volkswirtschaft bereits in einer Situation mit Deflation ($\pi^e < 0$) befindet, kommt es im Laufe der Zeit zu vermehrter Deflation, da auch in Zukunft eine negative Inflationsrate erwartet wird. Der Zusammenhang zwischen Realzins (r), Nominalzins (i) und erwarteter Inflationsrate (π^e) lautet: $r = i - \pi^e$. Da der Nominalzins in der Ausgangssituation bereits bei Null liegt, kommt es durch einen Anstieg der erwarteten Deflationsrate zu einem Anstieg des Realzinses. Da der Realzins für die Investitionsentscheidung ausschlaggebend ist, resultiert daraus ein Rückgang der Nachfrage und die *IS*-Kurve verschiebt sich nach links. Die Volkswirtschaft entfernt sich somit noch weiter vom natürlichen Produktionsniveau. In der Abbildung verschiebt sich die *IS*-Kurve nach *IS'* und im neuen Gleichgewicht ergibt sich ein geringeres Produktionsniveau (Y') bei einem unveränderten Nominalzins von Null. Durch die nun noch geringere Produktion wird auch weiterhin Deflation erwartet, damit steigt der Realzins weiter und die Volkswirtschaft rutscht noch tiefer in eine Rezession.

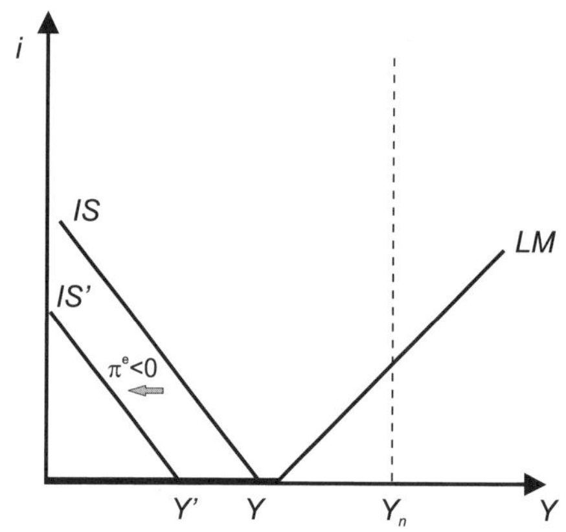

Abbildung 23.4: Liquiditätsfalle und Deflation

d) Argumente für eine stabilisierende Wirkung von Deflation:

- Im Rahmen des *IS-LM*-Modells führt ein Rückgang des Preisniveaus zu einem Anstieg der realen Geldmenge. Dies führt zu einer Verschiebung der *LM*-Kurve nach unten und somit zu einer Erhöhung der Produktion.
- Ein anderes Argument ist der so genannte Pigou-Effekt: Dabei wird die im Umlauf befindliche reale Geldmenge als Teil des Gesamtvermögens betrachtet. Wenn das Preisniveau sinkt, dann erhöht sich die reale Geldmenge und somit das Gesamtvermögen. Dadurch wird die Konsumnachfrage ausgedehnt. Es kommt dadurch zu einer Verschiebung der *IS*-Kurve nach rechts und zu einer Erhöhung der Produktion.

Argumente für eine destabilisierende Wirkung von Deflation:

- Ein Argument für die destabilisierende Wirkung von unerwarteter Deflation ist die so genannte „Schulden-Deflations-Theorie“. Wenn es zu einem unerwarteten Rückgang des Preisniveaus kommt, dann führt dies demnach zu einer Umverteilung des Vermögens von Schuldnern zu Gläubigern. Dies erklärt sich dadurch, dass bei einem Sinken des Preisniveaus der reale Wert der Schulden zunimmt. Unter der Annahme, dass Schuldner eine höhere Ausgabenneigung haben als Gläubiger (aus diesem Grund sind sie Schuldner), kommt es dementsprechend zu dem Effekt, dass die Gesamtausgaben zurückgehen und es zu einer Verschiebung der *IS*-Kurve nach links und somit zu einem Rückgang der Produktion kommt.
- Die Auswirkung einer erwarteten Deflation wurde bereits in Teilaufgabe c) erläutert. Wird ein Rückgang der Preise erwartet, dann resultiert daraus für jeden gegebenen Nominalzins ein Anstieg des Realzinses. Da der Realzins ausschlaggebend für die Investitionsentscheidung ist, gehen die geplanten Investitionen bei einem Anstieg des Realzinses zurück. Dies führt zu einer kontraktiven Verschiebung der *IS*-Kurve nach links und somit zu einem Rückgang der Produktion.

e) Japan befindet sich seit Anfang der 90er Jahre in einer Situation mit geringem Wachstum und Mitte der 90er Jahre herrschte Deflation. Das Hauptargument, warum Japan in eine Deflationssituation geraten sein könnte, war, dass die Zentralbank nach dem Platzen der Vermögenspreisblase Anfang der 90er Jahre zu zögerlich die Zinsen gesenkt hatte. Da in den USA und Deutschland Ende der 90er Jahre ebenfalls eine Börsenblase geplatzt war und sowohl Zinsen als auch Inflationsrate niedrig waren, wurde diskutiert, ob diese beiden Länder ebenfalls in eine Situation wie Japan geraten könnten. Die Frage ist, ob in den USA und Deutschland ähnliche Symptome der „japanischen Krankheit“ vorliegen. Im Folgenden werden vier Symptome miteinander verglichen:

- Dimension der Vermögenspreisblase:

  Die Vermögenspreisblase war in den USA und Deutschland weniger stark ausgeprägt als in Japan. Anzumerken ist jedoch, dass Haushalte in Deutschland weniger Aktien halten als in den USA und somit dieses Symptom in den USA ausgeprägter ist als in Deutschland.
- Deflationsrisiko:

  Im Jahr 2002 lag die Inflationsrate in den USA unter einem Prozent mit weiterer Tendenz nach unten. In Deutschland war die Inflationsrate noch geringer als in den USA. Das Deflationsrisiko schien in Deutschland größer zu sein als in den USA, da Deutschland keine eigene Geldpolitik betreiben kann und auch fiskalpolitische Maßnahmen wegen des europäischen Stabilitäts- und Wachstumspaktes nur bedingt möglich sind.
- Strukturelle Rigiditäten:

  In USA sind die Märkte flexibler und der Wettbewerb größer als in Japan und Deutschland. Deutschland weist ähnliche strukturelle Rigiditäten auf wie Japan. Deutschland kann somit weniger auf veränderte wirtschaftliche Rahmenbedingungen reagieren als die USA.

- Demographie:

  In Japan wird die Bevölkerung immer älter und schrumpft. In den USA liegt dieses Symptom nicht vor, während Deutschland mit ähnlichen Problemen konfrontiert ist wie Japan. Die Bevölkerung wird auch in Deutschland immer älter, was zu Problemen im Rentensystem und zu weniger Reformfreudigkeit führt als in den USA. Während in den USA die Bevölkerung im arbeitsfähigen Alter wächst, schrumpft diese Zahl in Deutschland ähnlich wie in Japan.

Insgesamt kann festgehalten werden, dass Deutschland mehr Symptome der japanischen Krankheit aufweist und somit in Deutschland die Gefahr größer ist als in den USA, in eine ähnliche Situation wie Japan zu geraten.

2. Die Weltwirtschaftskrise

   a) Eine kontraktive Verschiebung der *IS*-Kurve: Die Ausgabenhypothese

   Den Argumenten der Ausgabenhypothese folgend, kam es zu Beginn der Weltwirtschaftskrise zu einer kontraktiven Verschiebung der *IS*-Kurve (Verschiebung nach links). Als Ursache für den Ausgabenrückgang gibt es mehrere Erklärungsansätze:

   - Der Börsencrash von 1929 verringerte das Vermögen der Wirtschaftssubjekte und erhöhte die Unsicherheit über die Zukunft. Somit kam es zu einer Verringerung der Konsumnachfrage und zu einer Verschiebung der *IS*-Kurve nach links.
   - Die Investitionen in Wohnimmobilien gingen stark zurück, nachdem die Wohnungsbauinvestitionen in den 20er Jahren einen Boom erlebt hatten. Außerdem reduzierte sich die Zahl der Einwanderer, was ebenfalls zu einem Rückgang der Wohnungsbauinvestitionen führte.
   - Die große Zahl an Bankenzusammenbrüchen und die damit verbundene eingeschränkte Kreditvergabe trug ebenfalls ihren Beitrag zu einem Rückgang der Investitionen bei und führte somit zu einer Verschiebung der *IS*-Kurve nach links.
   - Die Regierung der Vereinigten Staaten verfolgte eine Politik des ausgeglichenen Budgets. Da es zu hohen Steuerausfällen kam, wurden die Steuersätze erhöht und die Staatsausgaben verringert. Dies bedeutete ebenfalls einen Rückgang der Ausgaben und eine kontraktive Verschiebung der *IS*-Kurve.

   Die empirischen Fakten sprechen augenscheinlich für die Ausgabenhypothese und eine Linksverschiebung der *IS*-Kurve, da zur Zeit der Weltwirtschaftskrise neben einem Rückgang des BIP auch ein Absinken des nominalen Zinssatzes zu beobachten war.

   Eine kontraktive Verschiebung der *LM*-Kurve: die Geldhypothese

   Eine Gruppe von Wissenschaftlern (u.a. Milton Friedman und Anna Schwartz) versuchte, die Weltwirtschaftskrise durch die so genannte „Geldhypothese" zu erklären, und fand in einem Fehlverhalten der Zentralbank die Hauptschuld. Die Empirie zeigt, dass das nominale Geldangebot zwischen 1929 und 1933 um etwa 27% zurückging. Daraus würde eine kontraktive Verschiebung der *LM*-Kurve folgen, mit einem Rückgang des Einkommens und einem Anstieg des nominalen Zinssatzes. Die Geldhypothese ist jedoch nicht mit den Fakten zu Beginn der

Weltwirtschaftskrise vereinbar. Zum einen ist zwar das nominale Geldangebot zurückgegangen, das reale Geldangebot ist jedoch sogar leicht angestiegen (durch einen noch stärkeren Rückgang der Preise). Da die reale Geldmenge für die Lage der *LM*-Kurve verantwortlich ist, widerspricht diese Tatsache der Geldhypothese. Ein weiteres Argument gegen die Geldhypothese ist die Tatsache, dass während der Weltwirtschaftskrise ein Rückgang des nominalen Zinssatzes zu beobachten war. Wäre es gemäß der Geldhypothese zu einer kontraktiven Verschiebung der *LM*-Kurve gekommen, hätte der Nominalzins ansteigen müssen.

b) Als Folge der Bankenzusammenbrüche zu Beginn der Weltwirtschaftskrise kam es zu einem Rückgang der Sichteinlagen und zu einem Anstieg der Bargeldhaltung. Wenn das nominale Geldangebot mit der Größe *M1* (Summe aus Bargeld und Sichteinlagen) gemessen wird, entspricht die Geldmenge *M1* dem Produkt aus der Geldbasis bzw. Zentralbankgeld (*H*) mit dem Geldschöpfungsmultiplikator (zur genaueren Erläuterung des Geldmengenmultiplikators siehe Kapitel 4):

$$M1 = H \cdot \frac{1}{c + \theta(1-c)}$$

Der Parameter c gibt den Anteil der Bargeldhaltung an der gesamten Geldhaltung (Bargeld plus Sichteinlagen) an. Welche Auswirkungen hat nun ein Anstieg von c? Unter der Annahme, dass das Reserve-Einlagen-Verhältnis θ unverändert bleibt, verringert sich zum einen der Geldschöpfungsmultiplikator, da sein Nenner durch einen Anstieg von c größer wird. Da die Geldbasis H exogen ist (sie ändert sich nicht), kommt es als Folge des Rückgangs des Geldmengenmultiplikators zum anderen zu einem Rückgang der Geldmenge *M1*. Ein Rückgang der nominalen Geldmenge *M1* wiederum bewirkt im Rahmen des *IS-LM*-Modells unter der Annahme fixer Preise einen Rückgang der realen Geldmenge und somit eine kontraktive Verschiebung der *LM*-Kurve (Verschiebung nach oben).

c) Während der Weltwirtschaftskrise konnte man beobachten, dass das nominale Geldangebot, gemessen mit der Geldmenge *M1*, zurückging. Die Ursache dafür wurde in Teilaufgabe b) erläutert. Durch einen Rückgang der Sichteinlagen als Folge der Bankenzusammenbrüche kam es zu einem Rückgang des Geldmengenmultiplikators und damit zu einer Verringerung der nominalen Geldmenge *M1* um etwa 27%. Die Menge an Zentralbankgeld blieb annähernd konstant. Die empirischen Zahlen sagen jedoch auch, dass die reale Geldmenge annähernd konstant blieb. Die reale Geldmenge ist als Quotient aus nominaler Geldmenge und Preisniveau definiert: *M/P*. Damit die reale Geldmenge annähernd konstant bleibt, muss es bei einem Rückgang der nominalen Geldmenge zu einem in etwa proportionalen Rückgang des Preisniveaus kommen. Dies geschah während der Weltwirtschaftskrise tatsächlich: Die US-Ökonomie erlebte eine Deflation.

d) Als Okun'sches Gesetz wird der Zusammenhang zwischen der Veränderung der Arbeitslosenquote und der Abweichung des Produktionswachstums vom normalen Wachstum bezeichnet (siehe dazu auch Kapitel 9). Heute entspricht ein Produktionswachstum von 1 Prozentpunkt über seinem natürlichen Niveau einem Rückgang der Arbeitslosenquote um etwa 0,4 Prozentpunkte. Obwohl zwischen 1933 und 1941 sowohl die durchschnittliche Wachstumsrate als auch die Arbeitslosenquote auf einem sehr hohen Niveau waren, liegt kein Widerspruch zum Okun'schen Gesetz vor, da eine lange Phase hoher Produktionswachstumsraten benötigt wurde, um die sehr hohe Arbeitslosenquote zu senken.

3. Eurosklerose und Hysterese

a) In vielen großen Volkswirtschaften Europas liegt das Niveau der Arbeitslosigkeit über dem Niveau in den USA. Als Hauptgrund werden Rigiditäten am Arbeitsmarkt genannt, welche die Unternehmen daran hindern, schnell auf Veränderungen in der Volkswirtschaft zu reagieren und die Kosten der Unternehmen in die Höhe treiben. Folgende Rigiditäten, welche zu einem Anstieg der natürlichen Arbeitslosenquote beitragen, werden hauptsächlich diskutiert:

- Hohe Lohnnebenkosten: Arbeitgeberbeiträge zu Sozial- und Rentenversicherung viel höher als in den USA; geringere Anreize für Unternehmen, mehr Personal einzustellen
- Kündigungsschutz: viel ausgeprägter in Europa als in den USA; da es für europäische Unternehmen kostspieliger ist, einen Arbeitnehmer zu entlassen, werden die Anreize gesenkt, überhaupt erst Personal einzustellen
- Gewerkschaftsmacht: Höhere Gewerkschaftsmacht in Europa sorgt für höhere Lohnabschlüsse und somit für geringere Beschäftigung
- Arbeitslosenunterstützung und Mindestlöhne liegen in vielen Ländern Europas höher als in den USA; dies führt zu geringeren Anreizen für die Beschäftigungslosen, eine neue Arbeit aufzunehmen

b) Die in Teilaufgabe a) genannten Rigiditäten auf dem europäischen Arbeitsmarkt sind für einen Anstieg der natürlichen Arbeitslosenquote verantwortlich. Die natürliche Arbeitslosenquote wird bestimmt durch den Schnittpunkt der Lohnsetzungskurve (*WS*-Kurve) $W = PF(u,z)$ und der Preissetzungskurve (*PS*-Kurve) $P = W(1+\mu)$. (Zur genauen Herleitung und Erläuterung von *PS*- und *WS*-Kurve siehe Kapitel 6). Sowohl die Variable z in der Lohnsetzungskurve als auch die Variable μ in der Preissetzungskurve erfassen die Bedingungen auf dem Arbeitsmarkt. Nehmen die Rigiditäten auf dem Arbeitsmarkt zu, dann kommt es zu einem Anstieg der Variablen z bzw. μ. Steigt die Variable z, dann steigt die Verhandlungsmacht der Arbeitnehmer und zu jeder Arbeitslosenquote wird ein höherer Lohn gefordert. Die *WS*-Kurve verschiebt sich nach oben und es kommt zu einem Anstieg der natürlichen Arbeitslosenquote. Steigt die Variable μ, dann nimmt der Preisaufschlag der Unternehmen zu. Die *PS*-Kurve verschiebt sich nach unten, der Reallohn sinkt und die natürliche Arbeitslosenquote steigt. Sowohl ein Anstieg von z als auch von μ führt zu einem Anstieg der natürlichen Arbeitslosenquote (siehe Abbildung 23.5).

Faktoren, die zu einem Anstieg von μ bzw. zur Verschiebung der *PS*-Kurve nach oben führen: hohe Steuerbelastung, hohe Lohnnebenkosten, hohe Gewerkschaftsmacht und damit verbundene geringere Flexibilität der Unternehmen.

Faktoren, die zu einem Anstieg von z bzw. zur Verschiebung der *WS*-Kurve nach oben führen: hohe Arbeitslosenunterstützung, hohe Mindestlöhne, hohe Gewerkschaftsmacht und die damit verbundene höhere Verhandlungsmacht der Arbeitnehmer.

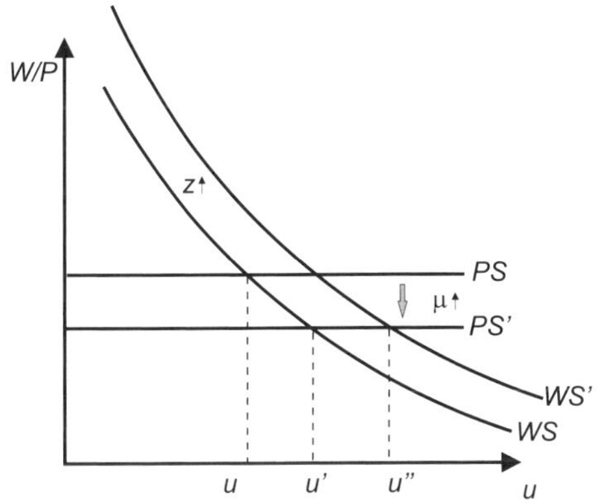

Abbildung 23.5: Einfluss von Rigiditäten auf die natürliche Arbeitslosenquote

c) Mit dem Begriff „Hysterese“ werden Systeme bezeichnet, deren Gleichgewichte vom Zeitpfad abhängen. Bezüglich des Arbeitsmarktes bezeichnet „Hysterese“ die These, dass eine lang anhaltende Periode hoher tatsächlicher Arbeitslosigkeit die natürliche Arbeitslosigkeit ansteigen lässt. Die natürliche Arbeitslosigkeit ist demnach nicht unabhängig von der tatsächlichen Arbeitslosigkeit. Bei einer persistent hohen Arbeitslosigkeit nimmt der Druck auf die Inflation immer mehr ab, so dass die Inflation in Europa nicht mehr stärker zurückgeht. Eine Schlüsselrolle beim „Hysterese“-Argument kommt den Langzeitarbeitslosen zu, deren Anteil gerade in Europa sehr hoch ist. Die Langzeitarbeitslosen kommen wegen Verlust von Qualifikation und Motivation für Unternehmen zur Anstellung immer weniger in Frage. Die aktuell Beschäftigten konkurrieren somit weniger stark mit dieser Gruppe. Somit steigt deren Verhandlungsstärke und es kommt dadurch zu einer Verschiebung der Lohnsetzungskurve nach oben. Das Resultat ist eine höhere natürliche Arbeitslosenquote.

d) Die natürliche Arbeitslosenquote wird grafisch durch den Schnittpunkt zwischen Lohn- und Preissetzungskurve bestimmt. Formal werden Preis- und Lohnsetzungsgleichung nach dem Reallohn W/P aufgelöst und gleichgesetzt (Hinweis: Mittelfristig gilt $P^e = P$):

$$PS = WS \;\rightarrow\; \frac{1}{1+\mu} = 0{,}4z - \left[(1-\beta)u + 0{,}6\beta u\right]$$

Auflösen nach u ergibt die natürliche Arbeitslosenquote u_n:

$$u_n = \frac{\left(0{,}4z - \frac{1}{1+\mu}\right)}{1-0{,}4\beta}$$

(Annahme: $u_n > 0$)

Um zu zeigen, dass die natürliche Arbeitslosenquote umso höher ist, je höher der Anteil der Langzeitarbeitslosen β ist, wird die partielle Ableitung von u_n nach β betrachtet:

$$\frac{\partial u_n}{\partial \beta} = \frac{0{,}4\left(0{,}4z - \frac{1}{1+\mu}\right)}{(1-0{,}4\beta)^2} > 0$$

Die natürliche Arbeitslosenquote ist umso höher, je höher der Anteil der Langzeitarbeitslosen an den gesamten Arbeitslosen ist!

Strukturelle Rigiditäten erhöhen entweder den Parameter z oder den Mark-up-Faktor μ. Um zu zeigen, dass die natürliche Arbeitslosenquote umso höher bzw. geringer ist, je ausgeprägter bzw. geringer die Rigiditäten am Arbeitsmarkt sind, wird die partielle Ableitung von u_n nach z bzw. μ betrachtet:

$$\frac{\partial u_n}{\partial z} = \frac{0{,}4}{(1-0{,}4\beta)} > 0$$

Die natürliche Arbeitslosenquote u_n ist umso höher bzw. geringer, je größer bzw. kleiner die Variable z ist. Beispiel: Je höher/geringer die Arbeitslosenunterstützung, desto größer/kleiner ist die Variable z und umso höher/geringer ist die natürliche Arbeitslosenquote.

$$\frac{\partial u_n}{\partial \mu} = \frac{\frac{1}{(1+\mu)^2}}{(1-0{,}4\beta)} > 0$$

Die natürliche Arbeitslosenquote u_n ist umso höher bzw. geringer, je größer bzw. kleiner der Mark-up-Faktor μ ist. Beispiel: Je höher/geringer die Lohnnebenkosten, desto größer/kleiner der Mark-up-Faktor μ und umso höher/geringer ist die natürliche Arbeitslosenquote.

24 Hohe Inflation

24.1 Wissens- und Verständnistests

Multiple Choice

1. In Argentinien betrug zwischen 1986 und 1990 die durchschnittliche monatliche Inflationsrate 20%. Um welches Vielfache ist in dieser Zeit das Preisniveau insgesamt angestiegen?
   a) um das 6.320-fache
   b) um das 2-fache
   c) um das 20-fache
   d) um das 80-fache
2. In Brasilien betrug zwischen 1991 und 1995 die durchschnittliche monatliche Inflationsrate 19%. Wie hoch war die durchschnittliche jährliche Inflationsrate in dieser Zeit?
   a) 190%
   b) 19%
   c) 228%
   d) 706,4%
3. Welche der folgenden Aussagen bezüglich Hyperinflation trifft zu?
   a) Hohe Inflationsraten gehen mit einem geringen Budgetdefizit einher.
   b) Das nominale Geldmengenwachstum ist hoch, weil das Budgetdefizit hoch ist.
   c) Das nominale Geldmengenwachstum ist gering, weil das Budgetdefizit gering ist.
   d) Die Regierung hat unter anderem die Alternative, seine Ausgaben durch Geldschöpfung zu finanzieren.
4. Was bezeichnet man als „Monetarisierung“ der öffentlichen Schuld?
   a) Die Regierung finanziert das Budgetdefizit durch eine Steuererhöhung.
   b) Die Regierung finanziert das Budgetdefizit durch Kreditaufnahme im Ausland.
   c) Die Regierung finanziert das Budgetdefizit durch Geldschöpfung.
   d) Ein Land, das sich in einer Hyperinflation befindet, verhandelt mit dem Ausland um einen Erlass der Schulden.

5. Welches der folgenden Ereignisse ist ein Anzeichen für eine nahende Hyperinflation?
   a) Die Regierung erhöht die Kreditaufnahme im Ausland.
   b) Die Regierung erhöht die Ausgabe von Staatsanleihen im Inland.
   c) Die Regierung erhöht die Steuern.
   d) Die Regierung finanziert die öffentliche Schuld ausschließlich durch Monetarisierung.
6. Was verstehen Sie unter Seignorage?
   a) Die realen Einnahmen aus der Geldschöpfung.
   b) Der Anstieg der nominalen Geldmenge.
   c) Der Anteil der Staatsverschuldung, der durch das Ausland finanziert wird.
   d) Die Reduzierung der Steuereinnahmen während einer Hyperinflation.
7. Welcher formale Ausdruck steht für Seignorage?
   a) $\frac{\Delta M}{\Delta P}$
   b) $\frac{M}{\Delta P}$
   c) $\frac{\Delta M}{P} \cdot \frac{M}{\Delta P}$
   d) $\frac{\Delta M}{P}$
8. Zwischen Inflation und realer Geldmenge besteht empirisch folgender Zusammenhang:
   a) Inflation und reale Geldmenge verlaufen gleichgerichtet.
   b) Inflation und reale Geldmenge verlaufen entgegengesetzt.
   c) Es ist kein Zusammenhang zwischen beiden Größen beobachtbar.
   d) Keine der getroffenen Aussagen ist richtig.
9. Was verstehen Sie unter dem so genannten „Tanzi-Olivera-Effekt“?
   a) Wird die Inflation sehr hoch, dann wird das Budgetdefizit im Normalfall größer.
   b) Wird die Inflation sehr hoch, dann wird das Budgetdefizit im Normalfall kleiner.
   c) Die Inflationssteuer entspricht immer der Seignorage.
   d) Ein Anstieg der Wachstumsrate der nominalen Geldmenge führt mittelfristig zu einem proportionalen Anstieg der Inflationsrate.

Wahr/Falsch: Welche der jeweiligen Aussagen sind wahr, welche falsch?

10. Was sind typische Konsequenzen von Hyperinflation?
    a) Wirtschaftssubjekte gehen vermehrt zu Tauschhandel über.
    b) Wirtschaftssubjekte verwenden ausländische Währung zur Wertaufbewahrung.
    c) Wirtschaftssubjekte schränken den Tauschhandel ein.
    d) Die reale Geldhaltung verringert sich.
11. Welcher Zusammenhang besteht zwischen Seignorage, der Wachstumsrate der nominalen Geldmenge und der realen Geldmenge?
    a) Je höher die reale Geldmenge, desto höher ist die Seignorage für eine gegebene Wachstumsrate der nominalen Geldmenge.
    b) Je höher die Wachstumsrate der nominalen Geldmenge, desto geringer ist die Seignorage für eine gegebene reale Geldmenge.
    c) Je geringer die reale Geldmenge, desto höher ist die Seignorage für eine gegebene Wachstumsrate der nominalen Geldmenge.
    d) Je höher die Wachstumsrate der nominalen Geldmenge, desto höher ist die Seignorage für eine gegebene reale Geldmenge.
12. Welche Vermutung bezüglich der Auswirkung einer Erhöhung der Wachstumsrate der nominalen Geldmenge auf die Seignorage lässt die Empirie zu?
    a) Eine Erhöhung der Wachstumsrate der nominalen Geldmenge lässt die Seignorage ansteigen, wenn die Wachstumsrate niedrig ist.
    b) Eine Erhöhung der Wachstumsrate der nominalen Geldmenge lässt die Seignorage steigen, wenn die Wachstumsrate hoch ist.
    c) Eine Erhöhung der Wachstumsrate der nominalen Geldmenge lässt die Seignorage sinken, wenn die Wachstumsrate hoch ist.
    d) Es besteht kein Zusammenhang zwischen einer Erhöhung der Wachstumsrate der nominalen Geldmenge und Seignorage.
13. Welcher der folgenden Ausdrücke repräsentiert die Inflationssteuer?
    a) $\frac{\Delta M}{M}\frac{M}{P}$, falls gilt: $\frac{\Delta M}{M} = \pi$
    b) $\frac{\Delta M}{M} M$
    c) $\pi \cdot M$
    d) $\pi \frac{M}{P}$

14. Welche Aussagen über die kurz- und mittelfristigen Seignorage-Einnahmen treffen zu?
    a) In der kurzen Frist kann die Regierung nahezu jede gewünschte Menge an Seignorage generieren.
    b) Wenn mittelfristig die reale Geldmenge sinkt, kann mit derselben Wachstumsrate der nominalen Geldmenge im Vergleich zur kurzen Frist mehr Seignorage generiert werden.
    c) Wenn mittelfristig die reale Geldmenge sinkt, kann mit derselben Wachstumsrate der nominalen Geldmenge im Vergleich zur kurzen Frist weniger Seignorage generiert werden.
    d) Um mittelfristig ein Defizit mit Seignorage finanzieren zu können, sind immer höhere Wachstumsraten der nominalen Geldmenge nötig.
15. Welche Aussagen über Stabilisierungsprogramme zur Beendigung von Hyperinflation treffen zu?
    a) Heterodoxe Stabilisierungsprogramme beinhalten neben geld- und fiskalpolitischen Veränderungen auch einkommenspolitische Maßnahmen.
    b) Orthodoxe Stabilisierungsprogramme beinhalten neben geld- und fiskalpolitischen Maßnahmen keine einkommenspolitischen Maßnahmen.
    c) Heterodoxe Stabilisierungsprogramme beinhalten neben geld- und fiskalpolitischen Veränderungen keine einkommenspolitischen Maßnahmen.
    d) Orthodoxe Stabilisierungsprogramme beinhalten neben geld- und fiskalpolitischen Maßnahmen auch einkommenspolitische Maßnahmen.
16. Wodurch kann ein Stabilisierungsprogramm zur Überwindung von Hyperinflation scheitern?
    a) Die Wirtschaftssubjekte erwarten, dass das Stabilisierungsprogramm scheitern wird.
    b) Die politische Opposition und der Widerstand in der Bevölkerung sind gering.
    c) Mangelnde Glaubwürdigkeit der angekündigten Maßnahmen.
    d) Das Wachstum der nominalen Geldmenge wird verringert.

Basiswissen

17. Der Zusammenhang zwischen Defizit, Seignorage und Inflation
    a) Erläutern Sie knapp den Zusammenhang zwischen Defizit, Seignorage und Inflation für den Fall eines konstanten nominalen Geldmengenwachstums in der mittleren Frist!
    b) Erläutern Sie knapp die Dynamik der Anpassung einer Volkswirtschaft an eine Erhöhung der Wachstumsrate der nominalen Geldmenge!
18. Beendigung einer Hyperinflation durch Stabilisierungsprogramme
    a) Nennen Sie die Elemente eines Stabilisierungsprogramms! Was bedeutet im Zusammenhang mit Stabilisierungsprogrammen „orthodox“ und „heterodox“?
    b) Wieso kann es zu einem Scheitern eines Stabilisierungsprogramms kommen?

24.2 Übungsaufgaben

1. Monetarisierung der Staatsschuld und hohe Inflation

   a) Die Regierung eines Landes hat zur Finanzierung seiner Staatsausgaben zwei Alternativen: (1) die Finanzierung über Kredite oder (2) die Finanzierung über Geldschöpfung bzw. Monetarisierung der Staatsschulden. Zeigen Sie grafisch anhand des *IS-LM*-Modells die kurzfristigen Auswirkungen beider Finanzierungsalternativen auf Produktion und Zinssatz! Kurze Erläuterung!

   b) Die Regierung entscheidet sich für eine Finanzierung über Geldschöpfung. In der Folge wird eine durchschnittliche monatliche Inflationsrate von 10% gemessen. Wie hoch ist die jährliche Inflationsrate? Wie ändert sich Ihr Ergebnis bei einer durchschnittlichen monatlichen Inflationsrate von 25% bzw. 35%?

   c) Durch die Monetarisierung der Staatsschuld kam es in der Volkswirtschaft zu einer Hyperinflation. Es wird im Folgejahr festgestellt, dass die jährliche Inflationsrate 12.000% betrug. Berechnen Sie die durchschnittliche monatliche Inflationsrate im vergangenen Jahr! Wie ändert sich Ihr Ergebnis bei einer jährlichen Inflationsrate von 36.000% bzw. 125.000%?

2. Maximierung der Seignorage und Inflationssteuer

   Für die reale Geldmenge gilt: $M / P = \bar{Y}\left[0{,}8-\left(\bar{r}+\pi^{e}\right)\right]$, wobei $\bar{Y} = 5.000$ und $\bar{r} = 15\%$.

   a) Erläutern Sie grafisch und verbal die mittelfristigen Effekte einer Erhöhung des nominalen Geldmengenwachstums auf die Seignorage!

   b) Berechnen Sie die mittelfristige Wachstumsrate der nominalen Geldmenge, bei der die Seignorage maximal ist!

   c) Nehmen Sie an, das nominale Geldmengenwachstum beträgt gegenwärtig 20%. Welche mittelfristige Auswirkung auf die Seignorage hat eine Erhöhung der Wachstumsrate der nominalen Geldmenge? Wie lautet Ihre Antwort bei einer gegenwärtigen Wachstumsrate der nominalen Geldmenge von 35%?

   d) Was verstehen Sie unter dem Begriff „Inflationssteuer"? Berechnen Sie die Inflationssteuer für $\pi = 5\%$ und $M/P = 1.000$. Erläutern Sie, unter welchen Umständen die Inflationssteuer größer, kleiner oder gleich der Seignorage ist!

3. Inflation, Defizite und Seignorage

   Die reale Geldmenge sei gegeben durch: $M / P = Y\left[0{,}7-\left(r+\pi^{e}\right)\right]$. Für das Einkommen gilt $Y = 3.500$, für den Realzins $r = 10\%$ und für die erwartete Inflationsrate $\pi^e = 8\%$. Kurzfristig ändern sich die Inflationserwartungen nicht. Der Staat will seine Staatsausgaben mit Geldschöpfung finanzieren.

   a) Berechnen Sie die Seignorage für folgende Wachstumsraten der nominalen Geldmenge:

      i. 5%

      ii. 25%

      iii. 50%

      Wie entwickelt sich die Seignorage mit steigender Wachstumsrate der nominalen Geldmenge?

b) Mittelfristig entsprechen die Inflationserwartungen der tatsächlichen Inflation und die tatsächliche Inflation entspricht der Wachstumsrate der nominalen Geldmenge:

$$\pi = \pi^e = \frac{\Delta M}{M}$$

Berechnen Sie die Seignorage in diesem Fall für dieselben Wachstumsraten der nominalen Geldmenge wie in Teilaufgabe a). Wie entwickelt sich die Seignorage in diesem Fall? Erläutern Sie!

c) Berechnen Sie die Wachstumsrate der nominalen Geldmenge, bei der die Seignorage maximiert wird!

Lösungen zu Kapitel 24

24.1 Wissens- und Verständnistests

Multiple Choice

1. a)
2. d)
3. b)
4. c)
5. d)
6. a)
7. d)
8. b)
9. a)

Wahr/Falsch

10. W, W, F, W
11. W, F, F, W
12. W, F, W, F
13. W, F, F, W
14. W, F, W, W
15. W, W, F, F
16. W, F, W, F

Basiswissen

17. Der Zusammenhang zwischen Defizit, Seignorage und Inflation
    a) Mittelfristig wird angenommen, dass sowohl Produktion als auch Realzins konstant sind:

$$Y = \overline{Y}, \; r = \overline{r}$$

Ebenso entspricht die erwartete Inflation der tatsächlichen und diese wiederum entspricht der Wachstumsrate der nominalen Geldmenge:

$$\pi^e = \pi = \frac{\Delta M}{M}$$

Für die Seignorage (S) gilt somit:

$$S = \left(\frac{\Delta M}{M}\right)\left[\bar{Y}L\left(\bar{r} + \frac{\Delta M}{M}\right)\right] \qquad (1.)$$

Der erste Term in Klammern auf der rechten Seite ist die Wachstumsrate der nominalen Geldmenge, der zweite Term in Klammern ist die reale Geldnachfrage.

- Eine Erhöhung der Wachstumsrate der nominalen Geldmenge erhöht den ersten Term in (1.) und erhöht somit die Seignorage.
- Eine Erhöhung der Wachstumsrate der nominalen Geldmenge bewirkt über einen Anstieg des Nominalzinses eine Erhöhung der Opportunitätskosten der Geldhaltung und somit einen Rückgang der realen Geldnachfrage. Dies bewirkt einen Rückgang des zweiten Terms in (1.) und somit einen Rückgang der Seignorage.
- Der Gesamteffekt einer Erhöhung der Wachstumsrate der nominalen Geldmenge ist somit nicht eindeutig.

b) Ein Anstieg der Wachstumsrate der nominalen Geldmenge führt in der kurzen Frist nur zu geringen Veränderungen der realen Geldnachfrage. Dies ist deshalb der Fall, weil einige Zeit vergeht, bis die Inflationserwartungen an die erhöhte Wachstumsrate der nominalen Geldmenge angepasst werden. Da die reale Geldnachfrage kurzfristig nahezu unverändert bleibt, führt eine Erhöhung der Wachstumsrate der nominalen Geldmenge nahezu zu einer gleichstarken Erhöhung der Seignorage. Um das daraus resultierende Niveau der Seignorage auch dann aufrecht erhalten zu können, wenn sich die reale Geldnachfrage aufgrund einer Anpassung der Inflationserwartungen verringert, muss die Wachstumsrate der nominalen Geldmenge immer weiter erhöht werden. Daraus ergeben sich eine fortwährend steigende Wachstumsrate der nominalen Geldmenge und eine fortwährend steigende Inflationsrate.

18. Beendigung einer Hyperinflation durch Stabilisierungsprogramme

a) Elemente eines Stabilisierungsprogramms:

- Reform der Fiskalpolitik und glaubwürdige Reduktion des Budgetdefizits. Die Reform muss sowohl auf der Ausgaben- als auch auf der Einnahmenseite des Budgets erfolgen.
- Glaubwürdige Verpflichtung der Zentralbank, die Staatsschuld nicht weiter zu monetarisieren. Umsetzung z.B. per Gesetz oder Anbindung des Wechselkurses an die Währung eines anderen Landes (z.B. Dollarisierung, Euroisierung).
- Implementierung einkommenspolitischer Maßnahmen: Lohn- und Preisrichtlinien oder Kontrollen.

„Orthodoxe" Stabilisierungsprogramme beinhalten die beiden ersten Elemente, „heterodoxe" Stabilisierungsprogramme alle drei.

b) Gründe für ein Scheitern von Stabilisierungsmaßnahmen:

- starke politische Opposition und Widerstand in der Bevölkerung
- Das Scheitern wurde erwartet. Stabilisierungsprogramme können nur funktionieren, wenn erwartet wird, dass sie funktionieren (Stichwort: „Selbsterfüllende Erwartungen").

24.2 Übungsaufgaben

1. Monetarisierung der Staatsschuld und hohe Inflation

a) Sowohl im Fall der Kreditfinanzierung als auch im Fall der Monetarisierung verschiebt sich die *IS*-Kurve aufgrund einer Erhöhung der Staatsausgaben *G* nach rechts. Wie aus der Analyse des *IS*-*LM*-Modells aus Kapitel 3 bekannt, kommt es dadurch zu einer Erhöhung der Produktion und einem Anstieg des Zinssatzes, was zu einem Crowding-Out der Investitionen führt.

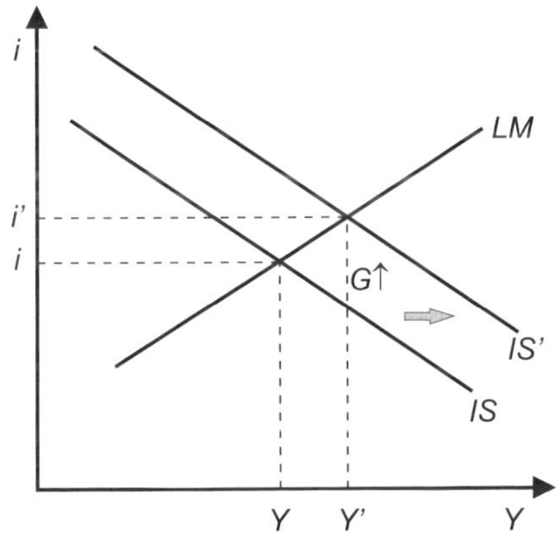

Abbildung 24.1: Kreditfinanzierte Staatsausgabenerhöhung

- Im Fall der Kreditfinanzierung verkauft die Regierung Staatsanleihen an die Wirtschaftssubjekte und nicht an die Zentralbank. Dies hat keine Auswirkungen auf das Geldangebot und aus diesem Grund kommt es – außer der Rechtsverschiebung der *IS*-Kurve – nicht zu einer Verschiebung der *LM*-Kurve. Sowohl Produktion als auch Zinssatz sind angestiegen (siehe Abbildung 24.1).
- Im Fall der Monetarisierung der Staatsschuld verkauft die Regierung Staatsanleihen an die Zentralbank, welche diese mit neu geschaffenem Geld bezahlt. Dadurch wird das Geldangebot erhöht und es kommt zusätzlich zur Rechtsverschiebung der *IS*-Kurve zu einer Verschiebung der *LM*-Kurve nach unten (siehe Abbildung 24.2). Der Effekt auf die Produktion ist höher als bei Kreditfinanzierung, der Effekt auf den Zinssatz ist unbestimmt (abhängig davon, wie weit die *LM*-Kurve nach unten verschoben wird).

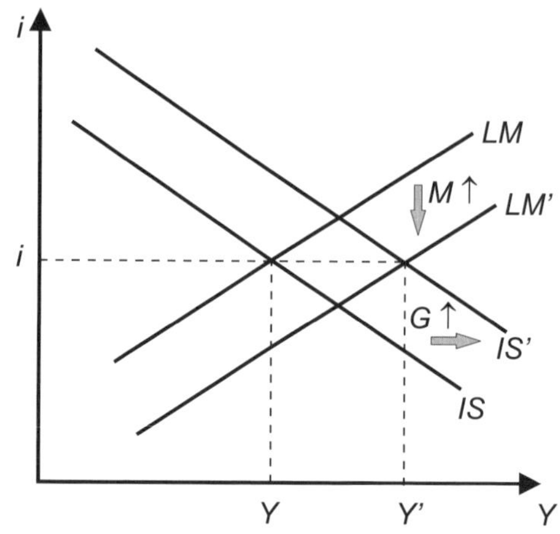

Abbildung 24.2: Monetarisierung der Staatsausgaben

b) Zur Vereinfachung wird angenommen, dass das Preisniveau zu Beginn des Jahres $P_1 = 1$ ist (die Setzung des Ausgangspreisniveaus ist arbiträr). Bei einer monatlichen Inflationsrate von $\pi_m = 10\%$ beträgt das Preisniveau nach zwölf Monaten:

$$P_{12} = (1+\pi_m)^{12} P_1 = 1{,}1^{12} \approx 3{,}14$$

(Allgemein gilt für die Berechnung der Inflationsrate: $\pi_t = \frac{P_t - P_{t-1}}{P_{t-1}}$.)
Für die jährliche Inflationsrate π_j gilt:

$$\pi_j = \frac{P_{12} - P_1}{P_1} = \frac{3{,}14-1}{1} = 2{,}14 = 214\%$$

$\pi_m = 25\%$:

$$P_{12} = 1{,}25^{12} \approx 14{,}55 \quad \Rightarrow \quad \pi_j = \frac{P_{12} - P_1}{P_1} = \frac{14{,}55-1}{1} = 13{,}55 = 1355\%$$

$\pi_m = 35\%$:

$$P_{12} = 1{,}35^{12} \approx 36{,}64 \quad \Rightarrow \quad \pi_j = \frac{36{,}64-1}{1} = 35{,}64 = 3564\%$$

c) Gegeben ist die jährliche Inflationsrate. Um die durchschnittliche monatliche Inflationsrate zu berechnen, wird (unter der Annahme von $P_1 = 1$ zu Beginn des Jahres) zunächst das Preisniveau am Ende des Jahres berechnet und daraus dann die durchschnittliche monatliche Inflationsrate:

$\pi_j = 12.000\%$:

$$\pi_j = 120 = \frac{P_{12} - P_1}{P_1} = \frac{P_{12} - 1}{1} \quad \Rightarrow \quad P_{12} = 121$$

Daraus folgt:

$$P_{12} = 121 = (1+\pi_m)^{12} \quad \rightarrow \quad \pi_m = 121^{1/12} - 1 \approx 0,49 = 49\%$$

$\pi_j = 36.000\%$:

$$P_{12} = 361$$

$$\pi_m = 361^{1/12} - 1 \approx 0,63 = 63\%$$

$\pi_j = 125.000\%$:

$$P_{12} = 1.251$$

$$\pi_m = 1.251^{1/12} - 1 \approx 0,81 = 81\%$$

2. Maximierung der Seignorage und Inflationssteuer
   a) Die Seignorage wird bestimmt durch:

$$S = \left(\frac{\Delta M}{M}\right)\left(\frac{M}{P}\right) = \left(\frac{\Delta M}{M}\right)\left[YL\left(r+\pi^e\right)\right]$$

Mittelfristig gilt: $\pi = \pi^e = \frac{\Delta M}{M}$, $r = \bar{r}$ und $Y = \bar{Y}$. Daraus folgt:

$$S = \left(\frac{\Delta M}{M}\right)\left(\frac{M}{P}\right) = \left(\frac{\Delta M}{M}\right)\left[\bar{Y}L\left(\bar{r}+\frac{\Delta M}{M}\right)\right]$$

Einerseits erhöht ein Anstieg der Wachstumsrate der nominalen Geldmenge die Seignorage für eine gegebene reale Geldmenge (erster Effekt) ➔ $\Delta M/M\uparrow$ ➔ $S\uparrow$.

Andererseits führt eine Erhöhung der Wachstumsrate der nominalen Geldmenge zu einer Reduzierung der realen Geldmenge und dies wiederum zu einer Reduzierung der Seignorage (zweiter Effekt) ➔ $\Delta M/M\uparrow$ ➔ $M/P\downarrow$ ➔ $S\downarrow$.

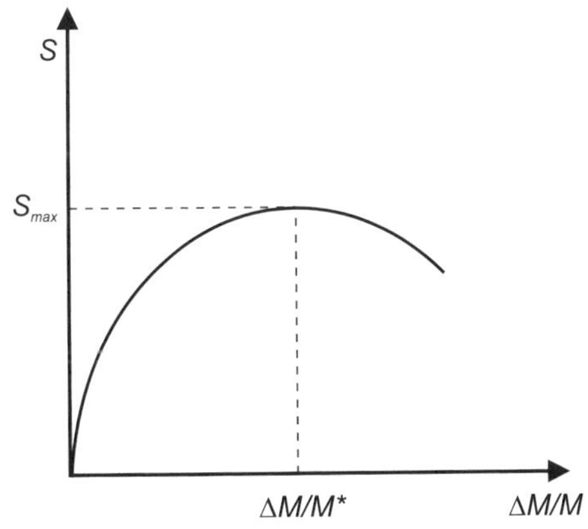

Abbildung 24.3: Seignorage und nominales Geldmengenwachstum

Die Empirie zeigt, dass für kleine Wachstumsraten der nominalen Geldmenge der erste Effekt dominiert und die Seignorage ansteigt (steigender Verlauf der Kurve in Abbildung 24.3). Bei großen Wachstumsraten der nominalen Geldmenge dominiert der zweite Effekt und die Seignorage sinkt (fallender Verlauf der Kurve in Abbildung 24.3).

b) Es gilt:

$$S = \left(\frac{\Delta M}{M}\right)\left(\frac{M}{P}\right) = \left(\frac{\Delta M}{M}\right)\left[\bar{Y}L\left(\bar{r} + \frac{\Delta M}{M}\right)\right]$$

Mit den gegebenen Werten:

$$S = \left(\frac{\Delta M}{M}\right)\left[5.000\left(0,8 - 0,15 - \frac{\Delta M}{M}\right)\right]$$

$$\leftrightarrow \quad S = 3.250\frac{\Delta M}{M} - 5.000\left(\frac{\Delta M}{M}\right)^2 \quad \Rightarrow \quad \max_{\Delta M / M} S$$

$$\leftrightarrow \quad 3.250 - 10.000\frac{\Delta M}{M}^* = 0 \quad \Rightarrow \quad \frac{\Delta M}{M}^* = 0,325 = 32,5\%$$

Bei einer Wachstumsrate der nominalen Geldmenge von 32,5% wird die Seignorage maximiert (entspricht Punkt S_{max} in Abbildung 24.3)!

c) – Erhöhung der Wachstumsrate der nominalen Geldmenge ausgehend von 20%:

Es kommt zu einem Anstieg der Seignorage, solange die Wachstumsrate der nominalen Geldmenge 32,5% nicht überschreitet ➔ Bewegung entlang des steigenden Verlaufs der Kurve in Abbildung 24.3.

– Erhöhung der Wachstumsrate der nominalen Geldmenge ausgehend von 35%:

Es kommt zu einem Rückgang der Seignorage, da die Wachstumsrate der nominalen Geldmenge höher ist als 32,5% ➔ Bewegung entlang des fallenden Verlaufs der Kurve in Abbildung 24.3.

d) Die Inflationssteuer ist das Produkt aus Inflationsrate und realer Geldmenge. Die Inflationsrate ist der Steuersatz und die reale Geldmenge die Steuerbasis.

$$\text{Inflationssteuer} = \pi\frac{M}{P} = 0,15 \cdot 1.000 = 150$$

Bei einer Inflationsrate von 15% verliert die Realkasse 150 an Wert. Auf die Realkasse wird somit eine Steuer in Höhe von 15% erhoben.

Inflationssteuer vs. Seignorage:

$$\pi\frac{M}{P} > \left(\frac{\Delta M}{M}\right)\left(\frac{M}{P}\right)$$

wenn Inflationsrate > Wachstumsrate der Geldmenge.

$$\pi\frac{M}{P} = \left(\frac{\Delta M}{M}\right)\left(\frac{M}{P}\right)$$

wenn Inflationsrate = Wachstumsrate der Geldmenge.

$$\pi\frac{M}{P}<\left(\frac{\Delta M}{M}\right)\left(\frac{M}{P}\right)$$

wenn Inflationsrate < Wachstumsrate der Geldmenge.

3. Inflation, Defizite und Seignorage

a) i. $\frac{\Delta M}{M}=5\%=0{,}05$

→ $S=0{,}05[3.500(0{,}7-0{,}1-0{,}08)]$

→ $S=91$

ii. $\frac{\Delta M}{M}=25\%=0{,}25$

→ $S=0{,}25[3.500(0{,}7-0{,}1-0{,}08)]$

→ $S=455$

iii. $\frac{\Delta M}{M}=50\%=0{,}5$

→ $S=0{,}5[3.500(0{,}7-0{,}1-0{,}08)]$

→ $S=910$

Eine Erhöhung der Wachstumsrate der nominalen Geldmenge führt zu einem proportionalen Anstieg der Seignorage.

b) Seignorage für den Fall, dass die Inflationserwartungen der Wachstumsrate der nominalen Geldmenge entsprechen (siehe oben Aufgabe 3.):

i. $\frac{\Delta M}{M}=5\%=0{,}05$

→ $S=0{,}05[3.500(0{,}7-0{,}1-0{,}05)]$

→ $S=96{,}25$

ii. $\frac{\Delta M}{M}=25\%=0{,}25$

→ $S=0{,}25[3.500(0{,}7-0{,}1-0{,}25)]$

→ $S=306{,}25$

iii. $\frac{\Delta M}{M} = 50\% = 0{,}5$

→ $S = 0{,}5\left[3.500\left(0{,}7 - 0{,}1 - 0{,}5\right)\right]$

→ $S = 175$

Die Seignorage steigt zunächst mit steigender Wachstumsrate der nominalen Geldmenge, sinkt jedoch bei einer weiter steigenden Geldmenge.

Der Grund liegt darin, dass mittelfristig die erwartete Inflationsrate der Wachstumsrate der nominalen Geldmenge entspricht. Je höher diese ist, desto stärker ist der negative Effekt auf die reale Geldnachfrage und desto stärker der negative Effekt auf die Seignorage.

c) $S = \left(\frac{\Delta M}{M}\right)\left[3.500\left(0{,}7 - 0{,}1 - \frac{\Delta M}{M}\right)\right]$

$\leftrightarrow \quad S = 2.100\left(\frac{\Delta M}{M}\right) - 3.500\left(\frac{\Delta M}{M}\right)^2 \quad \rightarrow \quad \max_{\Delta M / M} S$

$\leftrightarrow \quad 2.100 - 7.000\frac{\Delta M}{M}^* = 0 \quad \rightarrow \quad \frac{\Delta M}{M}^* = 0{,}3 = 30\%$

Die Seignorage wird bei einer Wachstumsrate der nominalen Geldmenge von 30% maximiert.

25 Sollten Politiker in ihrer Entscheidungsfreiheit beschränkt werden?

25.1 Wissens- und Verständnistests

Multiple Choice

1. Eine geldpolitische Regel des konstanten Geldmengenwachstums
   a) ...bietet eine Möglichkeit, politischen Entscheidungsträgern Beschränkungen aufzuerlegen und damit Glaubwürdigkeit zu gewinnen.
   b) ...ermöglicht die Nutzung der Geldpolitik als wirtschaftspolitisches Instrument.
   c) ...erlaubt eine Zinssenkung zur Vermeidung einer Rezession.
   d) ...ist in der geldpolitischen Strategie der Europäischen Zentralbank (EZB) enthalten.
2. Der Europäische Stabilitäts- und Wachstumspakt
   a) ...beinhaltet genaue Grenzen für nationale Inflationsraten.
   b) ...sieht einen automatischen Sanktionsmechanismus bei Verstößen vor.
   c) ...enthält einen expliziten Referenzwert für das konjunkturbereinigte Defizit.
   d) ...wird von der Europäischen Kommission überprüft.
3. Die Analyse der strategischen Interaktion von Wirtschaftssubjekten wird von Ökonomen bezeichnet als
   a) ...Makroökonomie.
   b) ...Mikroökonomie.
   c) ...Spieltheorie.
   d) ...Erwartungstheorie.
4. Die wirkungsvollste Politik zur Verhinderung von Flugzeugentführungen ist,
   a) ...vorab anzukündigen, keine Verhandlungen zu führen, und dies im Falle einer Entführung auch beizubehalten.
   b) ...vorab anzukündigen, keine Verhandlungen zu führen, und im Falle einer Entführung trotzdem zu verhandeln.
   c) ...vorab anzukündigen, Verhandlungen zu führen, und im Falle einer Entführung doch nicht zu verhandeln.
   d) ...vorab anzukündigen, Verhandlungen zu führen, und dies im Falle einer Entführung auch durchzuführen.

5. Ökonometriker versuchen, empirische Zusammenhänge zu erforschen; ein Beispiel hierfür ist die Phillipskurven-Beziehung. Bei in der Vergangenheit (Ökonometrie beruht zwangsläufig auf Daten aus der Vergangenheit) stabilen und sowohl statistisch als auch ökonomisch signifikanten Beziehungen zwischen Variablen
   a) ...sollten diese von Wirtschaftspolitikern zum Wohle der Allgemeinheit ausgenutzt werden.
   b) ...werden diese Beziehungen auch in der Zukunft weiter bestehen.
   c) ...kann der Versuch des Ausnutzens dieser Beziehung zu einer Verhaltensänderung der Wirtschaftssubjekte führen, die den gemessenen langfristigen Wirkungszusammenhang auflöst.
   d) ...kann man keine Aussagen über die Zukunft machen, weil die Zukunft unsicher ist.
6. Nach der Theorie des politischen Konjunkturzyklus wird
   a) ...die Arbeitslosigkeit am Ende einer Wahlperiode besonders niedrig sein und nach der Wahl wieder ansteigen.
   b) ...die Arbeitslosigkeit am Anfang einer Wahlperiode besonders niedrig sein und vor der Wahl wieder ansteigen.
   c) ...die Arbeitslosigkeit im Durchschnitt von der natürlichen Arbeitslosenquote abweichen.
   d) ...die Politik von langfristig orientierten Entscheidungsträgern bestimmt.

Wahr/Falsch:
Welche der jeweiligen Aussagen sind wahr, welche falsch?

7. Die Wirkung von wirtschaftspolitischen Maßnahmen wird verzögert durch den
   a) ...Erkennungs-Lag.
   b) ...Entscheidungs-Lag.
   c) ...Wirkungs-Lag.
   d) ...Bewertungs-Lag.
8. Durch die Maastrichter Kriterien wurde unter anderem
   a) ...die Neuverschuldung in der EU begrenzt.
   b) ...eine Annäherung der europäischen Schuldenquoten erreicht.
   c) ...weltweit das Wirtschaftswachstum gefördert.
   d) ...die Stabilisierungsmöglichkeit der Wirtschaftspolitik erhöht.
9. Erinnern Sie sich an das Okun'sche Gesetz $u_t - u_{t-1} = -\beta\left(g_{yt} - \overline{g}_y\right)$ und die Phillipskurven-Beziehung $\pi_t - \pi_t^e = -\alpha\left(u_t - u_n\right)$ aus Kapitel 8 und 9.
   a) Die beiden Parameter α und β sind im Zeitablauf in Deutschland konstant geblieben.
   b) Wenn die beiden Parameter α und β im Zeitablauf variieren, sind die endgültigen Effekte einer Geldmengenerhöhung unsicher.

c) Unsicherheit über einen der beiden Parameter sollte sich in einer vorsichtigeren Geldpolitik widerspiegeln.

d) Die EZB kann diese beiden Beziehungen zur Feinsteuerung der Wirtschaft in allen Euro-Ländern benutzen.

10. Welche der folgenden Handlungen könnte Ihrer Meinung nach dem Zeitinkonsistenzproblem eher gerecht werden?

a) die Ernennung eines konservativen Zentralbankers

b) die Ernennung eines liberalen Zentralbankers

c) eine kurze Amtszeit für Zentralbanker

d) eine lange Amtszeit für Zentralbanker

11. Betrachten Sie die folgende Grafik. Welche Punkte sind richtig gekennzeichnet?

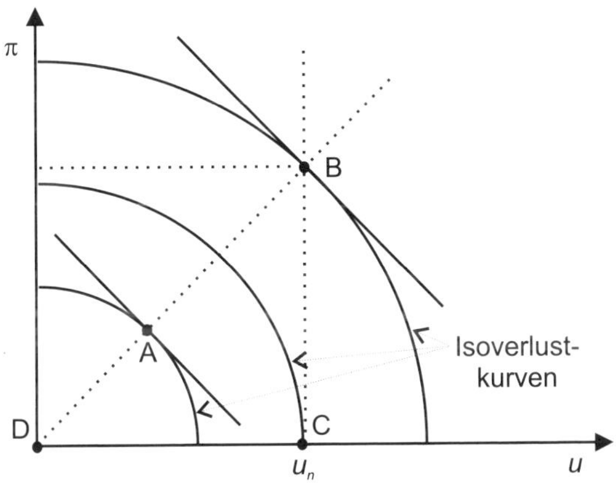

Abbildung 25.1: Anreize für Überraschungsinflation

a) C = Ergebnis bei rationalen Erwartungen

b) D = Wohlfahrtsoptimales Ergebnis

c) B = Ergebnis einer Überraschungsinflation

d) A = Ergebnis der mittelfristig optimalen Zentralbankpolitik

12. Die meisten Volkswirte glauben, dass

a) ...es keine Beschränkungen von Geld- und Fiskalpolitik geben sollte.

b) ...allein eine verfassungsmäßige Begrenzung der Fiskalpolitik deren Missbrauch verhindern kann.

c) ...eine direkte Wahl des Zentralbankpräsidenten durch das Volk der effektivste Weg zur Lösung des Zeitinkonsistenzproblems der Geldpolitik ist.

d) ...der Europäische Stabilitäts- und Wachstumspakt ein wichtiges Problem in einer Währungsunion berührt, zumindest aber seine Ausgestaltung durchaus verbesserungsfähig ist.

Basiswissen

13. Politökonomische Spiele
    a) Erläutern Sie in wenigen Worten, welche Probleme mit Hilfe der Spieltheorie gelöst werden sollen. Nennen Sie Beispiele!
    b) Erläutern Sie die Aussagen der Theorie des politischen Konjunkturzyklus. Welche implizite Annahme wird hier über die Rationalität der Wähler gemacht?
    c) Was versteht man unter einem Zermürbungskrieg (war of attrition)? Geben Sie ein paar Beispiele an!
14. Europäischer Stabilitäts- und Wachstumspakt (ESWP)
    a) Was ist das zentrale Ziel des ESWP?
    b) Nennen Sie die Kriterien, anhand derer die Erfüllung des ESWP überprüft wird.
    c) Halten Sie solche starren, nominalen Regeln für ökonomisch sinnvoll? Erläutern Sie eine mögliche Alternative. Wo liegt hier das Problem bei der Umsetzung?
    d) Skizzieren Sie, mit welchen Folgen ein Land rechnen muss, wenn es gegen den ESWP verstößt.

25.2 Übungsaufgaben

1. Überraschungsinflation

   Die Verschuldung des amerikanischen Staates betrug Anfang 2004 knapp 7,5 Billionen US-$ (Gross Federal Debt, www.stlouisfed.org/), der Zins auf 10-jährige US-Staatsanleihen lag im Juni 2004 bei rund 4,75%, die erwartete Inflationsrate bei rund 2,6% (vgl. Kapitel 14, Übungsaufgabe 2). Gehen Sie für diese Aufgabe davon aus, dass die gesamte Staatsschuld in diesen 10-jährigen Anleihen gehalten würde und der Staat keine neuen Schulden aufnimmt.

   a) Welches Preisniveau erwarten die Märkte für 2014? Normieren Sie $P_{2004} = 100$.
   b) Was bedeutet dies für die Entwicklung der realen Verschuldung?
   c) Was geschieht mit der realen Verschuldung, wenn die Fed die Geldmenge so stark erhöht, dass sich das Preisniveau bis 2014 verdoppelt?
   d) Wie verändert sich durch diese Überraschungsinflation die Vermögensposition der Anleger?
   e) Wieso führt die amerikanische Zentralbank keine solche Überraschungsinflation durch, wenn sie die reale Schuldenlast des Staates so deutlich senken kann?

2. Geldpolitik unter Unsicherheit

   Lesen Sie sich die folgenden Fragen zu Problemen der Gestaltung der Geldpolitik in der Realität durch. Versuchen Sie stichpunktartig, die Fragen zu beantworten. Gehen Sie anschließend auf die Companion Website zu diesem Buch und laden Sie sich den Aufsatz „Geldpolitik unter Unsicherheit“ aus dem Monatsbericht Juni 2004 der

Deutschen Bundesbank herunter (`Aufgabe_25_2.pdf`). Ergänzen Sie dann Ihre Stichpunkte mit Argumenten aus dem Text.

a) Welche Quellen von Unsicherheit bestehen?

b) Was ist das besondere Problem bezüglich der Daten in der EWU?

c) Was sind allgemein die Konsequenzen von Unsicherheit für die Möglichkeit der Geldpolitik zur Outputstabilisierung?

d) Was sind die Konsequenzen für die Verarbeitung von Informationen?

e) Wie sollte die geldpolitische Strategie der Unsicherheit Rechnung tragen?

f) Wie könnten die in Kapitel 23 und 24 beschriebenen extremen Phänomene wie Deflation oder Hyperinflation die Geldpolitik beeinflussen?

g) Welche neue Gefahr entsteht, wenn der Geldpolitik zugetraut wird, die Wirtschaft in einem „ruhigen Fahrwasser" zu halten?

Die folgenden beiden Aufgaben gehen auf den im Monatsbericht bereits erwähnten Aufsatz von Brainard (1967) zurück. Gehen Sie davon aus, dass die gegenwärtige Produktion (Y_0) über der von der Zentralbank gewünschten Produktion (Y^*) liegt. Die Zentralbank operiert unter Unsicherheit über den konkreten Verlauf der *IS*-Kurve.

h) Erstellen Sie eine Grafik, in der die Unsicherheit unabhängig von der Höhe der Zinsänderung ist (**additive Unsicherheit**). Wie sollte die Zentralbank hier den Zins verändern?

i) Erstellen Sie eine Grafik, in der die Unsicherheit mit dem Ausmaß der Zinsänderung steigt (**Parameterunsicherheit**). Wie sollte die Zentralbank hier den Zins verändern?

3. Barro-Gordon-Modell

Das kurzfristige aggregierte Angebot einer Modellökonomie sei beschrieben durch

$$y = \bar{y} + a\left(\pi - \pi^e\right)$$

wo $\bar{y}$ die Gleichgewichtsproduktion bei perfekter Preisflexibilität darstellt. Die Geldpolitik kann die Inflationsrate bestimmen, nachdem die Wirtschaftssubjekte ihre Inflationserwartungen gebildet haben. Sie minimiert dabei eine Verlustfunktion des Typs

$$L = \left(\pi - \pi^*\right)^2 + \left(y - y^*\right)^2$$

Strukturelle Ineffizienzen führen zu einer Abweichung der Gleichgewichtsproduktion $\bar{y}$ vom Vollbeschäftigungsniveau: $y^* = \bar{y} + \Delta$.

a) Erläutern Sie kurz die First-Best-Lösung in diesem Modell.

b) Bestimmen Sie die Reaktionsfunktion der Zentralbank gegeben der Inflationserwartungen π^e.

c) Welche Inflationserwartungen werden rationale Wirtschaftssubjekte angesichts dieser Reaktionsfunktion bilden?

d) Welches Gleichgewicht ergibt sich damit in dieser Ökonomie? Berechnen Sie auch den Wohlfahrtsverlust.

e) Nehmen Sie nun an, die Zentralbank könnte eine Inflationsrate ankündigen, bevor die Wirtschaftssubjekte ihre Inflationserwartungen bilden. Hat eine solche Ankündigung einen Einfluss auf rationale Wirtschaftssubjekte?

f) Gehen Sie nun davon aus, die Zentralbank könnte sich durch einen geeigneten Mechanismus vorab glaubwürdig zu einer bestimmten Inflationsrate verpflichten (*commitment*) und würde diese dann auch wirklich durchsetzen. Für welche Inflationsrate sollte sie sich entscheiden? Berechnen Sie das Gleichgewicht und den Wohlfahrtsverlust und vergleichen Sie mit d).

g) Wieso kann die Zentralbank ohne einen geeigneten Mechanismus die „Second-Best"-Lösung nicht erreichen?

h) Stellen Sie die gesamte Situation in einem y-π-Diagramm dar.

Lösungen zu Kapitel 25

25.1 Wissens- und Verständnistests

Multiple Choice

1. a)
2. d)
3. c)
4. a)
5. c)
6. a)

Wahr/Falsch

7. W, W, W, F
8. W, W, F, F
9. F, W, W, F
10. W, F, F, W
11. F, W, F, F
12. F, F, F, W

Basiswissen

13. Politökonomische Spiele

    a) Mit Hilfe der Spieltheorie können Situationen analysiert werden, in denen Wirtschaftssubjekte Entscheidungen treffen, deren Ergebnis nicht nur von den eigenen Entscheidungen, sondern auch von den Entscheidungen anderer Wirtschaftssubjekte abhängt. Es handelt sich um Probleme **strategischer Interaktion**.

    Beispiele: (Nicht-) kooperative Spiele (Zentralbank/Regierung, Bankenzusammenbrüche, private Bereitstellung öffentlicher Güter, Oligopolmärkte), Verhandlungssituationen (Tarifverträge, Handelsliberalisierung, Abrüstung), Bietverhalten bei Auktionen etc.

b) Nach der Theorie des politischen Konjunkturzyklus versuchen kurzfristig orientierte Politiker, durch eine Steigerung der aggregierten Nachfrage vor Wahlen einen Wirtschaftsaufschwung zu bewirken. Da mittelfristig das Wachstum durch das aggregierte Angebot bestimmt ist, folgt auf einen Boom vor den Wahlen ein Abschwung danach.

Hier wird implizit von kurzsichtigen und damit irrationalen Wählern ausgegangen. Verhalten sich die Wähler rational, würden sie zum einen die Kurzfristigkeit der Nachfragesteigerung erkennen und ihre Wahlentscheidung nicht davon abhängig machen. Zum anderen würden sie die Nachfragesteigerung bereits antizipieren und einer expansiven Maßnahme durch die Berücksichtigung in den Erwartungen einen Großteil ihrer Wirkung nehmen.

c) Bei einem Zermürbungskrieg kämpfen zwei oder mehr Parteien um einen Preis (z.B. Länder um ein Stück Land; Politiker um eine Präsidentschaft; im Tierreich um einen Partner zur Fortpflanzung; Microsoft und Netscape um die Führung im Browsermarkt oder in der Makroökonomie Parteien um verschiedene Wege der Defizitreduzierung). Jede Partei hofft darauf, dass die andere(n) aufgeben. Gleichzeitig ist das Weiterkämpfen mit (evtl. unterschiedlichen) Kosten für die beteiligten Parteien verbunden (z.B. je länger der Krieg dauert, desto mehr Menschen verlieren ihr Leben; die Kosten eines übermäßigen Defizits steigen, je länger das Defizit nicht reduziert wird, usw.).

14. Europäischer Stabilitäts- und Wachstumspakt (ESWP)

a) Der ESWP soll helfen, die Glaubwürdigkeit der Verpflichtung der EZB zur Preisstabilität sicherzustellen. Quasi als Zwischenziel fungiert die Verpflichtung der Staaten zur Vermeidung übermäßiger Budgetdefizite.

b) Die Referenzwerte betragen für das maximale nominale Budgetdefizit 3% des jeweiligen BIP und für die maximale nominale Staatsverschuldung 60% des BIP (vgl. auch Übungsaufgabe 2a) in Kapitel 27.2). Dazu kommen noch jährlich zu veröffentlichende Stabilitätsprogramme der Mitgliedsländer, die als Frühwarnsystem dienen sollen.

c) Das 3%-Kriterium ist mehr oder weniger willkürlich gewählt und berücksichtigt nicht das Ausmaß konjunkturbedingter Staatsausgabenanstiege und Einnahmenrückgänge. Zur Vermeidung einer prozyklischen Fiskalpolitik könnte eine Ausrichtung des Defizitkriteriums am konjunkturbereinigten Defizit sinnvoller sein. Leider ist dieses konjunkturbereinigte Defizit schwer zu messen und deshalb offen für diverse Manipulationsmöglichkeiten (vgl. Kapitel 27).

d) Zunächst sind verschiedene Mahnungen durch die EU-Kommission und den EU-Rat vorgesehen. Danach folgen unverzinsliche Einlagen der Staaten bei der EU-Kommission von bis zu 0,5% des BIP des Landes, die nach einer Haushaltskorrektur zurückgezahlt werden. Ist nach zwei Jahren immer noch keine Korrektur ersichtlich, soll die Einlage in eine nicht mehr rückzahlbare Geldbuße umgewandelt werden. Wichtig ist aber, dass es sich hier um keinen Sanktionsautomatismus handelt, sondern die Konsequenzen letztlich von den Entscheidungen der Regierungen im EU-Rat abhängen.

25.2 Übungsaufgaben

1. Überraschungsinflation

a) $P_{2014} = (1+0,026)^{10} \cdot 100 = 130,24$.

b) Die reale Verschuldung ist definiert als Nominalverschuldung/Preisniveau. Ohne neue Schulden *reduziert* sich die reale Verschuldung genau um den Faktor, um den das Preisniveau ansteigt: 1,3024. Für diesen realen Wertverlust werden die Anleiheninhaber durch jährliche Zinszahlungen über dem Realzins gerade in Höhe der erwarteten Inflation kompensiert.

c) Dadurch reduziert sich die reale Verschuldung um den Faktor 2 und damit um 1 – 1,3024/2 = 34,88% mehr, als die Halter der Anleihen erwartet hatten. Wenn wir annehmen, dass ein US-Warenkorb 2004 100 $ kostet, bedeutet dies konkret: Der Staat hatte sich sich 2004 mit 7,5 Billionen $/100 $ = 75 Mrd. US-Warenkörbe verschuldet. Angesichts der eingepreisten erwarteten Inflationsrate erwarteten die Anleihebesitzer eine Auszahlung in 2014 von 7,5 Billionen $/130,24 $ = 57,59 Mrd. Warenkörben. Tatsächlich muss der Staat aber nur noch 7,5 Billionen $/200 $ = 37,5 Mrd. Warenkörbe zurückbezahlen, also 20,09 Mrd. Warenkörbe bzw. 34,88% weniger als ursprünglich erwartet.

d) Eine Politik der Überraschungsinflation ist immer mit Umverteilungseffekten verbunden: Die Anleger würden durch eine Überraschungsinflation gerade das Vermögen verlieren, das der Staat weniger zurückzahlen muss, also im konkreten Fall die 20,09 Mrd. Warenkörbe. Sofern die Überraschungsinflation nicht in einem einmaligen Schritt nach der letzten Zinszahlung und vor der Rückzahlung des Nennwerts durchgeführt wird, sondern kontinuierlich verläuft, müssen zu diesem Verlust (bzw. dem Gewinn des Staates) noch die geringeren realen Werte der Zinszahlungen in den jeweiligen Jahren hinzuaddiert werden.

e) Ein Grund sind sicherlich die genannten Umverteilungseffekte: Die Halter amerikanischer Anleihen sind zwar zum einen sehr viele ausländische Zentralbanken (vgl. Übungsaufgabe 5 in Kapitel 21), aber auch eine ganze Reihe amerikanischer Pensionsfonds oder Privatbürger.

Noch viel wichtiger sind die langfristigen Effekte auf die Glaubwürdigkeit der amerikanischen Zentralbank. Heutzutage ist allgemein anerkannt, dass eine glaubwürdige Verpflichtung der Zentralbank zu Preisstabilität in der mittleren Frist und die damit verbundene Verankerung der Inflationserwartungen Voraussetzung für eine erfolgreiche Geldpolitik sind (vgl. auch die folgende Aufgabe 2). Das schließt im Übrigen nicht aus, dass die Zentralbank kurzfristig auch die Produktion stabilisieren kann.

Schließlich würde ein Anstieg der Inflationserwartungen dazu führen, dass sich die künftigen Kredite des amerikanischen Staates erheblich verteuern würden. Dies wäre selbst dann relevant, wenn der Staat sich nicht weiter verschulden würde, weil die alten Kredite ja in neue umgewandelt werden müssen (Umschuldung bzw. Refinanzierung). Z.B. ist nicht zu erwarten (und auch nicht sinnvoll), dass der Staat 2014 auf einmal seine sämtlichen Schulden tilgen könnte. Dafür wären sehr hohe, einmalige Steuern notwendig, die auf Grund der damit verbundenen Verzerrungen unbedingt über die Zeit gestreckt werden sollten. Im Fall der USA war die Verschuldung als Anteil am BIP mit etwas über 60% vor der Finanzkrise sicher nicht so hoch, als dass sie eine Überraschungsinflation mit langfristigen Kosten unbekannten Ausmaßes rechtfertigen würde.

2. Geldpolitik unter Unsicherheit

a) **Modellunsicherheit**: Die strukturellen Zusammenhänge von Preisniveau, geldpolitischen Instrumenten und Schocks sind unsicher; insbesondere ihre zeitliche Struktur (*lags*), die quantitative Stärke der Zusammenhänge und ihre Veränderungen mit der Zeit sind noch nicht ausreichend erforscht.

Datenunsicherheit: Unvollständige Information über die aktuelle Wirtschaftslage durch Lücken in der statistischen Erfassung und Probleme bei Aktualität und Zuverlässigkeit der Daten. Theoretische Konzepte wie das Produktionspotenzial (= natürliche Produktion) sind nicht messbar.

b) Einheitliche, harmonisierte Erfassung von Daten innerhalb der EWU war in der Vergangenheit nicht gegeben und ist immer noch nicht vollendet. Deshalb mangelt es teilweise an der Vergleichbarkeit der Daten.

c) Outputstabilisierung ist nur begrenzt möglich. Beide Unsicherheitsquellen sorgen dafür, dass auf Feinsteuerung im Extremfall sogar ganz verzichtet werden sollte (Friedman). Sonst besteht die Gefahr, dass die Geldpolitik selbst zur Quelle von Instabilität wird.

d) Verwendung aller erhältlichen Informationen. Besonderes Gewicht liegt auf Variablen mit hohem Informationsgehalt für die Preisstabilität.

e) Kein Aktionismus, sondern „ruhige Hand“ zeigen, die sich z.B. im Phänomen der *Zinsglättung* (Leitzinsen verändern sich nur langsam in kleinen Schritten, seltene Richtungswechsel) äußern.

Robustheit in verschiedenen theoretischen Modellen beweisen, d.h., Effekte sollten nicht von spezifischen Annahmen abhängen.

Die Bedeutung der Transparenz geldpolitischer Entscheidungen erkennen.

f) Geldpolitik sollte sich gegen extreme Szenarien absichern, eine Art volkswirtschaftliches Risikomanagement betreiben. Dazu sind unter Umständen stärkere geldpolitische Maßnahmen notwendig, als sie sich aus den vorangehenden Aufgaben ergeben.

g) Wenn die Geldpolitik wie eine Versicherung gegen (extreme) Schwankungen wirkt, entsteht wie bei jeder Versicherung ein so genanntes Moral Hazard-Problem: Wenn Sie z.B. eine Feuerversicherung besitzen, investieren Sie wahrscheinlich weniger in den Brandschutz, wenn der Vertrag nicht entsprechende Klauseln enthält. Ähnlich bei der Geldpolitik: Wenn die Anleger auf das Können der Zentralbank vertrauen, werden sie riskanter investieren und so evtl. eine Vermögenspreisblase (eine Überbewertung von z.B. Wertpapieren) erzeugen.

h) Die Ausgangssituation sei Punkt *A* in Abbildung 25.1. Im Erwartungswert wird für jede Zinsänderung das beabsichtigte Produktionsniveau erreicht (gekennzeichnet durch die durchgezogene Gerade *AB*). Da die Unsicherheit, gekennzeichnet durch die beiden Parallelen zu *AB*, unabhängig von der Höhe der Zinsänderung ist, kann man durch ein im Vergleich zur Politik ohne Unsicherheit vorsichtigeres oder aggressiveres Verhalten keinen Gewinn erzielen. Deshalb sollte die Zentralbank genauso agieren, wie wenn sie keiner Unsicherheit über den Verlauf der *IS*-Kurve unterliegen würde, und den Zins auf i_1 setzen (i_2 bringt keinen Vorteil). Dadurch erreicht sie zumindest im Erwartungswert den Zielpunkt *B*.

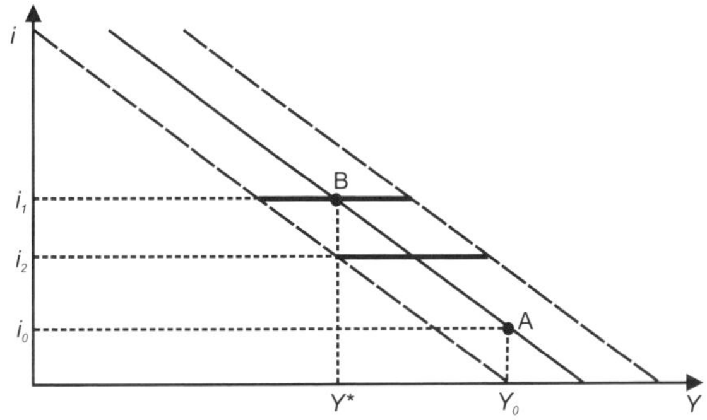

Abbildung 25.1: Situation additiver Unsicherheit
Quelle: Sack, B. und V. Wieland (2000, S. 220), Interest Rate Smoothing and Optimal Monetary Policy: A Review of Recent Empirical Evidence, in: Journal of Economics and Business (52)

i) Wieder sei die Ausgangssituation durch Punkt *A* in Abbildung 25.2 gekennzeichnet. Auch in dieser Situation wird für jede Zinsänderung im Erwartungswert das gewünschte Produktionsniveau erreicht (wieder entspricht die durchgezogene Gerade *AB* dem Erwartungswert). Allerdings steigt die Unsicherheit mit dem Ausmaß der Zinsänderung: Die gestrichelten Linien, die die Unsicherheit über den exakten Verlauf der *IS*-Kurve widerspiegeln, verlaufen nicht mehr parallel zu *AB*, sondern haben eine Kegelform mit der Ausgangssituation *A* als Spitze. Es entsteht ein Zielkonflikt (*trade-off*) zwischen besserem Ergebnis im Durchschnitt und höherer Unsicherheit. Dadurch lohnt es sich, zunächst einen kleineren Zinsschritt auf i_2 anstatt einem großen auf i_1 durchzuführen und dadurch die Unsicherheit zu reduzieren (erkennbar an der Verschiebung des „Unsicherheits-Kegels" von *A* nach *B* und der kürzeren Länge der Strecke *EF* im Vergleich zu *CD*). Hierbei handelt es sich um eine Erklärung für das bei praktisch allen Zentralbanken beobachtete Phänomen der Zinsglättung (*interest rate smoothing*), das auch in Kapitel 26 noch einmal angesprochen wird.

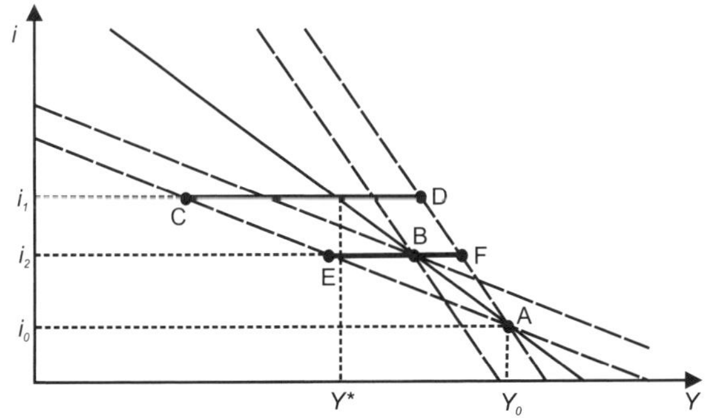

Abbildung 25.2: Situation von Parameterunsicherheit
Quelle: Sack, B. und V. Wieland (2000, S. 220), eigene Ergänzungen

3. Barro-Gordon-Modell

Das kurzfristige aggregierte Angebot einer Modellökonomie sei beschrieben durch

$$y = \bar{y} + a\left(\pi - \pi^e\right) \quad (1.)$$

wo $\bar{y}$ die Gleichgewichtsproduktion bei perfekter Preisflexibilität darstellt. Die Geldpolitik minimiert eine Verlustfunktion des Typs

$$L = \left(\pi - \pi^*\right)^2 + \left(y - y^*\right)^2 \quad (2.)$$

Strukturelle Ineffizienzen führen zu einer Abweichung der Gleichgewichtsproduktion $\bar{y}$ vom Vollbeschäftigungsniveau:

$$y^* = \bar{y} + \Delta \quad (3.)$$

a) Die Verlustfunktion wird offensichtlich minimiert, wenn $\pi = \pi^*$ und $y = y^*$. Dabei handelt es sich um die First-Best-Lösung in diesem Modell. Jegliche Abweichung von einer der beiden Zielvariablen sorgt für einen Verlust.

b) Um die Reaktionsfunktion der Zentralbank zu bestimmen, minimiert man die Verlustfunktion (2.) unter der Nebenbedingung (1.) über π. Anstatt mit dem Lagrange-Verfahren geht dies einfacher, indem man zuerst die strukturellen Ineffizienzen (3.) und anschließend (1.) in (2.) direkt einsetzt:

$$\min_{\pi} L = \left(\pi - \pi^*\right)^2 + \left(y - \bar{y} - \Delta\right)^2 \text{u. d. Nb. } y = \bar{y} + a\left(\pi - \pi^e\right)$$

$$\Rightarrow \quad \min_{\pi} L = \left(\pi - \pi^*\right)^2 + \left[a\left(\pi - \pi^e\right) - \Delta\right]^2$$

Bei gegebenen Inflationserwartungen π^e ergibt sich als Bedingung erster Ordnung

$$\tfrac{dL}{d\pi} = 2\left(\pi - \pi^*\right) + 2\left[a\left(\pi - \pi^e\right) - \Delta\right]a = 0$$

Aufgelöst nach π folgt daraus als **Reaktionsfunktion der Zentralbank**

$$\pi = \frac{\pi^* + a^2\pi^e + a\Delta}{1 + a^2} \quad (4.)$$

c) Rationale Wirtschaftssubjekte machen im Durchschnitt keine Fehler in ihrer Erwartungsbildung, so dass $E(\pi) = \pi^e$ sein muss. Angewendet auf (4.) ergibt sich damit

$$E(\pi) = \frac{\pi^* + a^2\pi^e + a\Delta}{1 + a^2} = \pi^e$$

und aufgelöst nach π^e

$$\pi^e = \pi^* + a\Delta \quad (5.)$$

Hier zeigt sich, dass die Wirtschaftssubjekte im Gleichgewicht eine Inflationsrate über der Zielinflation π^* erwarten. Der Term $a\Delta$ wird als **Inflation Bias** bezeichnet.

d) π und y im Gleichgewicht lassen sich durch Einsetzen von (5.) in die Reaktionsfunktion (4.) und in (1.) bestimmen:

$$\pi = \frac{\pi^* + a^2\left(\pi^* + a\Delta\right) + a\Delta}{1+a^2} = \pi^* + a\Delta \tag{6.}$$

$$y = \bar{y} + a\left(\underbrace{\pi^* + a\Delta}_{\pi} - \underbrace{\pi^* + a\Delta}_{\pi^e}\right) = \bar{y} \tag{7.}$$

Die Geldpolitik ist also nicht in der Lage, y über $\bar{y}$ anzuheben und damit den negativen Effekt der strukturellen Ineffizienzen zu mindern. Dennoch muss sie eine um den Inflation Bias über π^* liegende Inflationsrate hinnehmen. Damit ergibt sich als Verlust in dieser **diskretionären Lösung** des Barro-Gordon-Modells

$$L_D = (a\Delta)^2 + (\Delta)^2 = \left(1+a^2\right)\Delta^2$$

e) Rationale Wirtschaftssubjekte antizipieren, dass die Zentralbank einen Anreiz hat, von ihrer einmal angekündigten Politik abzuweichen. Solange die Zentralbank nicht glaubhaft vermitteln kann, nicht von ihrer Ankündigung abzuweichen, basieren die Inflationserwartungen allein auf der antizipierten Reaktionsfunktion der Zentralbank. Etwaige Ankündigungen vorab haben dann keinen Einfluss auf π^e.

Spieltheoretisch betrachtet handelt es sich beim Barro-Gordon-Modell um ein mehrstufiges Spiel, das durch **Rückwärtsinduktion** gelöst wird. Darunter versteht man die Vorgehensweise, zur Lösung eines Spiels auf der letzten Spielstufe zu beginnen. Die optimale Reaktionsfunktion setzt man dann in die vorangehende Spielstufe ein und berechnet das Gleichgewicht. Dieses Konzept beruht auf der Annahme rationaler Wirtschaftssubjekte, die das Verhalten der Zentralbank in der letzten Spielstufe antizipieren.

f) Mit der Einführung eines glaubwürdigen Mechanismus gilt die Antwort von e) nicht mehr: Die Zentralbank ist jetzt in der Lage, jede gewünschte Inflationsrate anzukündigen und die privaten Wirtschaftssubjekte richten ihre Erwartungen daran aus. Im Gegenzug ist die Zentralbank an diese Ankündigung gebunden, sie muss also $\pi = \pi^e$ setzen. Um die unter diesen Bedingungen optimale Inflationsrate zu bestimmen, muss die Geldpolitik die Verlustfunktion (2.) unter den Nebenbedingungen (1.) und $\pi = \pi^e$ minimieren:

$$\min_{\pi} L = \left(\pi - \pi^*\right)^2 + \left[a\left(\pi - \pi^e\right) - \Delta\right]^2 \text{ u. d. Nb. } \pi = \pi^e$$

$$\Rightarrow \min_{\pi} L = \left(\pi - \pi^*\right)^2 + \left[-\Delta\right]^2$$

Damit ergibt sich offensichtlich bzw. aus der Bedingung erster Ordnung, dass im Optimum $\pi = \pi^*$. Damit ist auch $E(\pi) = \pi^* = \pi^e$ und deshalb $y = \bar{y}$ im Gleichgewicht. Wieder kann die Geldpolitik den negativen Effekt der strukturellen Ineffizienzen nicht mindern, in dieser so genannten Commitment-Lösung muss sie aber keinen Inflation Bias hinnehmen. Der Verlust berechnet sich als

$$L_C = (0)^2 + (\Delta)^2 = \Delta^2$$

und ist damit um den Verlust aus dem Inflation Bias $(a\Delta)^2$ kleiner als L_D.

Mechanismus-Design

In Aufgabe f) haben wir überhaupt nicht angesprochen, wie der glaubwürdige Mechanismus aussieht, der der Zentralbank das Erreichen der Commitment-Lösung ermöglicht. Es gibt eine eigene Forschungsrichtung der Ökonomie, die sich mit der optimalen Gestaltung solcher Mechanismen beschäftigt. Beispiele der verschiedenen Möglichkeiten der Annäherung an die Commitment-Lösung sind starre Regeln für die Inflationsrate, die Geldmenge oder den Zins, die Übertragung der Geldpolitik an einen konservativen Zentralbanker oder die Vereinbarung eines zustandsabhängigen Zentralbankkontrakts. Einen guten Einstieg in diese Literatur (und weitere interessante Aspekte der Geldpolitik) vermittelt das Lehrbuch von G. Illing (1997), *Theorie der Geldpolitik*, Springer Verlag.

g) Die Antwort haben Sie bereits bei e) gegeben. Jetzt können wir den Anreiz für $\pi^e = \pi^*$ genau berechnen: Dazu setzen wir einfach $\pi^e = \pi^*$ in die Reaktionsfunktion (4.) ein und erhalten als optimale Reaktion

$$\pi = \frac{\pi^* + a^2\pi^* + a\Delta}{1 + a^2} = \pi^* + \frac{a\Delta}{1 + a^2} \tag{8.}$$

Daraus ergibt sich eingesetzt in (1.)

$$y = \bar{y} + a\left(\underbrace{\pi^* + \frac{a\Delta}{1+a^2}}_{\pi} - \underbrace{\pi^*}_{\pi^e}\right) = \bar{y} + \frac{a^2\Delta}{1+a^2} \tag{9.}$$

Die Geldpolitik könnte also durch eine überraschend durchgeführte Inflation einen Teil der strukturellen Ineffizienzen beseitigen. Dadurch kann sie den Verlust auf

$$L_Ü = \left(\frac{a\Delta}{1+a^2}\right)^2 + \left(\frac{a^2\Delta}{1+a^2} - \Delta\right)^2 = \frac{(a\Delta)^2 + \left[a^2\Delta - (1+a^2)\Delta\right]^2}{(1+a^2)^2}$$

$$\Rightarrow \quad L_Ü = \frac{(a\Delta)^2 + [-\Delta]^2}{(1+a^2)^2} = \frac{\Delta^2}{1+a^2} \quad < L_C$$

begrenzen. Hier wird noch einmal das **Zeitinkonsistenzproblem** der Geldpolitik deutlich: Haben die Wirtschaftssubjekte auf Grund der Ankündigung der Zentralbank niedrige Inflationserwartungen gebildet, hat die Geldpolitik danach einen Anreiz, eine Überraschungsinflation durchzuführen und dadurch eine höhere Produktion zu erzielen. Rationale Wirtschaftssubjekte werden dies antizipieren und deshalb von vornherein ihre Inflationserwartungen so hoch setzen, dass der marginale Nutzen für die Geldpolitik aus einer Überraschungsinflation gleich den marginalen Kosten aus zusätzlicher Inflation ist. Dann ist die angekündigte Politik auch ex post optimal und wir befinden uns im diskretionären Gleichgewicht D.

h)

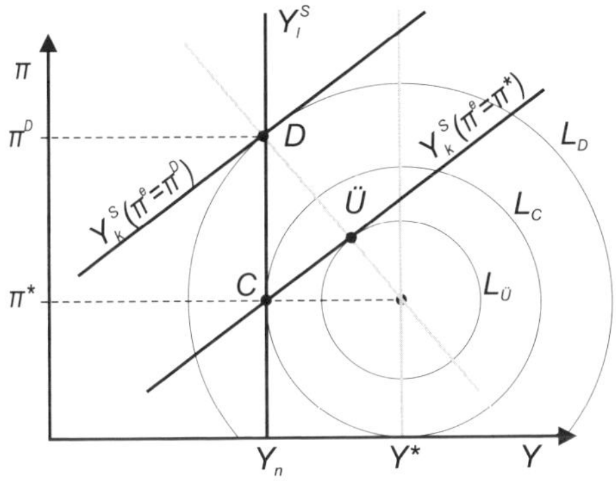

Abbildung 25.3: Zeitinkonsistenzproblem im Barro-Gordon-Modell

26 Die Geldpolitik – eine Zusammenfassung

26.1 Wissens- und Verständnistests

Multiple Choice

1. Wobei handelt es sich um eine Funktion von Geld?
   a) Wertaufbewahrungsmittel
   b) Recheneinheit
   c) Transaktionsmittel
   d) Alle genannten Eigenschaften
2. Welche Geldmenge kann die Zentralbank direkt kontrollieren?
   a) H
   b) $M1$
   c) $M2$
   d) $M3$
3. Bei einer durchschnittlichen Inflationsrate von 2% liegt der niedrigste Realzins, den die Geldpolitik erreichen kann, bei
   a) ...keinem konkreten Wert, weil die Geldpolitik im Prinzip jeden Realzins ansteuern kann.
   b) ...2%.
   c) ...0%.
   d) ...–2%.
4. Treten in einer Ökonomie Schocks ausschließlich auf die Geldnachfrage auf, sollte die Zentralbank
   a) ...eine Zinssteuerung betreiben.
   b) ...eine Geldmengensteuerung betreiben.
   c) ...die Geldmenge $M3$ konstant halten.
   d) ...keine der genannten Steuerungsmöglichkeiten benutzen.
5. Die EZB verfolgt bei ihrer Geldpolitik vorrangig das Ziel der
   a) ...kurzfristigen Stabilisierung der Wirtschaft.
   b) ...langfristigen Steigerung des Produktionswachstums.
   c) ...mittelfristigen Preisstabilität.
   d) ...Stabilisierung des Zinssatzes.

6. Der wichtigste von der EZB unmittelbar kontrollierte Zinssatz ist der
   a) ...Spitzenrefinanzierungssatz.
   b) ...Hauptrefinanzierungssatz.
   c) ...Tagesgeldsatz.
   d) ...Einlagensatz.

Wahr/Falsch: Welche der jeweiligen Aussagen sind wahr, welche falsch?

7. Organisationsstruktur der EZB (im Jahr 2008):
   a) Die Währungsunion umfasst 27 Mitgliedsstaaten.
   b) Dem Direktorium der EZB gehören sechs Mitglieder an.
   c) Im EZB-Rat sitzen neben den Direktoriumsmitgliedern auch die Präsidenten der nationalen Zentralbanken. Stimmrecht haben aber nur die von nationalen Interessen unabhängigen Direktoriumsmitglieder.
   d) Die EZB zählt zu den weltweit unabhängigsten Zentralbanken.
8. Beispiele für geldpolitische Strategien, die von einzelnen Zentralbanken praktiziert werden, sind
   a) ...das Inflation Targeting.
   b) ...die Taylor-Regel.
   c) ...die Geldmengenregel.
   d) ...die Regel eines konstanten Zinssatzes.
9. Folgt eine Zentralbank im Prinzip der Taylor-Regel, berücksichtigt sie bei der Zinssetzung
   a) ...den natürlichen Realzins.
   b) ...die Geldmengenentwicklung.
   c) ...die aktuelle Inflationsrate.
   d) ...die aktuelle wirtschaftliche Situation.
10. Durch eine Inflationsrate, die höher als erwartet ausfällt,
   a) ...gewinnen Schuldner und verlieren Gläubiger.
   b) ...gewinnen Gläubiger und verlieren Schuldner.
   c) ...ergeben sich keine Umverteilungseffekte.
   d) ...verlieren Arbeitnehmer mit langfristigen Tarifverträgen.

Basiswissen

11. Optimale Inflationsrate
   a) Nennen und erklären Sie in kurzen Worten die Nachteile von Inflation.
   b) Erläutern Sie verschiedene Beispiele für Steuerverzerrungen durch Inflation.
   c) Nennen und erklären Sie in kurzen Worten die Vorteile (niedriger) Inflationsraten.

d) Wie könnte man sich gegen zumindest einen Teil der angeführten Kosten der Inflation schützen?

12. Geldmengenaggregate

a) Welche Anlagen werden in der Definition der EZB von den Geldmengen $M1$, $M2$ und $M3$ erfasst? Gehen Sie auf die Webseite der EZB (`www.ecb.int`) und entnehmen Sie dem Monatsbericht vom Oktober 2008 die entsprechenden Zahlen für den August 2008!

b) Wodurch unterscheiden sich ökonomisch $M1$ und $M3$? Welcher Zweck verbindet sich mit den unterschiedlichen Abgrenzungen?

26.2 Übungsaufgaben

1. Geldpolitische Strategie der EZB

a) Beschreiben Sie die wesentlichen Elemente der geldpolitischen Strategie der EZB.

b) Leiten Sie die Quantitätsgleichung ($M \cdot V = P \cdot Y$) in Wachstumsraten her.

c) Erklären Sie, wie die EZB zu ihrem Referenzwert für das Geldmengenwachstum gelangt!

2. Portfolio-Umschichtungen

In einer Situation, in der die Produktion der natürlichen Produktion entspricht, beschließen die Individuen, einen Teil ihres Vermögens von ihren Girokonten in Investmentfonds umzuschichten.

a) Welche Auswirkung hat diese Aktion auf $M1$, $M2$ und $M3$?

b) Welche Auswirkungen ergeben sich für die aggregierte Nachfrage und das Preisniveau?

c) Wie sollte sich eine auf Preisstabilität verpflichtete Zentralbank verhalten?

d) Was bedeutet Ihre Antwort für die Beziehung zwischen Geldmenge und Inflation?

3. Seignorage-Einnahmen

a) Erläutern Sie, was man unter dem Begriff der Seignorage versteht.

b) Ermitteln Sie die in einem Steady State (mit konstantem Realzins und Wachstum) dauerhaft erzielbaren Seignorage-Einnahmen für die Cagan'sche Geldnachfragefunktion $k(i) = c \cdot e^{-ai}$ (a und c sind Konstanten).

c) Lässt sich hier eine so genannte „Laffer-Kurve" ableiten?

d) Ermitteln Sie die Bedingung für die Maximierung der Geldschöpfungseinnahmen.

e) Sollte die Zentralbank die Strategie verfolgen, die Geldschöpfungseinnahmen zu maximieren?

4. Goldreserven der Bundesbank

In Zeiten knapper Haushaltskassen wird zur Finanzierung bestimmter Projekte (z.B. Entschädigung für Opfer der Jahrhundertflut 2002, Bildungsfonds 2003/04) immer wieder über die Neubewertung oder den Verkauf der Goldreserven der Bundesbank diskutiert. Um nicht näher auf evtl. rechtliche Besonderheiten durch die Beziehung zwischen Bundesbank und EZB eingehen zu müssen, betrachten wir direkt die Goldreserven der EZB:

Wie lässt sich im Zusammenhang mit der Seignorage der bei der EZB anfallende Zentralbankgewinn einordnen? Erläutern Sie, welche Konsequenzen sich ergeben, wenn die EZB ihre Goldreserven im Buchwert von 136 Mrd. €

a) ...in ihrer Bilanz zu Marktkursen von (hypothetischen) 150 Mrd. € neu bewertet?

b) ...die Reserven am internationalen Goldmarkt verkauft, wo Gold in US-$ gehandelt wird?

5. Geldpolitik der EZB – eine erste empirische Analyse

Gehen Sie auf die Companion Website zu diesem Buch und laden Sie die Datei `Aufgabe_26_5.xls` herunter. Die Datei enthält die monatliche Entwicklung des Tagesgeldsatzes (*eonia*), der Inflationsrate (*inflation*) und der Produktionslücke (*ipgap*) berechnet auf Basis der Industrieproduktion im Euroraum für die Zeit der EZB-Präsidentschaft Wim Duisenbergs (Januar 1999 bis Oktober 2003).

a) Erstellen Sie eine Grafik, die sowohl den tatsächlichen kurzfristigen Zinssatz des Euroraums als auch den durch die Taylor-Regel implizierten enthält. Unterstellen Sie einen Realzins von $r = 2\%$ und eine Zielinflationsrate von $\pi^* = 2\%$. Das Zinsziel i^* berechnet sich mit der Fisher-Gleichung, wobei Sie $\pi^e = \pi$ annehmen können.

b) Wie gut bildet der Taylor-Zins den tatsächlichen Zinsverlauf ab? Wann weicht er deutlich davon ab?

c) Schätzen Sie mit Hilfe von Excel oder besser mit einem Ökonometrieprogramm wie E-Views die Reaktionsfunktion der EZB (definiert als Reaktion des Zinssatzes auf Outputlücke und Inflation). Bewerten Sie Ihre Ergebnisse und achten Sie insbesondere auf die Residuen!

d) Betrachten Sie folgende Grafik mit den Leitzinsen in Deutschland und den USA seit 1980. Was fällt Ihnen bezüglich der Zinsschritte auf?

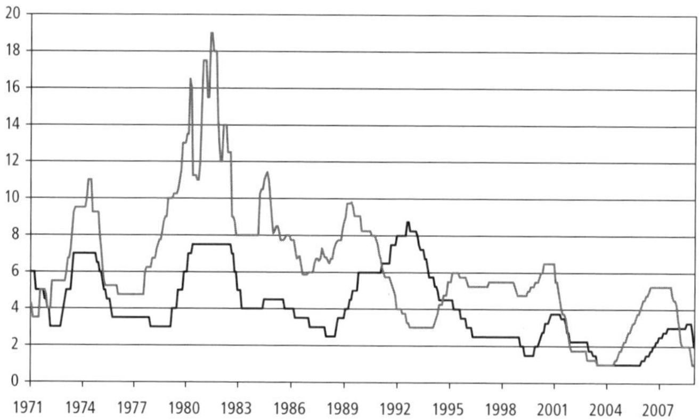

Abbildung 26.1: Einlagefazilität der EZB (Diskontsatz bei Bundesbank) und Federal Funds Target Rate in USA
Quelle: Bundesbank, Fed

e) In praktisch allen Ländern beobachten wir das Phänomen der Zinsglättung. Empirisch kann man ein solches Verhalten dadurch auffangen, dass man den Zinssatz der Vorperiode in die Reaktionsfunktion von Aufgabe a) aufnimmt. Wie verändern sich dadurch Ihre Reaktionskoeffizienten bezüglich Inflation und Outputlücke?

Lösungen zu Kapitel 26

26.1 Wissens- und Verständnistests

Multiple Choice

1. d)
2. a)
3. d)
4. a)
5. c)
6. b)

Wahr/Falsch

7. F, W, F, W
8. W, F, W, F
9. W, F, W, W
10. W, F, F, W

Basiswissen

11. Optimale Inflationsrate

a) Inflation erhöht mittelfristig den Nominalzins (Fisher-Effekt) und damit die Opportunitätskosten der Geldhaltung. Wie Sie in Übungsaufgabe 4 in Kapitel 4 (Baumol-Tobin-Modell) gesehen haben, erhöht das die optimale Zahl der Bankbesuche (➔ **Schuhsohlenkosten**) und damit die Transaktionskosten.

Außerdem sorgt Inflation dafür, dass die Gefahr zunimmt, dass Wirtschaftssubjekte durch **Geldillusion** falsche Entscheidungen treffen.

In der Regel ist eine höhere Inflation auch mit einer **höheren Volatilität** (gemessen als Standardabweichung) verbunden. Dadurch steigt die Unsicherheit über den realen Wert zukünftiger nominaler Auszahlungen und den Informationsgehalt von Preisen. Dies macht zum einen die Entscheidungen von Wirtschaftssubjekten schwieriger (➔ erhöhte Gefahr von Fehlallokationen) und ist zum anderen mit weiteren unnötigen Kosten verbunden, weil risikoaverse Wirtschaftssubjekte (von denen wir in der Regel ausgehen) für diese Unsicherheit mit einer höheren Risikoprämie kompensiert werden wollen.

Des Weiteren sind die Steuersysteme in den meisten Ländern nicht inflationsindexiert. Dadurch sorgt eine höhere Inflation dafür, dass die marginale Steuerlast und damit die **Verzerrungen durch Steuern** zunehmen (vgl. für Beispiele Aufgabe b).

Schließlich sorgt Inflation per Definition dafür, dass **Preise angepasst** werden müssen. Dass dies mit Kosten verbunden ist, wird wohl am offensichtlichsten, wenn man an die notwendigen Neudrucke von Speisekarten in Restaurants denkt.

b) Die meisten Einkommensteuersysteme sind aus Umverteilungsgründen mit einem progressiven Steuersatz versehen, d.h., die marginale Steuerbelastung steigt mit dem Einkommen: Es existiert kein konstanter Steuersatz t, sondern als einfachstes Beispiel bis zu einem Einkommen von 10.000 € müssen keine Steuern gezahlt werden ($t = 0\%$), danach z.B. $t = 30\%$. Dadurch würde ein Einkommensbezieher, der heute 10.000 € steuerfrei verdient, bei $\pi = 20\%$ im nächsten Jahr 12.000 € verdienen und damit plötzlich 0,3 ⇒ 2.000 € = 600 € Steuern zahlen müssen, ohne dass sich an seinem Realeinkommen etwas geändert hätte. Gesamtwirtschaftlich führt diese als **kalte Progression** bezeichnete Verzerrung zu einer Reduktion des (gemeldeten) Arbeitsangebots (und evtl. zu einer Ausdehnung der Schwarzarbeit).

Ähnliche Verzerrungseffekte bestehen auch bei **nominellen Zinseinkünften**: Gehen Sie davon aus, dass Sie eine Anleihe im Wert von 1.000 € besitzen. Der Realzins liege bei $r = 2\%$ und der Steuersatz auf Zinseinkommen bei 25%. Bei langfristigen Inflationsraten von $\pi_1 = 0\%$, $\pi_2 = 2\%$ und $\pi_3 = 7\%$, folgt für den Nominalzins $i_1 = 2\%$, $i_2 = 4\%$ und $i_3 = 9\%$. Damit bleiben nach Inflationskompensation und Steuern im ersten Fall noch 20 € – 0,25 ⇒ 20 € = 15 € übrig, im zweiten Fall noch 40 € – 20 € – 0,25 ⇒ 40 € = 10 € und im dritten Fall wird die reale Effektivrendite wegen 90 € – 70 € – 0,25 ⇒ 90 € = –2,5 € < 0 sogar negativ.

Steuerinzidenz

Es ist in diesem Beispiel nicht notwendigerweise so, dass die Halter von Anleihen die Leidtragenden der mit der Inflation ansteigenden Zinssteuer sind. Wenn das Kapitalangebot (Käufer von Anleihen) nämlich perfekt mobil und damit vollkommen elastisch ist, sagt ein Lehrsatz der Finanzwissenschaft, dass die **Traglast** der Steuer vollständig bei den Nachfragern liegt, unabhängig davon, wer die Steuer abführen muss (die so genannte **Zahllast** trägt). Wir wollen hier nicht näher auf diese Fragen eingehen; für unsere Zwecke genügt es, dass es auf jeden Fall zu Verzerrungen kommt.

Weitere Steuerverzerrungen entstehen durch die **Besteuerung von Scheingewinnen** bei Unternehmen: Der Gewinn eines Unternehmens berechnet sich aus seinem Erlös abzüglich der Kosten. Wenn beispielsweise zwischen dem Einkauf der Vorprodukte und dem Verkauf der Endprodukte das allgemeine Preisniveau ansteigt, entsteht zusätzlich zum eigentlich geschaffenen Mehrwert eine der Inflation entsprechende Differenz zwischen Einnahmen und Ausgaben, die ebenfalls als Gewinn besteuert wird.

Als letztes Beispiel wollen wir die **Benachteiligung der Eigenkapitalfinanzierung** nennen. Diese entsteht, weil die Zinszahlungen für Fremdkapital, die mit π steigen, als Kosten vom Erlös abgezogen werden können.

Beachten Sie: Alle diese Verzerrungen könnten behoben werden, wenn man inflationsindexierte Steuerbemessungsgrundlagen verwenden würde. Dies ist aber in der Realität nicht unbedingt so einfach, mit anderen Problemen verbunden (denken Sie an die Überschätzung von π durch den Laspeyres-Index) und von den Regierungen auf Grund der relativ intransparenten und damit leichter durchsetzbaren Form von Steuererhöhungen per Inflation wohl auch nicht unbedingt gewünscht.

c) Mit den Einnahmen aus der mit der Inflation ansteigenden Geldschöpfung (**Seignorage** bzw. Inflationssteuer) können die sonstigen Steuereinnahmen des Staates reduziert werden. Eine Regel der Steuertheorie (nach Ramsey) besagt, dass ein optimales Steuersystem sich durch gleiche marginale Verzerrungen aller Steuern auszeichnet.

Empirisch zeigt sich, dass Arbeitnehmer **Reallohnsenkungen** wesentlich abgeneigter sind, wenn sie auch mit Nominallohnsenkungen verbunden sind, als wenn sie „nur“ durch im Vergleich zur Inflation niedrigere Lohnsteigerungen erfolgen. Reallohnsenkungen können aber für strukturelle Anpassungen der Wirtschaft notwendig sein.

Außerdem ermöglicht eine im Durchschnitt positive Inflationsrate, die mit eben solchen Inflationserwartungen verbunden ist, einen negativen Realzins (vgl. Übungsaufgabe 5 in Kapitel 14). Diese Möglichkeit kann zur **Stabilisierung der Wirtschaft** in einer Rezession nötig sein.

d) Prinzipiell ist es möglich, inflationsindexierte Anleihen zu emittieren. Lange Zeit wurden diese als Spielerei von Ökonomen diskreditiert, die nur auf der Suche nach einem einfachen Maß für Inflationserwartungen seien. Mittlerweile aber werden sie von einer ganzen Reihe von Ländern (USA, Frankreich, Großbritannien und seit neuestem auch Deutschland) als Staatsanleihen ausgegeben. Ebenso könnte auch das Steuersystem bzw. könnten die Steuergesetze um Inflationseffekte bereinigt werden. Die Vorzüge einer um die Inflation bereinigten Recheneinheit werden ausführlich in Robert Shiller (2003), *The New Financial Order – Risk in the 21st Century*, Princeton University Press, beschrieben.

Scheinbar bietet eine Inflationsrate von $\pi = 0\%$ und damit ein konstantes Preisniveau die Möglichkeit, die in a) genannten Preisanpassungskosten vollständig zu verhindern. Bedenken Sie aber, dass hier nur ein konstanter Preisindex gemeint ist. Das schließt relative Preisveränderungen nicht aus, so dass auch bei $\pi = 0\%$ durchaus neue Speisekarten gedruckt werden müssten (allerdings wesentlich seltener).

12. Geldmengenaggregate

a)

*M*3						**9.148,7**
*M*2			**7.787,5**			
*M*1	**3.831,3**					
Bargeldumlauf	Täglich fällige Einlagen	Termineinlagen mit Laufzeiten bis zu 2 Jahren	Spareinlagen mit bis zu dreimonatiger Kündigungsfrist	Repogeschäfte	Geldmarktfondanteile	Schuldverschreibungen von bis zu 2 Jahren (einschließlich Geldmarktpapieren)
653,8	3.177,5	2.428,3	1.527,9	336,5	744,7	280,1

Tabelle 26.1: Geldmengenaggregate im Euro Währungsgebiet August 2008, Mrd. €
Quelle: EZB, Monatsbericht Oktober 2008, Tabelle 2.3

b) Angesichts der vielen verschiedenen Definitionen von Geld orientiert sich die richtige Abgrenzung der Geldmenge an der jeweiligen Fragestellung. Soll die **Zahlungs- bzw. Tauschmittelfunktion** im Vordergrund stehen, ist *M*1 die relevante Größe. Je stärker auch die **Wertaufbewahrungsfunktion** von Geld berücksichtigt werden soll, desto weiter muss die Geldmenge gefasst werden, d.h. *M*2 bzw. *M*3 verwendet werden. Außerdem weisen breiter gefasste Aggregate im Allgemeinen eine geringere Volatilität auf.

26.2 Übungsaufgaben

1. Geldpolitische Strategie der EZB

a) Die EZB verfolgt als primäres Ziel die Sicherung der mittelfristigen Preisstabilität, die sie als jährliches Wachstum des Harmonisierten Verbraucherpreisindex von weniger als, aber nahe bei 2% definiert hat. Dafür verwendet sie eine **Zwei-Säulen-Strategie**, die wirtschaftliche und die monetäre Analyse.

Wirtschaftliche Analyse: Hier stehen die kurz- bis mittelfristigen Bestimmungsfaktoren der Preisentwicklung im Mittelpunkt. Der Schwerpunkt liegt dabei auf der realwirtschaftlichen Entwicklung und den Finanzierungsbedingungen der Wirtschaft. Damit will die EZB der Tatsache Rechnung tragen, dass die Preisentwicklung über diese Zeithorizonte hinweg weitgehend vom Zusammenspiel von Angebot und Nachfrage an den Güter-, Dienstleistungs- und Faktormärkten beeinflusst wird, wie Sie z.B. im Rahmen des *AS-AD*-Modells gelernt haben.

Monetäre Analyse: Die zweite Säule konzentriert sich auf die mittel- bis langfristige Perspektive und nutzt den in dieser Zeitperspektive engen Zusammenhang zwischen Geldmenge und Preisen; Inflation ist langfristig immer ein monetäres Phänomen. Sie dient hauptsächlich als Mittel zur Überprüfung der aus der wirtschaftlichen Analyse abgeleiteten Handlungsempfehlungen für die Geldpolitik und stellt ein Frühwarnsystem für Inflationsgefahren dar. Ihre Bedeutung lässt sich nicht zuletzt mit der herausgehobenen Stellung der Geldmenge in der Strategie der Bundesbank, deren Reputation auf die EZB übertragen werden sollte, erklären.

Beide Säulen sollen sich gegenseitig ergänzen. Gemeinsam dienen sie als wichtige Basis der Kommunikation der EZB mit der Öffentlichkeit.

Weitere Details können Sie in der EZB-Publikation „Die Geldpolitik der EZB" unter http://www.ecb.int/pub/pdf/other/geldpolitik2004de.pdf nachlesen.

b)
$$M \cdot V = P \cdot Y \quad \Leftrightarrow \quad \ln M + \ln V = \ln P + \ln Y$$
$$\Leftrightarrow \quad \frac{d \ln M}{dt} + \frac{d \ln V}{dt} = \frac{d \ln P}{dt} + \frac{d \ln Y}{dt}$$
$$\Leftrightarrow \quad \frac{\dot{M}}{M} + \frac{\dot{V}}{V} = \frac{\dot{P}}{P} + \frac{\dot{Y}}{Y}$$
$$\Leftrightarrow \quad g_M + g_V = \pi + g_Y$$

Vgl. auch Kapitel 2.1, Aufgabe 8.

c) Ausgehend von der Quantitätsgleichung in (Jahres-)Wachstumsraten ($g_M = \pi + g_Y - g_V$) folgt aus einer Zielinflationsrate von $\pi < 2\%$ und einem angenommenen Potenzialwachstum von $2\% \leq g_Y \leq 2{,}5\%$ sowie einer trendmäßigen Abnahme der Umlaufgeschwindigkeit $-1\% \leq g_V \leq -0{,}5\%$ der Referenzwert für das Geldmengenwachstum in der Definition von M3 als $g_M = 4{,}5\%$.

2. Portfolio-Umschichtungen

a) Guthaben auf Girokonten (täglich fällige Einlagen) sind in $M1$ enthalten, Anteile an Investmentfonds zählen zu keiner Geldmenge. Folglich *sinken* $M1$, $M2$ und $M3$ im gleichen Ausmaß.

b) Zur Beantwortung dieser Frage bietet sich das *IS-LM*-Modell an: Die Umschichtung hin zu Investmentfonds entspricht einem Rückgang der Geldnachfrage bei jedem gegebenen Zinsniveau. Bei gegebenem Geldangebot wird also ein höheres Einkommen benötigt, um den Geldmarkt ins Gleichgewicht zu bringen. Dies bedeutet, dass sich die *LM*-Kurve nach unten verschiebt, der Zins sinkt und die Produktion steigt.

Im *AS-AD*-Modell verschiebt sich somit die aggregierte Nachfragekurve nach rechts und das Preisniveau steigt an.

c) In diesem Fall ist der Auslöser für den Preisanstieg nicht eine expansive Geldpolitik, sondern eine Veränderung der Präferenzen der Individuen, die zu einer Portfolio-Umschichtung geführt hat. Um den Anstieg der aggregierten Nachfrage zu verhindern, muss die Zentralbank ein Sinken des Zinses verhindern. Dazu muss sie das Geldangebot im gleichen Ausmaß reduzieren, wie die Geldnachfrage abgenommen hat. Dadurch bleibt die *LM*-Kurve auf ihrem ursprünglichen Niveau, ebenso die *AD*-Kurve und damit auch *Y* und *P*.

d) Die Aufgabe zeigt, dass Preisveränderungen und damit Inflation nicht immer von Veränderungen des Geldangebots verursacht werden. Die Beziehung zwischen Geldmenge und Inflation ist deshalb nicht perfekt, sondern wird durch solche Geldnachfrageschocks immer wieder beeinflusst. Dabei steigt die Stabilität der Geldnachfrage und damit auch die Stabilität der Beziehung zwischen Geldmenge und Inflation mit der Größe der Geldmenge (z.B. lassen Umschichtungen von Girokonten zu Geldmarktfonds nur $M3$ unverändert), diese Verbindung ist aber trotzdem nicht sehr eng. Ein weiteres Problem ist, dass Zentralbanken eine weiter gefasste Geldmenge wesentlich schlechter kontrollieren können als eine eng gefasste.

3. Seignorage-Einnahmen

a) Unter Seignorage versteht man die realen Einnahmen des Staates aus der Geldschöpfung. Sie beruhen auf dem Monopol des Staates über die Bereitstellung von Geld.

b) Im Steady State ergibt sich aus $i = r + \pi^e$ bei konstanten r und π sowie geeigneter Wahl von c (dient lediglich der Normierung, $c \equiv e^{ar}$) eine direkt von π abhängige Geldnachfragefunktion

$$k(\pi) = e^{-a\pi}$$

Des Weiteren ist im Steady State die Wachstumsrate g_y konstant und sei hier auf 0 normiert. Dadurch gilt $\mu = g_y + \pi = \pi$ und für die dauerhaften Geldschöpfungseinnahmen S im Steady State:

$$S = \mu \cdot k(i) = \mu \cdot k(\mu) = \mu \cdot e^{-a\mu}$$

Laffer-Kurve

Eine „Laffer-Kurve" zeigt den Zusammenhang zwischen Steuereinnahmen und dem Steuersatz. Wenn wir als einfachstes Beispiel die Einkommensteuer betrachten, ist klar, dass der Staat bei einem Steuersatz von 0% keine Einnahmen erzielt. Ebenso können wir davon ausgehen, dass niemand arbeiten wird, wenn sein Einkommen zu 100% besteuert wird. Deshalb wären auch in diesem Fall die Steuereinnahmen gleich 0. Für die Steuersätze zwischen diesen Extremwerten sind aber positive Steuereinnahmen erzielbar, wobei ein Steuersatz τ^* existiert, für den diese Einnahmen maximiert werden.

c) Bei den Geldschöpfungseinnahmen können wir das Geldmengenwachstum μ als Steuersatz interpretieren (man spricht in diesem Zusammenhang auch von der **Inflationssteuer**). Für $\mu = 0$ ergeben sich Seignorage-Einnahmen von $S = 0$. Da die Exponentialfunktion ohnehin immer positiv ist, sind die Einnahmen für $\mu > 0$ positiv. Im Grenzwert, für $\lim_{\mu \to \infty} \mu \cdot e^{-a\mu}$, ergibt sich mit Hilfe der Regel von L'Hôspital

$$\lim_{\mu \to \infty} \frac{\mu}{e^{a\mu}} \left[= \frac{\infty}{\infty} \right] \overset{(L'Hôspital)}{=} \lim_{\mu \to \infty} \frac{1}{ae^{a\mu}} \left[= \frac{1}{\infty} \right] = 0$$

Somit ergibt sich für die Geldschöpfungseinnahmen – unter der Annahme der Cagan'schen Geldnachfragefunktion – ein der Laffer-Kurve ähnlicher Verlauf.

d) Wie immer wird eine Funktion über die 1. Ableitung maximiert:

$$\frac{dS}{d\mu} = 1 \cdot e^{-a\mu} + \mu \cdot (-a) e^{-a\mu} = 0$$
$$\Rightarrow \quad e^{-a\mu} \cdot (1 - a\mu) = 0$$
$$\Rightarrow \quad \mu^* = 1/a$$

Beachten Sie, dass wir hier davon ausgegangen sind, dass die Geldproduktion zu Grenzkosten von 0 möglich ist. Der Staat als Monopolist setzt seinen Grenzerlös gleich seinen Grenzkosten. Für positive Grenzkosten $MC > 0$ würde im Optimum $dS/d\mu = MC$ gelten.

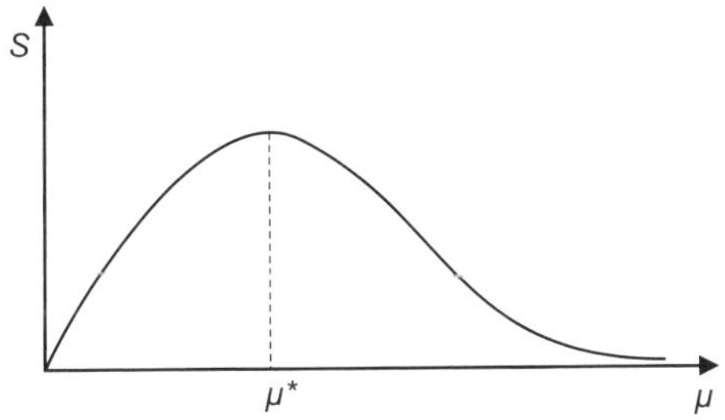

Abbildung 26.1: Laffer-Kurve der Seignorage-Einnahmen

e) Im Prinzip haben wir diese Frage schon bei den Argumenten hinsichtlich der optimalen Inflationsrate in der Basiswissensaufgabe 11 beantwortet. Seignorage-Einnahmen sind ein Vorteil aus Inflation, es bestehen aber noch weitere Argumente pro und contra höherer langfristiger Inflationsraten (die im Steady State durch μ impliziert werden). Allein deshalb könnte eine Strategie, die die Geldschöpfungseinnahmen maximiert, bestenfalls zufällig optimal sein.

Des Weiteren handelt es sich bei den Seignorage-Einnahmen lediglich um eine von verschiedenen Einnahmequellen des Staates. Gemäß der Theorie der optimalen Besteuerung nach Ramsey sollte das Steuersystem so angelegt sein, dass die marginalen Verzerrungen der einzelnen Steuern gleich groß sind, nicht dass einzelne Steuereinnahmen maximiert werden.

4. Goldreserven der Bundesbank

a) Erinnern Sie sich an die vereinfachte Zentralbankbilanz aus Kapitel 4 (zur weiteren Vereinfachung haben wir alle Posten außer den Goldbeständen gleich 0 gesetzt):

Aktiva		**Passiva**	
Gold	136 Mrd. €	Geldbasis	136 Mrd. €
Währungsreserven			
Kredite an Geschäftsbanken			
Sonstige Aktiva			

In unserem hypothetischen Beispiel beträgt der Marktwert 150 Mrd. €, wodurch sich die Bilanz bei einer Neubewertung um 14 Mrd. € verlängert. Auf der Passivseite werden diese 14 Mrd. € zunächst durch einen Ausgleichsposten aufgefangen:

Aktiva		Passiva	
Gold	150 Mrd. €	Geldbasis	136 Mrd. €
...		Ausgleichsposten	14 Mrd. €

Was geschieht mit diesem Ausgleichsposten? Er wird als Zentralbankgewinn an die Mitgliedsstaaten abgeführt (hier kommen die in der Aufgabe angesprochenen rechtlichen Besonderheiten der EZB ins Spiel, auf die wir nicht eingehen wollen), wo er wie folgt verwendet werden kann:

i. zur Senkung der ausgewiesenen Staatsverschuldung.

ii. als Grundlage eines Ausbildungsfonds, Beschäftigungsprogramms etc.

Mit dem Wissen aus der Box zur konsolidierten Vermögensbilanz des Staates können wir die Effekte von i) und ii) auf das Staatsvermögen beurteilen: Durch i) wird zwar die ausgewiesene Staatsverschuldung (= Bruttoverschuldung) gesenkt, die Nettoverschuldung ändert sich aber nicht. Dagegen geht der Staat bei ii) neue Verpflichtungen ein, so dass diese Handlung einen Anstieg der Nettoverschuldung des Staates bedeutet, obwohl sich die ausgewiesene Staatsschuld nicht ändert.

Konsolidierte Vermögensbilanz des Staates

Unter der konsolidierten Vermögensbilanz des Staates versteht man die Summe der Bilanzen von Staat und Zentralbank. Das Aggregieren beider Bilanzen macht ökonomisch Sinn, weil die Zentralbank (trotz ihrer meist vorhandenen Unabhängigkeit) letztlich eine staatliche Institution ist, deren Vermögen dem Staat gehört. Es spielt ökonomisch keine Rolle, zu welchem Zeitpunkt die Zentralbank ihre Gewinne an den Staat abführt.

Mit Hilfe dieses Konzepts kann man zwischen der **Bruttoverschuldung** des Staates (in der BRD die Summe der Bundes-, Länder- und Gemeindenschulden) und der **Nettoverschuldung** des Staates unterscheiden. Letztere ist die Bruttoverschuldung abzüglich des Zentralbankvermögens und die eigentlich relevante ökonomische Größe.

Geldpolitisch entscheidend ist aber die Frage, ob die Abführung des Zentralbankgewinns von der EZB **sterilisiert** wird (analog zu den sterilisierten Devisenmarktinterventionen in der Basiswissensaufgabe 14 b) von Kapitel 20). Denn die Übertragung des Zentralbankgewinns an den Staat ist nichts anderes als die Schaffung von zusätzlichem Zentralbankgeld durch Drucken von Geld. Wird dies nicht sterilisiert, d.h. wird die Zentralbankgeldmenge durch restriktive Offenmarktgeschäfte nicht in gleichem Umfang reduziert, wird neues Geld geschöpft. Wird die Übertragung dagegen vollständig sterilisiert, d.h. die „ursprüngliche" Zentralbankgeldmenge im gleichen Umfang reduziert, ist die Aktion geldpolitisch neutral.

b) Durch den Verkauf der Goldbestände am internationalen Goldmarkt würde die EZB (unter der nicht realistischen Annahme, diese Aktion hätte keinen negativen Einfluss auf den Marktpreis) US-$ im Wert von 150 Mrd. € erlösen. Dadurch steigen die Währungsreserven der EZB um den Wert von 150 Mrd. € an, während die Goldreserven auf 0 zurückgehen. Insgesamt steigt die Aktivseite also wieder um die Differenz von altem Buchwert und Verkaufserlös (14 Mrd. €) an, so dass sich auf der Passivseite zunächst wieder ein Ausgleichsposten in Höhe dieser 14 Mrd. € befindet.

Aktiva		**Passiva**	
Gold	0 €	Geldbasis	136 Mrd. €
Währungsreserven	150 Mrd. €	Ausgleichsposten	14 Mrd. €

Die weiteren Konsequenzen dieses Goldverkaufs sind nun vollkommen analog zu den Konsequenzen einer Neubewertung, die in a) beschrieben wurden.

5. Geldpolitik der EZB – eine erste empirische Analyse

a) Die allgemeine Formel für den von der Taylor-Regel implizierten Zinssatz lautet $i = r + \pi^e + 0,5(\pi - \pi^*) + 0,5(y - \bar{y})$. Mit den vorgegebenen Werten wird daraus $i = 2 + \pi + 0,5(\pi - 2) + 0,5\,y_{gap}$.

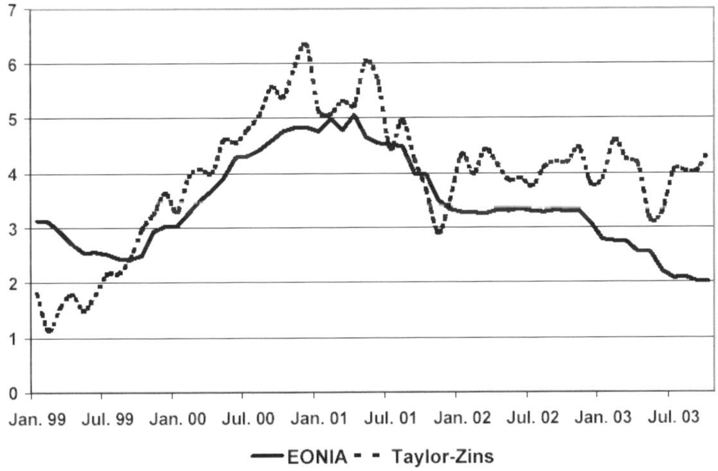

Abbildung 26.2: Tatsächlicher und von der Taylor-Regel implizierter Zinsverlauf im Euroraum
Vgl. Quelle zur Box „Die EZB und die Taylor Regel"

b) Im Prinzip sieht man eine recht gute Korrelation zwischen Taylor-Zins und tatsächlichem Zinsverlauf. Signifikante Abweichungen erkennt man vor allem in der Einführungsphase des Euro 1999, als der tatsächliche Zinssatz deutlich über dem Taylor-Zins lag, und seit 2002. In dieser Zeit wäre eine allein auf aktuelle Inflation und Produktionsentwicklung achtende Geldpolitik wesentlich restriktiver gewesen als die tatsächliche EZB-Politik.

Taylor-Regel und Länderunterschiede in der EWU

Abbildung 26.2 zeigt den Taylor-Zins auf Basis von Inflation und Produktion im gesamten Euroraum. Die unterschiedliche konjunkturelle und preisliche Entwicklung in den Mitgliedsstaaten der EWU bedeutet aber, dass sich für die einzelnen Länder zum Teil erhebliche Unterschiede ergeben würden. Während Deutschland im Jahr 2003 die niedrigste Inflationsrate (zeitweise unter 1%) und die größte negative Produktionslücke im Euroraum besaß, lag die Inflationsrate in Irland teilweise über 5%, während die Wirtschaft mit mehr als 3% wuchs. Die Heterogenität der Ökonomien des Euroraums impliziert unterschiedliche Taylor-Zinsen für die einzelnen Länder. Wegen der gemeinsamen Währung kann die EZB aber nur einen gemeinsamen Zins für alle Länder festlegen.

c) Mit einer OLS-Schätzung erhalten Sie bei E-Views folgenden Regressions-Output:

Dependent Variable: EONIA

Method: Least Squares

Date: xx/xx/xx Time: xx:xx

Sample: 1999:01 2003:10

Included observations: 58

Variable	Coefficient	Std. Error	t-Statistic	Prob.
C	2.489032	0.352913	7.052827	0.0000
INFLATION	0.474110	0.173410	2.734045	0.0084
IPGAP	0.375530	0.071178	5.275953	0.0000

R-squared	0.504739	Mean dependent var	3.417069
Adjusted R-squared	0.486730	S.D. dependent var	0.869420
S.E. of regression	0.622878	Akaike info criterion	1.941405
Sum squared resid	21.33871	Schwarz criterion	2.047980
Log likelihood	-53.30075	F-statistic	28.02630
Durbin-Watson stat	0.301954	Prob(F-statistic)	0.000000

Der sehr niedrige Wert der Durbin-Watson-Statistik deutet auf ein hohes Maß an positiver serieller Korrelation der Residuen hin. Dies kann man auch grafisch erkennen: Über `View` ➔ `Actual, Fitted, Residuals` ➔ `Residual Graph` erhält man den Verlauf der Residuen:

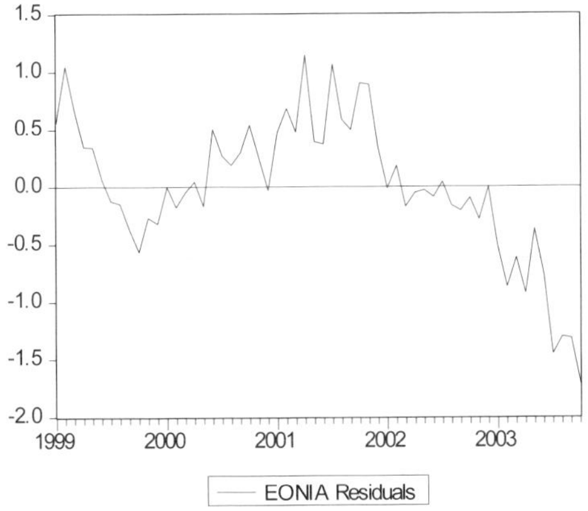

Abbildung 26.3: Residuen der einfachen Reaktionsfunktion

Auffallend ist der niedrige Koeffizient auf die Inflationsrate. Nach dem Taylor-Prinzip sollte dieser über 1 liegen, damit der Realzins als Reaktion auf Inflationssteigerungen angehoben wird. Nach dieser Gleichung scheint die EZB dem Taylor-Prinzip nicht gefolgt zu sein. Auf Grund der hohen Korrelation der Residuen sind insbesondere die t-Werte dieser Schätzung verzerrt und damit eigentlich nicht interpretierbar.

d) Besonders bei der Bundesbank ist auffällig, dass die Zinsänderungen einem bestimmten Schema gefolgt sind: Sie wurden selten durchgeführt, liefen meist in die gleiche Richtung wie die vorangehende Zinsänderung (Politik der Trippelschritte) und es dauerte lange, bis eine Umkehr der Zinspolitik erfolgte. Man spricht hier vom Phänomen der **Zinsglättung** („interest rate smoothing“).

Für die USA ist weitgehend ein ähnliches Schema zu beobachten. Das starke Schwanken des US-Zinses Anfang der 80er erklärt sich mit einer kurzen Periode einer reinen Geldmengensteuerung. Die hohe Zinsvolatilität sorgte dafür, dass die Fed diese Strategie relativ schnell wieder aufgab.

e) Dependent Variable: EONIA

Method: Least Squares

Date: xx/xx/xx Time: xx:xx

Sample(adjusted): 1999:02 2003:10

Included observations: 57 after adjusting endpoints

Variable	Coefficient	Std. Error	t-Statistic	Prob.
C	0.297994	0.124509	2.393357	0.0203
INFLATION	-0.052016	0.052323	-0.994125	0.3247
IPGAP	0.089471	0.021468	4.167582	0.0001
EONIA(-1)	0.938097	0.034742	27.00165	0.0000

R-squared	0.966931	Mean dependent var	3.421930
Adjusted R-squared	0.965059	S.D. dependent var	0.876353
S.E. of regression	0.163813	Akaike info criterion	-0.712595
Sum squared resid	1.422234	Schwarz criterion	-0.569223
Log likelihood	24.30895	F-statistic	516.5652
Durbin-Watson stat	2.078094	Prob(F-statistic)	0.000000

Durch die Aufnahme von i_{t-1} reduziert sich zunächst die Zahl der verfügbaren Beobachtungen, da die Schätzung erst im Februar 1999 beginnen kann. Die Durbin-Watson-Statistik liegt nun nahe bei 2, was auf keine serielle Korrelation der Residuen hindeutet. Allerdings ist dieser Test durch das Vorhandensein von i_{t-1} Richtung 2 verzerrt, weshalb man besser einen anderen Test für die Residuen verwenden sollte (z.B. Durbin's h oder den LM-Test). Das „bessere", d.h. dem White-Noise-Prozess ähnlichere Verhalten der Residuen kann man auch in folgender Abbildung erkennen:

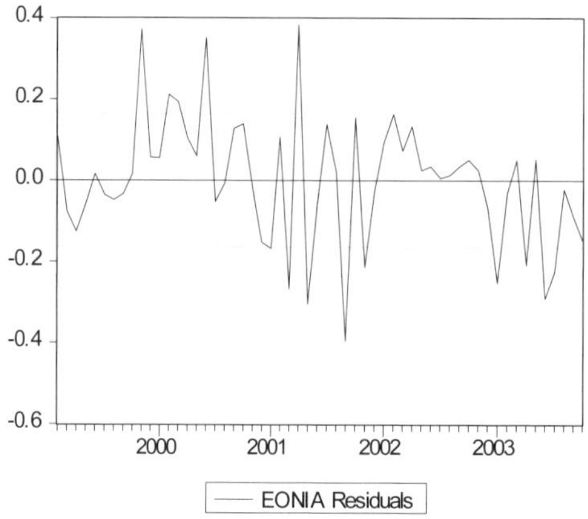

Abbildung 26.4: Residuen der Reaktionsfunktion mit gelaggedem Zins

Neben der Aufnahme von i_{t-1} existieren noch weitere ökonometrische Methoden, um die Residuen zu bereinigen.

Um auf die langfristig implizierten Reaktionskoeffizienten auf Inflation und Produktionslücke schließen zu können, müssen die entsprechenden geschätzten Werte noch durch 1 – 0,938 geteilt werden. Langfristig gilt nämlich $i_{t-1} = i_t = i$ und damit

$$i = 0,298 - 0,052 \cdot \pi + 0,089 \cdot ipgap + 0,938 \cdot i$$

Aufgelöst nach i ergibt sich

$$i = (0{,}298 - 0{,}052 \cdot \pi + 0{,}089 \cdot ipgap)/(1 - 0{,}938)$$

und damit eine Reaktion auf π von –0,839. Wenn dieser geschätzte Parameter dem tatsächlichen entsprechen würde, bedeutete dies, dass die EZB eine äußerst destabilisierende Politik betreiben würde. Beachten Sie aber die niedrige t-Statistik bzw. den hohen p-Wert des Koeffizienten. Dies bedeutet, dass er nicht signifikant von 0 verschieden ist und damit der wahre Wert durchaus positiv sein kann.

Die EZB und die Taylor-Regel

Die EZB würde sich vehement gegen die Annahme wehren, dass sie in irgendeiner Form der Taylor-Regel folgt. Letztlich liegt aber genau diese Annahme einer solchen Reaktionsfunktion, wie wir sie hier geschätzt haben, zu Grunde. Es hat sich jedoch in der (monetären) Ökonomie in den letzten Jahren eingebürgert, die Taylor-Regel in der ein oder anderen Spezifikation quasi als Benchmark zu verstehen und anhand dieser die tatsächliche Geldpolitik zu beurteilen. Dazu wurden in einigen Studien auch weitere erklärende Variablen wie die Geldmenge oder der Wechselkurs aufgenommen.

Ein Kriterium, nach dem man die zahlreichen Studien unterscheiden kann, ist, ob sie eine zeitgleiche oder sogar zurückblickende Spezifikation verwenden (π_t ist die aktuelle Inflationsrate über die *letzten* 12 Monate), oder ob eine vorausschauende Reaktionsfunktion geschätzt wird. Wenn man die EZB als in die Zukunft blickende, auf Erwartungen reagierende Zentralbank versteht, zeigt sich eine die Wirtschaft stabilisierende Geldpolitik, die dem Taylor-Prinzip folgt. Die Einzelheiten sowie weitere Informationen zur Taylor-Regel können Sie in der Arbeit von S. Sauer und J.-E. Sturm (2007), *Using Taylor Rules to Understand ECB Monetary Policy*, German Economic Review, Vol.8, No. 3, S. 375-398, nachlesen.

27 Die Fiskalpolitik – eine Zusammenfassung

27.1 Wissens- und Verständnistests

Multiple Choice

1. Die Definition des offiziellen staatlichen Budgetdefizits lautet:
   a) Die Veränderung der Staatsverschuldung zur Vorperiode ist gleich den nominalen Zinszahlungen auf die Staatsverschuldung abzüglich der Staatsausgaben zuzüglich der um die Transferzahlungen korrigierten Steuereinnahmen.
   b) Die Veränderung der Staatsverschuldung zur Vorperiode ist gleich den Staatsausgaben abzüglich der um die Transferzahlungen korrigierten Steuereinnahmen.
   c) Die Veränderung der Staatsverschuldung zur Vorperiode ist gleich den nominalen Zinszahlungen auf die Staatsverschuldung zuzüglich der Staatsausgaben abzüglich der um die Transferzahlungen korrigierten Steuereinnahmen.
   d) Die Veränderung der Staatsverschuldung zur Vorperiode ist gleich den um die Transferzahlungen korrigierten Steuereinnahmen abzüglich der Staatsausgaben.

2. Welchen der folgenden Ausdrücke bezeichnet man als Primärdefizit?
   a) $(1+i_t)B_{t-1}+G_t-T_t$
   b) G_t-T_t
   c) $r_tB_{t-1}+G_t-T_t$
   d) $i_tB_{t-1}+G_t-T_t$

3. Welcher der folgenden Ausdrücke repräsentiert die reale Staatsverschuldung zum Zeitpunkt t?
   a) $\frac{B_t}{P_t}=(1+r_t)\frac{B_{t-1}}{P_{t-1}}+\frac{G_t-T_t}{P_t}$
   b) $\frac{B_t}{P_t}=(1+i_t)\frac{B_{t-1}}{P_{t-1}}+\frac{G_t-T_t}{P_t}$
   c) $\frac{B_t}{P_t}=(1+r_t)\frac{B_{t-1}}{P_t}+\frac{G_t-T_t}{P_t}$
   d) $\frac{B_t}{P_t}=(1+r_t)\frac{B_{t-1}}{P_{t-1}}+\frac{G_t-T_t}{P_{t-1}}$

4. Welcher Unterschied besteht zwischen dem offiziellen Budgetdefizit und dem inflationsbereinigten (korrekten) Budgetdefizit?
   a) Das offizielle Budgetdefizit überschätzt das inflationsbereinigte Budgetdefizit um einen Betrag in Höhe von πB.
   b) Das offizielle Budgetdefizit unterschätzt das inflationsbereinigte Budgetdefizit um einen Betrag in Höhe von rB.
   c) Das offizielle Budgetdefizit überschätzt das inflationsbereinigte Budgetdefizit um einen Betrag in Höhe von rB.
   d) Das offizielle Budgetdefizit unterschätzt das inflationsbereinigte Budgetdefizit um einen Betrag in Höhe von πB.
5. Die nominale Staatsverschuldung am Ende des Jahres t ist umso höher, je geringer
   a) die Staatsausgaben im Jahr t sind.
   b) die Steuereinnahmen abzüglich der Transfers im Jahr t sind.
   c) die Staatsverschuldung am Ende des Jahres $t-1$ ist.
   d) der Nominalzins im Jahr t ist.
6. Nehmen Sie an, die Regierung senkt zum Zeitpunkt t einmalig die Steuern. Welche Konsequenzen hat dies in Zukunft, wenn die Regierung ein ausgeglichenes Budget anstrebt?
   a) Die benötigte Steuererhöhung in der Zukunft ist umso geringer, je höher der Realzins ist.
   b) Die benötigte Steuererhöhung in der Zukunft ist umso geringer, je länger die Regierung wartet, die Steuern zu erhöhen.
   c) Die benötigte Steuererhöhung in der Zukunft ist umso höher, je weniger lange die Regierung wartet, die Steuern zu erhöhen.
   d) Die benötigte Steuererhöhung in der Zukunft ist umso höher, je höher der Realzins ist.
7. Welcher der folgenden Ausdrücke repräsentiert die Veränderung der Schuldenquote?
   a) $b_t - b_{t-1} = (r_t - g_t) b_{t-1} + \frac{G_t - T_t}{P_t Y_t}$
   b) $b_t - b_{t-1} = (g_t - r_t) b_{t-1} + \frac{G_t - T_t}{P_t Y_t}$
   c) $b_t - b_{t-1} = (i_t - \pi_t) b_{t-1} + \frac{G_t - T_t}{P_t Y_t}$
   d) $b_t - b_{t-1} = (i_t - g_t) b_{t-1} + \frac{G_t - T_t}{P_t Y_t}$
8. Der Anstieg der Schuldenquote ist umso geringer, je
   a) höher der reale Zinssatz ist.
   b) geringer die Steuereinnahmen sind.

c) höher die Staatsausgaben sind.

d) höher die Wachstumsrate der Produktion ist.

9. Nehmen Sie an, die Regierung senkt die Steuern zu Beginn des nächsten Jahres. Gleichzeitig kündigt sie an, die Steuern in zehn Jahren zu erhöhen. Mit welchen Auswirkungen ist im nächsten Jahr gemäß dem ricardianischen Äquivalenztheorem zu rechnen?

   a) Der Konsum wird ansteigen.

   b) Die privaten Ersparnisse bleiben unverändert.

   c) Der private Konsum verändert sich nicht.

   d) Die privaten Ersparnisse verringern sich.

Wahr/Falsch: Welche der jeweiligen Aussagen sind wahr, welche falsch?

10. Der Vertrag von Maastricht setzt konkrete Obergrenzen für Defizitquote und Schuldenquote fest. Welche Aussage trifft zu?

    a) Die Obergrenze für die Defizitquote beträgt 3%, für die Schuldenquote 60%.

    b) Bei einer Defizitquote von 3% konvergiert die Schuldenquote langfristig gegen Null.

    c) Für eine Inflationsrate von 2%, einer Wachstumsrate der Produktion von 3% und einer Defizitquote von 3% konvergiert die Schuldenquote langfristig gegen 60%.

    d) Der Wert, gegen den langfristig die Schuldenquote b für den Fall einer konstanten Defizitquote d, konstanter Inflation und konstanter Wachstumsrate der Produktion konvergiert, kann berechnet werden mit: $b = d/(g - \pi)$.

11. Wozu führt ein Anstieg des Budgetdefizits durch eine Steuersenkung unter den Annahmen der ricardianischen Äquivalenz?

    a) Der private Konsum bleibt unverändert.

    b) Die private Ersparnis nimmt im Verhältnis 1:1 mit dem Budgetdefizit zu.

    c) Die langfristige Kapitalakkumulation und damit die Produktion werden durch Budgetdefizite nicht beeinflusst.

    d) Der private Konsum nimmt im Verhältnis 1:1 mit dem Budgetdefizit zu.

12. Welche Aussage kann anhand der Maßzahl des konjunkturbereinigten Defizits getroffen werden?

    a) Ist das tatsächliche Defizit groß, dann ist stets auch das konjunkturbereinigte Defizit groß.

    b) Wenn das konjunkturbereinigte Defizit gleich Null ist, dann resultiert aus der aktuellen Fiskalpolitik kein systematischer Anstieg der Staatsverschuldung.

    c) Liegt der Schätzwert der natürlichen Produktion unter dem tatsächlichen Wert, dann resultiert daraus eine Unterschätzung des konjunkturbereinigten Defizits.

    d) Ein Anstieg des Primärdefizits verursacht einen Anstieg des konjunkturbereinigten Defizits.

13. Welche Konsequenzen hat eine Finanzierung von Kriegen durch Defizite?
    a) Der Kapitalstock in der Zukunft ist geringer und ein Teil der Kriegslasten wird zukünftigen Generationen weitergegeben.
    b) Der private Konsum und die Investitionen verringern sich gleichermaßen.
    c) Die Investitionen verringern sich bei einer Steuerfinanzierung in stärkerem Maße als bei einer Kreditfinanzierung.
    d) Die Verzerrungen durch die Besteuerung werden durch den Aufbau von Defiziten in Kriegszeiten nicht erhöht.
14. Welchen Aussagen über die kurz-, mittel- und langfristigen Auswirkungen eines Budgetdefizits stimmen Sie zu?
    a) Kurzfristig kommt es zu einem Anstieg der Produktion, mittelfristig zu keiner Änderung und langfristig kommt es zu einem Rückgang der Produktion.
    b) Kurzfristig kommt es zu einem Rückgang der Produktion, mittelfristig zu keiner Änderung und langfristig kommt es ebenfalls zu einem Rückgang der Produktion.
    c) Sowohl kurz-, mittel- als auch langfristig kommt es zu einem Anstieg der Produktion.
    d) Sowohl kurz-, mittel- als auch langfristig verändert sich die Zusammensetzung der Produktion.
15. Welche Konsequenzen für die gesamte Volkswirtschaft verbergen sich hinter einer sehr hohen Staatsverschuldung?
    a) Ein sehr hohes Niveau der Staatsverschuldung führt zu einem Sinken des realen Zinssatzes.
    b) Eine hohe Staatsverschuldung führt zu einem Sinken des realen Zinssatzes und dies führt zu einem Sinken der Schuldenquote.
    c) Eine sehr hohe Staatsverschuldung führt zu einem Anstieg des realen Zinssatzes und dies führt wiederum zu einem Anstieg der Schuldenquote.
    d) Eine sehr hohe Schuldenquote erhöht die Gefahr von Wechselkurskrisen.

Basiswissen

16. Arithmetik der staatlichen Budgetrestriktion
    a) Leiten Sie formal einen Ausdruck für die Veränderung der Staatsschuld zwischen zwei Perioden her! Unterscheiden Sie Fälle, bei denen es zu einem Anstieg bzw. zu einem Rückgang der Verschuldung kommt!
    b) Leiten Sie unter der Annahme einer Inflationsrate von Null einen Ausdruck für die Veränderung der Schuldenquote ab. Erläutern Sie, von welchen Größen die Veränderung der Schuldenquote abhängt!

Verletzung der Kriterien des Europäischen Stabilitäts- und Wachstumspakts

Die Kriterien des Vertrags von Maastricht müssen von Staaten erfüllt werden, die dem Euro beitreten wollen. Der Europäische Stabilitäts- und Wachstumspakt (ESWP) soll sicherstellen, dass auch nach einem erfolgreichen Beitritt zum Euro übermäßige Defizite vermieden werden. Die Euro-Mitgliedsländer verpflichten sich im Rahmen des ESWP darauf, mittelfristig ein ausgeglichenes Budget zu realisieren. Beträgt die Defizitquote eines Landes über 3% (dies ist nur in besonderen Ausnahmefällen zulässig), wird ein Defizitverfahren eingeleitet. Es sind zwar genaue, jedoch nicht verbindliche Sanktionen vorgesehen. Nach Ablauf bestimmter Fristen können Strafzahlungen zwischen 0,25% und 0,5% des BIP verhängt werden.

27.2 Übungsaufgaben

1. Die offizielle und die inflationsbereinigte Maßzahl für das Budgetdefizit

   Nehmen Sie zur Beantwortung folgender Fragen an, dass Staatsausgaben, Steuereinnahmen und Staatsverschuldung in realen Einheiten gemessen sind. Folgende Werte seien gegeben:

   $$G_t = 500 \qquad T_t = 450 \qquad i_t = 10\% \qquad \pi_t = 2\% \qquad B_{t-1} = 1.900$$

   a) Berechnen Sie anhand der Angaben die offizielle Maßzahl für das Budgetdefizit und das Primärdefizit!

   b) Berechnen Sie die inflationsbereinigte (korrekte) Maßzahl für das Budgetdefizit und zeigen Sie, um wie viel die offizielle Maßzahl das korrekte Budgetdefizit überschätzt!

   c) Wie müssten sich die Steuereinnahmen verändern, wenn die Regierung das Ziel hat, die Staatsverschuldung zwischen den Zeitpunkten $t - 1$ und t konstant zu halten? Wie müssten sich die Steuereinnahmen verändern, wenn die Staatsverschuldung zum Zeitpunkt t vollständig getilgt werden soll?

   d) Berechnen Sie die offizielle und die inflationsbereinigte Maßzahl für das Budgetdefizit für folgende Inflationsraten: 3%, 5%, 7%, 10%. Verändert sich der Unterschied zwischen beiden Maßzahlen mit steigender Inflation? Erläutern Sie!

2. Der Vertrag von Maastricht legt als Kriterien für den Beitritt zum Euro Obergrenzen für die jährliche Neuverschuldung und die Gesamtverschuldung fest.

   a) Zeigen Sie, gegen welchen Wert die Schuldenquote langfristig konvergiert, wenn nominale Defizitquote, Inflationsrate und reale Wachstumsrate konstant sind!

   b) Charakterisieren Sie formal und grafisch den Anpassungspfad für eine gegebene Ausgangsverschuldung!

c) Untersuchen Sie, wie sich die langfristige Schuldenquote verändert, falls (1) die reale Wachstumsrate zurückgeht bzw. (2) eine niedrigere Defizitquote d verwirklicht werden soll!

d) Was versteht man unter dem „Sustainability"-Konzept der Staatsverschuldung? Zeigen Sie anhand der staatlichen Budgetrestriktion, welche Bedingungen erfüllt sein müssen, damit „Sustainability" der Finanzpolitik gewährleistet ist!

3. Aktuelle vs. zukünftige Steuern und Schuldenquote

Nehmen Sie an, eine Volkswirtschaft weist bis zum Zeitpunkt $t = 1$ einen Schuldenstand von Null auf. Die Staatsausgaben betragen über alle Perioden konstant $G = 1.000$ und der Realzins ist ebenfalls konstant bei $r = 10\%$ (das Preisniveau sei ebenfalls als konstant angenommen).

a) Zum Zeitpunkt $t = 1$ beschließt die Regierung, die Steuern einmalig um 100 zu senken. Des Weiteren plant die Regierung, die daraus resultierende Staatsschuld zum Zeitpunkt $t = 10$ zu tilgen. Von Zeitpunkt $t = 2$ bis $t = 9$ sei das Primärdefizit gleich Null. Berechnen Sie die Steuereinnahmen in $t = 10$, die zur Tilgung der Staatsverschuldung benötigt werden!

b) Die Regierung beschließt statt einer Tilgung der Staatsverschuldung, dass die Staatsverschuldung ab Periode $t = 2$ durch eine Anpassung der Steuereinnahmen lediglich stabilisiert werden soll. Berechnen Sie die nötige Steuererhöhung!

Gehen Sie für die Beantwortung der folgenden Teilaufgabe von folgenden Werten aus:

$$B_{t-1} = 1.120 \qquad Y_{t-1} = 2.800 \qquad g = 2\% \ \forall t \qquad r = 6\% \ \forall t \qquad G_t = 900 \qquad T_t = 800$$

Das Preisniveau sei konstant bei $P = 1$.

c) Berechnen Sie die Schuldenquote zu den Zeitpunkten $t - 1$ und t! Kommt es zu einer Veränderung der Schuldenquote? Aus welchem Grund?

d) Nennen Sie je zwei Konstellationen, bei denen es zu einem Anstieg bzw. Rückgang der Schuldenquote im Zeitverlauf kommt!

Lösungen zu Kapitel 27

27.1 Wissens- und Verständnistests

Multiple Choice

1. c)
2. b)
3. a)
4. a)
5. b)
6. d)
7. a)
8. d)
9. c)

Wahr/Falsch

10. W, F, W, F
11. W, W, W, F
12. F, W, F, W
13. W, F, F, W
14. W, F, F, W
15. F, F, W, W

Basiswissen

16. Arithmetik der staatlichen Budgetrestriktion
   a) Auf der Einnahmenseite des Staates zum Zeitpunkt t stehen die Steuereinnahmen T_t sowie die Schulden B_t. Auf der Ausgabenseite zum Zeitpunkt t stehen die Staatsausgaben G_t sowie die Schulden der Vorperiode und deren Zinsbelastung $(1 + i_t)\, B_{t-1}$:

$$T_t + B_t = G_t + (1 + i_t)\, B_{t-1}$$

Um zu einem Ausdruck für die Veränderung der Staatsverschuldung (ΔB_t) zwischen Periode $t-1$ und t zu gelangen, wird obige Budgetrestriktion nach $B_t - B_{t-1}$ aufgelöst:

$$B_t - B_{t-1} = i_t B_{t-1} + (G_t - T_t) \qquad (1.)$$

bzw. mit realen Größen:

$$\frac{B_t}{P_t} - \frac{B_{t-1}}{P_{t-1}} = r_t \frac{B_{t-1}}{P_{t-1}} + \frac{(G_t - T_t)}{P_t}$$

Die Veränderung der Staatsverschuldung setzt sich zusammen aus den Zinszahlungen für die Verschuldung der Vorperiode sowie dem Primärdefizit ($G_t - T_t$).

Unterscheidung von Fällen, bei denen es zu einem Anstieg bzw. Rückgang der Staatsverschuldung kommt:

Von einem Primärdefizit ist zu sprechen, wenn $G_t - T_t > 0$ bzw. $G_t > T_t$; ein Primärüberschuss liegt vor, wenn $G_t - T_t < 0$ bzw. $G_t < T_t$.

1. Fall: Primärüberschuss $G_t < T_t$
   - i. $T_t - G_t > i_t B_{t-1}$
     ➔ Die Staatsverschuldung verringert sich: $B_t - B_{t-1} < 0$
   - ii. $0 < T_t - G_t < i_t B_{t-1}$
     ➔ Der Primärüberschuss kann Zinszahlungen nicht voll finanzieren (teilweise Finanzierung der Zinszahlung). Die Staatsverschuldung steigt: $B_t - B_{t-1} > 0$
2. Fall: Primärdefizit $G_t > T_t$
   ➔ Neue Kredite müssen das Primärdefizit bzw. einen Teil der Staatsausgaben und die Zinszahlungen finanzieren. Die Staatsverschuldung steigt: $B_t - B_{t-1} > 0$

b) Die Schuldenquote zum Zeitpunkt t ist definiert als der Quotient zwischen der Verschuldung und dem nominalen BIP zum Zeitpunkt t. Für die Schuldenquote b zum Zeitpunkt t bzw. Zeitpunkt $t-1$ gilt somit:

$$b_t = \frac{B_t}{P_t Y_t} \text{ bzw. } b_{t-1} = \frac{B_{t-1}}{P_{t-1} Y_{t-1}}$$

Eine Inflationsrate von Null bedeutet, dass der Nominalzins dem Realzins entspricht: $i = r$.

c) Auflösen von Gleichung (1.) aus Teilaufgabe a) nach B_t und Teilen durch das nominale BIP führen zu:

$$\frac{B_t}{P_t Y_t} = (1 + i_t) \frac{B_{t-1}}{P_t Y_t} + \frac{(G_t - T_t)}{P_t Y_t} \qquad (2.)$$

Durch Umformung gelangt man zu:

$$\frac{B_t}{P_t Y_t} = (1 + i_t) \left(\frac{P_{t-1}}{P_t} \right) \left(\frac{Y_{t-1}}{Y_t} \right) \frac{B_{t-1}}{P_{t-1} Y_{t-1}} + \frac{(G_t - T_t)}{P_t Y_t}$$

Einsetzen der Schuldenquote b, unter der Berücksichtigung der Annahme, dass sich das Preisniveau nicht verändert (Inflation von Null), führt zu:

$$b_t = (1+i_t)\left(\frac{Y_{t-1}}{Y_t}\right)b_{t-1} + \frac{(G_t - T_t)}{P_t Y_t} \tag{3.}$$

Da

$$Y_t = (1+g_t)\,Y_{t-1}$$

folgt daraus:

$$\frac{1}{(1+g_t)} = \frac{Y_{t-1}}{Y_t}$$

Einsetzen in (3.) unter der Berücksichtigung, dass

$$\frac{(1+i_t)}{(1+g_t)} \approx 1 + i_t - g_t$$

führt zu:

$$b_t = (1+i_t - g_t)\,b_{t-1} + \frac{(G_t - T_t)}{P_t Y_t}$$

Für die Veränderung der Schuldenquote gilt somit:

$$b_t - b_{t-1} = (i_t - g_t)\,b_{t-1} + \frac{(G_t - T_t)}{P_t Y_t} \tag{4.}$$

Aus Gleichung (4) folgt, dass der Anstieg der Schuldenquote umso stärker ist,

- je höher der Zinssatz ist.
- je geringer die Wachstumsrate der Produktion ist.
- je höher die ursprüngliche Schuldenquote ist.
- je höher das Primärdefizit ist.

27.2 Übungsaufgaben

1. Die offizielle und die inflationsbereinigte Maßzahl für das Budgetdefizit

   a) Die Formel zur Berechnung des nominalen bzw. offiziellen Budgetdefizits zum Zeitpunkt t lautet:

$$B_t - B_{t-1} = i_t B_{t-1} + (G_t - T_t)$$

bzw.

$$B_t = (1+i_t)\,B_{t-1} + (G_t - T_t)$$

Einsetzen der gegebenen Werte ergibt somit für B_t:

$$B_t = (1+0{,}1)1.900 + (500-450)$$
$$B_t = 2.140$$

Daraus folgt die offizielle Maßzahl für das Budgetdefizit zum Zeitpunkt t:

$$B_t - B_{t-1} = 2.140 - 1.900 = 240$$

Das Primärdefizit zum Zeitpunkt t beträgt:

$$G_t - T_t = 500 - 450 = 50$$

b) Die Maßzahl für das inflationsbereinigte Budgetdefizit benötigt anstelle des Nominalzinses den Realzins. Der Realzins ergibt sich näherungsweise aus der Differenz zwischen Nominalzins und Inflationsrate:

$$r_t \approx i_t - \pi_t = 0{,}1 - 0{,}02 = 0{,}08$$

Da in der Angabe bereits reale Größen für Verschuldung, Staatsausgaben und Steuereinnahmen gegeben sind, erfolgt die Berechnung des inflationsbereinigten Budgetdefizits analog Teilaufgabe a), lediglich mit dem Unterschied, dass der Realzins verwendet wird:

$$B_t = (1+r_t)B_{t-1} + (G_t - T_t)$$

$$\rightarrow B_t = (1+0{,}08)1.900 + (500-450)$$
$$B_t = 2.102$$

Daraus folgt die inflationsbereinigte Maßzahl für das Budgetdefizit:

$$B_t - B_{t-1} = 2.102 - 1.900 = 202$$

Die Differenz aus offizieller (240) und inflationsbereinigter Maßzahl (202) für das Budgetdefizit beträgt 38. Die offizielle Maßzahl überschätzt folglich die korrekte (inflationsbereinigte) Maßzahl für das Budgetdefizit um 38.

c) Wenn die Staatsverschuldung zwischen den Zeitpunkten $t-1$ und t konstant gehalten werden soll, dann muss für das Budgetdefizit zum Zeitpunkt t gelten:

$$B_t - B_{t-1} = 0 \text{ bzw. } B_t = B_{t-1} = 1.900$$

Unter Verwendung von:

$$B_t = (1+r_t)B_{t-1} + (G_t - T_t)$$

$$\leftrightarrow 1.900 = (1+0{,}08)1.900 + (500 - T_t)$$

ergeben sich die nötigen Steuereinnahmen, um die Verschuldung konstant zu halten:

$$T_t = 2.052 + 500 - 1.900 = 652$$

Um die Staatsverschuldung konstant zu halten, muss die Regierung die Steuereinnahmen um 202 ($\Delta T = 652 - 450$) erhöhen.

Wenn die Regierung plant, die Staatsschulden zum Zeitpunkt t vollständig zu tilgen, gilt für die Verschuldung zum Zeitpunkt t: $B_t = 0$

Einsetzen in

$$B_t = (1+r_t)B_{t-1} + (G_t - T_t)$$

$$\rightarrow \; 0 = (1+0{,}08)1.900 + (500 - T_t)$$

$$\rightarrow \; T_t = 2.052 + 500 = 2.552$$

Um die Staatsverschuldung in t vollständig zu tilgen, muss die Regierung die Steuereinnahmen um 2.102 ($\Delta T = 2.552 - 450$) erhöhen.

d) Berechnung der offiziellen und der inflationsbereinigten Maßzahlen für das Budgetdefizit für verschiedene Inflationsraten unter der Annahme, dass alle anderen Größen unverändert bleiben:

Inflationsrate	**offizielle Maßzahl**	**inflationsbereinigte Maßzahl**
3%	240	183
5%	240	145
7%	240	107
10%	240	50

Je höher die Inflationsrate, desto größer wird der Unterschied zwischen offizieller und inflationsbereinigter Maßzahl für das Budgetdefizit und desto mehr überschätzt die offizielle Maßzahl das korrekte (inflationsbereinigte) Defizit. Durch das Ansteigen der Inflationsrate kommt es bei einem unveränderten Nominalzins ($i = 10\%$) zu einem Rückgang des Realzinses und somit der realen Zinsbelastung der Verschuldung. Die offizielle Maßzahl ignoriert diesen Rückgang der realen Zinsbelastung.

2. Der Vertrag von Maastricht

a) Die Schuldenquote ist definiert als

$$b_t = \frac{B_t}{P_t Y_t}$$

Gemäß Gleichung (2.) (siehe Aufgabe 16 a)) entwickelt sie sich entsprechend:

$$b_t = \frac{B_{t-1}}{P_t Y_t} + \frac{G_t - T_t}{P_t Y_t} + \frac{i_t B_{t-1}}{P_t Y_t} = \frac{B_{t-1}}{P_t Y_t} + d_t$$

Dabei bezeichnet d_t die nominale Defizitquote – die Neuverschuldung (die Summe aus Primärdefizit und den Zinszahlungen auf den bisherigen Schuldenstand) als Anteil am BIP. d_t ist definiert als:

$$d_t = \frac{B_t - B_{t-1}}{P_t Y_t} = \frac{G_t - T_t}{P_t Y_t} + \frac{i_t B_{t-1}}{P_t Y_t}$$

Weil

$$\frac{B_{t-1}}{P_t Y_t} = \frac{P_{t-1} Y_{t-1}}{P_t Y_t} \frac{B_{t-1}}{P_{t-1} Y_{t-1}} = \frac{1}{(1+\pi_t)(1+g_t)} b_{t-1}$$

lässt sich

$$b_t = \frac{B_{t-1}}{P_t Y_t} + d_t$$

umformen zu:

$$b_t = \frac{1}{(1+\pi_t)(1+g_t)} b_{t-1} + d_t$$

Nutzt man die Approximation

$$\frac{1}{(1+\pi_t)(1+g_t)} \approx 1 - \pi_t - g_t$$

so ergibt sich:

$$b_t - b_t \quad = d_t - (\pi_t + g_t) b_t$$

Bei konstanter Defizitquote, konstanter Inflation und konstanter Wachstumsrate konvergiert die Schuldenquote langfristig gegen einen konstanten Wert. Dieser Wert (Steady State) kann berechnet werden, indem $b_t = b_{t-1} = b$ gesetzt wird. Daraus folgt:

$$b = \frac{d}{(\pi + g)}$$

Im Vertrag von Maastricht wird als Obergrenze für die Neuverschuldung 3% des BIP (Defizitquote d) festgelegt. Zu der Zeit, als die Maastricht-Kriterien verabschiedet wurden, ging man von einer Inflationsrate $\pi = 0{,}02 = 2\%$ und einem Wachstum von ca. $g = 0{,}03 = 3\%$ aus. Gegeben diese Werte, konvergiert die Schuldenquote b langfristig gegen:

$$b = \frac{0{,}03}{(0{,}03 + 0{,}02)} = 0{,}6 = 60\%$$

b) In Teilaufgabe a) wurde gezeigt, dass für die Veränderung der Schuldenquote (Bewegungsgleichung) gilt: $b_t - b_{t-1} = d_t - (\pi_t + g_t) b_{t-1}$. Für eine konstante Defizitquote, eine konstante Inflationsrate und ein konstantes Wirtschaftswachstum gilt somit für die Veränderung der Schuldenquote:

$$b_t - b_{t-1} = d - (\pi + g) b_{t-1}$$

Fall I: Die Schuldenquote b_t **sinkt** im Zeitverlauf, wenn gilt: $b_t - b_{t-1} < 0$ oder $d < (\pi + g)b_{t-1}$ bzw. wenn für die Ausgangsverschuldung gilt:

$$b_{t-1} > \frac{d}{\pi + g}$$

Fall II: Die Schuldenquote b_t **steigt** im Zeitverlauf, wenn gilt: $b_t - b_{t-1} > 0$ oder $d > (\pi + g)b_{t-1}$ bzw. wenn für die Ausgangsverschuldung gilt:

$$b_{t-1} < \frac{d}{\pi + g}$$

Fall III: Die Schuldenquote b_t bleibt im Zeitverlauf **konstant**, wenn gilt: $b_t - b_{t-1} = 0$ oder $d = (\pi + g)b_{t-1}$ bzw. wenn für die Ausgangsverschuldung gilt:

$$b_{t-1} = \frac{d}{\pi + g}$$

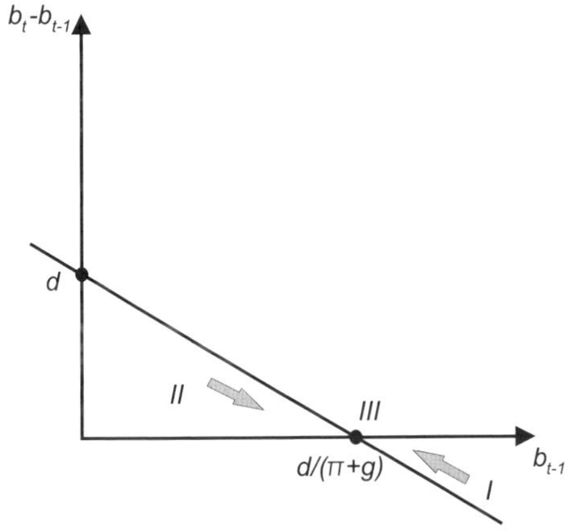

Abbildung 27.1: Entwicklung der Schuldenquote

Die Fälle I, II und III sind in Abbildung 27.1 abzulesen. Die Pfeile deuten an, dass sich die Schuldenquote langfristig zu einem konstanten Wert (Steady State) bewegt, nämlich:

$$b = \frac{d}{\pi + g}$$

c) Die langfristige Schuldenquote für eine konstante Defizitquote, eine konstante Inflationsrate und ein konstantes Wirtschaftswachstum lautet:

$$b = \frac{d}{\pi + g}$$

Fall (1): Die reale Wachstumsrate g sinkt

$$\frac{\partial b}{\partial g} = \frac{-d}{(\pi + g)^2} < 0$$

➔ Ein Rückgang der realen Wachstumsrate führt langfristig zu einer höheren Schuldenquote!

Fall (2): Die Defizitquote d sinkt

$$\frac{\partial b}{\partial d} = \frac{1}{(\pi + g)} > 0$$

➔ Eine niedrigere Defizitquote d führt langfristig zu einer geringeren Schuldenquote!

Der Stabilitäts- und Wachstumspakt fordert mittelfristig einen ausgeglichenen Staatshaushalt, d.h. eine Defizitquote $d = 0$. In diesem Fall würde die Schuldenquote langfristig gegen $b = 0$ konvergieren.

d) Mit dem Sustainability-Konzept der Staatsverschuldung ist eine staatliche Budgetpolitik gemeint, die dauerhaft aufrechterhalten werden kann („sustainable"). Dieses Konzept der Nachhaltigkeit der Finanzpolitik gilt in der Bundesrepublik Deutschland bei der Finanzierung und Struktur der öffentlichen Haushalte und in Hinblick auf alle Komponenten des Sozialstaats. Das Maastricht-Kriterium für eine nachhaltige Finanzpolitik lautet, dass die Schulden langfristig maximal 60% des BIP betragen sollen:

$$b = \frac{B}{PY} \leq 0,60$$

Die Frage ist nun, welche Bedingung erfüllt sein muss, damit dieses Nachhaltigkeitskriterium verwirklicht werden kann. Betrachten wir dazu Gleichung (4.) (siehe Aufgabe 16 b)) für den Fall einer positiven Inflationsrate:

$$b_t - b_{t-1} = (r_t - g_t) b_{t-1} + \frac{(G_t - T_t)}{P_t Y_t} \qquad (5.)$$

In Teilaufgabe a) wurde gezeigt, dass für eine konstante Defizitquote, ein konstantes Wirtschaftswachstum und eine konstante Inflationsrate die Schuldenquote gegen einen konstanten Wert (hier: 60%) konvergiert, so dass gilt: $b_t - b_{t-1} = 0$.

Aus Gleichung (5.) folgt somit:

$$-\frac{(G - T)}{PY} = (r - g) b$$

Für eine positive Anfangsverschuldung ($b > 0$) und für den Fall, dass der Realzins langfristig größer ist als die reale Wachstumsrate des BIP ($r > g$), ist ein Primärüberschuss ($G - T < 0$) erforderlich, damit die Finanzpolitik langfristig tragfähig bleibt.

Für den wenig realistischen Fall, dass der Realzins langfristig kleiner ist als die reale Wachstumsrate des BIP ($r < g$), wäre dauerhaft ein Primärdefizit ($G - T > 0$) möglich. Da die Volkswirtschaft in diesem Fall schneller wächst als der Zins, könnte sie sich unendlich verschulden.

3. Aktuelle vs. zukünftige Steuern und Schuldenquote

   a) Die staatliche Budgetrestriktion unter der Annahme einer Inflation von Null lautet:

$$B_t = (1+r)B_{t-1} + G_t - T_t$$

Da die Steuern in $t = 1$ um 100 gesenkt werden, beträgt die Verschuldung in $t = 1$: $B_1 = 100$. Da ab $t = 2$ das Primärdefizit gleich Null ($G_t - T_t = 0$) ist, entwickelt sich die Verschuldung gemäß:

$$B_t = (1+r)^{t-1} B_1$$

Zum Zeitpunkt $t = 10$ sollen nun die Steuereinnahmen so angepasst werden, dass die Staatsschuld vollständig getilgt werden kann, d.h. $B_{10} = 0$. Daraus folgt:

$$B_{10} = 0 = (1+r)^9 B_1 + G_{10} - T_{10}$$

Mit den Werten der Angabe:

$$0 = (1+0{,}1)^9\, 100 + 1.000 - T_{10}$$

$$T_{10} = 1.235{,}79$$

➔ Die Regierung muss die Steuern in $t = 10$ um 235,79 (= 1.235,79 – 1.000) erhöhen!

   b) Stabilisierung der Staatsverschuldung ab $t = 2$ bedeutet, dass die Staatsverschuldung über alle Perioden auf dem gleichen Niveau verbleibt: $B_1 = B_2 = ... = 100\ \forall t$. Für die Besteuerung in $t = 2$ bedeutet dies:

$$(B_1 = B_2 =)100 = (1+r)B_1 + G_2 - T_2$$

$$T_2 = (1+0{,}1)100 + 1.000 - 100 = 1.010$$

Für alle $t > 1$:

$$(B_1 = B_t =)100 = (1+r)B_t + G_t - T_t$$

$$T_t = (1+0{,}1)100 + 1.000 - 100 = 1.010$$

➔ Ab $t = 2$ muss die Regierung die Steuereinnahmen um 10 (= 1.010 – 1.000) erhöhen, um die Verschuldung konstant zu halten. Die Steuererhöhung entspricht der Zinsbelastung je Periode ($r100 = 10$) durch die konstante Verschuldung.

   c) Schuldenquote zum Zeitpunkt $t - 1$:

$$b_{t-1} = \frac{B_{t-1}}{P_{t-1}Y_{t-1}}$$

$$b_{t-1} = \frac{1.120}{2.800} = 0{,}4 = 40\%$$

Schuldenquote zum Zeitpunkt t:

$$b_t = (1 + r_t - g_t) b_{t-1} + \frac{(G_t - T_t)}{P_t Y_t}$$

$$b_t = (1 + 0{,}06 - 0{,}02) 0{,}4 + \frac{(900 - 800)}{2.856}$$

$$\text{(Wobei } Y_t = (1 + g) Y_{t-1} = 1{,}02 \cdot 2.800 = 2.856\text{)}$$

$$\rightarrow b_t = 0{,}45 = 45\%$$

Die Schuldenquote in t ist höher als in $t - 1$, da zum einen Zinszahlungen für die Verschuldung der Vorperiode geleistet werden müssen und zum anderen ein Primärdefizit vorliegt.

d) Die Schuldenquote verändert sich im Zeitverlauf gemäß:

$$b_t - b_{t-1} = (r_t - g_t) b_{t-1} + \frac{(G_t - T_t)}{P_t Y_t}$$

Ob es zu einem Anstieg oder einem Rückgang der Schuldenquote kommt, ist abhängig davon, wie hoch die Nettozinszahlungen $(r_t - g_t)$ auf die Verschuldung der Vorperiode sind und ob bzw. in welcher Höhe ein Primärdefizit oder ein Primärüberschuss zu verzeichnen ist.

Konstellationen für einen Anstieg der Schuldenquote $b_t - b_{t-1} > 0$:

- wenn $r_t > g_t$ und $G_t - T_t \geq 0$
- wenn $r_t < g_t$ und $(G_t - Y_t)/P_tT_t > (g_t - r_t)b_{t-1}$

Konstellationen für einen Rückgang der Schuldenquote $b_t - b_{t-1} < 0$:

- wenn $r_t < g_t$ und $G_t - T_t \leq 0$
- wenn $r_t > g_t$ und $(G_t - Y_t)/P_tT_t < (g_t - r_t)\, b_{t-1}$